신정 증보판

朝鮮後期農學史研究

―農書와 農業 관련 文書를 통해 본 農學思潮―

金 容 燮

Studies in the Late Yi Dynasty Development of Agricultural Discourses

: Examination of Writings on Agriculture Published during the Period

Enlarged and Revised Edition

by

Kim Yong-sŏp

신정 증보판 **朝鮮後期農學史研究**

초판 1쇄 인쇄 2009. 8. 10.
초판 1쇄 발행 2009. 8. 15.

지은이   김용섭
펴낸이   김경희
펴낸곳   (주)지식산업사
         본사 • 경기도 파주시 교하읍 문발리 520-12
              전화 (031)955-4226~7 팩스 (031)955-4228
         서울사무소 • 서울시 종로구 통의동 35-18
              전화 (02)734-1978   팩스 (02)720-7900
         인터넷 한글문패 지식산업사
         인터넷 영문문패 www.jisik.co.kr
         전자우편 jsp@jisik.co.kr
         등록번호 1-363
         등록날짜 1969. 5. 8.

책값은 뒤표지에 있습니다.

ISBN 978-89-423-1124-8 93910

이 책을 읽고 지은이에게 문의하고자 하는 이는
지식산업사 전자우편으로 연락 바랍니다.

新訂 增補版을 내면서

本書는 오래 전에 一潮閣에서 간행하였던 『朝鮮後期農學史研究』(1988)를 신정 증보하여, 知識産業社의 著作集 ③, 新訂 增補版 『朝鮮後期農學史研究』로서 간행하는 것이다. 신정 증보는 초판본에 보이는 몇 가지 부족한 점을 보완하는 방향으로 행하였다.

무엇보다도 필자의 農書 연구에서 애초에 목표로 하였던 바는, 朝鮮後期에 편찬된 여러 農書(협의의 農書와 광의의 農書)를 그 農業技術의 발달 農業經營 農政理念 矛盾構造를 중심으로 고찰하고, 특히 그들 農書의 편찬 저술에서의 認識의 변동에 유의하면서, 그 農學의 發達過程 農學思潮를 農業史의 일환으로서 정합적 단계적으로 파악코자 하는 것이었다. 그리하여 이들 연구를 시기 순으로 배열하면, 본서를 읽는 독자들은 목차만 보더라도, 농학의 발달과정과 사상의 흐름을 일목요연하게 파악할 수 있도록 하려는 것이 필자의 구상이었다.

그러나 그러면서도 이들 각개 農書에 대한 여러 연구를 단행본으로 묶어 간행함에 있어서는, 특히 農業體制를 중심으로 한 矛盾構造 農政理念의 문제를 다룬 광의의 農書에 대한 연구는, 그 논문의 초점 및 분량과도 관련하여 그 분야의 문제를 집중 고찰한 다른 著述에 수록하였다. 그러므로 그러한 부분과 관련되는 本書의 논지는 설명이 불충분하고 명쾌하지 못한 점이 있어서 늘 불만이었다. 이는 本書의 목표가 농학의 발달과정을 체계적으로 서술하고자 하면서도, 중복을 피하려는 데서 이기는 하였지만, 핵심이 되는 부분을 빼놓고 논지를 추구하는 것이 되어서, 本書 자체만을 두고 보면 논리적으로 대단히 불충분한 저술이 되게 하였다.

이번 신정 증보판에서는, 근자에 『雇工歌』(「雇工歌」와 「答歌」로 구성)를 새로 고찰하였음을 계기로, 이를 다소나마 보완 조정하고자 하였다. 그 방법은 다른 著述에 수록한 연구라 하더라도, 本書의 論旨를 전개하는 데 빼놓을 수 없는 긴한 農書에 대한 연구는, 최소한 그 연구의 要旨만이라도 추가 증

보함으로써, 이 시기 農學의 흐름을 포괄적으로 파악할 수 있도록 하려는 것
이었다. 이같은 취지에서 새로 보완한 부분은 다음과 같다. 그 農書에 대한
연구의 핵심을 초한 것이다.

　　　第Ⅱ編 : 『雇工歌』의 農政觀
　　　第Ⅳ編 : 「應旨論農政疏」와 관련되는 「田論」의 農業論
　　　第Ⅴ編 : 『經世遺表 – 井田論』의 農業論
　　　　　　　『山林經濟補遺』의 農業論

　이 밖에 本書의 初版本에서는, 編目을 序言 … 結語로 표현하였는데, 이
는 필자의 개별 논문구성에서의 서언 … 결어와 혼동되기 쉬움으로, 緖論 …
結論으로 바꾸었으며, 編의 제목을 간결위주로 하려는 데서 그 뜻이 분명치
않은 데가 있었는데 이를 보충하여 분명하게 하였다. 그리고 章節의 문장이
길어서 그 전체의 구도가 얼른 시야에 들어오지 않는 곳이 많았는데, 이러한
章節에는 새로이 小節 項目을 설정하거나 記號로서 사항을 구분하여 이해를
도왔다. 본서 전체의 구도가 얼른 시야에 들어오고 그 말하고자 하는 목표가
무엇인지 쉽게 파악되도록 하였다.

　인용 자료에 보완이 필요한 곳은 이를 추가하고, 각주의 표시가 친절하지
못한 곳은 이를 보충하였다. 그리고 본문의 설명에서 문맥이 분명치 않은
곳, 표현이 불충분한 곳은 혹은 이를 바로 잡고 혹은 이를 긴 문장으로 보완
설명하였다. 英文개요를 달게 되었음을 기회 삼아 英文제목도 좀 더 구체적
으로 조정하였다.

　本書의 신정 증보판 작업을 위해서도 여러 분의 도움을 받았다. 구판본의
전산화 작업을 위해서는 박진훈 박사가 오래 전 박사생 시절에 수고를 하였
고, 英文개요는 김기협 교수가 이를 작성하였다. 그리고 김경희 사장은 폭주
하는 출판 작업에도 불구하고 틈을 만들어 본서의 上梓를 결정하였고, 편집
부의 여러분은 필자의 구투의 투박한 문장과 난삽한 원고를 다듬고 교정하
여 간행 작업을 마무리하였다. 끝자리가 되었지만 이들 여러분에게 진심으
로 감사의 뜻을 표하는 바이다.

2007년 3월 1일

著　著

머 리 말

오래 전에 필자는 서울대학교 韓國文化硏究所의 제1차년도(1969) 연구
계획에 참여하여 「朝鮮後期 農學의 發達」을 정리하고 이듬해에 이를 작은
모노그라프로 발표한 바 있었다(『韓國文化硏究叢書』 2). 그리고 이어서는
이를 필자의 『朝鮮後期農業史硏究』〔Ⅱ〕에 한 篇의 논문으로 수록했었다.
조선후기의 많은 農書 중에서 기본이 되는 몇몇 농서만을 분석 검토함으로
써 이 시기의 農學思潮를 최소한으로나마 파악해 보려는 작업이었다. 당시
로서는 자료 수집도 다 되어 있지 않은데다 1년간의 짧은 기간 내에 이를
모두 정리한다는 것은 필자로서는 불가능한 일이었다. 그리고 우리 農學의
특질을 파악하기 위해서는 반드시 中國 農學에 대한 검토가 선행해야만 했
는데, 중국 농학에 관한 충분한 자료나 중국에서의 연구성과를 얻어본다는
것은 그때로서는 참으로 어려웠기 때문이었다. 그러므로 그때 필자는 이 문
제에 대한 보다 충실한 작업은 후일로 미루는 수밖에 없었다.

그 후 한동안 필자는 近代農業史의 문제에 열중하고 건강도 잃는 가운데
좀처럼 農學의 문제에 손을 댈 여유가 없었다. 國內外의 여러 圖書館과 書誌
家에게서 우리 農學을 체계화하는 데 기본이 되는 자료를 수집하고 차람하
는 것이 고작이었다. 다행히 근대농업사에 관한 작업이 끝나고 건강도 어느
정도 회복되었을 때 필자는 유럽지역으로 출장 연구할 수 있는 기회를 가질
수 있었다. 1984년에서 1985년에 이르는 1년간이었다. 필자는 이를 기회
삼아 『朝鮮後期農業史硏究』 두 권의 증보판을 계획하게 되었고, 그 일환으
로서는 우선 그간 생각만 해 오던 農學의 문제를 재정리하기로 하였다. 그리
고 이 작업을 위해서는 국내에서 볼 수 없었던 中國 農學에 관한 자료를 집
중적으로 검토하고 중국 학자들의 연구성과도 섭렵하기로 하였다. 중국 농
학 자체에 대한 연구가 아니라 朝鮮 農業 朝鮮 農學의 특질을 재확인하기 위
한 기초조사였다.

귀국 후에는 그동안 미루어 오던 조선후기의 여러 農書를 분석 검토하고

舊稿와 하나의 체계가 될 수 있도록 정리했으며, 조선후기 농서와 관련이 있는 조선전기의 농서에 관해서도 이를 검토하고 정리하였다. 그리고 예전에 쓴 글도 잘못된 부분은 이를 바로잡고 재정리함으로써 그 문맥이 새로 쓴 부분과 과히 어긋나지 않도록 조정하였다. 그러나 기본적인 입장이나 논지를 바꾸지는 않았다. 그리하여 이제 겨우 이 글들을 모아 미숙하나마 그간 필자 나름으로 구상해 온 朝鮮後期 農學의 發達에 대한 정리 작업을 표제와 같은 書名으로 마무리 할 수 있게 되었다.

애초에 朝鮮後期 農學에 대한 연구를 필자는 中國 農學의 발달과정을 필자 나름으로 확인한 위에서 서술하고 싶다는 욕심에서 그 자료들을 수집 검토하는 데 많은 시간을 소요하였다. 국내의 연구기관에 그러한 자료들이 충분히 수장되어 있지 않음이 새삼 아쉬웠다. 국내에만 있었던 필자에게는 그 자료가 외국에 있을 경우 그 수집이 쉬운 일이 아니었고 결국 많은 분들의 도움을 받지 않으면 아니 되었다. 필자는 이같은 문제로 黃元九·李盛雨·鶴園 裕·宮嶋博史·金泳鎬 교수와 姜昌一·朱容立·李啓煌 등 제씨에게 도움을 받았다.

그러나 모든 자료를 이같이 수집할 수만은 없는 일이었으며, 따라서 기초조사를 위해서는 특별한 방법을 세우지 않으면 아니 되었다. 그같은 필자에게 크게 도움이 된 것은 출장 연구의 기회였다. 필자는 그 사이에 Joseph Needham 博士의 연구소에서 크게 신세를 질 수 있었다. 老 博士는 필자의 방문연구를 허락해 주셨고, 동 연구소의 農業史硏究室 책임자 Francesca Bray 博士는 연구실을 자유롭게 이용할 수 있도록 개방해 주셨다. 필자는 잘 수집되고 잘 정리된 문헌들을 마음껏 열람할 수 있었고, 국내에서 볼 수 없었던 자료를 열람하는 문제도 이곳에서 해결할 수 있었다. 그리고 이때 이 연구소에는 金基協 교수가 연구차 와 있었는데, 씨는 그 자신의 일만으로도 바쁜 가운데 필자의 자료수집을 적극 도와주었다.

본서는 필자의 관점에서 이 시기의 農學思潮를 정리한 것일 뿐, 이 시기 農學을 전반적으로 이해하기 위한 연구서로서는 그 내용이 아직도 대단히 불충분한 것이지만, 그나마 이것을 출간할 수 있게 된 것은 위 여러분들의 도움에 힘입은 바 크며, J. Needham 박사의 연구소 특히 그 농업사연구실의 F. Bray 박사로부터는 실로 많은 도움을 받았다. 필자는 이 기회에 위 여러분들에게 진심으로 감사의 뜻을 표하는 바이다.

　끝으로 필자는 이번 연구물의 간행을 쾌히 승락해 주신 韓萬年 社長의 후의에 고마운 마음 금할 수 없다. 이는 구판의 일부를 버리고 신판을 새로 짜는 출혈이 큰 작업이기 때문이다. 그리고 정리가 불충분한 원고를 잘 다듬어서 훌륭한 책자로 만들어 주신 편집부 여러분들에게도 충심으로 감사하는 바이다.

1988년 10월 15일

著　者

目 次

Ⅱ. 17世紀 初·中葉 農書의 새로운 農業技術과 地主 立場 農學思想의 强化

Ⅲ. 17世紀 末～18世紀 中葉의 新農書 編纂과 小農 立場 農學思想의 發展

Ⅳ. 18世紀 末 政府의 農書 編纂 計劃과 두 農學思想의 對立

◇ 本書의 基礎가 된 旣 發表 論文 ◇

1. '朝鮮後期 農學의 發達', 『韓國文化研究叢書』 2, 1970.

2. '山林經濟의 (補說)과 그 農業經營論', 『邊太燮博士華甲紀念 史學論叢』, 1985.

3. '농사직설의 편찬과 기술', 『애산학보』 4, 1986.

4. '千一錄의 農業論', 『東方學志』 50, 1986.

5. '閑情錄의 農業論', 『東方學志』 52, 1986.

6. '農家月令의 農業論', 『東方學志』 54·55·56, 1987.

7. '농서즙요의 농업기술', 『세종학연구』 2, 1987.

8. '農事直說과 四時纂要의 木綿耕種法 증보', 『東方學志』 57, 1988.

9. '금양잡록과 사시찬요초의 농업론', 『겨레문화』 2, 1988.

10. '農政要志의 水稻 乾播技術', 『孫寶基博士停年紀念 韓國史學論叢』, 1988.

*11. '朝鮮後期의 農業問題；18세기 農村知識人의 農業觀 - 正祖 末年의 『應旨進農書』의 分析', 『韓國史研究』 2, 1968；『朝鮮後期農業史研究』 1970；저작집 ①, 增補版 『朝鮮後期農業史研究』〔Ⅰ〕, 1995

*12. '宣祖朝 『雇工歌』의 農政史的 意義', 『學術院論文集』 42, 2003；著作集 ②, 新訂 增補版 『朝鮮後期農業史研究』〔Ⅱ〕, 2005.

*13. '18, 19世紀의 農業實情과 새로운 農業經營論', 『大東文化研究』 9, 1972；著作集 ④, 新訂 增補版 『韓國近代農業史研究』〔Ⅰ〕, 2004.

*14. '茶山과 楓石의 量田論', 『韓國史研究』 11, 1975；同 上書.

*15. '朝鮮後期 兩班層의 農業生産', 『東方學志』 64, 1989；著作集 ②, 新訂 增補版 『朝鮮後期農業史研究』〔Ⅱ〕, 2005.

＊ 표의 논문은 新訂 增補版에서 참고된 것임.

緒 論 — 問題의 所在와 研究의 目標

農書는 時代的 社會的 요청에서 편찬 — 朝鮮時期에는 많은 農書가 편찬되고 있었다. 그것은 전기나 후기의 어느 경우에도 마찬가지였지만, 특히 후기에는 우리 역사상 그 유례를 볼 수 없을 만큼 많은 사람에 의해서 여러가지 農書가 편찬되고 있었다. 農書 편찬에 대한 시대적 사회적 요청에서 오는 것이었다. 전기에는 朝鮮王朝의 건국과 관련하여 그 財政기반을 확립하고 農民經濟를 안정시켜야 하는 문제가 있었으며, 후기로 넘어오면서는 兩亂으로 파괴된 農業生産을 회복함으로써 國家를 再造하고 農民經濟를 안정시키는 문제, 그리고 그 후에는 商品貨幣經濟 農業生産力이 발전하고 賦稅제도의 구조적 모순이 심화되는 가운데 社會가 크게 變動 分解되고 있었으므로, 이에 대응하는 農業 대책이 있지 않으면 아니 되었던 까닭이었다. 그러한 시대적 사회적 요청을 충족시킬 수 있는 길은, 農書를 편찬함으로써 農業生産力을 증진시키는 일이었다.

農書 편찬의 목표와 방법 — 그와 같은 農書는 혹 政府나 官에 의해서 편찬되기도 하고 또는 農學者들이 개인적으로 편찬하기도 하였다. 그들은 그들이 살고 있는 시기·상황하에서, 당대 農業生産에 제기된 문제를 農學 차원에서 해결할 것을 목표로 그것을 편찬하고 있었다.

그러므로 그들은 農學에 관하여 일정한 식견이 있지 않으면 아니 되었고, 그러한 식견을 갖추기 위해서는 農學에 대하여 많은 연구를 하지 않으면 아니 되었다. 中國 農書·中國 農學을 연구하고, 현실의 農業技術·農業慣行을 조사하며, 때로는 實驗을 통해서 유리한 農法을 확인하기도 하였다. 그러나 農書 편찬을 위해서 그들이 모두 이같은 연구 과정을 거치고 있는 것은 아니었다. 누구는 中國 農書를 抄하는 것으로 만족하기도 하고, 또 누구는 기왕의 農書를 재편성·재정리하거나 國內 선진지역의 농업기술이나 外國

의 새로운 經濟作物 재배법을 소개하는 것으로 그치기도 하였다. 소수의 사
람들만이 이 모든 과정을 거치며 그의 農書를 편찬하고 農業改良을 제기하
고 있었다.

農書에는 당대 農業生産에 관한 時代性·社會性이 반영 ─ 農書는 이와 같이
그것을 편찬하는 사람들에 의해서 그들 시기의 農業生産에 제기된 문제를
해결하고 그 生産力을 증진시키려는 데서 편찬되고 있었으므로, 거기에는
그것을 편찬하는 시기·지역에 따라 그 시기 그 지역의 農業技術, 農業生産
에 관한 여러 문제가 반영되게 마련이었다. 그리고 이 경우 거기에는 그러한
農業技術, 農業生産을 기반으로 하여 형성된 社會형태도 어느 정도 반영되
지 않을 수 없었다. 더욱이 그 農書에는 편자가 農業改良·農業改革에 각별
한 관심을 가졌을 경우, 그 편자의 學問의 성격이나 現實 문제를 인식하는
태도에 따라, 그러한 문제를 해결하려는 방안이 종래의 農書와 크게 다르게
제시되기도 하였다. 특히 農業生産에 제기된 문제를 해결하는 방향이, 農業
生産의 基盤·主體, 農政理念에까지 미치게 될 때는, 그 견해는 기왕의 農書
와 근본적으로 다른 주장·자세를 보이는 것도 흔히 있는 일이었다. 農書는
말하자면 그것이 편찬된 시기와 사회의 生産기반을 이해할 수 있는 중요한
자료가 되는 것이기도 하였다.

前近代 農業技術 農業生産의 基盤·主體·農政理念·矛盾의 문제 ; 여기
서 生産의 기반이란 土地所有關係 經濟制度를 말한다. 우리나라 中世封建社
會에서의 土地所有關係 經濟制度는 土地의 私的 所有權을 기초로 하여 성립
되었으며, 그것은 크게 地主·佃戶制와 小農的 自營農制를 형성하고 있었
다. 地主層은 그들의 土地를 대여하여 고율의 地代를 징수하는 並作經營을
하기도 하고 家作으로서 直營·自耕을 하기도 하였으며, 佃戶·佃作農民은
그러한 地主의 土地를 借耕하고 地代와 經濟外 强制를 강요당하는 封建的인
生産關係에 있었다. 그리고 小農的 自營農民은 자기의 土地를 소유하고, 비
교적 큰 규모의 大農經營 中農經營에서부터 소규모의 零細農經營에 이르기
까지, 다양한 규모의 農業生産을 하는 農民이었으나, 경우에 따라서는 他人
의 土地를 借耕함으로써 自作과 佃作을 겸하는 農民이 되기도 하였다. 中世
封建社會에서의 農業生産은 地主層, 小農的 自營農民, 自作·佃作兼營農民,

佃作農民, 無田 傭作農民 등에 의해서 수행되고 있었으며, 이밖에 시대가 흐르고 農村社會가 分解됨에 따라서는 農地에서 배제된 농민들이 賃勞動層으로 재구성되며 農業生産의 중요한 원동력이 되고 있었다. 그리하여 이 시기의 農村社會에서는 農業生産을 위요하여 地主 田戶農民, 雇主 雇工·雇傭人 등 階級 사이의 갈등이 발생하지 않을 수 없었고, 그것은 이 시기 農業 問題의 핵심이 되고 있었다. 農書에는 農業生産을 위요한 그같은 사회적 갈등문제 등이 반영되지 않을 수 없었고, 農業 問題(農業의 矛盾構造)를 심각하게 생각하는 農學者들은, 이의 타개를 위한 방안을 제론하지 않으면 아니 되었다.

農書와 農業生産·社會 발전과의 관계 — 물론 農書를 통해서 그것이 편찬된 시기의 農業生産의 발전 정도 및 생산기반을 파악하려는 방법에는 일정한 한계가 있을 수 있다. 그러나 그러한 한계를 인정한다 하더라도, 어느 시점에서 農書가 편찬되고 그것이 이용 보급되었다면, 그 農書의 農業技術 生産기반 이해는 그 시기의 農業生産에 일정한 지침이 되었을 것이므로, 그 農書는 그 시기의 農業生産을 파악하는 한 지표로 삼아도 좋을 것이다. 그리고 그러한 農業生産의 발전 정도는 그 시기 社會 발전 社會 변동의 기초가 되는 것으로 이해할 수 있을 것이다. 그러므로 시기를 달리하며 편찬된 農書에서 어느 만큼 구래의 農業技術을 改良하고 새로운 農業技術·새로운 農法을 수록하였는가, 그리고 生産의 기반을 어떻게 이해하였는가 하는 것은 중요한 문제가 되겠다.

그런데 이 시기에는 점진적이기는 하였지만, 시기를 따라 그 農業技術 그 農法에 그리고 生産기반 이해에 적지 않은 변화가 일어나고 있었다. 특히 朝鮮後期에 이르면 그러한 변화는 커지고, 그 변화의 質이 또한 크게 달라지고 있었다. 이러한 현상은 이 시기에 있어서 실제로 農業生産力이 발전하고, 農學의 수준이 높아지며, 農業 問題 타개의 필요성이 그만큼 커지고 있는 한 표현이기도 하였다. 朝鮮後期에는 흔히 社會가 크게 變動하는 것으로 이해되고 있거니와, 그러한 변동은 그 기저에 이같은 農業生産力의 발전·農學의 발달이 있음으로써 가능한 것이었다고 하겠다.

朝鮮後期 農學과 이 시기 實學과의 관계 — 朝鮮後期에는 이같은 農學을 특

히 實學이라고 불렀다. 實學者인 朴趾源이 農書를 저술하면서 農學의 필요
성을 말하되, '후세에 農工商民이 失業하게 된 것은 士人이 實學을 하지 않
은 탓', 農業에 관해서만 말한다면, '農學을 연구하지 않은 탓'이라고 하였음
은 그 예이다. 農工商 등의 産業 實用的인 學問을 實學이라고 한다면, 農學
은 확실히 實用을 목표로 하는 學問이므로 實學임에 틀림없다. 그러나 이때
그가 말하는 實學은 그 뜻이 그렇게 단순하지만은 않았다. 이 시기 思想의
중심인 朱子學에도 그 학문의 한 분야로서 農學이 존재해 있었으나, 그는 우
리나라의 朱子學을 實學이라고는 하지 않았다. 우리나라의 朱子學에서는 그
선비들이 性命(性理學)을 高談하고 詞章을 空尙함으로써 農學이 발달하지
못하고 있는 것으로 보았으며, 그 결과로서는 위에서와 같이 民이 失業하게
되었다고 보는 것이었다. 그에게 있어서 實學으로서의 農學은 농민이 失業
하지 않고 사회가 안정될 수 있는 학문이어야 했다. 그런데 朝鮮後期에는 그
같은 農學이 實學 가운데서도 중심이 되는 가운데, 많은 農書로 편찬되고,
農業問題 타개와 農業改革을 제론하며, 사회를 새로운 방향으로 개혁 발전
시키고자 하고 있었다.

   農書와 農業生産, 農學과 그 주변문제를 이같이 관련시켜 보면, 農書 편
찬, 農學의 발달과정은 반드시 정리될 필요가 있는 중요한 문제의 하나라고
하겠다. 그것은 農學 자체의 발달과정을 이해하기 위해서도 그렇고, 이 시기
의 社會變動·思想 등 역사 전반을 그 기층과의 관련에서 이해하기 위해서
도 필요한 작업이 되는 것이라고 하겠다. 그러므로 本書에서는 이 시기의 農
書를 계통적 단계적으로 분석·검토함으로써 農學의 발달과정과 農學思潮
를 정리하고자 하였다.

I. 朝鮮前期의 農書 編纂과 두 傾向의 農學思想

1. 新王朝의 農業生産 基盤 확립을 위한 農書의 編纂

朝鮮初期에는 勸農政策의 일환으로서 여러 가지 農書가 편찬되고 있었다. 그것은 國家의 農政策으로서 수행되기도 하고 爲政者들의 私的인 작업으로써 이루어지기도 하였다. 그들은 새로 건설된 朝鮮王朝의 재정기반·생산기반을 확립하지 않으면 아니 되었고, 그들 자신의 수입기반을 공고히 하지 않으면 아니 되었으며, 그러기 위해서는 生産의 主體인 農民層의 經濟안정도 추구하지 않으면 아니 되었던 까닭이었다. 그같은 문제는 결국 農業生産力을 증진시키는 문제가 아닐 수 없었으며, 그러기 위해서는 農業生産을 더 체계적으로 수행할 수 있도록 모범적인 農書를 제시하지 않으면 아니 되었다.

더욱이 國初의 制度 확립이 있은 뒤에는, 시대가 진전됨에 따라 收租權에 입각한 經濟制度(科田法)가 점차 해체되고 所有權에 입각한 經濟制度(地主佃戶制·自營小農制)만 존속하게 되는 가운데, 兩班支配層의 土地集積과 小農層의 土地 상실이 진행하여 하나의 사회문제가 되고도 있었다.[1] 이러한 문제는 麗末 鮮初 이래의 일이었지만, 그것은 '田制'(收租權分給制) 改革만이 수행되는 가운데 해결되지 못하고 지속하였으며, 이제는 새로운 국면에서 사태를 더욱 심화시키고 있는 것이었다. 당시의 爲政者들은 이같은 문제의 해결을 위해서 限田制를 제론하기도 하였지만,[2] 그러나 權力을 잡고 있는 것은 大土地所有者 또는 그들을 대변하는 인물들이었으므로, 그 제론이 실효성을 얻기는 어려웠다. 그것은 당시의 조건에서는 가망이 없는 일이었다. 그러므로 이같은 사회문제를 문제로서 심각하게 느끼는 사람이면, 그 해결방안을 農業生産의 기술적 측면에서나마 찾지 않으면 아니 되었다. 농업생산을 증진시킴으로서 佃作農民 小農經濟를 안정시키려는 것이었다. 그것은 곧 국가재정 지주경제를 보장하는 방법이기도 하였다. 그러므로 이때에는 농업생산자 입장에서의 農書를 편찬하는 일이 여러 계통으로 진행되었다.

農書가 절실히 요청되는 상황에서 이 시기의 위정자들이 먼저 생각할 수

---

1) 李景植, '16세기 地主層의 動向'(『歷史敎育』 19, 1976).

2) 韓永愚, '朝鮮前期의 經濟思想'(『朝鮮前期社會思想研究』, 1983).

있었던 것은 中國 農書를 이용하는 일이었다. 中國에서는 일찍부터 좋은 농
서가 편찬되고 農業技術이 발달해 있었기 때문이었다. 그리하여 이 시기에
는 많은 中國 農書가 참고되었다. 『農桑輯要』・『四時纂要』・『山居四要』는
覆刻이 되고, 王禎의 『農書』는 王命으로 복각이 명해졌으며, 『農桑輯要』는
抄釋本이 만들어지기도 하였다.

그러나 中國과 朝鮮 사이에는 風土의 차이가 있었으므로, 기술적 측면에
서 朝鮮 農業을 전적으로 中國 농서에만 의존할 수는 없었다. 그리고 抄釋한
농서를 이용할 경우에는 中國 농서에 수록되지 않은 조선 농업의 특성을 살
려나가기가 어려웠다. 그러므로 이 시기의 爲政者들은 결국 조선 농업을 기
초로 한 조선 풍토에 맞는 농서를 편찬하지 않으면 아니 될 것으로 생각하였
다. 그러한 생각을 실현시킨 것이 『農事直說』이었으며, 그 뒤 그 부족함을
보완한 것이 衿陽縣에서의 농사실험을 기초로 하여 편찬한 『衿陽雜錄』이었
고, 또 『四時纂要』를 중심으로 다른 농서도 참고하는 가운데 편찬한 『四時
纂要抄』였다. 그리하여 여기에 朝鮮 農書・朝鮮 農學은 새로이 성립되었다.

2. 『農書輯要』의 農業技術

高麗・朝鮮에서의 『農桑輯要』 이용 — 高麗 말 朝鮮초기의 朝鮮 農業에서
는 中國 農書로서 『農桑輯要』가 긴하게 이용되고 있었다. 이 책은 元나라 司
農司에서 편찬한 것으로서, 『齊民要術』 등 中國 古來의 농서를 두루 참고하
여 정리한 종합농서였다. 中國 農業을 특히 華北지방 農法을 중심으로 정리
하고 있는 것이 그 특징이다. 元나라 때에 편찬된 농서로서는 이밖에도 王禎
의 『農書』, 魯明善의 『農桑撮要』(『農桑衣食撮要』) 등이 있었지만, 이 시기의
우리나라 識者들은 유독 『農桑輯要』에 많은 관심을 가졌고, 이를 널리 이용
하고 있었다. 그들은 그것을 中國에서 구입해 보는 것으로서 만족하지 않았
으며, 이를 널리 보급하기 위해서 板刻을 하기도 하였다.[3] 이는 麗末의 일

---

3) 『牧隱集』 文藁, 卷8, 農桑輯要 後序.
    拙稿, '高麗刻本 『元朝正本農桑輯要』를 통해서 본 『農桑輯要』의 撰者와 資料'(『東方學志』
    65, 1990 ; 『韓國中世農業史研究』 2000, 수록) 참조.

이었지만, 그 冊板은 임진왜란 전까지도 陜川에 그대로 남아 있었으므로,4)
필요할 때마다 수시로 찍어낼 수가 있었다.

그러나 『農桑輯要』는 누구나 쉽게 이해할 수 있는 농서가 아니었다. 그것
은 作物의 재배법을 체계적으로 평이하게 서술한 것이 아니라 자료집의 성
격을 띠고 있었으며, 중국인들이 잘 알고 있는 농업기술에 관해서는 많은 경
우 주지의 사실로서 이를 생략하고 있었다. 農具의 명칭이나 農法도 조선의
그것과 다른 것이 많았다. 그러므로 『農桑輯要』가 조선에서 널리 보급되고
있었다 하더라도 그 내용을 온전하게 파악하고 이를 이용할 수 있는 사람은
많을 수가 없었다. 일반 농민에게 있어서는 더욱 말할 것이 없었다.

太宗朝의 농업정책과 『農書輯要』의 관계 ― 그러므로 朝鮮초기의 식자층 가
운데는 이 『農桑輯要』를 抄하고 吏讀로 번역하여 이용할 것을 건의하는 사
람이 있게 되고, 이는 정책에 반영되었다. 太宗 14년의 일이었다. 朝鮮 농업
을 기초로 한 朝鮮 農書가 편찬되지 못하고 있는 실정에서 그것은 부득이
한 일이었다.

이 시기의 朝鮮 농업의 실상이나 朝鮮 農學(『農事直說』)의 성립 사정을 이
해하기 위해서는 太宗朝의 이같은 농업정책을 구체적으로 파악하는 것이 필
요하다. 그 관심의 방향을 볼 수 있기 때문이다. 그러기 위해서는 『農桑輯要』
를 초하고 번역한 당시의 『農書』를 직접 검토하는 것이 무엇보다도 절실하
다. 이곳에서는 그러한 작업을 우선은 『農書輯要』를 살피는 것으로서 만족
하고자 한다. 太宗朝에 편찬된 것이 확실한 그러한 농서는 보이지 않는데,
이 『農書輯要』는, 뒤에 상론되는 바와 같이, 『農桑輯要』에서 긴한 대목을 발
췌하고 이를 吏讀로서 번역하고 있는 것이 분명하기 때문이다. 언제 누구에
의해서 편찬되었는지 기술하고 있지 않지만, 그러나 한 가지 분명한 것은 이
농서는 中宗 12년(1517) 이전부터 전해지고 있는 농서였다는 점이다. 이때
이것을 간행하려 한 사람은 그 序에서 '是書 舊有吏釋'5)이라고 하고 있었다.
그러므로 이를 살피게 되면 太宗朝에 있었던 발췌 번역사업의 동향도 대략
추정할 수 있지 않을까 생각된다.

---

4) 李仁榮, 『攷事撮要』의 冊板目錄에 대하여'(『東洋學報』 30-2, 1943).
5) 『農書輯要』 新刊 農書輯要序.

1) 『農書輯要』의 新刊 計劃과 그 構成

『農書輯要』의 신간 계획 — 이곳에서 살피게 되는 『農書輯要』는 최근 書誌家 朴永弴 씨가 새로 발굴한 農書이다. 원본은 아니지만, 朝鮮후기의 어떤 인물이 참고용으로 이를 필사하고, 『農家集成』의 일부, 養馬法・碁譜・晋天文二十八宿圖・家庭醫學 등과 함께 합본하여 『農書輯要』라고 표제한 단권의 책자이다. 우리가 검토하고자 하는 『農書輯要』는 그 가운데 앞부분 41면을 차지하고 있다. 원래의 『農書輯要』에다 安東府使 李堣가 中宗 12년 8월 17일에 그의 新刊序를 부쳐 간행하려고 한 것이었다. 그 附記에 따르면, 원래의 『農書輯要』는 그 농업기술 가운데서도 下種法・耘籽法이 특히 嶺南 지방의 그것과 달랐기 때문에 『嶺南農書』 끝에 이어서 기록해 두었던 것이었다.[6)]

아마도 이는 安東府에 오래 전부터 보존되고 있었던 『農書輯要』를 府使 李堣가 보게 되고, 이어서는 이를 간행하려 하였던 것이 아닐까 생각된다. 그러나 李堣의 그러한 계획이 이때 실현되었는지는 미상이다. 그는 그 해 11월에 任地에서 사망하였기 때문이다.[7)]

李堣가 이때 『農書輯要』를 간행하려 한 것은 당시 政府의 農業政策과 관련이 있었다. 中宗은 反正으로 즉위한 후 新進士類를 등용하는 등 정치의 쇄신을 기하려 하였으며, 그 일환으로서는 祖宗朝의 예에 따라 「農桑敎書」를 반포함으로써 농사를 장려하고 生産을 증진시키려 하고 있었다. 中宗 12년과 13년의 일이었다.[8)]

---

6) 『農書輯要』(附記). 그 전문은 다음과 같다.
     右農書 八道通用之法 東西南北 穀種宜土各異 始農之宜不宜 治田之早晚 別無區別 下種耘籽之節 與嶺南煞有異焉 故嶺南農書下 有更錄焉
     이 부기가 언제 누가 쓴 것인지는 알 수 없다. 그러나 李堣가 안동부사로서 이를 간행하려 하였던 점으로 보면, 이 농서는 安東府에서 권농을 위한 참고용으로 『嶺南農書』 하에 기록해 두었던 것으로 생각된다. 『嶺南農書』는 그 지방의 農法을 수집, 정리한 농서, 예컨대 『農事直說』을 편찬하기 위하여 그곳 監司로 하여금 그 지방의 농업기술을 조사하여 '撮要成書以進' 케 하였던 바와 같은 농서를 중심으로, 『農事直說』 기타 등등의 농서를 모은 集成本이 아니었을까 생각된다.
7) 『中宗實錄』 卷30, 中宗 12년 11월 庚辰, 15책(영인본 『朝鮮王朝實錄』 이하 同), p.355.
8) 『中宗實錄』 卷27, 中宗 12년 2월 壬申, 15책, p.260.
    『中宗實錄』 卷32, 中宗 13년 3월 丙午, 15책, p.405.

農桑을 장려하는 것은 지방관의 한 임무이었으므로 이같은 교서가 내리고 보면 그들은 더욱 勸農에 힘쓰지 않을 수 없었다. 金安國이 慶尙監司로 있으면서 『呂氏鄕約』과 『正俗』 및 『農書』와 『蠶書』 등을 諺解本으로 간행하였던 것도 이때의 일이었다.9) 더욱이 金安國은 그 언해본 간행 작업의 일부를 안동부사 李塙에게 맡도록 지시하고 있었다. 그리하여 李塙는 그 諺解本을 간행하게 되거니와, 이와 아울러서는 원래의 『農書輯要』도 또한 간행할 것을 생각하게 되었다. 그러한 사정을 그는 새로 간행될 『農書輯要』 序에서 다음과 같이 말하고 있었다.

　　……夫無書不能及 已有書而不能勉 亦豈務農之意歟 是舊書有吏釋 「監司金相公安國深體國家務農桑之意 〔※〕幷蠶書 皆益以諺翻 命吾府鋟梓以廣 其節序寒暖之候 耘耔耕穫之宜 條秩備擧 瞭然於人目 誠牖民之要訣也 民之覽者 有不興起者乎」 嗚呼今聖朝 法上古之治 輕其徭薄其歛 以寬民力 則春耕而釋釋 秋穫而挃挃 皆所良能 不必待書也 然其治雖極於無爲 而其民生於有書之後 不能無勤惰之不齊 則是書也 特可勸其能而起其怠耳 且於愛民 旣有其實則 雖幷有其文 亦不爲無所助也……
　　正德丁丑中秋後二日 嘉善大夫行安東大都護府使 李塙序10)

　이 긴 문장의 요점은 金安國은 이 농서(『農書輯要』)를 蠶書와 함께 모두 언해하여 安東府에 명하여 간행케 했다는 것이며, 이때의 농업정책하에서 이 농서(『農書輯要』)가 없으면 모를까 있는 한 어찌 이를 보급하여 勸農에 힘쓰지 않을 수 있겠느냐는 것이었다. 그가 『農書輯要』를 간행할 수 있는 명분을 말함이었다.
　그러나 이 序를 세심히 검토해 보면 그 요점을 이같이 파악하기에는 몇 가지 점에서 석연치 않은 점이 있다. 첫째, 金安國은 그의 글 속에서 분명히

---

9) 『中宗實錄』 卷32, 中宗 13년 4월 己巳, 15책, p.414.
　　同知中樞府事金安國啓……如呂氏鄕約正俗等書……如農書蠶書乃衣食之大政　故世宗朝翻以俚語 開刊八道 今亦頗致意務本之事 故臣亦加諺解
10) 『農書輯要』 新刊 農書輯要序.

『農書』와 『蠶書』를 언해하여 간행했다고 하였는데(註9), 여기서는 『農書輯要』와 『蠶書』를 諺解한 것으로 말하고 있다.

둘째, 『農書輯要』를 언해하여 간행했다면 원본 『農書輯要』를 다시 간행할 필요는 없었을 터인데, 李塏는 애써 長文의 序를 써서 그 의의를 강조하며 이를 간행하려 하였다. 더욱이 그는 그 간행 사업의 필요성을 말하면서 상급자인 金安國의 사업과 그 자신의 사업을 분명하게 구분하지 않은 가운데 이를 기술하고 있었다.

셋째, 만일에 金安國의 지시에 따른 『農書輯要』의 諺解와 刊行이 사실이었다면, 『農書輯要』를 『農書』의 이름으로 간행한 것이 되는데, 그렇게 되면 世宗 때 王命으로 간행한 『農書』와 그 書名이 중복된다. 그렇게는 할 수 없었을 것이고 또 할 필요도 없었을 것이다.

이같은 의문은 『農書』와 『農書輯要』의 원본이 발견되면 밝혀질 일이지만, 아쉬운대로 필자 나름대로의 판단으로서 추정해 본다면, 이 문장은 그 筆寫 과정에서 脫字가 있었던 것이 아닐까 생각된다. 本書가 정성을 들인 필사본이 아니고 誤字가 많은 점으로 보면 더욱 그와 같이 생각된다. 탈자가 있었다면 金安國의 啓言과도 관련하여 위 문장의 〔※〕표 자리에 '農書' 두자가 더 있었을 것으로 추정된다. 감사 金安國이 『農書』를 『蠶書』와 함께 언해하여 간행케 했다는 뜻이 되겠다.

그리고 이같이 보면 安東府使 李塏가 『農書輯要』의 간행을 계획하면서 하고자 한 말은, 감사 金安國의 『農書』·『蠶書』 諺解本 간행이 농민 계몽에 대단히 큰 의미가 있는 것이기는 하지만(「 」 부분), 이곳 안동부에는 이밖에도 『農書輯要』가 또한 있으니 勸農을 위해서 이 農書도 간행하면 더욱 도움이 되지 않겠느냐는 점이었을 것이다. 말하자면 金安國이 간행한 언해본 『農書』와 李塏가 신간하려 한 『農書輯要』는 별개의 농서였으리라는 것이다.

『農書輯要』의 구성과 편찬 원칙 — 이같은 『農書輯要』의 구성은 다음과 같았다. 1면의 序는 李塏가 이것을 새로 간행할 것을 꾀하면서 쓴 것이며, 5면부터가 원래의 『農書輯要』로서, 마지막 면 끝 위쪽이 『農書輯要』 終으로 되어 있다. 附記는 題 없이 마지막 면의 여백에 기입하고 있다. 각 조항의 한글 표기가 李塏의 간행 계획 때부터 이미 있었던 것인지, 朝鮮후기에 이를 필사하면서 첨기한 것인지는 분명치 않다.

이러한 구성·배열원칙은 이 시기의 農書로서는 낯익은 것이었다. 高麗末에 陝川에서 간행되어 널리 보급되었던『農桑輯要』의 구성·배열원칙도 이와 비슷하였다. 그 영향을 받고 있음을 쉽게 알 수 있다.『農桑輯要』는 그 冊板이 임진왜란 전까지만 해도 합천에 그대로 보존되어 있었을 정도로 朝鮮 농업과 긴밀한 관계에 있었으므로, 그 農學 체계의 영향을 받게 되는 것은 자연스러웠다.『農書輯要』는『農桑輯要』가 다루고 있는 문제를 모두 다루고 있는 것은 아니었으며, 주로 그 일부(卷 1·2)인 糧食作物의 재배 문제만을 다루었지만, 그러한 범위 안에서는 그 구성이『農桑輯要』의 그것과 흡사한 것이었다. 물론 그러한 가운데서도 양자의 구성에 차이가 없는 것은 아니었다.『農書輯要』는『農桑輯要』가 제일 중요시하고 있는 種穀條(收穀種과 大小麥 사이 ※표 위치)를 수록하고 있지 않았다. 이는 쉽게 납득이 가지 않는 일이지만, 아마도 種穀을 種粟으로 보지 않고, 그 이하에 열거하고 있는 작물 전반에 관하여 그 재배원칙을 기술한 것으로 본 까닭이 아니었을까 생각되기도 한다. 中國에서는 粟이 五穀 중에서 가장 중요하였으므로 穀으로 불리고도 있었다.

『農書輯要』는 그 체계만을 『農桑輯要』에서 본받고 있는 것이 아니었다. 그 내용을 검토하면 그것은 결국 『農桑輯要』에서 긴요하다고 생각되는 대목을 발췌하고 그것을 吏讀로서 번역하고 있는 것이었다. 『農書輯要』에서는 그러한 편찬 원칙을 어느 한 곳에서도 언급하고 있지 않으며, 그뿐만 아니라 자료도 『齊民要術』・『氾勝之書』・『韓氏直說』・『四時類要』・『務本新書』 등에서 인용한 것으로 되어 있지만, 그러나 그것은 다음 절에서 볼 수 있듯이 이들 농서를 근거로 하여 편찬하고 있는 『農桑輯要』를 그대로 인용한 데서 기인하고 있었다. 그것은 『農書輯要』와 『農桑輯要』를 대조・검토하면 쉽게 확인된다. 전자는 후자의 抄釋本인 셈이었다.

『農書輯要』의 편찬 원칙은 太宗朝의 농서 편찬 원칙과 같았다 ―『農書輯要』의 편찬 원칙이 이러하였다면 이는 太宗朝의 농서 편찬 원칙과 같은 것이 아닐 수 없었다. 太宗은 朝鮮에서 이용할 농서를 '撮取古農書切用之語 附註鄕言'[11]함으로써 편찬할 것을 지시하고 있었다. 이 경우 여기서 말하는 古農書는 『農桑輯要』였다.[12] 그런 점에서 『農書輯要』는 太宗朝의 농서 편찬 사업과 어떤 관련이 있는 가운데 편찬되었던 것으로 생각된다. 『農書輯要』 속에 그 편찬 경위가 언급되지 않는 것도, 太宗朝의 농업정책과 관련하여 편찬하고 있음이 전제된 抄稿本이었기 때문이었을 것으로 여겨진다. 世宗朝의 『農書』・『農事直說』이 간행된 이후라면, 『農桑輯要』를 抄하고 번역하는 사업은 다시 필요치 않았을 것이다. 단, 『農書輯要』가 太宗의 명으로 편찬된 바로 그 농서이겠는지, 아니면 이때 다른 사람이 편찬한 것이겠는지는 확인할 수 없다.

그러나 太宗의 명과 관련하여 편찬된 농서가 『農書輯要』였다 하더라도,

---

11) 『農事直說』 序.
   『世宗實錄』 卷44, 世宗 11년 5월 辛酉, 3책, p.181.
12) 『太宗實錄』 卷28, 太宗 14년 12월 乙亥, 2책, p.47.

그 내용으로서 보면 世宗과 그 重臣들은 결코 이에 만족하지 않았을 것으로
생각되며, 따라서 世宗 10년에 太宗의 명으로 편찬된 농서를 간행하게 되었
을 때는 많은 수정·보완을 하지 않을 수 없었을 것으로 믿어진다.13) 다음
절에서 살피게 되듯이 『農書輯要』는 그 내용이 결코 충실한 농서가 아니기
때문이었다. 그리고 그러하였다면 『農書輯要』는 다만 참고용으로서 보존케
되었을 것으로 생각된다. 물론 『農書輯要』가 다른 사람의 편찬물이었다 하
더라도 그 귀결은 마찬가지였을 것이다. 세종 21년의 정부에서 陳大小麥 문
제와 관련하여 『農書緝要』를 참고하고 있었음은 그러한 한 예가 되겠다.14)

2) 『農書輯要』의 『農桑輯要』 抄釋과 그 農業技術

『農書輯要』의 農業技術 抄釋의 방법 ─『農書輯要』가 『農桑輯要』를 발췌 번
역한 것이라면 그 農業技術 또한 『農桑輯要』의 그것을 수용하려는 것이었다
고 하겠다. 그리고 그것은 『農桑輯要』가 中國 華北지방의 농업기술을 정리
한 것이었으므로, 화북 지방의 農法·農學을 수용하고 있는 것이었다고 하
겠다.

그러나 그것은 원리적인 면에서 그러하였을 뿐, 그 농업기술을 中國에서
행해지고 있는 그대로 수용하고 있음을 뜻하는 것은 아니었다. 『農書輯要』
는 『農桑輯要』의 농법 농업기술을 전문 번역하는 것이 아니라 朝鮮 농업에
필요한 부분을 발췌하거나, 그 적용이 가능할 수 있도록 발췌 번역하는 것이

13) 世宗 10년에 간행된 『農書』는 여러 가지 상황으로 보아 太宗 14년에 왕명에 따라 편찬케
된 農書로 보아야 하겠으나(본편 제3논문), 그 사이에 국왕의 교체라고 하는 대사가 있기는
하였지만, 그렇더라도 그 간행이 너무 지체되고 있는 것이 이상하다. 필자에게는 그것이 太宗
의 명으로 편찬된 農書에 무엇인가 문제가 있고, 따라서 그것을 그대로 간행하기 어려웠던
데서 연유하는 것이 아니었을까 생각된다.
14) 『世宗實錄』 卷86, 世宗 21년 7월 壬戌, 4책, p.226. 단, 여기서는 그 서명이 『農書輯要』가 아니
라 『農書緝要』로 되어 있어서 이 양서는 같은 책이 아닐 수 있다는 의문도 남는다. 이때에는
여러 사람이 『農桑輯要』의 발췌 번역사업에 참여하였으되, 그들의 작업은 그 편찬원칙과 내
용이 동일하였음에서, 그 서명을 모두 『농서집요』의 이름으로 써 바쳤을 것으로도 생각되기
때문이다. 그러나 다른 한편 이러한 서명의 農書는 中國 農書에는 보이지 않으므로(毛雝 『中
國農書目錄彙編』, 王毓瑚 『中國農學書錄』, 天野元之助 『中國古農書考』), 이는 분명 이 무렵에
편찬된 朝鮮 農書이겠는데, 같은 시기에 편찬되는 농서에 같은 서명(緝은 輯과 통한다)을 붙
이지는 않았을 것으로도 생각됨으로, 이럴 경우에는 이 두 농서의 서명은 동일 농서를 필사하
는 과정에서 어느 쪽인가 집 자를 오기하였을 것으로도 생각된다.

었으므로, 그 農法의 수용은 선별적으로 행해지고 있는 셈이었다. 그리고 그
것도『農書輯要』편찬자의 발췌 태도와 번역의 방법으로 말미암아 어떤 부
분에 있어서는 많은 변화가 있는 것이었다.『農書輯要』의 농업기술의 특징
은 바로 그러한 점에 있었다고 하겠다.

『農書輯要』는 耕地條에 크게 유의 ─『農書輯要』가『農桑輯要』의 기술을
가장 충실하게 발췌한 부분은 耕地條였다. 이 조항을 구성하는 자료는『齊
民要術』·『氾勝之書』·『韓氏直說』·『種蒔直說』 등의 기술이었는데,『農書
輯要』에서는『種蒔直說』의 기술만을 제외하였을 뿐 다른 농서의 기술은 이
를 대부분 그대로 옮기거나 발췌하여 번역하고 있었다. 그것을 분량으로 보
면 원『農書輯要』의 전 37면 중 15면이나 되는 것이었다.

여기서는 農地起耕의 일반 원리, 農地起耕의 시기, 土性과 起耕의 관계,
秋耕의 강조, 美田法(苗糞), 廐肥糞을 작성하여 밭에 入糞하는 踏糞法 등이
충실하게 옮겨지고 번역되었다. 이는 작물 재배를 위한 기초작업, 즉 整地法
의 일반 원리를 다루는 것이기도 하고, 또 肥土를 위한 방법을 다루는 것이
기도 하였으므로,『農書輯要』의 찬자는 특히 신경을 많이 쓴 것으로 생각된
다. 이 시기에는 新田開發, 農業生産力의 증진을 위해서 여러 가지 農業政策
이 취해지고, 그 일환으로서 이 농서도 편찬되고 있었던 것이므로, 그 찬자
가 이같은 문제에 크게 유의하는 것은 당연하였다.

農地起耕의 일반 원리는『齊民要術』의 자료를 인용한 것으로서 다음과 같
았다. 夾注를 생략하고 본문만을 인용한 것이었다.

① 春耕尋手勞 秋耕待白背勞 ② 凡秋耕欲深 春夏欲淺 犁欲廉 勞欲再 ③ 秋耕
掩靑者爲上 初耕欲深 轉地欲淺 ④ 菅茅之地 宜縱牛羊踐之 七月耕之則死15)

그 뜻은, ① 春耕은 起耕하는대로 勞(勞 : 耮를 끌어서 摩田 平土壤하는
것)16)하고, 秋耕은 起耕 뒤 발토된 흙이 희여지기를 기다려 勞한다. ② 秋耕

---

15)『農書輯要』耕地.
　　『農桑輯要』卷1, 耕墾 耕地.
16) 王禎,『農書』農器圖譜 集2, 耒耜門 勞 ; 農桑通訣 集2, 耙勞篇.

은 深耕을 하는 것이 좋고, 春夏耕은 淺耕으로 하는 것이 좋다. 犁는 비스듬
히 세워 犁 폭을 좁게(細耕) 하는 것이 좋고, 勞는 두 번 하는 것이 좋다.
③ 秋耕은 푸른 잡초를 갈아 엎는 것이 상책이고, 初耕은 깊게, 再耕은 얕게
하는 것이 좋다. ④ 菅·茅 풀이 무성한 陳荒地에는 소와 양을 방목하여 밟
게 하고 7월에 起耕하면 풀이 죽는다는 등의 내용이었다.

『農書輯要』에서는 이같은 中國 農書의 기술을 朝鮮의 명칭·이두로 번역
함으로써 조선에서 그 뜻을 정확하게 파악할 수 있도록 하는 것이 목표로 되
어 있었다. 가령 ①②를

① 大抵春耕乙良 起耕爲乎迫于 小推介木以 土塊無只爲 摩平爲齊 秋耕乙良 起
耕後土色乾白爲去沙 同推介以 如前使內

② 凡秋耕乙良 深厚起耕爲齊 春耕乙良 不深亦使內乎矣 牛甫乙良 安徐驅耕爲
良沙 牛隻置 疲困不冬爲旀 耕地不龗爲齊 推介乙良 地熟爲只爲 再度摩平
爲良沙 地氣乾燥不冬 必于旱氣是置 禾穀焦枯不冬17)

라고 번역하고 있었음은 그 예이다. 이 경우 『農書輯要』에서는 ①과 같이
『農桑輯要』의 본문만을 직역하기도 하였지만, ②와 같이 夾注文의 뜻을 본
문에 포함시켜 번역하기도 하였다. 그 뜻을 더 분명하게 하기 위해서였다.

農地起耕의 시기는 『氾勝之書』의 자료를 인용하고 있었다. 그것은 春凍解
때(地氣가 통하기 시작하고 田土가 처음으로 부드럽게 풀린다), 夏至 때(天氣
가 더워지고 地氣가 왕성해지기 시작하며 田土가 다시 더 풀린다), 하지 뒤 90
일 때(秋分: 주야가 같아지고 天氣와 地氣가 화합한다) 등의 세 시기였다. 이
세 시기에 기경하면 1次耕으로써 평상시의 5차경에 해당한다 하였으며, 그
러므로 이 세 시기의 기경을 특히 膏澤이라 하였다.18) '所出倍常'19)을 의미

---

17) 『農書輯要』 耕地. 『農書輯要』에서는 본시 吏讀와 漢文을 각각 小字와 大字로 表記하는 원칙
을 취한 것 같은데, 이곳에서 검토하는 사본에서는 그 대소 표기에 많은 혼란이 있었다.
18) 『農書輯要』 耕地.
　　『農桑輯要』 卷1, 耕墾 耕地.
19) 『農書輯要』 耕地에서는 위의 세 시기에 起耕했을 때의 결과를 다음과 같이 번역하였다.
右時節乙用良 畊作爲在如中 土地潤澤及時節早晩乙 不失 所出倍常

하는 것이었다.

土性과 起耕과의 관계도『氾勝之書』의 자료를 인용하였는데, 그것은 强土를 약하게 하는 起耕法과 弱土를 강하게 하는 起耕法을 명시하는 것이었다. 전자는 봄에 地氣가 통할 때 堅硬强土·黑壚土를 기경하여 平摩함으로써 풀이 나오게 하고, 풀이 나오면 다시 이를 起耕하며, 비가 좀 오면 이를 다시 3차경하고 熟治하여 土塊가 없도록 한 후 파종할 때를 기다린다는 것이었다. 그리고 후자는 杏花가 활짝 필 때 곧 輕土·弱土를 기경하고, 꽃이 질 무렵에 다시 기경하고 勞하며, 풀이 나오고 비가 있으면 3차경과 노를 하되, 이 경우 田土가 심히 輕(虛浮地)하면 소와 양을 풀어 놓아 밟도록(鎭壓)한다는 것이었다.20)

秋耕을 강조하는 문제는『韓氏直說』의 자료를 통해서 秋耕의 장점과 그 방법을 제시하는 것으로서 보여 주고 있었다. 전자는 秋耕한 田地에는 荒草가 덜 나고 除草도 용이하므로 보리밭(麥田) 말고는 모두 秋耕을 하라는 것이었다. 그리고 후자는 秋耕을 일찍 해야 하는데, 그것은 천기가 추워지기 전에 그 陽氣를 땅속에 받기 위해서이며(埋陽), 그 시기를 놓쳐 부득이 천기가 寒冷할 때 秋耕을 하게 되면 일고(日高)할 때 기경함으로써 寒氣가 땅속에 들지 않도록 해야 한다는 것이었다.21) 이같은 秋耕에서는 기경에 앞서 먼저 鐵齒擺로 밭을 종횡으로 擺(中國에서는 耙를 끌어 散撥去芟하거나, 耙로 긁어 鍬剔塊壤 疏去瓦礫하는 작업이다)22)하고 기경하되, 곧 뒤따라 撈(勞)하고, 土色이 乾白해지면 다시 두 차례 擺해 두도록 하였다.23) 그리고 秋耕의

---

20)『農書輯要』耕地.
　　『農桑輯要』卷1, 耕墾 耕地.
21) 同 上.
22) 王禎,『農書』農器圖譜 集2, 耒耜門 耙 ; 農器圖譜 集6, 杷扒門 杷.
　　　〃　　農桑通訣 集2, 耙勞篇.
23)『農書輯要』耕地.
　　『農桑輯要』卷1, 耕墾 耕地. 이 부분에 대한『農書輯要』의 번역은 다음과 같다.
　　凡矣田地乙 兩麥田外 秋節刈取後 并只反耕為乎矣 反畊前 須只手愁郞乙用良 田地長追是及 廣追是以 文羅棄置為遣 牛甫以 安徐亦 起畊為乎追于 土塊無只為 推介以 平摩為有如可 土色乾白為而叱 又手愁郞以 再度 文羅棄置為遣 開春地氣通和為去等 日高時乙用良 手愁郞以 四五度為 文羅棄置為有如可 必于無雨為良置 及時落種
　　이에 따르면 조선에서는 擺를, 中國에서 耙와 杷를 쓰는 것과는 달리, 다만 쇠스랑으로 文羅

방법으로서는 앞에 예시했듯이 『齊民要術』에서 秋耕掩靑, 즉 잡초가 무성한 다음 이를 엎어갈기 할 것을 최선의 방법으로 들고도 있었는데, 이는 施肥의 한 방법(草糞)을 겸하는 것이기도 하였다.

美田法(苗糞)과 踏糞法은 『齊民要術』의 자료를 인용하고 있었다. 전자는 녹두나 小豆 · 胡麻를 파종하여 무성한 다음 7 · 8월에 掩耕함으로써 농지를 비옥하게 하는 綠肥의 방법이었다. 이렇게 하고 다음해 봄에 곡식을 심으면 소출이 많았다. 그리고 후자는 마굿간에 매일 穀穰이나 잡초를 넣어 牛馬로 하여금 밤새도록 밟게 한 다음 끌어내어 퇴적함으로써 보통의 廐肥糞을 만들고 이를 田地에 入糞하도록 하는 것이었다.24) 『農事直說』에서는 특수한 구비분의 제조에 관해서만 언급하고 일상적인 것은 그 기술을 생략하고 있었는데, 여기서는 이 일상적인 造糞法을 기술하고 있었다.

『農書輯要』의 耕地 정리를 위한 농구 — 耕地 정리를 위해서는 여러 가지 농기구가 이용되고 있었는데, 『農書輯要』에서는 이것을 旱田의 경우와 水田의 경우로 구분하여 정리하고 있었다. 旱田을 起耕 정지하는 농구(추수 뒤의 乾畓도 포함)는 이를 주로 耕地條에서 일괄 정리하되, 『農桑輯要』에서 인용한 자료 속의 농기구를 朝鮮 農具의 명칭이나 그 기능을 가진 농구 이름으로 번역하고 있었다. 『農桑輯要』의 犁 · 鐵齒擺 · 勞를 『農書輯要』에서 犁 · 쇠스랑(手愁郞 — 註23) · 推介(小推介木 — 註17)로 대체하고 있었음은 그것이었다. 앞의 둘은 각각 같은 농구였으나, 勞와 推介(小推介木)는 기능이 같을 뿐 별개의 농구였던 것으로 생각된다. 그리고 이 경우 犁는 번경(反耕 : 翻耕)을 강조하고 있는 점으로 보아 有鐴犁로 판단되고, 推介는 모든 勞를 대신 하고 있는 점으로 보아 쇠스랑(鐵齒擺)과 함께 아주 널리 이용되고 있는 碎土摩平用 농구였던 것으로 생각된다.

『農書輯要』에서의 이같은 농구 이용은 『農事直說』이 旱田의 쇄토마평용으로 쇠스랑(手愁音 : 鐵齒擺) · 所訖羅(木斫) · 古音波(檑木)를 들고 있었음과 달랐다. 『農書輯要』에서는 소홀라는, 뒤에 다시 언급되겠지만, 水田에서

棄置(글라버리기의 借字)하는 작업을 지칭하고 있었다. 손보기 교수와 장세경 교수에 따르면 남부지방에서는 지금도 쇠스랑을 갖고 하는 이 작업을 '글라버리기'라 일컫는다고 한다.
24) 同上.

만 이용하고 있었다. 그러고 보면 推介 또는 小推介木은 고음파(檑木)가 아니었을까 생각되기도 한다. 그러나 『農事直說』에서는 古音波와는 별개 농구인 推介(把撈)를 水田에서의 覆種具로서 쓰고 있었으므로 그렇게 단정하기도 어렵겠다. 다만 『農書輯要』에서 쇠스랑과 推介를 각각 擺 작업(註23)과 勞 작업(註16·17)용으로 구분하여 기술하고 있는 것으로서 보면, 推介는 碎土 기능이 큰 농구였던 것으로 보이며, 따라서 『農書輯要』의 推介는 『農事直說』의 고음파(檑木)와 같은 것이 아니었을까 생각된다. 그리고, 그러하였다면 推介는 椎介(推는 椎로 통한다)가 아니었을까 추측되기도 한다.

『農書輯要』의 收穀種條 — 收穀種條는 『農桑輯要』의 收九穀種條에서 五穀을 選種·收藏하는 방법과 來歲所宜穀을 알아보는 방법을 발췌 번역하였다.25) 『農事直說』의 備穀種條와 비슷하다. 그러나 『農書輯要』에서는 中國 농서를 번역하는 것이었으므로 選種의 방법을 중국 농서 그대로 好穗를 가려 취택하도록 하였으나, 『農事直說』에서는 타작이 끝난 뒤 일반 곡식을 簸揚去秕하고 沈水去浮하며 漉出曬乾하도록 하는 차이가 있었다.

『農書輯要』의 旱田 作物 抄釋 소홀 — 旱田에서의 각 작물의 재배에 관해서는 전반적으로 소홀하게 취급되고 있었다. 『農桑輯要』는 원래 농민들이 그 재배법을 아는 것을 전제로 하고 그 구체적 서술을 생략한 바가 많았는데, 『農書輯要』는 그 가운데에서도 필요한 부분만을 다시 발췌 번역하고 있는 것이었으므로 그 구체성은 더욱 결여될 수밖에 없었다. 그리고 경우에 따라서는 原意와 다른 뜻이 되기도 하였다.

大小麥條는 『農桑輯要』 大小麥條의 많은 자료 중에서 『齊民要術』과 『四時類要』의 기술을 발췌 번역한 것이다. 曝地·파종 시기(白露·秋分節) 및 收藏 시의 蟲害 방지법 등이 주 내용이었다. 그러나 파종의 구체적 방법에 대해서는 언급이 없었고, 그 시기에 대해서는 '節氣早晩 每年不同'이라는 점에서 융통성 있게 조정되어야 할 것임을 말하였다. 陳麥을 파종할 경우의 방법에 관해서도 언급하였다.26) 이는 『農事直說』과 차이가 나는 점이었다.

----

25) 『農書輯要』 收穀種.
　　『農桑輯要』 卷2, 播種 收九穀種.
26) 『農書輯要』 大小麥.

早稻條에서는 『齊民要術』에서 말하고 있는 '早稻 用下田'의 한 구절을 번역하여, 早稻를 作田과 作畓에 모두 합당치 않은 卑濕한 땅에 耕種하라고 하였다. 『齊民要術』에서는 이를 특히 토지 이용이라는 점에서 언급하였을 뿐, 下田이 高原보다 낫다거나 하전만이 적합하다는 것을 말하고자 한 것이 아니었는데, 『農書輯要』에서는 이 구절만을 번역함으로써 早稻는 마치 卑濕地에서만 재배하는 것으로 되고 있었다.27) 이는 『農桑輯要』를 잘못 이해한데서도 연유하겠지만, 朝鮮에서의 한도 재배가 실제로 이같이 되는 경우가 있었던 데서도 연유하는 것으로 생각된다. 『農事直說』과 크게 차이가 나는 점이었다. 파종 시기나 방법에 대해서도 언급이 없었다.

黍稷粱秫條는 種穀條, 즉 種粟 문제가 생략되는 가운데 취급되고 있는 것이었다. 여기서는 파종의 적지로서 新開荒地를 말하고, 파종 시기로서 10·11·12월의 凍樹日을 기억했다가 付種도 같은 날짜에 하라고 한 것이 전부였다. 이것도 『齊民要術』의 자료를 인용한 것으로, 『齊民要術』에서는 그 파종 시기를 3·4·5월 상순에 한다는 점을 명기하고, 그 전제 위에서 동수일을 말하고 있었다. 그런데 『農書輯要』에서는 3·4·5월의 파종 시기는 생략한 채, 동수일을 말하고 부종도 같은 날짜에 하라 하였으므로, 동수일이 곧 파종일이 되는 것으로 오해할 수도 있었다.28) 파종의 방법에 관해서도 언급이 없었다. 『農事直說』과는 극히 일부만이 같았다.

大小豆菉豆條는 『齊民要術』의 기술을 지극히 간략하게 발췌한 것인데,29) 그 번역 내용은 『農事直說』의 기술과 기본적으로 같았다. 그러나 이에서도 파종의 시기와 방법은 생략하고 있었다.

蜀黍條의 기술은 『務本新書』의 기술을 한 구절 인용한 것으로서, 하습지에 적합하고 省功收多한 점에 유의하고 있었다.30) 『農事直說』의 기술과 같았다.

　　『農桑輯要』 卷2, 播種 大小麥.
27) 『農書輯要』 早稻.
　　『農桑輯要』 卷2, 播種 早稻.
28) 『農書輯要』 黍稷粱秫.
　　『農桑輯要』 卷2, 播種 黍稷粱秫.
29) 『農書輯要』 大小豆 菉豆.
　　『農桑輯要』 卷2, 播種 大豆小豆菉豆白豆附.

蕎麥條는『齊民要術』의 기술을 인용했으며,31) 그 점에서는『農事直說』의 기술과 다르지 않았다. 그러나 그 다양한 파종법에 관해 언급하지는 않았다.

胡麻條도『齊民要術』의 기술을 인용한 것으로,32)『農事直說』과 크게 다르지 않았다. 그러나 그 번역이 파종법을 足種으로 기술하고 있음은『農事直說』과 다른 점이었다.33)

麻條도『齊民要術』의 기술을 인용한 것이다.34)『農事直說』의 그것과 기본적으로 같았으나, 파종의 시기·방법 등에 관한 구체적인 설명을 缺하고 있다.

『農書輯要』는 水田農業을 중요시하고 抄釋에 성의 — 水田농업에 관해서는 旱田의 경우와는 달랐다. 水稻作은 이를 중요시하고 대단히 정성을 들여 다루고 있었음을 그 발췌 번역의 태도에서 엿볼 수 있다. 旱田 작물 재배의 서술이 간략하고 구체성을 띠지 못하고 있었음과는 달리, 水稻에 관해서는 朝鮮 농민들이 이를 이용하는 데 불편이 없을 만큼 朝鮮 농업의 현실로서 구체적으로 번역 기술하고 있었다.『農桑輯要』는 원래 華北 농업을 중심으로 편찬한 것이었고, 따라서 거기에서는 水田농업이 중심이 될 수 없었던 것인데, 이것을 발췌 번역하고 있는『農書輯要』의 찬자는 그와는 반대로 水稻作을 중요시하고 이를 모든 농작물 가운데에서 중심적인 것으로 다루고 있음을 볼 수 있다. 할당한 지면으로 보아도 水稻作은 다른 작물을 압도하고 있었다. 당시의 國家의 농업정책이 三南 농업을 표준으로 하는 것이었음을 생각하면『農書輯要』의 기술이 이같이 되는 것은 오히려 자연스러운 일이었다.

『農書輯要』에서 제시하고 있는 水稻栽培法은 두 가지로서, 그것은『農桑

---

30)『農書輯要』蜀黍.
　　『農桑輯要』卷2, 播種 蜀黍.
31)『農書輯要』蕎麥.
　　『農桑輯要』卷2, 播種 蕎麥.
32)『農書輯要』胡麻.
　　『農桑輯要』卷2, 播種 胡麻.
33) 同 上.
　　胡麻田乙良 土色白庫乙 看審 須只雨後乙用良 起畊 和糞足種爲遣 除草乙良 不過三度爲齊.
34)『農書輯要』麻.
　　『農桑輯要』卷2, 播種 麻.

輯要』가『齊民要術』에서 인용하고 있는 것이었다. 그 하나는 '歲易'하며 直
播하는 것이고, 다른 하나는 '拔而栽之'하는 것이었다. 세역하며 직파하는 재
배법은 다음과 같았다.

稻無所緣 唯歲易爲良 選地欲近上流 三月種者爲上時 四月上旬爲中時 中旬爲下
時 先放水 十日後 曳轆轤(軸)十徧 地旣熟 淨淘種子 淸(漬)經三日(宿) 漉出
納(內)草蒿(篇) 中裛之 復經三宿 芽長二分 擲種 三日之中 令人驅鳥 稻苗漸
長 須薅 薅訖 決去水 曝根令堅 量時水旱而溉之 將熟 又去水 霜降穫之35)

이는 본문을 줄이고 夾注를 생략한 아주 압축된 문장이었지만,『農桑輯要』
의 水稻直播法의 요점을 그대로 살리고 있는 것으로서 그 요점은 다음과 같
았다.

① 농지는 歲易을 하고, 위쪽에 물흐름이 있는 곳을 논으로서 선정하되,
3월에서 4월 사이에 파종한다.

② 파종 전에 秋耕해 둔 논에 放水하고 10일 후에 轆轤·轆軸을 끌어 碎
土摩平한다.

③ 종자를 일어 漬種하고(3일 간), 걸러내어 草蒿에 담아 3宿함으로써 발
아시킨(2分) 뒤 파종하고 驅鳥한다.

④ 모가 자람에 따라 除草하고, 이것이 끝나면 물을 빼고 曝根하며, 날씨
를 보아 관개한다.

⑤ 벼가 여물면 去水하고, 霜降 철에 추수한다.

이를 朝鮮 농업의 水稻直播法과 비교하면, 이는『農事直說』의 晚稻直播法
에 해당하는 것으로서 直播라는 원리에 있어서는 공통된다. 그러나 그것이
歲易이나 轆軸을 끌어 행하는 것이었다는 점에서는 크게 차이가 나고 있었
다. 朝鮮에서는 水稻는 이미 常耕化되고 있었다. 물론 歲易農法이나 녹축을
사용하는 농업기술은『齊民要術』이나 그것을 그대로 인용하고 있는『農桑輯
要』水稻作의 최대의 특징이었으나, 그것은 中國의 水稻作 발전상에서도 극

---

35)『農書輯要』水稻.
　　『農桑輯要』卷2, 播種 水稻., ( ) 內는 武英殿聚珍版本, 이하 同.

복의 대상이 되고 있는 것이었으며, 실제로 그렇게 되고 있었다. 그러므로
『農書輯要』가 비록 『農桑輯要』를 초역함으로써 農書를 편찬하고 있기는 하
였지만, 그 農法을 그대로 직역하여 수용할 수는 없었다. 그것은 朝鮮 농업
에 적합하거나 朝鮮에서 관행하는 농법으로서 의역될 필요가 있었다.

『農書輯要』는 歲易農法을 回換農法으로 번역 ─『農書輯要』에서는 『農桑輯
要』의 歲易農法을 朝鮮의 농업 현실로서 번역하고 있었다. 歲易 문제와 관
련되는 부분에 대한 번역을 보면 그것은 분명하였다.

　　色吐連處田地亦 或田或畓互相耕作爲良 量地品一樣田地乙良 每年回換 水稻畊
　　作爲乎矣 三月內 畊種不得爲去等 四月上中旬乙 不違畊種36)

이 문장의 뜻은, '色吐連處'가 무엇을 말하고자 하는 것인지 분명치 않지
만, 아마도 色吐를 息土의 吏讀 표현으로만 쓰고 있는 그렇게 단순한 것은
아닐 것으로 생각된다. 그럴 경우라 하더라도, 먼저 作物이 자랄 농지의 土
性・土壤 條件을 파악하고 그 결과에 따라 作物의 경작을 결정케 하려는 것
이었다고 사료된다. 中國이나 우리나라의 傳統 農學에서는 土性의 파악을,
일차적으로는 黑土 白土 黃土 기타 등등 土壤의 색깔과, 砂土・壤土・埴
土・礫土 및 粘土・剛土・弱土・虛浮土 기타 등등의 土質로서 판단하는 것
이 일반이기 때문이었다.37)

土性의 파악이 이러하였음에서 보면, 色吐連處는 起耕할 때 墢土된 흙이
같은 色으로 이어지는 들, 즉 土性이 균일한 좋은 田地가 아니었을까 생각되
며, 이러한 田地에다 한 해는 논(畓)으로 경작하고 다음해에는 밭(田)으로

---

36) 『農書輯要』水稻.
　　　이 농서에서는 旱田에서 흔히 하는 歲易도 回換이라 하였으므로(麻枲條), 回換農法에는 두
　　가지가 있는 셈이었는데, 그 가운데에서 우리에게 특히 주목되는 것은 水田에서의 回換農法
　　이다.
37) 이러한 문제에 관해서는 다음의 논고를 통해서 그 개략을 살필 수 있다.
　　　拙稿, '世宗朝의 農業技術'(『세종문화사대계』 2, 과학 역사 지리편, 2000 및 『韓國中世農業史
　　研究』 2000, p.429, 451).
　　　梁家勉 主編, 『中國農業科學技術史稿』, 傳統土壤科學的發生, pp.139~142, 1989.
　　　惠富平, 『史記與中國農業』, 土壤槪念的提出 및 土壤色質與土壤分類, pp.274~283, 2000.

바꾸어 경작해 봄으로써, 그 土性 地品이 田穀과 畓穀에 모두 좋은 것으로 판단되면, 그 농지에 매년 해를 바꾸어 水稻를 回換耕作(돌려가며 바꾸어 경작)하되, 3월 내에 耕種토록 하고 그렇게 할 수 없을 경우라 하더라도 4월 상·중순을 넘기지 말라는 것이 되겠다. 여기서는 무엇과 무엇을 回換耕作하라고 말하지 않았지만, 이는 그 앞의 '或田或畓互相耕作'과 관련되는 설명이므로, 당연히 그 土性에 맞는 田穀과 水稻를 回換耕作하라는 것이 되겠다.

이 耕種法은 『齊民要術』·『農桑輯要』에 보이는 수도의 歲易 直播農法을 번역하여 기술한 것이지만, 그러나 그 번역된 내용은 이미 일반으로 이해되는 歲易농법은 아니었다. 그 세역은 하나의 전지에 해를 따라 田穀과 畓穀을 번갈아 경작(輪作)한다는 의미에서의 세역, 즉 畓의 처지만으로서 보면 이른바 輪畓(換畓) 농법인 것이었다. 이러한 回換農法은 朝鮮 水稻作의 한 특징으로서 일제침략기까지도 남아 있었다.[38]

回換農法의 관행 예 ―『農書輯要』의 찬자가 중국의 歲易農法을 回換農法으로 받을 수 있었던 것은 朝鮮시기에는 이 農法이 적지 않게 보급되고 있었던 까닭이라고 생각된다. 우리는 그러한 예를 쉽게 볼 수 있다 文宗朝이 정부에시 救荒내책을 논하되 다음과 같은 재배법이 있음을 들고 이를 보급시키려 한 것은 그 한 예이다.

間有老農 或於麰麥旣收之後 飜耕引水 種此五十日之租 而獲利者有之[39]

즉, 農事에 익숙한 사람들은 보리밭에, 추수가 끝난 다음, 引水灌漑하고 五十日租라고 하는 水稻를 재배한다는 것이었다. 물론 이는 본시 보리밭이었으므로 그 다음해에는 다시 보리나 다른 잡곡을 심었을 것이다.

그리고 成宗朝의 조정에서 旱害대책과 관련하여 내린 勸農政策에 다음과 같은 지시가 있었음도 같은 예가 되겠다.

---

38) 池泳鱗, '咸鏡北道 吉州지방의 輪畓에 관한 조사'(『朝鮮農會報』 9-9, 1935).
39) 『文宗實錄』 卷4, 文宗 즉위년 10월 庚辰, 6책, p.304.
　　『文宗實錄』 卷10, 文宗 원년 10월 乙亥, 6책, p.445.

論諸道觀察使曰 人言凶歉之歲 其明年兩麥必登 又言高燥水田 春種牟 夏種豆
一年兩收 其利倍於水田之收 此農家所當知也 令諸邑守令 廣諭此意于民間40)

凶年이 든 다음해에는 일반적으로 말하기를, 麥이 豊作이 되고, 高燥水田
에 春麥과 夏豆를 심으면 1年 2作을 하게 되어 水稻를 재배하는 것보다 유
리하다고 하니, 監司는 각 邑의 守令에 지시하여 농민들로 하여금 穀物 재배
를 이같이 하도록 권유하라는 것이었다. 이 경우는 앞의 예와는 달리 麥・豆
를 심은 밭이 본시 水田이었으므로, 麥・豆를 한두 차례 재배한 뒤 물이 충
분하면 다시 水田으로 활용되었을 것이다.

이러한 사정은 그 뒤에 있어서도 마찬가지였다. 孝宗朝의 정부에서 간행
한 量田規定에 다음과 같은 조항이 있었음은 그 예이다.

互爲水旱田之地 從元案施行 其中水田永爲旱田 旱田永爲水田者 並以時見改正41)

量田 당시 서로 번갈아 水田과 旱田이 되고 있는 농지의 地目은 元案에
기록된 대로 따르며, 그 가운데 水田이 영구히 旱田이 된 곳과 旱田이 水田
이 된 곳은 모두 量田 당시의 현실대로 그 지목을 고치라는 것이었다. '互爲
水旱田之地'는 반드시 回換農法만을 지칭하는 것은 아닐 것으로 생각되지
만, 그러나 거기에는 回換農法이 중요한 예로서 포함되는 것으로 이해된다.

그리고 英・正朝의 農書에 다음과 같은 農法이 수록되어 있는 것도 그 예
가 되겠다.

① 田稻種畓 畓稻種田 大利
② 稻田之種麥 麥田之種稻者 互相變通 不息地利也42)

전자는 山稻를 水田에 수파하고 水稻를 旱田에 건파하는 것으로도 볼 수

---

40) 『成宗實錄』卷7, 成宗 원년 9월 壬寅, 8책, p.534.
41) 『田制詳定所遵守條畫』.
42) ①『厚生錄』卷下, 附錄.
    ②『農圃問答』卷2,「農書」7, p.218.

있겠으나, 그러나 山稻를 水田에 재배할 경우 作畝를 하고 있는 것으로 보
아,43) 이는 山稻와 水稻의 回換農法을 말한 것으로 보인다. 그런데 이 재배
법은 농법으로서 대단히 유리하다는 것이었다. 후자는 水田種麥을 논하는
가운데서 한 말인데, 稻田種麥 麥田種稻는 결국 稻·麥 재배를 互相變通하
는 것, 즉 回換耕作하는 農法으로 地利를 놀리지 않는 재배법이라는 것이다.
水田種麥은 回換農法의 발전된 형태인 셈이다.

　그리고 正祖 年間의 求農書綸音과 관련이 있는 것으로 보이는 한 農書에서

　　水田麻 則治田·糞田·耘田 與田麻同 種候宜驚蟄時44)

　라고 하여, 水田種麻를 말하고 있는 것도 回換農法의 한 예로 이해된다.
이는 水田을 田으로 이용하여 麻를 耕種하는 것이므로, 한 번 또는 몇 차례
種麻를 한 다음에는 다시 水田으로 돌아갈 것이기 때문이다. 또 이밖에 평상
시의 일은 아니지만, 旱災가 들었을 때 水田을 反耕하고 他穀(田穀)을 耕種
하는 일이라던가, 또는 陳田으로 화한 水田에다 木麥·黍稷·黍粟을 재배히
는 관행이 있었던 것도 같은 맥락에서 이해할 수 있을 것이다.45)

　이같이 정리하고 보면 高麗 말기의 기록에, 서해안 평야지대 沃野 수천 리
의 肥膏不易田이 稻田·稻田(수수밭)으로서 경영되고 있었던 것도, 이를
『農書輯要』의 回換耕作하는 농법과 관련하여 고찰하면, 輪番 재배 回換農法
과 어떤 관련이 있지 않았을까 생각된다.

　　○ 三韓 自鴨綠以南 大抵皆山 肥膏不易之田 在於濱海 沃野數千里之稻田 陷于
　　　倭奴

　　○ 三韓 自鴨綠以南 大抵皆山 肥膏之田 在於濱海 沃野數千里之稻田 陷于
　　　倭奴46)

---

43) 『進御農書』第11, 百穀種播耘穫, 『農書』7, p.28.
44) 『農書纂要』下, 種麻.
45) 『成宗實錄』卷130, 成宗 12년 6월 辛未, 10책, p.238.
　　『備邊司謄錄』34, 肅宗 4년 12월 4일, 3책, p.395.
46) 『高麗史』卷82, 兵志2, 屯田條, 中, p.815.

이는 趙浚 時務疏를 『高麗史』와 『高麗史節要』에서 요약 수록한 것인데,
서해안 평야지대의 비옥한 不易田을 『高麗史』에서는 稻田(稻黍田 = 蜀〔薥〕
黍田 : 수수밭)으로 보고, 『高麗史節要』에서는 稻田(논)으로 보고 있는 것이
다. 수수밭과 논이 다 함께 있는 것이 아니라, 沃野 수천 리를 모두 수수밭
아니면 논으로 보고 있다. 여기서 이 평야지대를 不易하는 논으로 본 것은
이상할 것이 없지만, 수수밭으로 보고 있는 점에는 쉽게 납득이 가지 않는
다. 그러나 만일에 이 두 기술이 단순한 착오가 아니라 어느 쪽도 사실과 다
름이 없었다면, 이를 어떻게 해석할 수 있을까?

이것이 착오가 아니었다면, 趙浚은 말할 것도 없고, 『高麗史』나 『高麗史
節要』의 찬자들에게는 趙浚 상소문과 관련하여 이 지대를 수수밭이나 논으
로 기록해도 될 만한 어떤 이유가 있었다고 보아야 할 것이다. 필자는 그것
을 두 가지 면에서 생각해 보고 싶다. 그 하나는 『農書輯要』의 回換耕作하는
농법과 관련하여, 한 농지에서 재배되는 작물을 수수나 벼의 어느 쪽으로 보
아도 무방하였던 데서 연유하는 것이 아니었을까 하는 점이다. 그리고 다른
하나는 이 시기에는 倭寇의 침입에 대비하여 水田지대에다 잠정적으로 수수
를 재배할 수도 있지 않았을까 하는 점이다.[47] 水稻는 파종한 뒤 공을 많이
들여야 추수를 기대할 수 있지만, 수수는 水稻처럼 공을 들이지 않아도 '收
多'하였기 때문이다. 그러나 이 제2의 사정이 이유가 되고 있었다 하더라도,
이 역시 水田에 田穀을 재배하는 回換農法이 전제가 되는 것이었음은 말할
것도 없겠다.

田穀과 畓穀을 回換하며 경작하는 예를 이같이 정리하고 보면 回換農法은
자연스럽게 보급되고 있었던 것으로 생각된다. 그리고 뒤에 다시 언급되듯
이(본서 46면 참조), 回換農法에는 잡초가 무성하는 것을 억제하는 기능이
있는 것으로 이해되고 있었으므로, 지역에 따라 또는 農地의 조건에 따라서
는 이 農法이 아주 효과적으로 활용되었을 것으로 생각된다.

그러나 『農書輯要』에서 이같이 田穀과 畓穀을 回換耕作하는 농법을 말하
고 있었다 하더라도, 이 시기의 水稻作의 직파농법이 주로 이러하였음을 뜻

『高麗史節要』卷33, 禑王 14년 8월조, p.837.
47) 李泰鎭, 『韓國社會史研究』, pp.225~227 참조.

하는 것은 아니었다. 『農書輯要』에서는 『農桑輯要』의 세역농법을 번역해야
했으므로 朝鮮의 回換耕作하는 농법으로서 이를 풀이했을 뿐이었다. 이때
조선 水稻作에서 주류를 이루는 것은 常耕連作하는 농법이었다. 『農事直說』
에서는 水稻의 常耕連作만을 기술하고 回換農法은 말하지 않고 있었다. 그
러고 보면 回換耕作하는 농법은 歲易(休閑)農法이 常耕農法으로 전환하는
과정, 또는 常耕連作할 수 없는 조건에서 보급되고 있는 농법이었던 것으로
생각된다. 그리고 그러한 점에서 보면 이 농법은 高麗시기의 세역농법에서
이미 널리 발생 보급하고 있었던 것이 아닐까 생각된다.

　『農書輯要』는 轆轤를 所訖羅로, 中國 農法을 朝鮮 農法으로 번역 — 轆轤·
轆軸을 끌어서 수전을 熟治하고 摩平하는 문제도 그 번역은 朝鮮 농업에서
관행하는 농업기술로서 대체하고 있었다. 그 부분에 대한 『農書輯要』의 번
역은 다음과 같았다.

　起耕後 入水十日第 所訖羅以 地熟爲限 摩正爲遣 種子乙良 洗淨去雜物爲置 在
　前農人矣使內如乎貌如 浸種落種爲乎矣48)

　그 뜻은 '起耕하고 入水한 지 10일이 되는 때에 所訖羅로 농지가 숙치될
때까지 마평하고, 종자는 洗淨하여 잡물을 제거해 두었던 것을 전부터 농민
들이 해 오는 모양으로 浸種하여 落種하되' 운운하는 것이 되겠다.

　여기서 주목되는 것은 녹축을 所訖羅로 번역하고 있는 점이다. 녹축은
『齊民要術』에서는 陸軸, 王禎의 『農書』에서는 礰礋으로 부르고 있는 것으로
서 일종의 '롤러'였으며,49) 所訖羅는 써레로 알려져 있는 것으로서 중국 농
서에서는 杷·耖로 명시하고 있는 것이었다.50) 그런데 『農書輯要』의 찬자
는 녹축을 所訖羅로 번역하고 있었다. 朝鮮 농업에서는 新田 개발시의 輪木

---

48) 『農書輯要』水稻.
49) 『齊民要術』卷2, 水稻.
　　『農書』農器圖譜 2, 耒耜門 礰礋.
　　西山武一·熊代幸雄, 『校訂譯註 齊民要術』卷2, 水稻, 上, p.101.
　　繆啓愉, 『齊民要術校釋』卷2, 水稻, p.104 註4.
50) 『農書』農器圖譜 2, 耒耜門 杷·耖.

말고 일반적으로 녹축이 이용되고 있지도 않았지만, 그 기능을 가진 農具는 소홀히였기 때문이었을 것이다.

『農書輯要』의 편찬이 『農桑輯要』의 단순한 직역이 아니었음은 파종법에 있어서도 엿볼 수 있다. 『農書輯要』는 앞의 문장(註48) 바로 뒤에 본문(『農桑輯要』)에는 없는

天旱 水種不得爲去等 浸種除良 落種爲齊 落種後三日內 須只驅鳥[51]

라는 문장 한 구절이 더 적혀 있다. 이는 봄철에 날씨가 가물어서 水播를 할 수 없을 때에는 浸種하지 말고 落種하라는 것, 즉 乾播를 지시하는 것으로서 朝鮮 농업 특유의 한 파종법이었다.

그러한 사정은 除草法에 관해서도 마찬가지였다. 『農桑輯要』에서는 '稻苗 長七八寸 陳草復起 以鎌侵水芟之'[52]라고 하여, 낫으로 제초하고 그 뒤 稻苗 가 점점 자라면 다시 호(薅 : 除草)할 것을 지시했는데, 『農書輯要』에서는 이 구절을 생략하고, 단지

稻苗兩葉是去等 始作除草爲乎矣 除草後 每如去水 稻苗曝根[53]

이라고만 하여, 제초만을 여러 차례 하도록 하였다. 조선에서는 논의 제초를 낫으로 하지는 않는 것이었다.

『農書輯要』는 拔而栽之 농법을 확대 해석하고, 木斫을 所訖羅로 번역 ─ 『農書輯要』가 『農桑輯要』에서 인용한 '拔而栽之'하는 水稻 재배법은 다음과 같았다. 夾注는 생략하고 있다.

北土高原 本無陂澤 逐隰曲而田者 二月 冰解地乾 燒而耕之 仍卽下水 十日 塊散液 持木斫平之 納種如前法 旣生七八寸 拔而栽之 漑灌收刈 一如前法[54]

---

51) 『農書輯要』 水稻.
52) 『農桑輯要』 卷2, 播種, 水稻.
53) 『農書輯要』 水稻.

이는 北土 高原 지대에서의 농법이었다. 이러한 곳에서는 본시 陂澤이 없으므로 산간계곡을 따라 수전을 만들고, 해마다 연작으로 水稻를 재배하는데(夾注에 '旣非歲易' 云云으로 되어 있다), 그 요령은 ① 2월에 燒而耕之하고, ② 木斫으로 摩平하며, ③ 모가 7~8寸쯤 자라면 拔而栽之하는 것 등이, 세역하며 직파하는 경우와 달랐다. 그런데 『農書輯要』의 찬자는 이것을 다음과 같이 번역하였다.

陂澤無在山谷段 地窄 歲易不得 作畓 限當庫以 每年畊作爲臥乎事是良尒 二月解氷地乾爲去等 火燒起畊後 入水 十日第 土塊解散爲去等 所訖羅以 平正令是遣 落種 苗長七八寸是去等 右例以 起畊平正爲乎 他畓庫良中 疎密得中爲只爲 移苗栽種爲乎矣55)

원문과 많이 달라졌는데, 그 뜻은 '陂·澤이 없는 山谷지대에서는 농지가 협착하여 畓을 歲易할 수 없다. 그러므로 이러한 곳에서는 水稻 재배를 하나의 논에서 해마다 경작하게 되는 바, 2월에 얼음이 풀리고 田面이 마르면 燒田 起耕한 다음 入水하며, 그 뒤 10일이 되어 土塊가 풀리면 所訖羅로 摩平시키고 그곳에 落種한다(養苗處). 모가 7~8촌쯤 자라면 이와 같은 방법으로 기경 摩平한 나른 논(移苗·栽種處)에 모가 疎하지도 않고 密하지도 않도록 적절히 옮겨심되(移秧)' 운운하는 것이다. 이러한 번역에서 주목되는 것은, 그 번역이 원문과 크게 달라지고 있는 점인데, 그러한 곳이 몇 군데나 된다.

그 첫째는 산간지역에서 歲易을 하지 않고 連作으로 경작하는 農法이 발생하게 되는 사정을 地窄에 기인하는 것으로 보고 이를 첨부하고 있는 점이었다. 이러한 뜻을 가진 문구는 원문에 없었는데, 『農書輯要』에서는 이를 朝鮮의 사정에 비추어 해석하고 있는 셈이었다.

다음은 木斫을 所訖羅로 번역하고 있는 점이었다. 中國에서의 木斫은 메

---

54) 『農書輯要』水稻.
　　『農桑輯要』卷2, 播種 水稻.
55) 『農書輯要』水稻.

〔穩 : 木椎〕였으므로,56) 결코 朝鮮의 所訖羅가 될 수 없는 것인데, 앞에서 轆軸을 所訖羅로 대치하였듯이 여기서는 木斫을 所訖羅로 받고 있었다.

그리고 셋째는 '拔而栽之'가 원문에서는 秧田(養苗處) 없이 하는 것, 즉 모의 拔 — 그 논의 잡초 제거 — 모의 栽 순서로 행해지는 것이었는데,57) 번역에서는 이를 養苗處와 移苗·栽苗處로 구분하는 가운데 행하는 것, 즉 移秧法으로 보고 있는 점이다. 이러한 차이가 있게 된 것은 그 번역을 朝鮮 농업의 현실에 비추어 행하고 있기 때문이었다고 하겠다.

앞 문장(註55)의 바로 뒤에는, 移栽를 하지 않으면 아니 되는 이유를 말하며,

奋庫乙 每年 回換畊作不得爲在如中 雜草茂盛爲臥予等用良 移栽爲良沙 易亦 除草58)

라고도 하였는데, 이는『農桑輯要』의 원문에 있는 협주를 풀이한 것이다. 拔而栽之하는 耕種法에서는 논을 해마다 回換耕作하지 못함으로 말미암아 잡초가 무성하므로, 移栽를 함으로써만 쉽게 제초를 할 수 있다는 뜻이다. 이에 있어서도『農桑輯要』의 협주의 뜻은 그러한 것이 아니었는데,59) 이 번역에서는 잡초의 무성함을 回換耕作을 하지 않는데 있는 것, 따라서 回換耕作에는 본시 잡초의 무성함을 억제할 수 있는 기능이 있는 것으로 보고 있음이 주목된다. 오랜 경험과 전통을 통해서 얻은 지식이었다고 하겠다. 回換農法이 雜草를 억제하는 데 효과적이었음은, 中國에서도, 南方 水田지대에서의 특수 作物의 경우에서였지만, 마찬가지로 인식되고 있었다.60)

---

56)『農書』農器圖譜 2, 耒耜門 穩., 本章 제2논문 註137 참조.
57)『繆啓愉』前揭書 p.105, 註10 참조.
58)『農書輯要』水稻.
59)『農桑輯要』卷2, 播種 水稻.
60)『農政全書』卷35, 蠶桑廣類, 木棉.
　　凡高仰田 可棉可稻者 種棉二年 翻稻一年 卽草根漬瀾 土氣肥厚 蟲螟不生 多不得過三年 過則生蟲

3)『農書輯要』의 한계와 효용성

『農書輯要』는『農桑輯要』에서 긴한 대목을 발췌하고 이를 吏讀로 번역한 농서였다. 이같은 방법으로 농서를 편찬하는 작업은 太宗朝의 농업정책으로서 행해지고 있었으므로,『農書輯要』도 이 때의 농업정책과 어떤 관련이 있었을 것으로 생각된다. 그러나 이것이 太宗의 명에 의하여 李行과 郭存中이 마련하였던 바로 그 농서이었겠는지, 또는 같은 시대의 다른 인물이 편찬한 농서이었겠는지는 알 수 없다.

『農書輯要』가 太宗의 농업정책과 관련하여 편찬되었다 하더라도, 朝鮮의 農業生産을 여기에 의존하기에는 그 내용이 너무나 불충분하였고, 따라서 국가시책으로서 이를 간행, 보급하기는 어려웠을 것으로 생각된다. 耕地條는 비교적 충실하게 번역되었으나, 旱田 작물에 관해서는 種粟條를 빠뜨린 것은 말할 것도 없고, 작물의 파종 방법·파종 시기 등이 지극히 소략하였으며, 발췌의 방법에도 문제가 있어서 그 재배법이 전체적으로 잘못 파악된 항목이 있었음은 이 농서의 큰 결함이었다. 水稻作은 발췌도 충실하고 번역도 朝鮮 현실에 비추어 충실하였지만, 책 자체가 번역서이기 때문에 朝鮮 농업에서 가장 널리 행해지고 있었던 水稻의 常耕連作農法을 수록하지 못하고 있었음은 역시 한계가 되는 것이 아닐 수 없다.

그러므로 정부에서『農桑輯要』를 발췌 번역한 농서를 간행 보급하기 위해서는 이를 재검토하고 修正 補完하는 과정이 있었을 것으로 믿어진다. 그 번역 편찬의 작업이 太宗의 명으로 시작되었으면서도, 그 결과로서의『農書』가 세종 10년에 이르러서야 비로소 간행될 수 있었던 것은 그 때문이었을 것으로 생각된다.『農書輯要』가 개인의 사적인 편찬물이었을 경우에는 그 간행은 더욱 어려웠을 것이다.

『農書輯要』는 큰 한계가 있는 농서였지만, 이 시기의 농업실정과 農學思潮를 이해하는 데 중요한 자료가 된다고 사료된다.

무엇보다도 주목되는 것은 그 농서의 구성이『農桑輯要』에서 耕地와 九穀의 재배 문제를 발췌하는 것으로서 이루어지고 있는 점이다. 穀(粟)에 관해서는 이해 부족으로 種穀條를 빠뜨리고 부분적으로만(黍稷粱秫) 언급하였지만, 이같은 농서의 구성은『農事直說』의 구성이 양식작물 재배를 중심으로 이루어지게 되는 바와 밀접하게 관련되는 것으로 생각된다. 이는『農事直說』
의 성립과정을 보여 주는 한 근거라고 하겠다.

다음으로,『農書輯要』의 찬자는 中國과 朝鮮의 풍토가 다름을 의식하고,
따라서 中國 농서를 발췌 번역하면서도 中國의 農法·農時를 그대로 옮기는
일을 되도록 피했다는 점이 주목된다. 찬자는 朝鮮 농업에도 무난하고 적합
한 것을 발췌하되, 그 번역은 朝鮮에서 관행하는 농법·기술로서 행했다. 이
같은 방법으로 농서를 편찬하게 되면 그 농서는 번역서라 하더라도 朝鮮에
서 유용하게 쓸 수 있었을 것으로 생각된다. 그러나 이러한 편찬 방법으로는
朝鮮 농업에서 관행하는 모든 農業技術을 실은 충실한 농서를 만들기가 어
려웠을 것이므로, 정부에서는 결국 朝鮮 농업을 표본으로 한 朝鮮 농서의 편
찬을 꾀하게 되지 않을 수 없었을 것으로 생각된다.

셋째는,『農書輯要』와『農事直說』사이에는 水稻의 재배법과 農具의 이용
방식을 두고 큰 차이가 있다는 점이다. 전자에는 水田에서 稻와 田穀을 輪作
으로 재배하는 回換農法이 있었는데, 후자에는 이 農法이 없었으며, 전자에
서는 所訖羅를 수전에서만 이용하고 있었는데, 후자에서는 이것을 水田과
旱田의 어느 경우에도 이용하고 있었다. 그러므로 당시의 朝鮮 농업의 특징
은『農事直說』에 잘 반영되고 있는 것이 사실이지만, 그러나 그것은『農事
直說』만으로써 설명될 수 있는 것이 아니라,『農書輯要』의 농법까지도 포함
하여 보다 다양하고 폭넓게 파악되어야 하는 것이라고 하겠다.

3.『農事直說』의 編纂과 그 農業技術

『農事直說』編纂의 目標와 意義 ─ 朝鮮초기에는 이미 지적한 바와 같이,
조선이 건국된 뒤의 新王朝의 농업생산 기반 확립을 위해서, 여러 종류의 농
서가 편찬되고 있었다(본편 제1장). 그러한 여러 농서 가운데서도 중심이 되
는 것은『農事直說』이었다. 그러므로 신왕조에서 농서편찬의 동기와 목표는
바로『農事直說』이 편찬되는 동기와 목표를 말함이기도 하였다. 이 농서가
편찬 간행되는 것은 世宗朝의 일이었다.

世宗朝에는 勸農政策의 일환으로서 국가사업으로『農事直說』이 편찬되고

世宗의 「勸農敎文」이 반포되었다. 전자는 선진지역의 農業技術을 조사 정리
하여 후진지역으로 보급시킴으로써 農業生産을 한층 더 증진시키려는 것이
었으며, 후자는 권농을 담당하는 목민관들에게 勸農의 이념과 그것을 수행
하는 데 있어 유의할 사항을 지시한 것이었다. 그리하여 이 양자는 당시뿐만
아니라 朝鮮후기에 이르기까지도 농업생산을 이끄는 지침이 되었다. 그러한
점에서 『農事直說』은 특히 이 시기의 농업생산을 주도하고, 그 기술 수준을
보여 주는 農書였다고 하겠으며, 따라서 이 시기의 농업생산이나 농업정책
을 밀도 있게 이해하기 위해서는, 『農事直說』의 성립과 그 내용에 대해서도
구체적인 이해가 따라야 하겠다.

　더욱이 『農事直說』 이전의 高麗時期나 그 이전에 있어서는 우리의 農書로
서 어떠한 것이 있었는지, 혹 있었는데 없어졌는지 또는 편찬된 일이 없이
中國 농서만 이용하였는지 알 수 없다. 그러므로 지금으로서는 『農事直說』
은 우리의 농업전통을 이해할 수 있는 最古의 체계적인 농서라 하겠으며, 따
라서 이를 세심히 검토하면 우리 농업의 전통과 그 기본 골격이 어떠한 것이
었는지도 파악할 수 있는 것이라 하겠다. 前近代에 있어서도 농업생산은 몇
단계에 걸치면서 발전하였지만, 그러나 그 생산의 傳統이 근본적으로 변하
는 것은 아니었으며, 따라서 古代에 가까운 농서일수록 古來의 농업전통을
파악하는 데 더욱 밀접한 자료가 될 수 있기 때문이다.61)

1) 『農事直說』의 編纂 過程

　『農事直說』은 한장본 12엽(서 2엽, 본문 9엽, 자음의 1엽)의 간략한 책자
였지만, 그러나 그것이 편찬 간행되기까지에는 15년에 걸친 긴 경과 과정이
소요되었다. 太宗 14년(1414)에서 世宗 11년(1429)까지에 이르는 기간이
다. 『農事直說』의 農書로서의 특성을 파악하기 위해서는 먼저 이 편찬 과정

---

61) 『農事直說』에 관해서는 오래 전에 朝鮮後期의 農書를 정리하는 가운데 부분적으로 이를 검
　토했을 뿐 전반적으로는 고찰할 기회를 갖지 못했었다. 그 동안 閔成基·李泰鎭·金泰永·李
　鎬澈·宮嶋博史 등 여러 분이 좋은 연구를 많이 내놓았다. 本稿는, 수년 전에 「朝鮮王朝의
　建國理念」을 주제로 한 공동 연구에 필자도 참여한 바 있었고(1985~1986년도 애산학회), 그
　기회에 『農事直說』에 대한 필자의 견해를 정리 발표한 바 있었으므로, 그후 여기에 약간 가필
　한 것이다.

또는 그 성립 과정을 검토할 필요가 있다. 그것은 그 과정 자체에 이미 그
특성이 내포되어 있기 때문이다. 그러한 사정은 鄭招가 쓴 『農事直說』의 序
에 잘 표현되고 있다.

> 太宗恭定大王 嘗命儒臣 掇取古農書切用之語 附註鄕言 刊板頒行 敎民力本 及
> 我主上殿下繼明圖治 尤留意於民事 以五方風土不同 樹藝之法各有其宜 不可盡
> 同古書 酒命諸道監司 逮訪州縣老農 因地已試之驗 具聞 又命臣招 就加詮次 臣
> 與宗簿寺少尹臣孝文 披閱參考 袪其重複 取其切要 撰成一編目 曰農事直說……
> 臣鄭招拜手稽首謹序62)

이에 따르면 그 편찬 과정은 두 단계로 이루어졌다. ① 太宗朝의 農書 간
행 계획 ② 世宗朝의 '風土不同' 확인과 세종의 農業慣行 조사 및 農書 편찬
지시 등이 그것이었다. 이 지시에 따라 『農事直說』을 편찬한 것은 鄭招와 卞
孝文이었다.

太宗朝의 農書 편찬 계획 ; 『農書』 — 太宗朝의 농서 편찬 계획은 위의 인용
문 가운데 '掇取古農書切用之語 附註鄕言'이라고 한 데서 볼 수 있듯이, 옛
농서(中國 農書)에서 긴요한 대목을 발췌하고 鄕言으로 주석을 다는 것이었
다. 이러한 사실을 河緯地가 찬한 世宗 26년의 「勸農敎文」에서는,

> 太宗……命儒臣 以方言譯農書 廣布中外 以傳于後63)

라고도 표현하고 있다. 鄕言이나 方言은 中國語에 대한 우리말을 뜻하는
것인데, 이때는 아직 訓民正音이 만들어지지 않고 있었으므로, 여기서 鄕言
으로 주를 달았다거나 방언으로 번역을 했다는 것은, 특수한 中國語 표현을

---

62) 『農事直說』序(庸齋文庫本, 李亮載氏本, 昌平刻本).
   『農事直說』의 序는 『實錄』에도 수록되어 있는데(『世宗實錄』卷44, 世宗 11년 5월 辛酉, 3책,
   p.181), 여기에는 孝文이 卞孝文으로 명기되어 있다.
63) 『世宗實錄』卷105, 世宗 26년 閏 7월 壬寅, 4책, p.579.
   『丹溪遺稿』.
   『農家集成』(世宗 26年) 勸農敎文.

우리가 알기 쉬운 漢文이나 吏讀로 표기하고 우리 표현으로 주를 달았다는
뜻이 되겠다. 말하자면 이때의 農書 편찬은 中國 農書를 요약하고 간추리는
것이었다. 이때에는 中國 농서가 많았는데, 그 가운데에서도 이러한 농서 편
찬에서 底本으로 택해진 것은 『農桑輯要』였다. 이는 元나라 司農司에서 편
찬한 것이지만, 高麗 말년에는 우리나라의 地方官廳에서도(陜川) 판각하여
간행하고 있었으므로 널리 알려진 책이었다.64)

　『農桑輯要』를 저본으로 하여 切用之語를 掇取하는 작업은 太宗 14년에
있었다. 이 무렵에는 여러 가지 면에서 勸農政策이 적극적으로 취해졌으며,
이와 관련하여서는 농업기술을 계몽하는 권농정책, 즉 농서의 편찬이 또한
절실히 요청되고 있었다. 이 해 2월에 있었던 議政府의 啓言은 그런 사정을
반영한 것이다.

　　議政府啓曰 小民當以務農爲急 守令專以勸課爲任 諸道州縣風土不同 所種之穀
　　本自異宜 耕種之候 亦有早晩 願以宜土之穀播種之節 備書布告 令守令知勸課之
　　方 授之以時 庶乎民不失時矣65)

　이는 지방 수령의 勸農이 지방에 따르는 '風土不同'을 고려하지 아니하고
오직 독려만을 일삼는 데서 오는 農作의 '失期失農'을 막으려는 것으로서, 지
방에 따라 '地宜 時宜'를 명시한 농서를 비치하고, 이에 의거하여 적합한 穀
種, 적합한 農時를 布告하자는 것이다. 地宜 時宜를 어떻게 파악할 것인가에
대해서는 언급이 없었지만, 그것이 제대로 파악되기 위해서는 각 지방의 농
업관행을 조사할 필요가 있었을 것이다. 그리고 그렇게 되면 風土不同의 문
제를 해결하는 농서가 될 수도 있었을 것이다. 그러한 점에서 議政府의 이
啓言은 뒤에 『農事直說』을 편찬하는 한 배경이 되기도 하였다. 그러나 이때
의 이 啓言은 '備書布告'를 하자는 데 초점을 둠으로써 國王의 허락을 받지
못했고, 따라서 하나의 제언으로 그치고 말았다.

　그러나 농서를 비치하고 파종할 穀種과 그 시기를 일일이 포고하지는 않

64) 本書, 本編 註3의 拙稿 참조.
65) 『太宗實錄』 卷27, 太宗 14년 2월 乙巳, 2책, p.4.

는다 하더라도, 농업생산이 증진되기 위해서는 적절한 농서가 반드시 필요
하였다. 그리하여 여러 사람이 勸農桑을 말하는 가운데, 右代言 韓尙德은 그
해 12월『農桑輯要』를 번역함으로써 우리에게 알기 쉬운 농서를 편찬할 것
을 건의하게 되었다.

　　尙德又啓曰　元朝農桑輯要　有益於民　但其文雅　人人未易通曉　願譯以本國俚語
　　令鄕曲小民　無不知之66)

『農桑輯要』는 농민들에게 유익하지만 그 글이 지금 우리가 쓰는 글과 같
지 않아 사람들이 쉽게 알 수 없으므로, 우리글[吏讀]로 번역함으로써 鄕村
民이 모두 이를 이용할 수 있게 하자는 내용이다. 國王도 이에는 반대할 이
유가 없었다. 그리하여 그 일을 맡을 사람으로 前 大提學 李行과 檢詳官 郭
存中을 지명했으며, 번역이 끝나면 '成書板行'할 것도 지시 하였다.67)
　　李行과 郭存中이 번역해낸 농서가 어떠한 것이었는지 알 수는 없다. 혹
앞에서 살핀 바『農桑輯要』편찬시의 사정과 어떤 관계가 있지 않았을까 생
각되기도 하나, 그 뒤의 기록을 보면 그것은 農業技術書와 養蠶方을 분리해
서 편찬하고, 전자는『農書』후자는『蠶書』의 이름으로 간행하였던 것이 아
닐까 생각된다. 그리고 이때 정부가 우선 목표로 삼고 李行 등에게 부여한
과제는 전자, 즉 농업 기술 문제를 해결하려는 것이었으리라고 생각된다. 후
자는 李行이 이미 전에『農桑輯要』안에서『養蠶方』을 뽑아 판간 보급한 바
가 있었으므로 이를 이용하려는 것이었다. 그것은 다음과 같은 기록을 통해
서 그렇게 이해된다.

　　初前藝文館大提學李行　於農桑輯要內　抽出養蠶方　自爲經驗　所收倍常　遂板刊
　　行于世　國家慮民間未解華語　命議政府舍人郭存中　將本國俚語　逐節夾註　又板刊
　　廣布68)

─────────────

66)『太宗實錄』卷28, 太宗 14년 12월 乙亥, 2책, p.47.
67) 同 上.
　　上從之　命前大提學李行與檢詳官郭存中　成書板行

즉, 이는 太宗 17년 5월의 일로서, 政府가 養蠶정책을 새로 취하게 되면
서 한 말인데, 養蠶에 관해서는 李行이 이미 『農桑輯要』에서 그 요점을 抽出
하여 판간한 바 『養蠶方』이 있으므로, 이에 우리말(俚語)로 夾註를 붙여 간
행케 했다는 것이다. 더욱이 『農桑輯要』의 번역을 啓言하였던 韓尙德은 그
의 건의가 받아들여진 뒤 곧 그 자신도 『農桑輯要』에서 養蠶法을 발췌 번역
함으로써 『養蠶經驗撮要』를 편찬하고 있었는데(太宗 15년 5월),69) 이는 太
宗 14년의 계획에서는 養蠶 문제가 그 주제에서 제외되고 있었음을 뜻하는
바라고 하겠다. 그리고 이같이 편찬된 『蠶書』가 李行의 발췌성문과 郭存中
의 '逐節夾註'로 이루어졌다는 점으로 보면, 그들이 번역 편찬하는 『農書』도
같은 요령으로 成書되었으리라 믿어진다. 『農事直説』과 관련하여 우리가 특
히 주목하게 되는 것은 바로 이 『農書』이다.

李行 郭存中 등이 번역 편찬한 농업기술서의 표제가 『農書』였으리라는 점
은 몇 가지 기록을 통해서 추정할 수 있다. 무엇보다도 앞에서 보았듯이 世
宗 26년의 「勸農教文」이 太宗의 농서 편찬을 두고 '以方言 譯農書廣布中外'
라고 한 것이 그 단서라고 하겠다. 이것을 정확하게 표현하려면 '以方言 譯
農桑輯要 廣布中外'라고 했어야 할 터이지만 「教文」은 그렇지가 않았다. 이
는 世宗의 「教文」이 그 번역한 『農書』를 널리 이용하고 있는 시점에서 쓰여
지고 있었음과 관련이 있는 것으로 생각된다. 太宗께서 현재 우리가 보고 있
는 『農書』를 번역하여 널리 이용토록 했다는 점을 말하고자 함이었을 터이다.

그리고 『農事直説』의 서문이나 世宗 26년의 「勸農教文」에서 볼 수 있듯
이 朝鮮초기의 농서 편찬은 太宗朝와 世宗朝의 일이었는데, 뒷날에 이르러
中宗이 그 「農桑教書」에서 이때의 사정을 말하되

---

68) 『太宗實錄』 卷33, 太宗 17년 5월 己酉, 2책, p.162.
　　　壬亂 전까지 江原道 淮陽郡에는 『養蠶方』의 冊板이 남아 있었다(本編 註4의 논문 참조). 여
　　기서는 새로 板刊廣布할 책의 書名을 말하고 있지 않았는데, 뒤에 金安國은 이때의 刊本을
　　『蠶書』라 하였고 그것을 諺解하여 보급시키고 있었다(註75 참조). 그리고 이보다 앞서서는
　　世祖가 『蠶書』를 註解케 하고 있었는데(『世祖實錄』 卷15, 世祖 5년 정월 癸丑, 7책, p.311),
　　이 『蠶書』도 이때 편간된 것이 아니었을까 생각된다.
69) 李光麟, '『養蠶經驗撮要』에 대하여'(『歷史學報』 28, 1965).

我祖宗導民勸課之方 靡所不究 至於農書 曲盡樹藝之宜 農事直說 備審風土之驗
使夫田野之民 皆得以易曉70)

라고 한 것도 그 한 예이다. 太宗朝와 世宗朝의 농서를 『農書』와 『農事直
說』로 표현하고 있는 것이다. 『農書』는 五穀의 栽培法을 정세하게 기술했
고, 『農事直說』은 風土를 잘 살펴 편찬함으로써 농민들이 모두 쉽게 이해할
수 있게 했다는 점에서 각각 특징이 있는 농서로 보는 것이었다. 太宗朝의
『農書』가 만일 다른 표제로 되어 있었다면 '至於農書'의 농서 자리에는 그 다
른 표제를 기록했을 것이다.

世宗朝의 『農書』 간행과 『農事直說』 편찬을 위한 기초조사 — 太宗朝에는 이
같이 『農桑輯要』를 저본으로 하여 『農書』를 편찬하였지만, 그러나 太宗은
이것을 자기 시대에 간행하여 활용하지는 못하였다. 그것을 널리 활용한 임
금은 世宗이었다. 太宗은 그 뒤에 곧(太宗 18년) 왕위에서 물러나고, 世宗이
즉위하여 30여 년 동안이나 統治하고, 이 『農書』를 정리 간행한 까닭이었
다. 世宗 때에 이것을 적극적으로 활용하게 되는 것은 世宗 10년부터의 일
이었던 듯 하다. 이 해 윤 4월에 世宗은 勸課農桑의 방법으로서 平安·咸吉
道民에게 '使知農書'케할 것을 지시했다. 이와는 별도로 이 兩道의 농업을 장
려하기 위하여, 『農事直說』 편찬을 위한 기초조사로서 慶尙監司로 하여금
그곳 농법을 '撮要成書以進'하도록 傳旨하는 한편,71) 평안·함길도는 물론
이고 全國에 이 『農書』를 이용케 하기 위하여 이를 印進하도록 하였다. 경상
감사에 내린 전지에 이어, 아마도 政府에 명하여

且農書一千部 以國庫米豆 換紙印進72)

---

70) 『中宗實錄』 卷27, 中宗 12년 2월 壬申, 15책, p.260.
71) 『世宗實錄』 卷40, 世宗 10년 閏 4월 壬辰, 3책, p.128.
    註77·78 참조.
72) 『世宗實錄』 卷40, 世宗 10년 閏 4월 甲午, 3책, p.129.
    이때 印進한 『農書』가 어떤 것이었는지는 여러 가지로 추정할 수 있다. 일반적으로 널리
    통용되는 견해로는 이때 慶尙道 또는 三南지방에서 작성한 '撮要成書'를 그대로 간행한 것이
    었으리라고 보는 설이다(崔南善, 朝鮮常識問答續編 『六堂崔南善全集 3』, p.110 ; 震檀學會 韓
    國史近世篇, p.770, 국사편찬위원회, 『한국사』 11, p.228). 그러나 동시에 나가는 지시에서 '撮

하라고 한 것은 그것이었다. 여기서는 이『農書』가 어떠한 농서인지 명시
하고 있지 않지만, 그러나 이는 전후 사정으로 보아 中宗이「農桑敎書」에서
지적한『農書』, 즉 太宗朝에 편찬된『農書』였을 것으로 생각된다. 世宗은 이
때 이를 다음 자료에서 볼 수 있듯이 '開刊八道'케 하고 있었다.[73] 그 간행이
世宗 10년에 이르기까지 늦어진 것은, 그같은 번역서에는『農書輯要』에서
볼 수 있었듯이, 문제점이 적지 않아서 이를 수정 보완하지 않으면 안 되었
기 때문이었을 터이다. 그리하여 이렇게 해서 印進된 이『農書』는『農事直
說』이 나오기에 앞서(世宗 11년 2월) 배포되었으며,[74] 『農事直說』이 나온
뒤에도 그대로 참고되고 이용되었다. 더욱이 후대에는 金安國이

如農書·蠶書 乃衣食之大政 故世宗朝 翻以俚語 開刊八道 今亦頗致意務本之事
故臣亦加諺解[75]

라고 하여, 그『農書』와『蠶書』를 世宗代에 편찬 간행한 것으로 이해하는
가운데, 訓民正音으로까지 번역하여 보급 이용하였다.

世宗朝의『農事直說』 편찬은 太宗朝의『農書』를 대대적으로 간행하는 것
과 병행해서 추진되었다.『農桑輯要』를 그대로 이용하는 것은 불편하였으므
로, 太宗朝의『農書』는 지극히 필요한 존재였지만, 그러나 農業技術의 기본
문제가 이로써 해결될 것으로는 보지 않은 까닭이었다. 이『農書』는『農桑
輯要』에서 切用之語를 추출한 것이기는 하였지만, 그 기본은『農桑輯要』그
대로일 수밖에 없었고, 따라서 中國 농업과 우리 농업의 차이를 해결해 줄
수는 없었다. 남쪽 지방의 경우는 특히 더 그러하였다. 그 차이는 風土不同

要成書 해서 바치라' 하고 또 '農書一千部를 印進하라'고 한 것으로서 보면 이를 같은 책으로
보기는 어렵겠다. 이는 별개 사항, 별개 서적의 편찬 印刊에 관한 지시였던 것으로 보인다.
73) 本書, 本編 註4의 李仁榮 논문에 따르면『農書』의 冊板은 壬亂 전까지 安東·晋州·全州·潭
陽·淮陽·平壤 등지에 남아 있었다.
74)『世宗實錄』 卷43, 世宗 11년 2월 壬午, 3책, p.166.
賜政府六曹堂上 農書各一秩
75)『中宗實錄』 卷32, 中宗 13년 4월 己巳, 15책, p.414.
『增補文獻備考』 卷242, 藝文考 1, 歷代書籍, 下, p.845.

의 문제로 이해되고 있었다. 앞에서 살핀 바, 『農事直說』의 序에 다음과 같
은 구절이 있었음은 그것이었다.

        以五方風土不同 樹藝之法 各有其宜 不可盡同古書(註62 참조)

  우리나라와 中國 사이에는 風土 차이가 있으므로 中國 농서의 農法을 모
두 우리나라에 그대로 적용할 수는 없다는 것이다.
  여기서 風土란 우선은 農業生産을 위한 自然環境을 말하는 것으로 이해할
수 있겠다. 氣候·土性·雨量 기타 등등의 문제가 포함되겠다. 이는 農作物
재배를 위한 기본조건이었으며, 옛 농서에서는 이를 흔히 地宜 時宜로서 표
현했다. 그리고 농사는 반드시 자연 조건에 적합하게 地宜 時宜에 맞추어 행
해야 할 것임을 가르치고 있었다. 이는 예로부터 있어 온 일이지만, 元代에
는 그들이 世界帝國을 건설하고 농작물 재배의 지역 간 교류가 넓어지는 가
운데, 특히 이같은 문제에 많은 신경을 썼다.76) 自然을 극복해 나가야 한다
는 뜻에서였다.
  元代의 농서를 본 우리나라 위정자들도 마찬가지였다. 그들은 風土 문제
를 고려한 勸農政策이 있어야 할 것임을 심각하게 의식하고 있었다. 그것은
우리나라와 中國 사이에서 볼 수 있는 風土의 현실적 차이를 의식한 데서 연
유할 수도 있고, 우리의 농업현실과 『農桑輯要』의 기술 내용에서 볼 수 있는
차이성을 유의한 데서 연유할 수도 있겠다. 그리하여 이 시기 世宗을 위시한
위정자들은 자연환경이 다르면 농작물 재배법, 따라서 농서의 내용이 달라
져야 한다고 생각하게 되었다. 風土 문제는 이미 太宗 때부터 국내 지역 간
의 문제로서도 논의되고 있었으므로, '國際간의 문제'가 되고 있는 지금(世宗
朝)에 있어서는, 더욱 심각하게 받아들이지 않을 수 없었다. 그 결과, 우리
風土에 맞는 새로운 농서를 편찬해야 한다는 결론에 도달하게 되었다.
  그뿐만 아니라, 『農桑輯要』에도 한계는 있어서 『農桑輯要』나 이를 간추린
『農書』에만 의존해서 농사를 짓기에는 불편하고 어려운 점이 많았다. 『農桑

─────────────────────────

  76) 『農桑輯要』 卷2, 論九穀風土及種蒔時月.
     王禎, 『農書』, 農桑通訣 集1, 地利篇.

輯要』의 찬자가 이를 편찬하는 과정에서 그들이 잘 알고 있는 자명한 사실에
대해서 설명을 생략하고 있는 점은 특히 문제였다. 이같이 편찬을 하면 中國
人들에게는 별 불편이 없었을지 모르지만, 中國의 사정을 모르면서 이것을
이용하려는 朝鮮에서는 간단한 문제가 아니었다. 바로 이러한 점 때문에
『農桑輯要』의 농업기술은 전체가 제대로 이해되지 못할 수도 있었다. 이러
한 사실은 이를 이용해서 농작물을 재배하려는 사람이면 누구나 직면하는
일이 아닐 수 없었다. 더욱이 『農桑輯要』에도 낙후된 農法에 관한 내용이 있
어서 이는 도움이 되지 않았다.

그러나 『農事直說』이 단지 이같은 사정에서만 편찬되는 것은 아니었다.
이와 아울러서는 농업생산을 증진시키려는 이 시기의 勸農政策이 또한 그
계기가 되고 있었다. 농업생산의 기술 수준은 지역에 따라 차이가 있었고,
따라서 勸農政策에서는 선진지역의 좋은 농법(良法)을 후진지역으로 보급
확산시킴으로써, 그 농업의 발전을 한층 더 촉진시키려는 것이 목표가 되고
있었다. 그리고 그러기 위해서는 선진지역의 농업에 관한 자료조사가 선행
되지 않으면 아니 되었다. 선진지역은 三南지방이었다 그리하여 國王은 이
지방에 지시하여 자료를 수집하게 되었다. 『農事直說』의 序에

　　　　酒命諸道監司 逮訪州縣老農 因地已試之驗 具聞(註62 참조)

이라고 한 대목이 바로 그것이었다. 여기서 諸道란 三南지방을 가리킨다.
世宗 10년의 자료에는 이러한 사정이 더욱 명확하게 기록되어 있다.

　　　　傳旨慶尙道監司 咸吉平安兩道 地品好 而無知之民 泥於舊習 農事齟齬 未盡地
　　　　力 欲採可行良法 使其傳習 道內耕種耘種之法 五穀土性所宜 及雜穀交種之方
　　　　訪之老農 撮要成書以進77)
　　　　傳旨忠淸全羅道監司 平安咸吉道 農事甚疎 未盡地力 今欲採可行之術 令傳習 凡
　　　　五穀土性所宜 及耕種耘種之法 雜穀交種之方 悉訪各官老農等 撮要成書以進78)

77) 『世宗實錄』卷40, 世宗 10년 閏 4월 甲午, 3책, p.129.
78) 『世宗實錄』卷41, 世宗 10년 7월 癸巳(亥), 3책, p.138.

즉, 世宗은 이 해에 慶尙·忠淸·全羅監司에게 그 지방의 농법·농업기술을 조사 보고하도록 지시하였다. 조사 대상은 整地·播種·耘耔·收穫의 방법, 五穀에 알맞은 土壤, 잡곡을 交種하는 방법 등이었다. 조사 방법은 각 郡縣의 경험이 많은 老農을 방문하여 그들이 경험한 바, 행하고 있는 바를 묻고, 그 요점을 일정하게 정리하여 成書 보고하라는(撮要成書以進) 것이었다. 『農事直說』의 편찬을 위한 기초조사는 현지조사인 셈이었다.

『農事直說』의 편찬은 鄭招와 卞孝文이 ─ 정부에 올라온 각 지방의 조사보고서를 중심으로 『農事直說』을 편찬하게 된 것은 鄭招와 卞孝文이었다. 국왕은 그들에게 체계를 세워 편찬 서술하는 임무를 부여하였고, 그들은 임무를 완수하였다. 『農事直說』의 序에

又命臣招 就加詮次 臣與宗簿寺少尹臣孝文 披閱參考 袪其重複 取其切要 撰成一編目 曰農事直說(註62 참조)

이라고 한 것은 그러한 사정을 말함이다. 여기에 따르면 그들은 『農事直說』을 편찬하기 위해서 조사 보고서를 면밀히 읽고 검토했으며, 다른 농서와 참고 대조하는 가운데 보고서의 내용을 살펴 나갔다. 敍述 과정에서는 중복되는 바를 삭제하고 그 切要만을 취하는 원칙을 취했다. 『農事直說』의 이같은 편찬 과정을 통해서 보면, 여기에 수록된 농업기술·농법의 내용은 朝鮮의 것이지만, 이것을 하나의 농서로 정리하기 위해서 이용한 農學의 체계·표현은 그들이 참고한 中國 농서의 그것이었다고 하겠다.

그들이 참고한 농서는 이때까지의 농서 편찬 과정이나 그 참고 상황으로 보아 『農桑輯要』가 주가 되지 않을 수 없었다. 『農事直說』은 『齊民要術』·『農桑輯要』의 농학 체계에 의거해서 편찬된 셈이다. 그리고 그런 점에서는 太宗朝에 번역 편찬이 시작되고 世宗朝에 정리 간행된 『農書』가 우선 저본으로 이용되었을 것으로 생각된다. 뿐만 아니라 『農書』는 앞서 『農桑輯要』를 우리식 한문으로 표현하고 '逐條夾註'하였던 것이므로, 경우에 따라서는 『農事直說』을 편찬함에 있어서 이러한 표현·역주가 『農事直說』에 그대로 반영되었을 것으로도 생각된다. 가령 『農書』가 『農桑輯要』의 耕地法 기술

'凡秋耕欲深 春夏欲淺 …… 春耕尋手勞 秋耕待白背勞'을 번역 정리한 대목은

　　　秋耕宜深 夏耕宜淺 春耕則隨耕隨治 秋耕則待土色乾白 乃治79)

라는 부분인데(전자의 欲, 尋手勞, 白背 등의 표현을 후자에서는 宜, 隨耕隨
治, 土色乾白으로 번역하고 있다), 『農事直說』의 이 부분이

　　　春夏耕宜淺 秋耕宜深 春耕則隨耕隨治 秋耕則待土色乾白 乃治80)

로 되어 있는 것이 그 예이다. 『農事直說』은 『農桑輯要』의 농업기술 표현
을 그대로 따른 것이 아니라, 『農書』에서 번역한 바를 취하고 있는 것이다.
『農書』와 『農事直說』에 다른 점이 있다면, 전자는 『農桑輯要』의 敍述과 마
찬가지로 작업의 순서에 따라 秋耕을 먼저 말했는데, 후자는 이를 계절의 순
서로 바꾸어 春耕을 먼저 말했을 뿐이었다.
　그리고 『農事直說』에서는 우리의 농업기술을 기술하면서도

　　　以木斫(鄕名 所訖羅) 及鐵齒擺(鄕名 手愁音) 熟治使平81)

이라고 하였듯이, 農器具의 명칭을 中國 것으로 기술하고, 거기에 우리
명칭을 鄕名으로 주석 표기하고 있었는데, 이것도 그러한 예가 되겠다. 이것
은 『農桑輯要』를 역주함으로써 『農書』를 편찬하였을 때의 원칙이었으며,
『農事直說』의 이 표현은 『農書』의 역주를 그대로 이용한 것이 아닐까 생각
된다. 『農事直說』이 농촌 관행만을 정리하여 작성한 것이었다면 이같은 구
차한 기술을 할 필요는 없었을 것이기 때문이다. 물론 그들이 『農事直說』을
편찬함에 있어서, 『農桑輯要』와 『農書』만으로는 만족할 수 없었을 것이고,
두 책으로 해결되지 않는 문제는 다른 농서들을 참고하였으리라 믿어진다.

79) 『世宗實錄』 卷77, 世宗 19년 6월 辛未, 4책, p.81.
80) 『農事直說』 耕地條.
81) 『農事直說』 種麻條, ( )는 夾註. 이하 같음.

鄭招 등의『農事直說』편찬 작업이 끝났을 때, 이는 鑄字所에 내려져 곧 印刊되었다.[82] 그리하여 정부에서는 새로이 간행된 이『農事直說』을 전국의 監司·守令과 서울의 2品 이상 時散官에게 돌려서 勸農의 지침으로 삼게 하였다. 世宗 19년에는 새로 더 인간하여 지방관들에게 보냈다.[83] 이 시기 農政에서 숙원의 하나로 되어 있었던 우리 農書의 확보 문제가 이로써 해결된 셈이었다.

2)『農事直說』『農桑輯要』의 比較와 差異點

『農事直說』은 中國 農書의 한계(風土不同)를 인식한 데서 편찬하였으므로, 이것이 완성되고 이용되면 中國 농서는 의당 불필요하게 되었을 것으로 생각된다. 그러나 현실은 그렇지가 않았다.『農事直說』을 이용할 수 있게 되었다는 사실이 太宗朝의『農書』나 中國 농서가 불필요하게 되었음을 뜻하는 것은 아니었다.『農事直說』의 간행 이후에도 이들 농서는 여전히 긴요한 농서로서 참고될 것이 요청되고 있었다. 예컨대 世宗 19년에 있었던 勸農傳旨에는 그러한 사정이 잘 표현되고 있다. 즉 그 해에는 咸吉·平安監司에게 그곳 도민의 農法 개선을 유도하도록 하였는데, 王은 이를『農事直說』과『農書』에 따라 행하도록 하였으며,[84] 전국의 監司들에게 秋耕을 장려하도록 하였는데, 여기서는『農桑輯要』·『農書』·『四時纂要』의 기술을 소개하고 있었다.[85] 그리고 蝗蟲에 대한 대책을 지시함에 있어서는『農書』·『農桑輯要』·『四時纂要』에 수록된『氾勝之書』의 방법을 소개하기도 하였다.[86] 中國 농서는 여러 가지 면에서 여전히 필요하였다.

이같은 사정은 무엇보다도『農事直說』이 극히 한정된 糧食作物의 耕種法만을 다루되, 簡直의 원칙으로써 하고, 농업생산을 위한 기술적인 여러 문제를 모두 다루고 있지 않은데서 연유하고 있었다. 더욱이 그것은 三南지방의

---

82)『農事直說』序.
83)『世宗實錄』卷47, 世宗 12년 2월 乙酉, 3책, p.216.
　　『世宗實錄』卷78, 世宗 19년 7월 辛亥, 4책, p.93.
84)『世宗實錄』卷76, 世宗 19년 2월 乙亥, 4책, p.55.
85)『世宗實錄』卷77, 世宗 19년 6월 辛未, 4책, p.81.
86)『世宗實錄』卷78, 世宗 19년 7월 辛亥, 4책, p.93.

농업을 기초로 하고 있었으므로 지역적으로 편차와 한계가 있은 데서 기인하고도 있었다. 그러므로『農事直説』을 편찬하게 되는 위정자들은 이를 農政의 지침으로 삼기는 하되, 中國 농서를 이용하고 참고할 수 있는 부분은 그대로 이를 이용하고 참고하고자 하였다.『農事直説』은 中國 농서로는 해결이 안 되는 朝鮮 농업의 기본적 개성적인 문제는 이로써 해결하고, 農業技術 일반의 개별 구체적인 문제로서 우리 농업에도 유용한 사항은 中國 농서를 그대로 이용하려는 것이었다.

말하자면『農事直説』을 편찬하게 되는 동기는『農事直説』그 자체 안에 담겨져 있으며, 그것은 그 내용이 종래의 中國 농서와 어떻게 다른가 하는 점에 있는 것이었다고 하겠다.

(1)『農事直説』과『農桑輯要』의 比較

그러므로『農事直説』의 편찬을 이해하기 위해서는, 이를 中國 농서, 특히『農桑輯要』와 비교 검토함으로써, 그 차이가 어떠한 것이었는지를 파악할 필요가 있다.

編目構成 ―『農事直説』은 단권의 얄팍한 책자로 九穀을 중심으로 한 作物재배만을 다룬 데 대하여,『農桑輯要』의 編目은 모두 7권의 비교적 큰 책으로서 농업 전반을 다루었다. 그것은 卷1 典訓 耕墾, 卷2 播種, 卷3 栽桑, 卷4 養蠶, 卷5 瓜菜 果實, 卷6 竹木 藥草, 卷7 孳畜 등으로 구성된다(殿本). 그 가운데『農事直説』과 관련되는 것은 卷2 播種과 卷1 耕墾의 일부이며, 典訓은 世宗의「勸農教文」과 부분적으로 관련된다.87) 두 책의 관련되는 부분에 관하여 그 編目을 대비하면 아래 註에서 보는 바와 같다.88)

---

87)『農桑輯要』의 典訓에서는 農功起本・蠶事起本・經史法言・先賢務農 등 農政理念・勸農政策과 관련되는 문제를 다루었으며, 그 가운데 先賢務農에서는 歷史上 뚜렷하게 勸農의 공적을 남긴 地方官을 열거하였다. 그런데 世宗의「勸農教文」에서는 옛 賢守의 예를 그 가운데 일부인 龔遂・召信臣・任延・辛纂 등으로서 들고 있었다. 그러나 그러면서도 兩書 사이에는 차이가 나는 점도 있었는데, 그것은 賢守의 예시에서,『農桑輯要』의 典訓에서는 들고 있지 않은 朱子를 世宗의「勸農教文」에서는 특히 들고 있는 점이다.

88)『農事直説』과『農桑輯要』의 編目 비교(『輯要』는 武英殿聚珍版本).

이렇게 정리하고 보면 『農事直說』은 纖維作物과 糧食作物을 중심으로
『農桑輯要』의 일부를 다루고 있는 데 불과하다. 그리고 이들 작물을 다루는
데 있어서도 두 책은 編目에 한두 가지 큰 차이가 있었음을 발견하게 된다.

그 하나는 纖維作物에서 『農桑輯要』에는 있는 木綿이 『農事直說』에서는
제외되고 있는 점이며, 다른 하나는 糧食作物에서 『農桑輯要』와 『農事直說』
은 編目의 구성에서 배열순서에 차이가 있었던 점이다. 이를테면 주요 양식
작물의 재배를 전자는 種穀(粟) ─ 種麥 ─ 種稻 ─ 種豆의 순서로 배열하였
는데, 『農事直說』은 種稻 ─ 種黍粟(種穀) ─ 種豆 ─ 種麥의 순서로 배열했
다. 그밖에 風土論의 有無가 또한 있으나, 이는 한쪽은 元代에 그 극복을 논
하고, 한쪽은 그 뒤에 가능한 한 이를 극복하는 방향으로 실천하고 있었다는
점에서 공통되는 것으로 보아도 좋겠다.

이 두 차이에서 전자 즉 『農事直說』에 木綿條가 들어있지 않은 것은, 일차
적으로는 『農事直說』은 五穀 또는 九穀의 재배를 목표로 하였는데,[89] 麻는

『農事直說』	『農桑輯要』
① 備穀種	① 耕墾(耕地・代田・區田)
② 耕 地	② 收九穀種
③ 種 麻	③ 種 穀
④ 種稻 附早稻	④ 大小麥 靑稞附
⑤ 種黍粟 附占勿谷粟 靑粱粟 薥黍	⑤ 水 稻
⑥ 種稷 附姜稷	⑥ 旱 稻
⑦ 種大豆 小豆 菉豆	⑦ 黍穄 稗附
⑧ 種大小麥 附春麰	⑧ 梁秫
⑨ 種胡麻 附油麻	⑨ 大豆 豍豆附
⑩ 種蕎麥	⑩ 小豆 菉豆白豆附
	⑪ 豌 豆
	⑫ 薥 黍
	⑬ 蕎 麥
	⑭ 胡 麻
	⑮ 麻子 蘇子附
	⑯ 麻
	⑰ 苧 麻
	⑱ 木 棉
	⑲ 論九穀風土及種蒔時月
	⑳ 論苧麻木棉

거기에 들어 있었으나 木綿은 새로 등장하는 작물이었음으로 九穀에 들어
있지 않았음에서 기인하는 것으로 생각된다.90) 그러나 더욱 현실적인 이유
는 이 시기 우리나라에는 木綿 재배가 아직 일반화되지 못하였고, 그러하였
다면 地方官의 農業 調査「撮要成書」에서 주목의 대상이 되지 못하였을 것
으로도 생각된다. 그러므로 이는 『農事直說』의 성격을 이해하는데 크게 문
제되는 것이 아니라고 하겠다.

그러나 그렇더라도 국가사업으로 農書를 편찬하는 당시의 시점에서, 王命
과 九穀의 작물 종류에 제약되어 이같이 중요한 木綿栽培法을 수록하지 않
은 것은, 政府와 그 撰者들이 農書 편찬의 본지 목표를 놓치고 있는 고식적
자세가 아닐 수 없겠다. 그러므로 『農事直說』이 간행된 뒤에는 곧 뒤따라 木
綿 재배가 장려되고, 木綿 種植之法이 별도로 마련되어 보급되며,91) 세월이
좀 지나면서는 새로 간행되는 『農事直說』과 새로 편찬되는 『農家集成』(그 중
의 『農事直說』)에 결국 木綿 栽培法이 증보되지 않을 수 없었다.92)

그러나 후자, 즉 배열 순서의 차이는 두 책의 농서로서의 성격차를 보여
주는 중요한 의미가 있는 것으로 생각된다. 그것은 두 농서가 대상으로 한
시역의 농작물의 중요성의 비중을 표현하는 것으로 보이기 때문이다.

그런 점에서 『農桑輯要』에서 種穀條(粟)가 선두에 나오는 것은 당연하였
다. 『農桑輯要』가 대상으로 한 지역, 즉 中國에서는 조가 오곡의 으뜸이기
때문이었다.93) 그런데 『農事直說』에서는 『農桑輯要』를 직접·간접으로 저

---

89) 註77, 78 참조.
　　『農事直說』備穀種條.

90) 『農桑輯要』卷2, 收九穀種에서는 九穀을 黍·稷·秫(校釋本에는 '秫')·稻·麻·大麥·小
　　麥·大豆·小豆로 들었으며, 王禎, 『農書』의 農桑通訣 集2, 播種篇에서는 九穀을 黍·稷·
　　秫·稻·麻·大麥·小麥·大豆·小豆로 들었다. 그리고 『農政全書』卷25, 穀部上에서도 五
　　穀을 禾·麻·粟·麥·豆 또는 麻·黍·稷·麥·豆, 九穀을 穀·黍·稷·秫·稻·麻·大小
　　豆·大小麥으로 인용하였다. 麻는 어느 경우에나 포함되고 있었다.

91) 拙稿, '朝鮮初期의 勸農政策'(『東方學志』42, 1984 ; 拙著, 『韓國中世農業史研究』, 2000) 참조.

92) 壬亂 전에는 昌平刻本 『農事直說』(宣祖 14년의 內賜本과는 별개의 板本)이 있었는데, 여기에
　　는 '新增種綿'條가 증보되었다. 本書 제Ⅰ편 제5논문 참조. 『農家集成』에서는 그 『農事直說』
　　에 '種木花法'을 증보했다. 本書 제Ⅱ편 제5논문 참조.

93) 王禎, 『農書』百穀譜 集1, 穀屬 粟.
　　夫粟者 五穀之長 中原土地平曠 惟宜種粟 古今穀祿 皆以是爲差等 出納之司 皆以是爲準則

본으로 삼고 있으면서도『農桑輯要』와는 달리 種稻를 선두에 놓았다. 이는
『農事直說』이 대상으로 삼고 있는 지역에서는,『農桑輯要』에서의 논리와 마
찬가지로, 그러나『農桑輯要』와는 반대로, 벼를 주작물로 보는 데서 연유하
는 것으로 볼 수 있을 것이다. 朝鮮王朝의 農政에서는, 國家의 입장에서, 水
稻作 米穀 생산이 중심이었다. 그 방향으로 가고 있었다. 말하자면『農桑輯
要』의 찬자는 旱田지대의 농업을 대상으로 책을 편찬하고,『農事直說』의 찬
자는 水田지대의 농업을 대상으로 편찬한 데서, 이같은 배열의 차이 및 편목
구성상의 차이가 나온 것이다. 좀더 구체적으로 말하면, 전자가 中國 華北지
방의 旱田 중심의 농업을 대상으로 한 것임에 대하여, 후자는 朝鮮 三南지방
의 水田 중심의 농업을 대상으로 한 데서 오는 차이였다. 이러한 지역을 대
상으로 하고 있는『農事直說』은 그 자연환경(風土)으로 보아 그 編目 구성이
『農桑輯要』에 비해 달라지지 않을 수 없었던 것이라고 하겠다.

　備穀種 — 이 조항은 다음해에 파종하게 될 作物 種子의 준비법을 말한 것
이다.『農桑輯要』에서는 收九穀種이 이에 해당된다.『農事直說』과『農桑輯
要』의 기술을 대비하면 다음과 같다.

　① 씨고르기(選種法)나 이듬해에 알맞은 곡식을 알아보는 방법은 전자와
후자가 기본적으로 같다.

　② 씨담그기(漬種法 : 溲種)는 전자와 후자가 그 原理는 같으나 그것을 필
요로 하는 관심의 방향은 다르다. 전자는 種子 담금을 주로 충실한 收穫이나
增收와 관련하여 외양간 괸오줌(牛廏池尿)이나 눈 녹은 물(雪汁)에 하고 있
는데,94) 후자는 溲種이나 다른 收種法을 增收도 생각하기는 하였으나 주로
蟲害방지와 관련하여 여러 가지 방법을 제시하고 있다.95) 中國 華北지방은

　　　『穀經』上卷, 種穀.
　　　中國人 謂禾爲穀 禾者粟也 五穀粟爲長 故獨稱穀
　94)『農事直說』은『農桑輯要』에서 漬種法을 인용 게재하면서도 그 이유를 명시하지 않았으나,
　　　備穀種條 전체의 관심은 수확에 있었다. 좀 후대의『四時纂要抄』에서도 그러한 관심은 마찬
　　　가지여서, 漬種의 효과를 말하여 '禾稼耐寒而肥 所收必倍'라고 하였다(『農書』1, p.250). 朝鮮
　　　에서 漬種을 하는 이유이었다. 그런 점에서 漬種은 일종의 種肥였다.
　95)『農桑輯要』卷2, 收九穀種에서는 그것을『氾勝之書』의 기록을 인용하여 설명하고 있는데
　　　그 내용은 다음과 같다.
　　　① 牽馬 令就穀堆食數口 以馬踐過 爲種 無好蚄等蟲也

朝鮮 三南지방보다 蟲災害가 더 심하였던 까닭이라고 생각된다.

③ 날고르기(宜日忌日)는 후자는 이를 크게 다루었으나, 전자는 이를 취하지 않고 있었다.

耕 地 — 播種 전에 耕作地를 일구어 고르는 整地 作業의 방법을 말한 것이다. 地力의 회복과 土壤 개량을 목표로 하는 것이었다. 『農事直說』과 『農桑輯要』의 기술을 내용별로 정리하여 대비하면 다음과 같다.

① 起耕의 일반 원칙(가을갈이 봄갈이, 첫갈이 거듭갈이, 깊이갈이 얕이갈이, 갈이 후 고르기)은 전자나 후자나 같았다. 그러나 후자는 起耕 시기,[96] 耕後治田(擺) 및 秋耕(深耕)을 특히 강조하고 起耕의 원리까지도 설명하고 있어서, 이에 대한 관심이 전자보다 더 높았음을 볼 수 있다. 이는 中國 華北지방과 朝鮮 三南지방의 氣候·土性의 차이에서 연유하는 것으로도 생각된다.

② ①과 관련하여 起耕하는 소(耕牛)의 피로를 피하는 방법으로서, 전자는 起耕하는 속도를 늦추어 서서히 하라고 말하지만, 후자는 犁廉耕細(쟁기를 비스듬히 뉘어서 기경함으로써 밭을 細耕하는 것)할 것을 지시한다. 이는 犁의 대소, 土性의 강약, 農業 관습 등의 차이에서 연유하는 것으로 생각된다.

③ 土壤 개량(美田化)을 위해서는 深耕熟治와 더불어 施肥가 따라야 했으므로, 전자나 후자는 모두 이에 크게 유의하고 있다. 그러나 그 시비를 전자

---

② 種傷濕鬱熱 則生蟲也

③ 薄田不能糞者 以原蠶矢 雜禾種種之 則禾不蟲

④ 取馬骨 剉一石 以水三石 煮之三沸 漉去滓 以汁漬附子五枚 三四日 去附子 以汁和蠶矢羊矢各等分 撓 令洞洞如稠粥 先種二十日時 以溲種 如麥飯狀 當天旱燥時溲之 立乾 薄布 數撓令乾 明日復溲 天陰雨則勿溲 六七溲而止 輒曝謹藏 勿令復濕 至可種時 以餘汁溲而種之 則禾稼不蝗蟲

⑤ 無馬骨 亦可用雪汁 雪汁者 五穀之精也 使稼耐旱 常以冬藏雪汁 器盛埋於地中 治種如此則收常倍

萬國鼎, 『氾勝之書輯釋』에서는 ①②는 收種, ③④⑤는 溲種法으로 분류하고 있다.

96) 『農桑輯要』 卷1, 耕墾 耕地에서는 『氾勝之書』를 인용하여 耕田適期를 다음과 같이 세 시기로 기술하였다.

春凍解 地氣始通 土一和解, 夏至 天氣始暑 陰氣始盛 土復解, 夏至後 九十日 晝夜分 天地氣和, 以此時耕田 一而當五 名曰膏澤 皆得時功

I. 朝鮮前期의 農書 編纂과 두 傾向의 農學思想

는 개개의 작물 재배에서 구체적으로 다루고 있는 데 대하여, 후자는 耕地條
에서 일괄 취급하고 있었다.97) 전자는 농작물 재배법을 모르는 농민들도 이
를 유용하게 이용할 수 있도록 그 재배법을 친절하게 지도하고 있는 것이며,
후자는 농민들 개개인의 참고를 배제하는 것은 아니지만, 그보다는 농업생
산을 지도하는 官人 識者層이 그 원리까지도 파악할 수 있도록 저술한 연구
서였다.

④ 이밖에 전자에서는 新田開發에 크게 유의하고 있었는데, 후자에서는
이보다 熟田의 地力 증진에 더 많은 관심을 보이고 있었다. 이는 두 책이 처
했던 당시의 농업사정과 관련되는 것으로 생각된다.

⑤ ④와도 관련되는 것이겠지만, 후자에서는 農地의 經營 規模에 관하여
반드시 자기 역량에 따라 小規模 토지를 集約的으로 잘 경영하는 것이 大規
模 토지를 粗放的으로 경영하는 것보다 낫다고 하였는데,98) 전자에서는 이
를 취하지 않고 있었다. 이는 권농정책으로서의 新田 開發, 더욱이 大農經營
을 의식한 데서였던 것으로 생각된다.

種 麻 ─ 이는 삼〔麻〕 심는 방법을 기술한 것이다. 『農事直說』과 『農桑輯
要』의 기술을 대비하면 다음과 같다.

① 두 책의 삼 재배는 그 기본, 즉 良田을 택하고 歲易을 하고 多耕熟治를
하는 점에서 같다.

② 전자에서는 整地 과정을 農具의 종류까지 들어 구체적으로 설명하는
데, 후자에서는 그것을 주지의 사실로서 설명을 생략했다.

③ 전자는 주로 旱種을 심는 가운데 漬種 없이 足踏 撒種하고 施肥를 하는

─────────
97) 『農桑輯要』 卷1, 耕墾 耕地에서는 薄田施肥에 관하여 草糞(掩靑)・苗糞・蠶矢・熟糞・踏糞
　　등을 들고 있었다. 그밖에는 卷2의 收九穀種에서 蠶矢를 防蟲과 관련하여 다시 언급하고,
　　水稻에서는 燒田, 大小麥에서는 暵地, 麻에서는 薄田의 경우 熟糞을 시비하도록 유의시키고
　　있는 것뿐이다.
　　中國 農書에서는 어쩔 수 없는 경우 말고는 糧食作物에 관하여 그 施肥의 방법을 일일이
　　언급하지 않고 糞壤篇을 별도로 설하는 것이 일반이었다(陳旉, 『農書』 糞田之宜篇 ; 王禎,
　　『農書』 糞壤篇 ; 徐光啓, 『農政全書』 營治 참조). 王禎에 따르면 그러한 糞壤으로서는 踏糞・
　　苗糞・草糞・火糞・泥糞 등이 중요한 것으로서 이용되고 있었다.
98) 『農桑輯要』 卷1, 耕墾 耕地.
　　凡人家營田 須量己力 寧可少好 不可多惡

데 대하여, 후자는 주로 晩種을 심는 가운데 지종을 하고 축력(牛)을 이용한 樓耩 漫擲 또는 樓種을 하고 있었다. 시비는 박전에만 하였다. 두 책, 즉 중국 화북지방과 조선 삼남지방의 삼 재배법에는 적지 않은 차이가 있었다.

種稻 — 여기서는 벼, 즉 稻의 재배법을 기술하였다. 벼에는 水稻(논벼)와 旱稻(山稻 밭벼)가 있었는데, 두 農書에 기술된 그 栽培法은 어느 것이나 많은 차이가 있다.

水稻作에는 어느 농서를 막론하고 直播하는 경우와 移植하는 경우가 있었다. 直播法에 관하여 『農事直說』과 『農桑輯要』를 비교하면,99) 漬種·播種·耘鋤·曝根 등 공통되는 점도 보게 되지만, 그러나 그와 함께 여러 가지 면에서 많은 차이점이 있음을 발견하게 된다.

① 전자에서는 常耕連作을 하는데, 후자에서는 歲易(休閑)을 요구한다.

② 전자에서는 올벼(早稻)와 늦벼(晩稻)가 있어서 적절히 선택 파종할 수 있으나, 후자에서는 늦벼만을 파종하고 있다.

③ 전자에서는 水稻는 水播하는 것이 원칙이기는 하나, 만일에 봄 가뭄(春旱)으로 물이 없을 경우에는 乾播도 할 수 있는데, 후자에서는 乾播는 안 한다.

④ 전자에서는 기경 뒤의 숙치작업을 木斫·鐵齒擺·檑木 등으로 하고 있는데, 후자에서는 轆軸(축력으로 끄는 롤러)만으로 하고 있다.

⑤ 전자에서는 覆種·除草 등의 작업 과정이 자세하였는데, 후자에서는 비교적 조방한 상태였다. 전자에서는 제초를 手耘과 鋤耘으로 하는데, 후자에서는 낫으로 베고 拔草(薅)를 하는데 지나지 않았다. 물론 이것은 후자의 자료가 『齊民要術』에 의거한데서 연유하는 것이며, 元代의 현실이 그러하였던 것은 아니다. 현실적으로는 手耘·足耘이 행해지고, 耘盪·耘爪까지도 이용하는 발달한 제초법이 관행하고 있었다(王禎, 『農書』 農器圖譜 集4).

⑥ 전자에서는 여러 가지로 시비를 하는데(入糞·入土 : 入新土 : 入莎土·

99) 『農桑輯要』 卷2, 水稻의 直播法은 다음과 같다.
　稻無所綠 唯歲易爲良 選地欲近上流 三月種者爲上時 四月上旬爲中時 中旬爲下時 先放水十日後 曳轆軸十徧 地旣熟 淨淘種子 漬 經三宿 漉出 內草篅 裛之 復經三宿 芽長二分 一畝三升 擲三日之中 令人驅鳥 稻苗長七八寸 陳草復起 以鎌侵水芟之 草悉膿死 稻苗漸長 復須薅 薅訖 決去水 曝根令堅 量時水旱而漑之 將熟 又去水 霜降穫之(夾註 省略)

布牛馬糞·連枝杼葉·人糞·蠶沙·和熟糞或尿灰), 후자에서는 그것을 기술하고 있지 않다. 그러나 현실적으로는 中國에서도 이같은 施肥法이 행해지고 있었다.

『農事直說』과『農桑輯要』의 기술 사이에 큰 차이가 있었음은 水稻作 移植法에서도 마찬가지였다.100) 그 두드러진 점은 다음과 같다.

① 전자에서는 養苗處(秧基 : 中國의 秧田)와 苗種處(苗種田 移秧田)를 구분하여 파종하고 移栽하였는데, 후자에서는 그것이 분명치 않다. 이는 연작을 하는 가운데, 제초를 위해서 '拔而栽之'하는 것이기는 하였지만, 이것이 후대의 그리고『農事直說』의 移秧法과 같은 것인지는 분명치 않은 것이다. 아마도 이는 우리나라『農家集成』에 보이는 反種法과 같은 것이 아니었을까 생각된다.101)

② 전자에서는 秧基의 정지 과정이 정세하게 다루어지고 있는데, 후자에서는 그것이 없는 가운데 농지의 정지 과정이 소략하게 다루어지고 있다. 그러나 中國에서도 현실적으로는 이미 오래 전부터 秧田이 정세하게 작성되고 있었다.102)

---

100)『農桑輯要』卷2, 水稻의 移植法은 다음과 같다.
  北土高原 本無陂澤 隨逐隈曲而田者 二月 氷解地乾 燒而耕之 仍卽下水 十日 塊旣散液 持木斫平之 納種如前法 旣生七八寸 拔而栽之(旣非歲易 草稗俱生 茇亦不死 故須栽而蓐之) 漑灌 收刈 一如前法

101)『齊民要術』·『農桑輯要』의 이 '拔而栽之'는 흔히 移秧法으로 이해되고 있다. 그러나 최근의 연구인 繆啓愉,『齊民要術校釋』(1982)에서는 이를 풀이하여 '其拔栽 當是拔後經過除草仍栽在原田上 所以這裏的拔栽 不是先作秧田移栽'라고 하였다(p.105 註10). 후대의 移秧法이 아님을 말하는 것이다. 아마도 原田 상에서 '拔而栽之'하는 과정을 거치는 가운데, 養苗處와 移苗處를 분리하여, 養苗處에서 모를 키워 이를 移苗處로 옮겨 심는 후대의 移秧法이 자연스럽게 導出되었을 것으로 생각된다.

102) 宋代의 陳旉,『農書』善其根苗篇에는 秧田 작성의 요령이 다음과 같이 기술되어 있다.
  今夫種穀 必先脩治秧田 於秋冬卽再三深耕之 俾霜雪凍沍 土壤蘇碎 又積腐藁敗葉 剗薙枯朽根荄 徧鋪燒治 卽土暖且爽 於始春又再耕杷轉 以糞壅之 若用麻枯尤善 但麻枯難使 須細杵碎 和火糞窖罨 如作麴樣 候其發熱 生鼠毛 卽攤開中間熱者置四傍 收歛四傍冷者置中閒 又堆窖罨 如此三四次 直待不發熱 乃可用 不然卽燒殺物矣 切勿用大糞 以其瓮腐芽蘖 又捐人脚成瘡痍難療 唯火糞與燖猪毛及窖爛粗穀殼最佳 亦必渥漉田精熟了 乃下糠糞 踏入泥中 盪平田面 乃可撒穀種
  이 경우 陳旉가 말하는 火糞은 土를 燒焚해서 만드는 것이기도 하였으므로 土糞이라 부르기도 하였다(六種之宜篇, 種桑之法篇).

③ 苗種田을 治田할 때 전자에서는 直播에서와 마찬가지로 施肥를 잘 하고 있는데, 후자에서는 燒田하는 것만을 기술하고 있다. 그러나 施肥도 현실적으로는 충실하게 행해지고 있었다.

水稻의 栽培法에는 이밖에도 또 차이가 있어서, 전자에서는 新田 개간의 경우 '火而耕之'하거나 '輪木殺草'한 후 파종하고, 그 뒤 3, 4년이 지나면 일반 水田에서와 마찬가지로 재배토록 하고 있는데, 후자에서는 이같은 문제를 다루고 있지 않다.

直播法이나 移秧法에 관하여 『農事直說』과 『農桑輯要』를 이같이 살피고, 이들 농서에 기록된 대로만으로서 판단해 보면, 후자의 水稻作 農法은 전자의 그것에 견주어 대단히 낙후해 있었다고 하겠다. 그러한 점에서 『農桑輯要』는 朝鮮의 水稻作 기술 발전에 크게 도움이 될 수가 없었다. 물론 『農桑輯要』의 기술이 中國 農業이 현실적으로 그러했음을 뜻하는 것은 아니었다. 이는 『農桑輯要』에 한하는 문제로서, 그것은 이 농서가 그 자료를 주로 『齊民要術』에 의존했기 때문이었다. 『齊民要術』은 6세기 전반의 華北지방(旱田지대)을 대상으로 저술한 것인데, 13세기의 元나라는 처음에 이 華北지방에 위치하고 있으면서 『農桑輯要』의 자료를 『齊民要術』에서 택하고 있는 것이었다. 中國에서는 『齊民要術』 이후 唐·宋을 거치면서 水稻作이 널리 보급되고, 이에 따라서는 農業技術이 또한 크게 발달했다. 南宋代에는 특히 더 그러하였다. 陳旉의 『農書』나 朱子의 「勸農文」에 보이는 水稻作 기술은 그 한 표본이었다. 그러므로 水田 농업이 발달해 있고, 이를 더욱 발전시켜 나가려는 朝鮮 農學의 처지에서는 『農桑輯要』의 水稻作 기술은 만족스러운 것이 될 수 없었을 터이다.

旱稻(밭벼)는 水稻와는 다른 각도에서 차이가 있다. 『農事直說』의 재배법 기술은 간략하고, 『農桑輯要』의 그것, 특히 下田의 경우는 공을 많이 들이는 것으로서 상세하였다. 그러한 가운데서도 양자의 재배법에는 技術的·慣習的인 차이가 있었다. 그것을 우리는 다음과 같이 정리할 수 있다.

① 전자는 高地·水冷地에 재배하는데, 후자는 農地로서의 조건이 좋지 않은 下田에 많이 재배하고 있었다. 이는 下田이 高田보다 勝한 데서가 아니라 地利를 잃지 않으려는 데서였다.103)

② 그러므로 전자는 起耕治田을 다른 농지와 마찬가지로 하면 되었는데, 후자는 耕·耙·勞에 특히 세심한 공을 들이지 않으면 아니 되었다(下田種者 用功多).

③ 전자는 파종할 때 種子를 그대로 下種(作畝足種)하거나 또는 척박지의 경우 和糞하여 足種으로 하는데, 후자는 漬種을 하고 耬耩掩種(點種)으로 하였다.

④ 전자는 雜種을 함으로써 凶災에 대비하고도 있었는데, 후자는 밭벼만을 專種하고 우기에 김맬 때는 특히 補苗(拔而栽之)하기도 하였다.

이러한 차이에서 보면, 朝鮮에서는 밭벼의 재배에 관해서도 『農桑輯要』가 제시하는 기술을 그대로 수용하기 어려웠으리라 생각된다.

種黍粟 — 여기서는 粟과 稷의 재배법을 기술하였다. 고래로 中國에서는 조가 양식작물의 대표였으므로 『農桑輯要』에서는 그 재배법을 상세하게 다루었다. 種穀條와 黍穄條가 그것이다. 이에 견주면 『農事直說』의 기술은 간략하다. 種稻에서 볼 수 있었던 『農事直說』과 『農桑輯要』 사이의 경중의 차이가 種黍粟에서는 도치되고 있음을 볼 수 있는 것이다. 양서의 기술을 대비하면 黍粟의 재배법에도 여러 가지 차이가 있음을 알 수 있다.

① 『農事直說』에서는 黍粟의 작물로서의 특성까지는 다루지 않았고 그 재배 요령만을 제시하였는데, 『農桑輯要』에서는 이를 특히 세밀하게 다루었고, 그 作物을 黍粟 종류의 특성에 따라 그리고 土性에 따라 재배할 것을 원론적으로 기술하였다.104)

② 전자는 播種을 적합한 땅에 足種·撒擲으로 하되 覆種 뒤 따로 鎭壓하

---

103) 『農桑輯要』 卷2, 旱稻.
　　旱稻用下田……(非言下田勝高原 但〈夏〉停水者 不得禾豆麥〈旱〉稻田種 雖澇亦收 所謂彼此俱穫 不失地利故也)……凡下田停水處 燥則堅垎 濕則汙泥 難治而易荒 墢坸而殺種 其春耕者 殺種尤甚. ( )는 夾註.〈 〉안은 繆啓愉, 『齊民要術校釋』. 『元刻農桑輯要校釋』.
104) 『農桑輯要』 卷2, 種穀.
　　凡穀成熟有早晚 苗稈有高下 收實有多少 質性有彊弱 米味有美惡 粒實有息耗(早熟者 苗短而收多 晚熟者 苗長而收少 彊苗者短 黃穀之屬是也 弱苗者長 青白黑者是也 收少者美而耗 收多者惡而息也) 地勢有良薄(良田宜種晚 薄田宜種早 良田非獨宜晚 早亦無害 薄地宜早 晚必不成實也 崔寔曰 美田欲稠 薄田欲稀) 山澤有異宜(山田種彊苗 以避風霜 澤田種弱苗 以求華實也) 順天時 量地利 則用力少而成功多 任情返道 勞而無獲. ( )는 夾註.

는 과정이 없는데, 후자는 파종을 耬種으로 하되 種·土가 相着할 수 있도록
발로 이랑 밑을 밟아주는(足躡壟底) 覆土 鎭壓 과정을 거치고 있다.105)

③ 전자는 薄田의 경우 施肥를 하도록 하는데, 후자는 이에 대한 언급이
없다. 그러나 이는 경지조에서 이미 언급하였으므로 생략한 것으로 생각
된다.

④ 전자에서는 파종의 적지로서 良田·薄田·土厚久陳地 등을 들었을 뿐
특별히 前作이 어떤 작물이어야 한다는 것을 지적하지 않는데, 후자에서는
이 문제에 관하여 유난히 신경을 쓰고 있다. 粟의 連作을 피하고 다른 곡물
과의 輪作을 강조하고 있는 것이다.106)

⑤ ④의 문제와도 관련되는 것이지만, 전자에서는 間種法을 개발하여 麥
田 안에서 조를 間種으로 재배하고도 있는데, 후자에서는 이 농법은 취하지
않고 있다. 이는 田畝制度, 農地 利用法의 차이였다.

⑥ 두 책은 中耕除草를 중요시하여 이를 네 번(후치질 포함)씩이나 하는
것은 모두 같지만, 후자에서는 더 할 수도 있다. 특히 후자에서는 그 매회마
다 除草작업에서 목표가 정해져 있고, 또 전자에서는 볼 수 없는 補苗작업도
행하고 있으며, 이용하는 農器具도 다양하다.107)

⑦ 그리고 전자에서는 除霜露의 작업이 없는데, 후자에서는 이를 새벽녘
에 행하도록 하고 있다.

---

105) 『齊民要術』 卷頭 雜說에서는 '穀 第一偏便科定……每科相去一尺'이라 하였고, 卷2, 收種에서
   는 粟·黍·穄·粱·秫의 別種을 '耬構掩種'한다 하였으며, 卷3, 種穀에서는 '良田一尺留一
   科'라 하였으므로 粟은 科種·點種으로도 행해졌던 것이나, 『農桑輯要』 卷2, 種穀에서는 이를
   다 생략하고 '凡種 欲牛遲綏行 種人令促步 以足躡壟底(牛遲卽子勻 足躡則苗茂 足跡相接者 亦
   不煩撻也)'라고만 하였다. 이는 耬種으로 파종하고 있었음을 뜻하는 것이다.

106) 『農桑輯要』 卷2, 種穀.
   凡穀田 菉豆·小豆底爲上 麻·黍·胡麻次之 蕪菁·大豆爲下 (常見 瓜底不減菉豆 本旣不論
   聊復記之)

107) 同 上.
   苗生如馬耳 則鎌鋤 稀豁之處 鋤而補之 凡五穀 唯小鋤之爲良 苗出壟 則深鋤 鋤不厭數 周而
   復始 勿以無草而暫停 春鋤起地 夏爲除草 故春鋤不用觸濕 六月已後 雖濕亦無嫌
   芸苗之法 其凡有四 第一次曰撮苗 第二次曰布 第三次曰擁 第四次曰復 一功不至 則稂莠之害
   秕糠之雜入之矣……耬鋤……撮苗後 用一驢帶籠觜挽之 初用一人捽 慣熟不用人 止一人輕扶
   入土二三寸 其深痛過鋤力三倍 所辦之田 日不啻二十畝

⑧ 이밖에 전자에서는 土厚久陳地에서 火耕으로 黍粟을 파종하기도 하는데, 후자에는 이 재배법은 없다.

種 稷 — 여기서는 피의 재배법을 기술하였다. 中國에서는 피는 稗이고 稷은 粟을 뜻하는 것이었는데,[108] 『農事直說』에서는 이 稷을 피로 이해하였고, 따라서 種稷을 種黍粟과 항목을 달리하고 있다. 곧 뒤따라 편찬되는 『衿陽雜錄』에서는 稷을 '피'로 명시하기도 하였다. 이는 備凶作物이 되는 것으로서 중요하였는데 두 책의 이 작물에 대한 기술 태도는 달랐다.

① 『農事直說』에서는 그 栽培法을 구체적으로 상세히 기술했으며 그 種法을 黍粟과 같다고 하였는데, 『農桑輯要』에서는 그것을 구체적으로 기술하지 않았다.

② 전자에서는 이를 독립된 조항으로서 크게 다루었는데, 후자에서는 이를 黍穄條의 부록으로 비교적 가볍게 다루었다.

種大豆·小豆 — 여기서는 콩과 팥의 재배법을 기술하였다. 『農事直說』과 『農桑輯要』의 기술을 견주면 治田·除草·收穀 뒤의 起耕 등 재배상의 원리가 같음을 알 수 있다. 그러나 그러면서도 양자 사이에는 차이가 많다.

① 『農事直說』에서는 파종 방법으로서 科種(大·小豆) 撒種(小豆)을 기술하고 大豆의 경우 밭이 척박하면 施肥(用糞灰)할 것도 말하고 있는데, 中國에는 여러 가지 방법(耬種·耬耩漫擲·漫擲犁畤·稿種)이 있었으나[109] 『農桑輯要』에서는 그 기술을 생략하고 있다.

② 전자에서는 파종지로서 大·小豆 모두 麥根(根耕)도 들고 있는데, 후자에서는 계절 관계로 田少者의 경우 소두만 麥底에 심을 것을 지시하고(1년 2작), 有田者이면 전년의 穀底를 이용하여 1년 1작 할 것을 권했다.[110] 麥底 大豆는 古來로 사료용으로만 재배하는 것이(種茭者 用麥底) 관례

108) 『齊民要術』 卷1, 種穀에서는 '穀 稷也 名粟'이라 하였고, 『農桑輯要』는 이를 그대로 따라 種粟을 種穀으로 표현했으며, 『農政全書』 卷25, 穀部上에서는 種穀 種粟을 種稷으로 표현하고 있다.

109) 『齊民要術』 卷2, 大豆 小豆.
『農政全書』 卷26, 穀部下 大豆 小豆.

110) 『齊民要術』 卷2, 大豆, 小豆.
『農桑輯要』 卷2, 大豆, 小豆.
大率用麥底 然恐小晩 有地者 常須兼留去歲穀下以擬之

였다.111)

③ 전자에서는 麥田 안에 大豆를 심는 間種法도 개발하고 있는데, 후자에서는 이 농법에 대해서도 언급이 없다. 麥底 播種을 피하고 있었던 사실과도 관련하여 中國에서는 이 농업관행도 선호하지 않았던 것으로 보인다.

④ 전자에서는 中耕除草의 일환으로, 黍粟田에서와 마찬가지로 이랑 사이를 훑이는 '후치' 작업도 들고 있는데, 후자의 大小豆條에서는 '鋤不過再'라고만 하였을 뿐 구체적인 설명을 생략했다. 이는 種穀條에서 여러 가지 農器具를 이용한 '芸苗之法'을 일괄 설명한 바가 있음으로 생략한 것으로 생각된다.

種大小麥 — 여기서는 보리와 밀의 재배법을 기술하였다. 中國에서는 麥이 粟과 더불어 중요한 양식이었으므로, 『春秋』에서는 다른 곡식은 언급하지 않으면서도 麥・粟에 흉년이 들면 이를 특히 기록했다.112) 우리나라에서도 이는 新・舊穀 사이를 接食시키는 곡물이었음으로, 춘궁기의 긴한 작물로 간주되었다.113) 그러므로 『農事直說』이나 『農桑輯要』에서는 모두 그 재배법을 크게 다루었다. 그러면서도 그 재배법에 대한 서술은 다른 작물의 기술에 비해 양서가 모두 소홀한 바 있다. 그리고 그런 가운데서도 두 책의 기술은 中國과 朝鮮의 농업관행에 적지 않은 차이가 있었음을 보여 주고 있다.

① 『農事直說』에서는 麥의 파종법을 '耕之下種'・'擲種耕之'의 방법으로서 소개하고 있는데, 『農桑輯要』에서는 그 파종법을 주지의 사실로 보고 생략하고 있다. 이때 中國에서는 耬種・漫種(擲種)・撮種(點種-稱種)의 방법으로서 보리를 재배하고 있었다.114)

② 전자에서는 麥의 파종처가 麥根田인가, 黍・豆・粟・木麥根田인가, 또는 大豆田의 畝間에 間種하는 것인가에 따라 다양한데, 후자에서는 그같은

---

111) 『齊民要術』卷2, 大豆.
　　『農政全書』卷26, 穀部下 大豆.
112) 『齊民要術』卷1, 種穀.
　　『農桑輯要』卷2, 種穀.
113) 『農事直說』種大小麥.
　　大小麥 新舊間接食 農家最急
114) 王禎, 『農書』百穀譜 集1, 穀屬 大小麥.
　　『農書』農桑通訣 集2, 播種.

문제에 대한 언급이 없으며 間種은 택하지 않고 있다.

③ 전자에서는 黍·豆·粟·木麥根田의 경우 火耕으로서 麥을 재배하고
도 있는데, 후자에는 이 재배법이 이미 소멸되고 있다.

④ 전자에서는 施肥와 燒田에 관해서도 언급하고 있는데, 후자에서는 이
에 대한 언급이 없는 가운데, 旱魃에 대한 대책으로서 酢醬과 蠶矢를 섞어
만든 즙을 이용하는 특수한 漬種法을 소개하고 있다. 가뭄과 추위의 극복(耐
旱 忍寒)을 목표로 하는 것이다.

⑤ 전자에서는 일반적인 鋤草 작업만을 말하고 있으나, 후자에서는 이때
麥포기가 太稠하면 솎아낼 것도 지시하고 있다.

種胡麻 — 이 조항에서는 참깨의 재배법을 기술하였다. 『農事直說』과 『農
桑輯要』의 기술을 비교하면 두 책의 재배법은 그 기본이 같다. 그러나 그런
가운데서도 차이는 있었다.

① 두 농서가 파종할 수 있는 농지를 荒地(白壤尤良) 白地(白壤 또는 非連
作地) 등으로 선정하고 있는 점은 공통되나, 播種 시기를 『農事直說』은 4월
간 『農桑輯要』는 2~3월 간을 上時로 삼고 점은 큰 차이다.

② 『農事直說』에서는 파종을 作畝하고 撒種으로 하되 혹 白胡麻 晩小豆
또는 菉豆 등과 섞어서 雜種을 하기도 하였는데, 『農桑輯要』에서는 耬耩을
한 다음 漫種(散子)을 하거나 耬種을 하되(條播), 특히 후자에서는 종자를
마른 모래와 섞어서 下種하고 있다. 그리고 경우에 따라서는 科種을 하기도
하였다.

③ 전자에서는 麥底에 파종할 때는 종자를 糞灰에 섞어서 드물게 살종하
는데, 후자에서는 施肥를 수반하는 이러한 파종법에 대해서 언급하지 않고
있다. 胡麻의 재배법에는 朝鮮에서 여러 가지 개발이 있었던 셈이었다.

種蕎麥 — 끝으로 이 조항에서는 메밀의 재배법을 기술하였다. 『農事直說』
과 『農桑輯要』의 기술은 기본적으로 같으나, 그 재배법은 朝鮮에서 더 다양
하게 발달하고 있으며, 따라서 그 재배법의 차이는 크다.

① 『農事直說』에서는 荒地에 施肥를 잘하고 심거나 廐池尿에 漬種한 종자
를 牛馬糞을 태운 재에 섞어서 파종하라고 하였는데, 『農桑輯要』에는 이 종
법이 없다.

② 전자에서는 산림의 肥厚地에 火耕撒種하고도 있는데, 후자에는 이 방법도 없다.

③ 전자에서는 早霜地에서 파종할 경우에는 立秋를 기다리지 말고 파종하라 하였는데, 후자에서는 그러한 지시를 하고 있지 않았다. 조선에서는 중국에서보다 糧食作物로서 蕎麥의 중요성(구황곡)이 더 컸던 것 같다.

(2) 『農事直說』과 『農桑輯要』의 差異點의 종합정리

『農事直說』과 『農桑輯要』를 이같이 비교 검토하면 두 농서 사이에는 여러 가지 점에서 큰 차이가 있음을 발견할 수 있다. 무엇보다도 주목되는 것은 두 농서의 대상지역에 차이가 있었던 점이다. 『農事直說』은 朝鮮 三南지방의 농업을 표본으로 한 데 대하여, 『農桑輯要』는 中國 華北지방의 농업을 대상으로 하고 있었다. 이를 中國 내의 지역으로서 대비하면 江南농업과 華北농업으로 견줄 수 있는 것이었다. 주지하는 바와 같이 이 두 지역의 농업은 그 氣候·土性의 차이로 말미암아 지극히 대조적이며 큰 차이점을 보여 주고 있었다. 그리하여 두 農書에서는 그러한 지역차가 水田농업과 旱田농업의 비중을 크게 달라지게 하고 있었다. 『農事直說』이 중요시한 것은 水稻作이 있는데 대하여 『農桑輯要』가 중요시한 것은 旱田作物이었다.

다음으로 朝鮮과 中國의 농업전통에는 차이가 있었다는 점이다. 『農事直說』에서는 水稻 栽培에 관하여 乾播法을 말하고, 旱田作物의 재배에 관하여 火耕農法 間種法을 들고 있는데, 『農桑輯要』에서는 이같은 재배법에 관하여 언급이 없었다. 이는 두 지역이 같은 東아시아권에 위치하면서도, 문명의 발생조건과도 관련된 自然環境의 차이에 따라 農法의 발전 방식에 차이가 나고, 따라서 농업전통도 다르게 세워졌음을 보여 주는 것이라 하겠다.

셋째는 양서가 보여 주는 농업 수준·기술 수준에는 현저한 차이가 있다는 점이다. 水稻作에 관해서는 『農事直說』의 농업기술이 『農桑輯要』의 그것보다 월등히 높은 수준을 보여 주지만, 旱田작물의 主穀 재배에 관해서는 『農桑輯要』가 『農事直說』보다 학문적으로 더욱 깊은 천착을 거치고 있었다. 더욱이 전자에는 火耕농법 등 조방적인 농업의 전통이 그대로 남아 있는데, 후자는 精耕細作의 集約的 농업을 지향하고 있었다.

넷째, 위의 사실과도 관련하여 두 農書는 農地의 經營觀에도 일정한 차이

를 나타낸다. 『農事直說』은 水田이건 旱田이건 新田을 개발함으로써 경영
규모를 확대하는데 더욱 큰 관심을 보이고 있는데, 이는 주로 地主經營 大農
經營에 역점을 두는 것이다. 그런데 『農桑輯要』는 條件이 좋지 않은 농지에
대한 경영 확대보다는 조건이 좋은 소규모 熟田에 대한 集約的 경영을 더 바
람직한 것으로 보고 이를 권장한다. 이는 小農經營 육성을 위한 대책이 되는
것이기도 하였다.

다섯째, 두 농서는 農業技術·農業慣行에서도 여러 가지 차이점을 보여
준다. 作物에 따라 정도의 차이는 있지만 『農事直說』과 『農桑輯要』에는 整
地·播種·漬種·施肥·除草 기타 등등에 관하여 자질구레한 그러나 기초
적인 문제에 관한 기술적·관습적인 차이가 있다. 農具를 개발하고, 農業技
術을 개발해 나가는 방향에 있어서도 그러하였다. 中國과 朝鮮의 자연환경
의 차이는 농업기술·농업관행에도 거기에 상응하는 차이를 발생시키고 있
었다.

끝으로 들 것은 두 농서의 敍述 방식과 그 目標에도 차이가 있었다는 점이
다. 『農事直說』은 그 찬자가 주제의 作物에 대하여 정지·파종·시비·제
초·수확 등을 계통적으로 비교적 정연하게 기술하고 있었는데 대하여, 『農
桑輯要』는 그 찬자가 주제에 관련되는 여러 농서의 자료를 수집하여, 약간의
조정은 있었지만, 이를 『齊民要術』 중심 그리고 각 농서를 연대순으로 정리
배열하고 있는 것이었다. 더욱이 이같은 정리 과정에서 그들은 왕왕 그들이
잘 알고 있는 주지의 사실에 대해서는 그 기술을 생략했다. 전자를 잘 정리
된 啓蒙書 敎科書라고 한다면, 후자는 잘 정리된 그러나 外國人에게는 난해
한 硏究書 資料集의 성격을 띠었다. 전자는 직접생산자도 쉽게 이해할 수 있
도록 한 것이었으나, 후자는 官人 識者層 등 지도층이 참고할 수 있는 것이
었다.

이같은 여러 가지 차이점이 있는 두 유형의 농서 가운데, 당시의 위정자들
이 생각하기에 朝鮮 농업에 절실히 요청되는 것은 朝鮮의 風土에 맞는 전자
와 같은 농서였다. 당시의 위정자들은 그러한 농서의 표본을 中國 농서에서
는 찾지 못했다. 그들이 편찬한 『農事直說』이 그 표본이었다면, 그들은 『農
桑輯要』에 대하여는 그 농업기술의 내용에 있어서나 그 敍述 방식에 있어서

결코 만족할 수 없었을 터이다. 『農事直說』이 편찬되지 않을 수 없었던 까닭
이었다고 하겠다.

3) 『農事直說』의 技術體系

『農事直說』의 技術體系 ; 정지 · 파종 · 시비 · 중경제초 · 농업생산의 주체 —
앞에서는 『農事直說』의 성립을 이해하기 위하여 그 내용을 『農桑輯要』와 비
교하였다. 그리고 그러한 가운데 『農事直說』의 기술과 『農桑輯要』의 기술사
이에 차이가 있음을 파악하였다. 그러나 그러한 『農事直說』을 좀더 구체적
으로 이해하기 위해서는 그 기술체계가 어떠한 것인지도 좀더 체계적으로
분석 고찰할 필요가 있다. 그것을 여기서는 정지 · 파종 · 시비 · 중경제초 ·
농업생산의 주체 등을 중심으로 살피고자 한다.

(1) 整地法

整地法에서 전제되는 원칙 — 논이거나 밭이거나를 막론하고 整地(농지 고
르기)하는 데에는 전제되는 원칙이 있었다. 耕地條에서 제시하고 있는 바가
바로 그것이다. 秋耕은 深耕, 春夏耕은 淺耕으로, 初耕은 심경, 再耕은 천경
으로 하는 것이었다. 전자는 일반 농지, 후자는 新田을 개발할 경우였는데,
이같이 하지 않고 春夏耕과 再耕을 秋耕이나 初耕보다 깊게 하면 生土에 파
종을 하게 되는 까닭이었다. 그리고 春夏耕에서는 기경과 더불어 治田(碎土
熟治)을 하고, 秋耕에서는 흙의 표면이 희여지기(土色乾白)를 기다려서 치전
을 하도록 했다. 전자는 土壤에 수분이 많지 않은 가운데 파종을 하기 위해
서는 그 증발을 막아야 했고, 후자는 土壤에 아직 수분이 많은 가운데 치전
을 하려면 그것을 어느 정도 증발시키지 않으면 아니 되는 까닭이었다. 이러
한 起耕의 과정 가운데에서도 이때 강조되고 있는 것은 秋耕이었다.[115] 치
전의 방법으로서는 秋耕 過冬이 가장 좋은 것으로 이해되었으며, 粟田의 경
우는 특히 그러하였다.[116]

水田의 整地法 — 이같은 원칙하에 水田을 정지함에 있어서는 다음과 같이

---

115) 註85 참조.
116) 『農事直說』 種黍粟條.
     註124 참조.

두 단계를 거쳤다. 水田 정지의 기본 과정이다.

    ① 秋收後……耕之 冬月入糞(正月氷解 耕之 入糞 或入新土 亦得)
    ② 二月上旬 又耕之 以木斫 縱橫摩平 復以鐵齒擺 打破土塊 令熟[117]

  이는 直播하는 올벼(早稻)의 경우인데, 괄호는 夾註로 된 부분이다. 秋耕이 안 될 경우에는 正月耕을 해도 좋다는 뜻이 되겠다. 물론 秋耕을 하고 正月耕을 또 해도 안 될 것은 없을 터이다. 이렇게 보면 早稻田의 정지는 秋耕또는 正月耕을 한 뒤 入糞·入土 등 시비를 하고, 2월에 再耕을 한 뒤에는 木斫과 鐵齒擺를 이용하여 발토된 흙을 쇄토마평하여 파종할 수 있는 熟田을 만드는 것이었다. 이 경우 어느 단계에서 引水를 하는지『農事直說』에서는 기록하고 있지 않지만, 水田은 水耕(水沙彌·물삶이)을 하지 않으면 아니 되었으므로, 正·2월耕은 水耕이었을 것으로 생각된다. 晩稻田의 경우도 그 정지법은 早稻田과 같았다. 이는 늦벼를 심는 논이기 때문에 그 起耕의 시기가 初耕은 정월, 재경은 3월로 다를 뿐이었다.[118] 단, 晩稻의 경우 봄 가뭄으로 水耕이 안 될 때는 乾耕(乾沙彌·건삶이)을 하는 것이 좋았는데, 이런 경우에는 재경 단계에서 다음과 같이 하고 있었다.

    其法 耕訖 以檑木 打破土塊 又以木斫 縱橫摩平熟治[119]

  苗種法(移秧法)에서도 그 苗種處(栽苗處 移秧田)의 정지법은 早·晩稻田의 그것과 마찬가지였다. 다른 것은 그 시기가 2월 하순 3월 상순경에 초경, 이앙 때 재경하는 것뿐이었다. 그러나 養苗處(秧基)의 처리는 이와는 현저하게 달랐다. 여기에서는 早·晩稻田의 정지에서와 같이 '先耕養苗處 如法熟治'한 뒤에도,

---

117)『農事直說』種稻條 早稻.
118)『農事直說』種稻條 晩稻.
    水耕 正月氷解 耕之……三月上旬至芒種節 又耕之
119)『農事直說』種稻條 乾耕.

去水 剉柳枝軟梢 厚布訖 足踏之 曝土令乾120)

하는 과정을 하나 더 거쳤다. 물을 빼고 柳枝軟梢, 즉 버드나무 가지의 연한 부분을 썰어서 두텁게 편 다음 발로 밟아 흙을 완전히 풀리게 하고(草糞基肥가 된다) 曝土하는 작업이었다. 못자리 작성의 마지막 과정으로서 지극히 정성을 들이는 공정이었다. 여기서는 施肥를 柳枝軟梢 하나만으로서 들었지만, 이에 앞서서는 秋耕 뒤 冬月의 入糞 入土과정이 있었음으로 養苗處의 시비가 모자라지는 않았다. 柳枝가 없는 곳에서는 다른 糞壤을 대용했을 것이다. 이러한 秧基의 作成法은, 앞에서도 언급했듯이 『農桑輯要』의 그것과 크게 달랐다. 그리고 中國 江南지방에서의 秧田 작성의 요령과도 원리는 같았으나 그 治田時 糞壤의 종류까지도 같은 것은 아니었다. 中國 江南지방의 秧田 시비용 분양은 朝鮮의 그것보다 좀더 다양하였다.121) 『農事直說』養苗處의 시비는 단조로워 보이나, 이는 苗種處의 治田 과정에서 杼葉 牛馬糞을 펴는 것으로 보완되었다. 이러한 사정은 그 養苗處 작성의 방법이 우리나라 水田農業의 오랜 전통 위에서 이루어지고 있었음을 뜻하는 것이었다고 하겠다.

이밖에 水田의 정지에는 특별한 경우도 있었다. 초목이 무성한 곳을 新田으로 개발할 때는 火而耕之했으며, 저습(沮澤潤濕)한 荒地를 개발할 때는 輪木을 끌어 살초를 하고 토면을 응숙케 하는 것만으로서 파종을 했다.122) 신전 개발 과정에 있는 잠정적인 방법이었다.

旱田의 整地法 ― 旱田의 정지법에는 田面을 平面이나 畝와 畝間으로 작성하는 두 가지 방법이 있었다. 전자, 즉 平面 정지는 다음과 같은 과정을 거쳤다.

① 正月氷解……耕之縱三橫三 布牛馬糞

② 二月上旬 更耕之 以木斫及鐵齒擺 熟治使平123)

---

120) 『農事直說』種稻條 苗種法.
121) 註102 참조.
122) 『農事直說』種稻條.
123) 『農事直說』種麻條.

이는 麻田의 정지법을 든 것인데, 지극히 정성을 들이는 多耕이었다. 纖維作物의 재배는 일반적으로 多耕이었다.

후자, 즉 畝와 畝間 정지는 糧食作物의 정지에서 볼 수 있는데 비교적 단순하였다. 몇 가지 작물에서 예를 들면 다음과 같다.

A. ① 秋耕過冬

   ② 三月……擇良田 先用小豆稀疎播撒後 耕之 逐畝左右 足踵交踏 以……下種

   ③ 待禾成長 兩畝間雜草茂盛 用一牛網其口 徐驅耕之 勿致損禾(畝間無穢 土擁禾根)

B. ① 二月中旬 耕地 以木斫熟治……種法與種黍粟同

   ② 自三月上旬 至四月上旬 皆可種……或先布雜草於畝間後 耕種

C. ① 先於五六月間 耕之曝陽 用木斫摩平 下種時 又耕之

   ② 或於其田 先種菉豆或胡麻 五六月掩耕……下種時 又耕

D. ① 大豆小豆……早種 三月中旬 至四月中旬 可種也 治田不可過熟

   ② 田少者 兩麥未穗時 淺耕兩畝間 種以大豆 收兩麥訖 又耕麥根 以覆豆根[124]

이 예는 그 정지 과정의 전부를 정확하게 기록한 것은 아니지만, 그러나 그 기본은 대체로 이와 같았다. A는 黍粟田, B는 稷田, C는 大小麥田, D는 大小豆田에 관한 것이다. 그것은 2차의 기경 시비 쇄토숙치의 과정을 거치는 것이었다. 起耕의 횟수는 작물에 따라 차이가 있어서, 大豆・胡麻는 1차경, 蕎麥은 3차경을 했다. 그리고 똑같은 작물이라 하더라도 農地의 條件에 따라서는 2차경을 하는 粟・麥을 間種의 경우에서와 같이 1차경만으로서 파

---

124) A,『農事直說』種黍粟.
    B,『農事直說』稷.
    C,『農事直說』種大小麥.
    D,『農事直說』種大豆小豆菉豆.
    A의 경우 ①이 앞에 오는 이같은 순서로 기록되고 있지 않지만, 種黍粟條의 마지막 부분에 夾註로 '大抵 治田之法 秋耕過冬爲上 粟田尤甚'이라 하였으므로, 秋耕을 전제한 것으로 보았다.

종하기도 하였다.

밭을 畝와 畝間으로 정지한다고 할 때, 그 畝와 畝, 畝間과 畝間 사이의 간격이 얼마나 되었는지는 알 수 없다. 다만 한 가지 분명한 것은 많은 경우 오늘날의 밭 정지에서의 畎畝 작성과는 달랐으리라는 점이다. 이는 지극히 중요한 문제로서 따로 더 검토해야 할 일이지만, 種大豆・小豆・菉豆條에서 田少者는 間種을 한다고 한 점으로 보아(D②), 일반적으로 田多者는 間種을 하지 않되, 穀列의 行間에 間種을 할 수 있는 넓이(畝幅)의 공간을 유지하는 가운데, 畝를 작성했을 것으로 생각된다. 穀列의 행간은 地力의 회복을 위하여 起耕을 하지 않은 채 畝間 息土의 상태로 두었을 것이다. 그리고 A③에서 보는 바와 같이 畝間에 잡초가 무성하면 掩耕하여 施肥가 되게도 하고, B②에서와 같이 畝間에 施肥가 되도록 잡초를 펴고 起耕 播種도 하며, C②에서 볼 수 있듯이 麥 黍豆粟木麥田의 畝間에 苗糞작물을 재배하여 갈아엎은(掩耕) 후 파종을 하기도 하는 것이었다. 모든 農地의 田畝를 그렇게 작성하였는지는 알 수 없지만, 田少者에 관한 표현으로 보아 間種을 하지 않는 田地는 많은 경우 아직 그러했을 것으로 생각된다. 朝鮮後期에도 江原道 같은 후진지역에서는 地力의 회복을 위하여, '有陳之屢年 方可一耕'하는 休閑의 방법과 아울러,

又或田有溝 廣於壟二三倍者 欲是息土而代墾125)

하는 방법을 썼다. 밭을 정지하되 溝幅(畝間)을 壟(畝)幅보다 두세 배나 넓게 하는 것이 있는데, 그것은 그 溝 부분을 休息시켰다가 畝 부분과 교대하여 耕作하기 위해서라는 것이었다. 여기서는 畝間을 溝로 표현했지만, 이는 壟 사이이기 때문에 그러했을 뿐, 실제는 壟보다 얕은 平面이었을 것이다. 이른바 代田은 畝와 畝間을 이같이 정지하는 農地制度였을 것으로 생각된다. 畝와 畝間의 문제는 別稿에서 상론하였음으로 아울러 참고 바란다 (『朝鮮後期農業史研究』〔Ⅱ〕, 제Ⅱ편 제2논문, '朝鮮後期의 麥作技術').

---

125) 『備邊司謄錄』41, 肅宗 13년 10월 20일, 4책, p.80.

旱田에서는 이밖에 정지과정 없이 火耕만으로서 파종하는 農法이 있었다. 火耕 그 자체가 정지의 기능을 겸하는 것이었다. 火耕農法은 본시 원시 農耕法으로 출발한 것으로서 鐵犂 농경이 시작되면서부터는 소멸하는 것이 일반적이었지만, 우리나라에서는 犂耕農業이 발달하고 있었던 후대에까지도 火耕農法은 그 기본이 존속하고 있었다. 犂耕農業과 보조를 같이 하면서 그 농법을 변동시키는 가운데 유용한 농법으로서 존속하고 있는 것이었다. 火田은 물론 이때에도 火耕의 원형에 가까운 상태로 남아 있었지만, 常耕田으로서 운영되고 있는 변모한 火耕農法은, 糧食作物을 재배하는 데 있어서 중요한 재배법의 하나로 그 지위를 확보하고 있었다. 晩種早熟하는 粟을 재배할 경우

擇土厚久陳地 種之 (芟除林木爲上 久陳田次之 麥根爲下) 五月伐草 待乾火之 灰未冷時……撒擲粟種 以鐵齒擺 起土覆種 鋤草省力 所出倍常126)

이라고 하였음은 그 한 예이다. 이 경우 그 농지는 나무를 베어 낸 곳이 좋고, 久陳地는 그 다음이라고 하였다. 말하자면 이는 林野나 오래된 陳田을 火耕으로 개간하고 조를 재배하는 농법이었으며, 제초작업에 노동력은 덜 들고 소출은 많다고 하였다. 蕎麥의 火耕栽培法도 비슷하였다. 이 경우에도 '若山林肥厚之地 火耕撒種'127)하라 하였는데, 所出은 곱절이라고 하였다. 이렇게 開墾된 농지는 물론 그 뒤 常耕田으로 운영되었다.

그뿐만 아니라 火耕은 상경되는 熟田에서도 행해졌다. 위의(註126) 조는 麥根田에서, 좋은 방법은 아니었지만(麥根爲下), 같은 火耕法으로 재배되기도 하였다. 보리 재배를 위한 火耕法은 특히 발달된 것이었다. 麥種을 黍·豆·粟·木麥根田에 파종할 경우, 풀이 아직 푸른 상태로 있을 때 刈草하여 쌓아 두었다가, 收穀이 끝난 뒤 起耕 정지를 하지 않은 전면에 두텁게 펴고 '火焚擲種'128)하며, 재가 흩어지기 전에 전면을 起耕하여 覆種하는 농법이었

126) 『農事直說』 種黍粟.
127) 『農事直說』 種蕎麥.
128) 『農事直說』 種大小麥.

다. 이는 麥作에서는 중요한 재배법이었다.

火耕農法은 본시 일정 기간 작물을 재배한 뒤 지력이 쇠진하면 이를 버려 두고 다른 곳을 다시 火耕으로 開墾 耕作하는 원시 農法이었지만, 『農事直說』에서 말하는 火耕은 그러한 것이 아니었다. 黍・豆・粟・木麥根田에서의 火耕麥作이나 麥根田에서의 火耕粟作은 2년 3작, 1년 2작의 輪作을 말하는 것이었다. 『農事直說』 단계의 朝鮮 農業에서는 이미 주곡작물의 歲易栽培가 지양되고, 그 常耕化가 확립되고 있었으며, 그것을 성취하기 위한 방법으로서 畝間息土를 적절히 배합하는 가운데 輪作法이 개발되고, 施肥術을 또한 정착시키고 있었다. 粟・麥作에서의 火耕은 그러한 윤작체계 속에 도입된 火耕, 따라서 본래의 火耕農法과는 이미 질적으로 다른 큰 변화가 있는 火耕農法이었다. 晚粟의 林野・久陳田에서의 火耕도 일단 개간 경작이 된 뒤에는 이같은 윤작체계에 흡수되어 경작되었을 것이다. 그리하여 火耕農法의 이같은 質的 변화와 발전은 犁耕農法과 짝을 이루면서 우리나라 旱田農業을 발전시켜 온 기본 골격의 하나가 되었던 것으로 생각된다.

整地용 農具 ― 整地作業을 위해서는 많은 農具가 이용되고 있었다. 그 가운데에서노 숭심이 되는 것은 쟁기(犁)였다. 쟁기는 지역에 따라 보습의 大小, 볏의 有無 등으로 다양하였던 것으로 생각된다. 『農事直說』에서는 그 形態・機能 등에 대하여 구체적인 기술을 하고 있지 않지만, 粟田에서 畝間의 잡초를 제거할 때의 起耕을 특히 '用一牛 網其口 徐驅耕之'129)하라고 한 것으로 보면, 起耕에는 '호리갈이'와 '겨리갈이'가 있었던 것으로 보인다. 田畓의 起耕에는 淺耕을 할 때와 深耕을 할 때가 있었는데, 아마도 호리갈이는 전자나 무볏리를 쓰는 起耕, 그리고 겨리갈이는 후자와 관련되는 것이 아니었을까 생각된다. 이것이 일반화된 현상이 아니었다 하더라도, 農政이 지향하는 바는 그러한 것이었으리라 생각된다. 그리고 이같은 쟁기는 薄田에 綠肥하는 방법으로서 먼저 그 밭에다 菉豆를 심고 그것이 무성하기를 기다려 掩耕하라고 하였던 점, 小豆根耕에서 撒種한 小豆를 覆種하는 방법으로서 覆耕之하라고 하였던 점 등으로 보아,130) 쟁기 보습(鑱) 위에 볏(鐴)이 달

---

129) 『農事直說』 種黍粟.

130) 『農事直說』 耕地, 種大豆 小豆 菉豆.

리고, 따라서 墢土되는 흙을 쉽게 뒤엎을 수 있었던 것으로 이해된다.

起耕에는 이밖에도 따비(耒 : 地寶)와 쇠스랑(鐵齒擺)이 이용되고 있었다. 전자는 새로 개간하는 땅에서 초목의 뿌리가 아직 부식되지 않아 牛耕이 어려울 때 썼다.[131] 말할 것도 없이 牛耕이 어려운 가난한 농민들이 新墾田이 아니더라도 따비로 밭을 가는 것은 흔히 있는 일이었다.[132] 후자는 粟의 火耕田에서 살척한 粟種을 덮을 때 '起土覆種'[133]하는 起耕用 農具로서 이용되었다. 가난한 소농층이 牛耕을 할 수 없을 때에는 따비와 함께 쇠스랑을 이용하여 일구었을 것으로 생각된다. 이때 農牛의 수가 적어서 牛耕이 어려운 농촌에서는 '倩人挽犁'(人犁耕 —『衿陽雜錄』, 本書, p.115)도 하고 있었음으로, 가난한 농민들이 쇠스랑을 따비(耒)와 함께 起耕用 농구로 이용하는 것은 자연스러웠다. 그래서 朝鮮後期로 넘어와 仁祖朝에는 牛耕이 어려울 때의 대책으로서,

　　　當此無牛之時 耒鐵利於農作 爲用最緊 …… 使之依樣多造 廣布民間 俾作春農
　　　耕墾之用[134]

國家가 農政策으로서 '耒·鐵'을 대량으로 제조하여 널리 보급함으로서 농민들이 이를 起耕用으로 이용케 할 것을 건의하기도 하였다. 그리고 그 뒤의 사정을 보면 실제로 '農家乏牛 擧此劚地 以代耕墾'[135] 하게 되고도 있었다. 이같은 사정은 쇠스랑의 기능으로 보아 본시부터 그러했을 것이다.『農桑輯要』와 같은 시기의 王禎의『農書』에서는 이 쇠스랑(鐵搭)의 기능을 '南方農家 或乏牛犁 擧此劚地 以代耕墾'[136]이라고 했다.

起耕 뒤의 碎土用 농구로는 쇠스랑과 함께 木斫·檑木 등이 이용되었다.

---

131)『農事直說』種稻.
132)『高麗史』世家 卷27, 元宗 12년 3월條. 上卷, p.543.
　　　農牛……外方農民雖産之 饒者畜養亦不過一二頭 貧者多以耒耕 或相賃牛而使之
133)『農事直說』種黍粟.
134)『增補文獻備考』卷147, 田賦考 7, 務農, 中, p.696.
135)『海東農書』卷2, 農器, 農書 10, p.156.
136) 王禎,『農書』, 農器圖譜 集3, 鐵搭.

쇠스랑은 일구는 일 말고도 打破土塊·熟治·覆種하는 기능이 있었으며, 木斫은 縱橫摩平·熟治·覆種, 橿木(곰방메)은 打破土塊·覆土를 할 수 있는 농구였다. 이 가운데 木斫은 본시 中國 농서에서는 櫌로서,137) 수전의 쇄토를 '持木斫平之'138)하고 있었으며, 旱田의 쇄토와 복종도 이것으로 하고 있었다. 써레(耙·耖)는 따로 있었다. 그런데 우리나라의 『農事直說』에서는 木斫을 써레(所訖羅)로 이해하였고, 따라서 써레에 의한 쇄토를 보급시키려 하였다. 아마도 이는 太宗朝의 『農桑輯要』譯註 과정에서 주석한 바가 그 뒤 잘못 이해되고, 그것은 그대로 『農事直說』로 이어졌던 것으로 생각된다. 그러므로 당시 현실적으로 행해지고 있었던 전답의 쇄토작업이 전반적으로 써레에 의해서 행해지고 있었다고는 보기 어렵겠다(本編 제2논문 참조). 그리고 『農事直說』에서는 써레를 水田과 旱田에서 모두 이용하는 것으로 기술하였는데, 이로써 보면 『農事直說』에서 말하는 써레는 그 종류와 형태가 다양했을 것으로 생각된다.

이밖에도 쇄토용 농구로서는 특수한 경우이지만 輪木이 있었다.139) 沮澤 潤濕한 황지를 水田으로 개간할 때 쓰는 롤러였다.

(2) 播種法

播種法의 대전제 — 水田과 旱田을 막론하고 播種法은 다양하였다. 그러나 그러한 가운데서도 『農事直說』은 모든 作物에 공통되는 대전제를 제시했다. 選種과 漬種을 잘 하라는 것이다. 전자에서는 종자를 堅實·不雜·不浥한 것으로 택할 것을 지시하였다. 그러기 위해서는 종자를 키질해서 쭉정이를 버리고, 물에 담가 뜨는 것을 건져 버리며, 가라앉은 것만을 걸러내어 습기가 없도록 햇볕에 충분히 말린 다음 空石에 담아 잘 보관하라고 했다. 그리고 후자는 동짓달에 항아리나 나무통을 얼지 않도록 땅에 묻고, 섣달에

---

137) 王禎, 『農書』, 農器圖譜 集2, 櫌.
　　　櫌槌塊器……今田家所制無齒杷 首如木椎 柄長四尺 可以平田疇 擊塊壤 又謂木斫 卽此櫌也
138) 『齊民要術』 卷2, 水稻.
　　　『農桑輯要』 卷2, 水稻.
139) 『農事直說』 種稻.
　　　其輪木之制 用堅强木長可四尺 爲五銳隅 兩頭貫木環 以繩繫環 令兒童騎粧鞍牛或馬 以繫環 繩 結鞍後橋(鄕名北枝)兩旁 牛馬行 則其輪木五銳隅 自回輪殺草破塊

가서 눈 녹은 물(雪汁)을 많이 모아 담은 뒤 이엉으로 두텁게 덮어두었다
가, 파종 때에 이르러 種子를 그 눈 녹은 물에 담갔다가 걸러내어 햇볕에
말리기를 세번 한다는 것이었다. 혹 나무통에 牛馬의 외양간에 고인 오줌
(廐池尿)을 담고 거기에 종자를 담갔다가 걸러내어 햇볕에 말리기도 하는데
역시 세 번 해야만 하였다.140) 이는 씨앗거름(種肥)의 機能을 갖는 것이었
다. 그리고 이때 위의 雪汁漬種은 耐旱과 增收에 효과가 있는 것으로 이해
되고 있었다.141)

水稻의 **播種法** ― 이같은 전제 위에서, 水田의 경우 그 파종법은 水耕撒種
(水播), 苗種(栽苗·揷種·移秧), 乾播法 등으로서 행해졌다. 水播法은 주지
하는 바와 같이 早稻이거나 晩稻이거나를 막론하고 미리 종자를 3일 동안
물에 담갔다 건져내어 공석에 담아 발아시킨 뒤(2分 정도), 정지가 끝난 水
田에다 고르게 撒種하고 번지(板撈)나 밀개(把撈)로 복종을 하는 것이었으
며, 苗種法은 수파법과 같은 요령으로 지종하여 秧基에 파종하되 모가 한 줌
(握) 이상 자라면 苗種處를 정지한 다음 앙기의 모를 묘종처로 옮겨 심는 것
이었다. 이 양자는 수도 파종의 기본이었다. 乾播法은 이와는 달랐다. 봄 가
뭄으로 水耕을 못하고 乾耕을 할 경우에는 播種法도 크게 변통되지 않으면
아니 되었다. 이때에는 稻種을 熟糞·尿灰에 섞어서 평면으로 정지된 마른
논(乾畓)에 足種(발자국을 치고 낙종하는 것)을 했다. 모가 어느 정도 자란
다음 비가 와서 물이 고이면 水田이 되게 하는 파종법이었다.142)

水播 및 移秧에 의한 水稻재배와 乾播法에 의한 水稻재배는 朝鮮 水稻作
의 두 전통이었다. 그 가운데에서도 乾播法은 中國이나 日本에서는 널리 보
급되고 있지 않았다는 점에서, 朝鮮 水稻作의 한 특징이 되는 것이기도 하였
다. 朝鮮에서도 물론 이 農法이 水稻재배의 주류가 되는 것은 아니었으며,
물이 없을 때에 그 대책으로서 채택되는 부수적인 재배법일 뿐이었다. 그러
나 그러면서도 朝鮮 水稻作에서는 이것이 없으면 곤란할 정도로 이 農法은

---

140) 『農事直說』 備穀種.
141) 『齊民要術』 卷1, 種穀 ; 『農桑輯要』 卷2, 收九穀種.
    繆啓愉, 『齊民要術校釋』에서는 雪汁漬種의 효과를 '通過現代科學試驗 證明雪水對動植物的
    生長發育 有良好的促進作用'(p.70, 註58)이라고 하였다. 단, 이는 中國에서의 일이었다.
142) 『農事直說』 種稻.

중요한 의미를 지녔다. 水利문제가 충분히 해결되고 있지 않았던 朝鮮 水稻作에서는 이 農法은 반드시 필요하였기 때문이었다.

乾播에 의한 水稻재배법을 소상하게 기술하고 있는 것은 『農事直說』이다. 하지만 이 기술은 『農事直說』의 편자가 이 단계에서 처음으로 개발했다는 뜻은 아니다. 이 부분도 다른 기술과 함께 이때 관행하고 있었던 農法을 채방 수록하고 있는 것이었다. 그러한 乾播 농법이 언제부터 관행하였는지 기록상으로는 알 수 없지만, 그것은 아마도 水稻 재배의 기원과 더불어 그 역사가 오래였을 것으로 필자는 생각한다. 中國의 경우, 그곳 野生 벼는 生態環境의 차이에 따라 몇 가지 다른 類型의 品種으로 형성되고 있었다.143) 다시 말하면 유형·품종이 다른 野生 벼는 각각 다른 생태환경 속에서 생장할 수가 있었다는 것이다. 栽培 벼라고 예외일 수는 없겠다. 栽培 벼는 결국 野生 벼에서 오는 것이기 때문이다.

그러한 사정은 우리나라에서도 마찬가지였으리라 생각된다. 우리나라의 경우 水稻作이 野生 벼로부터 재배된 것이었는지 또는 재배 벼가 전래한 것이었는지 불명확하다. 아마도 어느 경우도 있었을 것이지만, 어느 경우이건 간에 물이 있는 水澤地에서는 水播를 하는 재배법으로 육성 발전하였을 것이고, 물의 이용이 불편한 天水畓 지역에서는 그러한 자연 조건에 적응할 수 있는 稻品種으로 육성되는 가운데, 乾播에 의한 水稻 재배법을 발전시켜 나갔을 것이다.144) 그리하여 이 두 재배법은 그 뒤 水稻作의 두 전통이 되었을

─────────────

143) 嚴文明, '中國稻作農業的起源'(『農業考古』 1982, 1·2).
144) 乾播에 적합한 品種이 어떠한 것이었는지 『農事直說』에서는 언급하고 있지 않다. 『農事直說』에서는 다만 晩稻를 파종하라고 하였다. 이로써 보면 모든 晩稻는 乾播가 가능하였던 것 같다. 그러나 高尙顔이 『農家月令』에서 密達租를 쓰라 하고 '非此不爲'라고 하였던 것을 보면 乾播에는 특히 적합한 品種이 있었던 것 같다.
  이러한 사정은 近代學問으로서의 農學이 발달하고 있었던 近年의 조사를 통해서도 확인할 수 있다. 이 조사에서는 乾畓稻의 品種은 100種이나 된다고 하는 가운데, 특히 우량종으로 龍川租·大邱租 등을 들고 있었다. 그리고 乾畓稻는 일반적으로 '水分缺乏 상태에서의 發芽能力이 强하며, 籾(벼)의 吸水率·吸水速度가 커서 일반 水稻와 陸稻의 中間쯤에 있다'는 점을 지적하고 있다(盛永俊太郎, 『日本의 稻』, pp.127~128).
  乾播法의 전통에 관해서는 상반된 두 견해가 있다. ①『農事直說』 이전부터 이미 있어 왔다는 견해와 ②『農事直說』 단계에서 비로소 확립되었다는 견해가 그것이다. 종래에는 주로 ①설로서 乾播를 이해하였고, 筆者도 기본적으로 이 입장에서 乾播法을 이해하였다('朝鮮後期의 水稻作技術'『朝鮮後期農業史硏究』〔Ⅱ〕참조). 그러나 그 高度한 기술 내용으로 보아

터이다. 그러한 가운데 물의 문제가 해결되면, 그 파종법도 乾播에서 水播로 바뀌게 되고, 따라서 乾播法은 점차 그 존재 의의가 감소되어 나가는 것이 자연의 추세였으리라고 생각된다.

旱田 作物의 播種法 — 旱田에서의 播種法은 더욱 다양하였다. 『農事直說』에서는 그것을 足種·科種·撒種 또는 擲種으로서 설명했다. 더욱이 旱田에서는 下種을 撒種과 대비되는 특정한 播種의 방법으로 사용하고 있어서, 播種法 이해에 혼선을 자아내게도 하고 있다. 그러한 문제를 해결하기 위해서는 각 作物의 파종에 관한 자료를 면밀히 비교 검토할 필요가 있다.

다음의 表 '旱田의 整地와 播種法'은 旱田 작물을 파종할 때의 정지의 상태와 파종할 때의 파종 방법을 발췌 정리한 것이다. 이로써 보면 그 파종 방법은 撒種(또는 撒擲·擲種)과 下種의 두 가지로 대별되고 있다. 農地 고르기(整地)의 조건에 따라 撒種도 하고 또는 下種도 하는 것이다. 水田의 경우와는 다름을 발견하게 된다. 물론 下種은 播種 일반을 뜻하는 것이기도 하였으므로 字句에만 구애된다면 그러한 구분이 어려울 수도 있다. 그러나 撒種과 下種에 관한 구체적인 용례를 보면 『農事直說』의 찬자는 분명히 이를 구분해서 쓰고 있음을 알 수 있다. 표의 ③④⑤는 그 예가 되겠다. 같은 작물인데 정지를 했을 경우는 下種, 안 했을 경우는 撒種으로 표기하고 있는 것이다. 撒種 擲種은 파종하는 方法·動作이 種子를 뿌리는 것, 툭툭 던지는 것이고, 下種은 그 동작이 종자를 낙종하는(떨어뜨리는) 것, 내려놓는 것이므로, 그것을 받아들일 파종처의 정지 상태가 어떠한가에 따라 그 용어를 가려쓰지 않을수 없었을 것이다.

그러나 撒種이거나 下種이거나를 막론하고 그러한 파종을 할 수 있는 播種處의 정지가 단일할 수는 없었다. 그러므로 그러한 방식에 따른 播種法은 그 정지 방식이 다양한 정도만큼이나 다양해질 수밖에 없었다.

撒種은 세 종류의 정지 위에서 행해졌다. 첫째로는 앞에 들었던 整地 작업 없이 撒種할 경우이다. ③ 黍粟, ④ 大小豆, ⑤ 大小麥, ⑦ 蕎麥 등에는 제2의 파종법이 있었는데, 그것은 정지없이 撒種하고 起土하여 복종하는 것이

그렇게 보기 어렵다는 점에서 宮嶋博史 씨는 최근의 연구 '朝鮮農業史上에서의 十五世紀'(『朝鮮史叢』 3, 1980)에서 ②설을 제기하고 있다.

었다. 이미 언급한 바 있는 火耕農法은 그 중심이 되는 것으로, 지극히 조방한 농법이었으나 널리 행해지고 있었다. 조의 경우 晚種早熟하는 조를 파종할 때는 林野나 土厚久陳地를 벌초 燒田한 다음 종자를 撒擲하고 쇠스랑(鐵齒擺)으로 起土覆種했으며, 大小麥의 경우 黍·豆·粟·木麥根田에 파종할 때는 미리 마련한 刈草를 전면에 펴고 불을 지른 다음 麥種을 擲種하고 起土覆種하였다. 그리고 蕎麥을 산림 肥厚地에 파종할 때는 火耕으로서 撒種했다. 기경숙치 없이 파종하는 것은 여기에서 그치는 것이 아니었다. 小豆를 麥田에 根耕할 때는 먼저 撒種하고 엎어갈기(覆耕)를 했다.145)

　둘째로 起耕作畝하고 그 畝上에다 撒種을 하는 경우였다. ⑥ 胡麻의 파종법은 그것이었다. 거기에는 세 가지 방법이 있었는데, 보통 荒地일 경우 시비 없이 起耕 撒種하고 橝木으로 破塊覆土했으며, 麥根田일 경우에는 糞灰에 섞어서 파종(稀種)했다. 그리고 또 하나의 방법은 作畝한 위에 小豆·菉

旱田의 整地와 播種法

작　　　　물	정지의 상태	파종의 방법
① 麻	熟治使平 足踏均密	撒種 須均須密
② 旱稻	作畝足種	**
③ 黍粟	逐畝左右 足踵交踏	下種
	不整地	撒擲 起土覆種
稷	種法 與種黍粟同	……
	或 撒擲亦得	……
④ 大小豆	〔畝〕科	下種
	不整地〔小豆〕	撒種 覆耕之
⑤ 大小麥	耕之 摩平 耕之 *	下種
	不整地	擲種 耕之
⑥ 胡麻	耕地·畝	撒種
⑦ 蕎麥	下種時又耕之 *	** 下種
	不整地 火耕	撒種

　* 起耕 뒤의 정지 상태를 기록하고 있지 않다.
** 播種의 방법(동작)을 기록하고 있지 않다.

---

145)『農事直說』種黍粟·種大小麥·種蕎麥·種大小豆菉豆.

豆와 섞어서 撒種을 하기도 하였다.146)

셋째로 들 수 있는 것은 ① 麻의 경우로서 평면으로 정지한 전면에 '足踏
均密'하게 자국을 치고 그 위에 撒種을 하는 것이다. 살종도 균밀해야만 하
였다. 足踏을 균밀하게 친다는 것은 발자국을 배고 촘촘하게 쳐서 이어지는
상태로까지 되는 것임을 뜻하는 것으로 생각된다. 그러므로 그 위에다 살종
을 한다는 것은 발자국이 거지반 한 줄로 이어지는 板狀·帶狀의 播種處에
솔솔 뿌려나가는 것이 되겠다. 굳이 말한다면 足種·科種이 條播와 같이 이
어지는 파종이었다고 하겠다.147)

下種도 여러 종류의 정지 위에서 행해졌다. ③ 黍粟이나 稷의 주 播種法은
그 대표적인 것이다. 그 방법은 起耕作畝한 뒤 이랑의 좌우를 따라가며 발뒤
꿈치(足踵)로 번갈아 자국을 치고 거기에다 들깨(水荏子)를 黍粟과 섞어서
下種하는 것이었다. 覆種은 左右足을 옮겨가며 자국을 치는 과정에서 자연
스럽게 이루어졌다. 足踵으로 자국을 치면 파종처는 옴폭 패인 구덩이가 될
것이므로, 파종을 撒種으로 하기는 어렵고 下種으로 하는 수밖에 없었을 터
이다. 이같이 발로 발자국을 치고 거기에다 下種을 하는 파종법을 흔히 足種
이라고 하였다. 파종을 족종으로 하는 작물에는 ② 旱稻(山稻)도 있었다. 旱
稻는 作畝足種을 하고 그 畝背를 단단하게 밟아주는 것이었다. 이 경우『農
事直說』에서는 발자국에 撒種하는 것인지 下種하는 것인지 말하고 있지 않
지만, 黍粟의 경우로 보아 下種이었을 것이다.148) 이같은 足種은 일정한 간
격으로 파종하는 것이므로 발자국 크기의 科種(포기)이 되는 것이고, 중국
식으로 표현하면 點種이었다고 하겠다.

下種은 ④ 大小豆의 主 파종법으로도 행해졌다. 그것은 이랑에 작은 구덩
이(科 : 坎 : 坑 : 春穴)를 파고 구멍마다 씨앗 서너 개 또는 네댓 개씩 下種
하는 것이었다.149) 이는 科種으로 부르고 있었으며, 족종과 마찬가지로 點
種에 속하는 것이었다고 하겠다.

---

146)『農事直說』種胡麻.
147)『農事直說』種麻.
148)『農事直說』種黍粟·種稷·種稻.
149)『農事直說』種大小豆.

下種은 이밖에 ⑤ 大小麥과 ⑦ 蕎麥의 主 파종법으로서도 행해졌다.150)
麥根田에 大小麥을 연작으로 파종할 경우 '먼저 5,6월 간에 起耕曝陽하고 목
작으로 마평하며, 下種 때 다시 起耕하고 下種이 끝나면 쇠스랑(鐵齒擺)이나
木斫背로 覆種하되 두텁게 한다'는 것은 전자의 경우였다. 이 경우 파종처를
어떻게 처리하고 그 위에다 下種을 하는 것인지 『農事直說』에서는 분명하게
기록하고 있지 않지만, 그러나 한 가지 분명한 것은 그것이 撒種을 하도록
처리된 것이 아니고 下種을 하도록 되어 있었으리라는 점이다. 이를테면 ①
麻에서처럼 '足踏均密'하게 하고 撒種 또한 '須均須密'하게 하거나, 朝鮮후기
의 種麥에서와 같이 고랑(畎) 속에 撒種을 하는 것은 아니었으리라는 것이
다. 그러했다면 麻에서와 같이, 그리고 『農家集成』에서와 같이 '撒種'으로 표
현했을 것이기 때문이다. 『農家集成』에서는 『農事直說』의 種麥法을 증보
하는 가운데, 密作小畝한 畝間, 즉 고랑의 파종을 撒種으로 표시하고 있
었다.151)

그렇다면 『農事直說』의 大小麥의 下種은 어떻게 하는 것이었을까? 이를
바로 이해하기 위해서는 앞에 언급한 이 시기의 整地法(畝아 畝間)을 전제로
하고, 種大小麥 조항을 그 앞의 조항과 관련시켜 살펴야 할 것으로 생각된
다. 중복 표현을 생략할 수 있었기 때문이다. 그리고 그같이 살피면 大小麥
의 下種은 黍粟이나 大小豆의 그것과 마찬가지로 畝上에 足踏을 치거나 구
덩이(科)를 파고 下種하는 것, 특히 후자의 경우와 가까운 것이 아니었을까
생각된다. 種大小麥條는 種大小豆條에 이어지는 것이었기 때문이다. 中國
江南지방에서도 種麥은 撮種으로 하고 있었으며, 그렇게 하는 것을 下種이
라고 했다. 이에 견주어 北方에서는 耬種을 하고 耙勞로 복종을 하고 있었는
데, 南方은 種子가 절약되고 수확이 많았으며, 北方은 勞動力이 절약되고 있
었다.152)

150) 『農事直說』 種大小麥·種蕎麥.
151) 『農家集成』, 『農事直說』 種大小麥.
　　　 단, 閔成基 교수의 '朝鮮前期의 麥作技術考'(『釜大史學』 4, 1980)에서는 이같은 증보의 내용
　　　 을 『農事直說』 단계부터 이미 있었던 것으로 추정한다.
152) 王禎, 『農書』, 百穀譜 集1, 穀屬 大小麥.
　　　 麥作技術에 관한 좀더 구체적인 고찰은, 필자의 別稿, '朝鮮後期의 麥作技術'(『朝鮮後期農業

후자, 즉 蕎麥의 경우도 下種할 때 起耕한다고만 했을 뿐 그 파종처의 처리와 파종의 방법을 말하지 않았으나, 요컨대 下種할 수 있는 상태로 정지를 했으되 거듭되는 설명을 생략했을 것으로 생각된다. 이 경우는 발로 자국을 치고 종자를 한 줌씩 하종하는 足種을 했을 것으로 사료된다. 朝鮮後期에도 蕎麥은 撒種과 足種으로 행해지고 있었다(『農家撮要』).

이상과 같이 파종법을 고찰하는 가운데 특히 주목되는 것은 高麗 시기에는 널리 볼 수 있었던 歲易農法이 『農事直說』에 이르러서는 거의 극복된 것과 같이 표현되고 있는 점이다. 이때에는 작물의 재배가 常耕連作으로서 행해지고 있었으며, 더욱이 秋麥作을 중심으로 1년 2작, 2년 3작으로 윤작하였다. 그 前作은 주로 黍粟・豆・木麥이었으며, 그 後作은 주로 粟・稷・大小豆・胡麻 등이었다. 根耕은 그 한 방법이었다.

그러나 高麗의 歲易農法이 극복되었다 하더라도, 이때에는 穀列의 行間에 작물을 한 行 더 間種할 수 있을 만큼 畝와 畝 사이, 즉 畝間의 넓은 공간을 息土의 상태로 남겨두는 경우가 많았으므로, 아직은 그 극복이 완전한 것이 아니었다. 그것은 施肥法의 발달이나 耕種法의 발달을 통해서 점진적으로 수행되어 나갈 수 있는 일이었다. 間種法의 보급은 그 歲易農法 극복 과정의 한 표현이었다. 間種法은 根耕만으로는 작물의 생육 기간이 길어서 1년 2작, 2년 3작을 발전시키기가 어려운데서 발생한 것이었다. 이 점을 극복하기 위해서는 새로운 농법을 개발하지 않으면 아니 되었다. 田少者들에게는 이는 특히 절실한 문제였다. 여기에 새로이 등장하게 되는 것이 間種法이었다. 그러므로 이는 田少者나 전지를 효율적으로 이용하려는 농민들이 점차 적극적으로 추진했을 것으로 생각된다. 麥田이나 大豆田 안에서 前穀이 아직 자라고 있을 때, 그 穀列의 행간 즉 息土되고 있는 畝間에 後穀을 파종하는 농법이었다. 麥田에는 大豆・粟을 간종하고 黍粟・豆・木麥田에는 麥을 간종했다.153) 그리하여 이와 같이 穀列의 行間에 남겨두었던 息土가 완전히

史硏究』〔II〕, 증보판 所收을 참조.
153) 『農事直說』種大豆小豆菉豆.
    又一法 田少者 兩麥未穗時 淺耕兩畝間 種以大豆 收兩麥訖 又耕麥根 以覆豆根 大豆田間 種
    秋麥 麥田間 種粟 皆同此法
    『農事直說』種大小麥.

이용될 수 있게 되었을 때 歲易농법은 실질적으로 극복될 수 있었다.

(3) 施肥法

歲易農法에서 常耕 連作農法, 1년 2작, 2년 3작의 輪作農法으로까지 발달하기 위해서는 오랜 세월이 걸렸을 것이다. 그리고 그러한 과정에서는 농업기술 전반에 대한 개량이 있었을 터이다. 施肥法의 개선 보급은 그 가운데에서도 중요한 과제였을 것으로 생각된다. 그만한 농법 변화가 있기 위해서는 거기에 상응하는 地力 증진이 있지 않으면 아니 되었을 것이고, 그러한 지력 증진의 방법으로서는 전작·후작을 고려한 윤작법 및 畝間 息土의 방법과 함께, 시비술이 또한 절대로 필요했을 것이기 때문이다.

『農事直說』의 施肥法은 적지 않게 발달해 있었다.154) 농업 선진지역이 표본이 된 탓이기는 하겠지만, 그 기술 수준은 낮지 않고 다양하였다. 그것은 두 계통으로 행해졌다. 하나는 客土를 넣는 것이고, 다른 하나는 여러 가지 糞壤을 사용하는 것이었다.

客土는 水田에서 이용되었다. 早稻田이거나 晩稻田이거나를 막론하고, 정월에 해빙된 뒤 起耕을 하면 入糞하거나 入土를 하였는데, 『農事直說』에서는 이를 격년으로 번갈아 하도록 하였다. 水田 가운데에서도 泥濘·虛浮·水冷한 곳에 대해서는 특히 新土나 莎土를 넣도록 하였다.155) 이는 단순한 시비가 아니라 농지를 근원적으로 개량해 나가는 한 방법이기도 하였다.

糞壤은 다양하였다. 水田과 旱田의 어느 쪽에도 사용되었으며, 그 방법은 基肥·種肥 기타 등으로 분류할 수 있다.

① 苗糞 : 이는 시비용의 작물을 재배하는 것으로서, 耕地條에서 '박전에 菉豆를 耕種하고 무성하기를 기다려 엎어갈면 不莠·不虫하고 變塙爲良한다'고 하였음은 그것이었다. 『農事直說』에서는 이에 대하여 명칭을 붙이지

根耕·間種을 중심으로 한 輪作體系에 관해서는 宮嶋, 前揭 論文 및 金泰永, '科田法체제에서의 土地生産力과 量田'(『朝鮮前期土地制度史研究』, 1983)에 자세히 나와 있다.

154) 『農事直說』의 施肥法에 관해서는 다음 논문에서도 자세히 다루고 있다.

李泰鎭, '14·15세기 農業技術의 발달과 新興士族'(『東洋學』 9, 1979 ; 『韓國社會史研究』, 1986).

閔成基, '朝鮮時代의 施肥技術 研究'(『釜山大人文論叢』 24, 1983).

李鎬澈, 『朝鮮前期農業史研究』, 제1장, 1985.

155) 『農事直說』種稻條, 早稻·晩稻.

않았지만, 이는 王禎의 이른바 苗糞으로서 지금의 綠肥이었다. 시비뿐만 아
니라 蟲害 방지로서도 효과가 있는 것으로 생각되고 있었다. 苗糞作物로는
녹두 말고도 胡麻가 있어서 녹두와 함께 麥田의 息土되는 畝間에 파종했다
가 掩耕되고 있었다.156)

② 草糞 : 이는 잡초나 나뭇잎을 분양으로 쓰는 것으로, 다양하게 이용되
었다. 荒地 개발에서는 7,8월에 '耕之掩草'(掩靑)하였고, 新畓의 개발에서는
3,4월에 輪木을 써서 무성한 수초를 殺草했다. 稷田에서는 畝間에 잡초를
펴고 起耕 파종했으며, 晩稻田의 1차경 뒤에는 잡초나 떡갈나뭇잎을 폈다.
그리고 秧基의 작성에서는 특히 柳枝軟梢를 썰어 넣고 발로 밟아 그것이 泥
土 속에서 시비가 되게 하였다.157)

③ 火糞(燒田) : 잡초·잡목은 초분으로서 뿐만 아니라 火糞으로도 이용
되었다. '旱田은 初耕 뒤 布草燒之하고 再耕하면 美田이 된다'고 한 것이 그
것이다. 잡초를 전면에 펴고 불 지르는 燒田이고 火耕이었다. 이러한 시비법
은 그 계보가 火耕農法에 이어지는 것으로서 그 기원이 오랜 것이었다. 이는
草灰가 시비임은 말할 것도 없지만, 전면에 열을 가함으로써 시비 효과를 촉
진시키는 것은 물론이고 충해 예방도 되었다. 기술한 바 黍粟田, 蕎麥田, 麥
田 등에서의 火耕농법도 화분의 기능을 아울러 지니는 것이었다. 그리고 水
田에서도 新田을 개발할 때 초목이 무성하면 '火而耕之'했는데 이것도 같은
의미가 있었다.158)

④ 鹿肥糞 1 : 『農事直說』에는 많은 분양이 열거되는 가운데 다만 '糞(거
름)'으로만 표시한 것이 있다. 이를테면 水田에서 秋耕이나 정월경 뒤에 '入
糞' '入土'하라고 한 것이 그것이다. 塿田에는 牛馬糞·人糞을 넣도록 지시하
면서 이와는 별도로 쓰고 있는 용어였다.159) 필자는 이것을 中國의 이른바
踏糞法에서 말하는 糞(堆肥)이었을 것으로 보았다. 踏糞法은 『農桑輯要』가
『齊民要術』의 기술을 그대로 이용하여 크게 제시하고 있는 造糞法으로, 날

---

156) 『農事直說』耕地·種大小麥.
157) 『農事直說』耕地·種稻·種稷.
158) 『農事直說』耕地·種黍粟·種蕎麥·種大小麥·種稻.
159) 『農事直說』種稻.

마다 볏짚을 외양간 안에 넣어 펴서 소가 밟게 한 후 걷어 내어 퇴적함으로
써 분을 만드는 것이었다. 그런데 踏糞法에서는 이렇게 만들어지는 답분을
'凡地有薄者 卽須加糞 糞之' 또는 '載糞糞之'라고 하여 糞으로만 표시하고 있
다.160) 『農事直說』의 편찬 과정에서 보면 『農桑輯要』의 이 명칭은 시비법에
자연스럽게 도입되었을 것이다. 그것은 결국 구비분인 것이었다.

⑤ 廐肥糞 2 : ④에서 말한 구비분이 널리 쓰이는 가운데, 柳枝軟梢를 원
료로 하여 특별하게 만드는 糞도 있었다. '봄여름 사이에 버드나무 가지를
잘게 썰어 牛馬廐間에 펴되 5,6일마다 끌어 내어 쌓아 두었다가 거름으로
쓰라'161)고 한 대목이 그것이다. 5,6일 동안이나 우마로 하여금 밟게 한 다
음 끌어 내어 퇴비를 만드는 것이다. 『農事直說』에서는 이에 대하여 '甚宜於
麥'이라고 하였는데, 이로써 보면 '廐肥糞 2'는 麥田 시비를 위한 특별한 糞
만들기이었던 것으로 생각된다.

⑥ 牛馬糞 : 외양간이나 그밖에서 구비분과는 별도로 모은 우마의 糞尿이
다. 외양간에 폈던 볏짚도 糞壤이 되었으므로 그 糞尿는 더욱 말할 것이 없
다. 稻田에서는 척박한 곳이거나 苗種處에서 초경 뒤 '布牛馬糞'하고 새경을
했으며, 麻田에서는 초경(縱三橫三) 뒤와 覆種 뒤의 두 번에 걸쳐 이를 시비
했다.162)

⑦ 人糞 : 晩稻를 재배하는 척박한 水田에 사용했다. 초경 뒤 우마분이나
杼葉과 마찬가지로 '布人糞'하고 재경하는 것이었다.163) 어떠한 상태의 人
糞인지 분명치 않지만, 이밖에 熟糞이 또 있는 것을 보면, 糞尿를 甕器나 桶
에 따로 모아 蒸熟시킨 糞壤이라고 생각된다.

⑧ 蠶沙糞 : 인분과 함께 晩稻田의 施肥用으로 쓰였다. 그러나 이는 '多得
爲難'하였으므로 분양으로서 큰 효과를 거둘 수 있는 것이 아니었다.164)

⑨ 熟糞 : 이는 旱田作物의 파종 때 種肥로 많이 썼다. 旱稻의 경우 '밭이

160) 『農桑輯要』 卷1, 耕墾 耕地.
161) 『農事直說』 種大小麥.
162) 『農事直說』 種稻 · 種麻.
163) 『農事直說』 種稻.
164) 同 上.

척박하면 熟糞 또는 尿灰에 섞어서 파종한다'던가, 黍粟의 경우 '밭이 척박하
면 熟糞이나 尿灰를 써서 파종한다'고 한 것이 그것이었다.165) 熟糞과 尿灰
를 아울러 '糞灰'라고 부르기도 하였다.166) 稷・大小豆・大小麥・胡麻・蕎
麥 그리고 水稻의 乾耕에서도 모두 熟糞이나 尿灰를 이용하였다. 그러면서
도『農事直說』에서는 비료 粗放작물을 이해하고 있어서 大小豆에 대해서는
'用糞灰 宜小 不宜多' 할 것을 지시하고 있다.167)

熟糞이란 잘 腐熟한 또는 蒸熟한 糞이라는 뜻이 되겠는데,『農事直說』에
서는 이것이 獸糞인지 人糞인지에 관해서 언급하지 않았다. 그러나 이 분양
이 모든 旱田의 糧食作物 파종에 쓰여지고 있는 것으로서 보면, 농가에서 가
장 손쉽게 많이 확보할 수 있는 糞壤이었던 것으로 생각된다. 그리고 그것이
種子와 섞어서 쓰는 것이었음을 고려하면 건조한 상태의 분양이었으리라 생
각된다. 그러한 분양이라면 이미 지적되었듯이(閔成基 씨, 앞 논문. 註154)
농민들이 뒷간(厠間)을 사용할 때 糞과 尿와 灰가 자연스럽게 배합되는 糞
壤을 빼놓을 수 없을 것이다. 농촌에서 아궁이에 볏짚・잡초・나무를 때면
그 재를 긁어내어 뒷간에 가져다 두고, 그 재로써 糞을 덮어 뒤쪽으로 쌓아
올리되, 옹기에 받은 오줌을 그 위에 부어 주는 것은 얼마 전까지도 볼 수
있는 관습이었다. 그리고 건조한 상태의 분회를 종자와 섞어서 파종하는 것
도 쉽게 볼 수 있는 관행이었다.『農事直說』이 여러 가지 糞壤을 말하면서도
뒷간의 糞을 말하지 않고 있는 점으로 보아서도 熟糞은 바로 뒷간에서 배합
되는 분양이었다고 하겠다.

⑩ 尿灰 : 이것도 熟糞과 마찬가지로 이용되는 糞壤이었다. 그러나 이는
뒷간의 尿灰가 아니었고 특별히 만들어지는 요회였다. 만드는 방법은 '외양
간(牛廐) 밖에 웅덩이(池)를 파서 牛尿를 받고, 穀秸・穗・秕 등을 태워서
재를 만든 뒤 이를 받아 놓은 牛廐池尿에 고루 섞어서 만드는 것'168)이다.
尿灰는 '熟糞或尿灰'라던가 '糞灰'(熟糞與尿灰)라고 하여, 여러 作物의 재배

---

165)『農事直說』種稻條 旱稻, 種黍粟條.
166)『農事直說』種稷.
    田若埼薄 用糞灰(熟糞與尿灰也 下倣此)
167)『農事直說』種大豆小豆菉豆.
168)『農事直說』種稻條 乾耕.

과정에서(水稻乾耕, 旱稻, 黍粟, 稷, 大豆小豆, 大小麥, 胡麻, 蕎麥) 熟糞과 묶어서 표현하는 바가 많았다. 이로써 보면 尿灰도 熟糞과 마찬가지로 널리 이용된 분양이었던 것으로 생각된다.

⑪ 漬種 : 種肥의 방법으로서 施肥를 하는 것으로는 漬種도 있었다. 糞灰를 써야 하는데 灰가 적으면 漬種을 해도 되었다.169) 지종법은 '나무통에 牛馬廐池尿를 담고 거기에 종자를 漬種하였다 걸러내어 건조시키는' 것이었다. 蕎麥의 파종에서는 이를 더욱 특별하게 했다. '牛馬糞을 태워 재를 만들고 이를 식힌 다음, (牛馬)廐池尿에 지종한 종자를 건져내어 그 재 속에 던짐으로써, 종자에 재가 粘着하도록 한 다음'170) 이를 파종하는 것이었다. 완전한 種肥이었다.

⑫ 曝根 · 曝陽 : 이는 특수한 시비법으로, 분양은 아니지만 施肥의 기능을 촉진하는 것이었다. 전자는 水稻田, 후자는 麥田에서 했다. 水田에서 김매기할 때 去水하고 曝根하여 그 뿌리를 '슈堅'케 하면 모를 '耐風耐旱'케 하여 결실이 잘 되었다.171) 曝根뿐만 아니라 曝土도 중요했다. 秧基를 작성할 때는 반드시 曝土를 했으며, 麥田을 기경할 때에도 曝陽은 필수적이다. 중국에서는 이를 暵地라고 하였는데, 暵地를 안하고 파종을 하면 '其收倍薄'이라고 하였다.172)

이같이 정리하고 보면 『農事直說』의 분양은 지극히 다양하였으며, 따라서 이 시기의 농업의 발달은 곧 분양의 발달에 기초하는 것이었음을 발견할 수 있겠다. 그러나 이것이 곧 全 農業生産에 분양이 모두 쓰이고 있었음을 뜻하는 것은 아니다. 또 이 시기의 시비법이 고도하게 발달하고 있었음을 뜻하는 것도 아니다. 이러한 분양을 施用하는 데 있어서는 두 가지 점에서 큰 한계가 있었다. 그 하나는 모든 작물에 대한 시비에서 追肥는 언급되고 있지 않았다는 점이다. 『農事直說』에서는 아직은 추비 없이 작물을 재배하고 있었

---

169) 『農事直說』 種蕎麥.
   下種時 又耕之 種子一斗 糞灰一石爲度(灰小則漬種 亦可)
170) 『農事直說』 備穀種, 種蕎麥.
171) 『農桑輯要』 卷2, 水稻
   『農事直說』 種水稻條 早稻.
172) 『農桑輯要』 卷2, 大小麥.

다. 다른 하나는 基肥나 種肥를 사용함에 있어서도 그것은 種黍粟에서 볼 수
있듯이, 주로 薄田에 대해서만 주력하고, 良田 種粟에서는 燒田만을 하고 파
종 재배하고 있는 점이었다. 이 시기에는 施肥의 원리는 충분히 이해하고 있
었으나, 施肥의 공급은 충분하지 못하였다. 이는 畝間을 息土하지 않을 수
없는 까닭이기도 하였다. 그러므로 당시의 이러한 조건에서는 그 생산의 증
진은 크게 제약되지 않을 수 없었을 것으로 생각된다.

(4) 中耕除草

除草作業은 작물에 따라 달랐다. 이에 대한 언급이 없는 것이 있는가 하면
(蕎麥), 1鋤로 그치는 것도 있고(麻·麥), 서너 차례나 하는 경우도 있었다
(稻·黍粟). 그리고 手耘으로 하는 경우, 鋤耘으로 하는 경우, 牛犁로서 하
는 경우(후치)도 있었다. 벼와 서속은 多耘作物이었다.

稻田 水播의 경우 제초작업에는 세심한 주의가 요청되었다. 모가 어릴 때
는 水渴土强한 경우가 아닌 한, 手耘을 하되 去水 ― 手耘 ― 灌水의 순서로
하도록 하고, 灌水는 모가 아직 약할 때는 얕게, 강해지면 깊게 하도록 했
다. 그리고 去水와 灌水가 자유로운 곳에서는 去水 뒤 이틀 동안 曝根할 것
을 지시했다. 기술한 바와 같이 그것은 耐風耐旱의 방법이었다. 모가 반 자
쯤 자라면 鋤耘을 하되 김맬 때 모 사이의 土面을 손으로 주물러 연하게 하
도록 하였다. 제초작업은 서너 차례 하도록 하였는데, 『農事直說』에서는 이
의 중요성을 잘 인식하고 있어서, '禾穀成長 唯賴鋤功'이라던가 '鋤頭 自有百
本禾……苗知人功'이라고 하여 그것을 강조하였다. 輪木으로 殺草하면 김매
는 품이 크게 절약되지만 이는 新開畓 같은 특수한 경우 하는 일이었다. 苗
種을 하면 '便於除草'하였으므로 노동력이 절약되기는 하나, 移秧期에 물이
없으면 失農을 하게 되므로 이에 대해서는 크게 경계했다.173)

黍粟田에서는 3차의 鋤耘과 1차의 畝間 犁耕을 했다. 鋤耘에서는 잡초를
제거하고 밴 포기는 솎아 주며 粟根에는 흙으로 북을 주었다. 풀이 없다고
김매기를 그쳐서는 안 되었다. 黍粟이 성장한 뒤 이랑 사이에 잡초가 무성하
면 牛口에 망을 씌우고 中耕(후치)을 하였다. 이렇게 하면 이랑 사이의 잡초

---

173) 『農事直說』 種稻.

는 掩耕되어 시비가 되고 흙으로는 粟根에 북을 주는 것이 되었다. 물론 이
것은 息土되고 있는 畝間, 잡초가 무성한 畝間을 掩耕함으로써 間種재배에
대비하는 것이기도 하였다. 임야나 土厚久陳地에서 火耕으로 조를 재배할
경우에는, 제초작업에 드는 노동력은 크게 절약되었다(鋤草省力).174) 火耕
농법은 기경이나 除草에 힘이 덜 드는 농법인 셈이었다.

中耕除草를 위한 農具는 극젱이(일종의 작은 쟁기)와 호미였다. 그 가운데
에서도 중심이 되는 것은 호미였는데 旱田이나 水田 어느 쪽에도 이용되었
다. 그리고 그러한 호미는 水田의 경우 '耘時 以手 按軟苗間土面'175)하고 있
었던 점으로 보아 오늘날과 마찬가지로 자루가 짧은 호미였던 것으로 생각
된다. 直播한 稻田에서는 특히 더 그러했을 것이다. 中國의 제초기에 揚鈀와
耘盪이 있었던 점과는 달랐다. 이는 朝鮮의 풍토에서는 短柄의 호미가 중경
제초에 효과적이었던 데서 연유하는 것으로 생각된다. 그러나 지역에 따라
밭에서는 長柄鋤가 이용되고 있었다. 中部 以北 지역에서는 특히 그러했
던 것으로 생각된다.176)

(5) 農業生產의 主體

『農事直說』의 농서로서의 성격은 그것이 어떠한 농민층을 생산의 주체 또
는 '표준농민'으로 삼고 있었는가 하는 문제와도 연관된다. 이러한 문제와 관
련하여 먼저 생각하게 되는 것은, 『農事直說』은 國家의 勸農政策, 國王의 지
시에 따라 편찬되었으며, 따라서 이는 建國 초기의 국가기반 확립, 稅源 확
대를 위한 농업생산의 증진을 위하여 편찬되었다는 사실이다. 이는 『農事直
說』이 농업생산을 담당하는 전 농민층에게 그 지침서로서 이용되기를 바라
는 것이며, 따라서 『農事直說』에서의 생산의 주체는 國家財政을 위하여 농
업생산에 종사하는 全 농업생산자가 아닐 수 없었다.

거기에는 國家가 土地所有結數의 多寡로서 等級을 나눈 戶籍定式上의 大

---

174) 『農事直說』 種黍粟.
175) 『農事直說』 種稻.
176) 『衿陽雜錄』 農謳13 에는 '長鋤'가 보이고, 朝鮮후기의 『山林經濟(補說)』 卷1, 治農條 種黍粟稷
　　　近法에는 北道의 粟作에서 '長柄鋤'를 사용하는 사정이 지적되고 있다.
　　　　鋤의 기능 및 그와 관련된 柄의 長短에 관해서는 宮嶋, 앞의 論文과 李鎬澈, 前揭書 제1장
　　　및 林和男, '李朝農業技術의 展開'(『朝鮮史叢』 4, 1980) 등에서 특히 주목했다.

戶・中戶・小戶・殘戶・殘殘戶 등이 모두 포함된다고 하겠다(拙著, 『朝鮮後期農業史研究』〔Ⅱ〕, 제Ⅳ편의 제1논문, 471면 참조). 이를 달리 풀이하면, 封建地主・竝作地主層으로서 地主經營・農場經營을 하는 大土地所有者, 中小土地所有者層, 兩班으로서 奴婢노동・雇工노동 기타를 통하여 家作・自作을 하는 大農經營者層,177) 그리고 沒落 兩班으로서 奴婢를 둘 수 없는데, 국가가 雇工에 의존하며 농사를 할 수 있도록 배려한 勞動政策을 고마워하는 小貧農者層(同 上書, 제Ⅳ편의 제1논문, 註65 참조), 常民・賤民으로서 家族노동・雇工노동 기타 고용노동에 의존하며 농사를 하는 小農經營者層(이들은 殘戶 大農層, 殘殘戶 小貧農層으로 구성된다)이 모두 포함된다. 朝鮮王朝는 封建的인 地主經營과 自耕하는 大農經營 小農經營을 함께 그 경제기반으로 삼고 있었던 것이다. 그러므로 국가의 勸農정책으로서 편찬되는 『農事直說』이 어떤 특정 계층만을 위주로 하여 편찬될 수는 없었다.

하지만 『農事直說』의 농업생산의 주체나 標準農民에 대한 관심은 특정 계층에 치우쳐 있다는 인상을 지울 수가 없다. 그것은 몇 가지 점에서 그와 같이 이해된다.

무엇보다 먼저 주목하게 되는 것은 『農事直說』에는 경영규모를 제한하는 표현이 없다는 점이다. 『農事直說』이 의거하였던 바 『農桑輯要』에서는 '농가에서 농지를 경영할 때는 반드시 그 힘(勞動力・財力)을 헤아려서 하되 小規模 토지를 集約的으로 경영하는 것이 大規模 토지를 粗放하게 하는 것보다 낫다'178)고 하여, 농업 기술적 차원에서 규모의 확대에만 열중하는 경영을 제한하려 하였는데, 『農事直說』은 『農桑輯要』에서 많은 것을 취하면서도 경영규모에 관한 유일한 이 원칙은 취하지 않았다. 물론 『農事直說』이 그 기술 내용으로 보아 集約的인 小規模 경영을 부정하는 것은 아니었으나, 이는 農業生産者에게 經營擴大의 길을 열어 주고, 그들을 중심으로 전 농업생산을

---

177) 世宗 26년의 『勸農敎文』의 撰者이고 死六臣의 한 사람이었던 河緯地의 경우는 그 한 예이겠다. 그는 善山 사람이었는데 그 土地 所有 규모는 알 수 없으나, 그 土地의 直營을 위해서 牛 2隻, 馬 3疋, 耒 3, 鍇刀 2, 鋤 3, 卦伊 6, 斧 1, 小時郎 2, 謙 1, 斫耳 1, 鑿 2 등의 畜力과 農器具를 소유하고 있었다. 경영규모가 적지 않았음을 알 수 있다(『丹溪遺稿』 遺劵 ; 『丹溪先生實記』 卷2, 遺劵).

178) 註98 참조.

운영해 나가려는 것임을 뜻하는 것이 아닐 수 없었다. 그러한 생산자는 並作
하는 兩班地主, 農場經營者, 家作·自作으로 大農經營을 하는 자, 小農 상층
의 부유한 大農層이 주였다.

 이와 관련하여 우리는 『農事直說』이 여러 대목에서 荒地 開墾을 장려하고
있었다는 사실도 주목하게 된다. 新田 開發은 이 시기 勸農정책에서의 중요
한 국면이었으며, 이 사업을 통한 농지 확대는 누구에게나 장려되었다. 정부
에서는 이 사업을 지원하고, 강제하고, 시상을 하기도 하였다.179) 그러나
이 사업은 이미 부유한 양반 지배층(大·中·小地主)이거나 최소한 小農 上
層의 경제적 능력이 있는, 大農層이 할 수 있는 일이었다. 그리하여 그들은
개간을 통해서 農地를 확대하고 大土地 소유자가 되기도 하였다. 정부의 농
지개발 정책은 주로 이들에게 의존했다. 농업정책의 기본이 그러하였으므
로, 『農事直說』은 그들의 경영규모를 제한할 수 있는 것이 아니었으며, 오히
려 기술적 재정적 측면에서 그들을 지원하지 않으면 아니 되었을 터이다.

 그리고 『農事直說』에서는 농지의 起耕을 말하되 牛耕, 즉 犁耕을 당연한
것으로 기술하고, 施肥를 논하되 牛馬糞·牛馬廐池尿·廐肥糞(踏糞)의 시용
을 자연스럽게 들고 있는 것도 같은 사정을 반영하는 것으로 생각된다. 牛馬
를 소유하고 농업생산을 하며, 따비(耒)나 쇠스랑(鐵齒擺)으로 기경하지 않
고 牛犁로서 기경할 수 있었던 것은, 기술한 바와 같이 地主로서 농장경영이
나 가작을 하는 대경영자이거나 小農 상층의 부유한 농민이었을 것이기 때
문이다. 앞에서 언급한 바와 같이 貧農들은 富民의 소와 쟁기를 빌어서 쓰거
나 따비·쇠스랑으로써 起耕하였다. 더욱이 이 시기에는 명나라가 대량의
소 무역을 강요했고, 그 결과 農牛의 절대적 부족 현상이 일어났다.180) 그러
므로 農牛가 모자란 가운데 農牛를 주축으로 하는 농업생산을 자유롭게 할
수 있는 것은 사실상 大經營者層이나 소농 상층의 부유한 大農層뿐이었다.
국가가 농업생산의 표본을 그들에게서 발견하고 그들을 중심으로 농업생산
을 발전시켜 나가려 하는 것은 당시 시점에서는 어쩔 수 없는 일이기도 하
였다.181)

179) 註91의 논문 참조.
180)『衿陽雜錄』農談2 및 註91의 논문 참조.

『農事直說』의 농업기술이 大農 富農層의 農業生産을 표본으로 한 것은 사실이지만, 가난한 小貧農層의 농업에 대한 배려를 잊고 있는 것은 아니었다. 備凶작물로서의 稷(피)과 蕎麥의 재배법이 『農桑輯要』의 그것보다 소상하였던 점, 田少者를 위한 間種法을 특히 강조하여 기술하고 있는 점, 평상시라면 가난한 농민층의 耕種法일 수밖에 없는 火耕農法이 질적 변화를 거치기는 하였으나 장려되고 있는 점 등등은 그 두드러진 현상이었다. 그렇지만 이것이 『農事直說』의 중심은 아니었고, 또 『農事直說』이 지향하는 바 생산의 전반적 지표가 되는 것도 아니었다. 『農事直說』이 표본으로 삼고 지향하고 있는 것은, 앞에서 언급한 바와 같은 兩班지배층의 大農經營이나 小農 상층의 大農經營 ─ 안정된 농업생산이었다. 이 시기에도 소농경제의 안정은 크게 추구되고 있었지만, 그것은 이같은 전제 위에서의 일이었다. 그러므로 그 정책이 실현되기 위해서는, 『農事直說』과는 별도로, 사회 정책적인 측면에서 가난한 소농층의 농업생산을 同族 또는 村落共同體的인 유대관계를 통해 안정된 농업생산의 수준으로 끌어올리지 않으면 아니 되었다.

4) 『農事直說』 ─ 朝鮮 三南農業의 特性

『農事直說』은 農業生産을 증진시키기 위하여 國家事業으로 편찬한 農書이었다. 이같은 목적을 위하여 太宗朝에는 中國 農書인 『農桑輯要』에서 切用之語를 摠取하고 鄕言으로 註釋함으로써 문제를 해결하려고도 하였으나, 世宗朝에는 中國과 朝鮮의 風土差를 의식한 데서 三南지방의 農業慣行을 기초로 하여 이를 편찬하게 되었다. 『農桑輯要』는 中國 華北지방의 농업을 대상으로 하였으므로, 그 내용은 朝鮮 농업의 중심지인 三南지방의 농업으로서는 적합하지 않았다. 풍토의 다름, 즉 自然環境의 차이를 의식하고 朝鮮 농업에 적합한 農書를 편찬하게 되는 것은 당연하였다. 그래서 『農事直說』에는 中國 농업과 다른, 朝鮮 농업의 특성이나 전통이 기술되게 되었다.

『農事直說』을 통해서 본 朝鮮 農業의 특성 ─ 『農事直說』을 『農桑輯要』를 중심으로 한 中國 농서와 비교하면서 발견하게 되는 차이는 곧 朝鮮 농업의

---

181) 『農事直說』에서의 生産의 主體가 大農·廣農이었음은 金泰永 前揭 論文, 李鎬澈 前揭書(제5장 2)에서도 지적되고 있다.

특성이었다. 이 두 농서에는 같은 農書이면서도 큰 차이가 있었다.

① 그것은 여러 가지 면으로 드러나고 있지만, 가장 두드러진 현상은 朝鮮 농업의 發展방식은 中國 농업의 그것과 달랐다는 점이다. 旱田農業에서의 火耕農法과 間種法 그리고 水田農業에서의 乾播法과 回換農法이 그것이다.

전자의 火耕農法은 鐵犁耕에 선행하는 農耕法으로서 中國에서는 古代 농업의 발전과정에서 이미 교체 소멸되었는데,[182] 朝鮮에서는 鐵犁耕이 등장한 뒤에도 이와 병행하는 가운데 발전하고 있었다. 新·舊 耕法이 공존하는 가운데 작물은 화경농법과 리경농법의 어느 쪽으로도 재배되고 있었다. 그리고 間種法은 歲易田(休閑田) 常耕化의 한 방법이었으나, 中國의 경우와는 달리, 息土而代墾하던 田畝制度를 그대로 살리면서 作物을 常耕으로 재배하는 농법이었다. 이 경우도 그 전환은 일시에 이루어지는 것이 아니라 지역차가 있는 가운데 신·구 농법이 병존하며 점진적으로 발전하였다.

후자의 乾播法은 水稻 재배법의 한 유형으로서, 中國에서는 稻作이 水田 재배(水稻)와 旱田재배(山稻)의 두 종류만으로서 발전하고 있었는데, 朝鮮에서는 이밖에도 애초부터 그 중간쯤에 속하는 유형으로서 水稻의 乾播에 의한 재배법이 하나 더 개발되어 세 종류로서 발전하고 있었다. 그리고 『農事直說』에는 언급이 없었지만, 朝鮮 水稻作에는 이밖에 回換農法(『農書輯要』)이 보급되고 있는 것이 또한 특이한 점이었다. 朝鮮의 자연환경과 벼 품종의 특성은 이같은 여러 종류의 耕種法을 발생시켰으며, 中國의 경우와 다른 다양한 발전을 가능케 하고 있는 것이었다.

② 이밖에도 朝鮮 농업은 整地·播種·施肥·除草 기타 등등을 중심으로 기술적·관습적 측면에서 中國 농업과 다른 여러 가지 특성을 지니고 있었다. 그 가운데에서도 1년 2작, 2년 3작의 輪作농업을 하기 위하여 間種法을 개발하고 있었던 점은 두드러진 현상이었다. 이를 위해서는 이랑 사이(畝間)를 넓게 하지 않으면 아니 되었으므로 整地法도 畝와 畝間으로 中國과 다른 특징을 지닐 수밖에 없었다. 播種을 耬種이 아니라 手播로 하였던 것, 시

---

182) 『中國農學史』(初稿) 上, pp.41~42.
　　　물론 여기서 이같이 말하기는 하였으나, 中國에서도 그 전환이 획일적으로 이루어지지 않았음을, 단서로서 지적하고 있었다.

비에서 객토를 火糞(土糞)이 아니라 新土・莎土로 하였던 것, 水田의 제초를
揚鈀・耘盪으로서가 아니라 短柄鋤로써 하였던 것도 같은 현상이 되겠다.

　③ 이상에서 언급한 바를 좀 더 부연하면, 朝鮮 농업에서 旱田의 耕種法
은 그 기술 수준이 균일하거나 획일적이지 않았다는 점이다. 똑같은 작물이
라 하더라도 農地의 조건에 따라서는, 整地・播種・施肥・除草에 관하여 높
은 기술과 집약적 농업으로서 이를 재배하는 것에서부터, 낙후한 기술과 조
방적 농업으로서 이를 재배하는 것에 이르기까지 다양하였다. 先進지역에서
는 朝鮮초기에 이미 間種法이 보급되고 있었는데, 후진지역에서는 朝鮮후기
에도 아직 息土而代墾하는 耕種法이 그대로 남아 있었음은 그 한 표본이었
다. 그리고 한 田圃 안에서 두 유형(집약적 농업과 조방적 농업)의 재배법이
根耕・先後作을 둘러싸고 복합되어 나타나기도 했다. 이는 반드시 선진지역
과 후진지역의 차이를 뜻하는 것은 아니었으며, 농업기술이 발달한 곳에서
도 이 두 유형은 공존하고 있었다.

　이러한 사정은 경우가 좀 다르기는 하지만 水田의 耕種法에서도 마찬가지
였다. 新開田의 경우는 예외로 하더라도, 긴 안목으로 볼 때 直播法과 移秧
法은 발전 단계를 달리하는 것인데, 朝鮮에서는 두 가지가 모두 집약적 농업
으로 발전하는 가운데 공존하며, 물의 유무에 따라 移秧法의 보급이 제한되
고 있었다. 이러한 현상들은 이 시기에 있어서 農作物 耕種法의 기술수준이
나 朝鮮 농업의 단계성 및 특성을 반영하는 것이 아닐 수 없었다.

　④ 朝鮮은, 中國이 中國의 자연환경 속에서 자기네 농업기술을 개발하고
발전시켰듯이, 朝鮮의 自然環境 속에서 거기에 상응하는 농업기술을 개발
발전시키고 있었다.

　이를 좀 더 근원적으로 살피면, 이는 文明간 차이의 문제로서, 그 뿌리는
깊고 그 전통은 오래였다고 생각된다. 즉, 우리의 固有文明은 中國文明과 다
른 계통에서 발생하여 古朝鮮文明을 형성 발전시키고 있었다. 古朝鮮 말기
부터 중국문명으로 문명전환을 하게 되고, 그것을 수용하게 되었다. 그러나
그러면서도 고조선의 후예들은 자신의 고유문명의 전통을 계속 유지 발전시
켜 나가고자 하고 있었다.

　『農事直說』의 農書로서의 한계성 ― 그러나『農事直說』에서 볼 수 있는 朝

鮮 농업의 특성은 정확하게는 三南지방 농업의 특성이었다. 中部 以北지역
의 농업은 三南지방의 농업과는 여러 가지 점에서 적지 않은 차이가 있었다.
한반도 남단과 북단은 中國의 江南과 華北에 견줄 만한 풍토상의 차이가 있
었다. 중부지방에서 북부지방으로 가면 갈수록 그 風土는 中國 華北지방의
그것과 비슷했으며, 따라서 그 농업기술, 농업관행도 화북지방의 그것과 비
슷할 수 있었다. 그러므로『農事直說』이 편찬되었다고 해서 그 농업기술이
그대로 쉽게 북부지방에 적용될 수 있는 것은 아니었다. 이는『農事直說』의
農書로서의 한계이었다. 북부지방에는 그 지방의 風土에 맞는 農書가 필요
하였다.『農事直說』이 편찬 간행된 뒤에도 太宗朝의『農書』나『衿陽雜錄』
『四時纂要抄』및 中國 農書가 계속 이용될 수 있었던 것은 그 때문이기도 하
였다. 물론 中宗이 王禎의『農書』와 같은 巨帙의 농서를 복각하라는 命을 내
리고 있었음은,183) 북부지방뿐만 아니라 남부지방 농업까지도 고려한 조치
이었음은 말할 것도 없었다.

　그러므로 당시의 農政策에서는 朝鮮 농업의 傳統과 特性을 어떻게 계승
발전시켜 나갈 것이냐 하는 문제와 아울러, 南北의 지역 간에서 볼 수 있는
風土差를 어떻게 극복하고 조절해 나갈 것이냐 하는 문제가 課題가 되지 않
을 수 없었다. 그리고 그 방향은 결국 낡은 農法을 되도록 지양하는 가운데
새로운 농법을 보급 발전시켜 나가는 것, 그리고 三南지방의 선진농법, 특히
水田農業을 어떻게 북부지방까지도 보급시켜 나갈 것이냐 하는 것이 되어야
했다. 한 지역 안에서도 그렇고 전국에 대해서도 그러하였다. 당시의 위정자
들은 그것을『農事直說』의 편찬 보급을 통해서 이루려 하였다. 그리하여 그
과업은 朝鮮時期 내내 점진적으로 수행되어 나갔으며, 그 정책은 일정한 성
과를 거두기도 하였다. 그러나 그러면서도 그것은『農事直說』이 갖는 지역
적 국한성 때문에 일정한 한계를 내포하지 않을 수 없는 것이기도 하였다.

　물론『農事直說』의 한계는 이에서 그치는 것이 아니었다. 여러 차례 논의
된 일이지만, 이 농서는 九穀을 중심한 糧食作物만을 다룬 專書였다. 그러므
로 이 시기의 農學은, 그밖의 농업생산 전반을 학문적으로 처리하지 않으면

---

183)『中宗實錄』101, 中宗 38년 11월 乙巳, 19책, p.21.

아니 되는, 課題를 또한 지니고 있었다.

『農事直說』의 農政理念상의 특성 ─『農事直說』은 이상과 같은 농업기술상
의 문제 이외에도, 『農桑輯要』와 견주어 볼 때, 農政理念의 면에서 커다란
시대적 특성을 지니고 있었다. 이 두 농서는 모두 儒敎的 農本主義를 지향하
는 가운데, 農業生産을 증진시키고 國家財政을 안정시키려 하였으면서도,
전자는 후자보다 그 理念을 추구하는 바가 더 철저하였다. 그것은 그 이념을
성취하기 위한 방법, 즉 農業生産의 주체를 어떠한 社會階層을 軸으로 삼을
것인가, 그리고 農業經營의 기본 방향을 어떻게 설정할 것인가 하는 점에서
잘 드러나고 있었다.

農業生産의 주체에 관해서 『農桑輯要』는 封建地主層과 大農層을 중심으
로 하면서도, "농가의 농업경영에는 조방적 大經營보다 집약적 小經營이 낫
다"고 권장함으로써, 小貧農層의 농업생산을 또한 크게 격려했다. 그런데
『農事直說』은 이와 달리 모든 농업생산자를 염두에 두기는 하였으되, 위의
규정을 수용하지 않는 가운데 新田 開發·경영 확대를 장려함으로써, 小貧
農層보다는 封建地主層과 大農層의 농업생산을 특히 중심으로 삼았다. 더욱
이 『農事直說』에서는 모범적인 勸農官·牧民官으로서, 『農桑輯要』에서는
수록하지 않았던, 朱文公(朱子)을 들고(世宗의 「勸農敎文」) 그 農政思想을
기반으로 삼았다.

그리고 農業經營의 기본 방향에 관해서, 『農桑輯要』의 찬자는 당시의 '風
土不同論'을 극복하는 가운데, 木綿 栽培法을 수록함으로써 그 재배를 장려
했다. 木綿은 시장성이 좋은 經濟作物이었음으로 이는 商業的 農業을 적극
장려하는 바가 되었으며, 그러한 점에서 이는 전통적인 儒敎的 農本主義를
부분적으로나마 해체시켜 나가는 계기가 되기도 하였다. 그러나 『農事直說』
에서는 『農桑輯要』가 그같이 적극적으로 장려하고 있었던 木綿 栽培法을 수
록하지 않았다. 木綿의 재배는 이미 麗末이래로 보급되고 정부에서도 그 중
요성을 인정하고 있었지만, 농업정책으로서는 國王의 지시(五穀·九穀 중
심)와 전통적 農本主義 農業觀에 구애되어 이를 『農事直說』에 싣지 못하고
있었다. 木綿 재배를 위한 정책은 별도로 취해졌다. 이는 『農事直說』의 農業
論이 지니는 시대적 학문적 한계, 극복해야 할 課題였다.

※ 이 시기의 농업기술에 관해서는, 別著, 『韓國中世農業史研究』(2000),
제Ⅲ편 제2논문 '世宗朝의 農業技術'에서 좀더 소상히 살필 수 있을 것이다.

4. 『衿陽雜錄』과 『四時纂要抄』의 農業論

世宗朝에 편찬 간행된 『農事直說』은 당시 농업생산에서 귀감이 되는 지침
서였다. 그렇지만 그같은 『農事直說』에도 앞에서 지적한 바와 같이 한계는
있었다. 그것은 그 편찬이 三南 農業을 표본으로 하였고, 糧食作物(九穀)만
을 위주로 간결하게 정리했으며, 生産의 주체를 생각하는 농정의 자세에서
어느 한 계층에 편향하는 경향이 있었으며, 새로운 경제작물·상업적 농업
을 적극 도입하는 자세를 결여하고 있었던 점이었다. 그러므로 이때의 勸農
政策에서는 이같은 한계를 메우기 위해서 『農事直說』이 간행 보급되고 있을
때에도, 많은 中國 農書를 참고하지 않으면 아니 되었고, 또 때로는 그것을
복각하여 보급시키지 않으면 아니 되기도 하였다. 그리고 더욱 바람직한 것
으로는 『農事直說』을 보완할 수 있는 農書의 편찬이 필요하였다. 이것이 『衿
陽雜錄』과 『四時纂要抄』가 출현하게 된 까닭이다. 그리하여 朝鮮전기의 이
같은 농서들은 각각 개별적으로 편찬되었지만, 이를 모으면 내용상 미숙한
대로 하나의 綜合農書를 이룰 수 있게 되었다. 그러므로 이 시기의 農政策이
나 農學의 성격을 이해하기 위해서는, 『農事直說』과 함께 이들 두 농서에 대
해서도 그 성격을 검토해야 한다고 하겠다.

1) 『衿陽雜錄』의 農業論

(1) 『衿陽雜錄』의 編纂 경위

『衿陽雜錄』은 姜希孟(號 : 私淑齋, 世宗 6年~成宗 14年, 1424~1483)이
편찬했다. 그는 世宗 29년에 과거에 급제하여 벼슬길에 오른 뒤 集賢殿 直
殿을 거쳐 수십 년 동안 유능한 政治家·學者로서 활약한 인물이었다. 중앙
관청의 요직을 두루 역임하고, 『五禮儀』·『經國大典』·『東文選』·『東國輿
地勝覽』 등의 편찬 사업에도 참여하였다.[184] 그러나 그의 農書는 政府에서
의 이러한 활동과 관련하여 정리된 것은 아니었으며, 그의 사적인 관심에서

편찬된 것이었다. 그는 農學의 家門에 태어났고 농학 연구서를 익히 보고 있었으므로, 農書에 관해서는 남다른 관심을 가질 수 있었다.185)

더욱이 그는 朝鮮王朝가 국가기반을 다지기 위하여 農業生産의 증진을 꾀하고, 그것을 달성하기 위하여 여러 가지 농서를 편찬하고 勸農政策을 펴나가는 시기에 정부요직에 있었으므로, 좋은 농서의 필요성을 절감하지 않을 수 없었을 것이다. 이 시기에 널리 보급되고 있었던『農事直說』은 좋은 농서였지만 일정한 한계가 있었기 때문이었다.

그가『衿陽雜錄』을 기술하게 되는 것은 바쁜 官人生活 가운데 휴가를 얻어 衿陽別業(田不過百畝)에서 농촌생활을 경험하고 農耕에도 종사해 볼 수 있었던 데서였다. 그의 아들 姜龜孫은 이러한 사정을 다음과 같이 기술했다.

> 先君 於公退之暇 黃冠野服 往來逍遙 與村翁談農 凡播種耕耨之方 早晚燥濕之
> 宜 靡不燭其理而究其妙186)

이는 姜希孟이 衿陽縣에 퇴거해 있을 때의 사정, 그리고 그의 농서 저술이 준비되던 사정을 말한 것인데, 이에 따르면 그는 兩班 士大夫이면서도 옷을 農服으로 갈아입고 다니며, 農法에 관하여 촌로와 이야기함으로써 농사의 이치를 연구했다. 이같이 그가 衿陽縣에 退居해 있으면서 農耕에 종사하였던 것은 成宗 6년(1475년, 52세)에서 그 다음해에 이르는 사이였다.187) 그는 兵曹判書 재임 중 '義喪'을 당하여 成宗 5~7년 사이에 服을 입고 있었는데,188) 이때 衿陽別業에 퇴거해 있으면서 농경생활을 경험하고 농서 편찬을

---

184)『私淑齋集』附錄, 徐居正 撰 文良姜公神道碑銘(이하 神道碑銘으로 줄임).
185) 高麗 末年에 知陝州事로서『農桑輯要』를 복각 간행한 姜蓍는 그의 曾祖였고,『養花小錄』을 저술한 姜希顔은 姜希孟의 兄이었다. 그의 家系에 관해서는 註184의 神道碑銘과 註194의 行狀 및 註188의 族譜를 참조. 姜蓍의『農桑輯要』간행에 관해서는 다음 논문을 참조.
    拙稿, '高麗刻本『元朝正本農桑輯要』를 통해서 본『農桑輯要』의 撰者와 資料'(『韓國中世農業史硏究』, 2000).
186)『衿陽雜錄』跋(宣祖朝 內賜本『農事直說』수록본 — 이하 同).
    姜希孟의 衿陽別業에 관해서는 다음 논문이 다른 곳의 別業과 함께 이를 정리하고 있다.
    朴京安, '姜希孟(1424~1483)의 農莊과 農學'(『박물관회보』 10, 1999, 서울시립대학교).
187)『私淑齋集』附錄 遺事(이하 遺事로 줄임), 神道碑銘.

준비한 것이었다. 服闋한 뒤에는 다시 判中樞府事, 吏曹判書 등 요직을 거쳤
으며 죽기 직전에는 議政府左贊成에 임명되고 있었다.189)

그러나 이것이 그가 이때부터 비로소 농업과 농학에 관심을 갖게 되었음
을 뜻하는 것은 아니었다. 姜龜孫은 註186의 글에 이어 그 부친의 농사일에
대한 관심사를 말하되,

> 先君早登宰輔 處廟堂之上 而未嘗不游心畎畝 深知稼穡之事 其著書之旨 豈淺淺
> 也哉190)

라고 기술하고 있었다. 그의 부친은 일찍부터 宰輔의 자리에 오르고 있었
지만, 농학에 專心하지 않는 바 없어서 농사일을 잘 알고 있었다는 것이며,
따라서 『衿陽雜錄』 저술의 뜻이 어찌 가벼운 것이겠느냐는 것이었다. 여기
서 宰輔의 자리라 함은 大臣으로서 國王을 보좌하는 직이라는 뜻이겠는데,
그가 參判이 된 것은 世祖 10년, 判書가 되는 것은 世祖 12년(43세)부터였
다. 그는 이 해에 禮曹判書가 되었고,191) 그 뒤 내내 重臣으로서 국왕을 보

---

188) 神道碑銘
　　　여기서 '義喪'은 직접적인 血緣 관계없이 制度 또는 慣習에 의해서 喪服을 입게 되는 것을
　　　뜻한다. 姜希孟의 父親 姜碩德은 두 아들 希顔과 希孟을 두었고, 叔父 姜順德은 無子였으므로,
　　　碩德 형제는 의논하여 希孟을 順德의 子로 立後시켰었고(『成宗實錄』 68, 成宗 7년 6월 壬申·
　　　癸酉, 9책, p.347·348), 따라서 姜希孟은 世祖 4·5년에 이미 生父母의 喪을 당하여 服을 입었
　　　었는데(神道碑銘, 『晋州姜氏掌令公派譜』 卷1, 『晋州姜氏昌城門會通亭公諱准伯後孫派譜』), 成
　　　宗 5년에는 立後한 母(叔母)의 喪을 당하여 다시 '義喪'의 服을 입지 않으면 아니 되었었다.
　　　그런데 이때 姜氏 家門에서는 이러한 문제와 아울러 姜希顔이 後嗣없이 사망하고(世祖 10
　　　년), 希孟의 第2子 鶴孫으로서 立後시켜 奉祀本宗케 하고 있었으므로, 그 立後 처사는 國家의
　　　法制와 크게 어긋나는 바였다. 이는 姜氏 家門의 사사로운 일이었지만, 그러나 姜希孟은 朝廷
　　　重臣인데다 이때는 國家의 法制를 정립해 나가는 때였으므로, 정부에서는 姜希孟의 順德 立
　　　後 문제와 그 아들 鶴孫의 希顔 立後 ─ 奉祀本宗 문제를 制度上 원칙과 관련하여 그 當否를
　　　거론하지 않을 수 없었다. 그리고 그 결과는 希孟의 順德 立後를 罷하고 그가 希顔을 이어서
　　　奉祀 碩德토록 하는 결정을 내리게 되었다(同上, 『成宗實錄』).
189) 神道碑銘.
　　　『成宗實錄』 卷77, 成宗 8년 閏 2월 己未, 9책, p.432.
　　　『成宗實錄』 卷139, 成宗 13년 3월 己卯, 10책, p.308.
190) 『衿陽雜錄』 跋.
191) 神道碑銘.

좌했다.

그뿐만 아니라 그는 그보다 앞선 世祖 9년(40세)에는 아주 退官하여 歸農할 것을 생각하기도 했었다.[192] 이때의 사정은 뒤에 언급되는 그의 農政理念과 관련하여 다시 검토되어야 하겠지만, 그의 농사에 대한 관심은 일찍부터 있었던 셈이었다. 더욱이 그의 형 姜希顔이 농학을 연구(『養花小錄』 저술)하고 있을 때,[193] 醫術을 익혀 生父母(세조 4·5년 사망)의 질병을 직접 치료하고도 있었으므로,[194] 농서에 접할 수 있는 기회, 농학에 대한 관심은 많았으리라 생각된다. 그가 衿陽縣에 退去하기 이전에 쓴 『養花小錄序』(성종 5년)[195]를 보면 그는 이미 농학에 대하여 깊은 식견을 지니고 있었다. 그리하여 이같이 그가 일찍부터 농학에 각별한 관심을 가졌다면, 그는 자신의 衿陽別業을 자주 찾아 농사를 익혔을 것이다. 農謳에 대한 해설에

居有衿陽弊業 數往來 其間 樹藝種植 靡不親試之 稍知稼穡之事[196]

라고 하였음은 그러한 사정을 말해 주는 것으로 생각된다. 그는 衿陽別業에 자주 왕래하는 가운데 농사를 실험함으로써 농사에 대한 식견을 좀 가질 수가 있었다는 것인데, 이는 비단 成宗 6년의 衿陽縣 퇴거 뒤의 일만을 가리키는 것은 아닌 것으로 생각된다. 말하자면 『衿陽雜錄』은 姜希孟이 문헌을 통해 오랫동안 농학을 연구하고, 衿陽別業에 오가거나 한동안 퇴거해 있는 사이 이를 실험하고 확인함으로써 편찬, 정리한 것이었다고 하겠다.

『世祖實錄』, 卷39, 世祖 12년 7월 甲戌, 8책, p.29.

192) 『衿陽雜錄』, 農者對3.
　　無爲子行年四十 才乏干時 言不文身 爲世所棄 迺抵衿陽 將修廢業 謀於郡農曰……吾將捨仕而農 可乎

193) 『晉山世稿』 卷4, 『養花小錄』의 姜希顔 自序에 따르면, 그가 養花에 관하여 연구하게 되는 것은 世宗 31년(1449)부터의 일이었다. 그리고 그는 사망(世祖 10년) 전에 이미 이를 완성하고 있었다.

194) 『私淑齋集』附錄 蔡壽耆 撰 私淑齋先生文良姜公行狀(이하 行狀으로 줄임).

195) 『私淑齋集』 卷8, 養花小錄序.
　　『晋山世稿』 卷4, 「養花小錄」 序.

196) 『衿陽雜錄』 農謳 後記.

(2) 『衿陽雜錄』의 農業技術

『衿陽雜錄』편찬의 원칙 — 『衿陽雜錄』은 모든 作物에 대한 栽培法 또는 그 농업기술을 수록하고 있는 農書는 아니었다. 姜希孟은 農學을 폭넓게 연구하였으면서도, 그가 고찰하여 『衿陽雜錄』에 수록한 것은 일정 범위의 문제로 한정하고 있었다. 그것은 『農事直說』에서 다루지 않은 문제만을 다루었다는 점이었다.

『衿陽雜錄』을 면밀히 검토하면, 이는 『衿陽雜錄』을 편찬하는 데 있어서의 원칙이었던 것 같다. 그는 『農事直說』을 農耕의 지침으로 삼는 것을 전제로 하되, 『農事直說』에서 다루지 않은 불충분한 점을 보완하는 것을 편찬의 목표로 하였던 것으로 생각된다. 사실 그는 『農事直說』을 편찬 보급함으로써 勸農政策을 추진하고 있는 시기에 官人이 되고, 이어서는 정부요직에 있었으므로, 『農事直說』의 내용과 중복되는 자신의 農書를 따로 또 편찬한다는 것은 곤란한 일이었을 것이다.

姜希孟이 『衿陽雜錄』을 통해 『農事直說』을 보완하고자 한 것은 두 가지 문제에 관해서였다. 그 하나는 農業技術上의 문제이고, 다른 하나는 農政上의 문제였다.

穀物의 品種 정리 ; 稻 — 農業技術上의 문제에서는, 각종 穀物에 관하여 그 品種을 열거하고, 그 특성을 '穀品'의 이름으로 정리하는 것이 주 과제였다. 『農事直說』은 作物의 栽培法을 소상하게 기술하고 있지만, 어떤 土性에 어떤 品種이 적합한지는 구체적으로 언급한 바 없었으므로 이는 반드시 필요한 일이었다. 그 品種은 稻類는 早稻 3·次早稻 4·晩稻 18·山稻 2로 도합 27종, 豆類는 太 8·小豆 7·菉豆 2·東背 1·光將豆 1·豌豆 1로 도합 20종, 黍粟類 19종, 피(稷) 5종, 唐黍(蜀黍) 3종, 麥類 6종 등 총 80종에 달하였다.197) 『農事直說』이 다룬 작물 가운데 주요 곡류에 관해서만 그 特性을 정리하고 있는 것이 특징이었다. 벼 品種에 관하여 姜希孟이 파악한 특성을 보면 다음과 같다.

---

197) 『衿陽雜錄』穀品.

稻 : ① 救荒狄所里(구황되오리 一名 氷折稻 어름것기)

　　無芒 色黃皮薄 其性太早 耳甚聰 米白而軟 宜膏腴不渴之田 湏於三月
　　上旬 解氷初種之[198]

② 黃金子

　　芒長 初發穗時色白 熟則深黃 與所老大同 子長大 稍早 米白 作飯則
　　軟 耳鈍 性畏風 忌高瘠 宜膏濕地 慶尙道好種之[199]

③ 黑沙老里(거믄사노리)

　　有短芒 立苗時色靑 胎則色紫黑 藁節着葉處深黑 初發穗時芒甲皆黑 熟
　　則甲微白眼黑 着子密 米白 作飯軟 耳甚鈍 性健耐風 不擇地
　　牛得山稻(우득산도 亦名두이라)
　　芒長 初發穗及熟 色皆赤 米白而差小 作飯强 耳弱耐風 膏瘠皆宜
　　種[200]

　여기서 ①②③은 각각 早稻·次早稻·晩稻에서 예를 든 것이다. 이에 따
르면 그는 각 벼 품종의 특성을 芒의 有無와 長短, 子實의 색과 형태 및 着子
의 疎密, 藁稈의 특징, 米의 색과 질, 그리고 그 재배와 관련하여 種候, 忌土
와 宜土, 耳의 聰鈍 여부 및 耐風性 여부 등을 기준으로 분류했다. 실험과
관찰을 통해서 그 특성을 파악한 것이었다.
　이러한 분류에서 특히 주목되는 것은 마지막 두 특성인데, 그 가운데 耳는
穀苗의 生芽를 뜻하므로, 耳의 聰鈍은 發芽性의 강약, 따라서 分蘖의 多寡도
말하는 것으로 생각된다. 姜希孟은 疎播하는 가운데 분얼이 많아지면 無效
分蘖로 말미암아 수확이 적어지는 것으로 파악하고 密播할 것을 강조하고
있었으므로,[201] 그가 품종의 특성을 파악하는 데 發芽性·分蘖性의 강약을

---

198) 同 上, 穀品 早稻.
199) 同 上, 穀品 次早稻.
200) 同 上, 穀品 晩稻.
201) 『衿陽雜錄』 農談2.
　　播種疎密奚當 農曰 貧民惜穀 播之甚疎 以待穀苗自茂 土腴則一粒所滋 多至三十餘莖 不幾於
　　少費而多取乎 然如此者 得米少而不完 以理言之 旁莖餘蘖受氣不全故也 差備穀種耳 密播爲當
　　물론 이 경우 이러한 이해가 얼마나 정확한 것이었을까 하는 것은 별 문제이다. 뒷날 徐有榘는

고려하게 되는 것은 당연하였던 것으로 생각된다. 그리고 耐風性의 유무에
특히 유의하고 있는 것은 그가 농사를 실험했던 京畿지역에서의 風害(東風)
방지를 고려한 데서였던 것으로 사료된다.202) 더욱이 그는 濕膄한 농지에는
早種, 燥剛한 농지에는 晩種할 것을 전제하는 가운데,203) 벼의 조기 파종을
강조하였는데,204) 早稻는 특히 脫粒性이 강하였다.205) 그는 말하자면 稻의
耕種을 지역에 따른 농지의 조건(자연환경)과 품종의 특성에 따라 적지에 적
종을 재배해야 할 것으로 보고 품종을 정리한 것이었다. 『農事直說』에서와
같이 그 재배법이 단조로워서는 아니 될 것으로 보는 것이다.

　　穀物의 品種 정리 ; 大豆·小豆 ― 다음으로 姜希孟이 田作物에 관하여 조
사한 예를 보면 다음과 같다.

　　　太 : ① 黑太
　　　　　　　甲黃實黑 如榛子大 宜膏膄地 五月種之
　　　　　　② 黃太
　　　　　　　甲或微白或微黃 實微黃 如榛子大 犂根種之 八月晦熟
　　　小豆 : ① 春小豆(봄가리콩)
　　　　　　　甲白實赤眼白 如櫻桃大 黍粟田雜播 八月熟
　　　　　　② 根小豆
　　　　　　　甲白實深赤眼白 如櫻桃大 麰麥根種之 八月熟 下同206)

　　此翁 但見窳農之治确土耳 苟其壤沃而早種 則愈疎愈好
　　라고 하여 姜希孟의 이 기술과는 다른 의견을 제시하고 있었다(『杏蒲志』卷2, 種植 種稻).
202) 『衿陽雜錄』農談2.
　　東風善燥萬物 且多起於穀穗時 莘中之水 遇風而燥 則損矣 早至堅牢 風何爲灾
　　『衿陽雜錄』諸風辨4.
　　諸風之害 試嘗觀之 東風最甚 大至 則溝洫皆滅 百物皆燥 少至 則穀葉包穗者 燥而急促 故穗
　　之發也 屈疊不伸
203) 『衿陽雜錄』種穀宜5.
　　地多濕而膄者 宜種早 地多燥而剛者 宜種晚
204) 『衿陽雜錄』農談2.
　　凡耕種之法 不厭太早 太早 則耐風旱 秋而實…大抵穀種 以受土氣之先後 實有早晚損益
205) 『農事直說』種稻.
　　早稻善零 隨熟隨刈

이는 大豆 小豆의 품종별 特性 분류의 예를 든 것인데, 이에 따르면 豆類
는 甲·實·眼의 색과 크기, 그리고 根耕과 雜播에 적합한가 아닌가 하는 점
으로 그 특성을 구분했다. 이 시기에는 麥田根耕과 黍粟田雜播의 농법이 보
급되고 있었으며, 특히 전자는 생산성을 높이는 중요한 계기가 되고 있었으
므로, 거기에 적합한 품종을 파악하는 일이 중요하였을 것으로 생각된다. 그
리하여 姜希孟은 大豆는 8종 가운데 3종, 小豆는 7종 가운데 2종만이 根耕
에 적합한 품종으로 파악하고, 이에 대해서는 '麰根種之' 또는 '麰麥根種之'라
는 단서를 붙이기도 하였다.

(3) 『衿陽雜錄』의 農政理念

農業生産의 主體는 小農層, 그들의 안정이 필요 ― 農政上의 문제에서는 農
業生産의 주체를 小農層으로 보고, 따라서 농업생산에서 소기의 성과를 거
두기 위해서는 전반적으로 小農經濟가 안정되어야 한다는 점을 강조하고자
하였다.207) 『農事直說』에서는 농업생산의 주체를 地主·大農層으로 보고자
하는 경향이 있었으므로, 姜希孟은 이곳에서 위정자들에게 소농층의 중요성
을 인식시키고자 하였던 것으로 생각된다. 그는 農者의 범위를 농업생산에
직접 종사하는 사람으로 한정시켰으며,208) 小農層 가운데에서도 標準農民
을 農地 100畝와 많은 食口, 즉 충분한 勞動力을 가지고 糞田力作하는 농민
으로 보고 논지를 전개했다.209) 그에게 있어서 농민은 곧 직접 生産者로서
의 小土地 所有 농민인 것이었다. 그리하여 그는 이같은 농민층이 안정되기
위해서는, 농민 스스로가 勤勉力作해야 함은 말할 것도 없지만, 國家 차원에
서 농민 보호를 위한 農政策을 취해야 할 것으로 생각하였다.

그는 농민의 근면 여부와 관련하여 그들의 수입, 즉 경제 정도를 3等分하
고 있었다.210) 같은 100畝의 토지를 가지고 농사를 한다 하더라도, 天時를

---

206) 『衿陽雜錄』 穀品.
207) 이러한 문제와 관련하여서는 이미 姜希孟의 農學思想이 '重農思想'으로 파악되기도 하고(片
山隆三, '『衿陽雜錄』의 研究', 『朝鮮學報』 13, 1958), 『衿陽雜錄』의 農書로서의 특징이 '社會問
題의 意識'이 있는 農書로 파악되기도 하였다(林和男, '李朝農業技術의 展開', 『朝鮮史叢』 4,
1980).
208) 『衿陽雜錄』 農談2.
209) 『衿陽雜錄』 農家1, 農者對3.

살피고 地利를 다하며 耕種의 早晚, 鋤耘의 疏數을 적절하게 잘하되, 힘을
아끼지 않아 100배의 소출을 거두는 자를 上農이라고 하였다. 농업의 이치
를 잘 알고 집약적으로 근면하게 경영하는 농민이었다. 이러한 농민은 天도
재해를 주지 못하고 사람도 이를 괴롭혀 궁핍하게 하지 못한다고 생각했다.
그리고 농업경영을 그만큼은 잘하지 못하지만 10배를 수확하는 자는 中農,
그것을 더욱 잘하지 못함으로써 곱절의 수확밖에 얻지 못하는 자는 下農이
라 하였으며, 늘 게을러서 '百無一利'한 농사를 하는 자는 惰農이라고 하여
농민으로 인정하지도 않았다. 그에게 있어서 標準的 農民은 上農이었으며
모든 농민은 근면하고 力作함으로써 상농이 되어주기를 바라는 것이었다.

　　그러나 농민경제의 안정이 농민층 자신의 노력만으로써 이루어질 수는 없
었다. 國家의 農政策이 적절히 취해지지 않으면 아니 되었다. 그가 보기에
농민들은 본시 가난하여, 100家의 鄕村에 쓸 만한 耕牛는 몇 마리에 지나지
않았으며, 논을 起耕하는 데 '倩人挽犁', 즉 人力(9인)으로 쟁기를 끌어야 하
는 人犁耕을 하는 형편이었다. 租稅의 비납과 私債의 督徵에도 시달리고 있
었다. 더욱이 衿陽縣은 서울 가까이 대로변에 있어서 농민들은 使者의 왕래
에 따른 客舍의 宿食 등에 부역 노동으로 동원되곤 했다. 官倉에서 種穀을
대여 받아도 우선 굶주림부터 면해야(먹어야) 할 처지였으며, 국가에서 농민
구제를 위하여 賑政을 펴도 관리들의 수탈 때문에 도움이 되지 못함은 말할
것도 없고 더욱 궁핍해진다고 보고 있었다. 그러므로 그는 이같은 상황에서
는 농민들이 농업생산을 深耕·早種·密播·數耘의 원칙으로 하려 하여도
할 수가 없는 것이라고 개탄했으며, 따라서 국가의 농민 보호정책이 필요함
을 역설하지 않을 수 없었다.[211]

　　小農經濟論의 사상적 배경은 儒敎經典 ─ 小農經濟 안정에 대한 姜希孟의
이같은 생각은 그의 농촌현실 파악에서도 연유하였지만, 이와 아울러서는
儒學에 대한 그의 學問的 자세와도 밀접한 관련이 있었다. 그는 官人·政治
人이었지만 항상 經史를 연구했으며, 그래서 그의 문인 蔡壽耆는 그를 '博覽
經史 多識典古'[212]하였다고 지적했다. 儒敎經典과 史書를 두루 연구하는 가

210) 『衿陽雜錄』 農者對3.
211) 『衿陽雜錄』 農談2.

운데 현실 정치에 이용될 수 있는 故事를 많이 알고 있었다는 것이다. 그의
經典 이해는 당대 일급 학자들과 함께 정상에 있었으며, 그러므로 世祖가 經
書와 『小學』에 대한 口訣 사업을 하게 되었을 때, 그는 『中庸』을 맡기도 하
였다.213) 이는 말하자면 그의 정치·경제사상이 儒敎經典과 史書를 통해서
형성되고, 또 이를 통해서 그의 정치·경제생활이 수행되고 있었음을 뜻하
는 것이었다고 하겠다. 그의 농민경제를 둘러싼 農政理念의 문제에 대한 이
해도 그러한 사상에서 오는 것이었음은 말할 것도 없었다. 그것은 그가 『衿
陽雜錄』 서두에 옛 經史를 이끌어 자신의 농업관을 표현하고 있는 것으로써
알 수 있다.

이에 따르면, 그는 『書』와 『管子』를 통해 농민이 근면하고 力稽하면 추수
가 있고 궁핍하지 않으며,214) 『孟子』를 통해 100畝의 토지를 경작하는 농
민이라도 官이 農時를 不奪하면 굶주리지 않는다고 보았다.215) 이는 농업생
산자를 소농층으로 보고 그들의 경제생활이 안정(재생산 보장)되기 위해서
는 그들 스스로가 근면해야 함은 말할 것도 없지만, 정부 당국이 농정책으로
서 그들에게 과다한 徭役을 부과하지 않아야 된다는 점을 강조하는 것이었
다. 그리고 이 경우 위정자는, 『詩』에서 볼 수 있듯이 농사의 어려움을 알고
농민을 위하는 자가 官人이 되어 祿을 받을 수 있어야 하며,216) 『荀子』에서
볼 수 있듯이 士라 하더라도 관인이 되지 못할 경우에는 농사에 종사해야 하
되,217) '만약 나에게 2頃의 토지가 있었다면 어찌 6國의 재상이 되었겠느냐'
는 蘇秦의 말을 의미 있는 것으로 받아들여야 한다고 보았으며,218) 또 周公

---

212) 行狀.
213) 遺事.
214) 『衿陽雜錄』 農家1.
    書曰 若農服田力稽 乃亦有秋……管子曰 人生在勤 勤則不匱
215) 『衿陽雜錄』 農家1.
    孟子曰 百畝之田 勿奪其時 數口之家 可以無飢矣
216) 『衿陽雜錄』 農家1.
    詩曰 好是稼穡 力民代食 稼穡維寶 代食維好
217) 『衿陽雜錄』 農家1.
    荀子曰……夫士得志 則享有萬鍾 不得則食其力而已 食力者 捨農 無以自給……然食祿者 無
    賴於此 多忽於耕農 非務本之意也
218) 『衿陽雜錄』 農家1.

의 말과 같이 농업의 이치를 잘 알아야 한다고 생각하였다.219) 이는 농업생산이 官僚大地主·封建地主層 위주로 운영되어서는 아니 될 것임을 經史를 통해 발언한 것이었다. 구구한 설명을 하지는 않았지만, 姜希孟의 농정이념은 이같은 내용이 되어야 할 것으로 보고 있는 것, 즉 그가 참여해서 이끌어 가고 있는 朝鮮王朝를 소농경제를 안정시킨 기반 위에서 발전시키고자 하는 것이었다고 하겠다.

歸農의 꿈과 農書 편찬 — 姜希孟의 농정이념을 이같이 정리하고 보면, 그가 생각하고 추구했던 바는, 당시 현실적으로 전개되고 있었던 농업실정이나 정부의 정책 방향과 크게 거리가 있었다. 그런 점에서 젊은 시절의 그는 많은 고민을 했을 것으로 생각된다. 그에게 있어서 理想과 現實 사이에는 너무나 큰 거리가 있었다. 앞에서 지적했듯이 그가 나이 40세에 退官하고 歸農할 것을 생각했던 것도 이 때문이었으리라고 생각된다. 그가 귀농의 辨에서

吾少從師友 學聖賢之道 有意斯世 時命不偶 心事乖張 從仕十年 民不見德220)

이라고 한 말은 그러한 심정을 토로한 것으로 믿어진다. 그가 師友를 따라 儒學 聖賢之道를 공부한 것은 그 이념에 따라 세상에 유용하게 쓰여지기를 바라는 뜻에서였는데, 지금은 天命과 時勢가 만나지 못하고 자신의 思想과 世態가 어긋나고만 있어서, 官人 생활 10년이 되었어도 民에게 德을 주지 못했다는 것이다. 그는 이와 같이 농업에서 농민층을 생각하는 자세였으므로, 그가 歸農도 할 수 없고 農書나 쓰게 되었을 때, 농민층 입장에서의 농서를 쓰게 되는 것은 자연스러운 일이었을 것으로 생각된다. 그리고 그런 점에서 기술한 바와 같이 그의 아들이 부친의 저술의 뜻을 '其著書之旨 豈淺淺也哉'라고 한 말이라던가, 後學 曺偉가 姜希孟이 『衿陽雜錄』을 저술한 깊은 뜻

蘇季子曰 吾若有 雒陽負郭二頃田 安能佩六國印乎 此不可謂無所見矣
219) 『衿陽雜錄』 農家1.
　　周公曰 玆予其明農哉 不曰治而曰明者 農之理甚妙 非明 不足以燭其理 不徒治其事而已
220) 『衿陽雜錄』 農者對3.

을 말하며 '其經世養民之志 豈不深且遠哉'221)라고 하였던 것은 지극히 함축
성 있는 표현이었다고 하겠다.

『衿陽雜錄』에 표현된 姜希孟의 농정이념은 朝鮮왕조의 농정이념으로서도
필요한 것이었다. 그러나 姜希孟은 신중하고 소극적인 성격이었으므로,222)
그가 살고 있는 시기 상황(世宗朝에서 成宗朝에 이르는 政治的 소용돌이) 속에
서 자기 견해를 내세우지 못하였고, 따라서 생전에 『衿陽雜錄』을 국가정책
에 반영시킬 수 없었다. 『衿陽雜錄』 간행이 계획되는 것은 그의 사후의 일이
었으며(成宗 23년, 1492년 —『衿陽雜錄』跋), 국가정책에 반영되어 정부에
서 이를 『農事直說』과 함께 合刊하게 되는 것은 宣祖 때 內賜本 『農事直說』
(宣祖 14년, 1581년) 간행에 이르러서였다.

2) 『四時纂要抄』의 農業論

(1) 『四時纂要抄』의 編纂

『四時纂要抄』 편찬의 필요성 —『四時纂要抄』는 中國 唐代 韓鄂의 『四時纂
要』에서 필요한 사항을 뽑아 편찬한 月令農書였다. 『農事直說』이 국가사업
으로 편찬 보급되고 있는 시기에 이같은 農書를 편찬한 것은, 『農事直說』이
좋은 농서이기는 하지만, 그것은 農業生産에 관하여 지극히 한정된 범위의
문제만을 기술하였기 때문이었다. 『農事直說』의 부족한 부분은 보완될 필요
가 있었다. 『農事直說』의 이같은 한계성 때문에 姜希孟은 『衿陽雜錄』을 편
찬하고 있었으며, 이 시기의 정부에서는 『農事直說』을 간행 보급시키고 있
으면서도, 勸農官이나 농업생산자들로 하여금 中國 農書인 『農桑輯要』나
『四時纂要』를 참고하도록 권유하고 있었다. 그뿐만 아니라 이때에는 『四時
纂要』를 복각한다거나(宣祖 23년, 1590년), 모든 내용이 농서인 것은 아니
지만 농업에도 참고되는 원나라 때 汪汝懋가 편찬한 『山居四要』를 간행하기
도 했었다.223)

---

221) 『衿陽雜錄』 跋, 序.
222) 『衿陽雜錄』 農者對3에서 그는 자신의 성격을 다음과 같이 묘사했다.
   當官設施 人尺有餘 我尋不足 唯唯諾諾 惻於首事 甘心屛僑 無所奮興 權門要路 足迹如掃 吾
   無望於世 世安能須吾用哉 吾將捨仕 而農可乎
223) 『山居四要』는 全 4권으로 되어 있으며, 農業과 관련되는 것은 卷4 治生之要로서 여기에는

그러나 앞에서도 지적했듯이 中國 농서를 그대로 이용하기에는 어려운 점이 많았다. 그러므로 『農桑輯要』에 관해서는 일찍이 太宗朝에 그것을 撮取 번역하는 사업이 있었던 것이지만, 사정은 『四時纂要』에 있어서도 마찬가지였다. 더욱이 『四時纂要』는 미신적인 민속·풍습까지도 포함한 농촌생활 전반을 다루고 있어서, 농업기술에 관해서만 이를 참고하려 할 때 불편한 점이 많았다. 農業技術·農時月令을 중심으로 반드시 이를 이용할 필요가 있는 것이라면, 이를 朝鮮 농업에 맞는 농서로 개편할 필요가 있었다. 이것이 『四時纂要抄』가 편찬되지 않을 수 없었던 까닭이었다.

編纂者 — 그러나 『四時纂要抄』는 언제 누구에 의해서 편찬되었는지는 분명치 않다. 우리가 보고 있는 『農家集成』에 수록된 『四時纂要抄』에는 그것을 알 수 있게 하는 序나 跋이 없다. 다만 이 농서는 그 내용으로 보아 일반적으로 姜希孟이 편찬하였을 것으로 이해되고 있을 뿐이다.224) 그러므로 이 農書는 찬자의 기술을 통해서 그 편찬 동기나 편찬 목표가 어디에 있었는지를 알 수는 없다. 그러한 문제는 이 농서를 이해하는 데 반드시 필요한 일이지만, 우리는 이와 관련되는 다른 자료도 갖지 못하고 있다. 그렇지만 그러한 문제를 비록 찬자의 기술을 통해서 분명하게 읽을 수는 없다 하더라도, 이 농서의 내용을 면밀히 검토하면 그것을 어느 정도 파악할 수 있을 것으로 생각된다. 그리고 이같은 내용의 농서라면 野人의 처지에서 農學을 연구하고 있는 사람이 아니라, 『農事直說』을 중심으로 농정책을 펴나가는 자리에 있는 사람, 그것도 농업생산의 주체를 小農層으로 보고 있는 사람이 신중하

月令·種花果蔬菜法을 수록하고 있다. 壬亂 전까지 그 冊板이 晋州에 남아 있었다(李仁榮, '『攷事撮要』의 冊板目錄에 대하여' 『東洋學報』30-2, 1943 ; 三木榮, 『朝鮮醫學史及疾病史』, p.181, 1962). 그러나 이것만으로는 이 農書가 정확하게 언제 간행되었겠는지 분명치 않았는데, 최근에는 徐有榘의 農書에 '山居四要 本朝徐居正'이라고 하였음에서(『林園經濟志』引用書目 64장), 그 간행 시기를 世祖·成宗 때로 추정하고도 있다(李盛雨, 『韓國食經大典』, p.25, 1981). 徐居正은 姜希孟의 선배 동료였다.

224) 崔南善, 『朝鮮歷史』, p.171, 1931.
　　『朝鮮常識問答續編』·農學은 어떻게 發達하여 왔읍니까?'(『六堂崔南善全集』3).
　　西鄕靜夫, 『朝鮮農政史考』(改訂增補再版), p.363, 1937.
　　洪以燮, 『朝鮮科學史』, p.221, 1946.
　　金榮鎭, '四時纂要抄와 四時纂要의 比較硏究'(『農村經濟』8-1, 1985).
　　拙稿, 『朝鮮後期 農學의 發達』(初版), p.18, 1970.

게 편찬했을 것이라고 생각된다.

　編纂의 목표와 원칙 ─『四時纂要抄』를 검토하면 찬자는 그 농서를 편찬하기 위해서 크게 두 가지 목표와 원칙을 세우고 있었던 것으로 사료된다. 하나는 『四時纂要抄』를 철저하게 『農事直說』의 부족한 점을 보완하는 작업으로서 행하고 있었다는 점이다. 그리고 다른 하나는 『四時纂要』를 抄함으로써 그의 농서를 엮되, 그 내용을 조선 농업의 현실에 맞도록 첨삭 보완 조정했다는 점이었다. 그것은 『四時纂要抄』와 『農事直說』의 技術 내용을 대조함으로써 확인할 수 있다.

　(2)『四時纂要抄』의 農業技術

　『農事直說』의 기술이 충실하면 구체적인 설명을 생략 ─『農事直說』의 한계성을 보완하는 것이 『四時纂要抄』 편찬의 목표였다는 사실은, 무엇보다도 『四時纂要抄』에서는 『農事直說』에 기술된 作物의 栽培法에 관해서는 구체적인 설명을 생략하고 있는 것으로써 알 수 있다. 『四時纂要抄』가 만일 『農事直說』에 대한 보완 관계를 고려하지 않은 독립된 농서로 편찬된 것이라면, 농서에서 가장 중요시해야 할 糧食作物의 재배법을 이같이 생략해 버리지는 않았을 것으로 생각된다. 가령 蔬菜에 관해서는 다음과 같이

　　種葱 炒粟米半和 壟內均下 輕曳撈覆土 上布糞灰 不和粟則下種不均225)

　그 재배법을 구체적으로 기술하면서, 水稻에 관해서는

　　耕早稻
　　耕晚稻226)

　라고 하였듯이, 그 항목만을 제시하고 있는 것이 그것이다. 粟·大小豆·麥 등에 관해서도 마찬가지이다. 이는 『四時纂要抄』의 찬자가 농민으로 하여금 全 農業生産을 자신의 농서에 의존해서 수행케 하려는 것이 아니라, 주

──────────────────

225)『四時纂要抄』 2월.
226) 同 上, 2월·3월.

곡 재배는 이미 나와 있는 『農事直說』을 통해서 수행하고, 그밖의 작물에 관해서만 『四時纂要抄』를 이용케 하려는 것이었다고 하겠다.

물론 이것이 『四時纂要抄』 편찬의 한 원칙이었다 하더라도, 그 찬자가 『農事直說』에 기재된 작물의 재배에 관하여 전적으로 그 재배법을 언급하지 않은 것은 아니었다. 혹 부분적으로는 이를 기술하고 있었다. 그러나 그것은 『農事直說』과 똑같은 내용을 기술하고 있는 것이 아니라, 『農事直說』에서 말하고 있는 재배법과 차이가 나는 점이나 또는 다른 재배법을 특히 제시하고 있는 것이었다. 예컨대 麻에 관하여

    ① 翻麻田
    ② 耕麻 先地再耕 下種 厚加糞灰爲良
    ③ 翻耕麻田二遍 下旬種之 以糞厚覆 春乃早盛227)

이라고 하였음은 그 한 예이다. ①②는 春種, ③은 秋種의 방법을 기술한 것인데, 그 내용은 『農事直說』의 種麻法과 크게 달랐다. 『農事直說』에서는 파종 전의 起耕을 7차나 함으로써 그 밭을 철저하게 熟治하도록 하고 있는데, 『四時纂要抄』에서는 春種은 3차경 秋種은 2차경으로 끝내고 있으며, 또 전자에는 秋種法이 없는데 후자에서는 이를 좋은 방법으로 보고 인용 장려했다.228) 이러한 차이는 麻 耕種法의 지역차로서도 이해할 수 있을 것이고, 牛耕이 자유롭지 못한 소빈농층의 耕種慣行을 소개한 데서 연유하는 것으로도 볼 수 있을 터이다. 麻에 관해서는 이밖에 『農事直說』에 없는 苧麻도 들고 있는데, 그 복잡한 재배법은 생략했다.229)

이러한 사정은 다른 작물에 관해서도 마찬가지였다. 찬자는 稻에 관해서 특히 乾耕法을 기술하고 있는데, 그 내용은 『農事直說』의 것을 인용하였으

---

227) 同 上, 정월·2월·10월.

228) 『四時纂要』(宣祖朝 覆刻本 — 이하 同)에서는 麻를 春種은 3차경(三月 種麻子), 夏種은 7차경 이상(五月 種苴麻) 하라 하였는데 『四時纂要抄』에서는 적은 쪽을 택했으며, 秋種은 4차경(十月 種麻) 하라 하였는데 2차경으로 줄이고 있었다. 『齊民要術』이나 『農桑輯要』의 種麻에서는 7차경 이상을 요구하였다.

229) 『四時纂要抄』 5월, 取初苧麻. 6월, 取二苧.

되, 그 整地法을 『農事直說』과 다르게 기록했다. 즉 『農事直說』에서는 정지를 檑木으로 打破土塊하고 木斫으로 縱橫摩平토록 하고 있었는데, 『四時纂要抄』에서는 이 작업을 檑木만으로 '打破土塊 摩平熟治'토록 했다.230) 旱田의 碎土에서는 木斫을 쓰지 않는 것이었다. 이밖에 『四時纂要抄』에서는 稻의 재배에 관하여 移秧法과 旱稻에 관해서는 항목조차 설정하지 않고 있는 점도 주목된다. 이는 모두 그러한 문제에 대하여 더 이상 언급할 필요가 없었기 때문이었을 것이다.

黍粟에서는 '底' 지시(前作基地 根耕)를 강조하고 있는 것이 주목된다.231) 『農事直說』에서는 이것을 분명히 명시하지 않았는데, 『四時纂要抄』에서는 黍粟의 재배와 관련하여 유독 이를 명기했다. 輪作法을 한층 더 체계적으로 보급시키려는 것이었다고 하겠다. 이밖에 黍粟에서는 '耕秋黍'의 항목도 설정하고 있었는데, 『農事直說』에는 晩種粟(5월)이 있을 뿐 種秋黍는 없었다. 이는 『齊民要術』에서 인용한 것으로 생각된다.232)

麥에서는 『農事直說』의 5·6월 起耕曝陽을 따르지 아니하고 7월 翻小麥田을 지시했으며,233) 胡麻에서는 『農事直說』의 여러 耕種法 가운데 특히 제1의 耕種法을 그 파종 시기를 달리해서 들고 있다.234) 그리고 蕎麥에서는 두 耕種法 가운데 제1의 경종법을 소개하되, 『農事直說』과는 달리 蘿葍을 雜種토록 하고 파종 시기를 정정하였다.235) 이들 작물의 경종법은 지역에 따라 『農事直說』과 많은 차이가 있었음을 보여 주는 것이라 하겠다.

이밖에 『四時纂要抄』에서는 『四時纂要』를 통해 작물의 파종에 선행하는

---

230) 同 上, 3월.
　　　春旱乾耕 以檑木打破土塊 摩平熟治 ……
231) 同 上, 3월.
　　　耕旱黍粟 凡穀 菉豆苽(瓜)底爲上 胡麻底次之 蕪菁大豆底又次之
232) 同 上, 6월.
　　　『齊民要術』卷1, 種穀.
　　　二月三月種者爲稙禾 …… 歲道宜晩者 五月 六月初亦得
233) 『四時纂要抄』7월.
234) 同 上, 4월.
235) 同 上, 7월.
　　　立秋在六月 則節後三日 立秋在七月 則節前三日可種

작업으로서, 『農事直說』의 漬種法을 보충하여 辟蝗法을 기술하고, 雪水나 牛尿煮 및 繭蛹汁에 지종하는 이유를 禾稼의 耐寒과 增收로써 설명하고 있는데, 이것도 큰 보완이었다.236)

『四時纂要』와 기타의 농서에서『農事直說』의 부족한 점을 보충 ─ 『四時纂要』에서 필요한 사항을 抄함으로써 農書를 구성하되, 朝鮮 농업의 현실에 맞도록 한다는 원칙은 여러 분야의 문제에 걸쳐 그 작업이 행해졌다. 그 가운데 농업생산과 관련하여서는 豊凶에 관한 占卜, 蔬菜·果樹·竹木·木綿의 種植法, 養蜂과 養蠶 등이 주요 대상이었다. 그러나 그 발췌의 방법은 앞에서도 지적했듯이, 月令書로서의 기본 골격은『四時纂要』의 체제를 그대로 따르되, 발췌 대상의 기술 내용에 있어서는 그 耕種 시기와 함께 朝鮮 농업의 현실에 맞도록 많은 것을 朝鮮의 농업관행 및 후대 농서의 기술로써 조정·대체했다.237) 그러한 가운데서도 本考의 관심과 관련하여 특히 주목한 것은, 『四時纂要抄』에서는『農事直說』에서 다루지 않고 있는 蔬菜와 木綿·紅花·藍 등을 수록하고 있는 점이다. 農書가 최소한 그 기능을 발휘하기 위해서는, 主穀의 재배 문제와 함께, 이같은 작물의 재배기술을 싣지 않으면 아니 되기 때문이었다.

蔬菜로서는 韭·葱·瓜·茄子·芹蘆·薑·蓮·葵·蘿蔔·萵苣·蔓菁·蒜 등을 수록했으며, 앞에 제시한 種葱法이나 다음에 드는 種茄法에서 볼 수 있듯이, 그 재배법을 간결하게 기술하고 있었으나, 혹 개중에는 種法을 생략한 것도 있었다. 『四時纂要』의 기술만을 抄하는 경우도 있었지만, 많은 경우는『農桑輯要』의 기술을 참고하는 가운데 그 기술을 조정·보완했다. 물론 작물에 따라서는 茄子의 경우와 같이『農桑輯要』와 함께『神隱』등 다른 농서를 이용하기도 하였다.

　　種茄　茄性宜水　常須潤澤　初分茄秧　若旱　則澆水栽之　以物盖之　勿令見日　開花
　　時　摘盛葉　以灰圍根　結子倍多(搯硫黄一皀　子大　以泥培之　結子倍多)238)

---

236) 同 上, 3월.
　　　『四時纂要』정월.
237) 註224 金榮鎭 씨 논문 참조.

여기서 전반부까지(勿令見日)는 『農桑輯要』(『農桑輯要』에 수록된 『齊民要術』)의 기술을 요약한 것이지만, 그 이하는 명나라 초기의 농서인 『神隱』에서 인용한 것으로 생각된다.239) 이 시기의 中國(明)에서는 元代 『農桑撮要』의 농학을 계승한 『神隱』, 『便民圖纂』 등이 편찬 간행되었는데, 『四時纂要抄』의 편찬에 있어서는 한정된 범위에서이지만 이러한 中國의 당대 농서도 참고한 것이었다.

木綿 耕種法의 수록 — 木綿·紅花·藍 등도 『農桑輯要』를 참고하는 가운데 발췌 보완했다. 목면 재배법은 특히 그러하였다. 中國에서도 『四時纂要』가 편찬되던 唐代에는 木綿의 재배가 보급되지 않았고, 따라서 『四時纂要』에는 본시 그 재배법이 실리지 않았었기 때문이다. 그러므로 『四時纂要抄』를 편찬함에 있어서 목면의 재배법은 다른 농서를 통해서 보충되지 않으면 아니 되었다. 보충된 내용은 다음과 같았다.

耕木綿 天氣溫淸日耕種 旣出 鋤常淨潔 苗長尺餘 切去衝天條 則枝茂實蕃240)

이 목면의 耕種法은 天氣溫淸日에 耕種하라고 한 표현이나, 除草를 늘 정결하게 하라고 한 표현, 그리고 苗가 크게 자란 다음에는 衝天條를 切去하라고 한 표현 등으로 보아 『農桑輯要』의 목면조를 요약한 것으로 생각된다. 王禎이 쏜 『農書』의 목면조에도 같은 내용의 재배법이 기술되어 있지만, 그것은 『農桑輯要』에서 인용하고 있는 것이었다.241) 조선전기에 흔히 읽혀질 수 있었던 목면 재배법으로서는 이밖에 『農桑撮要』의 種木綿, 『神隱』의 種綿

---

238) 『四時纂要抄』 2월, 種茄. ( )는 夾註.

239) 『農桑輯要』 卷5, 瓜菜 茄子.
　　『神隱』 卷下, 2월 種茄子. 단 『種樹書』의 菜의 茄子 및 『山居四要』 卷4, 治生之要 種花果蔬菜法의 茄子에 관한 기술도 『神隱』의 기술과 유사하나 표현이 좀 다르다.
　　『神隱』을 자료로서 이용했다고 생각되는 점은 葡萄의 재배법(『四時纂要抄』 2월)에서도 마찬가지였다(『神隱』 卷下, 2월 裁葡萄). 『四時纂要抄』의 葡萄 재배법은 『農桑輯要』·『種樹書』·『山居四要』·『便民圖纂』 등의 그것과도 유사하나, 그 표현이 가장 가까운 것은 『神隱』이었다.

240) 『四時纂要抄』 4월, 耕木綿.

241) 『農桑輯要』 卷2, 播種 木棉.
　　王禎, 『農書』, 百穀譜 集之十, 雜類 木綿.

花, 『便民圖纂』의 種綿花條 등이 있을 수 있었지만,242) 그 재배법의 표현은
『農桑輯要』의 그것과 달랐고, 따라서 그것을 抄하는 것으로는 위(註240)와
같은 재배법이 나올 수가 없었다. 그리고 이들 농서보다 좀 늦게 宣祖 때(宣
祖 23년, 1590년)에는 朝鮮에서 『四時纂要』를 복각하면서 種木綿法을 첨부
하였는데,243) 『四時纂要抄』의 耕木綿條는 그 내용으로 보아 이를 발췌하고
있는 것도 아니었다. 그러고 보면 이 抄本이 대본으로 하고 있는 『四時纂要』
는 이때의 覆刻本은 아니었으며, 그에 앞서는 版本이었다고 하겠다. 그러므
로 『四時纂要抄』의 耕木綿條는 복각본 『四時纂要』의 種木綿法에 앞서서 편
찬 보급된 재배법이었다고 하겠다.

　　그러나 『四時纂要抄』의 이 木綿 경종법은 너무나 간략하였다. 이는 그 재
배법을 이미 잘 알고 있는 사람에게는 하나의 유의사항이 될 수 있었겠지만,
그것을 모르는 사람에게는 도움이 되기 어려웠을 것으로 생각된다. 물론 이
때 민간에 관행하고 있는 木棉 재배법은 擇地[『農桑輯要』에서는 '擇兩和(沙土
相半 — 필자) 不下濕肥地'라 하였다]에만 유의하고, 施肥·除草 등에는 소홀
하였으므로,244) 이만한 기술로써도 그 재배가 가능하였겠지만, 그렇더라도
이 기술만으로써 木綿 재배를 권장하기에는 충분치가 않았다. 그러므로 이
시기의 사회에서는 木綿 재배법을 좀더 구체적으로 기술해 줄 것이 요청되
었으리라 믿어진다. 뒤에 언급되듯이 昌平刻本 『農事直說』이나 『四時纂要』
복각본에 木綿 耕種法이 증보되는 것은 이러한 사정을 반영한 것으로 생각
된다.

　　이같이 『四時纂要抄』가 蔬菜·木綿 기타 등등의 농업기술을 기술함에 있
어서 의거한 자료는 『四時纂要』를 중심으로 『農桑輯要』·『齊民要術』 등이었
으며, 더러는 『神隱』도 참작하고 있거니와, 이는 이 시기의 우리 농업기술이

---

242) 『農桑撮要』 3월, 種木綿.
　　　『神隱』 卷下, 3월 種綿花.
　　　『便民圖纂』, 卷2, 耕穫類 種綿花.
243) 『四時纂要』 3월, 種木綿法.
244) 『世祖實錄』 卷6, 世祖 3년 정월 甲戌, 7책, p.165.
　　　我國民俗 蠶桑麻枲綿花耕種 多不致意 常以米貿布……木綿若糞而耘之 則不擇地而茂 須使民
　　　多種

많은 점에서 中國 華北지방의 그것과 유사하였음을 뜻하는 것이라고 하겠다.

(3)『四時纂要抄』의 農政觀

農業生産의 主體를 小農層으로 ―『四時纂要抄』가『農事直說』을 보완하는 관계에 있었음은 농업기술상의 문제에 그치는 것이 아니었다. 그것은 농업 생산의 주체나 농업생산의 경영 형태를 논함에 있어서도 마찬가지였다. 앞에서 이미 언급한 바와 같이『農事直說』은 농업생산의 주체를 地主・大農層 중심으로 보고, 농업생산의 규모를 그들 위주로 가능한 한 확대시켜 나가려는 경향이 있었는데,『四時纂要抄』의 입장은 그와는 달리 그 주체를 小農層 위주로 보고 소규모 토지를 집약적으로 경영케 하려는 경향이 있었다.『四時纂要抄』의 農政觀은『衿陽雜錄』의 그것과 같았다. 朝鮮王朝의 농업생산에서는 그 財政기반과도 관련하여 어느 경우도 중요시해야 하는 것이었지만,『農事直說』에서는 地主・大農層에 편향하는 경향이 있었음으로,『四時纂要抄』는『農事直說』의 그러한 부족한 부분을 보완하고 있는 것이었다. 그것은 무엇보다도『農事直說』이 빼놓은 농지의 경영규모 확대를 제약하려는 자료를 특히 수록하고 있는 것으로써 그와 같이 이해할 수 있다.

　　　清明 勸耕陳地 凡民營田 須量己力 寧可小好 不可多惡245)

이것은『農桑輯要』에 수록된『齊民要術』雜說(唐代)의 기술을 인용한 것으로서,246) 농지경영은 각자 자기 능력(勞動力・財力)에 맞도록 하되, 광대한 농지를 粗放하게 경영하는 것보다 적은 면적의 농지를 集約的으로 잘 경영하는 것이 효과적이라는 점을 강조하는 말이었다. 小農層으로 하여금 小土地에서 집약적으로 농업을 경영함으로서 生産性을 향상시키고자 하는 방안이고 격려의 표현이었다.『農事直說』의 찬자는 그 農書를 편찬할 때,『農桑輯要』에서 많은 것을 취하면서도 이 經營觀은 취하지 않았는데,『四時纂要抄』에서는 이를 특히 주목하여 크게 인용하고 내세우고 있는 것이다.

---

245)『四時纂要抄』3월.
246)『農桑輯要』卷1, 耕墾 耕地.
　　『齊民要術』卷頭 雜說.

農業生產의 기술을 小農生產 위주로 —『四時纂要抄』의 농업관이 小農生產 위주로 되어 있음은 작물을 파종하기 위한 정지작업에서도 엿볼 수 있을 것 같다. 앞에서 제시한 種麻法은 그 한 예가 되겠다. 『農事直說』에서는 麻를 재배하기 위하여 中國 농서의 耕種法을 그대로 받아들여 일곱 차례 起耕한 뒤 播種토록 하고 있었는데, 『四時纂要抄』에서는 같은 中國 농서를 참고하면서도 그 기경 작업의 횟수를 세 차례 또는 두 차례로 줄이고 있었다. 『四時纂要抄』가 정지작업에서 起耕 횟수를 줄이는 것은 麻에 그치는 것이 아니었다. 『四時纂要』와 『四時纂要抄』를 대비하면, 蘿菖은 犁五六遍을 耕治二三遍,247) 蔓菁은 耕六七遍을 翻耕 種蔓菁,248) 薑은 耕不厭熟 七八遍佳를 深耕熟治 擺去沙礫으로 기술하고 있었다.249) 『四時纂要抄』에서는 정지작업이 최소한 熟治만 되면 되는 것으로 보았으며, 中國 농서에서 지시하는 바를 (5,6차경, 또는 7,8차경) 반드시 그대로 따르지 않아도 그 재배가 가능한 것으로 여겼다.

농지의 정지작업에서 번경을 여러 차례 하면 할수록 숙치가 잘 됨에도 불구하고, 이같이 起耕 횟수를 줄이고 있는 것은 어떤 까닭이었을까? 그것은 地主・大農層 등 부유한 생산자는 牛犁耕이 자유로웠으나 小貧農層은 그렇지 못하였던 까닭이라고 생각된다. 『衿陽雜錄』에서 볼 수 있었듯이,250) 당시의 농민들은 대부분 農牛를 소유하지 못하였고, 따라서 농업생산은 深耕熟治를 하지 못하는 가운데 수행되었다. 농민들은 牛犁耕이 어려워 人力으로써 그것을 대신하는 수도 있었다(人犁耕). 그러므로 이같은 농민층의 경제 사정을 생각한다면 牛犁耕을 통한 번경의 횟수는 최소한으로 줄이고, 그것을 대신할 수 있는 농법을 개발해 줄 필요가 있었다. 『四時纂要抄』에서는 그것을 碎土작업을 잘하는 것으로써 대신하려 하였다. 앞에서 든 '須量己力'

247) 『四時纂要』 6월, 種蘿菖.
　　　『四時纂要抄』 6월, 種蘿菖.
248) 『四時纂要』 7월, 種蔓菁.
　　　『四時纂要抄』 7월, 種蔓菁.
249) 『四時纂要』 3월, 種薑.
　　　『四時纂要抄』 4월, 種薑.
250) 『衿陽雜錄』 農談 2.

(註245)의 기술에 이어, 『農桑輯要』를 인용하되

　　　　今人只知犁深爲功 而不知擺細爲全功 擺功不勤 雖見苗立 根在虛土 虫咬乾枯
　　　　擺細 則根着柔地 不生諸病251)

이라고 하였음은 그것이었다. 사람들이 深耕의 중요성은 잘 알되 碎土작업의 중요성을 모르고 있음을 지적하는 말이었다. 碎土가 잘 되어 있어야 작물의 着根이 잘되고 病害도 발생하지 않음을 강조하는 것이었다. 이런 경우의 碎土작업은 旱田이면 鐵齒擺, 檑木, 推介木 등 소농층의 人力農具로써 가능하였다.

　『四時纂要抄』의 찬자가 농업생산에서 특히 小農層을 염두에 두고 있었다는 사실은 작물의 재배를 雜種 間種으로써 할 것을 권하고 있는데서도 알 수 있다. 그는 木綿田에 蘿葍을 散下하거나 晩紅花를 間種하라 하였고,252) 蕎麥田에 蘿葍을 雜種하고,253) 春牟田에 菁을 交種하라고 말하고 있었다.254) 농지가 적은 소농층에게 토지 이용을 철저하게 잘 함으로써 수입을 늘리도록 하려는 것이었다. 『四時纂要抄』의 찬자는 말하자면 소농층의 농업생산을, 輪作體系의 강조와도 관련하여, 토지 이용률을 높이고 牛犁耕을 최소한으로 줄이는 가운데, 집약적·잡종적 농업을 수행함으로써 농지의 영세성을 극복케 하려는 것이었다고 하겠다. 그런 점에서 『四時纂要抄』는 小農經濟의 安定을 농업생산을 통해서 추구한 농서였다고 하겠다.

　農業生産의 商業化에는 소극적 ─ 그러면서도 『四時纂要抄』에서는 아직 小農經濟의 안정을 商品經濟와의 관련 속에서 찾고 있지는 않았다. 木綿이나 紅花·藍 등은 시장성이 좋은 작물이었지만, 이를 상품작물로 재배하라고 말하지는 않았다. 좀 후대로 내려와서『農家集成』단계가 되면 木綿을 專業으로 하는 사람, 즉 商業的 農業을 하는 사람은 절대로 間種을 하지 않는다

---

251) 『四時纂要抄』3월 勸耕陳地.
252) 同 上, 6월, 種蘿葍. 4월, 種晩紅花.
253) 同 上, 7월, 耕蕎麥.
254) 同 上, 2월, 耕春牟.

고 유의시키고 있는데,255) 『四時纂要抄』에서는 間種을 권장하고 있었다. 그
뿐만 아니라 『四時纂要抄』에서는 商業的 農業을 기피하고 있는 듯한 인상도
준다. 그것은 『四時纂要抄』에서 花·木의 재배를 다루면서도, 『四時纂要』가
크게 강조하고 있는 경제작물로서의 楡·白楊木 재배를256) 취하지 않고 있
는 점이라던가, 占卜을 수록하면서도, 농업생산자가 유의해야 할 사항으로
『四時纂要』가 크게 제시하고 있는 占卜, 즉 절기에 따라 변동하는 市場의 穀
物 時勢를 살펴 이를 매매하라고 한 致富法을,257) 『四時纂要抄』의 찬자는
그 발췌 대상에서 제외하고 있는 것으로 그와 같이 생각되는 바이다. 『四時
纂要抄』에서 보여 주는 소농경제 안정에 대한 관심은 重農抑末的인 農本思
想에 기초하고 있는 것이었다고 하겠다.

　이같은 『四時纂要抄』가 이 시기에 얼마나 보급되었는지는 알 수 없다. 생
각컨대 그렇게 널리 보급되었던 것 같지는 않다. 그것은 宣祖朝 초기의 繕工
監副正 柳希潛이 『四時纂要』를 복각하거나 抄本을 편찬하려고 노력하였던
것으로써 그와 같이 이해된다.258) 『四時纂要抄』가 刊本으로서 널리 보급되
었다면, 政府 官人이 그러한 노력을 하지는 않았을 터이다.

3) 『衿陽雜錄』과 『四時纂要抄』의 特性과 意義

　앞에서 살핀 바와 같이, 『衿陽雜錄』과 『四時纂要抄』는 독립된 農書로서
편찬되었지만, 그러나 그 내용은 『農事直說』을 보완할 수 있도록 구성되었
다. 농업기술상의 문제에 있어서는 특히 더 그러하였다. 『衿陽雜錄』이 『農
事直說』에서 九穀의 재배를 다루면서도 미처 언급하지 못하였던 그 작물의
品種을 보완하고, 그 재배법의 지역적 조건(風土)에 따르는 차이를 지적한
점이라던가, 『四時纂要抄』가 애초에 『農事直說』이 그 수록 대상에서 제외하
였던 九穀 이외의 많은 작물의 재배법을 주로 기술하거나, 『農事直說』에서
다루고 있는 작물을 언급할 경우에는 그것이 제시하고 있는 재배법과 다른

---

255) 『農家集成』, 『農事直說』 種木花法.
256) 『四時纂要』 정월, 種楡·種白楊林法.
257) 『四時纂要』 정월, 占八穀萬物.
258) 『四時纂要』, 柳希潛 跋.

재배관행을 기술하고 있었음은 그것이었다. 그리하여 이 세 농서를 합하면
그 내용이 중복되는 것이 아니라, 『農事直說』의 부족함을 보완하여, 정리가
안 된 상태이기는 하지만 하나의 종합 농서가 되었다.

農政上의 문제에 있어서는, 『衿陽雜錄』과 『四時纂要抄』는, 좀 다른 각도
에서 『農事直說』과 보완 관계에 있었다. 『農事直說』은 농업생산의 주체를
주로 地主·大農層으로 보려는 자세였음에 대하여, 『衿陽雜錄』이나 『四時纂
要抄』는 그것을 小農層으로 보고, 그들을 보호하는 가운데 그들로 하여금
집약적 농업을 수행토록 함으로써 농업생산을 한층 더 증진시키려 하였다.
한쪽이 地主·大農 위주, 다른 한쪽이 小農 위주의 농서였다는 점에서만 본
다면, 두 책 사이에는 큰 차이가 있었지만, 國家의 農政策 차원에서 보면 현
실적으로 어느 농서이거나 모두 필요하였다. 『農事直說』만으로는 勸農政策
이 목표하는 바를 효과적으로 달성하기 어려웠으며, 『農事直說』이 간행 보
급되고 있었다 하더라도 『衿陽雜錄』·『四時纂要抄』의 보급을 통한 『農事直
說』의 보완이 필요하였다. 『衿陽雜錄』이나 『四時纂要抄』는 이같은 문제를
염두에 두면서, 정책 입안자·정책 수행자의 입장 또는 그 기관에서 편찬하
였던 것으로 생각된다.

그러면서도 이 세 농서는 한 책으로 종합 체계화되지 못하였고, 각각 개별
적으로 존재하고 이용되었다. 그리고 『農事直說』이 정부에 의해서 적극적으
로 간행 보급되고 있었음과는 달리, 『衿陽雜錄』이나 『四時纂要抄』의 보급은
상대적으로 소극적이었다. 『衿陽雜錄』의 간행이 추진되는 것은 姜希孟 사후
의 일이었고, 그것이 국가정책에 반영되어 『農事直說』과 더불어 合刊되는
것은 그의 사후 한 세기가 지난 宣祖 때(內賜本 간행)의 일이었다. 『四時纂
要抄』에 대해서도 마찬가지였다. 이는 '抄'本이라고 하는, 그 편찬 경위와도
관련되는 것이겠지만, 그것이 『衿陽雜錄』 및 『農事直說』과 함께 합간되는
것은 임진왜란 뒤의 『農家集成』에 이르러서였다. 국가로서는 地主·大農 위
주의 농서이거나 小農 위주의 농서이거나 모두 필요하였을 터인데, 이 시기
의 국가의 勸農政策에서는 유독 전자만을 우선시하였다. 그 이유는 主穀作
物·糧食作物의 재배법을 주로 전자의 농서에서 소상하게 다루고 있는 까닭
이기도 하였지만, 이 시기에 있어서는 農學思潮上 地主·大農 위주의 농학

이 小農 위주의 농학보다 중요시되고 우위에 있었음에서이었다. 이는 역사
의 발전과정에서 있게 되는, 시대적 사회적 성격의 반영이었다.

5. 『農事直說』과 覆刻本 『四時纂要』의 木綿 耕種法 增補

1) 木綿 耕種法 增補의 必要性

朝鮮前期에는 『農事直說』·『衿陽雜錄』·『四時纂要抄』 등 朝鮮 農業을 위
한 農書가 편찬되고 있었다. 하나의 體系로 짜임새 있게 서술된 綜合農書는
아니었지만, 『衿陽雜錄』이나 『四時纂要抄』는 『農事直說』을 보완할 것을 목
표로 하고 있어서, 이를 모두 모으면 아쉬운 대로 모든 作物의 재배를 위한
종합적인 농서가 될 수 있었다. 그리하여 실제로 이 시기 農業生産에서의 각
종 작물은 최소한 이들 농서를 이용하는 것만으로도 재배가 가능하였다.

그러면서도 이들 농서의 작물 재배법 기술에는 큰 결함이 있었다. 『農事
直說』의 기술은 상세했으나 작물의 대상범위가 좁았고, 『四時纂要抄』는 대
상범위는 넓어졌으나 그 재배법 기술이 지극히 소략하였다. 『四時纂要抄』는
본시 月令書로서 편찬되는 것이었으므로 작물의 재배법을 세세하게 기술하
는 것을 목표로 하지 않았는지도 모르겠다. 사실 蔬菜類는 農書 없이도 재배
해 오고 있었으므로, 그 月令을 놓치지 않도록 지시하는 것만으로도 족할 수
있었다. 그러나 새로 보급시켜 나가야 할 작물은 사정이 달랐으며, 그러한
작물에 대해서는 재배법이 친절하게 제시될 필요가 있었다. 木綿은 그러한
작물의 한 예이었다.

木綿은 國初이래로 國家政策으로서 그 재배 보급이 추진되어 왔고, 人民
의 衣生活에 큰 변화를 재래한 작물이었으므로, 이 시기에는 가장 크게 각광
을 받는 經濟作物이기도 하였다. 그러므로 木綿의 耕種法은 어느 농서에서
나 이를 자세하게 소개할 필요가 있었다. 그러나 世宗朝의 『農事直說』과 成
宗朝의 『衿陽雜錄』에서는 이를 다루지 않았고, 『四時纂要抄』에서는 이를
'耕木綿'법으로서 다루었으되(본편 註240 참조), 이에 따라 木綿을 재배하기
에는 그 기술 내용이 너무나 소략하였다.259)

물론 이 시기에 木綿의 상세한 재배법이 없었던 것은 아니었다. 世宗朝에

는 北部지방에서도 木綿을 재배할 수 있도록 보급정책을 폈는데, 이를 위해서는 官家에서 먼저 그 재배의 모범을 보이되 '耕治之法'대로 할 것을 지시하기도 하고, 서울에서 木綿 '種植之法'을 기술해서 보내기도 하였으며, 또 下三道入居人들의 經驗方을 수집해서 이로써 교육을 하기도 하였다.260) 木綿재배법은 이미 일정하게 확립되고 있었던 것이라 하겠으며, 『四時纂要抄』의 '耕木綿'법이 소략하였던 것도 이같이 일반화된 재배법이 전제가 되었기 때문일 것으로 생각된다. 그러나 이같이 그 재배법이 확립되고 있었다 하더라도, 朝鮮前期에는 아직 木綿재배에 대한 政府의 인식이 부족하였으며, 따라서 그 耕種法이 농서에 수록되지 못하고 있었다. 그것만을 다룬 기록을 文書로서 이용하고 있었다. 農政策을 추진하는 官이나 農業生産者의 입장에서는 이는 불편한 일이었으며, 木綿의 재배법을 널리 보급시키기 위해서는, 그것을 반드시 일반 농서에 수록할 필요가 있었다.

2) 두 農書의 木綿 耕種法 增補

일반 農書에 木綿 耕種法을 수록해야 한다는 필요성은, 國家經濟의 차원에서 木綿의 經濟的 비중이 커지고, 農民經濟 차원에서 그 商品價値가 높아짐에 따라, 더욱 커지지 않을 수 없었다. 이때에는 綿布가 役에 대한 徵布의 대상이 되고 貨幣의 기능을 하며,261) 日本에 대해서는 國家貿易의 대상이 됨은 말할 것도 없고 支拂수단이 되기도 하였다.262) 國家로서는 綿布를 더욱 많이 징수하지 않으면 아니 되었고, 농민으로서는 이를 더욱 많이 商品으로서 재배하거나 아니면 모든 농민이 이를 재배하여 자급할 필요가 있었다. 그러기 위해서는 農政策으로서 木綿 耕種法을 더욱 널리 보급시키고 그 生

---

259) 『農家集成』, 『四時纂要抄』 4월.

260) 『世宗實錄』 卷69, 世宗 17년 9월 庚辰, 3책, p.651.
     『世宗實錄』 卷71, 世宗 18년 정월 壬申, 3책, p.663.
     『世宗實錄』 卷113, 世宗 28년 8월 壬寅, 4책, p.697.

261) 澤村東平, 『朝鮮棉作綿業의 生成과 發展』, 1941.
     高承濟, '李朝綿業政策의 變遷過程'(『近世韓國産業史研究』, 1959).
     宋在璇, '16世紀 綿布의 貨幣機能'(『邊太燮博士華甲紀念史學論叢』, 1985).

262) 『中宗實錄』 卷55, 中宗 20년 8월 丙午, 16책, p.447.
     李泰鎭, '16세기 東아시아의 歷史的 狀況과 文化'(『韓國社會史研究』, 1986).

産性을 높이는 사업을 선행해야 했다. 그것은 일반 農書에 그 耕種法을 수록하는 것이 첩경이었다. 그리하여 壬亂 전의 宣祖 年間에 이르면서는, 두 농서를 간행하게 됨에 따라, 두 종류의 木綿 耕種法을 새로 증보하게 되었다.

두 農書 가운데 하나는 『農事直說』이었다. 『農事直說』은 서울이나 지방 등 여러 곳에서 필요할 때마다 간행하여 보급하였지만, 그 가운데에서도 本考에서 참고한 것은 '昌平縣開刊'이라고 刊記가 명시된 木版本이다. 언제 板刻하였는지 정확한 年代 표시는 없지만, 오래 전에 故 李仁榮 교수는 昌平縣에서 개간한 이 版本을 '宣祖朝 昌平刻本'으로 해제한 바 있다.263) 그리고 李仁榮本과는 별개의 본고에서 참고한 昌平縣 開刊本에 대하여, 孫寶基 교수는 '이 版本은 그 紙質로 보아 宣祖 14년(萬曆 9년)版의 內賜本보다 앞설 것으로 생각되나, 이같은 紙質은 中宗朝까지 비슷하므로 紙質만으로서 확실한 연대를 단정하기는 어렵다. 다만 책 뒤표지의 내면에 책 소유주가 '田家作苦 於此可見 歲庚子月菊秋'라 기입한 것이 있는데, 이 庚子를 紙質과 관련하여 주목한다면 中宗 35년(1540)경으로 볼 수도 있을 것'이라고 감정하였다.264) 이 昌平刻本은 그 뒤 慶尙道에서 '龍洲縣開刊'으로 다시 한번 板刻된다.265) 그런데 이 昌平縣 開刊本에서는 다른 판본의 『農事直說』과는 달리

---

263) 『淸芬室書目』, 『農事直說』 1卷 1책, p.65.

264) 필자는 이 昌平縣 開刊本을 孫寶基 교수의 한국선사문화연구소에서 열람하고 孫 교수의 감정도 들을 수 있었다. 그 구성은 ① 原『農事直說』(『農事直說』終 명시), ② 字音義(1面) ③ 四節報恩(1面) ④ 新增種綿(1面) ⑤ 刊記 즉 農事直說 終 昌平縣開刊(1面)으로 되어 있으며, 李仁榮本과 다른 점은 原『農事直說』의 鄭招의 序를 卷末로 돌리고 있는 점이었다. 『農事直說』의 序는 本文과 분리될 수 있도록 板刻하였으므로, 이 本에서는 어떤 필요에서 또는 착오로 이같이 제책하였던 것으로 생각된다.

265) 龍洲縣 開刊으로 된 『農事直說』(表題는 『農鑑』으로 되어 있다)은 啓明大學校 中央圖書館에 소장되어 있다. 그 구성은 原『農事直說』의 序를 원위치로 돌렸을 뿐 昌平縣開刊本과 같았다. 따라서 李仁榮本과는 꼭 같은 셈이다. 다만 龍洲縣 開刊本이 昌平縣 開刊本과 다른 점은, 註 264 ④에 나온 新增種綿을 卷末에 한 面 더 넣고 그 다음 面에다 筆寫로 '龍洲縣開刊 戊午夏脩補'라 刊記를 기입하고, 昌平縣 開刊本의 誤字를 바로잡고 있는 점 뿐이다. 이같은 龍洲縣 開刊本을 昌平縣 開刊本을 복각한 것으로 보는 이유는 書體가 같고, 註 264 ⑤의 '農事直說 終 昌平縣開刊'을 그대로 板刻은 하였으되, 인쇄 제책 뒤 '昌平縣開刊' 부분을 塗擦하여 지웠으나 육안으로도 그 흔적이 보이기 때문이다. 그 開刊은 지질로 보아(얇은 종이를 이미 사용한 같은 지질의 종이로 배접하여 사용하고 있다) 亂後의 어려운 때였을 것으로 생각된다.
여기서 '戊午夏脩補'는 戊午年 여름에 『閑情錄』·『神隱』 등을 이용하여 새로운 農業技術을 필사로 첨보하였음을 말한다. 다만, 이 戊午年이 이 해에 새로 開刊한 『農事直說』을 받아 보고

木綿의 耕種法을 '新增種綿'으로서 증보하고 있는 것이었다. 이 시기 湖南지
방의 木綿 耕種法을 정리한 것이었다고 하겠다. 그 전문은 다음과 같다.

> 綿性喜沙土相半田 歲前一反耕 解凍後 厚鋪枯薪燒火 或入莎土 再反耕 又入糞
> 壤三反耕 使土脈(肛) 軟熟 綿種和尿水 極其沾濕 和於糞灰 十分粘着 然後足種
> 一畝毋過六科 每科毋過四五箇(下種疎密 務要適中 科則以畝大小 隨宜 下種 不
> 必拘六科之法) 立夏節耕種 而節進則節後三日 節退則節前三日 耕後 六七度餘
> 草 無不茂盛 所摘甚多[266]

　다른 한 農書는 蔚山에서 복각한 『四時纂要』였다. 이는 唐代 韓鄂의 찬술
한 바로서, 朝鮮에서는 國初 이래로 『農桑輯要』와 함께 정부의 農政策 수행
에서 크게 활용되고 있는 농서였다. 그러나 이 농서는 이같이 유용하게 활용
되고 있으면서도, 中國의 古書이기 때문에 민간에서는 얻어 보기 힘든 농서
였으며, 따라서 農業生産의 지도에 뜻이 있는 사람이면 이의 覆刻에 관심을
갖지 않을 수 없었다. 宣祖 初의 繕工監 副正 柳希潛은 그러한 한 人物로서,
그는 이 농서를 본 뒤 覆刻과 抄本을 꾀하였다.[267] 그러나 그는 뜻을 이루지
못하고 동료 후배로서 朔州都護府使로 임명되는 判官 朴宣에게 그 간행을
부탁하게 되었으며, 朴宣도 이같은 사업의 취지에 찬동이었으므로 그 뒤 慶
尙左兵營(蔚山)의 左兵馬節度使가 되었음을 기회로 그 약속을 지켜 이를 간
행하게 되었다(宣祖 23년, 萬曆 18년, 1590).[268] 朝鮮版 覆刻本 『四時纂要』
였다.[269] 그리고 이같은 覆刻本 간행에서 원래의 『四時纂要』에는 없었던 것
으로 판단되는 다음과 같은 '種木綿法'을 증보 수록하게 되었다. 이는 이 시

곧 修補를 한 것인지, 아니면 그 이전에 개간한 刊本에다 이 해에 첨보하였음을 말하는 것인지
는 분명치 않다. 그러나 이 修補에서 『閑情錄』을 인용하면서도 『農家集成』을 인용하지 않고
있는 점으로서 보면, 이 戊午年은 光海君 10년의 戊午가 아니었을가 생각되며, 그러했다면
이를 修補한 사람은 許筠과 어떤 관련이 있는 사람이었을 것으로 추정되기도 한다.
266) 昌平縣開刊 『農事直說』, 新增種綿.
267) 『四時纂要』 柳希潛 跋.
268) 同 上, 朴宣 跋.
269) 이 農書는 1960년에 日本에서 발견되었고 영인본으로 간행되었다(山本書店, 1961). 여기서는
이 영인본 『四時纂要』를 이용하고 있다.

기 嶺南지방의 木綿 耕種法을 정리한 것이었다고 하겠다.

　　種木綿法　節進則穀雨前一二日種之　退則後十日內樹之　大槩必不違立夏之日　又

　　種之時　前期一日　以綿種雜以溺灰　兩足十分揉之　又田不下三四度飜耕　令土深厚

　　而無塊　則萌葉善長而不病　何者　木綿無橫根　只有一直根　故未盛時　少遇風露　善

　　死而難立苗　又種之後　覆以牛糞　木易長而多實　若先以牛糞糞之　而後耕之　則厥

　　田二三歲內土虛矣　立苗後　鋤不厭多　須行四五度　又法　七月十五日　於木綿田四

　　遇　攗金錚　終日吹角　則靑桃不殞[270]

3) 두 農書 木綿 耕種法의 比較

　앞의 두 農書, 즉 『農事直說』(覆刻本)과 『四時纂要』(覆刻本)는 각각 宣祖 초 또는 그 이전의 湖南지방(昌平)과 宣祖 23년의 嶺南지방(蔚山)에서 간행 된 것인데, 그 木綿 재배에 관한 기록은 재배 관행의 지역차에서 연유하는 것이겠지만, 두 지역이 모두 綿作지대로서 적지임에도 불구하고,[271] 그 耕種法, 즉 '新增種綿'과 '種木綿法' 사이에는 적지 않은 차이가 있었다. 擇地· 整地·播種·施肥·除草 등에 관하여 두 農書의 木綿 耕種法을 비교하면 다음과 같다.

　擇地 ― 『農事直說』에서는 木綿의 재배 적지로서 '沙土相半田'을 들었고

---

270) 『四時纂要』 卷2, 3월.

　　朝鮮版 覆刻本에 수록된 種木綿法이 후대의 攙入일 것이라는 점은 日本에서 影印本이 간행 되었을 때 이미 지적된 바 있었고〔守屋美都雄, '四時纂要解題', p.38. 天野元之助, '唐의 韓鄂 『四時纂要』에 대하여'(『東洋史研究』 24-2, 1965)〕, 中國에서는 이를 특히 朝鮮에서 覆刻할 때 삽입 첨가하였을 것이라고 추정했었다〔石聲漢, 『中國古代農書評介』(渡部武 譯) 第4章 註3 ; 王毓瑚, 『中國農學書錄』, 『四時纂要』, p.49〕. 최근 閔成基 교수는 그 種木綿法을 中國 歷代의 農書 및 朝鮮 『農家集成』의 木綿 耕種法과 비교 검토하는 가운데, 그것이 中國의 것이 아니라 朝鮮에서 관행했던 재배법이었음을 확인했다〔'四時纂要의 種木綿法에 대하여'(『釜山大人文 論叢』 29, 1986)〕. 필자도 같은 생각이다. 아울러 한 가지 더 첨부한다면, 『四時纂要抄』의 木綿 재배법은 覆刻本 『四時纂要』의 種木綿法을 抄한 것이 아니었다는 점이다. 만일에 『四時纂要』 에 본시부터 種木綿法이 수록되어 있었다면, 『四時纂要抄』의 찬자가 『四時纂要』를 발췌함으 로써 그의 農書를 편찬할 때 조금이라도 그 재배법이 발췌되었을 터인데, 실은 그렇지가 않았 다. 『四時纂要抄』에 수록된 木綿 재배법은 『農桑輯要』의 木棉條에서 그 특징을 抄한 것이었다.

271) 昌平은 『世宗實錄』 地理志 全羅道 昌平縣 土宜條에, 蔚山은 『慶尙道地理志』 蔚山郡 貢賦條에 각각 木綿이 기록되어 있는 것으로서 그와 같이 이해할 수 있다.

그같은 밭을 골라서 재배할 것을 권했으나, 『四時纂要』에서는 擇地를 언급하지 않았다. 얼핏 보면 전자는 적지적종의 원리를 잘 살리고 있는 듯하고, 후자는 그렇지 못한 듯이 보이기도 한다. 그러나 이 시기의 木綿 재배법이 일반적으로 擇地에만 과민하였던 것을 두고 생각하면,272) 후자가 擇地를 말하지 않은 것은 적지적종의 원리를 모른데서가 아니라 그것은 대전제이고, 오히려 地宜 문제를 이미 극복하고 있는 적극적 자세에서 연유하였던 것으로 생각된다.

整地 ─『農事直說』에서는 3차의 反耕(1차는 秋耕)을 거쳐 作畝함으로써 畝腹이 軟熟하도록 했으나, 『四時纂要』에서는 서너 차례 翻耕함으로써 흙이 深厚하고 無塊하게 하라고만 하였을 뿐 作畝를 언급하지 않았다. 그러나 후자의 경우도 '令土深厚而無塊'라고 한 표현으로 보아 作畝를 전제한 것으로 생각되며, 더욱이 그렇게 해야만 하는 이유를 말하여 木綿은 橫根이 없고 하나의 直根만이 있는 까닭이라고 한 것으로 보면, 그 찬자는 木綿의 생리를 잘 알고 있었던 것으로 생각된다. 그런 점에서 두 農書의 정지법은 비슷했을 것으로 사료된다.

播種 ─『農事直說』에서는 종자를 尿水에 漬種하여 糞灰에 섞음으로써 糞灰가 종자에 충분히 묻게 한 다음 畝上에 足種을 하였다. 1畝에 6科(구덩이), 每科에 종자 네댓 개를 넘지 않도록 파종하되, 파종은 疎하지도 密하지도 않게 적절해야 하며, 科는 畝의 大小에 따라 그 많고 적음을 조정할 수 있었다. 播種 시기는 立夏節(4월)이었다. 이같이 『農事直說』의 파종법이 비교적 소상한데 비하여, 『四時纂要』에서는 파종 하루 전에 종자를 溺灰에 섞어 발로 충분히 비비며, 播種은 穀雨節에 하되 늦어도 立夏日을 넘겨서는 안된다고 하였을 뿐이다. 파종을 구체적으로 어떻게 하는 것인지 언급이 없었으며 그 기술이 지극히 소략하였다. 播種 시기에 晚種과 早種으로 차이가 나는 것은 전자는 南部지방의 재배만을 염두에 두고, 후자는 中部 이북까지로 고려했기 때문이라고 생각된다. 『四時纂要』를 간행한 朴宣은 朔州都護府使도 역임한 人物이었다.

---

272) 『世祖實錄』 卷6, 世祖 3년 정월 甲戌, 7책, p.165. 註244 참조.

施肥 ― 두 책의 木綿 재배법이 모두 種肥를 하고 있는 점에서는 공통되
나,『農事直說』은 2차경 전에 枯薪을 두텁게 펴고 燒火하거나 莎土를 넣고
反耕하며, 3차경 전에는 糞壤을 넣고 反耕하는등 基肥를 철저하게 전면 시
비로 하고 있는데,『四時纂要』에서는 이같은 施肥法을 비판하고 파종이 끝
나고 복토할 때 後糞으로서 牛糞을 덮도록 지시했다. 아마도 이는 糞壤이 적
은 시절에 그것을 절약하기 위하여 개발한 묘안이겠지만, 전면 시비를 하면
2~3년 내에 그 土地가 虛해진다고 강조하였다. 물론『農事直說』도 본시 이
같은 문제에 신경을 쓰고 있어서, 이럴 경우에 대비하여서 田地에 莎土를 넣
음으로써 土虛化를 방지하는 방법을 제시하고 있지만,273)『四時纂要』에서
는 그런 정도로 안심하지 않는 것이었다.

除草 ― 두 책은 모두 除草를 중요시했으나,『農事直說』은 예닐곱 차례,
『四時纂要』는 반드시 네댓 차례는 하도록 지시하고 있다.

4)『農事直說』(昌平刻本) 木綿 耕種法의 龍洲縣 覆刻

『農事直說』의 '新增種綿'과『四時纂要』의 '種木綿法'에서 볼 수 있는 木綿
耕種法의 이같은 차이는, 지역에 따라 그 재배법이 각각 개별적으로 확립되
었던데서 연유하는 것으로 생각된다. 朝鮮전기에 있어서의 木綿의 耕種法은
이밖에도『四時纂要抄』에 제시된 '耕木綿'의 방법이 하나 더 있었으므로, 이
시기에는 지역에 따라 각각 그 지역에 맞는 耕種法으로 木綿을 재배하고 있
었던 것이라 하겠다.

그러나 이같은 여러 耕種法 가운데서도, 木綿 生産者 특히 처음으로 이를
재배하고자 하는 사람이 실제로 이들 경종법을 이용하여 木綿을 재배하려
할 때, 쉽게 이해하고 이에 따라 木綿을 재배할 수 있도록, 그 방법을 구체적
으로 제시한 것은『農事直說』의 '新增種綿', 즉 湖南지방의 木綿 耕種法이었
다. 그리고 木綿 耕種法 기술의 이러한 차이는 동시에 그 지역에 있어서의
木綿 재배의 발달·보급 정도와도 관련되는 것으로 생각된다. 朝鮮전기에
木綿 재배가 가장 널리 발달·보급된 지역은 昌平刻本이 간행된 湖南지방이

273)『農事直說』種稻, 晩稻 참조.

었다.274)

그런데 朝鮮후기로 넘어 오면서 慶尙道 龍宮縣에서는 앞에서 지적했듯이 『農事直說』을 板刻하면서 많은 『農事直說』 板本 중에서도 유독 昌平縣 開刊本을 그 저본으로 택하고 있었다. 이같은 사실은 우연한 일이 아니었을 것으로 생각된다. 그것은 昌平刻本에는 '新增種綿'條가 실린 까닭이라고 생각되며, 그런 점에서 龍宮縣에서 昌平刻本 『農事直說』을 다시 覆刻하였다는 사실은, 그 재배법이 발달한 湖南지방의 木綿 耕種法을 慶尙道 지역으로 수용하려는데 그 뜻이 있는 것이었다고 하겠다. 그리고 그런 점에서 慶尙道 지역에서는 그 뒤 木綿 재배가 한층 더 다양하게 발달하였을 것으로 믿어진다.

---

274) 澤村東平, 前揭書, p.44.

Ⅱ. 17世紀 初·中葉 農書의 새로운 農業技術과 地主 立場 農學思想의 强化

1. 兩亂 이후 農業再建을 위한 農書의 必要性

두 차례 戰亂과 農業生産의 파괴 ― 朝鮮王朝는 그 前期에서 後期로 넘어오면서 壬亂과 胡亂 등 두 차례의 전쟁을 겪었다. 그리고 이 戰亂, 특히 임진왜란은 朝鮮 農業에 큰 피해를 입혔다. 農民은 死亡·逃散하고 農地는 荒廢하는 등 農業生産이 파괴된 것이다. 許筠은 이때의 사정을 '又徑丁酉 賊甚殘 氓隸死逃過半 田畝抛荒者十七八'이라고 하였으며, 柳馨遠은 壬亂 이전의 平時 田結은 151萬餘結이었는데 胡亂 뒤의 時起耕은 67萬餘結에 지나지 않는 것으로 파악하였다.[1] 農地의 감소는 두 차례의 전란과 농민의 死·散으로 말미암은 田畓의 荒廢化 말고도, 地方官이나 衙前 및 土豪層의 土地兼並으로 말미암은 隱結化가 또한 그 원인이 되고 있었다. 國家의 租稅源은 仁祖末年이 되어도 아직 半이상이 감소하고 있는 실정이었다. 그러므로 壬亂 뒤의 이 혼란기에는 朝鮮王朝는 國家 再造를 위한 經濟 정책, 특히 農業生産의 재건을 위한 政策을 철저하게 수행하지 않으면 아니 되었다. 가능한 한 감축된 田結을 量田 搜括하여 租稅源을 원상대로 돌리며, 陳田을 개간하고 농업생산을 증진시키는 勸農政策을 펴지 않으면 아니 되었다.[2]

農業再建을 위한 勸農政策 ― 勸農政策으로서는 全 農民들에게 陳廢田을 起耕시키는 문제가 중요한 일이 아닐 수 없었다. 陳田開墾은 늘 督勵되었으며, 또 점차 그 실효를 거두기도 하였다.[3] 정부에서는 더욱 조속한 성과를 꾀하고자 陳田起墾의 상황을 조사하여 守令들을 賞罰할 것까지도 계획하였다.[4] 新田 開發도 장려되었다. 그래서 孝宗朝에 들어와서는 '三南量田之後

---

1) 『惺所覆瓿藁』 卷7, 咸悅縣客舍大廳重建記.
   『磻溪隨錄』 田制攷說 下, pp.125~126(影印本 ― 以下 同).
   『朝鮮田制考』, p.305, 1940.
2) 이때의 農業 事情에 관해서는 다음의 논고를 통해서 좀 더 구체적으로 살필 수 있을 것이다.
   拙稿, '宣祖朝「雇工歌」의 農政史的 意義' 제2장 壬亂 후「雇工歌」작성시의 農業事情(『學術院論文集』人文社會 42, 2003 ; 신정 증보판 『朝鮮後期農業史研究』〔Ⅱ〕, 2005, 지식산업사).
3) 李景植, '17세기의 土地開墾과 地主制의 展開'(『韓國史研究』9, 1973).
   宋贊燮, '17·18세기 新田開墾의 확대와 經營形態'(『韓國史論』12, 1985).
4) 『備邊司謄錄』 仁祖 19년 7월 4일, 1책, p.485(影印本―以下同).

生齒日繁 墾田日增 舊所不食之地 無不盡闢5)이라는 표현이 나오기도 하였다. 그리고 이러한 정책의 일환으로서는 宮房田이나 官屯田을 설치하기도 하였다.6) 地主制를 통한 農業 開發 정책인 것이었다. 정부에서는 屯田 起墾을 위해서 농민을 동원하고 農牛를 覓給하기도 하였으며,7) 軍餉을 확보하기 위해서는 牧場을 罷하여 田畓으로 개간하기도 하였다.8) 江華島의 경우는 섬의 3 분의 1이 牧場이어서 여기서는 穀物이 생산되지 못하고 있었다. 그뿐만 아니라 孝宗은 水利問題를 해결하기 위한 한 방안으로서 水車를 제조하여 頒下하기도 하였다.9)

勤農政策으로는 農書의 편찬이 필요 ― 그러나 勸農政策에서 陳田 開墾·新田 開發 못지 않게 중요한 것은 농업생산을 증진시키기 위하여 농민들에게 農業技術을 교육 계몽하는 일이었다. 農業技術의 발달 없이 농업생산의 증진을 기대할 수는 없는 법이기 때문이다. 이는 곧 農書의 보급 문제였는데, 이때에는 兩亂 뒤의 혼란기여서 朝鮮전기의 農書도 전하는 바가 적었다. 高尙顔은 이때의 사정을

古有農書 不爲不該 而亂離之後 散亡殆盡 無從得見 可勝歎哉10)

라고 기술하였으며, 申洬은 『農家集成』을 편찬할 때

農事直說……農家之龜鑑也 第恨 印本無傳11)

『備邊司謄錄』仁祖 23년 4월 23일, 1책, p.756.

5) 『孝宗實錄』卷13, 孝宗 5년 11월 壬寅, 35책, p.692.

6) 和田一郎, 『朝鮮의 土地制度 及地稅制度調査報告書』, 1920.
朴廣成, ‘宮房田의 硏究’(『仁川敎大論集』5, 1970).
朴準成, ‘17·18세기 宮房田의 확대와 所有形態의 변화’(『韓國史論』11, 1984).
李景植, ‘17세기 土地折受制와 職田復舊論’(『東方學志』54·55·56, 1987).

7) 『備邊司謄錄』孝宗 5년 11월 24일, 2책, p.461.

8) 『備邊司謄錄』仁祖 27년 3월 13일, 2책, p.17.
『備邊司謄錄』孝宗 원년 8월 18일, 2책, p.197.

9) 『備邊司謄錄』孝宗 원년 5월 27일, 2책, p.171.

10) 『泰村集』卷3, 『農家月令』序.

11) 『農家集成』跋.

이라고 기록하고 있었다. 그러므로 兩亂 뒤 파괴된 농업생산을 회복하고 國家財政·農民經濟를 안정시키기 위해서는, 좋은 農書의 보급을 통한 농업기술의 향상이 필요하였다. 더구나 胡亂 뒤에는 北伐計劃도 고려되고 있었으므로,[12] 농업생산의 재건은 더욱 긴급하고, 따라서 農書 보급의 필요성은 그만큼 더 절실한 바가 있었다.

그러나 兩亂 뒤 특히 壬亂 직후의 혼란기에는, 국가 차원에서, 그러한 農書를 편찬 보급할 만한 준비가 되어 있지 않았다. 정부에서는 孝宗朝에 이르러 申洬과 宋時烈이 『農家集成』을 편찬하였을 때, 이를 政府의 農政策으로서 간행 보급케 하는 것이 고작이었다. 그 사이에는 정부에서, 壬亂 직전에 內賜本 『農事直說』(宣祖14년 ―『衿陽雜錄』을 合編)을 간행한 바 있었으므로, 우선은 이를 염두에 두면서 勸農政策을 펴는 수밖에 없었다. 그런 가운데 일종의 勸農用 가사집이었던 『雇工歌』도 작사하여 보급시키고, 이를 통해서 농민들의 생산활동을 고무하고 독려하는 것이 고작이었다. 그렇지만 『農事直說』은 이미 시효가 다 된 농서로서, 이로써 농업생산 재건을 위한 농민교육을 시키고자 하는 것은 적절하지 않았다.

그러므로 이 시기에는 農書를 편찬하는 일이 시급한 문제였지만, 이 사업은 농업생산의 재건 증진에 관심을 갖는 사람들이, 個人的으로 이를 시도하지 않으면 아니 되었다. 여러 사람들이 여러 가지 새로운 農書를 편찬하였다. 그 방법도 다양하였다. 혹은 『閑情錄』과 같이 中國 農書를 抄하기도 하고, 또는 『農家月令』과 같이 관행하는 農法을 정리하기도 하였으며, 또 혹은 『農家集成』과 같이 예전의 農書를 증보하고 종합 집성하기도 하였다.

2. 『雇工歌』의 農政觀

『雇工歌』의 구성 ― 먼저 살펴야 할 것은 壬亂 직후에 등장하였던 기발한 勸農用 가사집 『雇工歌』이다. 이는 「雇工歌」와 「答歌」로 구성되는데, 제목 그대로, 두 작사자가 雇工(머슴)을 중심으로 한 農業生産과 農業 再建 문제

---

12) 車文燮, '朝鮮朝孝宗의 軍備擴充'(『檀大論文集』 1, 2, 1967~1968).

를 놓고, 주고받은 가사이었다. 그러나 그것은 가사이기에 雇工들의 머슴살이의 애환을 곁들여 노래한 일반적 의미에서의 가사는 아니었다. 이는 壬亂 직후 파괴된 農業生産을 再建하기 위하여, 農業生産의 主體와 農業 再建의 방법을 놓고, 두 작사자가 歌辭 속에서 격돌하고 있는 政治性·社會性을 띤 가사이었다. 그러한 점에서 이는 일반 農書와 같은 農業技術書는 아니지만, 당시 政治人·知識人들의 農政觀을 담고 있는, 특수한 성격을 지닌 광범한 의미에서의 農書였다고 하겠다.

그뿐만 아니라 우리가 이 歌辭에 특히 주목하게 되는 이유는, 이것이 일반 문인이나 농촌지식인이 지은 개인적 관점의 가사가 아니라, 政治權力의 정상에서 國政을 운영하고 國運을 책임지고 있는 人物들이, 壬亂 뒤의 농업생산 재건과 관련하여 정치적 목적을 가지고 작사한 것이라는 점 때문이다. 즉, 「雇工歌」는 宣祖의 농업 재건의 뜻을 담은 '宣祖의 歌辭'로서 宣傳官 許坱이 代作한 것으로 이해되며, 「答歌」는 政丞 李元翼이 직접 임금의 「雇工歌」에 화답하는 형식으로 지은 가사로 전해지는 것이다. 즉, 임금은 壬亂 직후의 農業生産 再建을 「雇工歌」에서와 같이 함으로써 달성하려 하였고, 이 원익은 그것에 반대하되 그 재건을 위해서는 「答歌」에서와 같이 해야 한다는 것이었다.

그러므로 이곳에서는 이때의 여러 農書를 검토하기에 앞서, 이 무렵의 農學의 흐름 時代思潮를 이해하기 위하여, 「雇工歌」와 「答歌」에 담긴 농업 재건 구상을 검토하는 것이 필요하리라 생각된다. 그러나 이 두 가사에 관해서는 이미 다른 글에서 자세히 논하였음으로(註2의 논문 참조), 여기서는 이를 다시 장황하게 설명할 필요가 없겠다. 다만, 本書의 논지를 무리 없이 펴나가기 위해서는, 그 핵심을 알아두는 것이 필요하리라 생각됨으로, 여기서는 그 요점을 최소한으로나마 기술해두고자 한다.

「雇工歌」의 農業再建 方案 ― 「雇工歌」와 「答歌」의 작사자가, 農業生産의 再建 문제를 놓고 대립하게 되는 사정은, 그 가사의 構圖에 잘 드러나 있다고 하겠다. 그것은 農業生産·農業 再建의 주체를 어떠한 계층으로 삼을 것인가, 그리고 그 農政理念을 어떠한 思想에 근거하여 내세우고 있었는가 등의 문제였다.

「雇工歌」에서는 임진왜란 뒤의 農業生産의 주체와 農業再建을 이끌어나
갈 標準農民을, 雇工을 거느리고 農事를 하는 비교적 넉넉한 自耕農民層으
로서 설정하였다. 自耕農民과 無田農民으로서의 雇工을 결합하여 農業生
産·農業 再建을 효과적으로 성취하려는 것이었다. 이 가사에서의 雇主家는
그러한 농민이었다. 그의 經濟 정도는 田畓 8日耕을 소유하고, 勞動力으로
는 雇主를 비롯한 家族 勞動力과 雇工 두 명을 고용하며, 畜力으로는 農牛가
있고, 農具로는 밭갈이할 쟁기(犁)가 있는 농민이었다. 田畓 8日耕이면 대
략 80斗落地, 6等田 1結 정도의 農地, 지금의 농지로는 약 4정보·4헥타르
안팎의 농지가 된다. 朝鮮初期의 戶等制로 치면 殘戶 殘殘戶層에 속하나, 국
가의 稅役을 맡은 중심적인 농민층이었다고 하겠다.

이만한 규모의 農地를 소유하고 農事를 하는 농민이면, 自耕하는 小農民
層 가운데에서는 비교적 넉넉한 大農 또는 견실한 中農에 속하는 농민이었
다고 하겠다. 自耕 小農民層 가운데에는, 혹 이보다 耕作地 규모가 훨씬 큰
超大型 大農도 있었을 것이고, 이보다는 규모가 훨씬 작은 小貧農도 많이 있
었을 것이지만, 이 가사에서는 이 정도 耕作 규모의 雇主家를 標準的 농민으
로 설정하였다. 평상시의 경우라면 이 규모는 표준농가의 耕作 규모로서 좀
많아 보이지만, 전란 뒤의 비상시에 農業生産·農業 再建도 그 목표를 달성
하고, 自耕農民과 無田農民(雇工)의 두 농가 두 농민층을 결합하여 農民經
濟도 안정시킨다는 점에서는 많은 것이 아니었다고 하겠다. 雇主에게는 雇
工을 거느리고 大農經營할 것을 권하는 것이었으며, 雇主는 雇工에게 대우
를 잘 해 주고 人格的으로 대등한 관계를 유지하도록 하고 있었다.

「雇工歌」의 이같은 農業生産 조직, 農政理念은 어디에서 오는 것이었을
까? 이에 관해서는 두 가지로 생각할 수 있다. 그 하나는, 이때는 儒敎의 政
治思想으로 國家와 社會를 통치하던 시대였다. 유학 사상에는 古典儒學과
近世儒學이 있어서 그 經濟思想과 統治理念에 차이가 있었는데(전자는 自耕
小農制 위주, 후자는 大土地所有制 地主佃戶制 위주), 현실 政治·社會에 矛盾
이 있을 때는 古典儒學의 정신으로 이를 타개하고자 하는 것이 일반적이었
다. 「雇工歌」의 農政理念은 바로 古典儒學에서 온 것이었다. 다른 하나는,
朝鮮前期의 農業政策에는 土地所有에 불균형이 심각하여서(大土地所有와 無

田農民), 均田論이 제기되고 限田制가 시행되며, 小農 위주의 農書가 政府 정책에 반영되는 등 일련의 개혁정책적 전통이 있었다. 「雇工歌」의 自耕農 위주의 農業 再建 구상은 이러한 전통 위에서 자연스럽게 나올 수 있었다. 自耕農이 중심이 되어 農業生産을 재건한다는 것은, 農業改革・土地改革의 變革 過程 없이, 그 뒤의 농업을 自耕農 위주의 農業體制로 점진적으로 전환 시켜나갈 수 있었을 터이기 때문이다.

　「答歌」의 農業再建 方案 ― 「答歌」는 「雇工歌」와는 대조적으로, 農業生産 의 주체 農業 再建을 추진할 中樞勢力을, 全國 각지에 수많은 庄土와 竝作佃 戶 그리고 많은 奴僕을 거느리고 지배하는 大地主家를, 標準農家로 설정하 였다. 庄土의 규모는 가사 속에 숫자로 기록하지 않았으나, 농지가 많기로 전국에 이름이 나 있다고 한 점으로 보아, 그 규모는 數百結이나 되는 大農 庄이었을 것으로 생각된다. 그리고 그 地主家는, 거느린 奴僕이 戰亂으로 죽 고 도산하고서도 살아남은 자가 100餘 口나 된다고 한 점으로 보아, 兩班家 가운데에서도 政治的・社會的으로 지체가 높은 대표적인 兩班家였을 것으 로 짐작된다. 그리고 이 兩班家에는 奴婢貢과 地代를 징수하는 達化主와 舍 音(마름) 등 庄土管理人만도 여러 명 있었던 점으로서 보아, 「答歌」의 작사 자는 이 兩班家를 庄土經營을 조직적 체계적으로 하는 地主家, 특히 王室의 庄土經營을 염두에 두면서 말하고 있는 것으로 생각된다.

　이같은 地主層은 朝鮮前期에는 전국의 農業・農民을 실질적으로 지배하 는 社會・經濟・政治勢力이었다. 그러므로 兩班 地主層을 대변하는 「答歌」 의 작사자가, 壬亂 뒤의 農業生産・農業 再建을 이들이 주체가 되고, 담당해 야 한다고 생각하는 것은 당연하였다. 전란 뒤의 農業生産을 再建한 뒤, 農 業의 주도권이 自耕農民에게로 이행할 것을 생각하면, 더욱 그러하였다. 그 러므로 이들의 입장에서는 농업생산 재건운동이 「雇工歌」에서와 같이 自耕 農民 중심으로 되어서는 안 되었다. 그렇게 하면 농업 재건도 어렵다고 보았 다. 「答歌」의 작사자는 雇工을 거느리고 스스로도 일을 하며, 느슨하고 우유 부단하게 농업경영을 하는 「雇工歌」의 雇主(國王)를 혹독하게 비판하는 가 운데, 「答歌」의 농업경영에서 地主(國王)가 취해야 할 模範을 제시하였다. 그리고 이 방식을 따르라고 하였다. 농업생산의 재건을 위해서는 地主・上

典이 威嚴을 세우고, 農庄경영에 동원되고 있는 生産者, 管理人, 奴僕을 힘으로 장악하며, 이들을 철저하게 統制하는 가운데, 嚴格한 賞罰制度를 세워 다스리라는 것이었다.

「答歌」 작사자의 이같은 農政觀은 어떠한 思想을 기반으로 하고 있었을까? 우리는 이 農業 再建論을 당시의 國家體制를 이끌고 있는 政治 經濟 社會勢力의 입장을 대변하고, 體制維持的 차원에서 제시된 견해라는 점에서, 그 의거하는 思想도 그들이 정한 바 당시의 國定敎學이라고 생각하였다. 그것은 古典儒學과 대비되는 近世儒學, 즉 朱子學이었다. 당시의 政治人·官僚들은 朱子學을 통해 儒敎를 공부하고 科擧시험을 치렀으며 이를 통해서 官人이 되었다. 그들에게는 朱子學이 유일하고도 절대적인 학문이고 사상이고 세계이었다. 그 農業論도 그러하였다. 朱子는 孟子가 강조하는 三代의 井田制를 인정하지 않았으며, 井田制의 시행, 즉 農業改革 土地改革을 시행하기 어려운 것으로 보았다. 朱子는 地主佃戶制를 中世的 질서로서 인정하고, 이를 어기고 따르지 않는 佃戶농민은, 官을 통해 다스릴 것을 강조하였다. 그러므로 그러한 사상풍토 속에서 「答歌」의 地主層 중심의 농업 재건론은 자연스럽게 성립될 수 있었다.

「雇工歌」와 「答歌」를 통해서 보는 農村社會 ― 「雇工歌」와 「答歌」는 壬亂 후의 혼란 속에서, 農業 再建이라고 하는, 동일한 목표를 위하여 작사된 勸農歌이었다. 그러면서도 이 두 가사가 지향하는 바는, 서로 다른 理念을 지닌 農村社會 農業體制를 건설하려는 것이 되었다. 한쪽은 自耕農民層이 중심이 되는 사회, 그리고 다른 한쪽은 地主層이 지배하는 사회이었다. 누구는 「雇工歌」를 좋아하고 누구는 「答歌」를 좋아했을 터이다. 그러한 가사가 농민들이 일하는 農村의 들에서 널리 불려졌으며, 농민들은 노래로 대결을 하는 가운데, 잠시나마 현실 사회에서 받는 고통과 불만을 잊을 수가 있었을 것이다. 그러한 가운데, 地主가 아닌 농민들의 가슴 속에는 自耕農民 사회를 지향하는 마음이 더욱 간절해졌을 것이며, 이같은 분위기를 접하는 地主層은 긴장하는 가운데 새삼 地主制를 유지할 것을 다짐하게 되었을 것이다. 이는 이 시기 農村社會의 분위기이고 時代思潮이었다.

3. 『閑情錄』의 農業論

1) 『閑情錄』의 編纂

農書 편찬의 동기 ― 앞의 글과 같은 분위기 속에서 먼저 검토해야 할 것은 許筠(號 : 蛟山, 宣祖 2~光海君 10년, 1569~1618년)의 『閑情錄』[13]이다. 許筠이 이 農書를 편찬하게 되는 동기는 두 계통으로 이해할 수 있다.

하나는 그가 壬亂 직후의 어지러운 시기에 地方守令을 역임하고 있었다는 사실이다. 그는 30代 후반에 遂安郡守(宣祖 37년, 1604년), 三陟府使(宣祖 40년, 1607년), 公州牧使(宣祖 40~41년) 등을 역임하였다.[14] 地方守令의 임무는 守令七事로 표현되고 있듯이 여러 가지였지만 '農桑盛'은 그 가운데에서도 제1항으로 되어 있었다. 農桑을 장려하여 農業生産을 증진시키는 것이 地方守令의 제1임무인 셈이었다. 國家財政은 土地에 의존하는 바가 컸으므로 農業生産은 장려되지 않으면 아니 되었다. 倭軍이 침략하였던 지방이나 그 주변지역에서는 農業・農村이 특히 더 파괴되었으므로,[15] 농업생산을 재건하는 문제는 더욱 절실하였다. 그는 治人者로서 國政 전반에 대하여 남다른 改革的인 자세를 지니고 있었으므로, 勸農官으로서 農業 재건의 문제에도 큰 관심을 가졌으리라 생각된다.

다른 하나는 그의 생활 태도 학문의 자세가 그를 경직된 朱子學的 분위기에 적응하지 못하고, 격렬하게 전개되는 政爭이 그를 벼슬 자리에서 거듭 몰려나게 함으로써, 마침내는 山林에 退去할 것을 생각하게 한 점이었다. 이것이 그가 農書를 쓰게 되는 직접적인 동기였다. 물론 그의 퇴거가 옛날 巢父나 許由와 같은 패배주의적인 영원한 隱居는 아니었다. 그는 士者가 정치로부터 물러남을 두고 '其道與俗乖 命與時舛' 또는 '心與事違 迹與時背'[16]라고

---

13) 『閑情錄』은 근년에 奎章閣本과 國立圖書館本(반환문화재)이 영인 출판되었다(奎本 : 成大大東文化研究院, 『許筠全集』, 1961 ; 『許筠全書』, 亞細亞文化社, 1980 ; 『農書』1, 亞細亞文化社, 1981. 國本 : 민족문화추진회, 『국역성소부부고』, IV의 原文, 1981. 이 국역본에서는 辛承云 씨가 해제와 번역을 담당했다). 여기서는 奎本과 國本을 대조 이용하였다. 이밖에 奎本의 治農編은 金榮鎭 씨의 상세한 해제와 번역을 곁들여 原文이 活字化되기도 하였다(『朝鮮時代前期農書』, 1984).

14) 이이화, 『허균의 생각』 허균연보, 1980.

15) 註2의 拙稿 참조.

하여, 그 政治思想이나 行迹이 時勢 또는 時俗과 맞지 않으면 있을 수 있는
일로 보았다. 이는 그러한 조건이 해소되면 언제든지 時俗의 政治社會로 돌
아올 수 있음을 뜻하는 것이기도 하였다. 그러므로 그가 정치사회로부터의
퇴거를 생각하면서 農書를 썼다고 해서, 그것이 그 개인의 隱者的인 생활만
을 위하여 쓴 것은 아니었다. 그의 퇴거는 政治的 再起가 전제되고 있는 것,
따라서 鄕村社會에서의 農業生産 증진 經濟基盤 확립이 의욕적으로 추구되
고 있는 것이었다. 그러한 점에서 그의 농서는 농업생산을 증진시키기 위한
당대의 시대적 요청과도 밀접하게 관련되는 것이었다.

　　農書의 편찬 과정 — 許筠이 편찬한 農書는 크게는 『閑情錄』이다. 『閑情錄』
은 정치일선을 떠나 山林에 퇴거하려는 士大夫 閑者를 위한 書冊으로서, 光
海君 2년(1610년)에서 10년(1618년) 사이에 편찬되었다. 그 전체가 농서는
아니며, 山林에 퇴거하는 閑者도 생활은 해야 하므로, 그 일부(卷16)에서
'治農'을 기술하였고, 이로써 『閑情錄』은 농서로 불리게 되었다. 그러나 허균
은 『閑情錄』을 光海君 2~10년에 걸치는 긴 세월 동안 계속해서 쓰고 있었
던 것은 아니며, 두 단계의 정리 과정을 거치면서 책을 완성하였다.

　　처음 정리는 光海君 2년(庚戌)에 있었다. 이보다 앞서 그는 명나라 使臣
朱蘭嵎(之蕃)와 알게 되었고(宣祖 39년, 1606), 그로부터는 棲逸傳・玉壺
氷・臥遊錄 등의 서책을 기증 받았다. 몇 해 뒤, 官에서 해임되었음을 기회
로 이를 披覽하는 가운데 자료를 발췌하여 『閑情錄』을 편찬하였다. 그 내용
은 隱逸・閒適・退休・淸事 등 4門으로 구성되었으며,17) 이밖에 閑逸에 관
련되는 古人의 詩賦와 雜文을 모아 後集으로 붙였다. 그리하여 이때의 『閑
情錄』은 모두 10編이었으나,18) 治農의 문제를 다루지 못하는 등 전반적으
로 지극히 소략함을 면치 못하였다. 그러므로 그는 이 제1차 편찬에는 만족
할 수가 없었으며, 기회가 있으면 보완해야 할 것으로 생각하였다.

　　다음 제2차 편찬 정리는 光海君 6,7년에서 同 10년에 걸치면서 행해졌

---

16) 『閑情錄』序, 凡例 4, 『農書』 1, p.89, 93.
17) 『閑情錄』凡例, 『農書』 1, p.91.
　　『惺所覆瓿藁』卷18, 丙午紀行에는 朱之蕃을 만나는 사정이 소상하게 기술되어 있다.
18) 『閑情錄』序, 『農書』 1, p.90.

다. 그는 光海君 6,7년에 두 차례나 명나라에 사신으로 갔는데, 집에 史籍이 없어 그 보완이 어려움을 恨스럽게 생각하고 있었던 그는, 이 기회에 이를 충분히 보완할 수 있는 4,000권이나 되는 많은 書籍을 구입하였다. 그리고 이를 검토하여 '閑情'에 관련되는 부분에 附箋紙를 붙여 옮겨 적을 수 있도록 하였다. 그러다가 光海君 8년, 형조판서에 임명되자 이를 聚選 정리하는 작업을 쉽게 진전시킬 수가 없었다. 그가 『閑情錄』의 편찬 작업을 마무리 할 수 있었던 것은 光海君 10년에 들면서부터였다. 그는 이때 '兇檄謀亂'의 혐의로 궁지에 몰려서, 불안한 가운데 이 작업을 서둘렀고, 拿囚되기(8월) 얼마 전까지 그 정리를 불충분하나마 일단 끝낼 수가 있었다. 앞서 정리했던 4門을 1 隱遁, 2 高逸, 3 閒適, 4 退休, 5 遊興, 6 雅致, 7 崇儉, 8 任誕, 9 曠懷, 10 幽事, 11 名訓, 12 靜業, 13 玄賞, 14 淸供, 15 攝生, 16 治農 등 16門으로 재조정하고 보완하는 것이었다. 그리하여 山林으로 돌아가고 싶은 그의 마음은 더욱 간절해졌다.19)

새로 편찬된 農書는『閑情錄』治農編 ─ 이같은 『閑情錄』에서 우리가 특히 관심을 가지고 검토하고자 하는 것은 卷16의 治農編이다. 앞에서도 지적했듯이 『閑情錄』의 農業論은 이 治農編을 중심으로 기술되어 있기 때문이다. 治農編은 한장본 20葉 안팎의 간략한 분량이지만 그 내용은 비교적 풍부하고 다양하였다. 그 구성을 분류하면 다음과 같다.

① 擇地, 資本, 定居, 種穀, 種蔬, 樹植, 蠶繰,
  牧養, 順時, 務勤, 習儉 ·· 〔總論〕
② 播種一般, 種穀, 種蔬 ·· 〔稼圃〕
③ 綿花, 靛, 其他 ··· 〔樹植〕
④ 養蠶 ·· 〔蠶繰〕

---

19)『閑情錄』凡例,『農書』1, pp.91~95.
  許筠은 凡例에서『閑情錄』을 마지막으로 정리하게 된 시점을 '今年春 罹謗席藁'한 때로 표현했는데, 이는 光海君 9년 봄부터의 일로도 볼 수 있겠으나, 이 해에는 12월에 左參贊에 임명되는 등 아직 여유가 있었다. 그가 결정적으로 타격을 받게 되는 것은 12월 24·26일의 奇俊格 上疏와 다음해 정월 16일 左議政 韓孝純 등의 許筠 覈處 요청이었다. 그러므로 여기서는 이 '今年春' 云云을 光海君 10년 정월쯤부터의 일이었을 것으로 보았다.

⑤ 養牛, 養雞, 養魚 ……………………………………………………… 〔牧養〕

本文에 제목이 붙여져 있지는 않지만, ①은 治農編 전체의 總論 또는 治農原則이 될 수 있는 것이며, 그 이하는 그 같은 원칙에 따라 그 중의 일부에 관하여 보다 구체적으로 各論한 것이다. 즉 ②는 總論의 種穀·種蔬를 합한 稼圃 문제를, ③은 總論의 樹植[20] ④는 總論의 蠶繰, ⑤는 總論의 牧養을 다룬 것이 될 것이다. 總論에서 제론한 바가 다양한데 비하면 各論은 어딘가 빈약함을 느끼게 하지만, 최소한 農耕生活에서 필수적인 문제는 다루었다고 하겠다. 그리하여 이 『閑情錄』 治農編은 朝鮮前期의 『農事直說』과는 다른 새로운 형태의 종합적인 농서가 되었다.

그러나 『閑情錄』 治農編의 편찬에 관하여는 몇 가지 점에서 석연치 않은 점이 있음을 느끼게 한다. 그것은 이 治農編은 『閑情錄』의 다른 여러 편에 비하여 정리가 덜 되었다는 사실과 관련해서이다. 우리는 그것을 몇 가지 점에서 생각해 볼 수 있다. 무엇보다 먼저 눈에 띄는 것은, 위의 構成에서 우리는 ②를 稼圃條 ③을 樹植條로 분리하여 파악하였지만, 本文에서는 이것이 제목 없이 ①의 習儉項 설명에 이어져 있어서 혼란을 일으키고 있는 점이다. 다음은 ⑤ 牧養條인데 여기서는 牛·雞·魚만을 들고 있지만 다른 家畜(馬·猪 등)들도 더 언급할 수 있지 않았을까 생각되는 점이다. 셋째는 ①의 總論에서 樹植을 중요시했으므로 일반 樹木과 菓樹에 관해서도 더 언급이 있을 법한데 없는 점이다. 그리고 끝으로 지적할 수 있는 것은, 다른 편에서는 典據 자료를 명시하고 있으면서, 유독 이 治農編에서는 그렇게 하지 않았다는 점이다.

이러한 몇 가지 점에서 보면 『閑情錄』의 정리 편찬은 治農編이 완성되지 못한 상태에서 마무리되었던 것으로 생각된다. 許筠은 凡例에서 '庶爲完備'라고 하였지만, 시시각각으로 다가오는 拿囚의 위험 속에서, 이 정도로나마

---

20) ②에서는 作物 하나하나를 細目으로 하고 있지만, 治農編의 總論에서는 이 條項을 種穀과 種蔬로 구분하고 있으므로, 이 원칙에 따라 위와 같이 분류하였다. 그리고 이 조항의 제목을 稼圃로 한 것은 總論의 順時項에서 種植하는 業을 稼圃로 표현하고, 또 뒤에 언급되듯이 治農編의 底本에서는 이 부분을 稼圃로 부르고 있기 때문이다. ③의 作物을 樹植으로 일컬은 것도 그 底本의 분류에 따랐다.

정리될 수 있었던 것을 다행으로 생각했는지도 모르겠다. 그러나 治農編이
비록 완성되지 못했다 하더라도, 許筠이 여기서 말하고자 한, 그 農業論의
핵심은 지금의 治農編에 충분히 제시되었다고 해도 좋겠다.

『閑情錄』治農編의 의거 자료 —『閑情錄』治農編 편찬의 의미, 그 農業論
의 성격을 이해하기 위해서는, 그것이 의거하고 있는 자료가 어떠한 것이었
는지도 파악할 필요가 있다. 편찬물은 그 의거 자료에 따라 그 성격이 달라
질 수 있기 때문이다. 그런데 이러한 문제와 관련하여 卷1에서 卷15까지는
그 引用 圖書의 書名이, 許筠이 序나 凡例에서 말한 대로, 中國 書籍으로 되
어 있으므로21) 별로 문제될 것이 없겠다.

本稿의 주제와 관련하여 문제가 되는 것은 卷16의 治農編이다. 앞에서도
지적했듯이, 이 편에서는 引用 書目을 기록하지 않았다. 卷1~15에서와 마
찬가지로 中國 書籍을 이용한 것인지, 또는 朝鮮 農書에서 옮기거나 朝鮮의
農業慣行을 기술한 것인지 밝히지 않은 것이다. 그러므로『閑情錄』의 農業
論을 이해하기 위해서는 먼저 治農編의 의거 자료가 어떠한 것이었는지를
검토하지 않으면 아니 되겠다. 그리고 그것을 결론부터 말한다면, 그것은
朝鮮 農書가 아니라 中國 農書였다는 사실을 확인하게 된다. 이는 治農編을
몇 가지 농서와 대조하면 쉽게 발견하게 된다. 許筠이 中國에 使行하여 그
곳 서적들을 구입해 올 때, 이 농서도 함께 구입하여 治農編을 정리할 때
이용했거나, 아니면 이만한 농서는 미리 준비하고 있다가 이용하였는지도
모르겠다.

許筠이 治農編을 편찬하기 위해서 참고한 中國 農書는 여러 가지이었겠지
만, 그 가운데에서도 특히 중심이 되었던 것은 明代의 刊本『陶朱公致富奇
書』이었다.22) 이는『農桑輯要』, 王禎의『農書』,『便民圖纂』,『神隱』, 其他
등의 농서, 특히 그 가운데에서도 농업기술에 관해서는『便民圖纂』을 기초
로 하여 편찬한 것이었다.『農桑輯要』·『農書』는 元代의 농서로서 朝鮮에도

---

21) 辛承云 씨의 前揭 해제에는 이 書目이 일목요연하게 정리되어 있다.

22) 天野元之助 氏의『中國古農書考』(1975)에 따르면 "陶朱公致富奇書"는 크게 내용이 다른 두
    종류가 있었다(pp.291~293). 그 가운데 許筠이 이용한 것은 明刊의 毛氏精梓本이었다. 이 本
    은 日本國立公文書館에 內閣文庫本으로서 소장되어 있다. 本稿에서는 이를 鶴園裕 교수의
    도움으로 볼 수 있었다. 고맙게 생각한다.

잘 알려져 있었으나, 『便民圖纂』은 明代에 그에 선행하는 『農桑衣食撮要』,
『神隱』, 其他 등을 참고하는 가운데 편찬·간행하고 있는 새로운 경향의 農
書였다.23) 그러므로 이를 기초로 한 『陶朱公致富奇書』 또한 최신의 농서가
될 수 있었으며, 그러한 점에서 許筠은 이 책을 治農編의 底本으로 이용하
였던 것으로 생각된다. 그것은 『陶朱公致富奇書』의 구성을 살피면 분명해
진다.

　　㉮〔總論〕: 一擇地, 二擇侶, 三資本, 四定居, 五種谷, 六種蔬, 七樹植, 八蠶
　　　　　　　繰, 九牧養, 十順時, 十一務勤, 十二習儉
　　㉯ 稼圃致富 : 種谷, 種蔬
　　㉰ 樹植致富
　　㉱ 蠶繰致富
　　㉲ 牧養致富
　　㉳ 順　時
　　　其　他

　여기서 ㉮는 제목이 제시되어 있지 않지만, 『陶朱公致富奇書』의 總論이
되는 것으로서 致富의 原理를 기술한 것이라고 하겠다. 『閑情錄』 治農編의
①과 거의 일치함을 볼 수 있다. ㉯는 種谷(穀)·種蔬를 통해 致富하는 방법
을 말한 것으로서 『閑情錄』 治農編의 ②와 일치한다. ㉰는 『閑情錄』 治農編
의 ③, ㉱는 『閑情錄』 治農編의 ④, ㉲는 『閑情錄』 治農編의 ⑤와 각각 일치
한다. 『陶朱公致富奇書』의 목표는 致富하는 방법을 말하고자 하는 것이었으
므로, 稼圃致富·樹植致富·蠶繰致富·牧養致富 등의 표현을 썼지만 그 내
용은 결국 稼圃·樹植·蠶繰·牧養으로서 『閑情錄』 治農編의 그것과 다를

　23) 『便民圖纂』은 모두 16卷으로 되어 있다(欽定四庫全書總目 雜家類存目). 中華書局 영인본
　　　『便民圖纂』(萬曆刊本) 後記에 따르면 萬曆刊本(1593)이 나오기까지 이 農書는 蘇州 雲南을
　　　비롯한 각지에서 적어도 6차의 板刊이 있었다. 그리고 萬曆刊本과 徐光啓,『農政全書』에 인용
　　　된 刊本 및 『陶朱公致富奇書』에 인용된 『便民圖纂』의 내용 등으로 보면, 『便民圖纂』은 새로
　　　板刊될 때마다 조금씩 添削이 가해지기도 하고 合卷이 되기도 하였다. 中華書局 영인본은
　　　15권으로 되어 있다.

바가 없었다. 그 내용도 二擇侶만이 삭제되었을 뿐 꼭 같았다. 말하자면 許筠은 『陶朱公致富奇書』에서 『閑情錄』治農編의 체계를 취하고, 또 그것을 底本으로 함으로써 자신의 농서를 완성하려는 것이었다고 하겠다. 더 정확히 말하면 『閑情錄』治農編은 『陶朱公致富奇書』의 拔萃本이었다.

2) 農作物과 栽培技術

許筠은 『閑情錄』治農編을 편찬함에 있어 『農事直說』등 국내 농서를 기초로 하지 않고 中國 농서를 底本으로 이용하였다. 그는 『農事直說』의 한계를 인식하고, 따라서 『農事直說』에 없는 여러 가지 문제를 해결하려면, 그것과 다른 새로운 農書가 필요하다고 판단하였던 것으로 생각된다. 그것은 『閑情錄』治農編을 살피면 쉽게 이해될 수 있다.

『農事直說』과의 수록 농작물의 차이 ― 앞에 제시한 바와 같이 『閑情錄』治農編은 그 구성 자체부터가 『農事直說』과 크게 달랐다. 『農事直說』은 糧食作物만을 다룬 專書的인 農書였는데, 『閑情錄』治農編은 稼圃·樹植·蠶繰·牧養 등 농업 전반을 다룬 綜合 農書였다. 農業生産 전반을 다루려는 사람이 主穀 재배만을 다룬 농서에 만족할 수는 없었을 터이다. 더욱이 이때에는 『農事直說』단계에서 시대가 많이 흘러 經營觀, 栽培技術에도 변화가 요청되고 있었다.

그러므로 『閑情錄』治農編의 農書로서의 특징은, 『農事直說』과의 사이에서 볼 수 있는, 이같은 여러 차이점을 파악함으로써 이해될 수 있는 것이라고 하겠다. 그것을 이곳에서는 먼저 作物과 그 재배기술을 중심으로 살피기로 하겠다.

農作物의 재배 문제는 ② 稼圃와 ③ 樹植에서 다루었는데, 그 대상 작물은 다음과 같다.

種穀 : 稻, 麥(大麥, 小麥, 蕎麥), 豆(大豆, 黑豆,24) 菉豆, 豌豆, 蠶豆, 紅

24) 『閑情錄』治農編에는 小豆로 되어 있는데 이는 『陶朱公致富奇書』를 그대로 따랐기 때문이다. 『陶朱公致富奇書』가 의거한 『便民圖纂』을 보거나 그 내용으로서 보면 이는 黑豆였다. 『農政全書』에서도 이를 大豆 가운데 黑豆로서 설명하였다(卷26, 樹藝 穀部下, 大豆).

豆, 赤豆, 白扁豆), 芝麻

　種蔬 : 姜(薑), 芋, 蘿蔔, 胡蘿蔔, 芥菜, 白菜, 甜菜, 烏松菜, 藏菜, 豆芽菜,

　　　　萵苣, 王瓜, 東(冬)瓜, 南瓜, 胡荽, 葱, 蒜, 韭, 薤, 茄, 山藥

　樹植 : 苧麻, 綿花, 紅花, 靛

　　이를 『農事直說』의 作物과 견주면 우선 그 작물의 종류가 다양해졌음을
발견하게 된다. 『農事直說』에는 種穀 가운데 穀類만 있었고, 種蔬와 樹植에
든 작물은 없었는데, 『閑情錄』治農編에서는 이같이 늘어났다. 그리고 穀類
가운데에서도 『農事直說』은 豆科作物 가운데 黑豆·豌豆·蠶豆·紅豆·赤
豆·白扁豆 등을 다루지 않았는데, 『閑情錄』治農編에서는 이들 작물을 확
대 수록한 것이었다. 이같은 사실에서 보면 許筠이 『閑情錄』治農編을 편찬
함에 있어 특히 유의한 것의 하나는, 『農事直說』이 다루지 않은 중요한 작물
들을 되도록 많이 수록하려는 것이었다고 하겠다. 그리고 그러한 작물들은,
뒤에서 상론되듯이, 商品作物과 관련이 있었다는 점에서 우리는 주목하게
된다.
　　그러나 이와는 반대로 『閑情錄』治農編은 『農事直說』이 다룬 黍粟·稷·
麻 등의 작물을 제외했다는 사실에도 우리는 주목하게 된다. 이는 단순한 누
락이라고는 생각되지 않는다. 그리고 이는 『閑情錄』治農編이 未完의 농서
라는 점을 감안한다 하더라도 쉽게 납득되지 않는다. 黍粟은 『農事直說』에
서는 稻에 다음가는 중요한 작물이었고 麻는 유일한 纖維作物이었는데, 『閑
情錄』治農編에서는 많은 생소한 다른 작물들을 넣으면서 이것은 뺐기 때문
이다. 이는 이 농서의 活用지역 및 許筠의 농업 經營觀과 관련되는 것으로
생각된다.
　　전자와 관련하여 생각되는 것은 許筠이 退居하여 농사를 지으려 하였던
山林은 稻作·麥作지대였으리라는 점이다. 그것은 그가 『閑情錄』治農編의
작물 재배를 위하여 자료로서 선택한 中國 農書가 『陶朱公致富奇書』였고,
그 책의 기초가 『便民圖纂』이었다는 점에서도 그와 같이 이해된다. 『便民圖
纂』은 그 내용 및 간행 과정으로 보아 주로 江南 水田지대의 농업을 위하여
편찬된 것이었고,25) 그 대상 작물 가운데 黍粟은 제외되고 있었다. 그리고

후자와 관련하여서는, 『便民圖纂』이나 『陶朱公致富奇書』에 모두 黃麻가 기술되어 있음에도 불구하고26) 이를 택하지 않은 점이 주목된다. 그는 아마도 苧麻의 商品 價値를 고려하였던 것이 아닐까 생각된다. 말하자면 그는 朝鮮에서도 水田지대의 농업에 필요한 농서를 편찬하되, 이러한 지대에서 재배될 수 있는 유용한 經濟作物·商品 價値가 있는 作物을 되도록 많이 수록하려는 것이었다고 하겠다.

『閑情錄』治農編의 농작물 재배법 — 이같은 작물들에 관하여 許筠은 그 재배법에 많은 관심을 기울이고 있었다. 그리고 『農事直說』의 재배법과 다른 것에 대해서는 특히 더 유의했던 것 같다. 농업생산의 증진은 결국 作物의 재배기술과 밀접하게 관련되기 때문이다. 그래서 그는 새로운 농서를 통해 새로운 재배법을 수집하고 그것을 『閑情錄』에 실었다. 따라서 『閑情錄』 治農編의 작물 재배법은 『農事直說』의 그것과 적지 아니 차이가 나게 되었다.

『閑情錄』 治農編의 稼圃條에서는 작물의 재배법을 두 계통으로 설명하였다.

그 하나는 앞에서 구성을 말하였을 때 '播種一般'이라고 한 것이 그것이다. 이는 稼圃條 전체의 總論에 해당하는 것으로서 中國에서의 작물 재배를 총괄적으로 요점만 정리한 것이다. 王禎, 『農書』의 農桑通訣 播種篇을 약간 변형한 『陶朱公致富奇書』의 稼圃致富 序頭 부분을 그대로 인용한 것으로서, 그 일부는(選種하는 방법) 『農事直說』의 備穀種條와 그 내용이 같았지만, 많은 부분은 『農事直說』에 없는 것이다. 작물 파종의 時宜·地宜, 南方(江南)에서의 水稻(秈·粳·穤) 재배법, 작물의 여러 가지 下種法(漫種·點種·耬種·瓠種·區種) 및 蔬菜 재배의 기본 요령(畦種·區種·芽種·防蟲) 등을 정리하였다.

다른 하나는 稼圃條의 種穀·種蔬 및 樹植條 등에서 작물 하나 하나에 대하여 그 재배법을 구체적으로 各論하고 있는 것이다.

---

25) 天野元之助, 『中國農業史研究』, pp.303~321, 江浙의 水稻作法.
   天野元之助, 『中國古農書考』『便民圖纂』 해제.
   石聲漢(渡部武譯), 『中國古代農書評介』, p.104 등 참조.
26) 『便民圖纂』 卷2, 耕穫類 種黃麻.
   『陶朱公致富奇書』 樹植致富, 黃麻.

『閑情錄』治農編과『農事直說』의 농작물 재배법의 비교 —『閑情錄』治農編 의 농작물 재배법과 『農事直說』의 그것 사이에 어느 만한 차이가 있는지는 두 책에 공통으로 수록된 몇 가지 농작물을 대비해 보면 쉽게 이해된다.

① 水稻作 ; 무엇보다도 水稻의 재배법은 그 좋은 예가 되겠다. 『閑情錄』 治農編의 水稻作은 播種一般에 기술된 것이거나 種穀에 기술된 것이거나 모 두 中國 江南지방의 그것이었다. 그리고 그것은 每歲 收種(連作)을 하고 移 秧을 하는 水稻作이었다.27) 華北지방에서도 전적으로 그러했는지는 알 수 없지만, 徐光啓의『農政全書』에서는 아직 종래의 北方의 播種法을 소개하고 있었는데,28) 許筠은 江南지방의 이 農法만을 그의 농서에 수록하고 있었다. 이는 그의 水稻作 발전 방향에 대한 이해를 반영하는 것으로, 그는 朝鮮의 水稻作을 이 방향으로 전환 추진시켜 나가려는 것이었다고 하겠다. 그러므 로『閑情錄』治農編의 水稻作과『農事直說』의 그것은 적지 않은 차이가 있었 다. 『農事直說』의 水稻作은 水播·乾播·移秧 등 여러 가지 방법으로 행해 지는 것이었고, 그 가운데에서도 중심이 되는 것은 水播이었기 때문이다.

물론『農事直說』의 水稻作이 移秧法으로서 행해지는 경우는『閑情錄』治 農編의 그것과 크게 다를 것이 없었다. 그러나 그럴 경우에도 두 農書의 移 秧法 기술 내용에는 차이가 있었다. 그것은 주로 施肥와 中耕除草에서 드러 나고 있다. 『閑情錄』治農編에서는 水稻 재배를『便民圖纂』·『陶朱公致富 奇書』의 내용을(註27) 그대로 받아, 耕田法·治秧田·壅田·浸稻種·揷 秧·揚稻·耘稻·收稻種 등으로 기술하고 있는데,29) 이 경우 本田(苗種處

---

27)『閑情錄』治農編 稼圃, 『農書』1, p.102 · 106.
　　王禎『農書』, 農桑通訣6, 播種篇.
　　『便民圖纂』卷2, 耕穫類 '水稻耕種法'(耕田法 治秧田 壅田 收稻種 浸稻種 揷秧 揚稻 耘稻 收稻).
　　『陶朱公致富奇書』稼圃致富. '水稻耕種法'(耕田法 治秧田 壅田 浸稻種 揷秧 揚稻 耘稻 收 稻種).
28)『農政全書』卷25, 樹藝 穀部上, 稻.
29)『閑情錄』治農編 稼圃의 壅田,『農書』1, p.105.
　　『陶朱公致富奇書』稼圃致富, '水稻耕種法'.
　　『閑情錄』治農編의 이 앞부분은 項目의 구분이 분명치 않고 제목이 표시되어 있지 않은 데, 이를『陶朱公致富奇書』·『便民圖纂』과 대조하면, 그것은 開墾荒田法·耕田法·治秧 田·壅田 등이었다. 그리고 收稻種 부분도 그 다음에 오는 種大麥小麥 항목과 연결 기술하고,

挿秧田) 基肥를 철저하게 하고 있음은 물론이지만, 秧田(養苗處 秧基)이나
本田에서 追肥를 또한 행하고 있는 것이다.30) 그리고 이 경우에 쓰는 糞壤
도『農事直說』의 그것보다는 다양하다. 河泥・塘泥는『農事直說』에서의 客
土, 熇(稿・犒는 오자)稻는 曝根과 대비되는 것이라 하더라도, 麻餠・豆餠・
綿餠 등은『農事直說』에서는 볼 수 없는 것이었다.

　　中耕除草 기술의 차이는 더욱 컸다.『閑情錄』治農編의 中耕除草는 揚稻
耘稻를 하는 것인데, 耘稻는『農事直說』의 手耘과 같았으나 揚稻는『農事直
說』에 없었다. 이는『農事直說』의 鋤耘에 대비되는 除草法인데, 그 農具가
鋤가 아니라 揚 또는 揚鈀(杷・朳・扠)・盪耙였다.31)『閑情錄』治農編에서
는 그것을 다음과 같이 기술하였다.

　　　　俟稻初發時 用揚鈀于稞行中 揚去稊草則易耘 搜鬆稻根則易旺(揚斷橫根 則頂根
　　　　直生向下)32)

또 誤寫한 글자도 있어서 혼란스러운데,『陶朱公致富奇書』와 대조하면 收稻種 항목은 '以防
鼠耗'까지이고, 서두의 '秋水'는 秋收의 오자이다.

30)『閑情錄』治農 稼圃의 浸稻種・耘稻,『農書』1, pp.106~107.
　　『陶朱公致富奇書』稼圃致富, '水稻耕種法'(註29 참조).
　　『便民圖纂』卷2, 耕穫類. '水稻耕種法'.
　　단, 浸稻種의 끝부분에 기술된 追肥기사 '猶必乘時 或潑大糞或壅灰糞'은『便民圖纂』에는
　　없고『陶朱公致富奇書』에만 보인다.

31)『便民圖纂』卷1, 農務之圖에는 揚鈀를 가지고 김매기하는 揚田圖가 그려져 있다. 여기서 보
　　이는 揚鈀의 모양은『農政全書』卷22, 農器圖譜 耘盪 耘瓜에서 볼 수 있는 耘瓜圖와 비슷하다.
　　徐光啓는 당시 江南지방에서 耘瓜 김매기에서 揚鈀 김매기로 교체되는 사정을 보고 '今江南
　　改爲此具 更爲省便'이라고 부언하면서 耘瓜圖를 揚鈀圖로 바꿨는데, 그러면서도 圖의 명칭
　　을 바꾸는 것을 잊고 있었다. 揚鈀의 製法・用法은 陳恒力『補農書硏究』(p.168)에『南潯志』
　　卷21의 기록이 소상하게 인용되고 있다.

　　　　揚(盪)杷之制 板長尺半 首廣二寸 末廣三寸 板下勻排鐵釘五層 做微灣似鈎勢 上裝竹竿 抽曳
　　　　往來於苗之空段間 令草根盡起 不致復生 揚(盪)田就空段間抽曳之 而每層六寞之中間或生細草
　　　　則揚(盪)所不及也 故又加以耘之功 耘者膝跪行於苗間 兩手匍匐而前 細別苗根之草……揚(盪)
　　　　則橫推 耘則直撮

32)『閑情錄』治農編, 稼圃 揚稻,『農書』1, p.106.
　　『陶朱公致富奇書』稼圃致富, '水稻耕種法'의 揚稻.
　　『便民圖纂』卷2, 耕穫類 揚稻. 단 ( ) 안의 문장은『便民圖纂』에는 없고『陶朱公致富奇書』에
　　만 보인다. 揚稻의 모양에 관해서는 註31을 참조.

모내기를 한 뒤 벼가 뿌리를 내리고 피어날 때를 기다려, 농부가 揚鈀의 긴 자루를 잡고 서서 稞行(稻列) 사이를 밀었다 댕겼다 하는 가운데, 秕草를 제거하면 耘稻하기 쉽고, 稻根을 搜鬆(긁적여서 부드럽게 동요시킴)해주면 벼가 왕성하게 자라며, 벼의 橫根을 잘라 주면 본줄기의 뿌리가 아래로 곧게 뻗는다는 것이다. 이같은 中耕除草法이 『農事直說』의 鋤耘보다 과연 얼마나 효과적이었겠는지 의문이지만, 농민들의 노고를 던다는 점에서는 鋤耘보다 확실히 나았을 것으로 생각된다. 許筠이 이 농업기술에 관심을 가졌던 것도 이 때문이었을 것으로 믿어진다.

② 麥作 ; 麥作도 좋은 예가 되겠다. 『閑情錄』治農編의 麥作은 種穀條에서 種大麥·種小麥·收麥·藏麥 등의 순으로 기술되는데, 그 種麥法은 『農事直說』의 그것과 크게 달랐다.

> 早稻收割 必將田耕 鋤成行壟 令四畔溝洫通水 下種 以灰糞盖之 諺云 無灰不種麥 須灰糞均調爲上[33]

早稻를 추수한 뒤 논을 갈아 이랑(壟)을 만들고, 사방으로 도랑(溝洫)을 쳐서 물이 잘 빠지게 한다. 下種한 뒤에는 灰糞으로 덮어주되, 속담에 이르기를 '灰가 없으면 麥을 심지 말라'고 하였으니, 灰糞은 반드시 고르게 섞어서 펴 주는 것이 좋다는 것이었다. 이는 요컨대 水田種麥을 뜻하는 것으로서, 水田에서도 1년 2작을 함으로써 그 수입을 더 늘릴 수 있는 農法이었다. 이같은 種麥法은 『農事直說』에는 없었다. 『農事直說』에서는 旱田種麥만을 기술하였다. 中國의 江南지방에도 밭이 있고 이 밭에다 種麥을 하는 경우가 있었을 터인데, 『陶朱公致富奇書』나 『便民圖纂』에서는 그 種麥法을 별도로 정리하고 있지 않았다. 아마도 이 지역에는 雨量이 많고 低濕하였으므로 밭에서도 이 水田種麥의 방법이 그대로 적용되었던 것이 아닐까 생각된다. 그

---

33) 『閑情錄』治農編, 稼圃 種大麥小麥, 『農書』 1, p.107.
　　『陶朱公致富奇書』 稼圃致富, 種大麥.
　　『便民圖纂』 卷2, 耕穫類, 種大麥.
　　단, 『便民圖纂』에서는 이 글의 앞부분이 '早稻收割畢 將田鋤成行壟……'으로 되어 있다.

러므로 許筠의 『閑情錄』治農編에서도 種麥法은 이것만을 실었고, 그는 이
방법으로 麥生産을 늘려 나가려고 하였다.

③ 豆科작물 ; 이러한 차이는 豆科作物에도 있어서, 『閑情錄』治農編에서
는 大豆를 '早者三月種 四月可食 名曰梅(豆)'[34]라고 하였으며, 菉豆를 '四月
種 六月收子 再種 八月又收子 一年兩熟'[35]이라 했다. 『農事直說』에는 梅豆
와 같은 早種은 없고, '一年兩熟'하는 菉豆도 없었다.

④ 蕎麥 ; 차이는 蕎麥의 재배법에도 있었다. 『閑情錄』治農編은 蕎麥을
種肥나 漬種 없이 漫種・點種・區種으로 하고, 施肥는 大糞을 주도록 하고
있다. 『農事直說』보다는 播種의 방법이 다양하고 施肥의 선후와 糞壤의 종
류도 다르다.

⑤ 木綿 재배 ; 『農事直說』에는 본시 種木花法이 실리지 않았지만, 許筠의
시대에는 이것이 창평현 개간본 『農事直說』과 복각본 『四時纂要』에 증보되
어(제Ⅰ편 제5논문 참조), 널리 재배되고 그 재배법도 다양하게 확립되고 있
었다.[36] 그런데 『閑情錄』治農編의 綿花 재배법은 이러한 관행 재배법과도
차이가 있었다. 즉 『閑情錄』治農編에서는 綿子를 물에 浸種하였다가 灰에
버무려 每一尺 간격으로 구덩이를 파고 하종하되, 한 구덩이에 5~7粒씩 파
종하여 盛(旺)者 2~3科(대)씩만 남기며, 追肥로서 大糞을 주거나 桐油를
糞水에 섞어서 주고 있었다.[37] 이 기술 내용은 朝鮮에서 관행하는 재배법이

---

34) 『閑情錄』 治農編, 稼圃 大豆, 『農書』 1, p.108.
   『陶朱公致富奇書』 稼圃致富, 種大豆.
   『閑情錄』과 『陶朱公致富奇書』는 '早者 三月種 四月可食'이라 하였는데, 『便民圖纂』은 이를
   '二月種'이라 하였다.

35) 『閑情錄』 治農編, 稼圃 菉豆, 『農書』 1, p.108.
   『陶朱公致富奇書』 稼圃致富, 種菉豆.

36) 17세기 중엽에 편찬된 『農家集成』의 『農事直說』에는 種木花法이 增補되었고, 거기에는 두
   가지 재배법이 소개되었는데, 뒤에 소개한 것은 許筠과 同時代人인 尹調元의 재배법(尹調元
   方)이었으나, 앞에 소개한 것은 종래부터 관행한 재배법을 정리한 것으로 생각된다. 그리고
   이와는 별도로 昌平縣에서 開刊한 『農事直說』과 蔚山에서 覆刻한 『四時纂要』에서도 木綿
   耕種法을 증보하고 있었는데, 이들 재배법도 널리 보급되고 있는 것이었다.

37) 『閑情錄』 治農 樹植, 『農書』 1, p.114.
   『陶朱公致富奇書』 樹植致富 棉花.
   『便民圖纂』. 卷2, 耕穫類, 種綿花.
   단, 『便民圖纂』에서는 糞壤을 種肥 基肥로서 사용하고 있었는데, 『陶朱公致富奇書』에서는

(『農家集成』) 種子를 牛糞에 비벼 白色이 없어진 다음 尿灰에 무쳐서 乾灰에
굴려 種子가 榛알 만큼 커진 뒤 적당하게 간격을 조정한 구덩이(隨畝廣狹 作
穴多小)에 尿灰나 牛馬糞을 基肥로 주고 파종하되, 종자가 구덩이 안에서 한
곳에 몰리지 않도록(下種無簇) 구덩이를 좀 넓게 작성하는 것이었음과는 차
이가 있었다.38)

　　이로써 보면 『閑情錄』은 가벼운 種肥나 무거운 追肥, 그리고 密播 疏叢하
는 재배법이었고, 朝鮮의 『農家集成』은 무거운 種肥와 基肥, 그리고 적당한
간격으로 파종하되 '下種無簇'하는 재배법이었다. 그리고 이밖에 전자에서는
作物의 가지가 옆으로 퍼지도록 하기 위하여 꼭대기 순을 늘 뽑아 버렸는데,
후자에서는 특히 '尹調元方'의 경우 방석 크기의 구덩이에 綿種 대여섯 개씩
을 파종하고 좀 자라면 上枝를 잘라 버렸다. 이로써 보면 朝鮮의 재배법은
疏播 疏叢의 방법이었던 것 같다(본편 註142, 143 참조). 昌平縣 開刊의
『農事直說』에 나온 내용도 비슷하다.39)

　　『閑情錄』 治農編의 種綿法은 『陶朱公致富奇書』의 내용을 그대로 옮긴 것
이고, 그것은 또 『便民圖纂』의 내용을 약간 조정 인용한 것인데, 이 『便民圖
纂』의 木綿재배법은 明代의 중국에서 널리 보급되고 있었다(近法). 元代까
지의 『農桑輯要』의 木綿재배법(古法)을 제치고, 새로운 재배법으로 보급되
고 있는 것이었다.40) 이것이 반드시 綿業 발달을 위해서 좋은 현상이었는지
의문이 제기되었지만,41) 許筠은 中國에서의 이같은 추세와도 관련하여 『便
民圖纂』·『陶朱公致富奇書』의 재배법에 특히 주목하였던 것으로 보인다.

　種肥 追肥로 바꾸고 있었다. 『閑情錄』 治農編은 후자와 같다.
38) 『農家集成』, 『農事直說』 種木花法.
　　本書, 제Ⅰ편 제4논문 참조.
39) 좀 뒤의 일이지만 『星湖僿說』3 人事門 種綿法(上, p.328)에서도 '立苗欲疏'를 말하면서 한
　　구덩이에 '薄田不過十莖 沃田六七莖 必去其相疊者' 할 것을 지시하였다.
40) 『農政全書』 卷35, 蠶桑廣類 木棉.
　　農桑輯要言 '一步留兩苗' 又言 '旁枝長尺半 亦打去心' 此爲每科相去皆三尺 古法也 便民圖
　　纂言 '每一尺作一穴' 此爲每科相去皆一尺 近法也
41) 『農政全書』 同 上條.
　　圖纂作于近代 云'一尺一穴'者 太密 此邇來稱種少收之濫觴也

3) 農業經營論

『閑情錄』治農編과 『農事直說』의 農業經營上의 차이 — 이 두 農書 사이에서
발견하게 되는 차이는 農業經營 측면에도 있다. 이는 『閑情錄』治農編의 農
書로서의 특징을 한층 더 두드러지게 하는 것이라고 하겠다. 그것은 『閑情
錄』治農編에 그 經營主體와 經營目標가 명시되고 있는 데서 잘 드러난다.
말하자면 許筠은 자신의 農書에서 특정 계층을 위한 農業經營論을 펼친 것
이다.

農業經營의 主體 — 『閑情錄』治農編의 農業經營의 主體는 우선 許筠 자신
이었다. 그가 이 農書를 편찬하게 된 직접적인 동기는 政界를 떠나 山林에
隱居하되 이 농서에 따라 治農을 함으로써 생계를 이어가려 한 까닭이었다.
그러나 그는 이 책을 자신만 이용하려는 것은 아니었다. 자기와 同類일 수
있는 '遺世絶俗之士'42)와 이를 같이 보고 논하려는 것이었으며, 그들에게 治
農의 방법을 제시하려는 것이었다. 그러한 士大夫는 이미 山林에 은거해 있
을 수도 있고 또 앞으로 나올 수도 있었다. 그는 '四民之業 唯農爲本 而閑者
之事業'43)이라고 하여, 山林에 退居하는 閑者가 할 수 있는 사업은 농업이라
고 생각하였다. 말하자면 許筠은 정치적으로 뜻이 맞지 않아 政治一線에서
물러나는 士大夫 계층을 위하여 이 治農編을 쓴 것이며, 따라서 治農編에서
의 農業經營의 主體는 이러한 士大夫 계층·在野의 정치세력인 셈이었다.

農業經營의 계급성과 규모 — 閑者·隱者가 농업에 종사한다고 하면 그것
은 延命을 위한 소규모의 自給自足的인 농업이었을 것으로도 생각할 수 있
겠다. 그러나 『閑情錄』治農編의 농업경영은 그렇게 소극적인 것이 아니다.
許筠은 그들의 農業經營이 적극적이고 士大夫 계층의 체면을 잃지 않아야
할 것으로 전제했다. 그러한 농업경영이려면 閑者 스스로가 농민화하여 自
耕하는 그러한 경영이어서는 아니 되었다. 그것은 僕從(奴婢·雇工)을 거느
리고 그 일부는 家作으로서 自耕을 하고, 나머지 일부는 佃人(일반 농민)에
게 並作으로 경작을 시키는 地主經營이어야만 하였다.

---

42) 『閑情錄』 序, 『農書』 1, p.90.
43) 『閑情錄』 凡例16, 『農書』 1, p.95.

如主從十人 非六十石不可 故視田地多寡 以處便宜 如田有百畝 則使僕從自耕三
十畝 其餘佃人種之 可也44)

所有 農地의 많고 적음에 따라 경영규모도 달라지겠지만, 가령 主從의 식
구가 10人일 경우를 예로 든다면, 農地가 100畝일 경우 30畝는 自耕하고
70畝는 佃人에게 竝作 耕種시키라는 것이다. 물론 이것이 어떤 경우에나 10
분의 3과 10분의 7씩 분담 경작하라는 比率 規程을 말하는 것은 아니었다.
여기서 30무는 10인 식량을 확보하기 위한 기본 농지가 되는 것임으로, 아
마도 소유 농지가 30무밖에 안 되면 이를 전부 自耕해야 할 것이다. 10頃이
나 되면 좀 더 自耕할 수는 있겠지만, 그 10분의 3인 3頃씩이야 自耕하기
어려울 터이다. 이럴 경우에는 그 농지경영의 규모는 형편에 따라 적절히 조
정하라고 했다(視田地多寡 以處便宜). 山林으로 물러난 閑者들이 농업에 종
사할 경우에는 이같이 해야 한다는 것이다.

그러므로 許筠이 『閑情錄』 治農編에서 農業生産・農業經營의 主體로서
설정한 대상은 은거하는 士大夫 계층이지만, 그들은 동시에 自耕도 겸하는
中小地主이었다. 이같은 사실은 『農事直說』에서의 생산의 主體가 地主・大
農에 치우친 경향이 있으면서도, 모든 農業生産者를 주체로 표방하였던 것
과는 거리가 있는 셋이며, 따라서 농서로서는 특정한 목적과 성격을 지니는
것이라고 하겠다.

農業經營의 목표；致富 ―『閑情錄』治農編의 農業經營에서는 경영의 목
표를 뚜렷하게 설정한 것이 특징이다. 그것은 致富를 하는 것이었다. 許筠은
그 經營主體들에게 농업생산을 하나의 사업으로서 적극적으로 경영하고 그
목표를 성취하라고 하였다. 그리고 그것을 위하여 사업하는 원칙, 致富하는
방법을 제시하게 되었다. 그것은 致富의 天才로 알려져 있는 전설적인 陶朱
公(范蠡)의 致富 原則을 빌린 것으로서, 『陶朱公致富奇書』와 마찬가지로,
『閑情錄』 治農編의 總論이나 各論은 결국 모두 致富하는 방법을 기술한 것
이었다.

---

44) 『閑情錄』 治農 總論 種穀, 『農書』 1, p.97.
　　『陶朱公致富奇書』 總論 5, 種谷.

農業經營을 위한 전제 조건 ; 擇地 — 許筠은 農業經營을 통해서 致富를 할 수 있으려면 몇 가지 전제 조건이 갖추어져야 한다고 생각하였다. 그 하나는 農業經營을 위한 지역을 잘 택해야 한다는 것, 즉 입지 조건이 좋아야 한다는 것이었다. 許筠은 그것을 擇地로서 표현하였다.

擇地 : 治生 必須先擇地理(利) 地理(利) 以水陸並通去處爲最 故背山面湖乃爲
      勝也 然亦須寬大 又要緊束 盖寬大則財利可出 緊束則財利可聚也[45]

그의 표현을 보면, 그는 農業經營을 위한 입지 조건으로서는 水陸이 모두 通去하는 곳, 즉 水陸의 交通이 모두 발달한 곳을 가장 유망한 곳이라고 생각하였다. 그러므로 산세를 등지고 물을 면한 곳이면 좋았다. 그러나 立地 조건으로서는, 이와 함께 반드시 그 地域이 광대해야 하고 또 그러한 가운데서도 인구가 많고 물산이 결집하는 緊·束한 곳, 즉 그 地域 안에서 要地이어야 한다고 생각하였다. 지역이 넓으면 財利가 산출될 수 있고, 要地에서는 財利를 모을 수 있다고 보는 데서였다. 말하자면 그의 擇地論의 핵심은 水陸 交通의 요지, 物産이 풍부한 平野地帶에 자리를 잡고 사업을 경영하라는 것이었다. 이는 농업이 流通經濟에 연결되는 것, 商業的 農業을 전제로 하는 것이었다.

農業經營을 위한 전제 조건 ; 資本 其他 — 전제 조건으로서 다음은 農業經營을 하려면 그것을 할 수 있는 財力을 갖추어야 한다는 것이었다. 許筠은 그것을 資本이라는 제목으로 기술하였다.

資本 : 各色經營 無本不立 非財不成 同類旣得 而資本不裕 亦無成功 故將欲經
      營 先畜其財(資) 然創業者 毋貪循序 自然有益 故貲不可無 不必富也[46]

─────────────

45) 『閑情錄』治農 總論 擇地,『農書』1, p.96.
   『陶朱公致富奇書』總論1, 擇地.
46) 『閑情錄』治農 總論 資本,『農書』1, p.96.
   『陶朱公致富奇書』總論3, 資本.

즉, 그는 모든 종류의 사업경영은 기반이 없으면 설 수가 없고 財力이 아
니면 이루어지기가 어렵다고 보는 데서, 농업을 경영하려는 사람은 먼저 財
力을 축적해야 한다고 생각하였다. 그러나 이와 아울러 새로 사업을 경영하
는 사람은 결코 사업의 순서를 탐하지 않는 것, 즉 과도하게 욕심을 부려 재
력의 정도를 넘어서는 사업을 벌이지 않는 것이 유리하다고도 보았다. 그러
므로 그는 사업을 경영하기 위해서는 資本이 없어서는 안 되지만, 반드시 처
음부터 資本이 많아야만 하는 것은 아니라고 하였다. 요컨대 農業經營을 위
해서는 반드시 資本을 준비하되, 그 자본의 규모에 따라 거기에 상응하는 경
영을 하고 점진적으로 키워 가야 한다는 것이었다.

이밖에도 그는 전제 조건을 여러 가지 들었는데, 그것은 요컨대, 擇地가
끝나면 거기에 집을 짓지 말고 적당한 것을 구입하며,47) 농사를 지을 때는
農時를 놓치지 않고 전심전력으로 이를 행하며,48) 財貨는 평소에 늘 節用하
라는 것 등이었다.49) 노동력에 관한 언급이 없는 것에 신경이 쓰이지만, 그
것은 이미 僕從을 거느리고 家作으로 自耕도 하고, 佃人에게 竝作 줄 것도
언급한 까닭일 것이다.

農業生産을 계획성 있고 조직적으로 경영 ─ 農業經營을 위한 전제 조건이
갖추어지면 각 분야의 農業生産은 그 목표를 향해 조직적으로 운영해 니가
면 되었다. 그리하여 許筠은 種穀·種蔬·樹植·蠶繰·牧養 등에 관하여 소
득을 늘리고 致富할 수 있는 방법을 구상하고, 모든 僕從에게는 각각 그들이
담당할 일을 맡게 하라고 하였다.50)

種穀에서는 糧食作物을 재배하는 것을 모든 농업생산의 기본으로 삼고 있

---

47) 『閑情錄』 治農 總論 定居, 『農書』 1, p.97.
　　『陶朱公致富奇書』 總論4, 定居.
48) 『閑情錄』 治農 總論 順時, 務勤, 『農書』 1, p.99.
　　『陶朱公致富奇書』 總論10 順時, 11 務勤.
49) 『閑情錄』 治農 總論 習儉, 『農書』 1, p.99.
　　『閑情錄』 凡例7의 崇儉, 『農書』 1, p.93. 그 내용은 『閑情錄』 卷7에서 기술된다.
　　『陶朱公致富奇書』 總論12, 習儉.
50) 『閑情錄』 治農 總論 種穀, 『農書』 1, p.97.
　　『陶朱公致富奇書』 總論5, 種谷.
　　遷居 以足食爲本 足食 以農事爲先 故一定居 凡僕從 卽使各司其業

었다. 政界를 떠나 山林에 퇴거한다고 할 때 가장 급한 문제는 糧穀의 확보
이며, 따라서 농사에서 무엇보다 중요시해야 하는 것도 糧食이었다.[51] 許筠
은 그러한 糧穀生産을 앞에서 제시한 바와 같이 일부는 家作으로서 하고 나
머지는 竝作하는 地主制로서 경영토록 하였다. 그래서 '主人과 僕從이 10人
이라고 할 때 60섬이 아니면 살 수 없으므로, 所有地가 가령 100畝이면 僕
從으로 하여금 30畝를 自耕토록 하고 나머지는 佃人으로 하여금 경작(병작)
케 하는 것이 좋다'[52]는 말을 한 것이다. 僕從노동에 의한 直接經營의 소득
이 家用에 충당된다면, 佃人경작으로부터의 수입(地代)은 再生産을 위한 제
반 경비 또는 經營擴大(土地 買入 등)에 투자됨을 뜻하는 것이라고 하겠다.
그리고 그럴 경우 그 地代는 流通經濟가 최대한 활용되는 가운데 처분되었
을 것이다.

농업생산에 生을 의존하고 그것을 경영하는 한 그 소출 수입은 많아야만
하였다. 그러기 위해서는 무엇보다도 農作物의 栽培法을 개량하는 가운데
所出을 늘리는 수밖에 없었다. 이와 관련하여 許筠이 특히 관심을 가진 것은
앞에서 이미 살핀 바와 같이 水田에서의 1년 2작이었다. 直播法을 완전히
移秧法으로 전환시키고, 水田에서 다시 한번 種麥을 하자는 것이다. 이 재배
법은 中國 江南지역에서는 일반화되고 있었지만, 朝鮮에서는 水利 問題가
해결되지 못한 가운데 그 보급이 지체되고 있었는데, 그는 이를 강행하려는
것이었다. 그리고 이와 함께 그는 作醬·造腐(豆腐)에 불가결한 大豆나 무
熟豆·一年兩熟豆 등 市場性이 좋은 豆類에도 주목하였다.[53] 豆類 하나하
나만을 보면 그 수입이 큰 것이 아니었겠지만, 전체로 보면 역시 농촌에서의
생활을 풍족하게 하는 것이 아닐 수 없었을 것이다.

種蔬에서는 蔬菜와 瓜類의 재배를 다루었다. 농업생산에서는 역시 중요한

---

51) 同上.
52) 註44 참조.
53) 『閑情錄』治農 稼圃 小豆, 『農書』1, pp.108~109.
    『陶朱公致富奇書』稼圃致富. 種小豆.
    『便民圖纂』卷2, 耕穫類 種黑豆.
    『閑情錄』治農條와 『陶朱公致富奇書』에는 作醬·造腐할 豆의 종류를 小豆로 썼고, 『便民圖
    纂』에서는 黑豆로 썼는데 전자는 착오이겠다.

분야였다. '五谷之外 蔬菜亦不可缺者'54)라고 하여 그는 蔬菜를 인간의 식생활에서 빼놓을 수 없는 필수적인 작물이라고 파악하였다. 그러므로 蔬菜는 자급자족을 위해서도 재배될 수밖에 없었지만, 동시에 商品作物로서도 유망하였다. 瓜類의 商品作物로서의 성격은 더욱 컸다. 許筠은 『陶朱公致富奇書』에서 '非止家可足食 餘者亦可爲資生之利'라던가, 또는 '以上蔬菰之類 種之依法 可供油鹽之用'55)이라고 한데 주목하고, 이를 자신의 農書에 그대로 인용하여 蔬菰를 잘 재배함으로써 생계에 보탤 것을 강조하였다.56)

樹植에서는 苧麻·綿花·紅花·靛 등의 재배를 다루었다. 이는 자급자족을 위해서도 중요했지만, 朝鮮後期에는 상품작물로서 특히 그 가치가 큰 작물들이었다. 樹植은 '栽種材木菓核 以爲財貨器用之資'57)할 것을 목표로 잡았다. 『陶朱公致富奇書』의 樹植致富에서는 여러 가지 木類를 모두 다루었는데, 『閑情錄』治農編에서는 그 가운데 이 4種의 작물만을 발췌하여 수록하였다. 이는 그의 山林 退居, 農業經營의 성격과도 관련되는 것으로 생각된다. 그는 평생 또는 누대에 걸친 農業經營을 구상한 것이 아니라 일정 기간 은거하고 그런 가운데서 治農을 계획했던 것으로 이해된다. 위 작물들의 재배는 긴 세월이 소요되지 않으며, 매년 재배하는 가운데 그 수입을 최대로 올릴 수 있는 작물이었다.

蠶繅에서는 누에를 치고 고치에서 실을 뽑아내는 일을 다루었다. 明紬를 얻기 위한 일이었다. 全文을 『陶朱公致富奇書』에서 옮겨 놓았는데, 자급을 위한 사업일 수도 있었으나 상품생산으로서도 영위되는 것이었다. 그러므로 『陶朱公致富奇書』에서는 이를 蠶繅致富라고 하였다. 明紬는 富民이나 兩班 士大夫에게는 특히 환영 받는 高級 織物이었으므로 시장은 넓었다. 그러나 許筠은 이 사업을 특별히 강조하지는 않고 있었다. 綿業이 발달하면서 蠶業

---

54) 『閑情錄』治農 總論 種蔬, 『農書』 1, p.97.
   『閑情錄』治農 稼圃, 『農書』 1, p.104.
   『陶朱公致富奇書』 總論6, 種蔬. 稼圃致富.
55) 『陶朱公致富奇書』 稼圃致富.
56) 『閑情錄』治農編 稼圃, 『農書』 1, p.104·113.
57) 『閑情錄』治農 叢論 樹植, 『農書』 1, p.98.
   『陶朱公致富奇書』 總論7, 樹植.

은 상대적으로 쇠퇴하고 있었던 사정과 관련이 있는지도 모르겠다.

牧養에서는 養牛·養鷄·養魚를 다루었다. 『陶朱公致富奇書』의 牧養致富에서는 이밖에 養馬·養猪·養羊·養鵝鴨도 기술하고 있었는데, 許筠은 위의 세 가지만을 발췌하여 『閑情錄』에 실었다. 자신의 처지와도 관련하여 최소한으로 줄인 것으로 생각된다.

牧養의 목표는 致富에 있었다. 『閑情錄』治農編의 서두에서 陶朱公의 말을 인용하여 '子欲致富 當畜五牸'[58]라고 한 것은 그 단적인 표현이었다. 이 경우의 五牸는 牛·馬·猪·羊·驢였는데,[59] 『閑情錄』治農編에서는 그 중 牛에 특히 주목했다. 牛는 그 자체로서도 高價의 상품이지만, 이것이 없으면 농업생산을 제대로 할 수가 없으므로, 畜牛는 확실히 致富의 방법이 아닐 수 없었다. 그런데 이와는 별도로 『陶朱公致富奇書』나 『閑情錄』治農編에서는 五牸를 魚·羊·猪·鷄·鵝鴨으로도 보고, 이를 牧養하는 것이 치부하는 방법이라고도 생각하였다. 그리고 그 가운데에서 이익이 가장 많은 것은 '五牸之中 惟水畜之利 最大'라던가, 또는 '治生之法有五 水畜第一'[60]이라고 하여 養魚인 것으로 파악하기도 하였다. 그리하여 두 책은 陶朱公이 역설하는 「養魚經」에 따라 築池作州하여 養魚하는 방법을 소개하고, '依此法畜之 可致速富'[61] 할 것을 역설하였다.

4) 『閑情錄』 農業論의 性格

『閑情錄』治農編은 許筠의 특수한 政治 사정과 관련하여 편찬되었다. 그는 그것을 中國 江南지방의 농업에 관한 최신 農書·農法을 수용하여 편찬했다. 그러므로 그가 수용한 農法이나 그 經營 방법이 朝鮮의 모든 지역에 적용될 수 있는 것은 아니었으며, 당시로서는 嶺·湖南지방, 그 가운데에서

---

58) 『閑情錄』治農 總論 牧養, 『農書』 1, p.99.
　　『陶朱公致富奇書』 總論9, 牧養.
59) 『農政全書』 卷41, 牧養 六畜.
　　陶朱公曰 子欲速富 當畜五牸(牛馬猪羊驢 五畜之牸 然畜牸 則速富之術也). ( )는 細註.
60) 『致富奇書』 牧養致富 養魚.
　　『閑情錄』 治農 牧養 養魚, 『農書』 1, p.130·131.
61) 同上.

도 水陸의 交通과 流通經濟가 발달한 지역이 해당되는 지역일 수 있었다. 그는 그러한 지역에 隱居하며 農業生産·農業經營을 하려는 것이었다.

이 경우 그의 農業經營은 自耕을 하고 自給自足을 하는 소극적·은둔적인 것이 아니었다. 그는 僕從(奴婢·雇工)을 거느리고 농지의 일부를 自耕(地主直營 家作)도 하되 많은 부분을 竝作制로 地主經營을 병행하려는 것이었으며, 그것을 流通經濟와 연계하여 적극적으로 운영함으로써 富를 축적하려는 것이었다. 앞에 든 경영규모의 자료 예에서(註44), 自耕 부분에 중점을 두고 보면 그것은 自耕農民의 성장을 목표로 하는 商業的 農業經營 그것일 수도 있고, 많은 부분을 竝作制로 경영하고자 한 점에 중점을 두고 보면 당시 흔히 볼 수 있는 中小地主層의 商業的 農業經營 그것이었다고 할 수 있을 터이다. 그러므로 이 자료는 自耕農民에게도 친근감을 주고, 中小地主層에게도 친금감을 주는, 양면의 성격을 지닌다고 하겠다. 그러면서도 그 경영에 동원된 勞動力이 僕從(奴婢·雇工)이었다는 점에서 보면, 그 경영의 성격은 후자적인 것에 더 가깝다고 하겠다.

그러므로 『閑情錄』治農編의 農業論은 요컨대 兩班 士大夫로서의 中小地主層의 商業的 農業經營, 中國에서의 이른바 經營地主層의 農業經營 그것이었다고 하겠다. 당시에는 商業이 발달하고 있었으므로 이는 자연스럽게 나올 수 있는 발상이었다. 그리고 이를 許筠의 政治的 자세와도 관련하여 생각하면, 그의 농업경영은 이른바 豪民論에서의 '豪民'의 農業經營이 되는 것이기도 하였다. 말하자면 『閑情錄』治農編은 兩班層 가운데에서도 中小地主層·經營地主層이 주체가 되어 農業生産을 주도하고, 이를 통해서 전국의 농업생산이 또한 증진될 것을 기대하는 농서였다고 하겠다.

4. 『農家月令』의 農業論

1) 『農家月令』의 編纂

『農家月令』은 月令書 —『農家月令』은 尙州·聞慶 사람 高尙顔(號 : 泰村, 明宗 8~仁祖 원년, 1553~1623년)이 光海君 11년(1619년)에 편찬했다.[62] 농업생산에 관한 月令書이다.

農書 편찬의 동기 : 壬亂期에 地方守令 역임 — 그가 이 농서를 편찬하게
되는 동기는 壬亂 때 또는 그 뒤의 혼란기에 地方守令을 역임하였던 사정과
깊은 관련이 있다. 그는 壬亂 전에서 그 뒤에 걸치면서, 계속적인 것은 아니
었지만, 30여 년 간이나 여러 官職을 거친 전형적인 官人이었다. 그러한 가
운데서도 그는 父母를 가까이 모시고 供養하기 위하여 늘 外補를 지망했으
며, 따라서 그의 官人生活은 地方守令을 지내는 것이 중심이 되었다. 壬亂
전 그의 나이 스물아홉 살 때 咸昌縣監을 지낸 것은 잠시의 일이었으나, 亂
中에 醴泉郡守를 代行한 일을 비롯하여, 그 뒤에는 三嘉·知禮·咸陽·蔚
山·豊基 등 여러 고을의 守令을 지냈다. 그의 나이 40·50代의 일로서, 특
히 壬亂의 피해를 많이 받았던 慶尙道 지역에서의 일이었다.[63]

　地方守令의 임무는 여러 가지이었지만, 농상을 장려함으로써 생산자로 하
여금 각종 賦稅를 충실히 收納토록 하는 것은, 그 가운데에서도 중요한 일이
었다. 中世國家의 國家財政은 대부분이 각종 賦稅 수입에 의존하고 있었기
때문이다. 평상시에도 그러하였으므로 전란 뒤의 이 시기에는 더 말할 것이
없었다. 앞에서도 지적하였듯이 임진왜란에서 전란 뒤의 시기에는 農業生産
이 크게 파괴었기 때문이었다. 더욱이 戰爭 수행·戰後 복구를 위한 정부의
각종 賦稅 수탈은, 百弊를 급속히 번지게 하고, 전쟁에서 살아남은 사람들을
살 수 없게 하고 있었다. 그는 그같은 사정을

　　邑小民殘 經亂餘生 百弊孔棘 無以字牧[64]

이라는 한마디로 표현하였다. 이는 그가 知禮縣監을 지낼 때의 일을 말한
바인데, 다른 지방이라고 예외일 수는 없었다. 그러므로 지방관으로서 그는

---

62)『農家月令』에 관해서는 오래 전에 洪在烋 교수가 상세한 해제와 함께, 原文을 校註하여 소개
　　하였고('農家月令攷',『東洋文化』6·7, 1968), 근년에는 閔成基 교수가 그 기술적 특성을 검토
　　한 바 있어서 그 내용이 대체로 밝혀지고 있다('農家月令과 16세기의 農法',『釜大史學』9,
　　1985). 이곳에서는 이를 좀더 다른 각도에서 검토해 보고자 하였다.『農家月令』原文은 洪在烋
　　교수가 정리한 것을 이용하였다.
63)『泰村集』卷6, 行狀·行年記.
64)『泰村集』行年記 辛丑(49세).

밤낮으로 노심초사하며 民生을 살리기에 노력하지 않으면 아니 되기도 하였다. 그 노력 가운데 하나가 農桑을 장려하는 勸農政策을 펴는 것이었음은 말할 것도 없었다. 그리고 그러기 위해서는 慣行農法을 조사하고, 農書를 통하여 農學을 연구하지 않으면 아니 되었을 것이다.

　　農書 편찬의 현실적 필요성 절실 — 그러면서도 그가 아직 官에 재임하고 있는 동안에는 농서를 쓰는 데까지는 이르지 못하고 있었다. 그동안은 地方官으로서 勸農을 충실히 하면 되는 것으로 생각하였을 것이다. 그가 농서를 저술하게 되는 것은 官을 떠나 野人이 된 뒤의 일이었다. 그는 豊基郡守를 마지막으로 光海君 즉위년(57세)에 은퇴했으며, 世居地(龍宮 旺泰洞)도 떠나 南石新庄(山陽)에 定居했다가 다시 草洞(聞慶)으로 옮겨 은거생활을 하였다. 그는 혼탁한 政界를 피해 野人으로서 여생을 마치려는 것이었다.[65] 그는 독서생활을 즐기는 한편 門中 子弟들에게 '訓子課農'[66] '親課家僮 以明農爲事'[67]하는 등 농업교육과 營農生活을 하였다. 그가 알고 있는 농업에 관한 지식을 教育 啓蒙하고 실험하는 과정이기도 하였다. 그는 평소에도 농업·농서에 관하여 많은 것을 생각하였지만, 이때에는 특히 농서저술의 필요성을 절감하지 않을 수 없었다. 그가 농서를 쓰게 된 사정을 두고

　　罷散多年 稍知民事之不可緩 莵裘暇日 手著農家之月令[68]

이라고 하였음은 바로 이때의 심경을 말한 것이었다. 民事, 즉 농사를 장려하고 生産을 증진하는 일을 더 늦출 수 없다고 보는데서 은거생활을 하고 있는 한가한 날에 농서를 쓴다는 것이었다.

　　高尙顔이 이때 이같은 생각을 특히 절실하게 하였던 것은 아마도 이 무렵 이 지방에서 士大夫들이 겪은 營農 사정과도 관련되는 것으로 생각된다. 그는 본시 農業生産은 결국 農書에 기술된 여러 방법에 의존하는 수밖에 없다

---

65) 同上 行狀·行年記.
66)『泰村集』卷3, 南石亭記.
67) 同上 行狀.
68)『泰村集』卷3, 農家月令 序.

고 생각하고 있었는데, 이곳에서는 倭亂으로 피해를 입어 전하는 농서가 거의 없었다(古有農書……亂離之後 散亡殆盡 無從得見). 앞에서 지적했듯이, 그는 옛적에 있었던 농서를 亂後에 얻어볼 수 없게 되었음을 한스럽게 생각하고 있었다.69) 그러므로 이때 농사를 모르는 사람들은 농업기술을 배워가며 농사를 하기도 하였다. 이러한 사정은 柳成龍의 셋째 아들 柳袗의『明農記』작성에서 엿볼 수 있다. 그는 安東 河回마을에서 이곳 尙州로 이사온 뒤 농업기술에 관하여 듣고 본 것을 小冊子에 기록하여『明農記』를 작성하고 이를 통해서 농사를 짓고 있었다. 1618년의 일이었다. 그럼에도 불구하고 柳袗은 農作에 성공하지 못하고 있었다.70) 이는 士大夫 名門家의 일이었고, 또 柳氏家와 高氏家의 관계로 보아,71) 高尙顔은 이같은 사정을 잘 듣고 있었을 것이다. 그리고 그러하였다면 高尙顔은 좋은 농서를 빨리 편찬해야 한다는 생각을 절감했을 것이다.

　農書 편찬의 원칙 : 農業 慣行을 중심으로 — 高尙顔은 農學에 대하여 많은 연구를 했던 것으로 생각된다. 그의 농서를 검토하면 그 學問的 기반이 단단하였음을 엿볼 수 있다. 그러나 그는 그의 농서를 편찬함에 있어서 그가 검토한 여러 古農書에서 자료를 수집하여 이를 저술하고 있는 것은 아니었다. 그의 농서 편찬 방식은 許筠이『閑情錄』을 편찬한 방식과는 달랐다. 高尙顔은 현실적으로 慣行하고 있는 農法, 그가 경험하고 目睹한 바에서 자료를 택하고 있었다. 그는 慶尙道 각 지방의 守令을 지냈으므로 그때에 관찰한 바가 많은 도움이 되었을 것이다. 그러나 더 직접적으로는 그가 官人生活 중 퇴거해 있을 때와 은퇴한 뒤의 農業經驗, 그리고 그 생활의 근거지였던 尙州·聞慶지방이나 그 주변지역의 農業慣行이 근거자료가 되었던 것으로 생각된다. 古農書를 연구한 學問的 기반 위에서 새로운 관행 자료를 수집·정리함으로써 이를 편찬한 것이었다. 그러므로 그의『農家月令』은 간략한 책자이기는

---

69) 註10『農家月令』序 참조.
70)『修巖集』卷3, 題渭濱明農記後.
　　『修巖先生年譜』卷1, 戊午(萬曆 46년, 1618년).
71) 高尙顔은 西厓 柳成龍이 國政을 맡고 있을 때 '禦倭八策'을 건의하여 크게 채택된 바 있고(行狀, 西厓가 사망했을 때는 操文往祭했으며, 屛山書院에 奉安될 때는 그 享禮에도 참석하였다(行年記).

하였지만 당시의 농업 실정을 잘 반영한 저술이었다고 하겠다.

2) 『農家月令』의 農業技術

作物 재배의 대전제 ; 時宜 土宜와 施肥 ─『農家月令』에서는 作物栽培의 대 전제로서 특히 중요시한 바가 두 가지 있었다. 高尚顔은 그같은 전제 위에서 技術的인 문제를 기술해 나갔다. 그 하나는 이른바 '時宜 土宜'의 문제로서 作物은 適時 適地에 재배하지 않으면 아니 된다는 것이었다. 그는 그것을

> 第念五穀 耕種異時 燥濕異宜 一失其時 則雖良農 無所措手 一失其宜 則雖嘉禾
> 無以生成 而農之道索矣[72]

라고 말하고 있었다. 作物의 재배는 그 耕種의 시기와 土性의 適否를 잃으면 生成을 바랄 수 없다는 것이었다. 그가 農書를 편찬하되 재배론을 중심으로 하는 一般 農書가 아니라 月令書를 저술하였던 것도 그 때문인 것으로 생각된다. 다른 또 하나는 施肥를 잘 해야 한다는 것이었다.

> 矧茲 我國多山小原(少野) 土皆磽薄 若不糞田 乃罔有秋[73]

時宜 土宜의 문제 말고도 우리나라는 土地가 모두 척박하므로 田畓에 糞壤을 쓰지 않으면 수확을 기대할 수 없다는 데서였다. 그리하여 그는 이같은 대전제 위에서 자신이 살고 있는 尙州 · 聞慶 지방의 農業慣行을 정리하고, 이를 통해서 농업생산자들에게 農作의 지침을 주려 하였다.

作物 재배의 시기를 24節氣로 지시 ─ 高尚顔은 『農家月令』에서 여러 가지 作物을 다루었다. 糧食作物 · 木花 등의 纖維作物은 말할 것도 없고, 蔬菜 · 紅花 등의 資用作物, 菓 · 木類, 기타 등이 대상이 되었다. 단, 蔬菜나 菓 · 木類의 경우에는 거기에 포함될 수 있는 모든 작물을 다 다루지는 않았으며,

---

72) 註62의 『農家月令』序.
　　『泰村集』券3, 農家月令序.
73) 同 上.

중요하다고 생각되는 몇몇만을 예시하는데 그쳤다. 그렇더라도 전체로서 보면 『農事直說』의 대상 작물보다 그 범위가 훨씬 넓어졌다. 특히 그 가운데에는 이 時期에 새로이 전래하였던 南草까지도 포함하고 있었다.

    驚蟄, 付南草種(先以小便 多灑所付 付土取乾 付種)
    芒種, 雨後 移南草種74)

  이는 이 농서가 『農事直說』을 뛰어넘는 새로운 농서임을 보여 주는 한 표현이기도 하였다. 南草는 이 시기에 이미 商品作物이었기 때문이다.75)
  그러나 高尙顔은 『農家月令』에서 제시한 여러 작물에 대하여 『農事直說』처럼 그 재배법을 일일이 기술하지는 않았다. 그것은 이 농서가 재배론을 다룬 농서가 아니라 月令書이기 때문이었다. 사실 농민들은 작물재배에 관하여 일반적으로는 그 방법을 다 잘 알고 있다고 보아도 좋았다. 그가 보기에 농민들의 農作에서 문제되는 것은, 특별한 경우의 재배법을 제외한다면, 時宜 土宜 및 糞壤의 原理를 제대로 파악하지 못하고 또 실천하지 않는데 있었다. 그러므로 그는, 대개의 경우는 각 작물의 農作(起耕 播種 除草 施肥 등)의 시기를, 앞에서 말한 南草와 같이, 24節氣에 따라 지시하는 것을 원칙으로 하였다. 그리고 그러한 가운데서도 더 구체적인 설명이 필요하다고 생각되는 작물에 대해서만은 예외적으로 재배법까지도 소상하게 기술하였다. 그러므로 이러한 작물의 재배법을 『農事直說』의 재배법과 비교 검토하면 그 차이, 따라서 『農家月令』의 농업기술의 특징을 파악할 수 있게 된다.

---

74)『農家月令』 2월, 5월條.
75) 張維의 『谿谷漫筆』에 따르면 이 무렵(光海朝)은 南草 전래의 초창기였음에도 이를 피지 않는 사람이 없을 만큼 그 흡연이 성행하였다.
    南靈草吸烟之法 本出日本……我國自二十年前 始有之 今則上自公卿 下至輿臺蒭牧 無不服之……世之不服者 僅僅千百之一
    余謂南草之用於世 殆將如中國之茶……今南草之行 甫數十年耳 其盛已如此 百年之後 將必與茶爭利矣
    이로써 보면 南草는 처음부터 그 需要가 컸던 것으로 생각되며, 그만큼 商品作物로서 각광을 받았으리라 생각된다.
    이 무렵의 사정에 관해서는 이영학, '18세기 연초의 생산과 유통'(『韓國史論』 13, 1985) 참조.

『農事直說』재배법과의 차이 ; 稻作 — 그러한 작물로서는 여러 가지 예를
들 수 있는데, 무엇보다 먼저 검토해야 할 것은 稻作의 경우이다. 稻作에서
는 直播이거나 移秧이거나를 막론하고 그 播種 시기를 早稻, 次早稻, 晚稻로
세분하여 구체적으로 명시하고 있음이 돋보인다. 時宜를 강조한 月令書의
성격이 여기에 잘 표현되고 있는 것이라 하겠다. 이같은 稻作기술 가운데에
서도 특히 주목되는 것이 두 가지가 있는데, 그 하나는 乾播法 재배기술에
1보 진전이 있는 점이었다. 乾播法은『農事直說』에도 상세히 제시되고 있지
만, 그는『農事直說』의 乾播法을 보완 설명하되 다음과 같은 사항을 유의시
키고 있었다.

> 立夏, 奉天之地 如未得雨 則宜乾付種 (種用密達租 非此不爲 土踈 過盛而自爛
> 也 付種之後 卽以柴扉曳其上 令塊破土堅可也 必於是節者 太早 則稻苗未生 草
> 盛 難於除草也)76)

여기서 우리가 주목하게 되는 것은 '土踈 過盛……可也'라고 한 부분이다.
播種 복토한 뒤 종자 주변이 踈한 상태이면 苗가 무성하게 자라다 썩어 버리
므로, 乾播한 다음에는 柴扉를 끌어 흙덩이를 깨기도 하고 흙과 종자가 밀착
하도록 단단하게 다져 주어야 한다는 것이었다. 이는 播種 뒤의 鎭壓 처리를
말하는 것으로,『農事直說』의 乾播法이 이 작업을 足種만으로서 끝냈던 것
을 생각하면,『農家月令』에서는 그 旱地農業의 방법이 한층 더 완벽해진 것
이라 하겠다. 密達租를 파종하는 乾播에 관해서는 다른 곳에서도 언급하고
있는데, 그는 이 稻品種으로 乾播를 하면 耕耘에 드는 노동력이 절약되는 것
으로 보고, 春旱의 경우 이 農法을 택하도록 권하고도 있었다.77)
　　다른 하나는 移秧法에 대하여 경계하는 바가 없을 뿐만 아니라, 한 걸음
더 나아가서 乾秧法이 권장되고 있는 점이다. 이것은 移秧法 보급의 한 현

---

76)『農家月令』4월條.
77)『泰村集』卷5, 效顰雜記 下,
　　凡稻無不宜水 而猶密達租 陸種亦可 擇肥饒下濕之地 如種麰麥之法 則耕耘之功 視水田 減三
　　分之二也

상, 또는 直播法에서 移秧法으로의 전환이 적극 추구되고 있는 한 현상이었
다. 移秧法은 直播法이나 乾播法보다 벼의 재배법으로서 有利하였으므로 그
것은 당연한 추세였다. 그 유리한 점이란, 이 시점에서는 勞動力의 절약으로
집약되고 있었다. 高尙顔은 中耕除草를 중심으로 하여 直播法과 移秧法을
비교하되,

　　大槩 稻田宜耘四次 秧田及根耕田宜二次 黍粟亦然78)

이라고 했다. 이앙법은 직파법보다 除草작업의 횟수를 반으로 절약할 수
있었다. 여기서는 除草작업의 횟수가 4회에서 2회로 절약되는 것만을 들었
지만, 그 작업의 難易度까지도 고려하면 노동력은 훨씬 더 절약되었을 것이
다. 直播田에서는 除草작업이 어렵고, 따라서 인력이 더 많이 요구되었을 터
이기 때문이다. 그러므로 移秧法은 자연스럽게 보급되지 않을 수 없었다. 그
리고 移秧法의 보급은 乾播法에도 도입되어 乾秧法을 자연스럽게 발생시키
지 않을 수 없었다.
　高尙顔은 그와 같은 乾秧法을 다음과 같이 기술하고 있었다.

　　A. 小滿, 奉天之地 如未乾付種 則是節內 播晩秧種(種用有毛倭租 及紅稻
　　　等種)
　　B. 夏至, 植晩秧(治田 如植他秧例)79)

　A는 奉天畓에서 乾播를 못했을 때 그 乾畓에다 乾播할 때와 마찬가지로 晩
秧種을 파종(注秧)한다는 것이며, B는 晩秧種으로 파종한 苗를 移秧한다는
말이다. 高尙顔은 이 두 자료를 분명히 연결되는 것으로 설명하지는 않았지
만, 그러나 앞뒤의 기술을 자세히 살피면 이 A와 B 자료는 서로 연결되도록
對句로서 설명한 것임을 알 수 있다. 그것은 早稻·次早稻·晩稻에 대한 그의
注秧·移秧기술이 분명히 다음과 같이 짝이 되도록 정리되어 있기 때문이다.

---

78)『農家月令』雜令.
79)『農家月令』4월, 5월條.

付早秧種 — 植早秧 (三月中淸明・四月中小滿)
付次秧種 — 植次秧 (四月節立夏・五月節芒種)
播晚秧種 — 植晚秧 (四月中小滿・五月中夏至)

앞 자료의 A에 보이는 '播晚秧種'은 확실히 B에 보이는 '植晚秧'을 위한
乾播注秧이었으며, 이밖에 '植晚秧'을 위한 '付晚秧種'을 水田에 따로 하고 있
지는 않았다. 더욱이 '播晚秧種'이라는 표현은 移秧을 위한 注秧을 뜻하는 것
이지, 晚稻의 直播를 뜻하는 바가 아니었다. 그는 直播에 대해서는 '播早稻'
'播次稻' '播晚稻'(三月節淸明・四月節立夏・四月中小滿)로 표현하고 있었다.
그러므로 위의 자료는 확실히 乾秧法을 뜻하는 것이었다고 하겠다.

그런데 여기서 우리가 주목하게 되는 것은 播晚秧種하는 시기(四月中小
滿)는 동시에 直播晚稻하는 시기이기도 하였다는 점이다. 더욱이 直播晚稻
는 密達租・有毛倭租를 이용할 경우 6월 小署 前까지도 파종할 수 있고 所
出도 평상시와 같았다.[80] 이 기간에는 어느 파종법도 채택할 수 있는 셈이
었다. 그런데 그는 이 두 파종법 가운데에서 播晚秧種한 것에 특히 역점을
두고 기술했다. 이는 乾秧法의 장려이기도 하였다. 直播晚稻하기 위하여 물
(雨)을 기다리기보다는 乾畓에 播晚秧種했다가 植晚秧하는 것이 더 안전하
고, 또 乾秧法도 移秧法이므로 이앙을 한 뒤에는 노동력이 절약되는 까닭이
었을 것이다. 乾秧法과 乾播法과의 관계도 마찬가지였을 것으로 생각된다.
移秧 전까지는 같겠지만, 그 뒤에는 한쪽은 移秧田 다른 한쪽은 乾播田으로
계속되기 때문이다. 그러나 그러면서도 高尙顔은 아직은 乾播法을 전체적으
로 乾秧法으로 전환시킬 것을 꾀하는 것은 아니었다. 乾秧法도 移秧期에 물
이 없으면 移秧을 할 수 없기 때문이었다.

『農事直說』재배법과의 차이 ; 麥作 — 다음으로 주목하게 되는 것은 麥作
에 관해서이다. 『農家月令』의 麥作에서도 우리는 몇 가지 점에서 『農事直說』
의 農法과 달라졌음을 발견하게 된다. 무엇보다 먼저 눈에 띠는 것은 秋麥이
모두 根耕이나 間種과 관련하여 재배될 뿐, 『農事直說』에서와 같이, 麥根田

---

80) 『農家月令』 5월條. 註101 참조.

을 '先於五六月間 耕之曝陽'[81]하고 秋麥를 連作하는(1년1작) 재배법이 보이
지 않는다는 점이다. 『農事直說』단계의 麥作에서는 후자가 그 재배법의 주
류를 이루었던 것으로 생각되는데, 『農家月令』에서는 麥作이 모두 전자의
재배법으로서 행해지고 있는 것이었다.

A. 夏至, 急收麰麥(聚皮芒 燒灰 和二便)
   根耕 先耕大小豆 次黍粟 次菉豆(菉豆宜最 宜薄田種之 則田品稍饒 性又耐
   旱也)
B. 大暑, 收早黍早粟(根耕 當用木麥 田品漸薄 不若種菉豆 俟其茂盛 反耕
   埋菉豆 卽播秋麥 則收麥倍蓰 地亦稍饒)
C. 秋分, 播秋麰麥(如根耕穀未及收取 則寒露節初亦可 耕種 如凍麰田 則明春
   付菽粟亦同 俗云 골고리也)[82]

A는 麥을 추수한 뒤 後作하게 될 根耕作物을 말한 것인데 거기에 麥은 빠
졌으며, B는 早黍粟을 추수한 뒤의 根耕穀으로서 木麥과 秋麥을, C는 麥作에
이어서 재배하였던 보통 根耕穀을 추수한 뒤 다시 秋麥을 파종하는 사정을
말한 것이다. 麥根田에 다시 秋麥을 파종하는 재배법은 이 농서에서는 사라
지고, 麥作은 다만 다른 작물과의 根耕 輪作 관계로서만 행해지고 있음을 보
는 것이다. 이는 이 지방의 지역적 특성과도 관련하여 본시 그러했을 수도 있
겠지만, 그러나 더 크게는 農法 발전의 한 추세, 즉 1년 1작의 재배법에서 1년
2작 또는 2년 3작의 재배법으로 발전하던 바를 나타낸 것으로 생각된다.

『農家月令』에는 이밖에 『農事直說』이 제시하였던 黍·豆·粟·木麥根田
에서의 火耕的인 秋麥 재배법도 보이지 않는다. 『農事直說』의 이 種麥法은
파종 뒤에 起耕覆土하는 粗放的인 농법이었는데, 『農家月令』에서는 이것이
B, C의 자료에서 볼 수 있듯이 整地하고 파종하는 방법으로 변하였다. 재배
법의 발전인 것이었다.

그뿐만 아니라 이곳에서는 麥根田에 秋麥을 연작으로 파종하거나 黍·

豆・粟・木麥根田에서의 火耕의 파종법이 보이지 않는 것과는 반대로, 秋麥
재배법의 일환으로서 凍麰 파종법이 개발되고 있었다. 이는 이 지방 麥作의
한 특색이었다. 秋麰가 겨울철에 凍死할 경우에 대비하여, 麰種을 大寒에 漬
種하고 立春에 冷凍하였다가,[83] 雨水節 解凍期에 미리 마련된 고랑에 파종
을 하는 種麥法이었다.

　D. a. 小雪, 反耕旱田 作小骨巷 擬付凍麰
　　　b. 雨水, 凍欲釋 則播所凍麰(成熟, 與春麰同時)
　　　c. 春分, 耕凍麰(播種處兩間 或粟或豆落種爲可 如粟 則間間落赤小豆)
　　　d. 小署, 分耕凍麰落種(處) 以覆菽粟根[84]

　여기서 D의 a는 추수가 끝난 10월달에 밭을 엎어 갈고 治田한 뒤 작은
고랑(骨巷)을 작성하여 凍麰를 파종할 수 있도록 준비한다는 것이며, b는 정
월 雨水節에 解凍이 되려 하면 미리 마련한 凍麰를 a의 고랑에 파종한다는
것이다. 그리고 c는 2월 春分節에 凍麰를 파종한 고랑 사이를 갈고 粟・豆를
間種한다는 것, d는 5월에 凍麰의 추수가 끝나면 그 그루를 갈아 粟・豆根
에 培土한다는 것이다. 이같이 살피면 凍麰라고 일반 麥作과 그 근본이 다른
것은 아니었다. 그러나 이것은 麥의 穀性 및 재배 원리를 근본적으로 이해하
고 이를 활용하려 한 새로운 재배법이라는 점에서 농학사상 주목되어도 좋
은 것이라 하겠다. 다만 이 種麥法은 秋麥이 실패했을 경우에 이용되는 특수
한 재배법이었으므로,[85] 널리 보급되었던 것은 아니었으리라고 생각된다.
더욱이 秋麥이 凍死했을 경우에는 '立春後 直播秋麰 亦可'[86]한 것으로 이해
되고도 있었다.
　　『農事直說』재배법과의 차이；栗・豆作 ―『農家月令』과『農事直說』사이

83)『農家月令』12월, 정월條.
84)『農家月令』10월, 정월, 2월, 6월條.
85)『農家月令』12월條.
　　前旣播秋麰 而眷又眷於此者 若地不向陽 又冬雪倍常 則秋耕者死不復生 不若此凍麰之不至
　　失手 以此當爲後種 故不得不爾
86)『農家月令』10월條.

에서 볼 수 있는 재배법의 차이는 粟이나 豆의 경우에도 마찬가지였다. 『農事直說』에서는 黍粟이나 大小豆의 재배는 田面을 畝와 畝間으로 整地하고 그 畝上에다 파종하고 있었는데, 『農家月令』에서는 田面에 고랑(骨巷)을 내고 麥은 물론이고 粟・豆・水荏・糖・胡麻까지도 이 고랑에다 파종하고 있었다. D의 자료는 그러한 사정을 잘 표현하는 것이라 하겠다. 凍麰田에 豆・粟을 間種할 때는 凍麰 고랑(파종처) 사이를 갈고 거기에다 豆・粟을 파종하되, 凍麰의 추수가 끝나면 麰根을 갈아 豆・粟根을 培土함으로써 그 苗가 畝上에서 자라도록 하는 것이었다. 이러한 中耕培土는 그 뒤(立秋節) 한 번 더 있었으므로,87) 畝는 파종 전에 마련되는 것이 아니라 파종 뒤에 형성되고, 따라서 粟・豆는 그 속에서 깊게 뿌리를 내릴 수 있었다. 자료 C에서 제시한 秋麥田에서의 豆・粟 間種의 경우도 마찬가지였다. 거기에서는 그것을 '耕種如凍麰田 則明春付菽粟亦同'이라고 하여, 그 재배법은 凍麰田의 경우와 같고, 따라서 明春에 豆・粟을 파종하는 방법도 같다고 말하였다. 麥田에 이같이 파종하는 間種法을 당시에는 俗稱 '골고리'라고 하였다.

麥田에서의 間種 골고리 農法은 凍麰田이나 秋麥田에서 뿐만 아니라 春麥田에서도 행해졌다.

　　E. 驚蟄, 節內 盡播春麰麥(……○擬種大豆田 播麰時 不以虎齒 而以木犂 淺耕兩間 水荏與糖與(胡)麻種 以沙土并和 疎爛播之 以虎齒同時覆土 則此數種先出 而種大豆似便)88)

이것은 春麥을 파종할 때 麥田 안에 大豆의 間種處를 마련해 두는 사정을 말한 것인데, 여기서는 春麥의 재배법을 기술하고 있지 않으나, 이는 그 재배법이 秋麥의 그것과 같은 까닭이었을 것이다. 『農事直說』에서는 '春麰……種法・耘法・收法 與秋麥同'89)이라고 하였다. 그러하였다면 위의 播春麰麥은 秋麥 凍麰와 마찬가지로 '小骨巷'을 작성하고 그 안에다 파종하는 것이었

---

87) 『農家月令』7月條.
88) 『農家月令』2月條.
89) 『農事直說』種大小麥 附春麰.

을 터이다. 그런데 이같이 春麰麥을 파종할 때, 木犁로서 春麥을 파종한 고
랑 사이를 淺耕하고(고랑을 내고), 거기에다 水荏・糖・胡麻90) 종자를 沙土
에 섞어 성글게 뿌리되, 虎齒로서 麥과 함께 복토한다는 것이며, 그렇게 되
면 이 작물들이 먼저 싹이 나서 그 뒤(3・4월) 그 苗列을 따라 大豆를 심기
에 편하다는 것이었다.

　大小豆를 고랑에 파종하는 것은 그것을 專種할 경우에도 행해졌다.

　　　兎絲爲物 其害尤甚 喜覃大豆 不喜小豆田 若有此患 則大豆一骨巷 小豆一骨巷
　　　相間落種可也91)

　이는 兎絲풀이 많은 밭에 대하여 그 피해를 막는 대책을 말한 것인데, 이
풀은 大豆田은 좋아하나 小豆田은 싫어하므로, 大豆와 小豆를 한 고랑(骨
巷)씩 隔行으로 파종하면 된다는 것이다.『農事直說』에서는 畝上에 파종되
던 작물이『農家月令』에서는 고랑에 파종되는 것이다. 물론 粟・豆 등이 모
든 경우 고랑에만 파종되는 것은 아니었으며, 畝上에 파종되는 경우두 있었
다. 그것은 畝上에 파종된 木花가 부분적으로 枯損되었을 때 거기에다 粟을
補播하고 있는 것으로서 그와 같이 이해할 수 있다.92)

　間種 골고리 農法과 整地法의 변동 ― 間種 골고리 農法을 이같이 살피면
그 整地法이 또한 주목된다. 間種 골고리 農法이 시행되려면 整地法도 개선
되지 않으면 아니 되었을 것이다.『農家月令』의 整地法은 凍麰田의 경우에
서 잘 볼 수 있다. 자료 D에 나오듯이 凍麰를 파종하기 위해서는 먼저 '反耕
旱田 作小骨巷'을 했다. 밭을 反耕(翻耕), 즉 全面耕으로 엎어 갈고 그 위에
다 작은 고랑을 내는 것이다. 이 경우 이 작은 고랑(小骨巷)은 犁가 田面을
起耕할 때 지나간 犁過處로서의 畎은 아니며, 全面耕한 田面을 碎土熟治한
뒤 그 위에다 파종처로서 작성한 작은 고랑이 되겠다. 다시 말하면 그 고랑
의 깊이는 田面을 反耕할 때의 反耕의 깊이보다 얕고, 따라서 파종은 深耕熟

---

90) 原文에는 麻로 되어 있으나, 여기서는 註62 洪在烋 교수의 논문에 실린 주석 註40)을 따랐다.
91)『農家月令』雜令條.
92)『農家月令』4월條.

治한 밭에 淺種을 하는 것이 되겠다.

그것은 작은 고랑일 뿐만 아니라, 그 고랑 사이는 粟·豆를 間種하고자 또하나의 고랑을 낼 수 있도록 간격이 넓었으므로, 고랑과 고랑 사이는 높은 畝가 될 수 없었다. 凍麰를 파종하고 복토하면 아마도 播種處보다 약간 높거나 거의 평면이 되는 상태였을 것이다. 秋麥 재배를 위한 整地도 자료 B에서 볼 수 있듯이 '反耕'을 하는 것이었으므로 凍麰田의 경우와 같았을 것이며, 春麥의 경우도 마찬가지였을 터이다.

麥 고랑 사이에 粟·豆를 間種할 때는 한번 더 整地작업을 거쳐야 했다. 자료 D에 '耕凍麰播種處兩間'이라고 한 것과 자료 E에 '不以虎齒 而以木犁淺耕兩間'이라고 한 것은 그것이었다. 전자는 凍麰田 후자는 春麥田에서 粟·豆 등의 間種處(播種溝)를 마련하는 요령으로, 전자는 후자만큼 구체적이지 못하나 아마도 그 방법은 같았을 것이다. 특히 虎齒把를 쓰지 않고 木犁로서 淺耕케 한 것은, 全面耕과 熟治가 전제된 것으로, 파종되는 고랑의 깊이를 일정하게 하고 受種處가 일정하게 다져지도록 하려는 데서였을 것이다. 이같이 살피면 麥 고랑 사이에 粟·豆를 間種하고 복종하더라도 거기에는 아직 畝가 이루어지지 않고 거지반 平坦한 상태로 麥 고랑의 표면에 이어졌으리라 생각된다. 收麥 뒤의 中耕 培土를 거쳐, 粟·豆가 畝上에 있게 되고 麥의 파종처가 畝溝가 될 때까지는, 이러한 상태가 계속되었을 것으로 생각된다.

이와 같이 粟·豆·麥이 모두 고랑에 파종되고 그 田面이 거지반 平坦한 상태에 있었다고 하면, 排水 문제가 어떻게 처리되었을까 하는 의문이 든다. 韓半島의 南部지방에서는 7월의 장마가 아니더라도 4월(陰3월)쯤부터의 강우가 年中 강수 과정에서 또 하나의 절정을 이루기 때문이다.[93] 봄 장마를 만나면 麥農은 큰 피해를 입을 수 있었다. 좀 後代로 내려와서의 일이지만 19세기 초의 徐有榘는 畎畝로 작성된 田地의 畎에 파종된 麥을 두고

好燥惡濕 麥之性也 種之畎溝 一遇春霖 浸淹敗損[94]

93) 久間健一, 『朝鮮農業經營地帶의 硏究』, p.104.
94) 『林園經濟志』 本利志6, 種類下 麥類, 畎種麥法.

이라고 말했다. 徐有榘는 畎中種麥法을 一畝三畎의 代田的인 畎種法으로
개선해야 함을 제언한 것이다. 그런데 高尙顔은 이같은 문제에 관하여 浦田
에서의 水患만을 말했을 뿐,95) 浦田이 아닌 일반 田地에 관해서는 언급이
없었다. 더욱이 그가 『農家月令』을 저술함에 있어서 크게 유의한 점의 하나
는 地宜, 즉 土性의 燥濕에 따라 작물 재배를 달리해야 된다는 점을 강조하
려는 것이었는데, 그러한 그가 粟·豆·麥의 재배법을 기술함에 있어서는
모두 골고리 農法 고랑 파종을 지시하고 있는 것이다. 아마도 오늘날과 마찬
가지로 地形·土質에 따라 麥田 주위에 배수가 되도록 처리했거나, 또는 麥
고랑에서 적당한 거리를 두고 그 고랑보다 깊은 도랑을 파 배수와 통로가 되
도록 처리했던 것이 아닐까 생각되기도 한다.

『農事直說』 재배법과의 차이 ; 造糞法 ―『農家月令』의 농업기술은 『農事直
說』에 견주어 糧食作物 재배의 방법에 있어서 많은 변화가 있었다고 하겠
다. 생산력의 증진이 기대되는 변화였음은 말할 것도 없다. 그러나 생산력의
증진을 이같은 변동만으로서 기대하기는 어려웠다. 高尙顔은 거기에는 반드
시 施肥가 따라야 한다고 생각했으며, 그러한 糞壤의 확보 제조 요령을 책의
곳곳에서 거듭 강조하였다.96) 앞에서 지적했듯이, 그는 作物 재배를 위한
기본 전제의 하나로 糞壤을 들고 있었으므로, 이를 구체적으로 지시하는 것
이었다. 肥源이 다양해지고 있었음은 말할 것도 없다. 그러한 가운데서도 그
는 『農事直說』에서 크게 언급하지 않았던 중요한 造糞法을 특히 강조하였다.

> 農家以修厠爲第一條件 昔文丹城某 居陜川 鑒(鑿-필자)厠下數尺 以大瓮安其中
> 以二便皆注於瓮中 滿則以物攪之 汲出和灰 用以種植 因此居積致富云
> 潹汚之水 亦不可棄 以其有灰氣 且有塵垢也 注於二便桶中可也97)

이는 厠間 바닥에 큰 구덩이를 판 다음 독이나 桶을 안치하고 大小便이나

---

95) 『農家月令』 雜令條.
   浦田 多水患 麰麥間所播菽粟 難保成熟 播菽粟時 雜以有毛稷播之 則雖無菽粟 而麥(稷? ―
   필자)可收矣
96) 『農家月令』 정, 3, 4, 5, 6, 7, 8, 9월, 雜令條.
97) 『農家月令』 雜令條.

구정물을 받아 糞壤으로 이용할 것을 말한 것이었다. 高尙顔은 糞壤의 종류
를 여러 가지 들었지만, 그 중심이 되는 것의 하나는 大小便이라고 생각했
다. 다른 糞壤도 많은 경우 이 二便과 섞어 썼기 때문이다. 그러므로 그는
農家에서 할 第一條件을 厠間을 잘 修築하고 二便을 많이 받도록 하는 것이
라고까지 하였다.

3)「農家月令」의 農業經營論

農業經營의 主體 ; 奴婢를 소유하고 自耕하는 撰者 자신 ―『農家月令』은 尙
州·聞慶지방의 農業慣行을 광범하게 수록한 것이지만, 동시에 高尙顔 자신
이 奴婢를 거느리고 농사를 한 실제 경험을 기초로 하고 있었다. 그는 전형
적인 官人이기는 하였으나 仕日은 적고 閒日이 많았다. 그는 죽 관직생활을
했던 것이 아니라, 한때는 退居해 있고 한때는 出仕했었던 것이다. 퇴거해
있는 사이에 그는 農業과 農學을 연구하고, 『農家月令』에 제시한 농업원리
를 파악하였다.98) 農業經營에 관해서도 그 자신의 체험이 기초가 되었음은
말할 것도 없다. 그러한 점에서 『農家月令』에서의 農業生産의 주체는, 그 자
신이나 그와 유사한 처지의 생산자가 표본이 되었으며, 따라서 모든 일에 확
신을 가지고 자신의 생각을 말할 수가 있었다.

高尙顔이 얼마 만한 土地를 소유하고 있었는지는 알 수 없다. 다만 그의
行狀이나 行年記에 따르면, 그는 소년시절에는 家貧하였으나 官人생활을 하
는 가운데 형편이 비교적 안정되었던 것 같으며, 甚饒한 妻家의 遺産(田·
民)을 물려받은 뒤에는 경제생활이 더욱 안정되었던 것으로 생각된다.99) 그
규모가 얼마 만하였는지는 기록되어 있지 않지만, 그는 슬하의 子息만도 3
남 4녀인데, 4형제가 이웃에 살고 있는 大家族이었으며 또 '有無通共'하는

---

98)『泰村集』卷5, 效嚬雜記.
99) 同 上 行狀, 行年記.
　　단, 그가 妻家의 유산을 받고도 '公一無所取'라던가 또는 '不取一物以資生'이라고 하였던
　　것을 보면, 그는 그 유산을 그 자신의 생활을 위해서 쓰지는 않은 것 같다. 아마도 그가 부양하
　　거나 도와야 할 門中一族을 위해서 이용하고 있었던 것이 아닐가 생각된다. 그러했다면 자신
　　이 지출해야 할 부분이 적어지고, 따라서 그는 자신의 土地만을 가지고서도 생활을 여유 있게
　　할 수 있었을 것으로 생각된다.

경제생활을 하고 있었으므로,100) 그 土地의 규모는 아마도 대가족이 먹고
살고 子姪들에게 科擧 공부를 시키기에 足한 크기 또는 그 이상이었을 것이
라고 생각된다. 그는 그러한 토지 가운데서 적지 않은 부분(본래 자기 소유
부분)을 家作, 즉 自耕·直營으로 경영했으며, 『農家月令』에는 이 自耕·直
營의 경험이 농업생산의 예로서 반영되었다.

自耕·直營은 물론 그 자신이 직접 耕作을 하는 것은 아니었으며, 奴婢勞
動을 이용하는 것이었다. 그는 그러한 農作의 경험을 이렇게 말했다.

　　經驗 (壬子年六月初六日 久旱而雨 有兩奴 始落密達租及有毛倭租 於奉天地 耕
　　不過二次 秋來所收一斗二斗 充實如常 節氣 則小暑前三日也)101)

여기서는 稻作에 관해서만 그 예를 들었으므로 奴만이 언급되었지만, 이
밖에 高氏家에서는 婢도 소유하고 이를 田作·養蠶이나 기타 家內雜事에 동
원했을 터이다. 직접 농업노동에 참여할 수 없는 兩班家門에서는 奴婢를 소
유하거나 雇工을 고용하는 것은 필수적이었으며, 이들의 노동력이 없이 농
업생산을 할 수는 없었다. 高尙顔은 자신뿐만 아니라, 그 伯姪이 노비를 소
유하지 못하는 것도 걱정이어서, 때로는 奴를 사서 文書를 만들어 주기도 하
였다.102)

農業經營의 主體 ; 牛馬를 소유하고 家作도 하는 中小地主·自耕大農層 ―
그러나 큰 규모의 農地經營이 奴婢勞動만으로서 이루어지기는 어려웠을 것
이며, 농번기나 긴한 일에는 賃金을 지불하고 雇人을 쓰기도 하였을 것이
다.103) 移秧期나 中耕除草 시기에는 특히 일시에 雇傭노동력이 필요하였다.
그가 노동력을 절약할 수 있는 移秧法에 관심을 가지고 그것을 장려하는 농
학자이었던 사실도 그의 이러한 농업경영과 무관하지 않았을 것이다. 말하

---

100) 同上 行狀.
101) 『農家月令』 5月條.
102) 『泰村集』 行狀.
103) 『農家月令』 11월條에 '令人土室 作網席 唑向陽處 編飛盖'라고 되어 있음은 그러한 한 예가
　　되겠다. 여기서 '令人'의 '人'은 그가 거느리고 있는 奴婢가 아니라, 마을사람에게 임금을 주거
　　나 품앗이 노동으로, 일을 시키고 있음을 표현한 것이라고 하겠다.

자면 그는 奴婢勞動과 賃金勞動을 주축으로 農業을 自耕하는 농업생산자였
다고 하겠으며, 그러한 농업생산자가 農書를 편찬한 것이었다. 그러므로 그
의 經驗이 농서에 반영되었다고 한다면, 그 농서에서의 生産의 主體도, 그
자신과 비슷한 農民이 그 표준이 되었을 것이다.

그러하였다면 『農家月令』에서의 農業生産의 主體는, 家作·自耕도 하는
中小地主·大農層이거나, 自耕하는 부분만으로도 견실한 大農層 또는 中農
層이었다고 하겠다. 무엇보다도 『農家月令』에서는 농민들이 牛馬를 소유한
것을 전제로 하고, 그러한 농민을 대상으로 논지를 전개하고 있는 데서 그
와 같이 이해할 수 있다.

    農事專靠於牛養 不可不豫頂於三冬 厚其襲具以溫其身 罕載柴木以便其力也104)

이는 농사는 전적으로 牛를 키우는데 달려 있으므로, 겨울철에 그 소를 미
리 잘 키우고 보호하며 과로하지 않는 가운데 충분히 휴식을 취함으로써 그
건강 상태가 최고가 되도록 대비해야 한다는 것이었다. 이밖에도 그는 牛馬
를 키우는 문제를 『農家月令』의 한 사항으로서 여러 곳에서 언급하고,105)
牛馬廏間을 통해 廏肥糞를 제조할 것을 거듭 강조하였다.106) 이같은 사실들
은 앞의 예와 함께, 中小地主·大農層 또는 自耕하는 大農層을 농업생산의
주체로 보는 자연스러운 태도였다고 하겠다. 특히 후자는 月令書의 農業技
術論이 生産의 증진을 위해 施肥를 강조하고 있었음과도 관련되는 것으로
서, 농업생산과 牛馬 소유를 불가분의 관계로 보는 것, 따라서 농업생산의
중심계층을 牛馬 소유자로 보고 있는 한 표현이었다고 하겠다.

農業經營의 원칙 ; 商業的 農業을 하라 ― 高尙顔은 이같은 농민들에게 그
농업경영의 원칙을 또한 제시하고 있었다. 그것은 농업경영을 단지 自給自
足하는 것으로서 만족할 일이 아니라, 이 시기의 流通經濟의 발달과도 관련
하여, 이에 적극 참여함으로써 그 收入을 더욱 늘려야 한다는 것이었다. 商

---

104) 『農家月令』雜令.
105) 『農家月令』정월, 4월, 9월, 10월條.
106) 『農家月令』3월, 4월, 6월, 8월條.

業的 農業을 권장하는 것이었다. 그는 그것을

　　　大雪, 調人馬 貿魚鹽(存本取利 以繼冬膳)107)

이라는 한마디로 표현하였다. 秋收가 끝난 다음 영리에 밝은 사람과 튼튼
한 말을 골라 魚鹽을 사다 파는 장사를 하라는 것, 즉 存本取利해서 겨울철
의 반찬값을 공급하라는 말이었다. 여기서는 구구한 설명을 하고 있지 않지
만, 이 지시는 농민들이 소유한 노동력과 畜力을 이용하고 그들이 생산한 농
작물 가운데에서 팔 수 있는 것을 팔아 그것을 자본으로 하여 魚鹽을 貿易하
라는 것이 되겠다. 高尙顔은 농민들에게 南草·木花·紅花·藍·果木의 재
배와 養蠶을 장려했으므로, 이들 商品作物은 무엇보다 먼저 판매의 대상이
되었을 것이다. 그리고 여유 있는 농민은 穀物을 팔아 資本을 삼을 수도 있
었을 터이다.

尙州는 洛東江 상류 嶺南 내륙지방의 大都會로서 水陸交通의 요지였다.
이 지방에서는 尙州 聞慶(鳥嶺)을 거쳐 陸路로서 서울에 이를 수 있고, 상주
에서 船便을 이용하면 낙동강을 내려가 金海에 이를 수 있었다. 즉, 상주는
이 지방 流通經濟 발달의 중심지가 되었다. 李重煥이 그의 유명한 저서에서

　　　尙州一名洛陽 嶺下一大都會也 山雄野濶 而北近鳥嶺 通忠淸京畿 東臨洛東 通
　　　金海東萊 馬運船載 而南北水陸走集 便於貿遷故也108)

라고 한 것은, 바로 그러한 사정을 표현한 것이다. 李重煥의 고찰에 따르
면 尙州는 그 입지조건이 貿易을 하기에 편하도록 되어 있으며, 따라서 이곳
에는 船商·馬商들이 南北에서 모여들고 있다는 것이다. 이는 18세기 중엽
의 사정을 표현한 것이지만 17세기라고 크게 다르지 않았을 것으로 생각된
다. 입지 조건에 변화가 없었기 때문이다. 그러므로 이곳 농업생산자들은 상
인들의 요청에 따라 理財에 밝은 사람이 아니더라도 貿易과 商業的 農業에

107) 『農家月令』 11월條.
108) 『擇里誌』 八道總論 慶尙道.

연결되도록 되어 있었으며, 治財에 밝은 사람이라면 쉽게 致富도 할 수 있었다. 李重煥은 앞의 인용문에 이어 이 지방에는 '地多富厚者'[109]하다고 기록했다. 이같은 조건이라면 그 농촌사회에서 商業的 農業이 전개되는 것은 자연스러웠다. 高尙顔이 농민들에게 收益 增大를 위해 상업적 농업을 권한 것은 시대적 추세를 반영하는 것이 아닐 수 없었다.

4)『農家月令』農業論의 性格

『農家月令』은 尙州·聞慶지방에서 현실적으로 진행되던 農業慣行과 高尙顔 자신의 농업경영을 중심으로 편찬한 농서이다. 中小地主·大農層 또는 自耕하는 견실한 大農層·中農層을 농업생산의 주체로 설정한 책으로서, 거기에 실린 농업 사정은 朝鮮前期의 농업이 後期의 농업으로 전환하는 양상을 보여 주는 것이었다.

『農家月令』을『農事直說』과 견주면 그러한 전환은 水田農業이나 旱田農業의 어느 경우에도 일어나고 있었다. 水田農業에서는 移秧法에 대한 경계가 사라지고, 中耕除草에서의 노동력의 절약과도 관련하여 그 農法이 자연스럽게 보급되고 있었으며, 그 일환으로서는 乾秧法도 개발되고 있었다. 旱田農業에서는 특히 間種 골고리 農法을 중심으로 麥·粟·豆의 耕種法에 큰 변화가 일어나고 있었다. 麥根田에 秋麥을 연작으로 재배하는 1년 1작제나, 黍·豆·粟·木麥根田에 秋麥을 火耕農法으로 재배하는 粗放的인 농법은 사라지고, 이제는 정상적인 治田 위에서 間種·根耕을 하는 1년 2작, 2년 3작의 輪作制가 더 중심적인 것이 되었다. 種麥法의 기술적 극치라고도 할 수 있는 凍麰法도 개발되었다.

물론 間種 골고리 農法과 같은 변화가 있기 위해서는 그 整地法에도 상응하는 변화가 있지 않으면 아니 되었다. 息土而代墾하는 田畝制度는 사라지고, 田面은 全面으로 反耕된 위에서 麥의 파종을 위한 소고랑(小骨巷)이 작

---

109) 同上.
　李重煥의 이 표현은 이 사람들이 모두 장사를 해서 致富했음을 말한 것은 아니다. 이 지방은 넓은 平野가 있는 가운데 地主經營만으로서도 이미 富者가 된 자가 많았다. 그러나 그들이 流通經濟를 적절히 이용할 경우 더욱 큰 부자가 될 수 있었을 것임은 말할 것도 없다.

성되고, 그 고랑 사이에는 다시 粟·豆의 間種을 위한 淺耕한 고랑이 마련되었다. 이는 深耕淺種, 代田的 畎種法의 원리가 실천되는 것으로서, 旱田農業에서의 農法 전환의 방향을 제시하는 바이기도 하였다. 물론 이러한 변화가 朝鮮의 모든 지역에서 균일하게 일어나는 것은 아니었으며, 후진지역에서의 전면적 변화는 좀더 세월을 기다려야 했다.

『農家月令』에서는 이같은 농업생산이 당대의 時代的·地域的 조건과도 관련하여 市場과 일정하게 연결되는 가운데 수행되었다. 농업경영 전체로 보면 그것은 아직 '冬膳' 마련에 목표를 두는 부수적인 것에 지나지 않았지만, 農業生産과 시장과의 관계는 이제 떼려야 뗄 수 없는 관계로 인식되었다. 그런 점에서 『農家月令』은 충분히 이때의 시대사조를 반영하는 농서였다고 하겠다.

5. 『農家集成』의 編纂과 그 農業論

『閑情錄』이나 『農家月令』은 새로운 내용을 담은 農書였지만, 둘 다 특수한 사정에서 또는 특정지역에서 私的으로 편찬한 것이었으므로 널리 刊行 보급되는 데까지는 이르지 못하고 있었다. 이밖에도 얼마나 많은 새로운 농서가 편찬되었는지 알 수 없지만, 추측컨대 그 뒤에 간행 보급된 농서는 별로 없었던 것 같다. 농서의 보급이 절실히 요청되고 있는 상황에서 새로운 농서는 아직 나오지 못하고 있는 실정이었다. 政府에서도 새로운 농서를 편찬할 만한 준비는 되어 있지 않았다. 그러므로 이 시기에는 예전의 농서라도 복간하여 이용할 수밖에 없었다. 그러한 농서로서 편찬 간행된 대표적인 것이 『農家集成』이었다. 公州牧使 申洬(宣祖 33~顯宗 2년, 1600~1661년)이 孝宗 6년(1655)에 편찬 간행한 것으로서, 『農事直說』을 중심으로 世宗의 「勸農敎文」·朱子 「勸農文」 및 『衿陽雜錄』·『四時纂要抄』를 한 卷의 冊으로 집성한 농서였다. 간행 뒤에는 國家政策으로서 보급되었으며, 따라서 이 농서는 그 뒤 한동안 朝鮮 農業의 지침이 되었다.

1) 『農事直說』의 增補와 『農家集成』의 編纂

『農家集成』은 『農事直說』의 복간의 전통 위에서 편찬 ―『農家集成』은 『農事直說』을 중심으로 편찬되었는데, 그것은 『農事直說』 간행의 전통으로 보아 지극히 자연스러운 일이었다. 『農家集成』은 『農事直說』의 복간의 전통 위에서 성립된 것이라고 해도 좋을 것이다. 『農事直說』은 본시 國家事業으로 편찬 간행된 農書로서, 世宗朝 이래로 政府나 地方官廳에서는 필요할 때마다 수시로 이를 복간하여 보급시켰기 때문이다. 가까운 시기의 사실만 보더라도, 壬亂 직전 宣祖 14년의 內賜本 간행이나, 그보다 좀 앞서서는 昌平刻本 및 그것을 저본으로 壬亂 뒤 간행한 龍州刻本은 그 예가 되겠다.

더욱이 『農事直說』을 복간할 때는 그때마다 당시의 농업사정에 따라 필요한 농업기술을 조금씩 증보하는 것도 관례였다. 『農事直說』의 內賜本에는 油麻와 水蘇子에 대한 附註가 있으며, 昌平刻本에서는 四節報恩·新增種綿 등을 증보하고, 그 뒤에는 거기에다 필사로서 種菊法, 種紫微花, 耕麥法, 種木花法 등(5葉)을 더 첨보했다.[110] 그리고 龍洲刻本에서도 『閑情錄』·『神隱』 등을 인용하여 많은 새로운 보충을 하고 있었다. 이러한 보충이 정확히 어느 때에 이뤄진 것이었는지는 분명치 않지만, 이는 『農事直說』을 朝鮮後期의 시점에서 이용하려고 할 때 그 증보의 필요성이 그만큼 절실하였음을 반영하는 것이라고 하겠다. 그뿐만 아니라 『農事直說』의 복간에 대하여, 필요한 사항을 증보로서 모두 설명할 수 없다고 생각할 경우에는, 다른 적당한 농서를 合刊하기도 했다. 宣祖 14년의 內賜本 『農事直說』이 바로 그러한 예였다. 여기서는 『農事直說』의 표제로 이를 간행하면서도, 그 후반부는 『衿陽雜錄』을 全文 그대로 첨부 합간하였다.[111] 『農事直說』만을 이용하여 농사를 하기에는 그 한계가 너무 컸기 때문이다.

『農事直說』의 증보 간행 경위 ― 兩亂 뒤의 農業生産 재건기에 『農事直說』의 增補本이 간행되는 것은 이같은 전통 위에서의 일이었다. 그것이 몇 차례나 있었는지 알 수 없지만, 이 시기 農學의 발달과 관련하여 우리가 주목하고자 하는 것은, 申洬이 『農家集成』의 중심 농서로 삼은 『農事直說』(增補本)

---

110) 『淸芬室書目』 農事直說, p.65.
111) 이 內賜本 『農事直說』은 『農書』 1에 실려 있다.

이다. 그것은 그 증보 사항이 모두 이 시기의 농업 발달을 이해하는데 큰 도
움을 주기 때문이며, 특히 그 간행 작업이 『農家集成』의 편찬과 직접 관련되
기 때문이다.

『農家集成』에 실린 이같은 『農事直說』(增補本)은, 『農家集成』의 편찬과정
에서 그 직전에, 公山縣에서 간행한 것이다. 그것은 『農家集成』에 後敍를 쓴
洪柱世가

> 農事直說鋟于公山也　余旣有糠粃之引矣　厥後添以衿陽雜錄·四時纂要　弁以勸農
> 教若文　而牧伯申侯浩仲甫令公　以余竊嘗與聞剞劂之意　走書印寄屬以重敍顚末112)

이라고 한 것으로서 그와 같이 이해할 수 있다. 여기서 말하는 公山은 公
州牧의 강등된 명칭이었다. 公州牧은 仁祖 24년에 있었던 尼山縣人 柳濯 등
의 謀反계획의 탄로와113) 관련하여 公山縣으로 격하되었다. 그 강등된 기간
은 仁祖 24년(1646) 5월에서 孝宗 6년(1655) 정월까지였는데,114) 그 사이
에 이곳에서는 『農事直說』을 간행했으며, 그 『農事直說』에 洪柱世는 序(引)
를 썼다는 것이다. 그런데 그의 표현을 따르면 그 뒤 牧使 申洬은 그 『農事
直說』에다 『衿陽雜錄』 기타 등등을 첨가하여 이를 모두 간행할 뜻을 말했고
또 그 서적의 간행을 진행시키면서는 그 전말을 또다시 敍로서 써 줄 것을
부탁했다는 것이다. 이는 公山縣 간행의 『農事直說』이 그 뒤 公州牧 刊行의
『農家集成』으로 그대로 이어졌음을 말하는 바라고 하겠다.

그런데 公州牧使 申洬은 『農家集成』 특히 그 가운데에서 『農事直說』을 간
행하게 된 동기를

---

112) 『靜虛堂集』下, 農家集成後敍.
　　『農家集成』後敍. 『農家集成』에는 洪柱世의 後敍가 들어 있는 것이 있고 그렇지 않은 것이
　　있다. 그것을 거듭 사양하다가 늦어진 까닭으로 생각된다.
113) 『仁祖實錄』47, 仁祖 24년 3월 乙亥, 4월 丁丑, 35책, p.270.
　　『承政院日記』93, 仁祖 24년 3월 27일, 5책, p.457.
114) 『仁祖實錄』47, 仁祖 24년 5월 丙午, 35책, p.274.
　　『孝宗實錄』14, 孝宗 6년 정월 戊子, 36책, p.1.

農事直說……臣於居鄕試之 有驗信 農家之龜鑑也 第恨 印本無傳 知者蓋寡 玆
乃鋟梓 添以俗方 低其一行 以別本文 思欲贊揚聖旨 廣布於世人 得而行之
也115)

라고 말하고 있었다. 申洬은 경험을 통해서『農事直說』을 農家의 龜鑑으
로 확신하였는데, 그 印本이 無傳함에도 識者들이 이를 방치하고 있어서 한
스럽게 생각했다며, 그래서 그 자신이 이를 板刻하여 세상에 널리 보급시키
려 한다는 것이다. 이에서 보면 그가『農家集成』(『農事直說』)을 간행하려 했
을 때 公州(公山)에는『農事直說』이 간행 보급되고 있지 않았으며, 따라서
그의『農事直說』간행은 이 지방에서도 이때 처음 시도되는 것이었다고 하
겠다. 그리고 그렇게 본다면 洪柱世가『農家集成』의 後敍에서 한 말과는 상
반되어 보이기도 한다. 申洬이 公州牧使가 되는 것은 公山縣이 公州牧으로
복호되면서였으며,116) 그가『農家集成』을 간행한 것도 그 牧使의 직위에 있
을 때였기 때문이다.

그러나 洪·申 두 사람의 기술에는 어느 쪽도 착오가 있는 것이 아니었다.
그것은 그 글들이 같은『農家集成』의 편찬 경위를 말하는 後敍와 跋로서 쓰
여진 글이기 때문이다. 그렇다면 그것은 같은 사실을 서로 다른 각도에서 기
술한 데서 연유하는 것으로 생각된다. 洪柱世가 말하는 公山縣에서의『農事
直說』간행은 바로 公州牧使 申洬이 말하는『農家集成』안의『農事直說』간
행이었으리라는 것이다. 실제로 申洬은 牧使가 되기 이전부터 이미 그(『農
事直說』增補本) 간행 사업을 주관하고 있었다. 만일에 洪·申의 사업이 별
개의 사업이었다면 申洬이 '印本無傳'을 이유로『農事直說』을 간행할 수는
없었을 터이기 때문이다. 그리고 洪柱世에게 거듭 敍를 쓰게 해야만 할 이유
도 없었을 것이다.

申洬이 목사가 되기 이전에『農事直說』간행 사업을 주관하고 있었다는
사실은 宋時烈의 글에서 분명히 확인된다. 그는『農家集成』의 편찬 경위를
말하는 가운데

---

115)『農家集成』跋,『農書』1, pp.283～284.
116)『承政院日記』134, 孝宗 6년 정월 3일, 7책, p.522.

今年冬公州牧使申侯洬 以其所編農事說見寄 余受而卒業 則其所以搜羅今古時事
辨物者 巨細不遺 雖炎棄復生 無以易也 申侯於是乎其用意勤矣……又聞 申侯欲
以聖祖敎文 弁諸編首……甲午歲除日117)

이라고 하였다. '甲午歲除日'은 孝宗 5년 12월 末日이므로, 公州는 아직
公山縣이었고 申洬은 아직 목사가 되지 않았는데, 그는 이미 그 해 겨울에
"農事說"을 宋時烈에게 보내어 보아 줄 것을 청하고 있었던 것이다. 여기서
말하는 "農事說"은 정식 冊名은 아니고, 아마도 『農事直說』에다 증보를 가한
『農事直說』增補本이었을 것으로 생각되며, 또 바로 洪柱世가 말하는 公山
縣 刻板의 『農事直說』이었으리라고 믿어진다. 그리고 宋時烈이 '甲午歲'에
쓴 이 敍에서 申洬이 목사로 되어 있는 것은, 『農家集成』이 간행되는 孝宗
6년에는 그의 직위가 목사로 승진되어 있었으므로 간행을 하면서 조정하였
을 것으로 사료된다.

『農家集成』의 序나 跋만으로 보면 그 간행 경위가 이같이 모호하지만, 그
러나 申洬은 公州牧使가 되기 이전부터 이미 『農事直說』을 간행할 수 있는
자리에 있었다. 그는 목사가 되기 이전에 公山縣監으로 재임하고 있었기 때
문이다. 그는 이보다 앞서서는, 謀逆으로 몰려 처형된 金自點과 甥舅 사이였
으므로, 어려운 처지에 있었지만, 孝宗의 특별한 배려로 公山縣監에 임명되
고 있었다(孝宗 4년 10월).118) 그러므로 그는 본시부터도 직무에 충실한 사
람이었지만, 이곳 縣監으로 있는 동안에는 더욱 충실하게 그 직무를 수행하
지 않으면 아니 될 것으로 생각하였을 터이다. 그리고 그 일환으로 『農事直
說』의 복간 계획도 세우게 되었을 것으로 생각된다. 西原縣監으로 있을 때
『救荒撮要』를 편찬 간행한 일도 같은 심경에서였을 터이다. 이 시기의 地方
守令에게는 이같은 사업보다 더 명예로운 일은 없었을 것이기 때문이다. 그

117) 『農家集成』序, 『農書』1, pp.135～138.
　　『農家集成』에는 宋時烈의 序가 있는 것과 없는 것이 있는데, 이는 『農家集成』이 간행 반포된
　　뒤, 孝宗이 그것을 拔去하고 반포하도록 지시하였기 때문이다(『備邊司謄錄』18, 孝宗 7년 3월
　　24일, 2책, p.480).
118) 宋時烈, 公州牧使申公墓碣銘(『宋子大全』卷177 ; 『人物考』25).
　　『承政院日記』129, 孝宗 4년 10월 14·17일, 7책, pp.255～257.

리하여 이 사업의 수행을 위해서 도움을 받게 된 사람이 바로 洪柱世이고, 여기에서 간행된 農書가 洪·申 두 사람이 각각 『農家集成』의 後敍와 跋에서 말한 『農事直說』(增補本)이었을 것으로 생각된다. 그렇다면 그 간행년도는 宋時烈이 그것을 받아 본 甲午歲(孝宗 5년, 1654년)가 될 터이다.

朱子 「勸農文」의 수록과 『農家集成』의 확대 편찬 — 申洬이 公山縣에서 『農事直說』을 간행했을 때의 생각은, 『農事直說』의 간행만으로 만족하려 했던 것으로 보인다. 洪柱世가 序(引)를 쓰고 있는 것은 그 단적인 표현이다. 그러나 그 뒤 申洬의 생각은 확대되어 현재 우리가 보는 『農家集成』을 편찬하기에까지 이르렀다. 그것은 그가 世宗의 「勸農敎文」을 合刊해야 할 것으로 생각한 데서 비롯된 것으로 생각된다. 農書를 간행하는 목표는 국가의 농정 이념을 구현하기 위해서인데, 그같은 이념은 世宗朝의 「勸農敎文」에 잘 표현되고 있기 때문이다. 그것은 그가 『農家集成』의 跋文에서 世宗朝의 『農事直說』과 「勸農敎文」을 함께 논하고,119) 그 뜻에 따라 『農事直說』을 증보 간행하였음을 밝힌 것으로서 그같이 이해할 수 있다. 앞에 제시한 宋時烈의 표현으로서 보면, 申洬은 宋時烈에게 "農事說"을 보내고 또 世宗의 「勸農敎文」을 간행할 뜻을 말했다고 하였는데, 이는 바로 그같은 문제를 宋時烈과 의논한 것이 아니었을까 생각된다.

宋時烈이 이에 찬성했음은 물론이지만, 그러나 朱子學者인 宋時烈은 거기에다 朱子의 「勸農文」도 함께 실을 것을 제언했고,120) 申洬의 계획은 이에 크게 확대되지 않을 수 없었다. 『農家集成』에서 특이한 것은 우리나라 종래의 농서와 함께 朱子의 「勸農文」이 수록되어 있는 점인데, 특히 이 朱子의 「勸農文」을 싣도록 권유한 사람은 宋時烈이었다. 우리나라에 전해 온 中國의 농서는 많았지만, 그 가운데에서 宋時烈은 『農家集成』에다 유독 朱子의 「勸農文」을 수록하도록 권하고, 申洬은 그것을 卽席에서 받아들였다. 世宗의 「勸農敎文」과 朱子의 「勸農文」은 결국 그 農政理念이 같은 것이기 때문이었을 터이다. 그러한 사정을 宋時烈은

---

119) 『農家集成』 跋, 『農書』 1, p.283.
120) 『宋子大全』 卷45, 答申浩中洬, 甲午 11월.

余嘗喜讀朱夫子書……惟其中勸農文數條　固羣黎百姓之所日用者　故每遇田翁野
夫　卽以談說而娓娓矣……今旣有此書（申侯의　農事說 — 필자）則夫子之文而
可少哉　遂以諗于申侯　則申侯亟取以並刻之121)

라고 표현했으며, 申洬도

前參議臣宋時烈 以朱文公勸農文 請弁之122)

라고 하였다. 그리하여 申洬의 계획은 결국 世宗의 「勸農敎文」·『農事直
說』·朱子의 「勸農文」을 한 책으로 묶는 것이 되었다. 그러나 그의 농서가
이같이 中國 農書까지도 수록하는 것이 되고 보면, 申洬으로서는 다른 朝鮮
農書의 合編도 고려하지 않을 수 없었다. 그가

又得衿陽雜錄·四時纂要(抄) 以附篇末 總而名之 曰農家集成123)

이라고 하였음은 그러한 사정을 말한 바이다. 앞에서 살핀 바 『衿陽雜錄』
과 『四時纂要抄』도 찾아내어, 새로 묶는 책의 후반부에다 合編하게 되고, 이
를 통틀어 『農家集成』이라고 했다는 것이었다.
　『農家集成』이 편찬된 경위를 이같이 정리하고 보면, 申洬이 애초에 구상
한 『農家集成』은 『農事直說』을 증보하여 거기에다 世宗의 「勸農敎文」을 卷
首에 붙이는 것이 목표였으며, 그러한 점으로 보면 申洬이 애초에 세운 『農
家集成』 편찬의 목표는 우리나라 固有의 전통적인 농법이나 농정책·농정이
념만을 한 책으로 묶으려는 것이었다고 하겠다. 『農事直說』은 우리나라에서
이뤄지고 있는 농법을 기술한 것이며, 世宗의 「勸農敎文」은 朝鮮初期의 農
政理念·농정책의 지침을 나타낸 글이었다. 그리고 그러한 점에서는 『衿陽
雜錄』이나 『四時纂要抄』도 마땅히 이에 합편될 수 있는 것이었다. 이들 두

---

121) 『農家集成』 序, 『農書』 1, p.135.
122) 『農家集成』 跋, 『農書』 1, p.284.
123) 同 上.

농서는『農事直說』을 보완하고자 우리 農業의 현실을 채록하거나, 우리 農業에 맞는 中國 농서의 기록을 抄한 것이기 때문이다.

朱子「勸農文」수록의 의미 ― 이와 같이『農事直說』·『衿陽雜錄』·『四時纂要抄』·世宗의「勸農敎文」등이 우리나라의 농법 농정이념을 기술한 것이었음과는 달리, 朱子의「勸農文」은 中國에서의 農法이나 농정이념을 기록한 것이었다. 그런데도 申洬은 이러한 朱子의「勸農文」을『農家集成』에다 실고 있었다. 그러므로 申洬이 애초에 세운 농서 편찬의 기본 방침은 朱子의「勸農文」을 수록함으로써 크게 달라지지 않을 수 없게 되었다. 朱子의「勸農文」은 단순히 농업을 권유하는 관념적인 文章이 아니라, 中國의 農法과 中國의 農政策을 儒敎的인 농정이념으로 기술한 中國의 政策書이기 때문이다. 이는 朱子가 南宋의 南康軍 및 漳州의 知事로 있을 때, 農民敎導의 방안으로 작성한 것으로서, 농민들을 농업교육을 통해 체제에 순응하는 民이 되도록 교화시키고자 마련한 것이었다.

말하자면 申洬이『農家集成』에다 朱子의「勸農文」을 실었다는 사실은, 中國의 어떤 특정한 농법과 농정이념을 도입한다는 또 다른 하나의 목표를 내세우게 된 것이 아닐 수 없었다. 朱子의「勸農文」에 보이는 南宋의 江南 농법이나 농정은 여러 가지 면에서 이 시기 우리나라의 농법·농정과 공통되는 것이었으므로 申洬으로서는 이를 거부할 필요가 없었을 것으로 생각된다. 江南農法은 이미『閑情錄』에서 적극적으로 다루었으므로 생소한 바도 아니었다. 하물며 그것이 朱子의 著述이라는 점에서는 더욱더 그러하였다.『農家集成』은 요컨대, 우리나라의 농법·농정과 朱子「勸農文」에 보이는 中國 南宋의 농법·농정이념을 일치시키고자 한, 또는 그 中國 농법·농정이념을 도입한다는 목표 아래에, 편찬된 농서였다고 하겠다.

이를 농학의 흐름에서 보면, 주자「勸農文」의『農家集成』에의 수록은,「雇工歌」적 古典儒學적인 농정이념에 대한「答歌」적 近世儒學적인 농정이념의 대반격이었다고 하겠다.

2)『農家集成』의 農業技術

『農家集成』은 이미 말한 바와 같이 우리나라 農書와 中國 農書를 함께 수록하였다. 그러기에 이 책에 기재된 農業技術은 당시의 우리나라 농업기술과 中國의 농업기술을 함께 기록하고 있는 것이라 하겠다. 그러나 中國의 農法이라고 해서 우리나라의 그것과 크게 거리가 있지는 않았다. 그것은 우리나라 先進地域의 그것과 비슷했으며, 그러기에 그 내용이 그대로 우리의 農書에 실릴 수가 있는 것이었다. 朝鮮後期에는 농업기술상에 큰 변동이 일어나고 있어서, 이에 대한 學問的인 대책이 필요하였는데, 申洬은 그것을 여러 가지 農書의 종합으로써 이룩하려 하였다. 그러한 의미에서는 先進的인 中國의 農法이 의식적으로 받아들여진 것이라고도 하겠다.

이와 같이 申洬은 여러 농서를 종합 수록하고 그 위에다 그 자신의 의견도 덧붙임으로써 變動期의 농업에 대처하려 했지만, 『農家集成』에서는 이러한 농서들의 농법이 하나의 체계 위에서 새로이 종합 정리된 것은 아니었다. 申洬은 여러 농서들을 그대로 묶어서 한 卷의 冊子로 集成한 데 지나지 않았다. 그리고 그 가운데에서도 중심이 되는 『農事直說』에 관해서만은 그의 견해, 주로 당시 농촌에서 관행하는 농법을 보충하였다. 그러므로 『農家集成』의 農業技術 또는 申洬이 變動期의 농업에 대처하여 마련하려고 한 농업기술이 어떠한 것인가를 이해하려면, 거기 수록된 모든 농서에 대한 분석 검토와 그 종합이 필요하겠다. 그러나 『農事直說』·『衿陽雜錄』·『四時纂要抄』의 농업기술에 관해서는 본서 제Ⅰ편에서 이미 그 특성을 검토한 바 있으므로, 이곳에서는 특히 『農家集成』을 편찬하면서, 새로이 첨가한 기술내용에 관해서만 보기로 하겠다.

(1) 朱子「勸農文」의 農業技術

朱子(朱熹, 1130~1200년)의 「勸農文」은 그의 文集에서 세 篇의 「勸農文」과 한 편의 示俗을 발췌하여 수록한 것인데, 앞에서도 말한 바와 같이, 이는 단순한 관념적인 勸農의 글이 아니라 구체적인 農業技術을 담고 있는 것이다. 第1「勸農文」은 淳熙 6년 12월(1179),[124] 第2「勸農文」은 淳熙 7년 2월(1180),[125] 第3「勸農文」은 紹熙 3년 2월(1192)[126]에 각각 榜示한 것으로

---

124) 『朱子大全』 卷99, 公移.
125) 『朱子大全』 卷99, 公移.
　　이 第2「勸農文」은, 淳熙 6년 12월의 第1「勸農文」과 淳熙 8년 12월 28일자 「勅命」 사이에

서, 앞의 두 글은 朱子가 知南康軍(江西省 星子縣을 중심으로 한 지역)으로
있으면서 쓴 것이고, 셋째 번 글은 그가 知漳州(福建省)로 있을 때에 쓴 것
이었다. 이들 「勸農文」은 시대적으로는 12세기 南宋時期의 農法을, 지역적
으로는 華南 특히 江南地方의 그것을 반영했다.

朱子 「勸農文」의 水田農業 — 세 篇의 「勸農文」 가운데 朱子의 農業技術論
을 잘 보여 주는 글은 第1・第3「勸農文」이다. 第1「勸農文」은 8개 項으로 되
어 있는데, 농업기술에 관한 것이 7개 항이다. 그 가운데 水田農業에 관한
것이 4, 旱田農業・桑麻・水利 問題가 각각 1개 항씩으로 이뤄져 있다. 第3
「勸農文」은 10개 항인데, 농업기술에 관한 것이 4개 항이며, 그것은 각각
水田農業, 旱田農業, 桑麻, 水利 問題를 다루고 있다. 이로써 보면, 朱子의
농업기술론에는 水利 問題까지도 포함하여 水田農業에 관한 것이 압도적으
로 많음을 알 수 있다. 이는 그가 水田農業을 농업에 있어서 중심적인 것으
로 보고 있음을 뜻하는 것이기도 하겠고, 당시 이 지역의 농업은 水田農業이
중심이었음을 반영하는 것이기도 하겠다. 그가 水田農業을 농업의 중심으로
보고 있음은 水田農業을 많이 언급했을 뿐만 아니라, 旱田農業에 관해서

山原陸地可種粟麥麻豆處 亦須趁時竭力耕種 務盡地力 庶幾靑黃未交之際 有以
接續飮食 不至飢餓127)

라고 한 것이라던가, 또는

種田固是本業 然粟豆麻麥菜蔬茄芋之屬 亦是可食之物 若能種植 靑黃未交 得以
接濟 不爲無補 今仰人戶 更以餘力廣行栽種128)

편집되어 있으나, 공표(榜示)한 年月日을 기록하지 않아서, 이것이 淳熙 7년의 「勸農文」인지
淳熙 8년의 것인지 분명치 않다. 그러나 淳熙 8년 2월에는 「辛丑勸農文」이 따로 방시되고
있음으로(『朱子大全』別集 卷9, 公移), 이 第2「勸農文」은 淳熙 7년 2월의 「申諭耕桑榜」(『朱子
大全』別集 卷9, 公移)・「勸諭築埂岸」(2月日榜 —『朱子大全』卷99, 公移) 其他 등과 함께 淳熙
7년 2월에 내린 「勸農文」이었을 것으로 생각되는 것이다.
126)『朱子大全』卷100, 公移.
127)『農家集成』, 朱子 第1「勸農文」.
128)『農家集成』, 朱子 第3「勸農文」.

이라고 한 것에서 그와 같이 이해할 수 있다. 그는 旱田穀을 春窮期의 新·舊穀을 接食시켜 주는 穀物 정도로 보았다.

이와 같이 朱子 「勸農文」에서 그는 농업기술에 관한 기술을 水田農業의 技術을 중심으로 글을 썼지만, 朱子 「勸農文」의 이 水田農業은 『齊民要術』이나 『農桑輯要』에서 볼 수 있는 水田農業과는 다른 것이 또한 특색이었다. 그 原文을 보면 다음과 같다.

① 大凡秋間收成之後 湏趂冬月以前 便將田段一例犁翻 凍令酥脆 至正月以後 更多著遍數節次犁杷 然後布種 自然田泥深熟 土肉肥厚 種禾易長 盛水難乾 (杷或作杷)

② 耕田之後 春間湏是揀選肥好田段 多用糞壤 拌和種子 種出秧苗 其造糞壤 亦 湏秋冬無事之時 預先劃取土面草根 曬曝燒灰 旋用大糞拌和 入種子在內 然後撒種

③ 秧苗旣長 便湏及時趂早栽揷 莫令遲緩過却時節

④ 禾苗旣長 稈草亦生 湏是放乾田水 子細辨認 逐一拔出 踏在泥裏 以培禾根 其塍畔斜生茅草之屬 亦湏節次芟削 取令淨盡 免得分耗土力侵害田苗 將來 穀實必湏繁盛堅好129)

⑤ 今來春氣已中 土膏脈起 正是耕農時節 不可遲緩 仰諸父老敎訓子弟 遞相勸 率 浸種下秧 深耕淺種 趂時早者 所得亦早 用力多者 所收亦多 無致因循 自取飢餓130)

①項은 水田의 整地에 관한 일반적인 상황을 말한 것으로서, 收穀 뒤에 秋耕을 하고 봄에 다시 여러 차례 春耕을 한 다음에 布種을 하면 土地가 肥沃하여지고 물이 잘 마르지 않아서 播種한 벼(禾)가 잘 자란다는 내용이다. ②項은 秧田 또는 苗板을 말한 것으로서, 前項과 같이 秋耕과 春耕을 한 뒤에 그 가운데서 가장 肥沃한 田을 골라 種子를 糞壤에 섞어서(種肥) 그 苗板에 撒種하면 종자는 秧苗를 싹틀 것이며, 糞壤을 만드는 것은 '秋冬無事時'에

---

129) 『農家集成』, 朱子 第1「勸農文」.
130) 『農家集成』, 朱子 第3「勸農文」.

草根을 베어서 말리어 태우고, 이것을 大糞과 섞어서 만들라는 말이다. ③項은 移秧을 말한 것으로서 苗가 이미 자랐으면 때를 맞추어 속히 移植하되 늦장을 부려서 農時를 놓치지 말라는 뜻이다. ④項은 除草에 관한 것으로서, 禾苗가 자라면 稈(稈)草도 또한 자라게 되니 田畓의 물을 빼고 이를 辨別 拔出하여 벼포기 밑에 밟아 넣어서 거름이 되게 할 것이며, 논두렁의 잡초도 베어서 그것이 地力을 消耗하고 田苗를 침해하는 것을 막으라는 이야기이다. ⑤項도 秧板과 注秧에 관한 것으로서, 봄철의 耕農時節에 稻種을 浸種해서 秧板에다 下種하되 注秧은 深耕 淺種하라는 것이다.

朱子가 농민들에게 榜示하였던 水田農業에 관한 기술은 이상과 같은데, 朱子「勸農文」의 이러한 水田農業은 요컨대 移秧法을 이용한 水稻作이었다. 朝鮮前期의『農事直說』에 나온 水稻作에서는 直播法을 중심으로 그 재배법을 기술했는데, 朱子는 그가 다스리는 지방에서 直播에 관해서는 언급함이 없이 移秧法을 중심한 水稻 재배만을 말하고 있는 것이다. 朱子가 知事가 되어「勸農文」을 방시하였던 이 南宋時期의 南康이나 漳州地方에서는 水稻作은 移秧法으로 이뤄졌던 까닭이라 하겠다.

다만 여기 제시한 자료에 따르는 한, 秧田에 稻種을 撒種할 때, 한 곳에서는 糞壤에다 種子를 拌和해서 撒種하라 하였고(자료 ②), 또 다른 한 곳에서는 種子를 浸種하였다가 秧田에 하종하라 하였는데(자료 ⑤), 이는 아마도 같은 移秧法을 이용한 水稻 재배이면서도 지역에 따라 차이가 있었음을 보여주는 바가 아닌가 한다. 이러한 차이는 土地의 肥瘠에서 연유하였던 것 같다. 南康軍은 ‘田地磽确 土肉厚處 不及三五寸’[131]이라고 할 정도로 토지가 瘠薄하였는데, 이곳에서 落種時에 糞壤에다 種子를 拌和하라고 한 것을 보면, 種子를 糞壤에 拌和하였다가 撒種하는 것은 아마도 瘠薄地의 경우에서 볼 수 있는 특별한 예이었던 것 같다.

朱子「勸農文」의 農學과『農家集成』찬자들의 목표 ― 朱子의「勸農文」에서는 이와 같이 移秧法에 따른 水田農業을 장려하였는데, 이는 朱子가 知事로 있던 곳에서만 관행한 일은 아니었다. 이 시기의 南宋地方에서는 移秧法이

---

131)『農家集成』, 朱子 第2「勸農文」.

일반적으로 보급되고 있었다. 곳에 따라서는 直播를 하는 곳도 있었지만, 132) 중심은 移秧法이었다. 南宋時期의 가장 잘 정리된 농서인 陳旉의 『農書』에는 그러한 사정이 잘 반영되고 있다. 이 책은 水稻作 농법을 설명하는 가운데서 오직 移秧法에 따른 水稻 재배만을 여러 가지로 기술하였다. 가령 穀物의 種植에 있어서는 무엇보다도 根苗를 잘 키워야 한다는 것을 전제하면서도, 水稻에 관해서는 直播時의 根苗는 말함이 없이 秧田脩治에 관해서만 말하고 있는 것은 그 예가 되겠다. 133) 이 시기의 이러한 농업사정은 天野 씨나 周藤 씨의 精緻한 연구가 있어서 이미 다 아는 사실로 되어 있다. 134) 그뿐만 아니라 移秧과 관련해서는 水田種豆・麥・蔬茹 등의 二毛作이 이뤄지기도 하였다. 陳旉는 그의 농서에서

　　早田穫刈纔畢 隨卽耕治曬曝 加糞壅培 而種豆麥蔬茹 因以熟土壤而肥沃之 以省
　　來歲功役 且其收又足以助歲計135)

라고 하였는데, 이는 早稻의 수확이 끝난 뒤에 거기에다 施肥를 하고 豆・麥・蔬茹 등을 再耕할 것을 말한 것이었다.

　　朱子는 이와 같이 南宋 江南지방에서 이뤄지고 있는 水稻農法을 토대로 「勸農文」을 썼는데, 그 기술 수준은 陳旉와 같은 農學者의 그것과도 크게 차이가 없었다. 陳旉의 『農書』는 朱子의 「勸農文」보다 40년이나 앞서 간행되었으므로 아마도 朱子는 이를 참고하였을 것이며, 또 그는 '久處田間 習知稼事'・'久在田園 習知農事'136)하고 있었으므로 이 農法을 정확하게 기술하여 榜示할 수가 있었을 터이다.

　　朱子는 孔子 이래의 최대의 儒學者이고, 儒敎哲學을 크게 이룬 철학자이기에 일반적으로는 觀念哲學者로만 알려져 있으나, 사실 그는 農學에 대한

132) 周藤吉之, 『宋代經濟史硏究』, 1962, pp.81~82.
133) 陳旉, 『農書』 善其根苗篇. 第1編의 註102 참조.
134) 天野元之助, 『中國農業史硏究』, 第2篇 第1章 水稻作技術의 展開, 1962.
　　　周藤吉之, 前揭書, 2 南宋稻作의 地域性.
135) 陳旉, 『農書』 耕耨之宜篇.
136) 『農家集成』, 朱子 第1, 2「勸農文」.

造詣가 깊었고 농학을 연구하려는 의욕도 적지 아니 컸었다. 그가 자신의 철
학적인 체계를 완성하던 壯年期와 老年期에 「勸農文」을 쓴 것도 그러한 뜻
의 한 표현이지만, 晩年에 이르러서 '乞得山田三百畝 靑燈徹夜課農書'[137]라
고 하여, 밤새워 농서를 공부하고 싶다는 희망을 말한 것에는 그러한 뜻이
더욱 잘 나타나 있다고 하겠다. 이는 知己인 陳勝私의 농서를 보고서 이에
격려되어 한 말인데, '山田三百畝'를 얻고 싶다고 한 것을 보면 아마도 中小
地主 또는 大農으로서 水田農業과 旱田農業을 모두 실험해 보고 스스로도
농서를 著述하고 싶었던 것이 아닌가 생각된다.

朱子의 농학에 대한 知識은 이와 같이 수준이 높고 造詣가 깊은 것이었기
에, 「勸農文」에 나타난 농업기술은 이 시기 南宋 지방 농업기술의 특징을 단
적으로 표현하는 것이라 해도 좋겠다. 그것은 요컨대 華北地方의 旱田農業
중심에 대하여 江南지방의 水田農業을 중심으로, 水稻作의 直播農法 중심에
대하여 移秧農法을 중심으로 삼아 글을 쓴 것이라 하겠다. 그런데 宋時烈과
申洬은 『農家集成』에다 이와 같은 朱子의 「勸農文」, 즉 農業技術論을 싣고
있는 것이었다. 이는 朱子의 農業技術論, 즉 江南지방적인 농업기술을 받아
들이려는 것이 아닐 수 없었다. 朝鮮前期의 농서가 주로 『農桑輯要』나 『四
時纂要』를 통해서 華北지방의 水田 直播農法과 연결되고 있었다면, 이제 이
『農家集成』에서는 朱子의 「勸農文」을 통해서 江南지방의 水田 移植農法과
연결되고자 하는 것이었다. 이는 朝鮮前期까지 直播 중심이었던 水稻 재배
법을 移秧 중심으로 전환시키려는 적극적인 제언이 아닐 수 없었다.

(2) 申洬이 『農事直說』에 增補한 農業技術

『農事直說』增補에는 洪柱世가 기여 ―『農家集成』에는 여러 편의 農書와
勸農文이 실려 있지만, 申洬은 『農家集成』을 편찬함에 있어서 애초에는 世
宗의 「勸農敎文」과 鄭招가 엮은 『農事直說』만을 合本하여 간행하려 하였다.
그래서 『農事直說』에 대하여는 많은 증보를 시도하였다. 『農事直說』은 훌륭
한 농서였지만, 편찬된지 200여 년이 지난 孝宗朝에 이르러서는 農業技術
上에 많은 변화가 일어나고 있었으므로, 종전의 『農事直說』을 그대로 이용

---

137) 『朱子大全』 卷7, 詩 戲贈勝私老友.
　　周藤吉之, 前揭書, p.43.

할 수는 없었기 때문이다.

『農事直說』에 대한 申洬의 증보는 公山縣에서 그것을 간행했을 때 이루어졌을 것으로 생각된다. 洪柱世의『農家集成』後敍에 따르면『農家集成』은 그 公山板『農事直說』에다 여러 농서를 보태어 편찬했을 뿐이었다. 그리고 증보 작업에서 申洬이 크게 도움을 받은 사람은 바로 洪柱世였을 것으로 믿어진다. 그뿐만 아니라 그 증보는 전적으로 洪柱世의 노력에 따른 것이었는지도 모르겠다. 申洬이 그로 하여금 公山板『農事直說』에도 序를 쓰게 하고, 公州板『農家集成』에도 거듭 敍를 쓰게 한 것으로 보면, 그는『農家集成』을 편찬함에 있어서 대단히 중요한 일을 했던 것으로 생각되기 때문이다.『農家集成』의 편찬에서 그러한 일이라면『農事直說』에 증보를 가하는 일이었을 터이다. 洪柱世는 당시 農學에도 一家를 이루고 있었으므로,[138] 그 일을 충분히 할 수 있는 인물이었다.

申洬 등의 이같은 증보를 살피면 그들은『農事直說』을 증보함에 있어서 몇 가지 점에 특히 유의하고 있었다. 그들은 農法의 변동에 세심하였고, 施肥, 中耕除草 문제에도 각별한 관심을 보였다. 농학자다운 당연한 자세였다. 그러면서도, 作物의 파종에 관하여 吉日과 凶日을 믿는 비과학적인 면도 지니고 있었다.

『農事直說』增補의 方法·內容 (1) ─ 申洬은 증보된 사항을 두 가지 방법으로 기술하였다. 그 하나는 '添以俗方 低其一行 以別本文'[139]하는 원칙이다. 새로 증보한 文章은 本文보다 一行 낮추어 기록함으로써 原文과 구별되도록 한다는 것이다. 本文과 구분해서 그것과 대등한 비중으로 다룰 수 있는 새로운 농업기술이나 중요하다고 생각되는 농업기술을 이같이 기술했다.

'低其一行'의 원칙에 따라 申洬이 증보 간행한『農家集成』의 木板本이나

---

138)『靜虛堂集』任埅의 跋에 따르면, 澤堂 李植은 洪柱世의 學問을
　　 若布帛菽粟法 遜於張持國 而理勝之金栢谷得臣與澤老 論文問及 公與申春沼最
　　 라고 評하였다. '布帛菽粟法'은 張維만 못하지만, 理는 金得臣이나 自己보다 낫고, '論文問及'은 申春沼와 더불어 으뜸이라는 것이다. 여기서 布帛菽粟法이란 반드시 農學만을 지칭하는 것이 아니라 經濟生活에 관한 學問 전체를 이르는 것이 되겠지만, 洪柱世는 그러한 문제에 관하여 이미 사망한 谿谷 張維와 비교되고 있었다.
139)『農家集成』跋.

肅宗朝에 간행된 活字本을 검토하면, 그 증보 부분은 적지 않은 量에 달한다.

增補事項 개관 ; 그 전모를 살피면 ① 耕地條에 1건, ② 苗種法·移秧法 및 旱稻秧基와 관련하여 8건, ③ 火耨法 1건, ④ 種大小麥條에 2건, ⑤ 種胡麻條에 1건, ⑥ 種木花條에 4건으로 되어 있어서, 苗種法에 관한 증보가 압도적으로 많다. 이러한 가운데서 특히 ③ 火耨法과 ⑥ 種木花法에는 '直說不錄'이라는 但書를 붙이었다. 世宗朝의『農事直說』이나 宣祖朝의 內賜本『農事直說』에는 ③⑥의 조항이 없고, 昌平刻本『農事直說』에는 ③의 조항이 없어서, 처음으로 揭載하게 된 까닭이었다.

耕地條에서 증보한 것은 濕地의 이용에 관해서였다. 土地가 濕해서 種穀에 적당하지 않은 곳은 刈草 施肥하고서 小麥을 播種하고, 이어서 다음해에는 乾田으로 만들어서 木花를 種植하면 좋다는 것이었다. 이는 그 말미에 '慶尙左道人行之'라고 한 것으로 보아, 慶尙道 地方에서 행해지고 있는 濕地利用法을 보급시키려는 것이었다고 하겠다.[140] 이 시기에는 陳荒田開墾이 중요한 農政上의 과제였고, 또 실제로 그러한 사업이 널리 권장 실천되어 가고 있었으므로, 그는 이것을 陳荒田開墾을 위한 구체적인 방안으로 제시하였던 것으로 생각된다.

種麥條에서 증보한 것은 麥田 施肥[141]와 兩麥의 추수에 관한 사항이다. 종래의『農事直說』에도 麥田의 施肥 및 추수에 관해서는 기술하고 있었지만, 이곳에서는 그 疏略한 점을 좀더 구체적으로 그리고 충실하게 보완하였다. 특히 施肥는 뒤에 언급되는 畎種法의 제기와도 관련하여 주목된다.

種胡麻條에서 보충한 것은,『農事直說』의 油麻 栽培가 직접 종자를 하종하도록 한 것임에 대해서, 麥田 根耕時에 이 麥根田의 兩畝間에다 苗種하라는 새로운 방법의 제시였다.

---

140)『農家集成』,『農事直說』耕地.
濕田不宜種穀處 經霜後 刈草剉之 厚布田中 種小麥 則麥極好 而翌年變爲乾田 至種木花亦宜(慶尙左道人行之)

141)『農家集成』,『農事直說』種大小麥.
○七月 刈白囊軟枝·櫟木(갈)枝葉·杻枝(굴밭이) 以負斫刀(形見苗種下俗方)絶斷 作坎積置廐池水注濕 或牛馬廐踐踏 待蒸糞田 則至種雜穀 無不茂盛 而尤宜兩麥
○櫟枝葉 至秋刈取 經冬 踏於牛馬廐(嶺南左道人行之)

種木花法 증보 ; 種木花法은 본래의 『農事直說』이나 宣祖朝의 內賜本 『農
事直說』에는 없었고, 昌平刻本이 新增種綿條를 증보하였고, 『四時纂要』가
種木花法을, 『四時纂要抄』가 耕木綿法을 간단하게 수록했을 뿐이었다. 그러
므로 이곳에서는 그 재배법(整地・施肥・下種・切枝法)을 구체적으로 크게
증보하고자 하였다. 두 가지 재배법을 제시하였는데, 첫째는 昌平刻本 『農
事直說』이나 『四時纂要』의 木綿耕種法을 그 재배법이 특히 발달하였던 沃川
陽山지방의 綿作農法을 중심으로 종합 정리한 것으로 생각되며,142) 둘째는
'尹調元方'으로서 임진왜란 때 새로 개발된 재배법을 실은 것으로 생각된
다.143) 이같은 두 가지 방법 가운데에서도 중심이 되고 또 申洬이 특히 강
조한 것은 첫째 방법이었다. 그러나 그 뒤의 木綿 재배가 반드시 이 방법대
로 전개되지는 않았다.

移秧法과 農法전환 증보 ; 移秧法에 대한 증보는 특히 세심하고 의욕적이
었다. 申洬이 증보한 문제들은 모두 개개의 조항에서 필요한 것이고, 이것이
첨부됨으로써 그 조항의 농법이 좀 더 구체화될 수 있었다. 그러나 申洬의
『農家集成』을 農法 발달의 측면에서 『農事直說』과 근본적으로 다르게 한 것
은 移秧法에 대한 대대적인 증보였다고 하겠다. 앞에서 말한 바와 같이, 朝
鮮前期의 水稻作은 주로 直播法으로 이뤄졌고, 이것은 『農事直說』에 그대로
반영되어 移秧法은 '又有挿種'이라고 하여 直播法에다 부연해서 설명하는 정
도였는데, 이제 申洬은 이러한 水稻農法에 관한 서술의 비중을 달리하게 하
고 있었다. 그는 移秧法에 관한 설명을 크게 증보함으로써, 우선 양적으로

---

142) 『農家集成』, 『農事直說』 種木花法.
　　○性宜雜沙燥田 二月中旬翻耕 三月上旬又耕之 以木斫熟治 下種時更耕(或三月三日下種 所
收倍多 穀雨下種 立夏前下種 盖早耕 則雖有霜 結窠必多) 綿種 先以牛糞按磨 以白色盡沒爲度
多粘尿灰 轉着乾灰 篩大如榛 成畝後 樞木尖其下端 打穴畝上(隨畝廣狹 作穴多小) 以尿灰或牛
馬糞 先行布穴(作穴頗廣 下種無簇)後 撒種 以推介掩土 鋤不厭多 待其長成 畝間草茂 用一牛網
口 徐徐耕之 勿致損傷
　　○世之糞田者 未耕前 散糞田中 其功不專於根 莫如此法之爲善也
　　○俗人有間種眞荏靑太 而不知損害木花 專業摘花者 絶不間種(沃川陽山人行之)

143) 同上.
　　山谷或平原荒田 解氷後 掘坎沒脛 廣如方席 種木綿臨時 尿灰與牛馬糞壤坑 又加新土 綿種轉
着牛尿及熟灰 如栗子大 一坑種五六箇 待長成約七八寸 去其上枝 則枝茂實蕃 所摘倍多 明年
坑傍又如是 則三年後 終爲饒田 無墾耕之功 而最利焉(尹調元方也 到處如是 不耕田熟)

移秧에 관한 설명이 直播의 그것보다 많게 하고, 따라서 水稻作에 있어서
의 耕種法의 主流를 移秧法으로 전환시켰다. 申洬이『農事直說』을 '農家之
龜鑑'이라고까지 하면서도, 그것을 증보하게 된 것은 바로 이러한 점에
목표가 있었다는 것을 강조라도 하듯, 책 전체의 분량에 비하여 증보의
양이 많았다.144)

　申洬의 증보를 검토하면 그가 移秧法을 증보함에 있어서 유의한 것은 養
苗를 위한 秧基作成과 秧苗育成, 施肥 및 除草 문제였음을 알 수 있다. 그는
秧基작성시의 施肥의 요령, 秧基작성시에 曝土가 잘 안 되어서 착근이 잘 안
될 때의 대책, 儲水秧基에서 자라난 苗의 단점, 移秧의 시기를 놓쳐서 苗板
에 病이 들었을 때의 대책, 移秧 뒤 苗種處(栽苗處 移秧田)에 물이 없고 잡초

---

144)『農家集成』,『農事直說』種稻.
　　申洬이 移秧法과 관련하여 增補한 全文 그리고 관련 除草法(火耨法)을 들면 다음과 같다.
　　早稻秧基
　　○以灰和人糞 布秧基 而假如五斗落 多年秧基 則和糞灰三石 若初作秧基 則和糞灰四石適中
　　和糞時 極細調均 若糞塊未破 穀着其上 反致浮釀 (慶尙左道行之) 胡麻穀剉之 牛馬廐踐踏 積置
　　經冬者 木棉子和廐尿者亦可 (右道人行之 節早無草 則可好 而至於晩稻 亦爲之)
　　○沙畓秧基 因水下種 不然 暫乾 秧不着根 (不待曝土而下種) 凡地品不强 或因雨水 不得如法
　　曝土處 有秧種浮釀之狀 則去水 如根未着土 以沙量宜壓之 根着後貯水
　　○移秧處 水若乾涸 急於移栽 而苗弱若儲水秧基 則秧苗自然出水長成 然弱而長 移種時不無
　　折傷之患矣
　　○苗種或不卽移秧 有過時蠅點處 (俗所謂蠅尿也) 厚布乾草於苗上 焚之後卽灌水 待其葉間新
　　芽抽出寸許 或量日長短移種 則與趁時揷秧者無異 (小灌水焚之 無傷根 三日後種之)
　　○反耕法 水田無水 雜草荒蕪 未易除却處 待水取不 苗不至損傷 束如移秧者 反耕更種 一如苗
　　種法 則鋤功甚省 雖有水處 人力不足 難於除草 則亦行此法 (禾甚盛 勝於苗種 或云禾不足 而老
　　農屢經之人 皆曰足以種矣)
　　○秧草 柳軟枝及眞櫟 (춤갈) 以負斫刀(似挾刀 下鐵 以木爲柄) 打斷 廐下水或人尿沾濕 或牛馬
　　廐踐踏 和溫灰及人尿 積置 以苫草盖之 善蒸 白頭翁草亦可 而甚毒 多布傷秧 須雜以芳草 (俗小
　　兒作攣 細草之類也) 如上法蒸而用之 (慶尙左道人行之)
　　○又方 馬糞燒灰有火 秧草交合人尿 雜以火灰 積之秧基 以苫草盖之 煖鬱速蒸(上同)
　　○蘆草甚好 而可欠節晩 然日日苗長 可以計日移秧
　　火耨法(直說不錄)
　　① 禾草至兩三葉 則先放水 乾草量宜勻布 以火焚之 卽爲灌水 則雜草盡死 苗長日茁 雖不鋤耨
　　所收倍多
　　② 中國南京 一人至種五六石之多者 用此法故也
　　③ 然非燥濕任意之處 則決難行之
　　④ 凡農家所種或多 則鋤功每患過時 糞壤亦難徧及 田家之不得多營者 良由此也 此法最妙(一
　　說 小灌水焚之 無傷根之患)

가 荒蕪하였을 때의 대책(反種法), 秧基 施肥를 위한 여러 가지 잡초의 造糞 요령 등을 기술하였다. 移秧法을 통한 농업에서는 우선 養苗 과정이 충실해 야만 하였으며, 그러기 위해서는 整地·施肥·除草法 등등의 개선이 필요하 였다.

여기서 한 가지 주목되는 것은 稻田 除草의 특수한 방법으로서 火耨法을 첨부하고 있는 점이다. 이는 아마도 中國 古代의 火耕水耨法의 발전된 형태 의 遺制일 것으로 생각되는데, 註144의 ①과 같이 '禾苗가 2, 3葉 자란 다음 논의 물을 빼고, 그 위에 건초를 고루 펴고 불을 질러 태운 다음 다시 물을 대면, 雜草는 모두 죽고 禾苗는 날로 잘 자라서 김매기를 하지 않아도 所收 倍多하다'는 것이다. 그러나 그는 이를 예로서 들면서도 얼른 동의하기 어려 웠으며, 그래서 ③에서와 같이 '灌水 排水를 任意로이 할 수 있는 稻田이 아 니고서는 결코 할 수 있는 일이 아니'라고 하였다. 그러면서도 그가 이 除草 法을 예로 든 것은, 그 의도가 ④를 말하고자 하는데서였다고 생각된다. 이 점은 뒤에 다시 언급하겠다.

申洬이 移秧法에 관해서 크게 증보하고 이것을 水稻作에 있어서 主軸이 되게 한 것은, 『農事直說』에서 水稻農法의 기본 방향을 커다랗게 전환시키 는 바가 되었다. 『農事直說』에서는 移秧法을 경계하고 국가에서는 法으로 이를 금지하고 있었는데, 申洬은 그것을 이제는 현실적으로 불합리한 것으 로 본 것이다. 이 시기에는 移秧法이 차츰 널리 보급되어 가고 있어서, 이를 禁壓하기보다는 인정하고, 그렇게 해도 피해를 받지 않도록 학문적으로 처 리해 주는 것이 課題로 떠올랐다. 移秧法은 경제적으로 直播法보다 유리한 데서 보급되기 때문이었다. 그렇기는 하지만, 移秧法의 장려는 祖宗朝 이래 의 農業政策을 크게 바꾸는 것이고, 또 『農事直說』의 增補는 世宗의 業에 대 한 실질적인 修正이기도 한 까닭에, 확고한 신념이 없이는 할 수 없는 일이 었다. 더욱이 申洬의 경우는 남다른 바가 있었다. 그는 당시 逆賊으로 몰려 있던 金自點과의 姻戚關係로 말미암아 地方官으로 몰려났고, 그나마 지방관 의 자리에서도 쫓겨날 위험성이 있는 터였다.[145]

---

145) 宋時烈, 公州牧使申公墓碣銘(『宋子大全』 卷177 ; 『人物考』 25).

申洬은 원래가 신중한 사람이었지만, 『農事直說』을 증보할 때는 더욱 신중에 신중을 期하면서, 많은 農書를 참고하고 확신을 가진 뒤에 補筆하였으리라 생각된다. 그 작업을 주로 洪柱世가 이끌었다 하더라도 책임은 申洬에게 있는 것이기 때문이다. 앞에 들었듯이 宋時烈이 申洬으로부터 增補本을 받아 읽고 '其所以搜羅今古時事辨物者 巨細不遺'라고 했던 것도 그러한 사정을 밑받침해 준다. 그가 참고한 농서가 어떤 것이었는지 분명하지 않지만, 그의 學識으로 보아 中國 농서를 稽考하였을 것임은 어렵지 않게 짐작할 수 있다. 그는 王世子(孝宗)에게 進講도 하였던 學者였다. 그가 본 저서들 가운데에는 말할 것도 없이 朱子의 「勸農文」도 있었을 터이다. 이 「勸農文」은 朱子의 文集에 실려 있고, 당시의 학자들은 누구나 이 文集을 읽고 있었기 때문이다. 宋時烈이 朱子의 「勸農文」을 싣자고 권유하였을 때 그렇게도 쉽사리 응할 수 있었던 것은, 아마도 평소 이에 대한 이해가 있었고, 또 그것이 자신의 農業技術論과도 일치하는 바가 있었던 까닭이라고 생각된다.

사실 朱子의 「勸農文」에 보이는 農業技術論과 申洬이 증보한 水稻農法에 관한 技術論은 내용상으로 같은 것이었다. 朱子의 농업기술론은 中國 江南地方 農法의 특징을 단적으로 나타낸 것인데, 申洬의 水稻作을 중심으로 한 농법을 中國의 그것과 대비하면 江南 農法과 같은 것이었다. 그러한 동일성 위에서 그는 朱子의 농업기술론이나 農學을 받아들였다. 그렇게 함으로써 移秧法을 중심한 농업기술이나 농학이 결과적으로 쉽게 전환하였는지도 모르겠다. 그러한 의미에서 『農事直說』에 대한 申洬의 增補 修正과 朱子 「勸農文」의 『農家集成』에의 수록은, 朝鮮前期(『農事直說』)의 다분히 華北地方的인 水田농업이나 농학을 후기의 江南地方的인 그것으로 전환·확산시켜 나가는 데, 중요한 계기가 되었던 것이라고 하겠다.

『農事直說』 增補의 方法·內容 (2) — 申洬이 『農事直說』에 대한 증보를 기술하는 다른 하나의 방법은 증보 사항을 本文 속에 적절하게 揷記하는 것이었다. 그는 『農家集成』의 跋文에서 증보 사항 기술을 '低其一行'의 원칙으로 했다고 말하였지만, 원래의 『農事直說』과 그 增補本(『農家集成』)을 비교해 보면 이 원칙과 다르게 기술된 증보 사항이나 첨가 구절이 적지 않다. 이를테면 『農事直說』에서 볼 수 없는 글이 增補本에서는 아무 단서 없이 本文 가

운데에 늘어나고 있는 것(黍苗弱時의 鋤耘, 間種한 粟田의 中耕除草, 蘿豆 재
배, 種麥法 증보)이라던가, 본문 속의 細註로서 기입되고 있는 것, 파종 시기
와 파종일의 吉凶이 첨가되고 있는 것 등이 그것이다. 申洬이 자기의 증보라
고 말하지 않은 이같은 증보가 어떻게 성립되었는지는 알 수 없다.146) 그러
나 이같은 증보는 분명히 본문과 분리하여 기술하기보다 본문 속에 첨보, 삽
기하는 것이 그 기술 내용을 이해하는데 편리하고 효과적이었을 터이다.

이러한 증보 가운데에도 주목되는 바는 몇 가지 있다. 耕地條에서 美田之
法(綠肥)을 더 첨보한 점,147) 種黍粟條에서 間種한 粟田의 中耕培土를 증보
한 점,148) 種麥條에서 그 耕種法의 변동을 기술한 점 등이 그것이다.

種麥法의 변동 : 그런 가운데에서도 우리의 관심을 크게 끄는 것은 種麥
法의 변동이다. 제 I 편에서 이미 언급한 바와 같이 『農事直說』의 種麥法은
몇 가지 방법이 있는 가운데, 麥根田에서의 秋麥 파종은 畝와 畝間으로 정지
되는 畝上에 科種(撮種·點種)으로 하는 것이었으며, 그것은 中國의 경우에
서 볼 때 人功이 많이 들지만 種子가 절약되는 방법이었다(제 I 편의 註152
참조). 그런데 『農家集成』에 이르러서는 그 파종법이 다음과 같이 변하고
있나.

> 先於五六月間 耕之曝陽 用木斫摩平 下種時又耕之 下種訖 以鐵齒擺或木斫背
> (熟治 密作小畝 畝間 和糞灰撒種 布熟糞) 覆種宜厚149)

---

146) 이러한 증보는 ① 어느 시기엔가 이미 이같이 증보된 『農事直說』을 公山板 『農事直說』을
    간행할 때 그대로 이용했을 경우, ② 이 부분도 申洬 등이 증보하였으되 原文 가운데에 부분적
    으로 보충하는 것이어서 언급을 하지 않았을 경우, 어느 쪽으로도 생각할 수 있겠다. 물론
    ①의 경우가 사실이었다 하더라도, 申洬 등이 그 증보 내용을 그대로 받아들이고 있는 이상
    그들의 생각도 같은 것이었다고 하겠다.

147) 『農家集成』, 『農事直說』 耕地.
    凡美田之法 菉豆爲上 小豆胡麻次之 五六月中穬種 七八月掩殺之 爲春穀田 則畝收十石

148) 『農家集成』, 『農事直說』 種黍粟.
    間種之法 或因雨澤 莖節過爲茂盛 則穗而不實 網牛口 耕兩畝間 掩土於莖節 則更生新根 發穗
    長而實
    이밖에 黍粟田의 除草에 관해서는 다음과 같은 유의사항도 추보되었다.
    黍苗弱時 鋤之 則土入苗間 仍不成

149) 『農事直說』 種大小麥.

여기서 ( ) 안의 文句는 증보된 것인데, 이에 따르면 『農家集成』에서는 起耕한 밭을 잘 다스린 다음, 작은 이랑(畝)을 密作하고 그 이랑과 이랑 사이(畝間), 즉 畎에다 糞灰에 섞은 種子를 撒種하며, 그 위에다 熟糞을 펴고 覆種을 하였다. 여기서는 이 작업이 '下種訖' 다음에 행하는 것으로 되어 있어서 부자연스럽지만, 이 '下種訖'은 ( ) 안의 文句를 첨보할 때 삭제했어야 할 것을 잊었던 것 같다. 『山林經濟』에 이르면 이 '下種訖'은 제거되고 種麥에 관한 전체 문장이 자연스럽게 된다. 麥의 재배를 畎種法으로 할 것을 지시하는 것이었다고 하겠다. 畎種法은 畎을 犁로 작성하게 되므로 勞動力이 절약되는 방법이었다.

『農家集成』의 이 種麥法은 『農家月令』의 '作小骨巷'하는 種麥法과 비슷하나 그러나 꼭 같은 것은 아니었다. 『農家月令』에서는 麥根田에 秋麥을 재배하는 1년 1작제는 사라지고, 그것은 1년 2작, 2년 3작 하는 間種 골고리 農法 속에서 이뤄지는 것이었는데, 『農家集成』에서는 麥根田에 秋麥을 재배하는 種麥法이 그대로 존속하는 가운데 그 정지 파종법만이 '密作小畝'하는 방법으로 변한 것이었다. 그러면서도 『農家集成』의 이 種麥法은 『農家月令』의 그것과 크게 공통되는 점이 있었다. 그것은 種麥을 위한 整地法이 어느 경우를 막론하고 朝鮮초기의 『農事直說』의 그것에 견주어 全面耕을 하고 細畝을 작성하는 등 대단히 精細해지고 있는 점이다. 이는 이 시기의 麥作이 조선초기에 비해 그만큼 더 集約化되고 있음을 보여 주는 것이다.

3) 『農家集成』의 農業經濟論

『農家集成』 農學思想의 이해 ; 그 土地論과 經營觀을 통해서 ─ 『農家集成』의 農學思想을 이해하기 위해서는, 앞에서 언급한 農業技術 문제와 아울러, 土地 所有 문제 農地經營 문제를 어떻게 이 기술 문제와 적절히 연결 운영함으로써, 農業에서의 所得을 늘리려 하였는지 검토하는 일이 필요하다. 그리고 그러한 문제들이 파악되면 國家는 農業生産 農業經營의 主體를 어떠한 사회계층으로서 설정하고, 그 한 주체인 일반 農民들에 대해서는 어떠한 사

『農家集成』, 『農事直說』 種大小麥.

회정책을 펴는 가운데 統治질서를 유지하려 하였는지 살피는 일도 필요하다. 다시 말하면 그러한 문제들이 바탕을 두고 있는 思想的인 기반, 農政思想은 어떠한 것이었는지에 관해서도 살펴야 한다는 것이다.

그러나 『農家集成』은 農書이기 때문에 農業技術에 관한 서술이 주가 되며, 따라서 經濟思想 農政思想 등에 관해서는 만족할 만한 기록을 제공해 주지 못한다. 이곳에서는 다만 많은 농업기술에 관한 서술 가운데서, 그같은 문제에 관한 단편적인 기록을 찾을 수 있을 뿐이다.

『農家集成』에 실린 經濟思想 農政思想 등에 관한 자료는 매우 적다. 그러나 자료는 비록 한정되어 있지만, 이 한정된 자료가 그 經濟思想 農政思想을 이해할 수 있는 요점은 제공해 주고 있다. 다만 그 가운데에 어떤 것은 편자 자신의 글이 아니라, 朱子의 「勸農文」을 통해서 읽을 수 있음이 아쉬운 일이다. 그러나 本稿에서는 이러한 점에 구애받지 않기로 하였다. 그것은 『農家集成』의 편자들은, 朱子學이 사회규범이 되고 사상계를 주도하는 시대에, 朱子學者로서 朱子의 「勸農文」을 통해서 자기의 의견을 표현하고 있는 것이기 때문이다. 가령 이 「勸農文」을 『農家集成』에 신게 한 사람은 朱子學者이고 政治家였던 尤庵 宋時烈이었는데, 그는 평소에 만나는 田翁野夫들에게 이 「勸農文」에 따라 농사할 것을 입이 닳도록 권장하고 있었다.

惟其中勸農文數條 固羣黎百姓之所日用者 故每遇田翁野夫 卽以談說而娓娓也150)

그리고 『農家集成』이 간행된 뒤에는 百姓을 다스리는 地方官들에게

長民者 誠能先以此文 敎諭民俗 以遂其生151)

이라고 하여, 이 「勸農文」에 따라 民俗을 敎諭함으로써 백성들이 그 生을 완수할 수 있게 할 것을 강조하였다. 이는 요컨대 朱子 「勸農文」의 經濟思想

---

150) 『農家集成』序文.
151) 同 上.

農政思想을 우리나라에 그대로 적용하고자 함이었다고 하겠다. 朝鮮王朝는 본시 朱子學을 國定敎學으로 삼고 있었으며, 世宗의 「勸農敎文」에서도 朱子 의 농정이념을 받아들였으니, 『農家集成』의 이같은 편찬 자세는 지극히 자 연스러운 것이었다. 그러므로 우리는 朱子의 「勸農文」이 『農家集成』에 한 편의 指針書로 수록되어 있는 한, 여기에 보이는 經濟思想 農政思想을 곧 『農家集成』의 그것으로 이해하여도 무방하리라 생각한다.

(1) 土地所有問題

朱子 「勸農文」의 土地論 — 土地는 농업에서 기본 조건이며, 土地의 所有關 係나 그 經理方式의 여하는 農業經濟의 시대적인 성격을 규정하는 바가 된다. 이러한 점에 유의하면서 『農家集成』을 살피면, 土地問題에 관하여 언급하고 있는 부분은 朱子의 「勸農文」에서 볼 수 있다. 朱子는 다음과 같이 말했다.

鄕村小民 其間多是無田之家 須就田主討田耕作 每至耕種耘田時節 又就田主生 借穀米 及至秋冬成熟 方始一倂塡還 佃戶旣賴田主給佃生借 以養活家口 田主亦 藉佃客耕田納租 以供贍家計 二者相須 方能存立 今仰人戶 遞相告戒 佃戶不可 侵犯田主 田主不可撓虐佃戶 如當耕牛車水之時 仰田主依常年例 應副穀米 秋冬 收成之後 仰佃戶各備所借本息塡還 其間若有負頑不還之人 仰田主經官陳論 當 爲監納 以警頑慢[152]

이는 田主(地主)와 佃戶의 사회적 관계를 秩序로서, 즉 封建的인 經濟制 度로서 말한 것이다. 그 내용은, 鄕村의 小民들은 대개 農地가 없는 者가 많 아서 田主에게서 農地를 빌려 경작하고 또 農繁期에는 糧穀도 빌려서 살아 가고 있으니, 佃戶는 결국 田主에게 의존해서 그 家口를 양육하고 있는 것이 며, 한편 田主는 佃戶의 納租(地代納付)에 의존해서 家計를 이어가는 것이 니, 兩者는 상호 의존 관계에 있다는 것이다. 그러므로 人戶에게 바라건대 佃戶는 전주를 침범해서는 안 되고 田主는 전호를 학대해서는 안 된다. 따라 서 만약 佃戶들이 농번기에 田主에게서 糧穀을 빌렸다면 秋成 뒤에 本息을

---

152) 『農家集成』, 朱子 第3 「勸農文」.

모두 상환할 것이며, 이를 거부하는 者가 있으면 田主는 官에 陳告하여 官으로 하여금 監納함으로써 頑慢行爲를 징계하라는 것이다.

이밖에 그는 정부의 土地打量을 富家나 貧民과 관련하여 언급한 바도 있다. 이에 따르면, 富家는 토지를 多置하고서도 稅를 안 내고, 貧民은 이미 賣却하여 手中에서 떠나버린 土地에 대해서도 納稅하는 바가 있으니 불공평하다. 그러므로 정부에서는 이를 시정하여 실제 소유 관계에 따라 稅를 均賦코자 土地打量을 하는 것이니, 농민들은 이미 印行 曉示한 打量法에 따라 秋成뒤에 打量을 해 달라고 하였다.153)

朱子의 現實 인식 — 土地와 관련된 「勸農文」의 내용은 대략 이와 같은 것인데, 여기에서 우리는 土地 所有 問題에 대한 朱子의 생각을 알 수 있을 것 같다. 이 「勸農文」에 따르면, 그는 田主가 있고 佃戶가 있으며 富農이 있고 貧農이 있는 농촌 현실을 그대로 是認하는 것이며, 그 矛盾構造 속에서 농민이 몰락하고 農民抗爭 農民戰爭이 수없이 발생하고 있는 현실은 눈감고, 그 근원적인 打開策으로서의 土地改革에는 반대하며(註156의 졸고 참조), 不合理한 賦稅制度의 개선·土地打量만으로서 모순구조를 비켜가려는 것이었다. 朱子가 田主와 佃戶의 '分'을 그리고 그 隸屬 關係를 강조한다던가, 또는 그러한 기반 위에서 자신의 思想體系를 이루었다는 데 대하여는 이미 지적되어 온 터이지만,154) 朱子는 이러한 현실을 社會的 矛盾으로서 심각하게 받아들이지 않았다. 그것은 아마도 당시의 시대적 여건이나 그의 학문적인 성격으로 보아 당연한 일인지도 모르겠다.

宋代에는 唐代의 均田制가 무너지고 士大夫·官僚大地主가 등장하여 莊園을 형성 운영하였다. 이들 大地主層은 封建的인 地主로서 많은 佃戶를 거느리고 부려서 農莊을 경영했다. 이들은 새로운 봉건적인 경제기구 속에서 경제계를 지배하는 실력자·지도층이 되었으며, 또 科擧를 통하여 관료가 되고 있었다. 말하자면 宋王朝는 이러한 士大夫·大地主層을 관료로 흡수함으로써 國家體制를 유지한 셈이었다. 그뿐만 아니라, 이 시기는 華北지방적

---

153) 『農家集成』, 朱子 第3「勸農文」.
154) 仁井田陞, 『中國法制史』, p.140·155, 1956版.
　　　守本順一郎, 『東洋政治思想史硏究』, 第3章 朱子의 生産論, 1967.

인 旱田農業 中心에서 華南·江南지방적인 水田農業 中心으로 농업의 방향
이 바뀌는 때였는데, 이러한 전환 과정에서 학문적으로 주도적인 역할을 하
고 있는 것도 士大夫·官僚階層이었다. 이 시기의 士大夫·官僚階層은 농업
기술에 있어서나 토지 소유 관계에 있어서 지도적이고 지배적인 위치에 있
었으며, 朱子 자신도 그러한 계층의 한 사람이었다.

더욱이 朱子의 學問은 인간사회의 모든 질서를 上下關係로 체계화하려는
관점이었으며, 그가 유지하려고 하는 것은 당대의 정치태세·사회태세·지
배태세이었다. 그러기에 그의 사상적 관점은 기본적으로 古代儒敎에서 볼
수 있는 易姓革命의 실질적 부정이었으며, 그의 學問은 實定的 秩序에 대한
變革的 原理가 아니라, 도리어 그 영원성을 보증하려는 이데올로기였다.155)

朱子의 이와 같은 학문적 관점은 그를 그가 살고 있는 現實 — 宋代 社會
에 대하여 이를 긍정적으로 이해하게 하였다. 그에게 있어서 宋代 社會에서
볼 수 있는 봉건적인 田主(地主)와 佃戶의 관계는 자연스러운 하나의 질서였
다. 따라서 그에게 문제가 되는 것은, 大土地所有者가 있고 無田者가 있는
사실이나 田主(地主)가 있고 佃戶가 있다는 사실에서 모순을 발견하고 이를
變革하려는 것이 아니라, 그 體制와 그 질서를 어떻게 유지하고 운영해 나갈
것이냐 하는 점이었다. 朱子의 土地論은 말하자면 封建的인 土地制度의 변
혁이 아니라 유지인 것이다. 그러나 그러기 위해서는 士大夫·官僚·大地主
層의 일정한 양보, 즉 稅役의 均等한 賦課가 필요하다고 생각하였다.「勸農
文」에 보이듯이, 그가 土地丈量을 하게 되는 까닭이었다.156)

『農家集成』찬자들의 朱子土地論 수용 —『農家集成』의 편찬자들은 이러한
朱子의 土地論을 그대로 받아들였다. 宋時烈이나 申洬은 이러한 土地論을
그대로 그들의 編著에 실으면서도 한 마디도 의문을 표시하지 않았다. 그것
은 그들이 철저한 朱子學者였음에서, 토지 문제에 관해서도 기본적으로 朱
子와 같은 관점을 지니고 있었던 까닭이기도 하고, 이 시기의 우리나라 農村

---

155) 仁井田陞, 前揭書, p.156.
156) 이같은 문제들에 대한 좀 더 구체적인 고찰은 다음 논고에서 살필 수 있다.
　　　趙東元,‘朱熹의 社會改革論’(『高柄翊先生回甲紀念史學論叢 — 歷史와 人間의 對應』, 1984).
　　　拙稿,‘朱子의 土地論과 朝鮮後期 儒者’(『延世論叢』21, 1985 ;『朝鮮後期農業史硏究』〔Ⅱ〕,
　　　1990, 2005 수록).

도 中國과 마찬가지로 地主·佃戶, 富農·貧民 등으로 구성되어 있었는데, 兩班層은 土地 所有에 있어서 평민이나 천민층보다 우월한 처지에 있었던 까닭이라고도 하겠다. 실제로 현존하는 宋時烈 家門의 土地臺帳157)에 따르면, 宋氏家는 淸州地方에 80餘 結이나 되는 土地를 소유한 大地主였다. 이러한 宋時烈이 철저한 朱子學者인 것이었다. 宋時烈이 栗谷 系統을 잇는 朱子學者임은 잘 알려진 사실이지만, 申溮도 마찬가지로 철저한 朱子學者였다. 申溮의 朱子學者的 面貌를 그의 저서를 통해서 볼 수는 없지만, 宋時烈은 그의 그러한 면모를 墓碣銘에다 기록하였다. 이에 따르면, 孝宗에게 人君之學을 進講함에 있어서 申溮은 朱子의 語로써 하고 있었다. 그래서 宋時烈은 그것을 評하되 '此皆朱夫子告時君之語也'라고 하였다. 그리고 또 어떤 때는 退溪의 『聖學十圖』로써 進講하기도 하였다.158) 退溪는 朱子學을 계승 발전시킨 인물이다.

宋時烈이나 申溮이 朱子의 土地論을 그대로 받아들인다면, 이들은 朱子와 마찬가지로 土地 所有에 있어서의 自作農 小貧農層의 몰락 과정이나, 地主經營 地主佃戶制의 불합리를 사회적인 모순으로서 파악하고 이를 해결하려는 것은 아니었다. 이들은 封建的인 地主制를 합리적인 것으로 인정하고, 그 위에서 農政을 펴고 농업기술을 권장하는 것이었다. 『農家集成』 편찬자들의 土地 所有 및 그 經營에 관한 사상은 朱子學的인 사상체계에 따라서 自作 大農經營 또는 小農經營을 인정하기는 하나, 동시에 大土地所有者의 地主經營 및 地主佃戶制와 그에 예속된 佃戶에 대한 지배를 또한 인정하고 있는 봉건적인 經濟思想이었다고 하겠다.

(2) 農業經營 問題

農業經營의 時代的 성격은, 土地 所有 또는 그 生産關係의 문제와 함께, 직접생산자의 農業生産, 農業經營이 어떻게 변동하였는가에도 달려 있다. 그리고 그러한 경영관계는 農書에 어느 정도 반영되게 마련이다. 더욱이 이 시기에는 朝鮮前期의 直播農業이 그 後期의 移秧農業으로 전환되어가고 있었으므로, 농학자·농업정책 입안자들은 이에 민감하지 않을 수 없었다. 그

---

157) 土地臺帳의 名稱은 『忠淸道西原縣靑川宋參判宅量案』으로 되어 있다(國編委 保存).

158) 宋時烈, 公州牧使申公墓碣銘 『宋子大全』 卷77 ; 『人物考』 25).

일환으로 앞에서 살핀 바와 같이 申洬 등도 그들의 농서 『農家集成』에서 이러한 변화에 적극 대응하여 移秧法을 크게 증보 수정하고 이를 적극 장려하였다. 農業生産이 현실적으로 일정하게 변동하면, 이와 관련된 생산자의 經營觀도 그 정도 만큼 변동하고, 새로운 것으로 형성되지 않을 수 없다. 그리고 農書 편찬자들은 이러한 요소들을 그들의 농서에 반영하지 않을 수 없는 것이다. 그리하여 이 시기 농업생산자들의 경영관은 무엇보다도 經營規模를 확대하여 收入·富를 증대하는 문제로 집약되지 않을 수 없었다.

大農經營의 條件 — 農地의 經營規模에 관해서는 申洬이 증보한 부분에서 살필 수 있다. 그는 경영확대에는 전제 조건이 따름을 말하였다.

> 火耨法……①……雖不鋤耨 所收倍多 ② 中國南京 一人至種五六石之多者 用此
> 法故也 ③ 然非燥濕任意之處 則決難行之 ④ 凡農家所種或多 則鋤功每患過時
> 糞壤亦難徧及 田家之不得多營者 良由此也 此法最妙……159)

이는 앞에서 이미 본, 그가 증보한 早稻秧基 조항에 이어 火耨法 조항에서 除草의 방법과 施肥 문제를 설명하는 가운데 한 말이다. 이에 따르면 ④와 같이 '農家에서 혹 多種多作을 하게 되면, 鋤耨의 시기를 놓치고 糞壤을 고루 펼 수 없게 된다. 농가에서 농지를 多營多作할 수 없는 것은 이 때문'이라는 것이다. 다시 말하면 農家의 農地經營에서 가장 중요한 것은 鋤耨와 糞壤의 문제이며, 이것이 해결되지 않으면 농사를 제대로 할 수 없고 粗放化로 흐르게 마련이니, 농민들이 넓은 農地를 大規模로 經營할 수 없는 것은 이 때문이라는 뜻이다. 鋤耨는 中耕除草, 즉 勞動力의 문제이고, 糞壤은 牛馬 등 家畜의 사육과 造糞을 전제로 하는 문제이다.

그런데 火耨法으로써 除草를 하게 되면, 이것이 施肥도 되는데서, ①과 같이 鋤耨를 하지 않아도 所出이 倍多하다는 것이다. 그리고 鋤耨, 中耕除草에 소요되는 많은 노동력을 절약할 수 있고, 분양 문제도 일부 해결할 수 있어서, 그만큼 경영을 확대할 수 있게 되니 이는 除草法으로서는 아주 絶妙한

---

159) 註144 참조.

방법이라는 말이다. 그는 그러한 예를 中國에서 역사상 있었던 그리고 관행하는 除草法에서 찾았다. ②에서 보는 바와 같이 中國 南京지방에서는 火耨法으로 除草를 함으로써, 한 농가에서 5,6石落씩이나 耕作을 할 수 있다는 것(大農經營)이었다.

이는 大農經營의 예를 중국 농민들 가운데서 든 것이지만, 申洬은 우리나라에서도 어느 농가에서나 中耕除草를 위한 勞動力과 施肥를 위한 糞壤만 해결되면, 農地의 經營擴大를 해도 무방하다고 보는 것이 되겠다. 그리고 大農經營을 하기 위해서는 이러한 문제들이 선행조건으로서 해결되어야 한다는 점을 지적하는 것이 되겠다.

그러나 中耕除草를 위한 勞動力과 糞壤의 문제가 그렇게 쉽게 해결될 수는 없었다. 이는 財富의 문제이기 때문이다. 더욱이 그는 火耨法을 말하여 除草法으로서는 아주 絶妙하다 하였지만, 이 방법은 어떤 水田에나 적용될 수 있는 일반적인 것이 아니었다. 그것은 특별한 경우에 있을 수 있는 일이었다. 申洬 자신도 ③에서와 같이 이는 灌水 排水가 자유로운 곳이 아니면 결코 이룰 수 없는 것이라고 하였다. 그런 곳이 흔할 수는 없었다. 그러면서도 그는 이 기록을 자료로서 인용 제시하였다. 이는 그가 大農經營의 조건을 제시하고자 하는데 목표가 있었던 까닭이라고 하겠다. 그러므로 申洬이 勞動力의 절약과 관련하여, 정말로 대농경영·경영확대의 길을 찾고자 한다면, 水稻作 전반에서 좀더 보편적인 방안을 찾지 않으면 안 되었다.

勞動力 問題와 農法 轉換 ― 申洬은 大農經營을 이 시기의 水稻作에서 農法 轉換과 관련하여 찾고자 하였다. 그는 大農經營을 바람직한 것으로 보면서 그 방향으로 『農事直說』을 증보했다. 『農家集成』의 찬자들은 地主制的인 土地 所有나 土地經理를 내세우고 있었으므로, 富農들의 經營擴大를 부정할 수는 없었다. 하물며 農法 轉換은 현실적으로 널리 전개되고 있었는데, 이러한 농법의 전환에서 그 선봉을 서고 있는 것은 大農 富農層이었다. 대농 부농층은 勞動力을 절약하기 위해서 농법 전환을 추진하였으며, 또 이 農法 轉換과 勞動力의 절약을 통해서는 더욱더 많은 經營擴大를 해 나갈 수 있었다. 그러므로 申洬에게 있어서 농법 전환 문제는 곧 이들의 경영확대와 밀접하게 관련되는 것이었다. 이것은 곧 朝鮮後期 經營地主·經營型富農의 農業經

營과 관련되는 문제이기도 하였다.

이와 같이 農業經營에서 鋤耨나 糞壤의 문제가 중요한 의미를 지니는 것은, 旱田農業이나 水田農業의 어느 경우에도 마찬가지지만, 水田農業에서는 黍粟田을 제외한 여타의 旱田農業에서보다 鋤耨, 즉 中耕除草의 중요성이 더하였다. 水田農業에서는 鋤耨를 여러 차례 해야 하는 까닭이었다. 그래서 『農事直說』에서는 '禾穀成長 唯賴鋤功'이라던가 '古語曰 鋤頭自有百本禾 老農亦曰 苗知人功'160)이라고 하였던 것이며, 『衿陽雜錄』에서도 '耘不厭多'161)라고 하였던 것이다.

이는 모두 水田農業에서의 中耕除草의 중요성을 강조한 것으로서, 농민들은 실로 이 除草 문제 때문에 큰 고통을 겪었다. 士·農·工·商의 社會體制에서 勞動人口는 적은 데다 그와 반비례하여 農地面積은 넓었다. 게다가 당시는 直播農業을 주로 하고 있었음으로 잡초는 많고 除草는 불편하였으니, 除草 문제로 받게 되는 농민들의 고통은 이루 말할 수 없이 컸다. 더욱이 여러 차례 있게 되는 이 中耕除草는 農地의 경영면적이 넓으면 넓을수록 家族勞動만으로는 해결이 안 되고 雇傭勞動에 의존해야 하는데, 고용노동으로써 농업을 경영한다는 것은 일반농민들에게는 쉬운 일이 아니었다. 그러므로 朝鮮前期 水稻作에서 최대의 難題는 이 中耕除草의 문제이고, 따라서 그 노동력을 어떻게 하면 절약하고 해결할 수 있느냐 하는 문제이었다. 이는 시대적 課題가 아닐 수 없었다.

그것은 水稻作이 直播法으로 행해지거나 移秧法으로 행해지거나 어느 경우에도 마찬가지였지만, 그 가운데에서도 直播法을 이용한 水稻作에 있어서는 특히 더 그러하였다. 直播法은 移秧法에 견주어 中耕除草에 동원될 노동력이 훨씬 더 많이 소요되었기 때문이다.

申洬이 『農家集成』을 편찬함에 있어서 고심한 것도 바로 이러한 노동력 문제였던 것 같다. 그것은 그가 『農事直說』의 水稻農法에 관하여 증보한 사항이 모두 노동력의 문제와 관련되어 있는 것으로써 알 수 있다. 여기에 언급하고 있는 移秧法은 말할 것도 없고, 火耨法을 새로이 보충한 의도나, 또

---

160) 『農事直說』種稻.
161) 『衿陽雜錄』農談2.

는 反種法(註144 참조)을 특히 마련하고 있는 것은, 말할 것도 없이 除草에 드는 노동력을 절약하려는 것이었다. 反種法에 관하여는 '鋤功甚省' 또는 '人力不足 難於除草 則亦行此法'이라 하였으며, 火耨法에서는 이를 행하게 되면 '雖不鋤耨 所收倍多'라고까지 하고 있는 것으로써 우리는 그것을 미루어 알 수 있다. 火耨法은 주로 直播田을 대상으로 하였겠으나 移秧田에도 적용되었을 터이고, 反種法은 直播田이나 移秧田의 어느 경우에도 적용될 수 있는 除草法이었다.

이러한 노동력 문제의 타개책 모색은 前期의 水稻作, 즉 直播法 재배 중심이 後期의 水稻作, 즉 移秧法 재배 중심으로 전환하게 되는 까닭이기도 하였다. 移秧法은 노동력 문제의 해결을 차원을 높여서 추구한 방안이었다.

移秧法은 본디 '此法便於除草'라고 하였듯이 除草에 편한 것이었으나 '萬一大旱 則失手'라는 점에서 法으로 禁하던 것이었다. 그런데 申洬은 이러한 移秧法을 관행 변동의 추세에 따라 크게 증보하고 강조하였다. 그러니 이는 除草의 문제, 즉 노동력 절약의 타개책을 전제한 것이 아닐 수 없었다. 18세기에 이르면 移秧法은 所出의 증가가 그 보급의 또 다른 목표가 되는 것이지만, 17세기 中葉 申洬의 시대에는 아직 그러한 문제는 제기되지 않았다. 申洬은 많은 分量의 증보를 移秧法에 할애하면서, 그렇게 하는 주 목표를 所出의 증가에 두지 않았으며, 中耕除草의 절약에 관해서만 기술하였다. 그는 중경제초가 잘 되면 그 결과로서 所出이 늘 것으로 생각하였다. 아마도 이때에는 兩亂을 겪은 뒤의 人口 減少와, 그와 반비례로 황폐한 농업·농촌 등 각종 復舊事業을 위한 作業量의 증대로 말미암아, 노동력이 절대적으로 부족하였으므로, 農業經營에서도 이러한 문제를 해결하는데 우선 초점을 맞추지 않을 수 없었을 것으로 생각된다.162)

그러한 申洬이었기에 그가 大農經營을 羨望하고 지향하면서도(火耨法), 그 실행의 난점을 中耕除草를 중심으로 한 노동력의 문제와 관련시켜 언급하고, 경영확대를 위해서는 이러한 문제가 먼저 해결되어야 할 것임을 지적한 것은 당연한 일이었다. 그러한 점에서 朝鮮前期의 直播農法으로부터 後

---

162) 本編 註2의 拙稿 참조.

期의 移秧農法으로의 전환은, 이러한 中耕除草를 중심한 노동력 문제의 해
결을 위한, 農業經營 방식의 개선이었다고 하겠다. 그리고 여기에 農法이 전
환된 朝鮮後期 社會에서는 실제로 새로운 農業經營 樣式이 성립될 수 있었
던 것이라고 하겠다.

大農經營도 集約的 農業으로 — 申洬은 直接生産者가 勞動力을 절약하는
가운데 그 경영규모를 확대할 수 있을 것임을 기대하였지만, 그러나 그것이
農業生産이 粗放化되어도 무방하다는 것을 뜻하는 것은 아니었다. 그는 그
것을 여러 가지 점에서 集約的인 농업이 되어야 할 것임을 전제로 하고 있었
다. 앞에서 지적한 바와 같이 그는 中耕除草와 施肥 문제를 그의 農書의 곳
곳에서 강조했다. '집약적 농업'을 염두에 둔 것이다. 그것은 水田이나 旱田
어느 경우에도 마찬가지였다. 施肥에 관해서는 특히 세심하였으며, 勞動力
은 절약하고 施肥는 적절한 방법으로 늘려 나가는 것이 그의 목표였다. 生産
의 성패는 施肥에 달려 있기도 하였다. 木花 재배의 경우 '未耕前 散糞田中'
하는 것을 '其功不專於根' 한다는 점에서 '以尿灰或牛馬糞 先行布穴……後撒
種' 하도록 하고 있는 것은 그 한 예이다.163) 이는 糞壤이 모자랄 때의 施肥
의 효과적인 방법일 수도 있었다.

集約的 農業을 강조하는 그의 시각은 『農家集成』에 『四時纂要抄』를 실은
것으로서 더욱 분명하게 드러난다고 하겠다. 기술한 바와 같이 『四時纂要
抄』에서는 농지경영에 관하여,

> 凡民營田 須量己力 寧可小好 不可多惡164)

이라는 점을 강조한다. 농업경영을 할 때에는, 자기의 力量(勞動力·財力)
을 헤아려서 小土地를 잘(集約的) 경영하는 것이 大土地를 거칠게(粗放的)
경영하는 것보다 낫다는 말이다. 『四時纂要抄』에서는 이것을 小土地所有者
의 集約的 농업을 장려하는 뜻으로 제시하였던 것이지만, 말할 것도 없이 資
力 있는 사람이 '集約的 농업' 방식으로 大農經營을 하는 것을 거부하는 것은

---

163) 『農家集成』, 『農事直說』種木花法.
164) 『農家集成』, 『四時纂要抄』3월.

아니었다. 申洬의 생각은 大農經營을 하더라도 집약적으로 경영하면 되었다.

그러한 사정은 申洬이 早稻秧基 조항을 증보하면서, '假如五斗落多年秧基……初年秧基'를 예로서 들되, 그것을 각종 糞壤을 동원하여 施肥를 철저하게 해야 할 것임을 강조하고 있는 데에서도 엿볼 수 있다(註144 참조). 早稻秧基만을 5斗落씩이나 작성하는 농민이면 大農이라고 생각되기 때문이다. 秧基가 5斗落이면 그것을 移秧할 水田만도 50斗落인데(『農事直說』당시의 養苗處와 苗種處의 비율은, '每水田十分 以一分養苗 餘九分 以擬栽苗'였다), 농민들이 농사를 하는데는 氣候·地宜·水利 조건을 고려하여 早稻만 재배하는 것이 아니라 晩稻도 재배하며, 移秧만 하는 것이 아니라 直播도 그대로 하는 것이다. 그뿐만 아니라 大農이면 水田지대라 하더라도, 필요한 작물을 재배하기 위하여, 반드시 상대적으로 그 가치가 귀한 旱田을 확보하여 경영하게 마련이다. 그러므로 이 모든 것을 고려하면, 5斗落의 농지를 早稻秧基로 작성할 수 있는 농민은, 경영규모가 단지 50斗落의 농지에 그치는 것이 아니라 그 이상의 농지를 더 소유한 농민일 수 있는 것이다. 申洬은 말하자면 集約的 農業을 발전시키는 가운데 大農經營을 인정하려는 것이었다.

商業的 農業을 간접 시인 — 농업경영에 관해서 끝으로 검토해야 할 문제는 商業的 農業에 관한 申洬의 생각은 어떠하였을까 하는 점이다. 그는 이러한 문제에 관해서는 직접적인 발언을 하지 않았다. 世宗의 農政理念을 구현할 것을 목표로 편찬하는 농서에서 末業과 관련되는 문제를 거론하기는 어려웠는지도 모르겠다. 그러나 그러면서도 그는 商業的 農業의 현실적 전개를 시인하였으며, 그들이 개발하고 있는 農法을 자신의 농서에 받아들이고 있었다. 木花의 재배에 관해서

俗人 有間種眞荏靑太 而不知損害木花 專業摘花者 絶不間種(沃川陽山人行之)[165]

이라고 하였음은 그것이다. 이 인용문은, 농민들이 개발한 방법을 농서에 그대로 받아들인 것이다. 木花밭에 眞荏·靑太를 間種하면 木花의 성장과

---

165)『農家集成』,『農事直說』種木花法.

결실에 영향이 있으므로, 木花를 專業的으로 재배하는 사람·商業的 農業을
하는 사람들은 절대로 그렇게 하지 않는다는 것이었다. 이 시기에는 木花는
商品作物로서 대단히 유리하였고, 따라서 木花를 專業으로 재배하는 사람도
있었던 것인데, 申洳은 그같은 商業的 農業을 거부하지 않았고 그대로 자신
의 증보 사항에 받아들이고 있었다.

4)『農家集成』의 目標와 農政理念

『農家集成』의 農業經濟論은 土地 所有 관계나 農業經營 관계에 대한 고찰
로써 대략 파악되는 셈이다. 끝으로 우리는 이 책이 우리의 농민이나 우리의
농업을 어디로 어떻게 이끌어 가려 했는지를 살펴야 하겠다. 이는 요컨대
『農家集成』의 目標와 農政理念이 되는 것이라고 하겠다.

여러 農書를 집성하는 가운데 農政理念을 재정비 — 農政理念의 문제에 관
해서도『農家集成』에 실린 여러 農書, 즉『農事直說』·『衿陽雜錄』·『四時
纂要抄』등을 종합적으로 고찰할 필요가 있다. 그러나 農業技術 문제에서와
마찬가지로, 農政 문제에 관해서도 우리는 이를 앞에서 개별적으로 고찰한
바 있었으므로, 이곳에서는 이를 재론할 필요가 없겠다. 다만 이 시기의 農
學思潮를 이해하기 위해서는 다음과 같은 사실에 유의해 두는 것이 필요하
겠다.

이들 농서의 農政的 자세는 地主·大農 위주와 小農 위주의 두 계통으로
분류될 수 있다. 朝鮮初期에는 국가의 농서 편찬 정책이 주로 전자의 시각을
반영하였으나(『農事直說』), 朝鮮中期에 이르면서는 점차 후자의 시각도 일
부 반영하였다(內賜本『農事直說』의『衿陽雜錄』수록). 朝鮮後期로 넘어와서
는 그것을 더욱 크게 반영하여 세 農書를 모두 하나의『農家集成』에다 모으
게 되었다는 사실이다. 이는 조선후기 農政에서는 小農經濟가 그만큼 더 중
요해지고 그 안정의 필요성이 그만큼 더 커졌음을 반영한 바로 생각된다. 그
러므로『農家集成』을 이같은 관점에서만 보면, 이 농서는 地主·大農經營과
小農經營을 대등하게 보고 같은 비중으로 중요시하는 가운데 農業生産을 증
진시키려 하였던 것이라고도 하겠다.

그러나『農家集成』의 찬자들은 農政理念의 문제를 이같은 내용으로 종합

하고 표현하는 데 만족하려 하지 않았다. 그들은 새로 수록한 다른 농서를
통해서 그들의 農政의 자세를 보다 더 분명하고도 강하게 내세우고 있었다.
그러므로『農家集成』이나 그 찬자들이 생각하는 바 農政理念 문제는 그들이
새로 수록한 농서를 통해서 더욱 분명하게 파악될 수 있는 것이라 하겠다.
이러한 문제에 관하여 申洬은 다음과 같이 분명하게 표명하고 있었다.

> 使南畝之民 率循是法而益勤其業 則我先王經世養民之志 朱夫子開物成務之意
> 可以得行於千百載之下166)

이라고 한 것이 그것으로서, 그는『農家集成』의 농업기술이나 농업경제론
을 농민들이 熟讀하고 실천하게 되면, 世宗大王의 養民의 뜻이나 朱子의 開
物成務의 뜻을 달성할 수 있으리라는 것이었다. 이는 말하자면『農家集成』
이 그 農政의 목표를, 世宗의 農政策과 朱子의 農政觀을 성취시킬 것에다 두
고 있었음을 보여주는 것으로서, 농민들을 그러한 원칙 그러한 방향으로 이
끌어갈 것을 명시한 것이라 하겠다. 그러므로『農家集成』의 農政理念을 구
체적으로 이해하기 위해서는, 申洬이 표명하고 있는 世宗의 養民의 뜻이나
朱子의 開物成務의 뜻이 어떠한 것인지, 좀더 구체적으로 그 핵심을 파악해
야 할 필요가 있는 것이라고 하겠다.

世宗의 經世養民의 뜻 ― 世宗의 養民의 뜻, 즉 그 農政策은『農事直說』의
편찬 동기나『農家集成』에 실린 「勸農敎文」에 잘 나타나 있다. 이미 말한 바
와 같이 世宗朝까지 우리나라에서는 주로 中國의 농서를 그대로 이용하거나
우리말(鄕言)로 주석을 달아서 이용하였는데, 이렇게 中國 농서를 그대로
이용한다는 것은 農業生産者·民에게 불편한 점이 많았다. 그것은 우리나라
風土는 중국과 다르고, 耕作 방법도 각각 그 지역에 맞는 것이 따로 있기 때
문이었다. 이러고서는 農業生産이 효과적으로 이루어지기 어려웠다. 世宗이
『農事直說』을 편찬하게 된 동기는 여기에 있었다. 鄭招가,

> 及我主上殿下 繼明圖治 尤留意於民事 以五方風土不同 樹藝之法各有己宜 不可

---

166)『農家集成』跋.

盡同古書 酒命諸道監司 隷訪州縣老農 因地已試之驗具聞167)

이라고 한 것은 그러한 사정을 이름이었다. 하물며 잡다한 사실을 기록한 中國 農書의 내용 모두가 반드시 우리나라 농민들에게 도움이 되는 것은 아니었다. 『農事直說』은 이와 같이 中國 농서의 우리나라에의 적용 한계를 인식하고, 우리 농업 우리 風土에 적합한 農書·農學을 체계화한다는 목적으로 편찬되었다. 이때는 중국문명을 어느 정도 수용하여 우리의 고유문명과 여하히 종합 조절해 갈 것인가 하는 것이 큰 과제로 되는 시기이었다.

그러나 『農事直說』의 편찬 동기가 이것이 전부는 아니었다. 그러한 동기의 배후에는 보다 더 절실한 문제가 있었다. 조선초기의 농업사정이 새로운 농법 농업생산의 증진을 요청하고 있는 것이었다. 그것은 建國 초기의 國家 財政 확립을 위해서, 平安道나 咸鏡道 등 後進地域을 개발하는 문제였으며, 전국의 농민들에게 歲易農業을 常耕 輪作農業으로 전환시킬 수 있도록 훌륭한 농법을 교육하는 일이었다. 그것은 朝鮮王朝의 國家 體制, 봉건적인 社會 體制의 生產基盤을 확립하는 문제이기도 하였다. 世宗은 이러한 큰 틀 속에서 養民·足食이 이루어지기를 기대했다.

先進지역의 農法 채방과 農書의 편찬 보급 — 世宗은 이러한 일을 慶尙·忠淸·全羅 등 선진지역의 발달한 농법을 探訪하여 各地의 농민들에게 보급시킴으로써 달성하려 하였다. 그것은 『農事直說』의 편찬에 앞서 그 기초조사를 命하고 있는 傳旨에서도 살필 수 있고,168) 世宗의 「勸農敎文」이

且令逮訪州縣 因地已試之驗 輯爲農事直說 務使田野之民 曉然易知169)

라고 한 데서도 살필 수 있다. 그리하여 실지로 이렇게 해서 올라온 자료

---

167) 『農事直說』 序.
　　『世宗實錄』 卷44, 世宗 11년 5월 辛酉, 3책, p.181.
168) 『世宗實錄』 卷40, 世宗 10년 閏4월 甲午, 3책, p.129.
　　『世宗實錄』 卷41, 世宗 10년 7월 癸巳, 3책, p.138. 제Ⅰ편 제3논문 註77·78 참조.
169) 『農家集成』, 世宗의 「勸農敎文」.
　　『世宗實錄』 卷105, 世宗 26년 閏7월 壬寅, 4책, p.579.

를 기초로 해서 『農事直說』이 편찬된 뒤에는, 이를 各道에 頒下하여 疎漏한 農法을 개량하고 농업생산을 증진시키기에 노력하였다. 말하자면 世宗은 國內의 農業 開發이라는 난제에 직면하여, 中國 농서의 한계성을 인식하고, 우리 농서의 편찬을 서두르게 된 것이었다. 그리고 『農事直說』이 世宗의 이러한 뜻에서 이루어진 것임에도 불구하고, 각 지방의 농업이 기대한 만큼 향상되지 않자 世宗은 「勸農教文」을 다시 반포하여, 地方官으로 하여금 『農事直說』에 따라 農事를 권장하도록 하였던 것이다. 世宗의 農政策으로서 성립을 보게 되는 『農事直說』은 실로 우리 농업의 獨自性 認識의 産物이고, 固有性 維持의 필요성을 認識한 산물이었다. 그러한 의미에서 그것은 우리 農學 成立의 嚆矢인 셈이었다.

　農民教導를 儒教的 農政理念으로 ── 世宗은 이와 같이 자신의 農政策을 수행하기 위하여 『農事直說』을 頒布하기도 하고, 수시로 勸農 방침을 시달하기도 하였으며, 또 「勸農教文」을 펴기도 하였는데, 이러한 一連의 農民教導 정책을 이끈 理念은 儒教思想에 바탕을 둔 儒教的 農政理念이었다. 그것은 『農事直說』의 序에

　　農者 天下國家之大本也 自古 聖王莫不以是爲務焉[170]

이라 한 것이라든지, 世宗의 「勸農教文」에

　　國以民爲本 民以食爲天 農者衣食之源 而王政之所先也……不有上之人誠心迪率
　　安能使民勤力趨本 以遂其生生之樂耶[171]

라 한 것에 단적으로 표현되어 있다. '農者天下國家之大本'이라던가, '國以民爲本 民以食爲天'이라고 하는 이러한 표현은 전통적인 儒教的 農政觀・儒教的 農本主義의 표어이었다.

　그런데 儒教思想은 본시 仁의 정신을 내포하지만, 조선시기의 儒教는 人

---

170) 註167과 同.
171) 註169와 同.

間을 血統·身分(良賤, 士農工商)으로서 엄격하게 구분하고, 이를 통해 社會·經濟·政治를 上下관계로 질서화하며, 常賤民을 생산자·담세자로서 긴박하고 지배하는 政治思想이었다. 政治效力은 兩班層이 독점 운영하였고, 經濟制度는 ① 田主·佃客制(收租權) ② 地主·佃戶制(所有權) ③ 大農, 中農, 小農이 있는 自耕農制(所有權)로 구성되고, 그 가운데서 兩班層은 주로 田主·地主·自耕農에 常賤民은 주로 佃客·佃戶·自耕農에 편제되는 가운데, 전자가 후자를 全 機構的으로 지배하였다.

그러나 그러면서도 이들 常賤民의 농업생산과 役의 부담은 國家財政의 기반이 되는 것이었으므로, 국가는 농업생산 그 자체를 국가 차원에서 관장 육성하고 생산자를 봉건적인 체제 안에서나마 일정하게 보호하지 않으면 아니 되었다. 따라서 小農經濟의 안정·養民이 요청되지 않을 수 없었으며, 그 農政觀이 '農者天下國家之大本' 등으로 집약되지 않을 수 없었다.

그뿐만 아니라 儒敎의 政治思想·農政理念은, '孔孟의 정치사상을 중심으로 堯舜三代의 정치 사회를 理想的인 것으로 보고 그 방향으로 개혁을 추구하는 古典儒敎'와 '宋學·朱子學을 주축으로 현실 사회의 경제제도(地主佃戶制·自耕制)를 그대로 인정하는 近世儒敎'로 분화되고 있었다. 전자의 특징이 小農層의 안정을 井田制·均田制 등 均産을 통해서 추구하는 것이라고 한다면, 후자의 특징은 현실의 경제제도 所有의 分化는 그대로 두되 이를 합리적으로 운영하고 賦稅制度의 불합리를 均賦·均稅정책을 통해 이정함으로써 해결하려는 것이었다.

그런 가운데 世宗의 農政理念은 후자와 같은 것이었다. 朝鮮王朝의 國定敎學은 朱子學이었고, 世宗은 그 統治權者인 國王이었음으로, 그것은 당연하였다.

朝鮮王朝의 건국과정, 즉 麗末 鮮初에 걸치면서는 土地改革의 필요성이 기회 있을 때마다 제기되었지만, 그 개혁론은 늘 논으로 그쳤다. 그것은 世宗朝에도 마찬가지였다. 『農事直說』을 편찬하도록 지시하였던 국왕 世宗도 그러하였다. 世宗은 土地改革(井田制)은 시행할 수 없는 것으로 보고 있었으며, 따라서 直接生産者 小貧農層을 안정시키는 문제(養民)는, 그들에게 '恒産'을 줌으로써가 아니라, 賦稅制度의 이정을 통해서 찾으려 하였다. 堯舜三

代는 언급되어도 그것은 儒教政治의 이상형으로서만 인정되었다. 그리하여
世宗은 堯舜 이래 賢君의 農政策과 朝鮮王朝의 農政策의 목표가 같은 것으
로 말하고, 龔遂·召信臣·任延·辛纂·朱子 등 옛적의 모범적인 牧民官들
이 수행한 勸農의 예에 따라, 朝鮮王朝의 地方官들도 그 이념을 실현할 수
있도록 勸農에 힘써 줄 것을 당부하였다.172)

朱子의 開物成務의 뜻 — 農業·農民과 관련하여 말하는, 朱子의 '開物成
務'의 뜻은, 『農家集成』에 실려 있는 朱子의 「勸農文」에서 살필 수 있다. 開
物成務란 『朱子語類』에서 '物是人物 務是事務'라고 파악되었듯이, 사람을 啓
發해서 그 사업을 성취시킨다는 뜻이었다. 따라서 申洬이 이곳에서 말하는
朱子의 開物成務의 뜻이란, 朱子가 농민들을 教化 啓發해서 그들의 사업(農
業)을 성취시키고, 유교사회의 질서에 순종하는 백성으로 육성하고자 함을
말함이었다. 그것은 곧 農業生産의 주체인 농민들에 대한 儒教的 教化觀이
며 農政思想이었다.

朱子의 「勸農文」에서는, 그러한 朱子의 농민들에 대한 開物成務之意를 여
러 곳에서 보여 주는데, 그것은 두 가지 점으로 집약된다. 가령

昨去冬 嘗印榜 勸諭管內人戶 其於農畝桑蠶之業 孝弟忠信之方 詳備173)

라는 구절에는 그 뜻이 단적으로 드러난다. 이에 따르면, 朱子는 昨去 冬
에 管內 農民들에게 「勸農文」을 榜示하였는데, 그 요점은 요컨대 農畝桑蠶
에 관한 農業技術 및 農業經濟의 문제와 孝悌忠信에 관한 倫理道德의 문제
를 자세히 기술했다는 것이었다. 朱子의 「勸農文」을 살피면, 그것은 모두 농
업에 관한 農民教導의 방안으로서 제시된 것임을 알 수 있는데, 그 방안은
또한 모두 孝悌忠信 등 教化 문제에 초점이 있었다.

農民教導는 그들의 足食을 위해서 — 朱子가 농민들을 教導하려 한 농업기
술 농업경제의 문제에 관해서는 이미 앞에서 고찰한 바이지만, 그는 耕地·

---

172) 李景植, '朝鮮前期의 土地改革論議'(『朝鮮前期土地制度史研究』〔Ⅱ〕—農業經營과 地主制—,
     1998, 지식산업사). 註169 世宗의 「勸農教文」
173) 『農家集成』, 朱子 第2「勸農文」.

施肥·播種·移植·耘耨·收穫·水利·蠶桑·陳荒地開墾·田地打量·地主
-佃戶 關係(生産 關係) 등등 여러 가지 문제에 관하여, 그 구체적인 방법이
나 준수 사항을 제시하고 있었다. 그리고 그가 이렇게 농업에 관하여 농민을
교도하는 것은 농민으로 하여금 農業生産力을 증진시키고 그들을 足食케 하
려는 — 養民하려는 데서라고 하였다. 그래서 그는 '生民之本 足食爲先 是以
國家務農重穀'이라던가 '民生之本在食 足食之本在農 此自然之理也'라고 하
여,174) 百姓이 족히 먹고 살아야 하는 것을 자연의 이치로 보고, 그러기에
국가는 務農重穀의 정책을 쓰는 것이라 하였다.

물론 그가 말하는 足食은 봉건적인 체제 안에서의 일인 것으로서, 일정한
한계가 있었다. 朱子는 앞에서 살핀 바와 같이 地主·佃戶制와 그 支配·隸
屬 관계를 인정하고, 그것을 하나의 體制 秩序로서 유지하려 하고 있었다.
그러면서 그들 佃戶농민의 足食을 말하고 있었다. 朱子는 당시의 地主·佃
戶制에 대하여 이해가 부족하였다.

農民을 足食케 하려는 목표는 體制 유지를 위해서 — 그리고 농민을 足食케
하려는 의도도, 봉건적인 支配體制 국가 운영과 관련하여, 일정한 목표가 있
는 것이었다.

　　與諸父兄 率其子弟 從事於耘鋤耒耜之間 使其婦子含哺鼓腹 無復飢凍流移之患
　　庶幾 有以上副聖天子愛養元元夙夜焦勞惻怛之意175)

라고 한 것은 그 한 예이었다. 諸父兄들이 子弟를 인솔하여 中耕除草 등
농사일에 종사하여 妻子로 하여금 배부르게 하고 굶주려 流離乞食함이 없게
하면, 백성을 다스리기에 밤새워 焦勞하는 天子(支配者)의 마음에 副應(忠
誠)하는 바가 된다는 것이다. 그는 民의 足食을 封建體制의 유지를 위해서
필요한 것으로 본 것이었다.

그는 또한 '衣食足而知榮辱 倉廩實而知禮節'176)이라고도 하여, 足食을 농

---

174) 『農家集成』 朱子 第3·2「勸農文」.
175) 『農家集成』, 朱子 第2「勸農文」.
176) 『農家集成』, 朱子 第3「勸農文」.

민들에게 孝悌忠信 禮義廉恥 등 봉건적인 倫理道德을 체득케 하는 한 방법으로 보기도 했다. 그러기에 朱子는 이러한 윤리도덕의 문제를 농업을 권장하는 글인 「勸農文」에서 언급하지 아니함이 없었다. 봉건적인 윤리도덕은 곧 封建制 社會가 유지될 수 있는 사상기반이므로 그 교육은 막중했다. 그러므로 朱子는 스스로 '印給牓文 勸誘人戶 莫非孝弟忠信禮義廉恥之意'[177]라고 하여, 자신이 내린 「勸農文」은 이러한 봉건적인 윤리도덕의 문제가 아님이 없다고 하였다. 朱子는 이와 같이 「勸農文」을 통해서 봉건적인 윤리도덕을 농민들에게 교육하고, 이를 통하여 封建制 社會의 사상적인 기반을 굳건히 하려 하였지만, 勸農은 곧 經濟上의 문제이므로, 그 윤리도덕의 내용도 足食이라고 하는 경제 문제와 관련지어지면서 논급되었다.

農民들에 대한 思想敎育, 즉 敎化 가운데서도 朱子는 孝의 문제를 중심적인 것으로 생각했다. 그리고 그는 이 孝를 관념적인 것으로만 파악하는 것이 아니라, 農政理念과도 관련하여 구체적인 경제 문제로 인식했다. 그래서 그는 농민들에게 印榜한 「勸農文」에서 孝悌忠信 禮義廉恥 등 여러 가지를 말하는 가운데, 특히 이 경제 문제로서의 孝에 대하여는 각별한 지시를 하기도 하였다. 그것은 '示俗'이라는 제목으로 표기되었다. 이 示俗은 『孝經』에 대한 朱子의 註를 내용으로 하는데, 朱子는 농민들이 이를 子弟에게 해설 교육함으로써 保守家業할 것을 당부했다. 保守家業은 곧 농민의 孝라는 것으로서, 孝는 곧 경제 문제를 그 내용으로 하고 있는 것이었다. 그러므로 그는 庶人之孝를 注하여서는

方能保守父母産業 不至破壞 乃爲孝順[178]

이라고 하였으며, 농민들이 이를 朝夕으로 생각하고 그 가르침을 지켜 줄 것을 당부하기도 하였다. 이 시기 南宋에서는 沒落 農民의 항쟁이 體制를 부정하는 農民戰爭으로까지 확대되고 있었으므로, 牧民官인 朱子는, 농민들이

---

177) 『農家集成』, 朱子 第3「勸農文」.
178) 『農家集成』, 朱子 「勸農文」의 示俗.
　　　『朱子大全』 卷99, 公移 示俗.

그들의 産業을 保守함으로써 몰락하지 않고 體制를 부정하는 항쟁의 대열에
도 참여하지 않도록, 그들을 봉건적인 倫理道德으로 敎化하는 것이었다. 말
하자면 朱子는 地主·佃戶制를 體制로서 인정하는 가운데, 그것과 병존하는
自營小農層의 건전한 존속도 바라고, 佃戶농민의 더 이상의 몰락과 항쟁도
막아야 할 것으로 생각하는 것이었다.

『農家集成』 편찬자들의 지향 ―『農家集成』의 편찬자들은 朱子의 이러한
사상교육 방법에 크게 주목하였다. 그래서 宋時烈은 '守身善道之方'을 이 「勸
農文」에서 볼 수 있다고 하였으며, 孝悌나 禮義의 교육 문제를 이것을 통
해서 찾을 수 있다고 하여, 朱子「勸農文」의 思想的 意義를 강조하기도 하
였다.179)

世宗의 經世養民의 뜻과 朱子의 開物成務의 뜻을 이와 같이 살피면, 申洬
이나 宋時烈이 『農家集成』에서 의도한 農民敎導의 방침이나, 『農家集成』의
農政理念이 어떠한 것인가를 알 수 있다. 그것은 朱子가 체계화한 儒教的 農
政理念을 바탕으로 하고, 世宗의 農政策을 계승하여, 당시의 우리나라에 적
합한 농업을 개발 육성함과 아울러, 農民들을 확고한 封建的인 倫理道德으
로 교화 통제하고자 하는 것이었다고 하겠다. 물론 世宗의 農政策은 朱子까
지도 고려한 전통적인 儒教的 農政理念을 사상적 기반으로 삼고 있었으므
로, 원래 이것이 朱子의 農政思想과 모순되는 것은 아니었다. 그러나 朱子의
農政思想은 종래의 儒教的 農政理念을 사회 문제·농민항쟁·封建的인 地
主佃戶制에 밀착시켜, 한층 더 이론적으로 체계화한 것이었으므로, 朱子學
者인 宋時烈이나 申洬은 朱子가 새로이 체계화한 이 農政思想으로서 우리나
라 舊來의 農政思想을 한층 더 深化시키고 强化시키려 하였던 것이라고 하
겠다. 그들은 兩亂 뒤의 國家再造, 봉건적인 社會·經濟 秩序의 再建을 시급
한 문제로 생각하였으므로, 思想과 經濟를 有機的으로 결합 체계화하고 있
는 朱子의 이론은 참으로 편리한 농정사상이 아닐 수 없었다.

---

179)『農家集成』序.
    抑夫子之言 上下兼盡 卽此文亦可以見其守身善道之方矣 其曰孝悌 其曰禮義 未嘗不並及於
    修堤翻土之勝 則不待他求 而知所以用其力矣 然則此書之有關於世 豈淺尠哉

〔附〕

『農事直說補』와『東方農事集成』의 農業技術

앞에서 우리는 公山縣에서 『農事直說』이 증보 복간되고 그것을 기초로 하여 『農家集成』이 편찬된 사정을 고찰하였거니와, 兩亂 뒤에 『農事直說』이 증보되는 예는 이에서 그치는 것이 아니었다. 이러한 작업은 다른 사람들에 의해서도 시도되고 있었다. 『農家集成』 가운데 『農事直說』은 많이 증보를 하였지만, 農業生産을 이 農書에만 의존하기에는 그 내용이 너무나 불충분하였다. 蔬菜·樹植·기타 등의 조항은 아직도 증보되고 있지 않았다. 종전의 『農事直說』이나 증보된 『農事直說』을 이용하려는 사람들에게는 그러한 점이 불편하였다. 그러므로 『農事直說』의 農學에 각별한 관심을 갖는 사람 가운데에는 『農事直說』이 안고 있는 그러한 결함을 보완 증보하려는 사람도 있게 되었다. 그러한 작업을 얼마나 많은 사람들이 시도했는지는 알 수 없지만, 우리가 여기서 주목하고자 하는 것은 『農事直說補』와『東方農事集成』의 경우이다. 이들 農書도 이 시기의 農學思潮를 반영하는 좋은 예가 되기 때문이다.

『農事直說補』는 洪萬選이 『山林經濟』를 편찬할 때 이용한 농서였다. 이 책의 현존 여부는 알 수 없으며, 그 증보자가 어느 때의 누구인지도 알 수 없다. 더욱이 우리는 이 補本을 보지 못하고 있으므로, 『農事直說』에 증보한 양이 어느 정도였는지도 확인하기 어렵다. 그러나 洪萬選이 이를 그의 著書에 인용하고 있는 것으로서 보아, 그 이전 시기, 즉 17세기의 農書임에 틀림없겠고, 또 그 인용 정도로서 보아 『農事直說』에 대한 증보가 대대적인 것은 아니었던 것으로 생각된다. 그가 『農事直說補』를 인용한 것은 몇 개 항에 지나지 않는다. 그러나 그 증보가 얼마 안 되는 적은 양이었다 하더라도, 『山林經濟』에 인용된 내용으로서 보면, 그 증보 사항은 이 시기의 농업기술의 흐름, 農學의 동향을 단적으로 드러내는 것이라고 하겠다. 특히 種稻條에서의 증보가 그러하다.

① 秧基 犁耙三四遍 挿秧處亦然(直說補)

② 乾秧法 春旱 秧基無水 熟耕乾畓 治令無塊 作小畦 將稻種和灰糞 種如乾播
而一斗落地 可種七斗 得雨移秧 則勝於水秧(直說補)

③ 過時草盛 難鋤之苗 以木斫(鄕名所訖羅)駕牛 摩治如初種時 旋卽鋤之 則易
耨而苗盛(直說補)180)

①은 養苗處, 즉 秧基의 작성에 좀더 정성을 들이라는 것으로서 그 整地
과정에서의 犁·耙를 서너 차례씩이나 하자는 것이었다.『農事直說補』의 편
자는 挿秧處, 즉 本田의 정지도 그렇게 하라고 하였지만 주 목표가 秧基 작
성이었음은 말할 것도 없다. 養苗 과정의 중요성을 강조하는 말이었다. 이는
中國 農書에서 인용한 것으로 생각되는데, 中國 江南지방의 水田農業에서는
그렇게 하고 있었다.181) 이 시기 우리나라에서는 벼의 재배법이 直播法에서
移秧法으로 크게 전환하고 있었으므로, 養苗문제가 그만큼 더 중요한 문제
가 되고, 따라서 秧基의 작성에 크게 유의하지 않으면 아니 되었던 것으로
생각된다. 이 점은『農家集成』의『農事直說』에 대한 증보가 秧基 작성에 크
게 유의하고 있었던 점과도 맥을 같이하는 것이었다고 하겠다.

②는 乾秧法의 요령을 기술한 것으로서, 벼의 乾播 栽培에 移秧法을 도입
한 것이다. 봄 가뭄으로 秧基 작성이 어려울 때는 乾畓을 熟耕하여 小畦를
작성하고 乾播 때와 마찬가지 요령으로 파종(注秧)을 했다가 비가 온 뒤 移
秧을 하면 水田의 秧基에서 養苗하여 移秧을 하는 것보다 낫다는 것이다. 이
시기에는 生産者들이 中耕除草에 소요되는 노동력의 문제와 관련하여 移秧
法을 적극 채택하고 이를 널리 보급시켜 나가고 있었으므로, 그 農法은 벼의
乾播재배에도 자연스럽게 도입된 것이었다. 壬亂 뒤 얼마 안 된 시기의 상황
을 기술한『農家月令』의 乾秧法 표현이, 앞에서 이미 살핀 바와 같이 '如未
乾付種'할 때 하는 것, 즉 乾秧을 하기는 하되 어딘가 소극적이었던데 비하
면,『農事直說補』의 그것은 그 표현이 대단히 적극적이었던 것으로 느껴진

---

180)『山林經濟』卷1, 治農 種稻. 亞細亞文化社本에는 ③이 결여되어 있다.
181)『農桑撮要』3月條.
　　『神隱』卷下, 3월 務農.

다. 乾秧法이 그만큼 널리 보급되고 있었던 한 표현이라고 하겠다.

③은 水田에서의 새로운 除草法을 제기한 것이다. 처음 김매기할 때 그 시기를 놓쳐 雜草가 무성하면, 播種할 때와 마찬가지로 苗가 자라고 있는 논 위를 소에 써레를 메워 끌게 함으로써 이를 摩治하고, 이어서 곧 김매기를 하면 除草는 쉽고 苗는 잘 자라게 된다는 것이었다. 좀 난폭한 방법이다. 이 시기의 水田農業에서는 除草작업이 난제였으므로, 여러 농서에서는 이를 쉽게 할 수 있는 방법을 강구 계몽하고 있었는데, 『農事直說補』에서는 그러한 방법의 하나를 木斫摩治法으로서 제언한 것이었다. 『農家集成』이 제시한 反種法 · 火耨法과 함께 특이한 除草法의 하나였다고 하겠다. 얼른 보기에 잘 납득이 가지 않는 방법이지만, 아마도 이러한 방법으로 제초를 하는 예가 없지는 않았을 것으로 생각된다. 이 시기에는 벼의 乾播재배에서 土莫翻地나 柴扇翻地를 끌어 鎭壓과 제초작업을 하고 있었으므로,182) 이 방법은 水田의 벼 재배에도 어렵지 않게 도입되었을 것으로 생각된다.

『山林經濟』에서 種稻와 관련하여 『農事直說補』를 인용한 중요한 사항은 이 몇 건에 지나지 않지만, 이로써 보면 『農事直說補』에서는 이 시기의 水田農業이 당면한 어려운 문제, 즉 中耕除草의 어려움과 거기 소요되는 노동력을 移秧法이나 乾播農業을 발전시킴으로써 해결하려는 것이 그 목표가 되었던 것으로 생각된다.

『東方農事集成』은 18세기 중엽의 인물인 徐命膺이 그의 『本史』 편찬에서 이용한 농서였다. 그는 『本史』의 일부로 中國 歷代의 농서와 함께 朝鮮 농서도 포함하여 「農書志」를 정리하였다. 朝鮮 농서로는 『農事集說』과 『東方農事集成』을 들었으며, 朝鮮의 농업기술을 소개함에 있어서는 많은 경우 『東方農事集成』의 그것을 예로써 들고 있었다. 이러한 제목의 농서는 대단히 생소한데, 이에 대하여 徐命膺은 다음과 같이 해제를 붙이고 있었다.

　農事集說 一卷(朝鮮莊憲朝十一年 以五方風土不同 樹藝各有其宜 命諸道逮訪老
　農已驗之術 使摠制鄭招就加銓次 頒于中外)

182) 제Ⅲ편 제3논문의 註60 참조.

東方農事集成 一卷(朝鮮孝廟朝六年 公州牧使申溉 采農政全書中語 參以集說
爲集成以進之 命多印廣布于民間)183)

이로써 보면 그가 『農事集說』이라고 한 책은 世宗朝의 『農事直說』이 분명
하다. 그런데 『東方農事集成』이라고 한 것은 申溉의 『農家集成』 같은데 그
표제가 『農家集成』이 아니라 『東方農事集成』으로 되어 있으며, 더욱이 그
내용이 '農政全書에서 중요한 기술을 采錄하고 『集說』(『農事直說』)을 참고함
으로써 『東方農事集成』을 편찬한' 것으로 되어 있다. 이러한 점으로서 보면
『東方農事集成』은 분명히 『農家集成』과는 별개의 農書였으며, 『農事直說』
을 『農政全書』로서 대폭 증보한 농서였다고 하겠다.

그러하였다면 『東方農事集成』은, 앞에서 언급한 申溉의 『農事直說』 증보
에 기여한 洪柱世와 어떤 관련이 있지 않을까 생각되기도 하나, 그러나 徐命
膺은 이를 申溉의 저술로 보고 『農家集成』과 같은 내용으로 해설하고 있었
다. 그러므로 우선은 徐命膺의 판단을 그대로 따르기로 하면, 申溉이 이 농
서를 편찬하였을 경위는 두 경우로 생각할 수 있겠다.

첫째, 申溉은 애초에 『農家集成』을 편찬하기 이전에, 개인적인 작업으로
서 『農事直說』에다 『農政全書』 등을 통해 증보를 가하고, 이를 『東方農事集
成』이라고 명명했을 수도 있겠다. 『農政全書』는 이무렵 간행되고(1639 · 平
露堂藏板) 있었으므로 그것은 가능한 일이었다. 그런데 그 후 공적인 작업으
로서 「朱子 勸農文」과 기타의 농서 등을 集成하여 새로운 農書를 편찬하게
되었음으로, 그 冊名에서 '東方' 자를 띠고 『農家集成』이라고 조정하였을 경
우이다.

둘째, 申溉은 위와는 달리, 공적인 작업으로서의 『農家集成』 편찬 뒤에도
이에 만족하지 못하고, 이와는 별도로 사적인 작업으로서 그가 애초에 생각
하였던 대로 『農事直說』만을 『農政全書』로서 증보하여 『東方農事集成』을
편찬하였을 경우이다. 그는 公州牧使에서 西原縣監으로 전임된 후에도, 農
學에 깊은 관심을 가지고 『救荒撮要』를 板刊하고 있었으므로, 그 사이에 농

---

183) 『本史』 卷4(『保晚齋叢書』 卷23~34), 農書志.

학을 연구하고『農事直說』을 증보하여『東方農事集成』을 편찬하려 하였다면, 충분히 그렇게 할 수 있는 여유가 있었다.184)

이같이『東方農事集成』이『農事直說』을 증보한 農書였다면, 이를 통해서도『農事直說』의 증보를 둘러싼 농학의 동향을 살필 수 있을 터이다.『東方農事集成』에서의『農事直說』에 대한 증보는『農事直說』에 수록된 作物을 보완하는 것으로도 이뤄지고,『農事直說』에 실리지 않은 조항을 대폭 증보하는 것으로도 이뤄졌다.

전자에 관해서 徐命膺이『本史』에서『東方農事集成』을 인용하고 있는 것을 보면 주로 작물의 品種에 관해서였는데, 이에 따르면『東方農事集成』에서의 品種 증보는『山林經濟』가『衿陽雜錄』의 그것을 증보한 것과 비슷하였다. 品種의 名稱 표기나 설명이 조금씩 다르기는 하였지만 전반적으로는 같다고 보아도 좋겠다. 그리고 더러는 재배법을 기술하기도 하였는데(菉豆·豌豆·梅斗·麥), 이럴 경우 그 의거자료는『閑情錄』·『神隱書』였으나, 이도 역시『山林經濟』에 실린 것이어서 두 책의 기술은 비슷했다.

후자는, 徐命膺의 인용한 바에 따르면, 蔬菜·果樹·養花 등을 증보하는 것이었다.『農事直說』은 朝鮮 農業의 특질을 기술한 좋은 농서이기는 하였으나, 주로 糧食作物만을 다룬 농서였으며, 蔬菜·樹植·기타까지도 포함하는 종합농서는 아니었다. 그러므로『農事直說』에만 의존하여 농사를 하려는 사람들에게는 그러한 점이 불편하였으며, 따라서『農事直說』의 농학에 각별한 관심을 갖는 사람들은 이를 보완해야 할 것으로 생각하였다. 그리고『東方農事集成』의 찬자는 바로 그러한 과제를 대폭적으로 수행하고 있었다.

이같이 증보된『東方農事集成』의 기술도 많은 경우『山林經濟』의 기술과 일치하였다.『山林經濟』는 그러한 기술을 俗方·『閑情錄』·『神隱書』·『養花錄』등에 의거하고 있었는데,『東方農事集成』도 같은 자료를 보는 가운데 똑같은 기술을 하게 되었는지 분명치 않으나 비슷한 점이 많았다. 만일

---

184)『東方農事集成』내에 그 편자가 확실하게 申泭으로 명기되어 있는지는 미상이다. 만일에 그렇지 않고 그것이 徐命膺의 추정이라면, 그 편자와 편찬시기에 관해서는, 그 기술의『山林經濟』와의 유사성과 관련하여 많은 의문이 제기될 수 있을 것이다. 그러나 우리는 이 農書를 보지 못하고 있으므로 여기서는 徐命膺의 견해를 그대로 따를 수밖에 없겠다.

그러하였다면 17세기 중엽에 이같은 자료들은 널리 알려지고 이용되었던 것으로 생각된다.

물론 『東方農事集成』과 『山林經濟』가 비슷한 점이 많았다 하더라도 이것은 『本史』에 인용된 일부 작물만을 비교할 때 그러한 것이지 『東方農事集成』에 실린 작물기술이 모두 그러한 것은 아니었다. 예컨대 『本史』에 인용된 『東方農事集成』의 杏·桃·栗·梨·柿 등을 보면 『山林經濟』에서는 볼 수 없는 朝鮮産의 특성을 열거하고 있다.[185] 더욱이 『山林經濟』에서는 蘘荷를 靑蘘으로 간주하고 種靑蘘項을 治圃條에다 넣었는데,[186] 『東方農事集成』에서는 아마도 이를 蘘荷로 파악하는 가운데 '我國嶺南人 多種食'[187] 한다고 정확하게 기술하고도 있었다.

이같은 몇 가지 점으로서 보면, 그리고 徐命膺의 견해를 그대로 따른다면, 『東方農事集成』은 『農事直說』의 농학을 발전시키려는 申洬이 『農政全書』·『神隱』·『閑情錄』 기타의 농서를 깊이 연구하고, 우리나라의 농업현실도 조사하는 가운데 편찬한 책이었다고 하겠다. 그리고 그런 점에서 이 시기에 있어서의 『農事直說』을 중심으로 한 農學이 지향하는 바는 이같은 방향의 綜合農書를 편찬하고 농업기술을 체계화하는 것이었다고 하겠다.

---

185) 『本史』 卷6, 五果世家.
186) 『山林經濟』 卷1, 治圃 種靑蘘.
187) 『本史』 卷5, 滑菜世家. 徐命膺은 이것을 『本史』의 蘘荷條에 인용하면서 다른 말은 없었다. 『東方農事集成』의 蘘荷條에서 이 부분만을 인용하였음을 뜻하는 것이라고 하겠다. 靑蘘이 蘘荷의 착오였음은 『山林經濟補』에서 지적하고 있다.

Ⅲ. 17世紀 末～18世紀 中葉의 新農書 編纂과 小農 立場 農學思想의 發展

1. 『農家集成』의 限界와 新農書의 要請

兩亂 뒤의 國家再造期에 편찬된 농서들은 각각 개성을 가진 저술이었지만, 『閑情錄』과 『農家月令』은 편자들의 정치적 처지와도 관련하여 널리 보급되지 못하였다. 『農家集成』만이 국가의 農政策으로서 간행 보급되고 이 시기를 대표하는 농서가 되었다.

『農家集成』은 國定農書 — 이와 같은 『農家集成』은 兩亂 뒤의 經濟再建을 위하여, 世宗의 農政理念이나 朱子의 農政思想을 그 사상적 기반으로 하면서, 종래부터 내려온 농서를 增補 修正하고 中國 江南農法까지 도입함으로써 편찬한 폭이 넓어진 농서였다. 그러므로 『農家集成』은 농서가 많지 않았던 당시에 있어서는 크게 환영 받는 귀한 농서가 되었다. 그것은 국가의 입장에서도 그렇고, 농자의 입장에서도 그러하였다.

가령 정부에서는 申洬이 이 농서를 鋟板印進하였을 때 담당 관청에 命하여 '多印廣布 務除民弊'[1]케 한다던가, 뒷날에 농서가 필요할 때는 '廣印農事(家)集成 均布民間 俾知世宗朝導民務本之盛意'[2]케 하였는데, 이는 『農家集成』의 農業技術이나 農政理念을 민간에 교육시킴으로써, 농민들이 農法이나 封建的인 倫理道德을 모르는데서 오는 폐단을 막기도하고, 또 世宗의 農政理念을 주지시키려고도 하는 것이었다. 그리고 농업생산자들은 이 농서를 '集成之書 卽農者之大經大法'[3]이라고 하여, 농가의 農業經營에 있어서 기준이 되는 範法이라고까지 하였다. 『農家集成』은 당시까지는 가장 충실한 폭 넓은 刊行本 농서였으므로 그렇게 생각하는 것은 무리가 아니었다. 그러기에 이 농서는 필요에 따라 수시로 간행되었다. 申洬이 印進한 판본에 따라 여러 차례 木板本이 간행된 것은 말할 것도 없고, 좀 뒤에는 活字本이 간행되기도 하였다. 그리고 더욱 일반적으로는 筆寫本이 또한 널리 보급되었다.

---

1) 『孝宗實錄』 卷21, 孝宗 10년 5월, 孝宗大王行狀, 36책, p.199.
2) 『英祖實錄』 卷127, 英祖 52년 3월, 行狀, 44책, p.548.
3) 『日省錄』 正祖 23년 2월 11일, 27冊(서울大學校 圖書館 影印本), p.390.
　　『農書』 8, 公州 生員 柳鎭穆 冊子, p.140.

그리하여 『農家集成』은 당대 농업에 있어서 가장 중요한 농업 지침서가 되기에 이르렀다.

『農家集成』의 限界 ; 學的 體系와 農作物과 그 재배기술 ― 그러나 『農家集成』에도 일정한 한계와 결함은 있었다. 그것은 농서의 편찬 방식 면에서도 그렇고, 그 내용 면에서도 그러하였다. 『農家集成』이 비록 시대적인 요청에 부응해서 편찬된 것이고, 또 그러한 까닭으로 해서 널리 보급된 것이기는 하지만, 이러한 결함은 세월이 흐름에 따라 농민들로 하여금 더 時宜에 맞는 새로운 농서를 요청하게 하였다. 그것은 세월이 흐르면 흐를수록 더욱더 절실하여졌다.

編纂 방식에서 오는 한계와 결함은, 이것이 하나의 훌륭한 學的 所産이면서도 그 내용이 모든 농서를 분석 종합해서 새로운 體系의 農學으로 체계화한 농서가 아니라는 점이었다. 이 농서는 여러 旣存의 농서들을 다소 증보하여 한 책으로 묶은 集成物이었다. 申洬은 각각 그 가치를 달리 하는 여러 농서를 한 곳에 輯錄함으로써, 그가 생각하는 農學의 체계를 정리 없이 대변시키고 있었다. 앞에서 살핀 바와 같은 『農家集成』의 農學思想은 여기에 실린 여러 농서를 우리의 견지에서 분석 종합하여 이를 『農家集成』 編者의 思想體系 · 學問體系로 재구성한 것이었다. 申洬은 훌륭한 農學者이고, 그 農學의 체계는 확실히 우리가 서술한 바와 같은 것을 지향하였다. 그러나 그는 그러한 체계를 여러 농서를 분석 종합하여 그 스스로의 체계와 文章으로써 기술한 것은 아니었다. 그리하여 『農家集成』은 하나의 體系的 著述이 되기에는 너무나도 미흡하였다.

內容面에서 볼 수 있는 한계와 결함은 무엇보다도 그 수록된 農作物의 대상이 한정되어 있었다는 점이다. 『農家集成』이 농서로서 그 사명을 다하려면 모든 農作物에 대한 栽培法을 기술해야 했을 터인데, 사실은 그렇지가 못하였다. 여기에서 다룬 것은 주로 糧食作物의 재배에 관해서이고, 농업의 중요한 또다른 분야인 蔬菜 · 果樹 · 牧畜 등에 관해서는 이를 소상하게 擧論하지 아니하였다. 『四時纂要抄』에서는 蔬菜 등에 관해서도 기술하였지만, 이 농서는 주로 農事月令 즉 農作物의 재배 시기에 초점을 두어서, 農作物 하나하나에 대한 栽培法을 『農事直說』의 穀物 재배 기술과 같이 구체적으로 설명한 것은 아니었다. 그러한 점에서 『農家集成』은 종합농서이기는 하였지만, 아직은 糧食作物 재배를 위주로 한 특수농서이었다.

사실 『農家集成』은 『農事直說』이 중심이 되는데, 이는 그 序文에서 鄭招가 편찬 방침을 '祛其重複 取其切要……農事之外 不雜他說 務爲簡直 使山野之民曉然易知'[4]라고 하였듯이, 농사일 가운데에서도 主穀 재배 말고는 다른 이야기를 싣지 않았으며, 또 그것은 되도록 簡直하게 하기를 힘쓰고 있었다. 申洬은 그러한 『農事直說』의 편찬 원칙을 그대로 둔 채 그 위에다 증보를 시도한 것이다. 그러므로 『農家集成』은 『農事直說』의 편찬 원칙이 제시한 農作物의 범위를 크게 벗어날 수가 없었고, 따라서 主穀 이외의 農業技術 문제가 이로써 해결될 수는 없었다.

물론 앞에서 언급했듯이 『東方農事集成』의 내용으로 보면 申洬의 궁극적인 목표는 그러한 것이 아니었다고도 하겠다. 그의 목표는 治圃·種樹·기타까지도 포함하는 폭넓은 것이었다. 그러나 실제로 간행 보급되어 後代에 영향을 준 『農家集成』은 바로 우리가 지금 보고 있는 그것이다. 그리고 그것은 지극히 큰 한계가 있는 것이었다.

더욱이 『農家集成』이 중점을 둔 糧食作物 재배에 관해서도 문제가 없는 것은 아니었다. 申洬은 『農事直說』의 곡물 재배에 관하여 많은 修正과 增補를 加하였지만, 그것은 주로 水田農業에 관한 것이었다. 農法의 전환은 실제로 水田農業에서 먼저 오고 있는 것이 사실이었지만, 旱田農業에 그것이 없었던 것은 아니다. 또 旱田農業도 앞으로 개량되지 않으면 아니 되는 것이었는데, 申洬은 水田農業의 移秧法에 대비될 만한 旱田農業의 근본적인 개선책을 모든 田作物에 걸쳐 제시하지 못하였다. 種麥條와 種木花法이 증보되는 가운데서 旱田農業의 앞으로의 자세가 시사되기는 하였지만, 그것이 旱田農業 전체의 문제로서 제기되지는 못하고 있었다. 旱田農業의 개량은 전적으로 후대의 農學을 기다리는 수밖에 없었다.

그뿐만 아니라 『農家集成』의 농업기술은 주로 三南지방을 대상으로 한 것이었다. 中部 이북에 대해서는 크게 배려하지 않았다. 애초에 『農事直說』도

---

4) 『農事直說』序
　『世宗實錄』卷44, 世宗 11년 5월 辛酉, 3책, p.181.

그러한 農書로서 편찬되었던 것인데『農家集成』에서는 이를 그대로 수록하
고 있었다. 『衿陽雜錄』과『四時纂要抄』는 中部 이북을 의식한 농서였지만,
그 재배법이 구체적이지 못하고,『農事直說』의 부족한 점을 일부 보완하는
데 지나지 않았다. 그런 점에서『農家集成』은『閑情錄』이 中國 江南農法을
수록하고 있었음과 공통되는 것이기도 하였다. 이 시기의 朝鮮에서는 中部
이북지역에도 적극 이용될 수 있는 농서가 필요하였는데『農家集成』은 그렇
지가 못하였다.

『農家集成』의 限界 ; 農政理念 — 그러나 무엇보다도 문제가 되는 것은 그
農政理念이었다.『農家集成』에서는 農政의 자세에 있어서 地主·大農 위주
의 農書(『農事直說』)에다 小農 위주의 農書(『衿陽雜錄』·『四時纂要抄』)를 부
록으로 실어서 그 균형을 잃지 않으려는 뜻을 보이기는 하였지만, 그와 동시
에 朱子의「勸農文」을 수록함으로써 地主佃戶制 중심의 經濟秩序 유지를 강
조하였다. 朱子의 권위로서 12세기 中國의 支配隸屬 관계가 강한 地主佃戶
制를 17세기 朝鮮의 경제사회에 재현하려는 것이었다. 이는 당시의 경제사
정과도 관련하여 문제가 아닐 수 없었다.

조선후기에는 16세기 田制(科田·職田法)의 해체와 더불어 진행되는 地
主制의 발전과, 兩亂 뒤 급격히 진행되는 宮房田·官屯田·土地兼幷의 확대
로 농민 몰락이 촉진되고 있었으므로, 地主佃戶制는 비판의 대상이 되고 있
었다. 그러한 비판은 강렬하여서 國家再造·農業再建은 小農經濟의 안정에
기초해야 할 것임을 말하고, 그 방법으로서는 井田·箕田·均田·限田論 등
을 제론하기도 하였다.5) 이러한 시점에서『農家集成』은 朱子의 農政理念을
받아들이고 地主制를 강화하려는 것이었으므로, 이 농서는 소농경제의 안정
을 생각하는 사람들에게 전폭적인 지지를 받기 어려웠다.

『農家集成』이 지니는 이러한 여러 가지 결함은, 결국 이 시기의 農學이 이
농서에 만족할 수 없게 하는, 요인이 되지 않을 수 없었다. 이 시기의 農學에

---

5) 朴時亨, ‘箕田論始末’(『李朝社會經濟史』, 1946).
　　千寬宇, ‘磻溪柳馨遠研究’(『近世朝鮮史研究』, 1979).
　　鄭求福, ‘磻溪柳馨遠의 社會改革思想’(『歷史研究』 45, 1970)
　　韓㳓劤, ‘星湖李瀷의 思想研究’(『李朝後期의 社會와 思想』, 1961).

서는 이 시기의 우리나라 사회 여러 여건에 符合하는 농서가 필요했다. 그리
하여 여기에 새로운 농서의 편찬이 요청되었으며, 17세기 말에서 18세기 중
엽에 이르면서는 실로 많은 농서가 편찬되기에 이르렀다. 그것은 이 시기에
있어서의 農學 發達의 한 표현이었다. 이 농서들은 『農家集成』의 農學과 견
해를 달리하거나 또는 같이 하거나를 막론하고 모두 『農家集成』에서 출발하
고 있었다. 『農家集成』은 朱子學的인 思想體系에 의한 농서로서 朝鮮後期의
농학계에 문제를 제기하고 농학발달의 端緒를 열어 놓은 것인데, 이제 그 뒤
의 농학은, 그러한 『農家集成』의 농학을 어떻게 계승 발전시킬 것이냐 하는
문제와, 그 결함을 어떻게 극복할 것이냐 하는 문제를 課題로서 지니게 된
셈이었다.

2. 『穡經』의 農業論과 그 增集

1) 『穡經』의 編纂

歸農과 農書의 편찬 — 新農書의 필요성이 인식된 위에서 맨 치음으로 편
찬된 農書는 『穡經』이었다. 『穡經』은 朴世堂(號 : 西溪, 仁祖 7~肅宗 29년,
1629~1703년)이 편찬했는데, 그 초고가 완성된 것은 肅宗 2년(1676년)의
일이었다. 그 정리를 마무리하고 『穡經』序를 쓴 것이 이 해이다. 『閑情錄』
의 편찬이 있은지 半世紀 여가 지나고, 『農家集成』이 간행된지는 20년이 지
난 뒤의 일이었다. 『閑情錄』과 마찬가지로 中國 農學을 수용함으로써 兩亂
뒤의 피폐한 朝鮮 農業을 진흥시키려는 것이 그 목표였다. 『穡經』과 『閑情
錄』은 말하자면 朝鮮 農業을 발전시키는 방법에 있어서 공통되는 바가 있었
다. 그러나 그러면서도 『穡經』이 수용하려는 中國 農學은 『閑情錄』과 크게
다른 바가 있었다. 『閑情錄』은 中國의 江南農法을 받아들이려 하였는데, 朴
世堂은 이같은 『閑情錄』의 農學만으로는 朝鮮 전 지역의 농학을 발전시키기
가 어렵다고 봤다. 이같은 견해는 『農家集成』에 대해서도 마찬가지였다. 이
는 三南지방의 농업을 중심으로 한 것이기 때문이다. 그가 보기에 朝鮮 農業
을 발전시키기 위해서는 다른 각도의 농서가 필요했다. 그는 그것을 『穡經』
을 편찬함으로써 해결하려 하였다.

朴世堂이 農書를 쓰게 되는 직접적인 동기는 政界를 떠나 스스로 농업에 종사하게 되면서였다. 그는 兩亂 뒤의 黨色 갈등 속에서 官을 버리고 歸農할 것을 생각하고 있었다. 士大夫가 官人이 되어 朝廷에 서면 그 정치적 포부를 펼 수 있어야 하는데, 당시의 상황에서는 그는 그럴 수가 없다고 판단한 것이다. 그는 自撰墓表에서 歸農하게 되는 이유를 다음과 같이 말했다.

自見才力短弱 不足有爲於世 世又日頹 不可以救正也[6]

그는 이같은 생각을 오래 전부터 하고 있었다. 『穡經』을 쓰고 난 뒤 그는 그러한 사정을 그 序에다

吾嘗仕 知其道之不足有爲於時 欲退而自食其力之日久矣[7]

라고 기술하고 있었다. 그의 門人 李坦에 따르면 그것은 朴世堂이 玉堂에 재임하고 있었던 때부터였다.[8] 그것은 顯宗 5년의 일로써, 이 해에는 校理 金萬均의 '欲避北使陳疏乞免'과 都承旨 徐必遠의 '退却其疏'하는 사건으로 그가 당대의 大政治家 宋時烈과 크게 대립하는 일이 있었던 해였다.[9] 이는 단순한 陳疏와 退疏의 견해차가 아니라 이 시기 對淸政策에서의 峻論과 緩論에 연결되는 문제였고, 따라서 그는 崇明排淸論者들로부터는 '五邪'의 一員으로 몰리기도 하였다.[10] 이른바 吏曹銓郎 拜命에 대한 公議枳塞이 있었던 것도 이 무렵 전후가 아니었을까 생각된다. 그는 이 무렵에 주로 五品職에 있었는데 吏曹銓郎도 五品職이었기 때문이다.

水落山 西谷에 定居하며 연구 ── 歸農이 실현되는 것은 顯宗 9년으로서, 그는 이때부터 楊州郡 水落山 西谷의 石泉洞에 定居하며 농사를 하고 연구를

---

6)『西溪集』卷14, 西溪樵叟墓表,『西溪全書』(이하『全書』로 표기) 上, p.296.
7)『穡經』乾, 序,『全書』下, p.615 ;『農書』1, p.290.
8)『西溪集』卷22, 年譜,『全書』上, p.445.
9) 同 上,『全書』上, p.443.
10) 尹絲淳, '朴世堂의 實學思想에 관한 硏究'(『實學思想의 探究』, 1974).

하였다. 간간이 出仕를 했으나 평생 이곳을 생활과 연구의 터전으로 삼았다. 瓜를 심고 논을 풀고 땔나무를 팔아서 생활을 했다. 農地가 磽确하였으므로 열심히 일하지 않으면 아니 되었다. 그는 몸소 治農을 하고 自耕을 하였다. 農繁期에는 하루 종일 농민들과 함께 들에서 지냈으며 호미 들고 쟁기를 멘 그들과 같이 다녔다. 농업을 실천하는 가운데 농서의 필요성이 더욱 절실히 인식되었다. 그가 농사하는 곳은 漢水 이북의 中部지방이었으므로 그 농서는 당연히 그 지역에 적합한 농서이어야 했을 터이다. 그뿐만 아니라 그가 政府 官吏로서 지방을 다녀온 것도 中部 이북의 지역이었다. 그는 海西御史(顯宗 5년)·咸鏡北道兵馬評事(同 7년)·通津縣監(同 11년) 등을 지냈다. 그리고 顯宗 9년에는 冬至使 書狀官으로서 中國에 다녀옴으로써 안목을 넓히기도 하였다.11) 그러므로 그가 농서를 편찬함에 있어서는 이같은 지역들을 염두에 두지 않을 수 없었을 것으로 생각된다. 그리고 그러한 농서로 편찬된 것이 『穡經』이었다.

『穡經』의 구성과 참고문헌 — 그 구성은 種九穀·種蔬菜·木綿·種果·種諸樹·種諸花菜·田家月令·牧養·養蠶·기타 등 다양하였다. 『農家集成』에서는 볼 수 없는 많은 중요한 문제들이 다루어졌다. 그러한 점에서 『穡經』은 『農家集成』으로서는 미치지 못한 문제들을 어지간히 해결할 수 있게 하였다. 이러한 조항들을 수록하기 위해서는, 국내 농서만으로는 어렵고, 中國 농서를 참고하지 않으면 아니 되었다.

『穡經』의 편찬을 위해서 朴世堂이 참고한 자료는 여러 가지이었지만, 그 가운데에서도 그는 어느 한 농서를 특히 중심으로 삼았다. 그는 그 농서를 중심으로 자신이 구상하는 농서의 골격을 세우고 있는 것이었다. 그가 『穡經』의 편찬 경위를 말하여

> 閱於秘閣圖書 得此焉而喜 以爲吾得吾師 卽竊錄之 因刪節繁蕪 除去重複 釐爲
> 一秩 以便考覽 稱曰穡經12)

---

11) 前揭 墓表. 年譜, 『全書』上, p.446.

12) 『穡經』乾, 序.

이라고 하였음은 그러한 사정을 기술한 것이었다. 오랫동안 歸農할 것을
계획하였던 그는, 秘閣 圖書를 열람하는 가운데 이 책을 얻어 竊錄하되 繁蕪
를 刪節하고 重複을 제거함으로써 한 질의 책으로 改編하고『穡經』이라 칭
했다는 것이다. 여기서 말하는 秘閣 圖書는 弘文館이 소장하고 있는 도서를
이름일 터이다. 弘文館은 '掌內府經籍 治文翰 備顧問'13)하는 곳으로서, 經籍
을 보존하기 위한 藏經閣이 부속되어 있었으며,14) 그 職員은 이를 참고 이
용하는 가운데 그 임무를 수행하고 있었다. 그런데 그는 歸農 이전에는 주로
이 弘文館을 중심으로 三司에서 요직을 맡은 바가 많았다. 그러므로 歸農을
계획하고 있던 그로서는 그곳 소장의 여러 옛 農書를 검토하는 가운데 자신
이 생각하는 지방에 적합한 농서를 찾았을 것이다. 그리고 그 중심이 될 만
한 농서를 발견했을 때 '吾得吾師'라고 외치며 기뻐했을 터이다.

『穡經』의 편찬에서 주 자료가 된 것은『農桑輯要』— 朴世堂이 弘文館을 중
심으로 한창 활약하던 顯宗朝는, 孝宗朝의『農家集成』간행이 있은 지 얼마
안 되는 때였으며,『農家集成』을 간행 보급함으로써 勸農政策을 펴 나가는
시기였다.『農家集成』은 간행 이후 政府 정책에 따라 널리 보급되고 있었으
며, 따라서 어디서나 쉽게 볼 수 있는 농서가 되었다. 그가 농서 편찬을 생각
했다면, 무엇보다 먼저 검토하고 이용해야 할 책은『農家集成』이었을 것이
다. 이는 최신 농서라는 점에서 뿐만 아니라 국가의 農政策으로서 간행된 책
이기 때문이다. 그러나 그가『穡經』을 편찬함에 있어서 주로 참고하고 인용
한 것은『農家集成』이 아니었다. 그는『農家集成』의 農業技術이나 農政理念
을 계승 발전시키는 가운데 자신의 농서를 엮으려는 것이 아니라, 그것을 否
定한 위에서 그것과는 다른 새로운 농서를 편찬하려 하였다.

朴世堂이 秘閣 圖書에서 찾아내어 즐거워하였던 책은『農桑輯要』이었다.
이 농서는 高麗 末年에 慶尙道陜川에서 重刻된 바 있고,15) 주지하는 바와
같이 朝鮮初期의 太宗朝에도 이를 掇取附註함으로써 朝鮮 農書로 이용되었
던 바 있었으며, 世宗朝의『農事直說』편찬에 있어서도 그 學的 體系가 참작

---

13)『經國大典』吏典.
14)『宮闕志』卷2, 昌德宮志, p.73.
15) 第Ⅰ編 제2논문 註3의 拙稿 참조.

되었던 바 있었는데, 이때의 『穡經』에서는 이 농서를 그때의 정도를 넘어서 전면적으로 이용하고 있었다. 그것은 朴世堂이 序에서 말했듯이, 다만 繁蕪를 刪節하고 重複을 제거했을 뿐, 그 골격을 그대로 수록하고 있는 것이었다. 『穡經』은 많은 부분이 『農桑輯要』의 내용 그대로라고 해도 좋을 것이다.16)

　그러나 『穡經』이 『農桑輯要』에 의존하는 바가 크기는 했지만, 『閑情錄』이 『致富奇書』를 발췌하여 편찬했듯이, 『農桑輯要』 하나만을 간추려 편찬한 농서는 아니었다. 『農桑輯要』 이외에도 많은 농서가 이용되고 있었다. 『齊民要術』이 아울러 참고되었음은 말할 것도 없고, 『呂氏春秋』『農桑撮要』『禮記月令』『田家五行』 기타 등등의 여러 가지 농서가 참고되었다. 그뿐만 아니라 朴世堂은 『穡經』을 오랜 세월에 걸쳐 검토했다. 그것은 肅宗 15년(1689)경까지도 계속되었다. 그는 이 무렵에 '題穡經後'17)를 쓰고 있었다. 농사하며 여생을 보내고자 조용한 밤 등불 앞에 『穡經』을 著한다는 내용의 글이었다. 아마도 자신의 농사 경험을 생각하며 이미 써 놓았던 『穡經』을 차분히 검토하고 보충했을 것으로 생각된다. 『穡經』은 실로 오랜 세월에 걸친 연구의 소산이었다.

16) 가령 한 例로서 『穡經』 乾, 大小麥과 『農桑輯要』 卷2, 播種 大小麥에서 種麥法에 관하여 그 일부를 발췌하여 비교하면 다음과 같다.

『穡　經』	『農桑輯要』
大小麥皆須五月六月暵地 否者收倍薄 崔寔日 五月六月菑麥田 ○黑壤宜麥 ○氾勝之書曰 種麥得時無不善 早種則虫而有節 晚種則穗小而少實 當種麥 若旱無雨澤 則薄漬麥種以酢(醋同)漿並蠶矢 夜半漬 向晨速投之 令與白露俱下(取其潤澤) 酢漿 令麥耐旱 蠶矢令麥忍寒 ○麥生黃色 傷於太稠 鋤而稀之 ○崔寔曰 大小麥 得白露節 皆可種薄田 秋分種中田 後十日種美田與穬麥 早晚無常 ○正月可種春麥 盡二月止 ○靑稞麥與大麥同時熟 麴甚美 磨無麩	齊民要術 大小麥皆須五月六月暵地(不暵地而種者 其收倍薄 崔寔日 五月六月菑麥田也)孝經援神契云 黑壤宜麥 氾勝之書曰 種麥得時無不善 早種則虫而有節 晚種則穗小而少實 當種麥 若天旱無雨澤 則薄漬麥種以酢(醋同)漿並蠶矢 夜半漬 向晨速投之 令與白露俱下 酢漿令麥耐旱 蠶矢令麥忍寒 麥生黃色 傷於太稠 稠者 鋤而稀之 崔寔曰 凡種大小麥 得白露節 可種薄田 秋分種中田 後十日種美田 惟穬(古猛反 大麥類)麥 早晚無常 正月可種春麥(案齊民要術 春麥下有稗豆二字) 盡二月止 靑稞(苦禾反 麥名)麥(治打時稍難 惟映日 用磟碡碾) 與大麥 同時熟 麴堪作麩及餺飥甚美 磨盡無麩(鋤一徧佳 不鋤亦得)

17) 『西溪集』 卷4, 詩 題穡經後, 『全書』 上, p.68.

2) 農業技術의 特性

『農桑輯要』는 中國 華北지방의 旱地農業을 체계화한 農書 ―『齊民要術』이나 『農桑輯要』는 中國 華北지방의 旱地農業을 체계화한 農書였다. 『農桑輯要』이전의 中國 古來의 농서는 대개 그러하였다. 江南지방의 水田農業 중심의 농서가 출현하는 것은 南宋에 이르러 뚜렷해지지만, 그것이 中國 農學의 체계 속에 종합되는 것은 元나라 말기의 『農桑撮要』나 王禎의 『農書』에 이르러서였다. 『農桑輯要』 단계에서는 元이 아직 南宋과 南北으로 대치하고 있었으므로, 政府 大司農司에서 편찬하는 이 책이 江南農業에 유의할 형편은 아니었다. 그같은 華北農業의 특질은 그 지역이 降水量이 적고, 風多乾旱하며, 黃土層이 두텁다는 風土上의 조건으로 말미암아, 旱田農業이 중심이 되는 防旱保墒을 위한 농업기술 ― 救旱耕作法을 최대로 발전시키고 있었다는 점이었다. 이러한 자연환경에서 農作物을 재배하려면 農地의 濕度를 유지하기 위한 온갖 기술이 整地・播種・中耕除草 등을 둘러싸고 개발되지 않으면 아니 되었다. 機動力있고 精耕細作하는 농업생산을 위해서 농민들의 근면성이 절대적으로 요구되었음은 말할 것도 없다.

朴世堂은 이같은 특징을 지닌 『農桑輯要』를 그의 농서에 주 자료로 이용했다. 江南지방의 농업을 중심으로 한 농서도 이용하기는 했으나 부수적이었다. 그는 朝鮮의 中部지방 이북은 中國의 華北지방과 크게 다르지 않다고 판단했던 것으로 생각된다. 朝鮮은 南北으로 길게 뻗쳐 있어서 南北의 자연환경 차이가 크며, 中部 이북은 북으로 가면 갈수록 華北지방과 비슷하고, 남쪽은 江南지방과 비슷한 것이 사실이기 때문이었다. 더욱이 그는 漢水 이북에 살면서 官人으로서 中部 이북지역에도 다녀보고, 義州를 거쳐 中國에도 使行하여 그 風土를 목도하였으므로, 농서를 쓰려고 한 그로서는 이같은 사실을 민감하게 파악했을 것이다. 그러므로 그가 『穡經』을 편찬함에 있어서, 많은 中國 農書 가운데에서도 특히 『農桑輯要』를 주 자료로 택했다는 사실은 충분히 이유가 있는 일이었으며, 따라서 『穡經』은 旱田農業 중심의 농서가 될 수밖에 없는 것이었다고 하겠다.

『穡經』은 朝鮮 中部 이북의 旱田農業을 중심으로 한 農書 ―『穡經』이 旱田農業을 중심으로 한 농서였다는 사실은 그 穀物 재배의 編目이 種穀(種粟)・

大小麥・水稻……의 순으로 되어 있는 데서도 알 수 있다. 粟・大小麥을 水稻보다 주가 되는 것으로 보는 것이다. 더욱이 그는 種穀을 설명하되 '按 中國人謂禾爲穀 禾者粟也 五穀粟爲長 故獨稱穀'[18]이라고 하여, 五穀 가운데서도 중심이 되는 穀을 粟으로 보고 있는 중국인 고래의 관념을 그대로 따랐다. 『穡經』은 『農桑輯要』의 농업기술뿐만 아니라 農學體系를 또한 그대로 따르고 있는 것이었다. 따라서 『穡經』의 농학은 旱田農業을 중심으로 한 농학체계였다고 하겠다.

이같은 사실은 朴世堂이 『穡經』의 서두에 『呂氏春秋』의 任地篇과 辨土篇을 전문 수록하고 있는 것으로서도 알 수 있다. 『呂氏春秋』는 中國 戰國時代 秦나라의 呂不韋와 그 門客들에 의해 편찬된 것으로서, 任地篇과 辨土篇은 農地 이용의 원칙과 耕作의 기본 원리 등을 기술하고 있었다. 華北지방의 旱地農業을 대상으로 삼았음은 말할 것도 없었다. 그리고 여기에 이 지방의 旱地農法이 학문적으로 定型化되는 것이기도 하였다.[19] 더욱이 『呂氏春秋』는 그에 선행하는 「后稷農書」에 의거하여 農業理論을 전개하고 있었으며, 그 뒤 그 農業은 『氾勝之書』의 區田法이나 趙過의 代田法 등의 원리로 계승되기도 하였다.[20] 그러므로 『呂氏春秋』는 中國 華北지방 農學의 學統上에서 지극히 중요한 위치에 있었으며, 따라서 그가 華北農業을 이해하고 그 農法을 수용하기 위해서는, 이 농서에 대한 연구도 병행하지 않으면 아니 되었다.

『穡經』에서는 中國 農學을 수용하여 田畝制度・耕種法을 改良 —『穡經』은 이같이 華北지방의 旱地農法・耕種法을 수용하려고 하였다. 그 가운데서도 朴世堂은 특히 그 旱田의 耕種法에 많은 관심을 보였다. 粟의 경우 종래 농서의 畝上 足種法(壟種法)을 一畝三畎의 畎種法으로 전환시키려 하였음은 그것이었다. 水田農業에서 移秧法을 중심으로 큰 전환이 있었던 것과 마찬

18) 『穡經』 乾, 種穀條.
19) 夏緯英, 『呂氏春秋上農等四篇校釋』, 특히 後記 참조, (1956刊, 1964版, 農業出版社)
　　中國農業科學院 南京農學院 中國農業遺産硏究室 編著, 『中國農學史』(初稿上, 第4章 (萬國鼎 古月 李成斌 執筆), 呂氏春秋中的 耕作原理(1959刊, 1984版, 科學出版社).
　　閔成基, '呂氏春秋農法의 新考察'(『釜山大學校論文集』 9, 1968).
20) 夏緯英, 同 上書.
　　萬國鼎, '呂氏春秋的 性質 及 其在農學史上的 價値'(『農史硏究集刊』, 1960).

가지로, 旱田農業에서도 그만한 비중을 가진 큰 農法 전환을 생각하는 것이
었다. 趙過의 代田法을 種穀條에서 크게 강조했음은 그 한 표현이었다. 이
는 물론『農桑輯要』에 기술된 내용을 그대로 옮긴 것이지만,『農事直說』이
취하지 아니한 것을, 실용할 수 있는 種粟의 한 방법으로 실었다는 점에서
주목되는 것이다. 이를 간추리면 다음과 같다.

> 漢趙過能爲代田 一畝三畎 歲代處 故曰代田(代易也)……播種於畎中 苗生葉以
> 上 稍耨(耕也)壟草 因隤(下之也)其土 以附苗根 比盛暑 壟盡而根深 能(耐同)
> 風與旱 其耕·耘·下種田器 皆有便巧……一歲之收 常過縵田(不爲畎者也) 畝
> 一斛以上 善者倍之 用力少而得穀多[21]

이는 種粟의 방법이 代田法, 즉 一畝三畎의 畎種法으로 이뤄지면 勞動力
은 덜 들고 收獲은 많아지니, 種粟은 마땅히 이로써 해야 할 것이라는 주장
이다. 물론 趙過의 代田法은 易田制였으므로, 朴世堂은 易田制를 주장한 것
으로 볼 수도 있겠으나, 그러나 이 시기는 息土代墾하는 農法을 극복하는 과
정에 있었으므로 그것은 아니었다. 따라서 그의 관심은 田畝制度와 畎種法
에 있는 것이었다고 하겠다. 一畝三畎의 畎種法으로 耕種을 하면, 中耕除草
時에 壟土를 긁어내려 苗根을 덮음으로써 여름이 가까워지면서는 壟이 없어
지면서 苗根이 깊어지고, 따라서 능히 風과 旱魃을 견디어 내는 장점이 있었
다. 그리고 治田·中耕除草·下種을 위한 방법·農器 등이 모두 便巧하게
되어 있으므로, 縵田에 비해 노동력을 덜 들이고서도 수확을 많이 거둘 수가
있었다. 우리나라 종래의 旱田農業은 縵田이나 다름없는 畝上에서 이뤄지고
있었으므로, 朴世堂은 그의 생각대로 種粟法을 一畝三畎의 畎種法으로 改良
하면 旱田農業의 생산력이 크게 향상될 것으로 보는 것이었다.

이 무렵에 이같은 생각을 하는 것은 朴世堂만이 아니었다. 그와 同時代에
살았던 磻溪 柳馨遠도 같은 생각이었다. 그는『磻溪隨錄』에서 中國 古代의
農政策을 연구하는 가운데, 趙過의 代田法을 검토하고 그 田畝制度로서의

---

21)『穡經』乾, 種穀,『全書』下, pp.619~620 ;『農書』1, pp.308~309.

우수성을 인정했다. 그리고 朝鮮에서도 이 농법으로 田作을 하면 좋을 것으
로 판단하고, 이를 務農條에서 결론으로서 다음과 같이 제언했다.

　按 我國爲田 有畝而無畎 是以 其收率皆鹵莽 今中國田皆有畎 聞之遼人 遼東田
亦皆一畝三畎 以故 遼田一日耕 比我國田懸小 而遼田一日耕 豊年能出粟五六十
斛 其止出二三十斛者 謂之失稔 雖是土厚實 以其田畝耕種之法 得宜而致也 信
知古聖人遺法無非盡善也 我國亦宜改造狹小鐴犁 依古法 一畝三畎 播種於畎中
而耨隴草以培苗 俗既如此 則其利益可勝言耶 導民成俗 實在乎民長22)

이는 요컨대 우리나라 旱田의 耕種法에서는, 畝는 있으되 畎이 없어서 畎
種을 하지 않으므로 수확이 보잘 것 없으나, 中國의 田에는 모두 畎이 있고
遼東田에서는 특히 一畝三畎의 畎에 畎種을 하므로, 그 1日耕의 넓이는 우
리나라의 그것보다 적으나 소출은 오히려 많다는 것이었다. 그것은 土地가
비옥한 탓이기도 하지만 더 주목되는 것은 田畝制度와 耕種法이 적절한 데
서 연유한다는 것이다. 그러므로 柳馨遠의 뜻은, 우리나라에서도 쟁기를 협
소한 鐴・犁로 개조해서 一畝三畎의 田畝를 작성하고 畎種을 하도록 勸農政
策을 펴자는 것이었다.

朴世堂이 불합리하다고 보는 旱田의 田畝制度는 비단 常耕化되고 있는 農
地에 한하는 것이 아니었다. 이 시기에는 후진지역의 경우 아직도 地力의 회
복을 위하여 畝間을 休息시키는, 즉 息土而代墾하는 農法・間種法도 관행하
였는데, 그가 改良하려고 하는 대상에는 이러한 農法도 들어갔다. 그는 그의
농서에 間種法을 싣지도 않았다. 間種法은 田畝가 畝와 畝間으로 작성됨으
로써 이뤄질 수 있는 농법이었다. 사실 間種을 하려면 先種한 穀列의 행간이
넓어야 그 사이에 間種穀을 한 줄 더 파종할 수 있는 것인데, 田畝를 1畝 3
畎의 밀도 있는 것으로 개량하려는 그의 생각에서 보면, 이 間種法은 바람직
한 耕種法이 되지 못했을 것이다.

이같은 사실들은 中部 이북지역의 농업이란 관점에서 볼 때, 『農家集成』

22)『磻溪隨錄』卷7, 田制後錄攷說 上, p.136.
　　『磻溪隨錄』卷1, 田制 上, p.8.

에서 볼 수 있고 또 관행하는 田畝制度나 耕種法을 결함이 있는 것으로 보
고, 이를 전면적으로 개량하려는 것이 아닐 수 없었다. 그것은 粟作에만 한
하는 것이 아니었다. 朴世堂은 그러한 사정을 麥田에서도 발견하였다. 그가
대상으로 하고 있는 지역에서는 『農家集成』의 種麥法은 적절하지 못하다고
본 것이다. 그는 『農桑輯要』를 중심으로 種麥法을 정리한 다음, 다음과 같은
농법을 하나 더 첨부하였다.

    種麥之法 土欲細碎 溝欲深 爬欲輕 撒欲勻(爬耙同)23)

여기서 그는 '溝欲深'에 대하여 구체적으로 언급하지 않았지만, 이는 深畝
을 작성하고 거기에 播種하라는 것으로, 『農家集成』이 '密作小畝하고 그 畝
間에 파종하라는' 즉 淺畝에 파종하라는 것과는 달랐다. 『農家集成』의 淺畝
播種法은 中部 이북의 寒地 旱地農業에서는 耐寒과 防旱을 위한 적절한 방
법이 될 수 없었을 터이다.

耕種法의 개선에 관한 그의 관심은 여기서 그치지 않았다. 그는 이밖에도
區種法의 실용화를 또한 제언했다. 『農桑輯要』에서는 區田을 특히 주목하여
이를 播種條의 마지막 항목으로 실었는데, 그도 이를 作物 재배를 위한 독립
된 조항으로 기술했다.24) 區田法은 旱災에 대비한 농법이므로, 강수량이 적
은 北部지역에서는 특히 시도해 볼 만하였다. 勞動力이 많이 드는 것이 흠이
지만 豊産을 기대할 수 있는 농법이었다. 물론 이는 특정 農地(높고 비탈진
곳)에 한하는 것이 되겠지만, 『農家集成』에서는 木綿 재배 외에는 이용하지
않고 있었다는 점에 유의할 필요가 있겠다.

『穡經』의 水田農業 改善 ―『穡經』은 旱田지대를 대상으로 하고 편찬한 농
서였지만, 그러한 지역이라고 水田이 없는 것은 아니다. 그러므로 朴世堂은
水田農業에 관해서도 개선이 있어야 할 것으로 생각하였다. 『穡經』은 『齊民

---

23) 『穡經』 乾, 大小麥, 『全書』 下, p.620 ; 『農書』 1, p.312.
    『種樹書』 穀麥.
24) 『穡經』 乾, 區田, 『全書』 下, p.626 ; 『農書』 1, pp.334~335.
    石聲漢 『農桑輯要校注』 卷2, 區田.

要術』을 기초로 한 『農桑輯要』를 저본 삼아 편찬하였으므로, 그 農法 수준을
넘어서야 하는 것은 말할 것도 없지만, 農業生産의 증진을 위해서는 『農家
集成』까지도 넘어서는 개량이 있어야 할 것으로 생각하였다. 『農家集成』의
水稻農法에도 한계가 있었기 때문이다. 그는 그것을 『農桑撮要』의 水稻農法
을 도입하는 것으로 해결하려 하였다. 그 내용은 2·3월의 秧田 작성에서
浸種·挿秧·壅田·耘稻에 이르기까지의 여러 가지 작업 과정을 담고 있었지
만, 그 가운데에서도 특히 그가 주목하는 것은 다음과 같은 작업 내용이었다.

> 六月 耘稻田 稻苗旺時 去水放乾 將亂草 用脚踏入泥中 則四畔潔淨 用灰糞麻籸
> 相和 撒入田內 晒四五日 土乾裂時 放水淺浸稻秧 六月一次 七月一次 依上耘
> 正宜加力25)

이는 요컨대 耘稻와 施肥의 방법을 말한 것이다. 移秧 뒤 6·7월이면 벼
가 왕성하게 자라고 있을 때인데, 이때 논물을 빼고 주위의 亂草를 김매기하
여 그 잡초를 모두 田面에 밟아 넣으며, 또 灰糞과 麻籸을 섞어서 역시 田面
에다 뿌려 주되 4, 5일 동안 田面을 乾燥시킨 뒤 裂이 생기면 논물을 얕게
댄다는 것이었다. 『農桑撮要』에서는 이것을 耔田이라고 하였는데, 6월과 7
월에 각각 한 번씩 하되 힘써 하라고 했다. 여기서 耘稻는 『農家集成』의 김
매기와 크게 다를 것이 없었으나, 施肥法은 『農家集成』에서는 다루지 않은
방법이었다. 이는 水稻作에 追肥法을 도입하려는 것으로서 농업기술의 큰
진전을 보여 주는 것이 아닐 수 없다. 朴世堂은 許筠과 마찬가지로 追肥의
중요성을 잘 인식하였으며, 이를 시용함으로써 『農家集成』에서보다 그 생산
성을 한층 더 높이려는 것이었다고 하겠다.

『穡經』의 水利施設論 ― 水稻作의 발전을 위해서는 水利施設을 갖추는 것
이 중요한데, 『農家集成』에서는 그것을 朱子의 「勸農文」을 통해 강조하였으
나, 『穡經』에서는 이를 周나라의 水利施設을 통해 강조한다.

---

25) 『穡經』 乾, 水稻, 『全書』 下, p.621 ; 『農書』 1, p.316.
　　『農桑撮要』 6월 耘稻.

周家之法 稻人 掌稼下地 以瀦蓄(畜)水 以防止水 以溝蕩水 以遂均水 以列舍水
以澮寫水[26]

瀦(陂塘)로써 물을 貯水해 두고, 防(堤防)으로써 물을 막고, 溝(大水路)로
써 물을 通水하며, 遂(小水路)로써 물을 배분하며, 列(畦埒·논두렁)로써 물
을 논에 담아 두며, 澮(排水溝)로써 이용한 물을 흘려 버린다는 것이었다.
이는 周나라의 水利시설이 貯水·灌水·排水 및 配分의 면에서 정연하였음
을 말하는 것이며, 따라서 朝鮮에서도 水田農業을 발전시키기 위해서는 水
利시설을 이와 같이 갖추어야 한다는 것이었다. 그러나 『穡經』에서는 農書
의 성격상 水利문제를 하나의 조항으로까지 설정하지는 않았다.

『穡經』의 水稻作기술에서, 耕種法의 개선과 관련하여, 이밖에 주목되는
것은 乾播法을 제외한 점이다. 『農家集成』에서는 이것을 물이 없을 때의 비
상수단, 임시 변통적 재배법으로 기술하였는데, 朴世堂은 이 문제에 관하여
언급하지 않았다. 그는 旱田農業을 중시하고 田作 중심으로 농서를 편찬하
였으므로, 물이 곤란한 水田이면, 勞動力이 많이 드는 水稻 乾播재배를 고집
할 것이 아니라, 旱田으로 이용하라는 뜻이었겠다. 田作 재배가 水田의 乾播
재배보다 수입이 많으면 乾播를 고집할 필요는 없었을 터이다. 旱田지대를
대상으로 한 『穡經』의 시각에서 보면 특히 더 그러하였다. 朝鮮 水稻作의 특
징으로 이해되는 乾播法을 과감하게 삭제한 것은 『穡經』 농업기술의 한 특
징이었다.

3) 農業經營과 農政理念

農書의 성격은 그것을 이용할 農業經營者, 農業生産의 主體를 어떤 계층
으로 설정하는가에 따라 달라질 수 있다. 『穡經』은 그 農業技術上의 특징
으로 『農家集成』과 큰 차이가 있었지만, 그 經營者나 生産의 주체에 관해서
도 농업기술상의 차이만큼이나 큰 차이가 있었다. 『農家集成』이 地主經營·
大農經營을 전제로 하였다면 『穡經』은 小農經營을 중심으로 삼고 있었다.

---

26) 『穡經』 乾, 水稻, 『全書』 下, p.621.
    『農桑輯要』 卷2, 水稻.

그것을 우리는 몇 가지 점에서 그와 같이 이해할 수 있다.

『穡經』은 農業生産의 主體를 직접 생산자 小農層으로 — 무엇보다 먼저 들 수 있는 것은, 朴世堂은 『穡經』을 直接 농업에 종사하는 生産者를 위해서 편찬하였다는 점이다. 이는 그 자신의 문제이기도 하였다. 그는 『穡經』편찬의 이유를 말하여 客과의 문답 형식을 빌어 다음과 같이 기술하고 있었다.

> 客曰 然則子之爲是書 將奈何 子將不爲君子 而將爲野人乎 曰然 吾固爲野人也
> 夫士進 則立於朝而行其道 是謂君子 退 則耕於野而食其力 是謂野人 吾旣耕於
> 野矣 求不爲野人得乎[27]

'이 책을 무엇에 쓸 것인가? 들에서 농사하여 먹고사는 野人이 될 것인가?'라는 客의 물음에 그는 '그렇다'라고 했다. 여기서 '耕於野 而食其力'하는 것이 반드시 自耕하는 농민을 뜻하지는 않지만, 그는 앞에서 지적했듯이 들에 나가 농민들과 함께 농사를 하며 그의 學問을 연구하고 있었다. 그에게 있어서의 野人은 단순히 벼슬하지 않는 士大夫로서의 野人이 아니라, 농사를 실천하고 있는 농업생산자로서의 野人(농군)이기도 하였다. 그 자신에게도 그러하였으므로 일반 농업자에게 있어서는 더욱 말할 것이 없었다. 그는 봉건적인 大地主가 아니라 직접 농업생산에 종사하는 농민들에게 자신의 농서가 유용하게 쓰일 것을 바라고 있었던 것이라 하겠다.

그뿐만이 아니었다. 朴世堂은 그러한 농업생산자 가운데에서도 특히 小農層에게 유의하는 바가 컸다. 그것은 『穡經』에 반영된 농서 편찬 태도에서 이해할 수 있다. 그가 『穡經』의 牧養條에서 牛馬를 제외하고 있었음은 그 한 표현이다. 『農桑輯要』卷7의 孳畜篇에서는 무엇보다도 牛馬를 먼저 기술하고 있었는데, 『穡經』에서는 『農桑輯要』에서 많은 것을 발췌하면서도, 孳畜篇을 이용함에 있어서는 牛馬를 제외하고 猪・鷄・鵞鴨・魚・密蜂만을 牧養의 대상으로 삼고 있었다.[28] 農業生産에서 牛馬의 중요성은 절대적인데

---

27) 『穡經』乾, 序.
28) 『穡經』坤, 牧養, 猪・鷄・鵞鴨・魚・密蜂, 『全書』下, pp.657~660.
　　『農書』1, pp.533~543.

그는 그의 농서에다 畜牛·畜馬를 쓰고 있지 않은 것이다. 이는 물론 그가
牛馬의 중요성을 모르는 데서 연유하는 것은 아니며, 오히려 牛馬 소유 현황
을 정확히 파악한 데서 연유하는 것으로 생각된다. 牛馬를 소유할 수 있는
사람들은 현실적으로 富農·地主層이었으며, 가난한 小農層에게는 그것이
가능하지 않았다. 그들에게는 그럴 만한 능력이 없었다. 그러므로 朴世堂이
자신의 농서에서 牛馬를 제외하고 猪·鷄 등만을 다루었다는 사실은, 그의
농서 편찬이 특히 가난한 小貧農層의 농업생산을 대상으로 한 때문이라고
생각된다.

　　經營 規模 ─ 이같은 사실은 앞에서 이미 여러 차례 인용하였던 바, 經營
規模에 대한 태도에서도 확인할 수 있다.『穡經』에서는『農桑輯要』의 經營
規模에 대한 견해를 그대로 따라 '凡人家營田 須量己力 寧可小好 不可多
惡'29) 할 것을 지시하고 있었다. 農地經營은 반드시 자기의 力量(노동력·재
력)을 헤아려서, 소규모의 土地를 集約的으로 잘 경영하는 것이, 대규모의
土地를 粗放하게 경영하는 것보다 낫다는 것이었다. 이는 기술적 측면에서
이 시기에 흔히 볼 수 있는 移秧法 보급과 관련된 경영확대 현상을 막으려는
것이었다고 하겠다. 이미 성장한 地主·大農層보다는 경영확대를 선망하는
小農層에게 적용되는 경영원리이었다.

　　그런데『農家集成』에서는 그 중심이 되는『農事直說』의 경우, 애초에 그
편찬 단계에서도 이를 받아들이지 않았지만,『農家集成』의『農事直說』增補
단계에서도 이를 취하지 아니하였다.『農家集成』에서는『四時纂要抄』를 부
록으로 실음으로써 겨우 그 필요성을 인정하는데 불과하였다. 이는『穡經』
이 이와 함께 區田法을 실용화할 것을 꾀하고,『農家集成』이 이를 배제하는
가운데 荒地개간을 장려하고 있었음을 고려하면, 이 두 농서의 농업발전 방
략에는 크게 차이가 있었던 것이라고 하겠다. 전자가 주로 소농층의 集約的
農業經營을 통한 생산력 증진을 지향하는 것이었다면, 후자는 주로 地主·

여기서 우리는 이 조항을 牧養이라 하였지만, 原本에는 분류제목 없이, '穡經. 猪 鷄 ……'로
만 되어 있다. 그러므로 이곳에서는 잠정적으로 牧養條로 분류하였다.
29)『穡經』乾, 耕地,『全書』下, p.618 ;『農書』1, p.301.
　　『農桑輯要』卷1, 耕墾 耕地.

大農層의 경영확대를 통해 농업발전을 이룩하려는 것이었다고 하겠다.30)
그런 점에서 『穡經』은 소농층 위주의 농서일 수 있었다.

朴世堂의 小農 위주의 政治思想 ― 農業生産이 小農層 위주이어야 한다는
것은 朴世堂의 政治思想이기도 하였다. 그는 '王道在於養民'이라 하였고, 그
養民의 방법으로서는 '使民有恒産'이어야 한다고 생각했다. 그는 이것을 '王
天下之大本'의 '實'이라고도 하였다.31) 民으로 하여금 恒産이 있게 한다는
것은 그들이 살아가기에 족한 土地를 갖게 한다는 말이다. 그는 말하자면 小
農的 自營農民을 기반으로 하는 王朝國家를 理想的인 國家로 생각하는 것이
었으며, 그런 점에서 農業生産도 그들 중심으로 발전해야 한다는 생각이었
다. 물론 그의 시대에 農民으로 하여금 恒産이 있게 하려면 土地改革을 해야
하는데, 그가 그같은 改革을 학문적으로 따로 구상하였는지는 알 수 없다.
그러나 그의 정치사상을 보면 그러한 구상은 충분히 있을 수 있었고, 설사
그것을 글로서 쓰지 않았다 하더라도, '使民有恒産' 해야 한다는 한마디는 土
地문제에 대한 그의 시각을 충분히 반영하는 것이 아닌가 생각된다.

朴世堂의 農民과 土地문제 그리고 王道政治의 본질에 대한, 이같은 思想
體系는, 朱子의 思想體系와 크게 대립되는 것이다. 朱子의 土地·農業問題
에 대한 견해는 우여곡절이 있었지만, 그 定論은 井田制(土地改革)를 시행할
수 없다고 보는 것이었으며, 따라서 地主佃戶制를 하나의 질서로 인정하고
이를 기초로 농업·사회·국가를 발전시켜 나가려는 것이었다. 그리하여 사
회 현실문제에 대한 이같은 견해차는, 朴世堂의 전 思想體系를 또한 朱子의
그것과 다르게 하지 않을 수 없었다.

朴世堂은 反朱子學的인 儒學者 ― 朴世堂은 이미 알려진 바와 같이 朱子學

---

30) 물론 『農家集成』이 이 經營規模論을 전적으로 배제한 것은 아니다. 『農家集成』에 실린 『四時
纂要抄』에는 이 句節이 기록되어 있었다(3월條). 『四時纂要抄』는 그 農政上의 자세에 있어서
『穡經』과 비슷한 바가 있다. 申洬은 『農事直說』로서 할 수 없었던 말을 『四時纂要抄』나 『衿陽
雜錄』으로 했는지도 모르겠다. 그러나 그렇더라도 『四時纂要抄』가 『農家集成』에서 중심이
되는 것은 아니었으며, 『農事直說』의 부록에 지나지 않았다. 더욱이 이와 함께 『農家集成』에
는 朱子의 地主制論이 실렸다. 그러므로 『農家集成』에 수록된 『四時纂要抄』의 그것은 地主·
大農經營을 대전제로 한 위에서의 小農層·佃戶農民의 集約的 農業經營을 말하는 것이었다
고 하겠다.

31) 『思辨錄』, 『孟子』 梁惠王 上, 『全書』 下, p.102·105.

을 정면으로 부정한, 우리나라에서는 드문 反朱子學的인 儒學者였다. 그것
은 그의 『四書思辨錄』에 잘 나타나 있는데, 이는 朱子의 『經書』 註解에 반기
를 들고 朱子의 견해와 다른 자기대로의 註解를 붙인 것이다. 經典의 註解에
차이가 난다는 것은 儒敎經典에 보이는 儒敎의 사상체계를 이해하는 데 있
어서 朴世堂이 朱子와 견해를 달리한다는 뜻이다. 이는 儒敎의 본질을 '朱子
流의 주관적인 性理學的인 해석에서 벗어나 經典에 卽하여 실증적으로 孔孟
의 本旨를 밝히려'32) 하였음에서 연유하고 있었다. 朴世堂의 朱子에 대한 견
해차는 실로 심각하였고, 따라서 그 파문도 적지 않았다. 더욱이 그는 老莊
思想에도 심취하여 이를 깊이 연구하였으며, 그 사상의 논리는 反朱子學的
儒學者로서의 그의 사상체계가 이루어지는데 기초가 되기도 하였다.33)

朱子의 儒敎思想 理解에 반기를 든다는 것은 국내의 朱子學者들과도 학문
적으로 대립됨을 뜻하였다. 당시의 국내 學界에는 많은 朱子학자들이 있었
는데, 朱子學的인 儒學者의 정상에는 宋時烈이 있었다. 宋時烈은 철저하게
朱子의 사상체계를 긍정하고 그것을 옹호하는 학자였으므로, 朴世堂의 學問
은 宋時烈의 그것과 정면으로 대립되는 셈이었다.

朴世堂은 이와 같이 朱子나 宋時烈과 그 학문적인 시각을 달리하였을 뿐
만 아니라, 宋時烈과는 개인적으로나 정치적으로도 대립되는 관계였다. 즉
宋時烈은 老論系임에 대하여 朴世堂은 少論系였으며, 또 朴世堂은 젊은 시
절, 吏曹銓郞 拜命에 대한 公議枳塞이 宋時烈에게서 나온 것으로 의심하고
怨恨至深하였다.34) 이는 朴世堂에게는 사소한 문제가 아니었다. 大學者·
大政治家·老論의 영수인 宋時烈과 대립하고서는 정치인으로서 그 뜻을 펴
기가 어려웠다. 그리하여 그는 앞에서도 언급했듯이 '知其道之不足有爲於時
欲退而自食其力'할 것을 꾀하게도 되었었다.

『穡經』은 古典儒學 古典農學의 思想기반 위에서 성립 — 朴世堂의 學問이나
생활환경을 이와 같이 살피면, 그가 『穡經』을 편찬함에 있어서 『農家集成』

---

32) 李丙燾, '四書四辨錄解題'(『韓國古典百選』, 1969).
　　　　 '朴西溪와 反朱子學的 思想'(『大東文化研究』 3, 1966).
33) 尹絲淳, 앞의 論文.
34) 『肅宗實錄』 卷38 上, 肅宗 29년 4월 癸卯, 40책, p.23.

의 農學體系를 따르지 않았던 사정이나, 『農家集成』의 농업기술을 인용하지 않았던 연유를 이해할 수 있을 것 같다. 『農家集成』에는 朱子의 農政理念이 흐르고 있으며, 그것은 宋時烈이 마련하였기 때문이었다. 朴世堂은 학문적으로나 정치적으로 입장을 달리 하는 朱子나 宋時烈의 저서를 따를 수는 없었을 것이다. 그러하였다면 그는 農學에 있어서도 儒敎思想의 인식에서와 마찬가지로 朱子를 통해서가 아니라, 古來로부터 내려오는 전통적인 古典農學의 思想을 통해서 자신의 농학체계를 세우고자 하였을 것이다.

그러나 朴世堂이 당대의 大學者이었음을 생각하면, 지역적 문제와도 관련하여, 『穡經』의 편찬에 크게 작용한 것은 그의 학문(儒學과 農業)상의 논리와 방법이었을 것으로 봄이 옳겠다. 그것은 儒敎思想을 인식하고 체계화하기 위한 방법을 儒敎의 古典에 따라 도달하려고 하는 思考方式과, 農學을 이해하고 체계화하는 방법을 「后稷農書」・『呂氏春秋』・『齊民要術』로부터 『農桑輯要』에 이르기까지의 예로부터 전해 오는 農學을 통해서 도달하려 하는 思惟方式은, 그 논리에 있어서 같기 때문이다.

4) 『穡經』의 增集과 그 方向

『穡經』의 增集 ─『穡經』은 특정한 성격을 지닌 農書였지만, 그 農學과 農業技術은 오랫동안 필요한 것으로 인식되었다. 그리고 그것을 발전시켜 나가려는 學者도 있었다. 朴世堂의 死後 『穡經增集』이 나온 것이 그 한 예이다. 增集者는 그 跋文[35]에 따르면 山逋老拙이었다. 그가 누구인지는 알 수 없지만 그 跋文의 표현으로서 보면 朴世堂의 學問을 잘 아는 것은 말할 것도 없고 그 학문을 계승한 人物이 아니었을까 생각된다. 그리고 그가 增集本에 跋文을 쓴 것은 丁未年이었는데 이것이 어느 시기의 丁未인지는 명시하고 있지 않다. 增集本의 筆寫를 乾隆中(1736∼1795)으로 보는 견해가 있으므로,[36] 이에 따르면 丁未年은 正祖 11년(1787)이 되겠으나 확실치는 않다. 혹 1주갑이 앞서는 英祖 3년(1727)이었을는지도 모르겠다.

---

35) 필자가 이용한 『穡經增集』은 高麗大本인데 여기에는 跋文이 없다. 그러므로 跋文은 『古鮮冊譜』에 수록된 在山樓藏本의 跋文(第2冊, p.905)을 참고하였다.

36) 前間恭作 『穡經增集』 해제에서는 이 증집본 筆寫를 乾隆 年間으로 추정한다(同 上書).

增集本의 증보 목표는『穡經』에서 미흡하다고 생각되는 부분을 일부 보충하는 것이었다. 이를 위해서는 몇 가지 작업을 하고 있었는데, 增集者는 이모든 것을, 그 내용으로 보아, 朴世堂의『穡經』편찬 취지에서 벗어나지 않을 것을 전제로 했다. 그가 跋文 末尾에 '畫蛇添足之笑 恐或不免 而其不得罪於溪翁之旨 則幸矣'라고 한 것은, 단순한 겸사의 말이 아니라 그러한 자세를 반영하는 것으로 생각된다. 그러나 그러면서도 자료로서 朝鮮 자료의 이용이 불가피한 경우는, 中國 農書를 참고하지 않고, 관행하는 農法이나『農家集成』의 기술을 인용했다. 稷의 재배법을 관행하는 농법으로 설명하고, 蕎麥의 재배법을『農家集成』에서 인용한 것이 그 예이다. 그 재배법은 어느 경우나 中國 農書의 기술보다 앞서거나 소상하였으므로 당연하였다.

增集者가 증보 사항으로서 먼저 생각한 것은, 각 作物의 藥理學的 特徵을 제시하는 것으로서, 각 조항의 맨끝에 本文보다 한 단 낮추어서 기술하였다. 醫療시설이 없는 시대의 鄕村社會였으므로 民間療法의 제시를 겸한 것이기도 하다.

그러나 이는 직접 농업과 관련되는 것은 아니었다. 농업과 관련하여 그가 증보하려는 것은 필요한 작물을 더 첨가하는 것이었다. 이를 위해서는 조항을 늘리기도 하고, 기존의 작물에 덧붙여 첨가하기도 하였다. 治農 治圃에 관해서 보면 薏苡·蕎麥·白扁豆·胡瓠·煙花(南草) 등이 새로운 조항으로 늘어나고, 蓬芥·苦椒·胡蘿蔔·荊芥香薷 등이 각각 葵·茄子·蘿蔔·荏蓼蘇子 등의 조항에 부기되었다. 증보 사항으로는 이밖에 기존의 作物 조항 안에서 중요하다고 생각되는 재배법을 보충한 바도 있다. 특히 黍稷·芋·菌子條에서는 많은 보충을 하였는데, 黍稷에서 보충하고 있는 것에는 稷(여기서는 稷을 '穄今之稷'으로 보고 있다)의 注秧과 分栽, 즉 移秧法을 기술한 바도 있다.37) 이는 이 시기에 있어서의 農法變動의 한 현상을 보여 주는 것이기도 하다.

이같은 증보 작업에서 주목되는 것은 그 증보를 畓作에 관해서는 하고 있

---

37)『穡經』增集 卷1, 黍稷粱秫.
　　稷……有注秧分栽之法 二月上旬 熟治肥田 密密下種 至麥收後 畊治 以待雨下 分揷 科之疎密 以田肥瘠量爲之 鋤不過一度 所收倍多 田帶濕氣 雖日下分揷 不損(羌稷根種 粘稷秧種)

지 않으며, 전반적으로 田作物에 관해서만 했다는 점이다. 시대를 따라 새로
등장하는 중요한 作物(南草·苦椒)을 비롯하여, 備凶作物(蕎麥·芋·稷) 그
리고 변동하고 있는 耕種法 등이 중요한 관심사가 되고 있었다. 증집본은 旱
田지대의 旱田農業을 위주로 한 農書의 테두리 안에서 증보를 하고 있는 것
으로서, 『穡經』의 편찬 원칙을 그대로 지키고 있는 것이었다. 牧養條에서 牛
馬의 飼養을 증보하지 않은 것도 같은 사정을 말해 주는 것이라 하겠다.

　『穡經』의 새로운 方向 제시 —『穡經』은 여러 가지 면에서『農家集成』과 다
른 시각을 취하고 있는 농서이다. 그런 점에서 그것은 학문적으로 하나의
異彩일 수 있었다. 그러나『穡經』은 朝鮮 農業의 실태를 기초로 하여 편찬한
농서는 아니었으며, 中國 華北지방의 농업사정을 수록한 농서를 저본으로
하고 그밖의 농서에서 긴한 자료를 뽑아 편찬한 것이었다. 그것은 농서로서
의 결함이고 한계이었으나, 그렇더라도 中部 이북에서는 유용하게 이용될
수 있었다. 『穡經』은 그 내용으로 보아 中部 이북지방의 농서였으며, 中部
이남에서는 『農家集成』이 農業生産의 敎本이 될 수밖에 없었다. 더욱이 후
자는 국가정책으로 보급되고 있는 터이었다. 그러므로『穡經』은 비록 新農
書에 대한 시대적인 요청에 따라 출현한 것이기는 하지만, 그 뒤 널리 보급
되어 朝鮮後期 農學의 한 주류를 이루는 데까지는 이르지 못하였다.

　하지만『穡經』은 그 뒤의 農學에 큰 영향을 미쳤다. 그것은 구체적인 農
作物의 재배기술면에서가 아니라, 農業·農學을 보는 시각·자세에 관해 새
로운 문제를 제기했다는 점에서였다. ① 旱田의 작물재배, 특히 粟의 재배법
을 1畝 3畎의 田畝制度와 畎種法으로 개량 전환시키려 한 점, ② 農書 편찬
에 있어서 南部지방 중심의 틀에서 벗어나 中部지방 이북지역을 대상으로
한 점, ③ 農學의 체계화를 위한 방법·자세에 있어서 새로운 문제 제기를
하고 있는 점 등은 그것이었다. 그런 가운데서도 당시의 시점에서 특히 주목
되는 것은 ③의 문제 제기였다. 이는 農學을 체계화하는데 있어서 朱子學的
인 思惟體系와 地主制 중심의 農業·農學을 벗어나, 儒敎의 古典을 통해서
小農層이 위주가 되는 農業·農學을 수립하려 한 점에서였다.

3. 『山林經濟』의 編纂과 그 農業論

1) 『山林經濟』의 編纂

『山林經濟』의 등장 — 『穡經』에 이어서 새로이 편찬되고, 학계에 한 시대의 학풍으로서, 영향을 주게 되는 農書는 『山林經濟』였다. 이는 洪萬選(號 : 流巖, 仁祖 21~肅宗 41년, 1643~1715년)이 편찬했는데, 그 편찬 연대는 분명하지 않다. 다만 洪萬宗이 쓴 『山林經濟』의 序文에

> 屢典州郡 輒有聲績 而非其志也 遂思自放於山林 輯成一書 分爲四大卷⋯⋯總而
> 名之 曰山林經濟

라 한 것이라던지, 또는

> 田田乃於山林 獨以經濟爲任 苦心勞思 著爲此書

라 한 것을 보면,[38] 『山林經濟』는 洪萬選이 地方官으로 轉轉하면서 늘 山林에 관심을 두고 있다가 이어서 退去한 뒤에 완성한 것임을 알 수 있다. 그렇다면 이는 오랜 세월에 걸쳐 자료수집이 준비되고 그의 晩年에 저술되었을 것이며, 아마도 17세기 말엽에서 18세기 초엽에 걸쳐 생각되고 준비되면서 저술된 것이 아닐까 생각된다. 그렇게 보면 『山林經濟』가 편찬된 것은 『穡經』이 편찬된 뒤 20~30년, 『農家集成』이 간행되고서는 반세기가 지난 뒤의 일이 된다.

『山林經濟』의 편찬 동기 — 그가 『山林經濟』를 쓰게 된 동기는 그 序文의 표현으로 보아 朴世堂과 마찬가지로 官을 떠나 山林에 퇴거하고자 한데서였다. 그는 名門家에 태어나 官運이 비교적 순탄하였지만, 顯宗・肅宗 年間의

---

38) 富樫直次郎・三木榮, ‘山林經濟考’(『朝鮮』 262, 1937년 3월).
　　『山林經濟』 序, 『農書』 2, p.4.
　　단, 여기에는 □□ 안의 士中이 기록되어 있지 않다. 그러나 李國美의 附論에 “洪士中先生 方迹 山林經濟 云云”했으므로(p.27) 거기에 기록된 人物은 士中임에 틀림없겠다. 士中은 洪萬選의 字이다.

政爭 속에서 마음은 늘 山林에 가 있었다. 그것은 그 先代로부터의 숙제이기
도 하였다. 그의 아버지 洪柱國은 西人 老論系로서 늘 山林에 隱居할 것을
생각하였으나, 買田·買山할 財力이 없어 실현하지 못하고 있었다.[39] 더욱
이 顯宗 末年의 禮論에서 그는 '功制'를 奏함으로써[40] 徒配되기도 하였으므
로[41] 隱居의 마음은 간절하였다. 洪萬選은 이같은 가정에서 성장하면서 朋
黨 싸움에서 초연하려 하였고, 따라서 중립을 지켜 趙顯命에 의해 '言論 足
以範世'한 것으로 평해지기도 하였지만,[42] 마음이 편할 수는 없었다. 그도
아버지와 마찬가지로 山林을 생각하게 될 수밖에 없었다.

  그렇지만 그에게 있어서 山林으로의 퇴거는 단순한 隱居를 뜻하는 것이
아니었다. 그에게는 官을 떠나더라도 山林에서의 事業이 있었다. 그것은 새
로운 農書를 편찬해야 하는 일이었다. 洪萬宗이 『山林經濟』가 나오게 되는
사정을 말하는 가운데, '山林而有山林之事業 則是山林之經濟也'[43]라고 하였
음은 그러한 사정을 반영한 것이기도 하였다. 더욱이 洪氏門中에는 그에 앞
서 이미 農學을 연구한 사람이 있어서 그것이 생소한 학문이 아니었다. 公
山·公州에서 『農事直說』 복각에도 참여하고, 『農家集成』 편찬에도 참여하
였던 (後敍) 洪柱世는 바로 그 인물이었다. 그는 洪萬選의 再從叔이었다. 洪
氏門中은 農學에 익숙했으며, 따라서 山林에 퇴거하려고 하는 洪萬選이 農
書 편찬을 꿈꾸게 되는 것은 자연스러운 일이기도 하였다.

  그러나 洪萬選이 『山林經濟』를 편찬하게 되는 동기가 이에서 그치는 것은
아니었다. 그의 농서는 바로 그의 官人生活과도 밀접하게 관련되었다. 그는
肅宗 8년(1682)에 筮仕하여 30년 동안을 內職과 外職을 두루 지냈는데, 모
범적인 관리로서 자못 평판이 높았다. 그러기에 趙顯命은 洪萬選의 墓碣銘
을 쓰면서 '近世循良吏 必以公爲首也'[44]라 하였으며, 앞에서 본 바와 같이

---

39) 『藥泉集』 卷15, 禮曹參議洪公墓誌銘.
   『西溪集』 卷14, 禮曹參議洪公墓表.
40) 同 上, 墓誌銘.
41) 『肅宗實錄』 卷1, 肅宗 즉위년 9월 庚辰, 38책, p.209.
42) 『歸鹿集』 卷14, 掌樂正洪公墓碣銘.
43) 『山林經濟』 序.
44) 註42의 墓碣銘.

洪萬宗도 『山林經濟』의 序文을 쓰면서 '屢典州郡 輒有聲績'이라고 하였다. 이러한 관리생활에서 外職, 즉 地方官은 곧 勸農官이므로, 그가 모범적인 官吏였다면 항상 勸農에 관한 여러 가지 문제를 연구하고 처리하되 늘 현명하게 처리하였을 것이다. 그러기 위해서는 언제나 農業 또는 農學에 관하여 깊은 관심을 갖지 않으면 아니 되었을 것이다. 뿐만 아니라 『農家集成』을 통해 勸農을 하면서는 그 한계를 인식하게 되었을 것이고, 따라서 새로운 農書의 필요성을 남달리 절실히 느끼게 되었을 것이다. 그리하여 그는 그것을 그의 개인적 동기와도 관련하여 스스로 실천하게 되었으며, 그 결과로서 얻어진 산물이 『山林經濟』인 것이다.

　『山林經濟』의 구성과 농학 관련 조항 ― 洪萬選은 『山林經濟』에 여러 가지 문제를 정리 수록하였는데, 그 구성은 卜居・攝生・治農・治圃・種樹・養花・養蠶・牧養・治膳・救急・救荒・辟瘟・辟蟲・治藥・選擇・雜方 등 16條에 이르렀다. 『山林經濟』는 이와 같이 농가 농촌의 일상생활에서 필요한 여러 가지 문제, 이를테면 醫藥學까지도 모두 다루고 있어서 이를 전적으로 농서라 하기에는 부적합한 감이 있다. 그러나 이는 이 시기 넓은 의미에서의 농서였다. 당시에는 이러한 내용의 書籍을 농서로 부르는 것이 보통이었다. 가령 뒤에 말할 『海東農書』와 같은 서적은 그 좋은 예가 되겠다. 거기에는 農學과 더불어 醫藥學 關係도 수록하였는데, 書名은 『海東農書』이었다. 그러나 이와 같이 여러 가지 문제를 수록하고 있는 서적을 전체로 農學의 체계로써 설명하기는 어려울 것이다. 그것은 역시 여러 분야로 구분해서 보는 것이 좋겠으며, 따라서 本稿에서는 그 가운데에서 농학에 관한 문제만을 살피게 되겠다.

　『山林經濟』에서 농학에 관련된 조항은 治農・治圃・種樹・養花・養蠶・牧養 등이었다. 이러한 표제만 보더라도 『山林經濟』의 농학의 범위는 넓고 다양하며, 『農家集成』의 그것과는 다른 바가 있음을 알 수 있다. 『農家集成』 가운데에서도 그 중심인 『農事直說』에서는, 『山林經濟』식으로 표현하면 治農만을 다루고 있었으며, 『四時纂要抄』에서는 여러 가지 문제를 다루었으나, 이는 농작물 하나하나에 대한 재배법의 체계 있는 서술이 아니었다. 『衿陽雜錄』이 다루는 대상 범위는 더욱 좁았다. 그런 점에서 『山林經濟』의 농학은, 『穡經』과 마찬가지로, 『農家集成』이 미치지 못한 여러 가지 문제를 정리 체계화하고 있는 것이라 하겠다.

『山林經濟』 편찬에서 이용한 자료의 선정과 원칙 ─ 『山林經濟』의 농학은 이와 같이 『穡經』과 마찬가지로 『農家集成』에서 다루지 못한 여러 가지 문제를 처리하는 것이기는 하였지만, 그러나 그 농서의 편찬 원칙이라든지 그 농학의 체계화를 위한 자세에 있어서는, 『穡經』의 그것과 여러 가지 점에서 다른 바가 있었다. 그러한 점에서는 이 두 농서는 오히려 서로 다른 입장에 있었다. 『穡經』은 『農家集成』의 農學體系나 技術 내용을 따르지 아니하고 부정하였는데 대하여, 『山林經濟』는 『農家集成』의 農學・技術體系를 그대로 따르고 그 기술 내용을 충실히 계승 발전시키고 있었다. 그러한 사정은 『山林經濟』를 저술함에 있어서 참고한 引用 書目을 一瞥하는 것으로써도 알 수 있고, 좀더 구체적으로는 그 기술내용을 검토함으로써 쉽사리 이해할 수 있다. 洪萬選은 국내서적이거나 중국의 서적을 가능한 한 모두 모아 참고하였고, 아울러 국내 각 지방의 俗方을 또한 수집 정리하였다.[45]

國內의 농서로는 『農家集成』이 기본적인 자료였다. 그가 註에서 표시한 引用 書目에는 다만 『農事直說』・『衿陽雜錄』・『四時纂要』 등으로 기록되었지만, 그 내용으로 보아 그것은 『農家集成』에 수록된 서적들이었다. 그리고 이와는 별개의 판본인 『農事直說補』도 아울러 참고하였다. 지방관이 농서를 편찬함에 있어서 『農家集成』을 중심으로 하는 것은 당연한 일이었겠지만, 그에게 있어서는 실지로 관행하고 있는 우리의 農法을 수집 체계화하려는 관심이, 『農家集成』의 農業技術이나 農學의 시각과 일치하는 데서, 『農家集成』을 기본 자료로 택할 수 있었던 것으로 생각된다. 그리고 그는 지방관으로서 『農家集成』을 통하여 勸農政策을 펴는 사이에 그 장단점을 파악하게 되었을 것이므로, 그 단점의 보충을 위해서는 『農家集成』을 재검토하는 가운데, 새로운 농서를 편찬하게도 되었을 것이다.

더욱이 그의 家門과 관련되는 農學은 『農家集成』이었으므로, 그는 門中의 학문을 계승 발전시키지 않으면 아니 되는 것이기도 하였다. 그것은 그가 사

---

45) 富樫・三木, 앞의 論文과 辛承云 '山林經濟'(『民族文化』 8, 1982)에는 引據 書目이 모두 열거되어 있다.

망하였을 때 門中에서 『山林經濟』의 板刊을 계획했던 것으로서도 그와 같이
이해할 수 있다. 『山林經濟』에 序를 쓴 洪萬宗은 바로 『農家集成』 편찬에 참
여한 洪柱世의 아들이었다.

中國의 농서로서는 『神隱』(明의 朱權 著)과 『陶朱公致富奇書』를 초록한
『閑情錄』을 중심으로 여러 가지를 참고하였다. 『閑情錄』(治農篇)은 물론 許
筠이 편찬한 우리 농서이지만, 그 내용은 中國의 『陶朱公致富奇書』를 발췌
한 것 ― 따라서 中國 農書의 내용을 그대로 담은 책이다. 中國의 농서로서
는 옛부터 전해 오는 것으로서 우리나라에 널리 보급되어 있는 것도 여러 가
지가 있었는데, 그는 農事와 관련하여서는 그러한 농서를 피하고 최근의 농
서를 특히 많이 참고하고 있었다. 그것은 그가 자료를 선택하는 데 세심하였
고, 時宜에 맞는 것을 택하려 하였음을 말해 주는 것이다. 이러한 두 中國
農書는 물론 宋 이후 새로운 中國 農學의 소산이었으며, 전자이거나 후자이
거나를 막론하고 江南 農業을 중심으로 하고 있었다. 후자는 특히 더 그러하
였다. 그러므로 그것은 『農家集成』이 우리나라 三南지방 중심의 농서였음과
상통하는 것이기도 하였다.

洪萬選은 『山林經濟』의 편찬을 위해서 많은 자료를 섭렵하였지만, 그것을
이용하는데는 일정한 원칙이 있었던 것 같다. 국내에서 가장 최근에 편찬된
『穡經』을 이용하지 않은 것은 그 예이다. 그와 朴世堂 사이의 각별한 관계에
서 보면,[46] 그리고 洪萬選 자신도 山林에 돌아갈 것을 생각하고 있었던 점
으로서 보면, 그가 朴世堂의 『穡經』을 모르지는 않았을 터인데, 그는 『穡經』
을 자기 책에 반영하지 않았다. 이는 그가 朴世堂과 黨色을 달리하는 가운데
처신이 어려웠던 까닭이라고도 생각되나,[47] 더 근본적으로는 朝鮮 農學의
체계화나 그 農業의 발전방략에 관하여 견해를 달리하고 있었던 까닭이라고
생각된다. 그는 그의 농서를 편찬함에 있어서 자료 선택에 엄격한 셈이었다.
그가 이와 같이 자료를 선별적으로 채택 이용하였다는 사실은 『山林經濟』의

---

46) 洪萬選 형제는 朴世堂에게 요청하여 그 父親의 墓表(註39)를 받았다.
47) 洪氏家는 老論系로서 宋時烈과 가까왔고, 그런 인연으로 宋時烈은 洪萬選의 아버지 洪柱國
　　의 墓碣銘도 쓰고 그 文集에 序도 쓰고 있었다(『宋子大全』 卷180, 禮曹參議洪公墓碣銘. 卷139,
　　泛翁集 序). 그런데 宋時烈은 朴世堂과 크게 대립하고 있었다.

한 특징이 되는 것이기도 하겠다.

『山林經濟』의 편찬을 위한 자료 선정이 선별적이었음은, 『農家集成』에 실린 朱子의 「勸農文」을 이용하지 않은 점에서도 살필 수 있다. 朱子의 「勸農文」은, 국내 농서인 『農家集成』을 중심으로 그의 농서를 편찬할 경우에도 이용될 수 있고, 中國 농서를 중심으로 그것을 편찬할 경우에도 이용될 수 있는 것인데, 그는 이를 자료 선정에서 의식적으로 배제하고 있었다. 이는 그의 『山林經濟』 편찬자로서의 정치사상적 입장, 따라서 그 농서의 성격을 이해하는 데 관건이 되는 것이기도 하겠다. 이 문제는 뒤에 다시 논의된다.

『山林經濟』는 수록작물 선정에서 가치판단 — 그뿐만 아니라 그는 관행하는 농작물을 그의 농서에 수록함에 있어서도, 그것이 이 시기의 농촌경제 농민경제를 위해서 필요한 것인지, 가치판단을 하고 수록여부를 결정하였던 것 같다. 이 시기에 商品作物로서 각광을 받고 있었던 南草를 수록대상에서 제외하였음은 그 한 예이다. 南草 재배는 국가가 장려하는 바도 아니지만, 이로 인해서는 양식작물을 재배하던 양전옥토가 남초 재배를 위한 농지로 전화하고 있어서, 사회적으로 시시비비의 논의가 많았기 때문이다. 이러한 점은 『山林經濟』가 지닌 농서로서의 한계이고 특색이기도 하다.

『山林經濟』를 『農家集成』과 다른 새로운 체제의 農書로 — 洪萬選은 이와 같이 『農家集成』을 중심으로 여러 자료를 이용함으로써 『山林經濟』를 편찬하게 되거니와, 그는 그것을 『農家集成』과 같은 集成物로서 엮으려는 것은 아니었다. 그는 地方官의 勸農用으로나 農民들의 參考用으로 편리한, 새로운 형태, 새로운 체제의 농서를 구상하고 있었다. 그것은 『農事直說』의 내용을 중심으로 조항을 확대 설정하고, 여러 농서의 자료를 이 조항에 따라 분류 종합함으로써, 『農家集成』의 체제와는 다른 새로운 체제의 농서를 편찬하는 것이었다. 그리하여 그의 작업 과정에서 모든 농서는 해체 분류되고, 그 자료는 『山林經濟』의 조항 속에 하나의 農法으로 편입되고 흡수되었다. 이제 이 농서에서는 『農事直說』·『衿陽雜錄』·『四時纂要抄』 및 中國 농서의 農學·農業技術은 개별적으로 존재할 수 없게 되었고, 그 모든 것이 하나로 분석 종합되는 가운데, 『山林經濟』의 농학·농업기술을 이루게 되었다.

2) 農業技術의 特性

『山林經濟』의 農學이 어떠한 것이었는가를 이해하기 위해서는 그 農業技術의 특성을 파악하는 것이 필요하다. 그것을 우리는 몇 가지 측면에서 살필 수 있다.

우리 農學을 중심으로 하고 中國 農學을 수용 — 먼저 궁금한 것은, 앞에서 언급했듯이 『山林經濟』에서는 많은 中國 農書를 이용했다고 하였는데, 그 農業技術을 어느만큼 수용하고 있었는가 하는 문제이다. 즉, 『山林經濟』는 우리의 農書·農業技術을 중심으로 편찬했는가, 아니면 中國의 農書·農業技術을 중심으로 편찬했는가 하는 점이다. 이와 관련하여 우리가 말할 수 있는 것은, 洪萬選은 우리 農書와 中國 農書를 참고하고 인용하되, 우리 농서를 중심적인 것으로 삼았다는 점이다.

우리 농서로서 그가 의도하는 내용이 충분히 설명되면 그는 中國의 농서를 다시 더 인용하지 않았으며, 우리 농서로써 農業技術을 기술해 나가다가, 中國의 농서와 차이가 나는 점이 있으면 그러한 점은 中國 농서의 技術 內容을 夾註로서 本文 속에 첨기하였다. 그리고 우리 농서에 기술되어 있지 않은 점에 한해서는 中國 農業의 기술 내용을 본문으로서 수록하였다. 그밖에 우리의 농업현실로서 종래의 농서에 수록되지 않은 農法을 俗方으로서 실었음은 말할 것도 없었다. 이와 같이 자료의 인용을 통해서 볼 때, 洪萬選의 『山林經濟』는 어디까지나 우리의 농업기술과 우리의 農學을 위주로 하는 것이었으며, 그러한 점에서 이것은 『穡經』의 農學과 크게 다르고, 『農家集成』의 그것과 같은 시각이었음을 알 수 있다.

이러한 점은 그 기술 내용을 살피면 좀더 구체적으로 드러난다. 가령 『山林經濟』의 擇種項은 『農家集成』의 備穀種項에 해당되는데, 이 擇種項에서는 일곱 건의 擇種法을 설명하면서, 제1건은 『農事直說』과 『閑情錄』의 종합, 제2건은 『閑情錄』, 제3건은 『農事直說』·『四時纂要抄』·『神隱』의 종합, 제4건은 『四時纂要抄』, 제5건도 『四時纂要抄』, 제6건은 『閑情錄』, 제7건은 俗方으로서 기술하였다. 이에서 보면 擇種項은 『農家集成』의 내용을 중심으로 하면서 우리 농업의 俗方을 첨부하고 中國 농서의 기술을 참작 도입하였음을 알 수 있다. 우리 농서·우리 농업을 어느 정도 중심적인 것으로 생각하였는가 하는 것은, 全的으로 中國 農業의 기술을 새로 도입한 사항이 두 건에 지나지 않으며, 그것도 이미 우리 農書化한 자료로부터였던 것으로서 알 수 있다. 그리고『農家集成』에 수록되지 아니한 우리 농업의 俗方을 또한 한 건 보충하고 있는 것으로서도 그와 같이 이해할 수 있다.

이러한 사정이 種稻項에는 더욱 잘 나타나 있다. 이 항목은 治農條에서는 가장 많은 지면을 차지하고 있어서 原本으로 7葉(『農書』1)에 이르는데, 이렇게 많은 분량의 種稻 關係 농업기술의 대부분은『農事直說』과『衿陽雜錄』의 種稻法으로써 이루어졌으며, 그 위에다 現行 農法으로서『農家集成』에 기재되지 않은 俗方을 또한 조사하거나『農事直說補』에서 수록하고 있었다. 당시에 이용되었던 稻의 品種을『衿陽雜錄』의 그것보다 9종류나 더 들고 있는 것,[48] 移秧法의 한 방법으로서『農家集成』에서 언급하지 않은 乾秧法을 『農事直說補』를 통해서 들고 있는 것 등은 그 가운데에서도 두드러진 例가 되겠다.[49] 揷秧과 施肥 除草에서 中國 농서를 인용한 곳이 두세 군데 있기는 하나 그 분량이 큰 비중을 차지하는 것은 아니며, 뒤에 다시 언급되듯이, 새로운 긴한 농업기술을 새로운 中國 농서(『神隱』)를 통해서 한두 건 수용하고 있을 뿐이었다. 水田農業에 관한『山林經濟』의 기술 내용은 대체로 종래의 우리 농서나 現行 俗方을 중심으로 종합한 것이며, 中國 농서가 크게 중심이 되지는 않았다.

種麥에 있어서도 이러한 사정은 마찬가지였다. 여기에서도 麥農의 대강을 설명한 것은『農事直說』・『衿陽雜錄』・『四時纂要抄』등의 農法으로서였으며, 中國 농서의 농법은 대부분 註로서 인용되거나 本文 속에 보충 설명으로 인용되고 있을 뿐이다. 이 시기의 種麥法으로서 큰 의미 큰 비중을 차지하는 것은 水田種麥法이었는데, 水田種麥法은『閑情錄』을 통해서 이미 알려져 있

---

48) 이를테면 다음의 稻種이 그것이다(『山林經濟』治農 種稻,『農書』2, pp.109~110).
　　鷄鳴稻 둙오려 卽今蘆原人多種之, 柳稻 버들오려 蘆原豊壤人多種之, 靑狄所里 파랑되오려 蘆原豊壤人多種之, 中實稻 듕실벼 卽今豊壤人多種之, 栢達伊 잣달이 卽今豊壤多種之, 倭水里 예수리 蘆原豊壤人多種之, 狄所里 되오리 蘆原豊壤人多種之, 密多里 밀다리 豊壤多種, 大棗稻 대쵸벼 豊壤多種. 여기서 '蘆原'・'豊壤'은 楊州牧 안에 있는 곳이다.
49)『山林經濟』治農 種稻,『農書』2, p.115.
　　본서 제Ⅱ편 註180 참조.

었으나(제II편 註33 참조), 그 耕種法이 『山林經濟』의 그것과 달랐다. 그러
므로 『山林經濟』의 水田種麥法은 이때 우리 농서에 처음 소개되는 것이겠는
데, 뒤에 다시 언급되듯이(註62 참조), 이도 中國 農法으로서가 아니라 당시
에 관행하는 우리의 농법으로서 설명한 것이었다고 하겠다.

種木花에서도 『農家集成』의 기술을 종합 정리하고, 거기에 『神隱』·『閑
情錄』의 새로운 방법을 추가했을 뿐이었다.

『山林經濟』의 서술이 대체로 우리 농법을 중심으로 하고 있었음은 새로이
마련된 항목에 있어서도 마찬가지였다. 가령 收糞項을 보면 그 기술 내용은
일곱 건으로 되어 있는데, 제1건에서 제6건까지는 『農事直說』에서, 제7건
은 『四時纂要補』에서 인용하였다.

『山林經濟』가 中國 農書에 대부분 의존하고 있는 것은 『農家集成』에 전혀
수록되지 않은 농법에 관해서였다. 이를테면 治圃條에서 그러한 사정을 볼
수 있다. 여기서는 中國의 여러 농서가 두루 인용되었다. 그러나 이 경우에
도 우리 농법에 대한 배려없이 무조건 中國 農法을 그대로 기록한 것은 아니
었다. 여기서도 『農家集成』이나 俗方으로 설명이 충분히 되면 이로써 해결
하고, 그렇지 아니한 것에 한하여 中國 농서를 인용하였다. 그러면서도 이렇
게 中國 농서를 인용할 때 洪萬選은 中國 농서의 기술 내용을 세심히 검토하
고, 우리의 현행 농법이 그것과 다른 바가 있으면, 그 다른 점을 俗方으로서
本文 속에 夾註로 기입하였다. 그리하여 이 治圃條에서는 우리 자료만으로
써 해결한 것이 9건, 우리 자료와 中國 자료를 종합한 것이 15건, 中國 자료
만으로써 설명한 것이 10건이었다.[50] 이러한 사실은 그가 治圃條에서 비록
中國 농서를 많이 이용하기는 하였으나, 中國 農法을 새로운 治圃農法으로

---

50) 『山林經濟』 治圃條에는 34種의 蔬菜재배법을 기술하였는데, 이 34種에 대하여 引用 資料를
   조사 구분하여 보면 다음과 같다.

俗方으로써 설명한 것	7種	
우리 農書로써 설명한 것	1種	9
俗方과 우리 農書로써 설명한 것	1種	
俗方과 中國 農書로써 설명한 것	4種	
우리 農書와 中國 農書로써 설명한 것	7種	15
俗方이 註로서 記入된 것	4種	
中國 農書만으로 설명한 것	10種	10

서 도입한다는 데에 초점을 둔 것이 아니라, 이미 관행하던 우리의 治圃農法
을 中國 농서의 표현을 빌어 설명한다는 데 중점을 두고 있었음을 나타내는
것이라 하겠다.

農業技術의 地域性 문제 — 다음은 國內농서의 이용과 관련되는 農業技術
의 地域性 문제이다. 이와 관련하여 두드러지게 눈에 띄는 것은 『山林經濟』
의 편찬이 주로 『農家集成』 특히 『農事直說』을 중심으로 했다는 사실이다.
이는 그 農業技術이 南部지방의 그것을 중심으로 하는 것이었음을 뜻하는
것이 되겠다. 『農事直說』과 마찬가지로 北部지방에서는 南部지방의 農法을
고려하는 가운데 시행토록 하였다.51) 中國 농서인 『神隱』이나 中國 농업의
내용을 그대로 담고 있는 『閑情錄』을 크게 이용하고 있는 것도 같은 사정을
말해 주는 것이라 하겠다. 이들 농서는 中國 江南지방의 농업을 중심으로 다
루었기 때문이다. 말하자면 洪萬選이 『山林經濟』에서 꾀하는 바는, 『農家集
成』・『農事直說』과 마찬가지로, 南部지방의 農業과 그 農業技術을 중심으
로, 北部지방까지도 포함한 우리나라 전체의 농업을 발전시켜 나가려는 것
이었다고 하겠다.

이같은 사실은 그가 北部지방과 관련되는 농서를 이용하지 않은 것으로서
도 이해된다. 그가 『穡經』을 이용하지 않았다는 사실은 앞에서 지적했거니
와, 그것이 만일에 朴世堂과의 黨色을 고려하거나 『穡經』을 모르고 있는 데
서 연유하는 것이었다면, 그것에 상응하는 中國 농서를 이용함으로써 북부
지방 농업에 관한 우리 농서의 공백을 메울 수도 있었을 것이다. 그같은 中
國 농서로는 『齊民要術』・『農桑輯要』・王禎의 『農書』 등 어느 것을 이용해
도 좋았다. 이들 농서는 中國 農學에서는 기본이 되는 것이었으므로 그는 의
당 이를 보았을 것이다. 실제로 그러한 흔적은 『山林經濟』 안에서도 찾을 수
있다. 牧養條를 보면 그는 『農桑輯要』를 다른 농서와 함께 인용하고 있는 것
이다.52) 그러면서도 『農桑輯要』를 통해서 中國 華北지방의 作物재배법을 소
개하고, 이를 통해 朝鮮 北部지방의 旱田農業을 발전시키려 하지는 않았다.

---

51) 『山林經濟』 治農 耕播, 『農書』 2, p.102.
　　北土寒氣晚解 則穀麻綿之晬種 皆當隨時適宜(直說)
52) 『山林經濟』 牧養 養牛, 『農書』 2, p.240.

물론『山林經濟』의 농업기술이 이와 같이 남부지방의 농업기술을 중심으로 한다 하더라도, 중부 이북지역에 적합한 농업기술이 필요하다는 사실을 부정하는 것은 아니었다. 그는 그것을 계통적으로 기술하지는 않았지만, 그 필요성을 충분히 인식하고 또 강조하고 있었다.『衿陽雜錄』의 농업기술(穀物品種)이 전폭적으로 도입되고, 그 위에다 豊壤·蘆原지방의 稻品種을 조사 수록한 것은 그 한 표현이라고 하겠다. 咸鏡道의 豌豆 생산, 關西지방에서의 紫葱 재배를 소개하고 있는 것도 같은 예가 되겠다.53)

그러나 무엇보다도 분명한 것은『閑情錄』이 부분적으로 실었던 華北지방의 種穀法을『山林經濟』가 인용한 점이라 하겠다.54) 이는 본시『齊民要術』의 種穀法으로서 기술되었던 것인데, 王禎의『農書』가 이를 일반론으로서 인용하고, 그것을 다시『陶朱公致富奇書』따라서『閑情錄』이 재인용하고 있는 것이었다. 그리고 계절(春夏)에 따르는 播種(粟)의 深淺을『山林經濟』에 실은 것도 같은 예가 되겠다.55) 이것도 그 연원은 華北지방 농법으로서『齊民要術』에 기술되었던 것인데,『農桑輯要』·『農桑撮要』·『神隱』을 거쳐『山林經濟』에까지 계속되고 있는 것이다. 더욱이 그는 旱田農法에 改善이 있어야 할 것도 인정하고 있어서, 뒤에 언급되듯이 漢人種粟法을 소개하였는데(註63 참조), 이것도 북부지방의 농법과 관련되는 것이었다.56)

그러나 이와 같이 여러 가지 구상과 시도를 하고 있었으면서도,『山林經濟』에는 아직 북부지방의 농업을 발전시키기 위한 본격적인 연구의 준비가 되어 있지 않았다. 朝鮮 농업을 보는 자세가 여전히 南部지방 중심이었다. 그렇지만 이같이 거창한 문제를, 한 개인에게 기대하는 것은 무리한 요구이며, 이는 정부 차원에서 국가정책으로 수행해야 할 사업이었다고 하겠다.

---

53)『山林經濟』治農 種稻,『農書』2, pp.109~110.
　　『山林經濟』種大豆小豆菉豆,『農書』2, p.127.
　　『山林經濟』治圃 種紫葱,『農書』2, p.151.
54)『山林經濟』治農 耕播,『農書』2, pp.100~101.
55)『山林經濟』治農 種黍粟稷蜀黍,『農書』2, p.122.
　　여기서는 자료를 '上同'(『農事直說』)이라 하였으나『農事直說』에는 이 조항이 없으며,『神隱』에서 인용한 것이다(篠田統·田中靜一 編『中國食經叢書』上,『神隱』卷下, 三月 務農, p.416).
56)『林園經濟志』本利志5, 種藝 粟類에 따르면 이것은 中國 北部地方의 種粟法이었다.

農業生産 增進을 위한 方法, 전제 조건 — 끝으로 우리가 생각하게 되는 것은, 洪萬選은 農業生産의 증진을 위해서 새로운 農法·農業技術을 어떻게 발굴하고 발전시키고자 하였는가 하는 점이다. 農法·農業技術의 개선문제인 것이다. 농서는 본시 農業生産을 발전 증진시키기 위해서 존재하는 것이므로, 농서의 편자는 누구나 이 문제를 생각하지 않을 수 없다. 그도 마찬가지였다. 새로운 농법이나 농업기술이 보이면 이를 면밀히 검토하고 그것이 적합하다고 생각될 때는 이를 적극 그 농서에 수록하였다. 자료가 관행하는 俗方이어도 좋았고 그가 인정하는 것이면 中國의 것이라도 좋았다. 그는 그러한 작업을 稻作·麥作·粟作 등 여러 作物재배에 관하여 수행해 나갔다.

그러나 그는 이러한 문제와 관련해서는 먼저 해결해야 할 전제 조건이 있는 것으로 생각했다. 그것은 施肥문제였다. 施肥문제가 더 중요시되어야 한다는 것이다. 農業生産의 증진이 施肥 없이 이루어질 수는 없기 때문이었다. 그리하여 그는 施肥문제를 농서의 한 조항으로서 기술할 것을 구상하였다. 『山林經濟』에 收糞條項을 신설한 까닭이다. 그 내용은 대부분 『農家集成』과 『四時纂要補』에서 온 것으로 그 분량은 빈약하였지만, 의미는 결코 작은 것이 아니라고 생각된다. 그것은 農業生産 증진의 전제 조건을 명확히 제시한 것이기 때문이며, 또 이 時期 농서에서 施肥 관계 조항이 생긴 것은 이 책이 처음이기 때문이었다.

稻作；稻作의 발전을 위해서는 『農家集成』과 『農事直說補』에서 제시한 농법을 그대로 계승하면서, 그 위에다 새로운 농법을 도입함으로써 그것을 한층 더 발전시키려 하였다. 『農家集成』과 『農事直說補』의 농업기술을 그대로 수록하고, 새로운 慣行農法(俗方)을 채용하기도 하며, 그 위에다 『閑情錄』이나 『神隱』의 농법을 도입하기도 한 것이다. 水播·乾播·移秧 등을 모두 시행하되, 移秧法을 특히 중시하는 것이었음은 말할 것도 없다. 그러한 가운데서도 洪萬選이 특히 유의하고 보완한 것은 施肥·中耕除草·乾播 뒤의 鎭壓處理 등에 관한 기술이었다.

稻田 施肥에 관하여 그가 주목한 것은 追肥法을 시행하는 일이었다. 이 문제에 관해서는 許筠이나 朴世堂도 크게 유의하여서 그 농법을 中國 農書에서 도입했었지만, 洪萬選도 같은 방법으로 그 기술을 『神隱』에서 인용하였다.

稻苗旺時 去水耘草 用糞灰麻枾 相和撒入 晒四五日 土乾裂時 灌水 淺浸稻秧
謂之戽田57)

稻苗가 왕성하게 자라고 있을 때에 물을 빼고 김매기를 한 다음 糞灰를
麻枾에 섞어서 田內에 뿌려 주고 4,5일 동안 田面을 曬乾한 뒤 乾裂이 생길
때 灌水하라는 말이다. 이른바 戽田이었다. 許筠·朴世堂·洪萬選 등이 이
기술을 인용한 자료는 각각 달랐지만 그 기술 내용은 같았다. 그들은 모두
追肥의 중요성을 인식하고 각각 다른 자료에서 같은 내용의 기술을 인용한
것이다. 그런데 이 施肥法은 본시 移秧法과 관련하여 마련된 것이었고, 許筠
과 朴世堂은 그러한 농업기술로서 이를 도입 보급시키려 하였는데, 洪萬選
은 거기에 한정하려 하지 않았다. 그는 이 施肥法을 直播한 稻田에서도 시용
할 것을 생각했다. 그는 이 자료를 早稻 直播項에다 기입하고 있었다. 그뿐
만 아니라 그는 중국인들이 秧田施肥法으로서 하고 있는 '撒種二三日後 撒
稻草灰于上'58) 하는 방법도, 早稻 直播田에서의 播種 뒤의 施肥法으로 도입
하고 있었다. 그만큼 그는 시비문제에 유의하는 것이다.

中耕除草에서는 揚鈀를 이용한 除草에 유의하고 이를 도입하려 하였다.
揚耘을 하는 가운데 稻의 橫根을 잘라 주면 頂根이 아래로 깊이 뿌리를 내리
게 되는 除草法이었다. 稻의 倒伏을 방지할 수 있는 효과적인 방법일 수 있
었다. 그는 이것을 『閑情錄』을 통해서 인용하되, 追肥에서와 마찬가지로,
移秧田에서 뿐만 아니라 直播田에서도 행하려 하였다.59) 그러나 이럴 경우
에는 揚鈀를 사용할 수 있도록, 稻列이 直線이 되도록, 直播의 방법에 改善
이 있어야 할 것임은 말할 것도 없었다.

乾播 뒤의 鎭壓處理는 종래 水稻 乾播農業에서의 난점을 보완 개선 강화
하는 방안으로서 개발된 것이었다. 乾播農法 자체가 우리나라에서 발달한

---

57) 『山林經濟』 治農 種稻, 『農書』 2, p.112.
　　『神隱』 卷下, 6월 耘稻.
58) 『山林經濟』 治農 種稻, 『農書』 2, p.111.
　　『便民圖纂』 卷2, 耕穫類 浸稻種.
　　『陶朱公致富奇書』 稼圃致富 浸稻種 ;『閑情錄』, 治農, 『農書』 1, p.106.
59) 『山林經濟』 治農 種稻, 『農書』 2, p.112.

농법이었으므로, 그 개선 방안도 우리나라에서 개발되고 보급되고 있는 것
이었음은 말할 것도 없었다. 그는 이를 俗方으로서 수록하였다.

　　乾播後 土鬆不密 則種子或腐傷或虫食 須以土塊翻地(以木塊爲之) 曳其上 使土
　　堅密 待立苗 以柴扇翻地(사립번지) 曳其上 則苗立而草死 愈頻愈好 苗盛則止
　　且乾耘一次後 灌水 則苗盛60)

　　水稻를 봄 가뭄으로 말미암아 水播를 못하고 乾播를 했을 때, 그 種子와
흙이 밀착하지 않으면 種子의 腐傷과 虫食이 있게 되므로, 土塊翻地를 끌어
種子를 흙에 밀착토록 하며, 立苗한 뒤에는 除草를 위해서 柴扇翻地를 끌어
苗는 잘 자라고 雜草는 죽게 해야 한다는 것이다. 여기서는 翻地를 끌어야
하는 이유를 腐傷·虫食·除草 등의 구체적 현상으로서 들었지만, 土鬆不密
한 상태에서는 種子의 수분 흡수가 어려우므로 發芽와 着根이 어렵고, 또 착
근이 된다 하더라도 虛한 곳에서 뿌리를 내리게 되므로 苗가 實하게 자랄 수
없다. 그러므로 播種 뒤의 鎭壓처리는 대단히 중요한 작업이었다. 건조지대
에서는 특히 너 그러하였다. 旱地農業이 발달한 中國 華北지방의 농업에서
는 진압처리는 필수 불가결한 작업이었다.
　　乾播 뒤에 진압처리를 하는 농법은 『農家月令』 단계에서 이미 제시되었
다. 『農家月令』에서는 그것을 '付種之後 卽以柴扇曳其上 令塊破土堅可也'(제
Ⅱ편 註76 참조)라고 썼다. 그러나 거기서는 柴扇만을 끌 것을 지시하였는
데, 洪萬選의 『山林經濟』에서는 柴扇 외에도 중량이 있는 土塊翻地를 또한
끌 것을 지시했다. 이는 乾播 뒤의 진압처리가 강화되고 있는 한 표현이었다
고 하겠다. 乾播畓에서 진압처리를 강화하고 있는 이러한 농법이 어느 지방
에서 관행하는 것이었는지 그는 기록하고 있지 않지만, 아마도 진압처리의
방법은 지역에 따라 차이가 있었던 것이 아닐까 생각된다. 아주 남쪽지방에
서는 『農事直說』에서와 같이 足種만으로서도 그 재배가 가능했을 것이고,
北部지방으로 가면 뒤에 다시 언급되듯이, 진압처리가 더욱 크게 발달하였

---

60) 同上, 『農書』 2, p.113.

다. 水稻 乾播 농법은 기본적으로 降水量이 적은 乾旱지대, 旱地農業이 발달한 북부지역의 농법이기 때문이다. 洪萬選은 말하자면 乾播法이 존속하는 상황에서 그 生産力을 발전시키기 위해서는, 지역에 따라 그 지역에 상응하는 旱地農法을 적절히 적용해야 할 것으로 생각했다고 하겠다.

麥作 : 麥作의 발전을 위해서도 그 技術은『農家集成』이 주축이 되고 있었으며, 慣行農法과『神隱』에서 새로운 기술을 도입하고 있었다. 이에 따르면 麥作에서는 施肥의 한 방법으로서 種子를 소금에 섞어서 파종하는(種肥) 방법을 俗方으로 제시하고, 防露傷麥의 방법을『神隱』에서 수록하고 있는 것이 주목된다.[61] 전자는 金肥의 단서가 되는 것이겠다.

그러나 더 크게 주목되는 것은 水田種麥法을 俗方으로서 제시하고 있는 점이다. 水稻作의 발달이 移秧法의 보급을 촉진하고 이에 따라서는 畓에서의 麥의 裏作이 가능하게 되고 있는 것이었다.

　　　畓中種牟法 預收草糞於畓邊 待稻成熟後 卽刈旋耕 以牟種和糞深種 以土覆之
　　　則其牟卽生且茂 至春 種秧於有水之畓 待刈牟 盛水移秧 其稻甚盛[62]

미리 草糞을 논가에 모아 두었다가, 벼가 성숙하기를 기다려 이를 베고 논을 간 다음 麥種을 糞에 섞어 깊이 파종하고 覆種하면 그 麥이 곧 싹트고 무성하게 된다는 것이며, 봄에 물있는 논에 모를 부었다가 麥을 거둔 다음 거기에 물을 대고 移秧을 하면 벼가 잘 자란다는 것이었다. 農地를 효율적으로 이용함으로써 生産力의 증진을 기하고 있는 농법이었다. 이 시기는 封建支配層과 富民들의 土地集積이 성행하고 농민들의 農地 부족이 호소되는 때였으므로, 水田種麥法은 그 개발과 더불어 신속히 보급되어 나가고 있었다. 朝鮮 農業과 朝鮮 農書를 중심으로 편찬되는『山林經濟』가 이같은 유용한 농법에 주목하는 것은 당연하였다. 그러나 이 水田種麥法은 移秧法과 표리

---

61)『山林經濟』治農 種大小麥,『農書』2, p.134.
　　　『神隱』卷下, 4월 防露傷麥.
　　　四月間有沙霧 用蘡麻 散絟(拴)於長繩上 侵晨 令兩人對持其繩於麥上 牽拖去沙霧 則不傷麥
　　　也. ( ) 안은『廣羣芳譜』.
62) 同上,『農書』2, p.135.

관계에 있는 농법이었으므로 아직은 한정된 지역(南部地方)에서 시행되는
데 그쳤다.

粟作 ; 粟作의 발전을 위해서도 그 技術은 『農家集成』의 기술이 중심이
되고 있었다. 그러면서도 그는 中國 農書인 『神隱』에서 필요한 사항을 채록
하기도 하고, 傳聞한 바 漢人種粟法을 정리하기도 하였다. 『農家集成』의 種
粟法과 크게 다른 중국인들의 種粟法을 소개하고 있는 것이었다. 당시 朴世
堂이나 柳馨遠이 種粟을 중심으로 한 우리나라 旱田農法의 결함을 지적하
고, 中國式 旱田農法으로 개량할 것을 제기했는데, 洪萬選도 그 필요성을 인
정하고 그 농법을 자기 책에 실은 것이다.

> 漢人種粟法 預聚灰……耕田作畦 布以灰兩畦之間 覆土均之 以踵作窠 盛粟種於
> 頭用匏 而作細孔 使粟種自其下 盖欲其均下也 下種後 以胡犁(호리)耙其畦 使
> 土覆於種粟之處 均土堅踏 則其粟遲生且短 待其稍長 又以胡犁耙畦 則草埋粟長
> 如是者數次 仍又略除其草 粟莖雖不長 其穗則極大 一日耕 可收三十石 小亦爲
> 二十石……禾未生……則不傷63)

漢人種粟法에 관한 이 자료는 전반부의 造灰法과 후반부의 耕種法으로 된
긴 문장 가운데에서 후반부만을 제시한 것이다. 그 耕種法의 요령은 다음과
같다. ① 일정한 방법으로 미리 灰를 만든다. ② 田을 起耕 作畦(畝·壟)하고
兩畦間(畝)에 미리 마련한 灰를 편다. ③ 覆土를 고르게 하고 足踵으로 자국
을 친 다음 頭用匏를 이용하여 고르게 파종한다. ④ 胡犁로 畦를 갈라 그 흙
으로 파종한 종자를 덮되 흙을 고르고 단단하게 밟아 준다(鎭壓). ⑤ 粟이
싹트고 좀 자라면 胡犁로 다시 畦를 갈라 粟根을 덮어 주기를 (隤土壅根) 몇
차례하고 除草도 간단히 한다. 그리하여 이와 같은 방법으로 種粟을 하면 粟

---

63) 『山林經濟』 治農 種黍粟稷蜀黍, 『農書』 2, pp.122~123.
  『山林經濟』에는 이 種粟法이 『神隱』에서 인용한 것처럼 되어 있으나, 『神隱』에는 이 기록이
  없으며, 마지막 부분 "禾未生……則不傷"만이 있다(前揭, 『神隱』 卷下, 2월 務農, p.411). 이
  漢人種粟法은 그 제목으로 보아 中國 農書의 기술은 아니었을 것으로 생각되며, 朝鮮人의 傳
  聞에 따른 기록이었을 것으로 믿어진다. 아마도 傳聞記를 『神隱』의 기술 앞에 기입할 때 기록
  자의 착오로 출전 표시가 빠지고, 따라서 『神隱』의 기술에 이어지게 되었던 것으로 생각된다.

莖은 길지 않되 粟穗는 長大해서 所出이 많다는 것이다. 1日耕에 30石을 거둘 수 있고 적어도 20石은 된다고 하였다.

洪萬選이 제시한 이 漢人種粟法은, 요컨대 畎을 작성하되 그 畎底에 踵窠를 치고 그 窠에다 下種을 하는, 말하자면 畎中 科種으로서의 種粟法이었으며, 乾旱地帶에서 救旱처리를 잘 하고 있는 種粟法이었다. 朴世堂이나 柳馨遠이 제기하였던 바 代田法이나 一畝三畎의 遼東田에서의 種粟法과 같은 것이 아닐 수 없다. 그러한 種粟法이 所出이 지극히 많다는 것이다. 그러므로 농서를 쓰고 있는 洪萬選에게 있어서 이 농법은 매력이 있는 것이 아닐 수 없었고, 따라서 이를 『山林經濟』에 수록함으로써 그 농법을 장려하지 않을 수 없었다.

그러나 洪萬選은 이와 같이 畎種法의 우수성을 인정하기는 하였지만, 朴世堂이나 柳馨遠과 같이 種粟法을 전면적으로 이 농법으로 개선하자고 생각하는 것은 아니었다. 그는 『農家集成』의 種粟法을 모두 제시하고, 그 가운데서 한 방법으로서 이 漢人種粟法을 들고 있는 데 지나지 않았다. 그는 穀物 파종의 다양성(漫種 · 耬種 · 瓠種 · 區種 · 點種)을 인정한 위에서[64] 이 種粟法을 제시하였다. 그러므로 그의 생각은 '이러한 농법이 더 적합한 지역에서는 이를 채택하라'는 것으로도 이해된다. 그러하였다면 그로서는 이 종속법을 중부 이북지역을 특히 더 염두에 두면서 제언한 農法이었을 것으로 생각된다. 실제로 이 種粟法은 북부지역에 더 적합한 농법이었다.

3) 農業經濟 · 農政論

朱子 「勸農文」의 農政論을 거부 ─ 『山林經濟』의 農學은 『農家集成』의 農學, 엄격하게는 『農事直說』의 農學을 계승 발전시키고 또 『農家集成』이 미치지 못한 여러 가지 문제를 보완하면서, 『山林經濟』로서의 특이한 체계를 확립한 창의성 있는 農書였다. 그러나 그것이 『農家集成』의 農學이 제기한 모든 문제를 전부 계승 발전시키고 있는 것은 아니었다. 『農家集成』의 農學은 農業技術論과 農業經濟 · 農政論의 두 계통으로 구성되는데, 『山林經濟』

---

64) 『山林經濟』 治農 耕播, 『農書』 2, p.100.

의 農學이 계승 발전시킨 것은 전자에 관해서였다.

『農家集成』의 農學에서는 후자에 관하여 朱子「勸農文」의 地主佃戶制論을 통해 農業經濟·農政理念·農政운영論을 제기하고, 朱子「勸農文」의 軍-縣-村의 결합과 권력-징벌을 매개로 한 陂塘興修論을 통해 中國 고래의 灌漑法을 水利論으로 제기하고 있었는데, 『山林經濟』의 農學에서는 이러한 문제들은 수용하지 않았다. 전자는 편찬자들의 정치경제사상의 차이에서, 후자는 그 방법이 時宜에 맞지 않는다는 점에서였을 것이다. 아마도 그는 이러한 문제는 농민들이 할 수 있는 일이 아니라, 국가가 하되, 당시의 시대조건에 맞는 방법으로 수행해야 할 것으로 생각하였던 것이 아닐까 짐작된다. 요컨대 그는 朱子「勸農文」으로 제시된 農政論은 이를 수용하지 않았고, 따라서 사실상 거부하는 것이었다고 하겠다.

農業生産의 主體 ; 自耕하는 大農層을 표준 農家로 — 그러나 그러면서도 洪萬選은 土地所有문제라던가 農政운영상의 문제를 자신의 농서에서 논급하지 않았는데, 그것은 아마도 두 가지 사정에서 연유하지 않았을까 생각된다. 첫째는 그의 생각으로는 이러한 문제는 農學의 범주에 포함될 것이 아니며, 이는 農政上의 문제로서 따로 다뤄야 한다고 생각하였는지도 모르겠다는 점이다. 이 시기의 학자들은 흔히 農學을 좁은 의미로 해석하여 단지 農業技術學으로만 보는 것이 보통이었다. 그리고 둘째는 어쩌면 그도 경제 농정문제를 農學의 범위 안에 넣어서 생각하기는 하였으되, 地主佃戶制를 축으로 하는 『農家集成』의 경제관에 찬성하기 어려워서, 이를 수용하지 않기는 하였으나, 정면으로 부정하기 어려워서, 農業生産의 主體를 直接生産者層으로 내세우지 못하였는지도 모르겠다는 점이다.

洪萬選의 생각이 어느 쪽이었는지 지금 확실하게 말할 수 없지만, 『農家集成』의 農學을 계승 발전시키려는 그가, 자기 農書에 『農家集成』의 經濟論을 싣지 아니한 것은, 큰 의미가 있는 것이 아닐 수 없다고 생각된다. 그의 생각이 둘째의 이유에서라면 말할 것도 없고, 그렇지 않더라도, 그것은 결국 『農家集成』, 따라서 宋時烈, 그리고 근원적으로는 朱子의 經濟論을 적극 부정하고 반대하는 것이 되기 때문이다. 그리고 그것이 첫째의 이유에서라 하더라도, 그것은 그가 『農家集成』의 經濟論에 찬성하지 않는 것, 간접적으로 부정하고 있는 것임을 뜻하기 때문이다.

이같은 사실은 그와 宋時烈과의 관계나, 土地問題를 둘러싼 당시 學界의 동향을 전제로 하고서 보면 더욱 분명하여진다. 그와 宋時烈은 각별한 사이였다. 애초에 黨色이 같았음은 고사하고, 宋時烈은 洪萬選의 부친이 사망하자 墓碣銘을 써 줬고 그 文集의 편찬에 즈음해서는 그 序를 써 줬다. 그러므로『農家集成』의 農學을 계승 발전시키려는 그가 宋時烈이 특히 강조함으로써 수록하게 된『農家集成』의 經濟論(朱子의「勸農文」)을 모른 체 할 수는 없었다. 그럼에도 그는 그것을『山林經濟』에서 논하지 않았다. 경제론뿐만 아니라 기술론까지도 朱子가 제기한 것은 이용하지 않았다. 그는『農家集成』의 農學을 계승하되 한정된 범위 안에서, 주로 農業技術論과『農事直說』『衿陽雜錄』『四時纂要抄』의 農學을 계승한 셈이었다.

더욱이 이 시기에는 土地問題를 둘러싸고 朱子의 土地論(地主制 田戶制)을 지지하는 宋時烈계와 이에 반대하고 土地改革을 주장하는 學者들 사이에 대립이 있는 가운데, 反朱子的 입장의 학자들이 箕田論을 제기하고 있어서 宋時烈계는 학문적으로 수세에 몰리고 있었다.[65] 물론 이는 黨色과도 관련되는 것이었다. 宋時烈계는 그들의 주장이 朱子學에 있어서 정당한 것임을 입증하고자, 朱子를 필사적으로 연구하지 않으면 아니 되었다. 洪萬選이『山林經濟』를 편찬한 때는 이러한 시기였다. 그러므로 그도 그 政治的 입지에서 보면 宋時烈의 見解에 따르지 않으면 아니 되었다. 그러나 그는 그렇게 하지 않았다. 이는 실질적으로 宋時烈의 견해에 반대하는 것이나 다름이 없었다. 후대에 미치는 영향으로서 보면 특히 그러하였다. 그의 젊은 시절에 父親이 山林에 退去할 것을 생각하면서도 財力이 없어 못했던 것을 생각하면, 그는 본시 地主制를 지지 옹호할 수 있는 처지가 아니었다.

그러나 地主制에 대한 그의 생각이 그렇다 하더라도, 洪萬選이 농서를 편찬할 때 생각한 農業生產의 主體가 朴世堂과 같이 전적으로 가난한 小農層만인 것은 아니었다. 그에게는 상당한 융통성이 있었다. 그에게 農業生產의 主體는 自耕하는 직접생산자 전체이었다. 그는 牧養篇에서 다른 어느 家畜

---

65) 拙稿, '朱子의 土地論과 朝鮮後期 儒者'(『延世論叢』21, 1985) 및 '朝鮮後期 土地改革論의 推移'(『東方學誌』62, 1989, 延世大) ;『朝鮮後期農業史硏究』[Ⅱ], 1990・2005) 참조.

보다도 먼저 養牛·養馬를 들고 있었다. 이들은 '牛以耕田 馬以載物'[66] 한다
는 점에서 農耕生活에서는 없을 수 없는 존재이기 때문이다. 더욱이 牛의 힘
을 이용하지 않고 농사를 지을 수는 없었다. 그는 1牛의 노동력은 7人 또는
9人의 노동력에 해당한다는 점에 특히 관심을 보였다.[67] 그에게 있어서 養
牛를 할 수 있는 農家는 農業生産을 충실하게 할 수 있는 표준적인 농가였
다. 그런 점에서 그는 自耕하는 大農·富農層과 小農上層을 표준농가로 염
두에 두면서 책을 엮었다고 하겠다. 그가 『四時纂要抄』에서 經營規模와 관
련되는 부분의 자료를 인용하면서도, 정작 '凡民營田 須量己力 寧可小好 不
可多惡'이라고 한 구절을 생략한 것은 그의 그러한 생각과 관련되는 것으로
생각된다.[68]

4. 『山林經濟』의 增補와 그 農業論

『山林經濟』의 유포와 增補 ─ 『山林經濟』는 우리 農業, 우리 農法을 중심으
로 하여 편찬되었고, 現行俗方도 널리 採訪 收錄하였으므로, 농업생산자들
로부터는 크게 환영을 받을 수 있었다. 더욱이 그것은 農政理念상으로는
『農家集成』의 그것을 부정하면서도, 농업기술상으로는 그것을 계승 발전시
키고 있었음에서, 朱子學的인 儒敎가 발달하고 있는 당시에 있어서도, 그 農
政理念에 찬성하지 않거나 부담을 느끼는 士大夫나 儒生層에게 많은 호감을
살 수가 있었다. 그뿐만 아니라 『山林經濟』는 일상생활에 필요한 여러 가지
문제를 모두 기재하고 있어서, 農書라는 점을 떠나서도 家家戶戶에 비치할
만한 가치가 있었고, 그러한 차원에서도 이 책은 널리 보급될 수가 있었다.
그래서 洪萬選이 사망한 뒤 趙顯命이 그의 墓碣銘을 쓸 때에는 벌써 '公所著
山林經濟四卷 行於世'[69]하고 있었다. 그의 『山林經濟』는 世間에 널리 유포
되었다는 것이다.

---

66) 『山林經濟』 牧養 序, 『農書』 2, p.233.
67) 『山林經濟』 牧養 養牛, 『農書』 2, p.237.
68) 『山林經濟』 治農 耕播, 『農書』 2, p.98.
69) 『歸鹿集』 卷14, 掌樂正洪公墓碣銘.

『山林經濟』의 이러한 유포가 물론 版本으로서 이뤄진 것은 아니었다. 『山林經濟』는 1718년에 간행 계획이 있기는 하였지만, 계획으로 그쳤으며,70) 따라서 世間에 전하게 된 『山林經濟』는 모두가 寫本이었다. 寫本으로서 유포되었기 때문에 世間에 퍼진 『山林經濟』에는 많은 誤字·脫字가 있었고, 체제도 일정하지 않았으며, 저자도 불명하여졌다. 더욱이 시대가 흐르고 농업에 여러 가지 변화가 일어남에 따라서는 『山林經濟』로서는 만족할 수 없게 되고 있었다. 그리하여 농서를 이용하려는 사람들은 더 충실하고 구체적이며 시대에 맞는 啓蒙書·指針書가 편찬되기를 바랐다. 『山林經濟』의 增補本이 나오게 되었을 때 任希聖이 『山林經濟』를 評하여, '其爲書 卷秩太少 綱領條目或多踈漏不盡之歎'71)이라고 한 것은, 이 시기 사회 일반의 그러한 요청을 엿보게 하는 한 표현이라고 하겠다.

이 시기에는 좋은 농서의 필요성이 절실하였으나 『山林經濟』를 넘어서는 새로운 체제의 농서를 편찬할 만큼 農學이 발달해 있지는 않았다. 그러므로 농서를 편찬하려는 사람들은 우선 『山林經濟』를 모체로 하고 거기에 增補添削을 가함으로써 시급한 사회적 요청에 부응하려 하였다. 많은 사람들이 그러한 생각을 했으며, 따라서 『山林經濟』의 증보본은 여러 종류가 나오게 되었다. 그리고 그것은 그 증보자들이 朝鮮 農業의 현실과 장래를 어떻게 인식하고 새로운 농업을 구상하는가에 따라 그 증보 방향이 달라지지 않을 수 없었다. 그것은 몇 계통으로 이뤄지고 있었다. 그같은 증보본으로서 여기서 검토하게 되는 것은, 『山林經濟補』·『增補山林經濟』·『山林經濟(補說)』·『攷事新書』와 『本史』 등이다. 이밖에 19세기 초에 이르면 『山林經濟補遺』가 또한 편찬되는데, 이는 제Ⅴ편에서 살피겠다.

1) 『山林經濟補』

『山林經濟補』(이하 補本으로 줄임)는 언제 누가 증보했는지 분명치 않다.

---

70) 『山林經濟』의 간행을 계획한 것은 洪氏門中의 錫輔가 湖南監司로 있을 때(1718년)의 일이었다(『山林經濟』序文). 그러나 洪錫輔는 이 職位에서 곧 解除되고(1719년 2월), 이어서 承旨가 되었으므로 그 간행이 여의치 못하였던 듯하다.

71) 『增補山林經濟』序.

지금 우리가 볼 수 있는 것은 두 가지 종류의 寫本인데,[72] 어느 것에도 序나
跋은 붙어 있지 않다. 그러나 그 내용으로서 보면 여러 增補本 가운데 초기
에 속하는 것이 아니었을까 생각된다. 그것은 이 補本이 甘藷 조항[73]을 設
하면서도 그 재배법을 기술하지 못한 점, 烟草 재배에 대한 언급이 없는 점
등으로서 그와 같이 이해된다. 더욱이 이 농서는 기왕의 농서에서 볼 수 없
었던 새로운 農業技術을 개발하여 수록한 것도 아니다. 그럼에도 이 補本은
이 무렵의 農學思潮를 이해하는데 중요한 자료로 이해된다. 그것은 그 증보
의 방법 때문이다.

　補本의 찬자는 『山林經濟』를 증보하기 위해서 많은 농서를 이용하지는 않
았다. 관행하는 농업기술을 조사하여 俗方으로 제시한 바도 많지 않았다. 찬
자에게 있어서는, 그렇게 함으로써 『山林經濟』를 증보하는 것보다는, 더 중
요하고 보다 큰 문제가 있었다. 그것은 『山林經濟』의 農學과 『穡經』의 農學
을 종합해 보려는 것이었다. 그는 증보사항의 대부분을 『穡經』의 기술로 채
웠다. 농업과 관련해서만 본다면 補本은 명칭은 비록 『山林經濟補』이지만
내용은 『山林經濟』와 『穡經』의 종합이라고 해도 좋을 것이다. 이 시기의 農
學에 있어서는 中部 이북지역에도 적합한 농서를 편찬하는 것이 중요한 과
제의 하나였으므로, 『穡經』이나 『山林經濟』를 모두 아는 사람이라면 의당
구상해 볼 만한 일이었다. 補本의 찬자는 그것을 시도한 것이다.

　補本은 『山林經濟』에다 『穡經』의 많은 부분을 인용 수록함으로써 성립하
였으므로, 그 내용은 여러 가지 점에서 『山林經濟』와 달라졌다. 무엇보다도
크게 눈에 띄는 것은 編目上에 변화가 일어난 점이다. 治農條에는 특히 그
변화한 바가 많다. 『山林經濟』에는 田家月令・辨土(任地 포함)・耘穀 등의
항목이 없었는데, 이 補本에서는 이를 새로운 항목으로 설정하였다. 모두
『穡經』에서 그대로 전재한 것이다(耘穀은 種穀의 후반부). 여기서 특히 주목
되는 것은 田家月令이다. 『山林經濟』에서는 농업생산에 관한 月令書를 싣지

---

72) 이곳에서 보고 있는 것은 高麗大學本과 舊藏書閣本(한국학중앙연구원 소장)인데, 전자는 전
　　5책(제 1책 결) 후자는 전 4책으로 되어 있다.
73) 『山林經濟補』治圃 種甘藷, 이 부분이 舊藏書閣本(마이크로필름)은 낙장되어 있고, 高大本은
　　온전하나 제목만 제시하고 있다.

않아서 불편하였는데, 補本의 찬자는 이를 『穡經』의 田家月令으로서 보완
한 것이다.

이밖에 『山林經濟』에서는 粟科作物을 일괄하여 한 항목으로 처리하고 있
었는데, 補本에서는 이를 『穡經』의 구분에 따라 種穀(粟)과 種黍稷으로 구
분하여 기술하였다. 그리고 『山林經濟』에서는 糧食作物을 稻·粟·豆·麥
의 순으로 정리하였는데, 補本에서는 이를 麥·稻·粟·豆의 순으로 재구성
했다. 『山林經濟』를 水田農業 중심, 『穡經』을 旱田農業 중심의 농서였다고
한다면, 『穡經』의 農學이 『山林經濟』에 크게 수용되는 가운데, 補本은 이제
이들 양자를 종합 절충하는 제3의 농서로 형성되고 있는 것이었다.

변화는 각 항목의 기술 내용에서도 일어나고 있었다. 『穡經』의 기술로서
많은 보완을 하였기 때문이다. 이같은 보완은 『山林經濟』의 기술을 그대로
두고 그 위에다 『穡經』의 기술을 첨가하는 것이 일반적이었지만, 항목에 따
라서는 『穡經』의 기술을 도입하지 않는 경우도 있고(芝麻),[74] 『山林經濟』의
기술을 일부 삭제하는 가운데 대폭 도입하기도 하였다(稻·苧麻).[75] 水利論
도 『穡經』의 것을 그대로 인용했다.[76] 그리고 『山林經濟』에 착오가 있다고
생각되면 이를 바로 잡기도 하였다(靑蘘).[77] 두 책의 기술을 검토하고 『穡
經』에서 필요한 부분을 인용하고 또 조정하고 있는 것이다. 그러나 芝麻와
같은 경우는 예외적이었으며, 대부분의 항목에서는 많은 것을 『穡經』에서
취했다. 물론 『穡經』에는 낡은 농법도 기술되어 있었으므로, 그 인용이 現時
에 맞는 것만을 취했음은 말할 것도 없다. 그러므로 補本에는 『穡經』을 통
해서 中國의 南北을 종합하는 농법이 대폭 수용된 셈이었으며, 따라서 그 기
술 내용은 『山林經濟』의 기술보다 아주 다양해지게 되었다.

『山林經濟』와 『穡經』의 이같은 종합 과정에서 주목되는 것은, 農業生産의
主體 經營規模의 문제를 어떻게 처리했을까 하는 점인데, 補本의 찬자는 두
책의 기술을 그대로 인용하였다. 그는 小規模 農地의 集約的 經營을 말한

---

74) 『山林經濟補』 治農 種芝麻.
75) 『山林經濟補』 治農 種稻, 種苧麻.
76) 『山林經濟補』 治農 種稻.
77) 『山林經濟補』 治圃 種靑蘘. 補本의 찬자는 이 靑蘘을 蘘荷의 誤書일 것이라고 註로서 지적했
   다. 단, 이 註는 舊藏書閣本에만 보인다.

『穡經』의 기록을 인용하면서도, 『穡經』에서와 같이 養牛·養馬를 제외하지는 않았으며, 『山林經濟』의 養牛·養馬 조항을 그대로 살렸다.78) 그러므로 補本의 農業經營觀은 小農이거나 小農上層 또는 大農이거나를 막론하고 自耕하는 농민 전체의 農業經營으로 종합하는 것이 되었다.

2) 『增補山林經濟』

『山林經濟』 증보의 경위와 原則 —『增補山林經濟』는 英祖朝의 人物이었던 柳重臨이 편찬했다. 『山林經濟』의 편찬 자세를 충실히 계승하되 여기에 첨삭 증보를 가함으로써, 더 충실한 『山林經濟』를 편찬하려는 것이 그 목표였다. 內醫였던 그는 科學者다운 안목으로 『山林經濟』를 검토하고, 그 未盡한 점을 파악하였으며, 이를 증보할 것에 유의하고 여러 해 동안 노력하였다. 農家에 관한 서적이면 고금을 막론하고 이를 수집하여 검토하지 아니한 것이 없었다. 그리하여 그는 마침내 증보의 原則을 세워 『山林經濟』를 逐目 증보하게 되었으며, 자기 의견을 따로 첨부하기도 하였다. 이른바 『增補山林經濟』로서 英祖 42년(1766년)에 완성되었다. 任希聖은 柳重臨의 그러한 『山林經濟』 증보의 경위를 다음과 같이 기술했다.

> 文城柳君重臨大而 爲是之病 頗留意衍成 費功積有年所 古今書籍之稍涉於山家
> 淸趣者 靡不蒐羅而抉剔之 逐目增補 隨事塗點 或別立門戶 附見己意者亦十二三
> 爲編總十有六 爲目二十有八 多寡視舊本倍之79)

증보된 『山林經濟』가 原本에 견주어 과연 倍의 분량이 되겠는지는 분명치 않지만, 柳重臨은 그의 관점에 따라 項目을 늘리기도 하고 거의 모든 항목에 대하여 添削을 加하기도 하였으며, 細項目을 또한 분명하게 세워 독자로 하여금 그 내용을 一目瞭然하게 하기도 하였다. 治農條에서만도 신설된 항목은 農家要務·農談·種穀宜·耕田宜·風辨·耳麥·玉蜀黍·菼麻·治蝗·農謳·甘藷種植法 기타 등이 있었고, 治圃條에서는 더욱 많은 항목의 증설이

---

78) 『山林經濟補』 治農 耕播, 牧養 養牛·養馬.
79) 『增補山林經濟』 序, 『農書』 3, p.4.

있었다. 그리고 治農條에 들어 있던 種紅花·種藍·種靛項은 治圃條로 옮기
기도 하였다. 이렇게 항목을 늘리는 데 있어서는 『山林經濟』의 어떤 항목 안
에 이미 수록되어 있는 사항을 분리하여 그것을 별도의 한 항목으로 한 것도
있고, 『山林經濟』에는 전혀 기재되지 아니한 내용을 새로 첨부한 것도 있었
다. 治農條에서 보면 農談·種穀宜·耕田宜 따위는 본래는 耕播에 들어 있
었던 것을 분리 증보하여 독립시킨 부분들이며, 그밖의 부분들은 새로 添增
한 것이었다.

이와 같이 『山林經濟』를 增補 添削함에서 柳重臨은 그 참고한 자료를 우
선 우리나라 종래의 農書에 의거하였다. 洪萬選이 『山林經濟』를 편찬할 때
취택하지 아니한 『農家集成』 속의 여러 가지 자료들을, 柳重臨은 새로 취택
하여 『增補山林經濟』에 썼다. 이를테면 風辨·農謳 등은 『衿陽雜錄』에서 새
로 발췌해 온 것이며, 農談도 『衿陽雜錄』 原文에서 더 보충한 것이다. 그리
고 이 무렵에 새로 저술된 姜必履의 甘藷種植法에 의거하여서는 그의 증보
본에도 甘藷種植法 항목을 새로 마련하였다.[80] 농서에 의해서만 증보하는
것이 아니라 柳重臨은 우리 농업의 현실을 중요한 자료로 삼고 이를 俗方으
로서도 인용하였다. 그리고 우리 농법에 적합하리라고 생각되는 자신의 의
견도 또한 첨부하였다.

이와 같이 柳重臨은 우리 농법을 중심으로 『山林經濟』를 증보하면서도 또
한 中國 농서의 참고와 인용을 소홀히 하지 않았다. 그가 증보한 부분을 검
토하면, 여러 가지 中國 농서를 참고하였음을 알 수 있다. 그러나 그가 中國
농서를 인용하는 데 있어서는 일정한 원칙이 있었다. 그것은 『山林經濟』를

---

80) 『增補山林經濟』 卷2, 治農 甘藷種植法, 『農書』 3, p.141.
　　『增補山林經濟』의 甘藷種植法에는 참고 문헌이 기록되어 있지 않고, 姜必履의 甘藷種植에
　　관한 저술(흔히 『姜氏甘藷譜』로 부른다)은 지금 전하는 바가 없다. 그러므로 전자가 확실히
　　후자에 의거했다는 것을 단정하기는 어렵다. 그러나 그 내용을 金長淳의 『甘藷新譜』, 徐有榘
　　의 『種藷譜』 및 中國의 『農政全書』·『廣群芳譜』 등과 대조하여 검토하면, 『增補山林經濟』의
　　甘藷種植法은 姜必履의 저술을 기초로 이를 압축 첨보하였던 것으로 생각된다. 특히 그 가운
　　데에서도 "我國法……"(『農書』 3, p.148), "甘藷總論"(p.150) 및 "穀雨後下種"(p.145), "倭人
　　……"(p.147) 등의 기술은 『姜氏甘藷譜』의 표현이었을 것으로 생각된다. 柳重臨은 『山林經濟』
　　를 증보함에 있어서 특정 서적을 그대로 또는 압축하여 싣기도 하였는데(『家政』, 『東國山水錄』
　　등), 甘藷種植法도 그러한 한 예였을 것으로 생각된다.

엮을 때 洪萬選이 취한 태도와 같은 것이었다. 柳重臨은 中國의 농서를 참고하되, 그 기술을 분별없이 따온 것이 아니라, 우리나라 농업에 적합하거나 또는 우리 농업의 실태를 설명하는 데 적합한 경우 이를 인용하였다. 그러한 그의 태도는 中國의 秧馬에 관한 언급에 단적으로 드러나 있다. 그는 中國秧馬를 말하여 '秧馬法不合於我國之用 故闕而不錄焉'이라 하고 있었다.81) 그는 中國 농서에 보이는 先進的인 농법이라 하더라도 우리 농업에 적합하지 아니하면 취하지 않은 것이었다.

農業生産 增進의 전제 조건 — 이와 같이 『山林經濟』를 증보함에 있어서, 柳重臨은 몇 가지 점에 특히 유의하면서, 그 작업을 진행했다. 그 하나는 농업생산을 증진시키기 위해서는 전제 조건이 있어야 한다는 점을 강조함이었다. 그는 이를 위해서 水利施設·新田 開發을 통한 農地擴張·施肥 강화 그리고 농한기의 農作準備 등을 잘 해야 된다고 강조했다. 그는 治農條의 서두에 農家要務項을 설하고 농민들이 농업생산에서 힘써야 할 사항 네 가지를 들었는데, 그 가운데에는 水利施設·新田 開發·農作準備문제도 들어 있었다. 이 항목은 『山林經濟』에는 없었던 것으로서 증보본에서 비로소 설치한 것이다.

> ② 開溝灌漑 卽田家要務 春間必鄕里相約 及時致力 然後庶蒙其利矣
> ④ 近海之地 必擇十分無疑之地 堰浦作田 則間多上品沃土 而如失詳審 復見潰
> 　　決 則虛費財力而已 愼之戒之82)

이에 따르면, 그 전제 조건은 무엇보다도 水利施設, 즉 灌漑시설을 마련하고 修補하는 것으로 보고, 鄕村民들이 공동으로 협력하여 이를 미리 준비할 것을 강조하는 것이었다. 그러나 柳重臨은 水利施設을 위한 조항을 따로 쓰지는 않았다. 관행하는 水利의 방법을 잘 활용하라는 것이다.

다음은 新田 開發을 통해 農地를 擴張시켜나갈 것을 권장하는 것이었다. 그 방법은 틀림없이 성공할 수 있는 곳을 잘 골라서 '堰浦作田'하면 아주 좋

---

81) 『增補山林經濟』 卷2, 治農, 『農書』 3, p.133.
82) 『增補山林經濟』 卷2, 治農 農家要務, 『農書』 3, pp.69~70.

은 田畓을 얻을 수 있다고 보았다. 단, 상황판단을 잘못하면 제방이 터져서 財力만 허비하게 되므로 신중하게 해야 한다는 점도 아울러 지적한다. 그리고 이와 관련하여서는 '田有沈水處 種麰早收 無患'이라고 하여 沈水田을 개발하여 種麥할 것도 권하였다. 거기에 상응하는 整地작업이 전제되고 있는 것이겠다. 그는 또 山坂에는 區田을 개발할 수 있다는 사실도 옛 農書의 기록을 통해서 지적하였다. 飢餓를 免할 수 있다는 점에서였다.[83]

施肥를 중요시하고 강조한 사실은 收糞條項에 여러 가지 造糞法을 증보하고 있는 것으로서 그와 같이 이해할 수 있다. 柳重臨은 厠中作尿灰法을 俗法으로서 소개하고, 馬糞을 曬乾하여 이용하는 것, 陳壁土·破堗灰土를 糞壤으로서 이용하는 것, 그리고 집안 으슥한 곳에 瓦盆이나 木槽를 놓아 두고 日夜로 小便을 받을 것을 말했다.[84] 그리고 施肥의 중요성을 강조하여서는 '敗家之兒 視珠玉如糞土 興家之兒 視糞土如珠玉'[85]이라는 古語를 첨부하기도 하고, 解凍하면 起耕하고 出糞할 것을 지시하면서 '穀菜美惡 在此多少'[86]라고 말하기도 하였다. 그는 이밖에 관행하는 水田追肥의 방법도 소개하고,[87] 大糞淸과 尿灰를 섞은 것에 麥種을 粘着시켜 파종하는 種肥의 방법도 소개했으며,[88] 또 『農事直說』에서는 畝間의 경종법으로서 기술하고 있었던 綠肥하는 種麥法을, 麥根田 경종법의 한 과정으로서 적극 장려하기도 했다.[89] 作物재배에서의 施肥의 강화인 것이다. 그에게 있어서 施肥는 농업생산을 증진시킬 수 있는 최대의 방법이었다.

農作準備를 잘해야 한다는 점은, 農家要務에서, 모든 農家들이 준수해야 할 사항으로서 한 말이었다. 그러기 위해서는 농민들은 남보다 부지런해야만 하였다. 農家要務에 다음과 같은 내용이 실려 있다.

---

83) 『增補山林經濟』 卷2, 治農 耕播, 大麥小麥類, 『農書』 3, p.81·122.
84) 『增補山林經濟』 卷2, 治農 收糞, 『農書』 3, pp.84~86.
85) 同 上.
86) 『增補山林經濟』 卷15, 增補四時簒要 정월, 『農書』 5, p.8.
87) 『增補山林經濟』 卷2, 治農 早稻, 『農書』 3, p.96.
　　一法 苗長半握以上 卽去水 以尿灰量布畝上 過二日後 還灌水 則苗間灰氣 抽長甚速矣
88) 『增補山林經濟』 卷2, 治農 大麥小麥類, 『農書』 3, p.120.
89) 『增補山林經濟』 卷15, 增補四時簒要 5월, 『農書』 5, p.25~26.

③ 農牛 日夜喂肥 犁鉏簑笠之類 亦於冬間預先料理 不然而臨時借隣而治田 則
終未免後人而失時矣90)

이는 겨울철에 農牛를 기름지게 키우고 犁鉏 등 農器具를 미리 준비해 둠
으로써, 農節이 오면 이웃에서 빌려 쓰다 남보다 농작이 늦어지고 失農하는
일이 없도록 해야 한다는 것이었다. 이같은 전제 위에서, 그는 이와는 차원
을 달리한 농업생산의 지침을 또한 제시하고 있었다. 시사적인 것에 지나지
않지만, 市場과 관련된 農業經營論을 제기함이었다.

收益性을 고려한 農業經營 ─ 그가 제기하는 농업생산의 지침은 농민들이
農業經營을 잘함으로써 그 收入을 늘릴 수 있도록 해야 한다는 것이었다.

柳重臨이 農業經營에 관하여 기술한 것은 治農條의 맨 처음 항목인 農家
要務項에서였다. 農家要務란 文字 그대로 농가에서 힘쓰지 않으면 안 될 중
요한 일, 즉 農家指針이라는 뜻이 되겠는데, 그는 이를 특히 중요시하여 治
農條의 序頭에다 기술하고 있었다. 農家要務에서 농업의 경영을 말하면서,
그것을 卷頭에다 싣고 있다는 것은, 농민들에게 農業經營에 관하여 방향과
지침을 제시한다는 뜻에서였을 것으로 생각된다.

農家要務에서는 앞에서 들었던 灌漑施設의 준비, 農牛나 農具의 豫備, 近
海地 堰浦作田 등 말고도 旱田農業의 收益性문제 등 네 가지를 내세우고 있
었는데, 이러한 문제들은 농업경영에서 모두 중요한 사항이 아닐 수 없었다.
灌漑라든지 農牛와 農具라든지 또는 新田 開發이라든지 하는 문제는 농업생
산의 증진을 위해서는 반드시 갖추어야 할 전제 조건이었다. 그러므로 柳重
臨이 이를 農家要務 또는 농가의 지침으로서 내세우는 것은 당연한 일이 아
닐 수 없었다. 그런데 柳重臨은 이러한 문제와 아울러 旱田農業의 收益性의
문제를 또한 농가지침으로써 내세웠으며, 그것도 農家要務 네 가지 사항 중
에서 맨 앞에다 내세우고 있었다. 이는 農家要務 네 가지 가운데에서도 가장
먼저 해야 할 要務, 가장 중요한 要務로 본다는 뜻이 아닐 수 없었다. 柳重
臨은 그것을 다음과 같이 기술하였다.

---

90) 註82와 同.

① 水田之穀功多 而不甚關於役夫之食 旱田隨其所宜 兩根收穫 利益倍焉 故農
家 當以田爲務可也[91]

이는 水田의 穀, 즉 稻는 功(勞動力)이 많이 들되 크게 농민의 몫이 되는
것이 아니지만, 旱田은 그 地宜에 따라 兩根(1년 再耕)을 해서 수확을 하니
이익이 곱절이나 된다는 것이며, 그러므로 농가에서는 마땅히 이 이익이 많
은 旱田農業에 힘써야 하겠다는 것이었다. 旱田農業을 위주로 하려는 農學
은 朴世堂의 『穡經』에서 이미 제언되었던 바이지만, 여기서 柳重臨이 제기
하는 '以田爲務'는 『穡經』의 그것과 같은 뜻이 아니었다. 『穡經』에서는 그 農
學 자체를 中國 華北地方的인 農業基盤 위에다 세우고 있었으며, 穀物 가운
데에서 중심이 되는 것은 粟이라는 점에서의 旱田農業 위주였지만, 柳重臨
의 '以田爲務'는 그러한 것이 아니었다. 이곳에서는 현재적인 農業基盤 위에
서 旱田農業을 잘 경영하면 水稻作보다 노동력이 덜 든다는 점에서, 그리고
旱田農業은 1년 再耕을 함으로써 그 이익이 크다는 점에서의 수익성의 문제
가 전제되고 있는 것이었다. 말하자면 水田農業을 부정하지 않은 채 旱田農
業에서의 수익성이 유리함을 강조하고 있는 以田爲務였다.

농가의 수입에서 水田農業보다 旱田農業이 유리하다는 사실을 柳重臨은
다른 곳에서도 주장하였다. 가령 다음과 같은 내용이 그 예라고 하겠다.

凡田多種麰粟大豆 則他穀雖無何妨 相土務實可也 豆太一升可以敵米一升 田家
補粮莫過於此[92]

이것은 大豆나 小豆의 根耕에 관해서 설명한 다음에 보충한 부분으로서,
豆와 米는 等價인데, 旱田에서는 麥과 豆가 1년 再耕되고 있으므로 旱田에
麥이나 粟이나 大豆를 많이 심으면, 他穀이 없다 하더라도 거리낄 것이 없으
니 이러한 점에 유의해야 할 것이라는 내용이다. 다른 필요한 穀物은 豆·
麥·粟으로써 교환하면 된다는 생각이었다. 사실 豆와 米가 等價라면 旱田

---

91) 註82와 同.
92) 『增補山林經濟』卷2, 治農 大豆小豆菉豆藊豆豌豆類, 『農書』3, p.117.

에서 1년에 豆와 麥을 再耕한다는 것은 그 所得이 水田에서 水稻를 재배했을 때의 所得과 같고, 또 水田種麥을 하지 않는다는 것을 전제로 한다면 그 수입이 水田에서의 그것보다 유리할 수도 있었다. 水田農業에서는 中耕除草를 위한 노동력이 많이 들지만, 旱田農業에서는 그렇게 많은 노동력이 필요치 않은 까닭이었다. 그의 견해를 따르면, 旱田農業은 農業資本을 덜 들이고서도 水田農業과 같은 또는 그 이상의 收益을 올릴 수 있는 셈이었다.

   商品作物의 재배 ; 草農 — 柳重臨이 旱田農業의 유리함을 이와 같이 그 收益性에 따라 市場과 관련하여 말하고 있음은, 그의 草農에 관한 설명에서 더욱 잘 살필 수가 있다. 草農은 烟草 또는 南草農業을 말하는 것으로서, 농서에서 烟草栽培法을 수록한 것은, 『農家月令』이후에는 『穡經』·『山林經濟』가 증보되는 무렵부터이다. 그런데 柳重臨은 草農의 유리함을 다음과 같이 말하고 그 栽培를 권유하였다. 역사의 진전은 농업생산관에 변동이 오게 하고 있었다.

   此草豊儉 略與稻禾同 專力業種 則可以資生矣93)

   烟草는 그 豊凶이 벼농사와 비슷한데, 專力을 다하여 농사하면 이로써 능히 生을 꾸릴 수가 있다는 것이었다. 草農을 專業으로 하여서 生을 꾸린다는 말은 烟草를 商品으로서 시장에 판매하고 필요한 生必品을 買入하여 살아간다는 것을 전제로 하는 것이었다. 그리고 이는 草農의 수익성이 큼을 말하는 것이며, 그러기에 농업을 경영하는 데 있어서는 이러한 수익성이 큰 旱田農業을 해야 한다는 것이라고도 하겠다. 실지로 이 시기의 농민들은 소득이 많은 이 烟草를 재배하기에 열중하였고, 따라서 主穀生産에 이용되던 農地가

---

93) 『增補山林經濟』 卷6, 治圃 資用器類 烟草, 『農書』 3, p.445.
   烟草(卽南蠻草 本名淡珀鬼 又名相思草) 三月間 擇肥濕地 熟治之 勻下子 用細土微掩之 用空篅(蒿)盖之 早晩洒水篅(蒿)上 候苗立 夜露晝盖 已成三兩葉 方可移栽 先擬可栽之地 而以不燥不濕爲良 太肥則不合 就地上 多布櫟葉之屬 犂掩之 久後 待雨移栽 而每根相去八九寸 未着根前 恐萎 必以松櫟枝 遮日晝之 待長尺許 截去其梢 只留六七葉 逐日勤摘新笋 使不分氣 其葉旣大且厚 色微黃疙瘩 是毒上也 便就日中摘葉 編懸簷下 陰乾 又養笋而再摘 三摘者味劣 凡摘葉於雨新晴之時 則毒盡下流 味反不猛 須臾晒數日而摘之 須勤倍壅 然忌澆人尿 燃火不猛……此草豊儉 略與稻禾同 專力業種 則可以資生矣

흔히 烟草栽培를 위해서 轉用되곤 하였다. 그리하여 烟草의 생산량은 늘어
나고, 국내시장뿐만 아니라 國際貿易을 위한 상품으로까지 등장하였다. 柳
重臨은 이러한 농촌에서의 旱田農業을 중심으로 한 商品生産을 현실로서 파
악하고 이를 유익한 農業經營으로 인정한 것이다.

물론 그가 생각하는 유용한 商品作物이 여기서 그치는 것은 아니었다. 그
는 資用器類項을 따로 설하고 烟草 말고도 紅花・藍・靛・紫草・菌草・稜
莞・要香草・大葭・菰 등을 또한 들었다.94) 그뿐만 아니라 그는 자신의 책
에 「家政」을 수록함으로써 治財用 하는 방법을 익히게도 하고,95) 「東國山水
錄」(擇里地抄)을 실어서 전국적인 生利의 構造를 파악케도 하였다.96)

農家月令書의 必要性 — 柳重臨은 '농가에는 할 일이 많으나 그 모든 것은
요컨대 農時를 놓치지 않는 것이 중요하며, 그렇게 할 때 농민들은 손해를
보지 않고 利益이 많을 것'이라고 확신하고 있었다. 그런데 『山林經濟』에는
農家月令이 실리지 않아서 계획성 있는 農業經營을 하기에는 불편한 바가
적지 않았다. 그러므로 그는 農家所務를 月令式으로 정리하여 농민들에게
참고케 하는 것이 필요하다고 생각했으며, 그것을 「增補四時纂要」의 이름으
로 기술했다.97) 『農家集成』의 『四時纂要抄』가 참고되었으나 많은 첨삭을
가했으며, 더욱이 鄕村의 歲時風俗까지도 수록함으로써 『四時纂要抄』보다
는 간결하고 면목을 일신한 月令書가 되었다.

3) 『山林經濟(補說)』

(1) 『山林經濟(補說)』의 編纂

『山林經濟(補說)』의 본래 標題는 『山林經濟』이다. 그러나 그 내용은 본디
『山林經濟』 그대로가 아니라 상당량의 補說이 관행하는 農法(近法)으로서
증보 첨가된 것이다. 그러므로 이것은 분명히 증보본이 되는 것이다. 그러나
增補・補의 표현은 이미 다른 증보본에서 사용하였으므로 이 증보본에 대해

---

94) 同上, 『農書』 3, pp.444~450.
95) 『增補山林經濟』 卷11, 家政 上, 治財用, 『農書』 4, pp.288~302.
96) 『增補山林經濟』 卷16, 東國山水錄, 『農書』 5, pp.261~298.
97) 『增補山林經濟』 卷15, 增補四時纂要, 『農書』 5, pp.7~51.

서는 '補說'이라는 낱말을 붙여 『山林經濟(補說)』(『補說』로 줄임)이라 부르
기로 한다.98) 그런데 이 『補說』을 언제 누가 증보했는지는 기록하고 있지
않다. 序나 跋이 없는 것이다. 그리고 현재 필자는 이와 직접 관련되는 다른
자료도 가지고 있지 못하다. 그러므로 그 편찬 시기와 편찬자는 뒤에서 검토
되듯이 『補說』에서 인용하고 있는 자료를 검토하는 가운데 추정하는 수밖에
없겠다.

　『補說』의 증보 원칙 ― 『山林經濟(補說)』은 5권 10책(매면 10行 20字)으로
되어 있는데 그 편찬 방침은 다른 증보본과 다소 다르다. 增補本이나 補本에
서는 증보할 사항을 『山林經濟』의 각 항목 서술속에 적절히 삽기하거나, 증
보할 항목이 있더라도 『山林經濟』의 원 서술체제를 그대로 따라 항목을 설
정 기술하고 있는데, 이 補說本에서는 원 『山林經濟』의 내용을 그대로 전사
하고 증보할 사항이 있으면 그 항목의 마지막 부분에 한 字 낮추어 따로 썼
다. 原文과 증보문을 구분하여 기술함으로써 증보사항을 일목요연하게 파악
할 수 있도록 하였다. 물론 약간의 예외는 있지만(간단한 문장의 경우) 한 字
낮추어 別行으로 부기하는 것이 증보사항 기술의 원칙이었다. 이제 그 증보
의 정도(분량)를 권1의 治農條와 권2의 治圃條에서 살피면 다음의 表 '『補
說』의 增補狀況'과 같다.

　表에서 볼 수 있는 바와 같이, 治農條에서는 ①②③④ 4개 項과 90건의
기사를 증보하였으며, 治圃條에서는 ⑤ 1개 項과 19건의 기사를 보설하였
다. 단, ⑤項 種苦椒는 아래쪽에 보이는 種南椒와 같은 것이므로99) 項目의
증설로 보기는 어렵고, 그 내용이 種南椒와 다르다는 점에서 다만 증보사항
으로만 보아야 하겠다. 그렇더라도 크지 않은 분량의 책자 속에서 이렇게 많
은 증보사항이 보설되었다는 사실에 우리는 주목하지 않으면 아니 되겠다.
이는 이 시기의 農業現實이 그만큼 더 충실한 農書를 요청하였음을 반영하

98) 補說을 붙인 이같은 『山林經濟』가 얼마나 보급되고 있는지 필자는 널리 조사하지 못하였다.
　그러나 徐有榘가 『林園經濟志』를 편찬할 때 이용하지 못한 것을 보면 널리 보급되지는 않았
　던 것 같다. 여기서는 金泳鎬 교수의 호의로 大阪府立圖書館本을 이용하였다.
99) 苦椒는 그 명칭이 여러 가지여서 『山林經濟』에서는 南椒·倭椒·남만초,『增補山林經濟』에
　서는 南椒·南蠻椒·唐椒,『山林經濟補』에서는 南椒·倭椒·고초,『山林經濟(補說)』에서는
　苦椒,『林園經濟志』에서는 香椒·南椒·苦椒라고 불렀다.

『補說』의 增補狀況

治 農 條 增 補 數		治 圃 條 增 補 數	
驗　　　歲	1件	作 圃 法(總論)	1件
祈　　　穀	1	種 西 苽	
擇　　　種	1	種 甜 苽	
收　　　糞	14	種 　 苽	1
耕　　　播	6	種 冬 苽	1
① 田器	6	種 　 匏	1
② 灌漑之利	5	種 　 薑	1
③ 備作之法	10	種 　 葱	
種　　　稻	7	種 紫 葱	
種　　　稻	1	種 　 蒜	1
種　　　稻	13	⑤ 種苦椒	2
種黍·粟·稷·蜀黍	2	種 韭 薤	
種大豆·小豆·菉豆		種 　 芋	1
種芝麻·水蘇麻	1	種 　 茄	2
種 蕎 麥	2	種 　 芹	
種大麥·小麥	7	種 蘿 蔔	3
種 薏 苡		種 蔓 菁	
種 木 花	2	種 　 芥	
種麻·苧麻	10	種 菘 菜	
④ 種草麻子	1	種 萵 苣	1
種 紅 花		種 白 菜	
種 　 藍		種 菠 菜	
種 　 靛		種 胡 荽	
種 茵 草		種 冬 葵	2
		種 靑 蘘	
		種 艾 芥	
		種 滴 露	
		種䓁粟穀	
		種 鷄 冠	
		種 南 椒	
		種 熊 蔬	
		種 冬 蔬	
		種 苜 蓿	
		種 當 歸	
		種羊蹄根	1
		生蕈菌法	1
		種鳳仙花	
計	90	計	19

는 것이기 때문이다. 더욱이 그러한 가운데에서도 '備作之法'이 하나의 條項으로 증보되었다는 사실에 우리는 특히 주목하지 않으면 아니 되겠다. 그것은 農業經營에서의 勞動力의 성격 변동과도 관련되는 것이기 때문이다.

『補說』의 편자는『山林經濟』를 증보하고자 여러 가지 자료를 참고하였다. 그리고 그것을 인용할 때는 書名을 밝혔다. 柳重臨의『增補山林經濟』와는 서술방식이 달랐다. 洪萬選이 이용한 자료를 다시 검토하는 가운데 좋은 기사를 더 인용하고 있는 것은 말할 것도 없고, 그밖의 中國자료에 대해서도 적지 아니 참고·인용하였다.

『補說』에는 많은 近法을 수록 — 그러나 그러한 가운데에서도 주목되는 것은 그 증보를 모두 中國 農書를 통해서만 한 것이 아니라는 점이다. 편자는 자신이 증보한 많은 부분의 자료를 현실적으로 이뤄지고 있는 農業慣行 속에서 끌어내었다. 우리나라 先進지역의 農業慣行이거나 先行하는 農業慣行 등에서 보급되어도 좋겠다고 생각되는 것을 農業生産의 방법으로 소개한 것이다. 이는『補說』또는 農書의 편찬을 우리 현실에 맞도록 하려는 것이었으며, 그것을 현실적으로 관행하고 있는 農業生産 방법 가운데에서 앞선 것을 채택함으로써 이루려는 것이었다. 그는 그것을 '近法'이라는 이름으로 제시하였다. 그러므로『山林經濟(補說)』의 성격을 파악하는 데 있어서 중요하고도 직접적인 근거가 되는 것은 무엇보다도 이 近法으로 제시한 서술내용이라고 하겠으며, 따라서 이 책의 시대적 성격을 이해하기 위해서는, 이 近法이 어느 시기의 사정을 말하는 것이며, 누가 조사 채록한 것인가를 파악하지 않으면 아니 된다 하겠다.

治農條와 治圃條의 近法 서술에서 막연하게나마 年代 표시를 하고 있는 곳은 한 군데이다. 벼농사에 관한 마지막 부분의 증보기사 가운데 '又近法……李相國尙眞 於全州 用此法'100)이라고 한 것이 그것이다. 李尙眞은 光海君 6년(1614)에서 肅宗 16년(1690)까지 살았고 相臣을 지낸 것은 肅宗 6년(1680)이었다. 그러므로 편자가 近法 기사를 쓴 것은 그 뒤의 일이 되는 셈이다. 그러나 이러한 연대 표시는 우리에게 별로 도움이 되지 못한다. 洪

100)『山林經濟(補說)』(이하『補說』로 약칭) 卷1, 治農條 種稻 近法.

萬選의 『山林經濟』가 편찬되는 것은 17세기말 18세기초였으므로, 『補說』에
서의 近法은 당연히 그 뒤의 어느 시점일 것이기 때문이다. 우리에게는 近法
의 시기가『補說』의 편찬 시기와 관련하여 좀 더 구체적으로 파악될 필요가
있다.

『補說』의 近法은『厚生錄』에서 ─『山林經濟(補說)』의 검토를 통해서 그 補
說이나 近法 작성의 시기와 논자를 알 수 없다면, 우리는 그것을 다른 농서
와 비교 대조하는 가운데 파악하는 우회적인 방법을 택하는 수밖에 없다. 여
기서는 그러한 농서로서『厚生錄』을 택하기로 하였다.101) 이 농서도 당시의
農法을 소개함에 있어서는 '近法'의 이름으로 기술을 했기 때문이다. 필자가
지금 볼 수 있는『厚生錄』은 下卷(種蔬가 포함된다) 뿐이므로『山林經濟(補
說)』권2, 治圃條의 近法을『厚生錄』卷下의 그것과 비교 대조하면 뒤에 나
오는 比較表('『補說』과『厚生錄』의 比較對照')와 같다.

이 비교는 두 책이 모두 많은 近法을 수록 설명하고 있는 가운데 몇몇 種
法(①②③④)에 관하여 예를 든 것이다. 이에 따르면 표현이 좀 다른 곳이
있기는 하지만 兩者는 결국 같다는 것을 알 수 있다. 여기에 예로서 들지 않
은 다른 近法 설명도 마찬가지였다. 近法 설명만이 그러한 것이 아니라 中國
農書에서 인용 증보하고 있는 것도(⑤⑥⑦) 그러하다.『補說』에서 증보하고
있는 설명은 中國 자료에서 인용한 것이거나 우리의 近法 또는 俗方으로서
보설한 것이거나를 막론하고 모두『厚生錄』의 그것과 같았다.『厚生錄』의
各 項에서 기술하고 있는 바가 일부 또는 전부『補說』에서 기술하고 있는 것
과 같다.

이로써 보면『補說』은『厚生錄』과 밀접한 관계임을 알 수 있다. 두 책의
비교에서 보면『厚生錄』이 모체가 되는 가운데 그 일부 또는 전부가『補說』
로 전재되고 있다는 인상을 지울 수가 없다. 그렇게 생각하는 데는 몇 가지
이유가 있다. 첫째, 『厚生錄』의 近法 서술은 그 문장이 거칠고 불확실한 데
가 있는데, 그것이『補說』에서는 깨끗하게 다듬어지고 있는 점이다. 둘째,

─────────────
101) 『厚生錄』은 延世大學校 中央圖書館에 上・下 양 권 가운데 下권만이 소장되어 있다. 오래
    전에 金然昌씨가『考古美術』4-7에 '『東國厚生錄』의 鑄字製造法'을 소개한 바 있었는데, 이
    『東國厚生錄』은 바로『厚生錄』이 아닌가 생각되나 빌려 볼 기회를 갖지 못했다.

『補說』에서 제시하고 있는 예는『厚生錄』의 많은 설명 가운데서도 核心이 될 만한 것이라는 점이다. 셋째, 앞의 이유와도 관련되지만『補說』의 설명은 요컨대 모두『厚生錄』에 있는 것이고 그 일부라는 점에서이다. 그러므로 필자는『補說』의 近法은『厚生錄』으로부터 온 것이고, 두 책은 그렇게 해도 무방한 관계였던 것으로 생각된다. 이는 두 책의 治圃條를 비교하는 가운데 얻어진 추론이지만, 治圃의 예로 미루어 보아 治農條에 있어서도 사정은 마찬가지였으리라 생각된다.

『補說』의 治農과 관련되는『厚生錄』上卷을 원본으로서 볼 수는 없었지만, 우리는 근자에 이를 選對譯한 번역본『厚生錄』(1965, 평양)을 볼 수 있었는데, 역시『補說』治農의 田器・耕播・收糞・灌漑之利 등에 관한 近法도『厚生錄』의 그것과 거지반 똑같았다. 備作之法 관계 近法이 보이지 않는 것이 좀 불안하지만, 허종호 교수의『조선 봉건말기의 소작제연구』(p.106)에『厚生錄』원본에서 雇只 관계 기사가 인용되고 있는 점으로 보아, 이 역본에 그 近法이 보이지 않는 것은 그 번역이 완역이 아니라 선역이었던 까닭으로 생각된다. 治農의 경우도 그 近法은『厚生錄』의 그것과 밀접한 관계에 있었음을 볼 수 있다.

『補說』과『厚生錄』의 찬자는 동일 人物 — 여기서 우리는 다시『補說』의 서술방식에 유의하게 된다. 그것은 그 편자가 인용한 자료에 대하여 모두 그 出處 典據를 밝히고 있으면서도, 近法에 대해서는 단지 近法으로만 표시하고 그 출처를 명시하지 않았다는 점에서이다. 近法은 근래에 慣行하는 農法이라는 뜻이므로 누군가가 이를 조사해서 책으로 편찬해 놓았다면 그 書名이 있었을 것이고, 그러하였다면 이것을 이용하는 사람은 그 書名을 자료로서 밝혔을 터인데,『補說』에서는 治農條와 治圃條에 많은 近法기사를 인용하고 있으면서도 그 출처를 밝히지 않았다. 이같은 사정은『厚生錄』에서도 마찬가지였다. 여기서도 近法은 그냥 近法으로만 표현했을 뿐 그 자료를 들고 있지 않았다.

이러한 서술방식은 그 近法, 즉 慣行農法이 편자 자신에 의해서 조사 기술되었을 때에만 가능할 것으로 생각된다. 洪萬選이『山林經濟』의 補遺로서 첨가했을 수도 있겠으나, 그럴 경우에는『厚生錄』에서 그 書名을 인용했을

『補說』과 『厚生錄』의 比較對照

	『補　　說』	『厚　生　錄』
① 種　苽	近法 十月欲凍之際 掘坎可容斗餘 用乾糞雜灰五升許 塡實糞上 覆土三四寸 下苽子十餘箇 種太一掬 並種之 待雪下 下 聚雪 厚盖其上 明春解凍後 瓜卽生 四月間結實 而雖甚旱 不爲災	近法 十月欲凍之際 掘坎可容斗餘 用糞灰五升許 塡實糞上 覆土三四寸 下瓜子十餘箇 種太一掬 並種之 待雪下 聚雪 厚盖其上 明春解凍 瓜卽生 四月間結實 而雖甚旱 不爲災
② 種苦椒	近法 二月種苦椒 治地作畦 散子注秧 待長二三寸 移栽燥剛處 須澆以人尿 多結子且大 味甚辛烈	近法 二月種苦椒 治地作畦 散子注秧 待長二三寸 移栽燥剛 澆以人尿 多結子且大 味甚辛熱
	近法 有一人種苦椒 必於正月初 取子撒種於大盆內 列置煖房中 及抽芽 澆水滋養 至二月末三月初 移栽於肥地 待其根固 頻頻鋤培 每澆以尿 其熟最先 常種未結實之前 此已爛紅 實大且盛 每三箇直一文 獲厚利云	近法 有人種苦椒 必正月初 取子撒種大盆內 列置煖房中 及抽芽 澆水滋養 至二月末三月初 移栽於肥地 待根固 頻頻鉏培 每澆尿 其熟最先 常種未結之前 此已爛紅 實大且盛 每三箇直一文 獲厚利
③ 種　茄	近法 有一邑宰鄭姓者 於官舍前舊汚池處 多用尿灰 細治之 種水茄 及長可尺許 味甚佳 若種於肥土潤濕處 而多用尿灰培壅 結子多而又長大	近法 有一邑宰鄭姓人 於官舍前舊汚池 多用尿灰 細治之 種水茄 及長可尺許 性味甚佳 若種於肥土潤濕處 用尿灰培之 結子多而味好 又長大
	又 種茄 宜於新土 雖山坂阜麓 用未起墾 細作畦壠 移栽其中 待其生 厚加糞灰 鋤治 結實繁碩	又 種茄 宜於新土 山坂阜麓 用未起墾 細作畦壠 移秧其中 待 加厚加糞 鋤 繁碩
④ 種蘿葍	近法 沙軟地 厚布糞 熟耕撒子 旣出頻鋤 無不肥碩	近法 沙軟地 厚布糞 熟耕撒子 旣出頻鉏 無不肥碩
⑤〔作圃法〕	神隱曰 菜園作高籬 以護牛羊六畜之踐 園中穿井 用大柳斗殼簍 繫杯竿之上 以取水 最是省力 澆畦 則分溝 使水自流 蔭浸而去 免使挑擔 此是良法	神隱 菜園作高籬 以護牛羊六畜之踐 園中穿井 用大柳斗殼簍 繫杯竿之上 以取水 最是省力 澆畦 則分溝 使水自流 蔭浸而去 免使挑擔 此是良法
⑥ 種　芋	備荒論曰 蝗之所至 凡草木葉 無有遺者 獨不食芋桑與水中菱芡 宜廣種之 芋可以救飢饉度凶年 今中國 多不以此爲意 及水旱風露霜雹之災 便餓死滿道 知而不種 坐致泯滅 人牧安可不督課之	備荒論曰 蝗之所至 凡草木葉 無有遺者 獨芋與桑水中菱芡不食 宜廣種之 芋可以救荒度凶年 今中國 多不以此爲意 及水旱風露霜雹之災 便餓死滿路 知而坐致泯滅 人牧安可不督課之
⑦ 生蕈菌法 (種菌)	壽養書曰 木耳 卽木上所生 味甘無毒 輕身益氣 桑槐上者最佳 柘木上者次之 楮耳及柳楡耳亦佳 稱五耳 功用無所別	壽養書曰 木耳 卽木上所生 味甘無毒 輕身益氣 桑槐上者最佳 柘木上次之 楮耳及柳耳亦佳 稱五耳 功用無所別

것이다. 그러므로『厚生錄』과『補說』의 近法은 그 편자들이 조사 정리한 것
이라고 추정된다. 그리고 이러한 추정에 무리가 없다면『補說』과『厚生錄』
의 편자는 같은 사람이었을 것이라고 말할 수 있겠다. 서로 다른 두 사람이
었다면 아무리 같은 대상, 같은 農業慣行을 채록한다 하더라도 그 표현이 앞
에 제시한 바와 같이 꼭 같을 수는 없기 때문이다. 이것은 추정에 지나지 않
지만 우선은 잠정적으로 그렇게 생각하고 싶다.『補說』이『厚生錄』의 近法
을 인용하면서도『厚生錄』을 자료로서 명시하지 않을 수 있었던 것은 그것
이 바로 자기 자신의 저술이기 때문이었을 것이다. 설사 두 책의 편자가 같
은 인물이 아니라 하더라도, 전자의 近法은 후자의 편자에 의해 채록된 것이
라는 점에 유의하고자 한다.

　『補說』의 찬자는 辛敦復 ─『補說』과『厚生錄』의 관계를 이같이 살피면
『補說』의 편찬 시기도 대략 추정이 된다. 그것은『厚生錄』의 편자와 그 편찬
시기를 대략 알 수 있기 때문이다.『厚生錄』을 편찬한 것은 辛敦復(號 : 鶴
山・景軒, 字 ; 仲厚. 肅宗 18～正祖 3년, 1692～1779년)이었다. 兪拓基(肅宗
17～英祖 43년 ; 1691～1767년)는『厚生錄』에 序를 썼는데 그것은 그의 老
年의 일이었다.102) 그는 序에서 '得是書 尙可以自力於農圃之役 而今老矣 末
由也'라고 하였다. 이것만으로는 좀 막연하지만 '老'를 가령 60～70대라고
보면 그가 序를 쓴 것은 1750～60년대 초 이후의 일이 되겠으며, 따라서 이
는『厚生錄』의 편찬 연대가 되는 것이라고도 하겠다.『厚生錄』의 편찬 연대
를 이렇게 본다면,『補說』의 편찬 연대도 곧 그것에 뒤따르는 시기 그러나
편자의 體力이 아직 크게 쇠하지 않은 시기가 되리라고 생각된다. 1750년대
또는 60년대가 바로 그 때가 되겠다. 이는 88세를 산 辛敦復의 학문이 가장
원숙한 경지에 이르렀을 때가 될 것이다. 그는 많은 저술을 하였고 특히 '以
經濟自負'103)하고 있었으므로,『厚生錄』과『山林經濟(補說)』은 그 가운데
일부가 되는 것으로 생각된다.

　(2)『補說』의 農業經營論

　農業生産의 主體와 農業經營의 目標 ─ 辛敦復은 본시 서울 근교의 衿川(果

102)『知守齋集』卷15, 厚生錄 序.
103)『號譜』人.

川) 땅에 살았다. 그는 小科만을 거쳐 蔭官으로 奉事를 지냈을 뿐104) 향촌
에서 독서생활을 하였다. 그가 小科에 급제하여 進士가 된 것은 肅宗 40년
(1714년)의 甲午 進士試에서였는데,105) 이때의 榜目에는 그 居處가 衿川으
로 되어 있다. 그의 나이 23세 때 일이다. 그러나 그 뒤 언제부터인지 분명
치 않지만 그는 海西지방으로 이사해서 老年에는 그곳에서 살았다. 그는 長
壽를 했기 때문에, 英祖 50년의 甲午回榜 때에는 그곳으로부터 상경하여 國
王 英祖를 배알할 수도 있었고, 그곳 道臣을 통해 回榜宴을 받을 수도 있었
다. 海西지방에서의 그의 所居地는 白川이었다.106) 禮成江 下流에 沿하며
開城에 가까운 곳이었다. 그는 말하자면 평생을 流通經濟가 발달하고 있는
大都市 주변에서 살았던 것이며, 그같은 환경의 농업사정을 관찰 경험하면
서 『厚生錄』이나 『補說』을 편찬한 것이었다.

　그는 『山林經濟』에 대한 보설을 『山林經濟』의 편찬 원칙에 따라 행했으
며, 따라서 土地制度에 대하여는 증보하거나 언급하지 않았다. 그는 『補說』
에서 經濟制度의 개량 또는 변혁까지 구상하는 것은 아니었으며, 당시의 土
地所有관계의 현실적 조건 위에서, 農業生産에 종사하는 농민들을 위하여
그 경영방안을 제시한 것이다. 그는 農業生産의 主體를 兩班層이거나 常賤
民이거나를 막론하고, 大農層뿐만 아니라 小貧農層도 포함한 自家經營을 하
는 直接生産者로 보았으며, 그들로 하여금 時勢에 맞는 農業經營을 하도록
하였다. 그러기 위해서는 농민들이 우선 그들의 力量에 맞추어 農地를 집약
적으로 경영할 것을 전제로 하였다. 『山林經濟』가 취하지 않았던 經營規模
論, 즉 '凡民營田 須量己力 寧可少好 不可多惡'을 특히 補說로서 첨보하고 있
었음은 그 때문이다.107) 말하자면 그는 농민들이 農業生産을 집약적으로 수

---

104) 『靈山·寧越辛氏大同譜』 6, 府院君派 134면.
　　　『號譜』 人.
105) 『甲午式年司馬榜目』 20장. 이 해의 시험은 그러나 有故하여 乙未年으로 退行했었다(同 上
　　　榜目 36장).
106) 『英祖實錄』 卷123, 英祖 50년 7월 辛酉, 44책, p.477.
　　　『承政院日記』 1353, 英祖 50년 7월 初 10일, 75책, pp.845~846.
　　　註104의 『辛氏大同譜』.
107) 『補說』 卷1, 治農 耕播.

행하고, 그것을 합리적으로 經營함으로써, 그 所得을 增大시켜 나가도록 하
려는 것이었다. 이는 辛敦復 農業經營論의 최대 목표였다. 그는 이같은 목표
를 달성하고자 여러 가지 면에서 방법을 강구해 나갔다. ① 農業技術上의 문
제, ② 勞動力의 문제, ③ 市場과의 관련 문제 등은 그 중심이 되고 있었다.

所出 增大를 위한 農業技術上의 問題 — 農産物의 所得增大를 위해서 무엇
보다도 먼저 주목한 것은 施肥法 기타 등등을 중심한 農業技術상의 문제였
다. 이는 增收를 위한 직접적 조건이 되는 것이었다. 辛敦復은 그것을 아주
잘 이해하고 있었으며, 따라서 그것은 부단히 개선되어 나가야 할 것으로 생
각하였다.

施肥의 강조 ; 그러한 가운데서도 이 시점의 農業生産의 증수를 위해서
그가 가장 크게 유의하였던 것은 施肥法의 철저한 이행이었다. 그래서 그는
『山林經濟』의 收糞項을 대대적으로 증보하였다. 여기서 그는 여러 항목에
걸쳐 많은 造糞의 방법과 시비 사례를 예시하고 그 효과를 강조하였다. 施肥
를 적절하게 잘 하면 그 所出이 월등히 늘어난다는 것이다.

① 又 取柳木 折之作條 橫置於水田中 排比相連 十數日後 朽腐盡 則其汁甚糞
田 翻耕時 舊埋者汁盡出 則取作薪 又析埋新條遍田 則收穀可十倍 農家宜
多種柳

② 大凡水田一斗地 布牛馬糞積二十駄 則雖薄田 可出三石[108]

③ 白川一民 多刈白蒿及僧荷草 以斫刀剉之 細布厠中 而加灰其上 每草一層灰
一層 而又灌之以尿 積之旣久 草灰合爲一 布於田中 種麥一斗 打收十石[109]

④ 近法 沙土之地 多布牛馬糞 宜種小麥 多收[110]

⑤ 一法 濱海秋牟田 春氷未解時 取浦邊氷澌 均布麥田 則所收無異於沃田……
又取浦中醎水 澆田 則兩麥及小麥皆茂實 倍收[111]

①은 柳木 가지를 잘라 作條하여 水田에 나란히 이어지도록 묻어 두면 10

---

108) 『補說』卷1, 治農條 收糞.
109) 『補說』卷1, 治農條 種稻 近法.
110) 『補說』卷1, 治農條 種大麥小麥 近法.
111) 『補說』卷1, 治農條 收糞.

數日 뒤에는 그것이 썩어서 나무汁이 빠져나와 거름이 되는데, 논을 갈 때 그 柳木을 꺼내 멜나무로 삼고, 다시 새로 柳木 가지를 잘라 논에 고루 펴면 收穀이 10곱절이나 된다는 뜻이며, ②는 水田 1斗落地에 牛馬糞積 20馱를 펴면 薄田에서도 그 所出이 3石이나 날 수 있다는 뜻이다. 그리고 ③은 白川의 한 사람이 草·灰·尿로서 일정한 절차를 거쳐 만든 거름을 밭에 펴고 種麥을 하였더니 1斗를 파종하였는데 10石을 거두었다는 말이고, ④는 沙土의 薄田에도 牛馬糞을 多布하고 小麥을 심으면 추수가 많다는 말이다. 그뿐만 아니라 ⑤는 海邊의 보리밭에서 아직 解氷이 안 되었을 때 浦邊의 얼음쪽을 걷어다 麥田에 고루 펴면 거름이 되어 그 所收는 沃田에서의 그것과 같다는 것이며, 또 浦中의 醎水를 퍼다가 보리밭에 뿌려주면 兩麥과 小麥이 모두 잘 자라고 수확이 갑절이 된다는 이야기이다.

施肥와 所出의 관계에 관하여 그가 든 예가 이것으로 그치는 것은 아니었다. 그는 이밖에도 비슷한 예를 여러 가지 들었는데, 요컨대 糞田을 잘 하면 所出이 는다는 것이었다. 그는 그것을 中國 農書에서 소개하기도 하고 近法으로서 설명하기도 하였다. 近法은 현실적으로 관행하는 農法이었으므로, 辛敦復은 이를 目睹하고 경험하는 가운데 확신을 가지고 소개하고 권유하였다.

辛敦復은 施肥의 중요성을 이같이 인식하고 있었으므로 그의 農業技術論에서는 糞을 확보하는 문제가 중요한 과제가 되지 않을 수 없었다. 그리하여 그는 造糞하는 방법을 위에 든 예 말고도 여러 가지 소개하게 되었다.[112] 마당가에 큰 廐池를 만들어 집 안팎에서 흘러나오는 물을 받으며 풀을 베어 池中에 積置함으로써 퇴비를 만든다. 외양간 밖에 웅덩이를 파고 貯尿했다가 볏짚이나 벼쭉정이·겨를 태운 재를 섞어서 거름을 만든다. 厠間 안팎에 大瓮을 묻어 糞·尿를 받으며, 灰舍를 만들고 아궁이에 불 땔 때 흙을 한 삼태기씩 넣었다가 재와 함께 걷어내어 쌓은 뒤 尿를 끼얹어 거름을 만든다. 厠間 뒤쪽에 軟草를 베어다 積置하되 격지격지 糞尿를 부어서 퇴비를 만든다. 겨울철에 狗矢(개똥)를 주워 모아 거름으로 쓴다는 것 — 등등 造糞 방

---

112) 『補說』卷1, 治農條 收糞.

법 기술이 두드려져 있었다. 그리고 糞을 만들려면 奴僕 한두 사람으로 하여금 刈草峙積 하는 일과 拾狗矢 하는 일을 專擔하라고도 하였다.

그러나 경우에 따라서는 所出의 증대가 施肥만으로서는 해결되지 않을 수도 있었다. 農地 자체의 改良이 필요한 경우이다. 그 개량의 방법은 크게 두 가지가 있었는데, 그 하나는 農地의 조건, 土性에 따라 적당한 客土를 넣어 地力을 보강하는 것이다. 그렇게 하면 瘠土가 沃土로 개량될 수 있고, 따라서 所收가 倍加한다고 생각했다. 그러므로 그에게 있어서 農地改良은 施肥와 함께 중요하였으며, 여러 가지 예를 들어 이를 극구 강조하였다.113)『農事直說』에 보이는 入土・入莎土의 방법을 더욱 발전시킨 것이다. 그리고 다른 하나는 水利施設을 갖춤으로써 旱害를 방지하고 所出을 늘리는 것이었다. 그리하여 그는 灌漑之利의 項을 設하고 옛 水利論을 인용함으로써 農地改良 所出增大문제를 강조하였다.114)

糞田 多耕 ; 施肥는 多耕을 수반할 때 더욱 효과적이다. 그러므로 所出增大를 위해서 施肥를 할 때는 반드시 여러 번 翻耕할 것을 강조했다. 辛敦復은 이것을 '糞耕之利'로 표현하고, 農理에 밝은 邑倅와 가난한 座首의 麥田경작을 예로 들었다. 그것은 요컨대 10斗落의 麥田에 100馱의 糞穰을 1耕에 10馱씩 펴되 10耕을 하면 100石의 소출이 있을 거라는 것이며, 9耕으로 그쳤기 때문에 그 소출도 90石에 그쳤다는 것이었다.115) 木麥에서도 多耕은 多收할 것을 보장했다. 그는 10斗를 거둘 수 있는 農地를 10巡反耕하면 반드시 30斗를 所收할 것이라고 하였다.116) 農地를 多耕하면 확실히 소출은

---

113)『補說』卷1, 治農條 耕播 近法, 種稻 近法.
　　地肥而土浮者 穀茂而易覆且踈縮 此等水田 多折樻葉布之 則土力甚堅 而禾不覆蹲 盖樻有氣力故也 且無論田與畓 惟沙土之地剛固 力加糞治 所出倍蓰 而無覆縮之患矣
　　水田肥沃而土浮者 禾太茂而易有蹲縮之患 當運入細沙 均鋪之 一斗種之地 用沙三十擔 則沙土相合 土力剛固 無蹲縮之患 而所收倍加 若沙地瘠薄之處 當運納眞土或莎土 厚布 則亦爲美畓矣
　　一人得沙石水冷之畓 歲前後 數次翻畊後 載水移秧如法 乃持器上山 凡巖石下不生草之處 輒取其土 聚之甚多 當耘時 每苗下 以其土一掬培之 每耘如是 兩耘之後 十斗種之地 收精租一百二十石
114)『補說』卷1, 治農條 灌漑之利.
115)『補說』卷1, 治農條 種稻 近法.
116)『補說』卷1, 治農條 種蕎麥 近法.

증대한다. 그러나 多耕이 아무리 좋아도 그것만으로는 효과를 오래 지속할
수 없으며, 반드시 糞田이 따라야만 그 효과를 보장할 수 있었다. 그는 그것
을 주인을 위해서 일하는 어느 농민의 耕作 예에서 확인하였으며, 따라서 地
力의 회복을 위해서는 반드시 糞治가 필요하다고 지적하였다.117)

耕種法 개량 : 이러한 문제와 관련하여 그는 耕種法의 개선에 관해서도
큰 관심을 가졌다. 粟作에 대해서는 특히 더 그러하였다. 種粟法에 관해서는
많은 사람들이 그 개선을 꾀하고 있어서 漢人種粟法이 소개되어 오고 있었
지만, 그는 이와 함께 우리나라 北道의 種粟法을 또한 소개하였다. 뒤에 다
시 언급되듯이(註128 참조), 그 播種法과 中耕培土法에 주목하는 것이다.

이밖에도 그는 增收를 위한 기술적인 문제를 여러 가지 든다. 기왕의 農
書에서 이미 언급되고 있는 것이지만 秋耕·治田·播種·耘鋤 등에 관하여
그는 옛 農書의 가르침을 다시 인용하기도 하고, 近法으로 관행하는 것으로
서 모범이 될 만한 것을 소개하기도 하였다. 그러한 가운데서도 주목되는 것
은 中國 漢代에 나온 氾勝之의 區種法을 장황하게 소개한 점이겠다.118) 이
는 山阪이나 荒地에서도 할 수 있는 것으로서, 노동력이 많이 들기는 하지만
豊産을 기할 수 있는 농법이었다.119) 특히 氾勝之는 牛馬羊猪麋鹿骨을 雪汁
에 끓인 물 1斗에 附子 다섯 개를 5일 동안 담갔다가 건져 내고 種子를 漬種
하여 區種을 하면 1畝에 100石이나 所出이 난다고 하였는데 辛敦復은 여기
에도 각별히 유의했다.120) 그리고 區種法과 관련하여서는 그 하나의 변형된
형태로 荒地未墾處에서 近法으로 이뤄지고 있었던 穴種法을 소개하기도 하
였는데, 이는 '其出十倍常種'하는 所出增大의 耕種法이라고 하겠다.121)

選種에 유의 : 增收와 관련하여서는 이밖에 品種의 선정에도 유의하고 있
었다. 예컨대 木花에는 豊種과 邾種이 있는데, 전자는 燥土를 싫어하고 후자
는 濕土를 싫어하므로 가려서 심으라 한 것이 그것이다.122) 그는 農産物을

---

117) 『補說』 卷1, 治農條 種稻 近法.
118) 『補說』 卷1, 治農條 種稻 區種法.
119) 萬國鼎, '區種法研究'(『農業遺産研究集刊』 1, 1958).
120) 『補說』 卷1, 治農條 擇種.
121) 『補說』 卷1, 治農條 種稻 近法.
122) 『補說』 卷1, 治農條 種木花.

增收할 수 있는 모든 방법에 관심을 가졌으며, 그것이 가능하다고 생각되는 바는 모두 소개하였다.

勞動力의 절약과 이용問題 — 農業生産에서 중요한 요소의 하나는 노동력이었으며, 따라서 所得增大는 노동력과도 긴밀한 관계가 있었다. 所出에 다소의 증가가 있다 하더라도 노동력, 즉 經費가 많이 든다면 실질적인 所得이 되기 어려웠다. 그러므로 辛敦復은 所得增大 방안의 일환으로서는 노동력을 적절하게 관리 운영하지 않으면 아니될 것으로 생각하였다. 이러한 문제에 관하여 그는 여러 가지 방법을 생각하고 제시하였다.

農器具 農作業의 방법 개선 ; 무엇보다도 노동력을 절약할 수 있는 한 되도록 절약해야 한다고 생각하였다. 그러려면 農器具를 가장 적합한 것으로 개량해 나가야 할 것으로 보았다. 그가 『補說』에 새로 田器항목을 設하고 『神隱』에서 '犁耙必置數部田園之中 勝如鋤钁 不勞其力'[123]이라고 한 자료를 인용한 것은 그 한 예이다. 犁·耙를 마련하여 治田을 하면 鋤·钁로서 하는 것보다 勞力, 따라서 品이 덜 든다는 것이었다. 밭에 井을 파고 分溝를 마련한 다음 두레박 용두레로 물을 길어 거기에 부음으로써 그것이 分溝를 통해 흘러 밭에 스며들게 하면 '免使挑擔'할 것이라고 한 것도 같은 예가 되겠다.[124] 이같이 하면 물을 일일이 어깨에 메어다가 밭에 부어주는 것보다 그 노동력이 몇 분의 일로 줄 것은 말할 것도 없다. 그래서 그는 이를 '此是良法'이라고 하였다. 그리고 같은 이치에서 그는 北道 사람들이 남쪽 사람들과는 달리 種菜에 鷹嘴鋤를 쓰는 것을 합리적인 것으로 보기도 하였다. 북쪽에서는 땅이 얼어서 밭의 흙이 굳은 까닭이라는 데서였다.[125] 그는 이밖에 作業의 방법 여하를 통해서도 노동력이 절약될 수 있는 것으로 보고 이를 크게 다루었다. 除草作業의 경우 初耘을 제때에 精治하면 再耘에서는 '不用多人' '不甚用力'한다고 하였던 것이 그것이다.[126]

農作業을 남보다 먼저 ; 所得과 노동력의 관계에서, 전자의 증대가 물론

123) 『補說』 卷1, 治農條 田器.
124) 『補說』 卷2, 治圃條 作圃法總論.
125) 『補說』 卷1, 治農條 田器.
126) 『補說』 卷1, 治農條 種稻.

후자의 절약을 통해서만 얻어지는 것은 아니었다. 노동력을 어떻게 이용하는가에 따라서는 그 절약이 아니더라도 소득은 늘어날 수 있었다. 그는 그것을 耕種 耘耨를 남보다 먼저 하면 된다는 것으로써 설명했다. 이는 上農家의 經營방법이라고 하였다. 그렇게 되면 農作業에 드는 노동력을 쉽게 얻을 수 있기 때문이었다. '牛可易得 傭可易得 田功十倍於他人'[127]이라고 한 것이 그 것이다. 農繁期의 농촌에서 耕牛를 쉽게 빌릴 수 있고 傭雇도 쉽게 얻을 수 있다면 농사는 남보다 월등히 나을 수 있었다. 좀 과장된 표현이지만 그는 이럴 경우 그 田功이 남보다 열 곱절이나 되리라고 하였다.

農作業은 組를 이루어 共同勞動으로 ; 그리고 작업을 여러 사람이 組를 이루어 조직적으로 할 경우에도 성과가 있음을 지적했다. 北道 種粟之法으로서 든 예가 그것이다.

近法 我國北道種粟之法 用結犁耕之 一人隨後 擧趾踐土 作落種處 又一人納粟
於瓠壺中 而穿一小穴 隨其後 搖而落種 種從穴落者 不過三四粒 又一人掩土踏
之 及粟長苗立 用長柄鋤 略爬之 苗稍茂 又用犁去鐵 左右耕之 以培粟根 粟長
又耕而培之二三次 不復鋤治 而粟甚茂 一日耕地 出二十餘石[128]

앞에서 지적했듯이, 辛敦復은 이를 耕種法의 개선과 관련하여 그 播種法 中耕培土法에 주목하는 것이었지만, 동시에 그러한 과정에서 4人 1組로 起耕 播種하는 노동력의 운용방식에도 크게 유의하는 것이었다. 그와 같이 효율적으로 작업을 함으로써 소출이 는다고 보는 것이다.

農業生産을 傭作之法으로 — 그러나 노동력의 문제에서 그가 가장 유의하고 있었던 바는 노동력의 質, 즉 어떠한 사람에게 농사를 짓게 하는 것이 효과적일까 하는 문제였다. 그는 이 시기의 상황(社會變動)에서 이 문제를 대단히 중요시했고, 그런 의미에서 傭作之法을 하나의 항목으로서 보설하기도 하였다. 傭作之法은 賃金을 주고 노동자를 고용해서 農作을 시키는 방법을 당시의 農業慣行을 중심으로 말한 것이다.

---

127) 同上.
128) 『補說』 卷1, 治農條 種黍粟稷 近法.

이 문제는 모든 農業經營者가 생각해야 할 문제였지만, 勞動力이 부족하면서 大農經營을 하는 농민이나 自家經營으로 농사를 하고 있는 兩班農家에서 특히 행하고 있는 農業慣行이었다. 辛敦復이 염두에 두고 있는 것은 바로 이러한 농가이었다. 이들은 흔히 雇工을 두거나 奴婢를 거느리고 농작을 하였는데, 그는 이러한 農業經營은 필요할 때 賃金을 주고 고용해 쓰는 傭作制 農業經營만 못하다고 보았다. 그는 그것을 다음과 같이 말하였다.

> 近法 人家畜僕 惟愿朴而謹者最善 此極難得 如狡點頑怠者 無益有害 故農家勿多畜頑怠壯僕 以多浮食 有事用雇傭 厚給則人多趨之 事亦完密 役訖無常畜 故無濫費129)

여기서 말하는 畜僕은 집에 숙식시키고 使役하는 奴僕·雇奴·常民雇工 등을 말하는데, 성실 근면한 畜僕을 얻기는 어렵고 교활하고 고집 세고 태만한 자는 유해무익이니, 농가에서는 이러한 使役人을 많이 둘 것이 아니라 일이 있을 때는 傭作人을 고용해서 시키라는 내용이다. 그렇게 하는 것이 농작을 완전하고 꼼꼼하게 하며 낭비도 없앨 수 있는 방법이라고 생각하였다. 이 시기에는 身分制가 흔들리고 농촌사회가 분해되는 가운데 奴와 上典, 雇工과 雇主 사이의 모순이 깊어지고, 農法이 변동(移秧法 보급)하고 생산력이 발전하는 가운데 經營擴大에 열중하여 노동력의 수요가 더 커지는 社會矛盾 社會變動이 일어나고 있었으므로, 그의 農業經營論에서는 거기에 대처할 수 있는 적절한 방안을 마련하지 않으면 안 되었다. 辛敦復은 그것을 이 시기에 관행하고 있었던 새로운 雇傭法을 적극적으로 도입 보급함으로써 해결하려 하였다. 그는 특히 세 지방의 傭作관행을 소개하였다.

> ① 近法 我國振威水原農作之規 田多人寡 則必於歲前或春間 先計本田所入傭雇之價 以錢貫或租石 預募多人給之 及耕作時 俾之擔當專治 田主以時巡 省勸督 秋收時 田主只管收打 最爲便利

---

129) 『補說』卷1, 治農條 傭作之法.

又 振威水原 水田十斗落地移秧之資 給租一石 鋤役亦給一石 大抵一石地畓

種耘 用租四石 而耕播則田主爲之 秋收時 別置傭雇

② 稷山平澤 則冬間買用一緡十人 夏間則可得十二三人 治三石畓三石田 用一男

二女 又買傭八十人而足矣

又 一石落水田 移秧用二十人 鋤耘用二十人而足用 用人時 先期三四日 告諭

無臨時緯繣之患 役時 田主臨視 或施以酒茶等物 以勸督 則益善矣

③ 海西載寧傭耘之法 水田一石地 給傭粮米十二斗・租三十斗・南草十二把・醬

三斗 秋收則別用雇人[130]

①은 振威・水原지방의 傭作관행이었다. 이에 따르면 田多人寡한 사람, 즉 農地는 많은데 노동력이 적은 사람들은 歲前歲後에 미리 소요되는 노동력을 預募하며, 賃金은 錢이나 租로써 先拂을 하고 耕作은 그들 책임으로 전담토록 하였다. 田主는 가끔 돌아볼 뿐 勸督을 하지 않으며 가을에 추수를 하면 되었다. 辛敦復은 이를 대단히 편리한 經營방법이라고 생각하였다. 이 경우 그 賃金은 1石(20斗)落地가 移秧費 租 2石과 鋤耘, 즉 除草費 租 2石 해서 도합 4石이면 되었다. 처음의 耕播와 秋收 때에 필요한 노동력은 田主가 별도로 해결하였다.

②는 稷山・平澤지방의 傭作관행이었다. 이 지방에서도 겨울철에 미리 노동력을 사는데 1石落의 水田을 위해서는 移秧에 20人, 除草에 20人이면 되었다. 일을 시작할 때는 사나흘 전에 예고를 하여 차질이 없도록 하고, 일할 때는 田主가 들러 보되 혹 酒茶를 냄으로써 勸督을 하기도 하였다. 품삯은 1兩으로 10人을 살 수 있었다(여름이면 12・13人). 대체로 3石畓(60斗落) 3石田을 耕作하기 위해서는 常用勞動力 1男 2女, 買傭勞動力 80人이면 족하였다. 이것이 한 農家에서 경영하는 농지라면 그는 大農이었다.

③은 海西 載寧지방의 傭作관행이었는데, 이곳에서는 1石落의 水田을 買傭으로 除草할 경우 그 비용이 粮米 12斗・租 30斗・南草 12把・醬 3斗였다. 秋收를 위해서는 별도로 사람을 고용했다.

---

130) 同 上.

이러한 傭作관행은 이른바 雇只勞動이었는데, 위의 몇몇 지방 예에서 보면 이 傭作관행은 주로 移秧과 除草작업에 적용되었던 것 같다. 農作業의 여러 과정 가운데에서도 가장 시간을 다투는 것이 移秧과 除草였던 까닭으로 생각된다. 그밖의 작업, 즉 봄철의 耕播와 가을의 秋收는 田主가 自家勞動力(②의 '用一男二女')이나 그때그때 買傭할 수 있는 노동력(①의 '別置傭雇'와 ③의 '別用雇人')으로써 하지 않으면 안 되었다. 전자는 家族·奴婢·雇工 등의 노동력이 될 것이고 후자는 일반 勞動力이 될 것이다. 노동자가 적어서 買傭이 어려울 때는 雇價와 供食을 좀 厚하게 하면 희망자가 많을 것이라고 하였다.131) 辛敦復은 時勢가 변하는 데 따라 경비가 절약될 수 있는 경영대책을 적극적으로 세웠던 것이다.

市場과의 관련 問題 — 이 시기에는 流通經濟가 발달하고 있었으므로 農業生産에서의 所得增大는 시장과 연결될 때 더 효과적이었다. 辛敦復은 그것을 잘 알았으며 이를 적극 이용해야 할 것으로 생각했다. 그는 지금까지 언급해 온 바와 같은 農業經營論을 이같은 전제 위에서 논하였다. 그것은 그가 『補說』의 바탕인 『厚生錄』에서 致富하는 방법을 논하되

> 人家日用凡物 不出家者多矣 是必待貿易而後用 每相時 物豐賤之時 預爲收買儲畜 則凡需自饒 無乏絶之患
> 物貨之生 地有産 時有豐 取之所畜之地 利于不産之地 收之方豐之時 以待不豐之時 故不責於人 無怨於世 而爲福也久132)

라고 하고 있는 것으로써 알 수 있다. 전자는 집에서 생산되지 않는 물건은 사서 쓰는 수밖에 없으니 때를 잘 보아서 값이 떨어졌을 때 미리 사 두면 필요할 때 풍족하게 쓸 수 있다는 뜻이며, 후자는 物貨는 생산되는 곳이 있

---

131) 『補說』 卷1, 治農條 傭作之法.
　　近法 衿川富民 多善饋傭雇 必凸其飯 澆以大白 羅列魚肉 以豐其食 貧者亦效之 故人爭趁之 無有後者 且力於其事云
　　又 僻村患人少傭鮮 給雇價比他稍豐 則願雇者自多 供食視他稍厚 則願傭者自力 給傭常兼二人之食 傭無不至者
132) 『厚生錄』 卷下, 貿易法.

고 豊賤한 때가 있으므로 産地에서 구입하여 不産地에서 利를 보고 豊賤할
때 사서 物貴할 때를 기다려 利를 보면 세상 사람들의 책망을 듣지 않고도
福을 누릴 수 있다는 내용이다. 이는 장사해서 돈을 버는 기본 이치였다. 그
는 농업생산자들에게 本業을 버리고 末利를 추구하여 돈을 벌라는 것은 아
니었지만, 농업에서도 이같은 원리로 作物을 栽培하여 所得을 늘려야 한다
는 생각이었다. 그는 그것을 실제로 商品作物을 재배함으로써 富를 늘리는
예를 드는 것으로서 강조하였다.

　이 시기의 商品作物로 각광을 받던 것 가운데 하나는 南草였다(그는 이를
烟茶라고 불렀다). 이 작물은 시장성이 좋고 이익이 많았다. 그러나 南草의
재배에 관해서는, 그 재배가 비옥한 農地를 감축시킨다는 점에서, 그 재배의
禁止 여부를 놓고 政府나 사회에서는 논란이 많았다. 그러므로 정부정책에
특히 유의하거나, 南草가 무익한 것으로 생각하는 논자는 그 재배법을 그들
의 농서에 싣지 않기도 하였다. 洪萬選의『山林經濟』는 그러한 農書였다. 그
리고 그럼으로써『山林經濟』를 증보하는 논자들도 혹은 이를 수록하지 않거
나, 수록하더라도 農圃 부문이 아닌 다른 部門에 수록하곤 하였다(『增補山林
經濟』註93 참조). 辛敦復의 경우도 그러하였다. 그는 草農의 유리함을 알고
이를 적극 장려하였으나, 이 作物의 재배법을 수록한 농서는『厚生錄』이었
으며,『山林經濟(補說)』에서는 그 유리함을 지적하는데 그쳤다. 필요한 사
람은『厚生錄』을 참고하라는 뜻이 되겠다.

　『厚生錄』의 農業論에 관하여는 다음에 자세히 말하겠지만, 그는 이 농서
에서 다른 作物에 관해서는 그 種法을 간략하게 기술하면서, 유독 南草의 재
배법에 관해서는 상세하고 길게 논급한다. 湖南人의 陰乾法과 松都人의 煮
茶法 등, 加工法까지도 소상하게 소개했다. 그리고 그러한 가운데서도 '二月
種 五月初毒生 可摘 最先出市 收價倍簇'[133]이라고 하여, 일찍 심어서 일찍
잎을 따고 남보다 먼저 시장에 내놓으면 그 收入이 갑절이나 된다고 하였다.
되도록 수입을 많이 올릴 것을 꾀하는 것이다.

　辛敦復이『補說』에서 南草 재배 條項을 두지 않으면서도, 南草농업의 유

───────────
133)『厚生錄』卷下, 烟茶. 本編 제4논문,『厚生錄』관련 부분 참조.

리함을 지적한 것은, 治農條의 種麻·苧麻 다음에 증보한 近法에서였다. 그
는 여기서 南草 재배는 단작으로 그치는 것이 아니라, 種麻·種(烟)茶·種
蘿蔔으로 1田에 3作을 할 수 있으므로 유리하다고 하였다. 그는 이를 '近法
有三利者'로 소개하고 '此爲一田獲三利'라고 하였다.134) 이 '三利'는 1田에서
1년에 3作을 한다는 뜻으로서의 '三利'이지만, 이는 각각 商品作物로서도 큰
利를 주는 것이었다. 南草 말고도 麻는 苧麻와 함께 중요한 商品作物이었다.
苧布는 여유 있는 사람들이 주로 입었으므로 특히 더 그러하였다. 그래서,
이것은 韓山·林川지방이 주산지이지만, 그는 이를 다른 지방에도 보급 재
배케 하려 하였다. 白川지방에는 이미 그 재배가 보급되고 있음을 지적하고
背山陽地의 肥厚한 땅에 力加糞治 할 것을 권했다.135) 蘿蔔(무우)도 都市
주변에서는 다른 蔬菜와 함께 商品作物이 되고 있었다.

辛敦復은 紅花도 같은 방법으로 재배할 수 있다고 보고 三利에 이어 이를
권했다. 조미료가 되는 작물에는 특히 유의하였다. 앞에서 우리는 그 자료를
이미 봤지만, 苦椒를 특수한 방법으로 早種하면 常種에 견주어 早熟하고 收
益이 좋다는 점(每三箇直一文 獲厚利云)을 近法으로 소개하였다.136)

『補說』에서는 시장을 염두에 둔 農作을 여기서 그치지 않았다. 穀物 재배
도 그렇게 할 것을 권하였다. 그렇게 하는 것이 所得增大의 방법이라고 생각
했으며, 그것을 실제의 예를 들어 설명했다.

> 京居一士貧甚　下鄕治農　村民有畓三十斗落地　乾瘠　不生穀而稅多　每年爲至患
> 將廢之　京士以廉價買之　多聚牛馬糞及厠糞　和灰收峙　及農時　厚布畓中可百餘駄
> 布旣均　乃種小麥　及時耘治　乃熟　收三十石　作麴及眞末　大獲利137)

이는 서울에 살던 한 가난한 선비가 낙향하여 농사를 지었는데, 30斗落의
척박한 畓을 사서 施肥를 잘하고 小麥을 재배한 결과 30石의 추수가 있었으

---

134) 『補說』卷1, 治農條 種麻·苧麻 近法.
135) 同 上.
136) 『補說』卷2, 治圃條 種苦椒.
　　『厚生錄』卷下, 種苦椒.
137) 『補說』卷1, 治農條 種稻 近法.

며, 이를 다시 누룩(麴)과 밀가루(眞末)로 加工하여 판매한 결과 큰 利益을
보았다는 내용이다. 穀物 재배가 단순한 自給을 위한 것이 아니라 시장을 고
려한 경영이었고 그 결과는 이익이 많았다는 것이다. 벼농사의 경우도 예외
는 아니었다. 驪州·利川지방 사람들이 早稻를 심어 판매함으로써 利를 본
다는 사실(種稻先熟 得錢甚多)은 잘 알려진 일이었다.[138] 그런 경우가 아니
더라도 각 지방의 富裕한 많은 농민들은 秋收가 끝나면 稻·米를 판매하는
데, 이런 경우에도 '不豊之時'를 기다려서 좋은 값을 받도록 하는 것이 '辛敦
復 貿易法'의 원칙이었다. 그는 凶作을 예견하고 穀物을 買占함으로써 獲利
하는 것까지도 致富의 방법으로서 예시하였으므로,[139] 농민이 생산한 農作
物을 농민들이 時勢를 보아 좋은 값으로 판매하는 것은 당연하였다.

이와 같이 시장을 고려한 農作物 재배가 農業經營에서의 목표가 된다면,
그 農業經營에서는 되도록 農業資本을 덜 들이는 것이 중요했다. 노동력의
경우도 그렇고 農地의 경우도 그러하였다. 기술한 바와 같이 과다하게 畜僕
하지 말고 필요한 노동력을 그때그때 고용해서 쓰라고 한 것은 전자의 예였
으며, 京居貧士가 낙향하여 瘠畓을 매입한 뒤 治田 種麥함으로써 大獲利하
였다고 하였음은 후자의 예가 되겠다. 農地는 好田이 좋기는 하지만, 眼目이
있다면 瘠地를 헐값으로 사서 好田으로 가꾸고 수익을 올리는 것이 바람직
하다고 생각하였다. 그는 茅鹿門의 글을 인용하여 '處士沈室……不就沃而就
瘠 斬草菜墾穢菑 初年苗不登釜 已而鍾 且倍之'[140]라고 하였다. 沈處士는 沃
田보다 瘠田을 택하여 開墾治田함으로써 이를 沃田으로 만들고 수입을 늘려
나갔다는 뜻이다. 이는 投資를 적게 하고서도 수익을 크게 올릴 수 있는 좋
은 방법이 아닐 수 없다.

(3) 『補說』 農業論의 性格

『山林經濟(補說)』의 農業論은 요컨대 農業技術 — 施肥法을 개선 보급시
킴으로써 所出을 증대하고, 常畜勞動力을 賃勞動으로 대체 개선하는 가운데

---

138) 『星湖僿說』 3, 人事門 生利.
　　　『林園經濟志』 倪圭志 3, 貨殖 八域物産.
139) 『補說』 卷1, 治農條 驗歲.
140) 『補說』 卷1, 治農條 耕播.

經營費를 절약하며, 農業生産을 市場과 관련하여 수행하는 가운데 所得을 늘리려는 商業的 農業論, 合理的 農業論이었다. 이는 이미 自給自足的 전통적 중농억말적인 농업론을 극복한 농업론이었다. 노동력·시장을 고려한 경영이라는 점에서 그것은 새로운 시대로의 추이를 보여 주는 견해가 아닐 수 없었다.

우리는 이 農業論의 편자를 『厚生錄』의 저자인 辛敦復으로 추정하였거니와, 그는 이러한 견해를 단순히 관념적 구상으로서 마련한 것이 아니었다. 그는 평생 서울과 開城 주변에 살아 그 지방의 農業慣行에 익숙하였으며 이를 토대로 그 견해를 구상하고 있었다. 이 지방은 大都市 주변이어서 특히 流通經濟가 발달하고, 농업도 그 영향 아래에 있어서 商業的 農業이 발달했다. 그는 이같은 선진지역의 農業慣行을 자신의 農業論으로 구성한 것이었다. 商業的 農業은 이 시점에서는 특히 도시 주변, 교통의 요지를 중심으로 해서 일어나는 현상이었겠지만, 역사의 진전은 流通經濟를 더욱 발전시키고, 따라서 商業的 農業은 확산될 수밖에 없었다. 그는 이같은 역사의 흐름 속에서 이 지역의 農業現象을 歷史的 現實로서 파악하고, 이를 자기 農業論에 도입함으로써 앞으로의 農業經營에서 지침이 되게 하려는 것이었다. 그러한 점에서 그가 補說한 바는 현실적이고 진취적인 견해이었다고 하겠다.

4) 『攷事新書』 農圃門·牧養門과 『本史』

『攷事新書』의 편찬과 『山林經濟』 — 『山林經濟』의 증보에 관하여 끝으로 들 수 있는 것은 『攷事新書』이다. 이는 國家의 統治體系에 참여하는 官僚들의 業務便覽, 參考用 圖書로서, 徐命膺(號 : 保晩齋, 肅宗 42~正祖 11년, 1716~1787년)이 편찬했다. 그는 藝文館 提學으로 있으면서 종전의 『攷事撮要』를 개편하여 『攷事新書』를 편찬하게 되었는데, 『山林經濟』는 이때에 첨삭 증보되면서, 이 『攷事新書』의 農圃門·牧養門으로 편입케 되었다. 이러한 『攷事新書』가 완성된 것은 英祖 47년(1771년)의 일이었다.

徐命膺이 『攷事新書』의 農圃門·牧養門을 작성하고자 『山林經濟』에 대하여 加한 첨삭 증보는 柳重臨의 『增補山林經濟』에서와 같이 대대적인 것은 아니었다. 削은 많고 補는 아주 적었다. 여기서는 『山林經濟』의 治農·治

圃・種樹・養花・養蠶・牧養條의 項目을, 그대로 農圃門・牧養門의 항목으
로서 설정하였다. 語彙를 수정한다던가 排列의 순서를 바꾸어서 農法의 내
용을 더욱 간명하게 하였다. 따라서 註도 삭제되었다. 『攷事新書』가 완성된
것은 『增補山林經濟』가 완성된 지 5년 뒤의 일이었지만, 徐命膺은 『增補山
林經濟』의 내용을 참고하지 못하였다. 『增補山林經濟』는 완성되고서도 출판
된 것이 아니었으므로 徐命膺은 柳重臨의 증보를 모르고 있었는지도 모르겠
다. 그리하여 徐命膺은 더 완벽한 農書가 된 『增補山林經濟』에 관해서는 이
를 언급하거나 인용하지 아니한 채, 『山林經濟』만을 그 나름대로 汰繁冗하
기도 하고 補緊要하기도 하여 간략하고도 요령 있는 책자를 만들었다. 그리
고 이것은 다시 校理 鄭忠彦과 相國 金陽澤의 손을 거쳐서 완성을 보게 되었
다.141) 그리하여 이러한 편찬 과정을 통해서, 『山林經濟』는 그 자신의 책명
으로는 아니지만, 『攷事新書』의 한 部門, 즉 『攷事新書』 農圃門・牧養門으
로서 刊行되었다.

　『山林經濟』가 이와 같이 『攷事新書』의 農圃門・牧養門으로서 편입된 것
은 우연한 일이 아니었다. 徐命膺은 吏曹判書에 知經筵春秋館事를 겸하고,
아울러 藝文館 提學도 겸한 大學者였다. 그에게는 學者로서의 개성이 있었
고, 그 개성은 『攷事撮要』를 개편하여 『攷事新書』를 편찬하게까지 하였다.
『攷事新書』 편찬의 취지는 『山林經濟』의 편찬취지와 일치했다.

　『攷事新書』와 『攷事撮要』는 모두 官吏들의 일종의 業務지침서였는데,
『攷事撮要』는 中國 왕래의 사실을 과중하게 다루고 우리나라의 사실은 경시
하고 있어서, 말하자면 中國 중심의 내용으로 되어 있었다. 徐命膺은 『攷事
新書』를 편찬함에 있어서, 이러한 점을 中國에 대한 자료가 적어서 그것을
잘 모를 때의 사정이었던 것으로 보고, 이를 是正하고자 하였다. 『攷事新書』
편찬에 있어서의 徐命膺의 그러한 자세는, 『攷事撮要』와는 근본적으로 다
른, 『攷事新書』의 내용 그 자체가 그것을 잘 말해 주고 있다. 그러한 자세에
관한 요점을 우리는 徐命膺 자신의 글로써도 읽을 수 있다.

---

141) 『攷事新書』 序文.

撮要載皇朝使价往來之事實者 幾占半部 而其於人事之切要 則所闕多矣 盖魚叔
權以學官撰事大文字 故欲有所考 而不得不然……至于今皇朝正史旣已廣布 又有
槐院謄錄 甚詳且備 則亦無待於此篇 故今並略之 代以人事之切要者云[142]

이는 『攷事撮要』가 中國 왕래의 사실을 과중하게 다루고 國內문제를 다루
지 않은 것을 비판하는 내용으로, 『攷事撮要』 편찬 당시의 사정과 지금과는
상황이 달라졌으므로, 그 내용이 是正되어야 한다는 뜻이다. 그뿐만 아니라
그는 또 우리나라 사람들이 가진 中國 중심 사고방식의 결함을 다음과 같이
지적하기도 하였다.

東人習中國之史 而其於東國世代則類多茫昧 如人好講他人之譜系 不識自己之宗
派 誠未見其可也 故自檀至麗 國君元年之爲中國某帝幾年 悉詳著焉 而至於本朝
只載國忌 卽詳於遠而略於近之意也[143]

즉, '東人'들은 中國과 中國史는 잘 배워서 잘 알지만 우리 역사에 대해서
는 어둡다는 것이다. 이러한 例文에서 볼 수 있듯이, 徐命膺이 『攷事新書』를
편찬한 취지는, 이 業務便覽에서는 현실적으로 필요한 우리의 內政문제를
중심으로 삼고, 우리 중심의 사고방식으로 그것을 편찬하려는 것이었다. 그
에게는 朝鮮 중심의 意志가 강하게 內燃하고 있었으며, 그것은 『攷事撮要』
를 修正하게 되었을 때 『攷事新書』의 체제 형태로 나타났다. 『攷事新書』 편
찬의 취지가 그러하였다면, 그러한 자세는 『山林經濟』 편찬에서의 그것과
같은 것이 아닐 수 없었다. 『山林經濟』가 『攷事新書』의 한 部門으로서 채택
된 것은, 이러한 취지의 공통성 또는 理念의 공통성에서 연유하는 것이었다
고 할 수 있겠다.
　『山林經濟』가 『攷事新書』를 통해 刊行된 의의 — 徐命膺은 이와 같이 『山林
經濟』의 이념이 그 자신의 『攷事新書』의 이념과 같았음에서, 이를 그가 주관
하는 政府 官撰書의 한 부문으로 수록하였던 것이지만, 그러기에 그는 또한

---

142) 『攷事新書』 凡例.
143) 『攷事新書』 凡例.

이 『山林經濟』의 農學을 통해서 治生, 즉 民生을 다스리는 문제도 해결하려
하였다. 이는 『山林經濟』의 農學을, 농정운영의 한 지침으로 삼고자 함을,
뜻하는 것이기도 하였다. 그가 『攷事新書』에다 農圃門・牧養門을 設하게 된
동기를 말하여,

> 農圃牧養治生之大者 匹夫而不務乎此則不能理家 字牧而不務乎此則不能守土 朝
> 廷而不務乎此則不能保民 故詩之豳風 書之無逸 春秋之有年 孟子之論井田 何嘗
> 有忽於農圃牧養哉 故於此數者特詳著其理[144]

라고 한데서는 그러한 의도를 엿볼 수가 있겠다. 그는 농부나 지방관이나
정부가 모두 각각 理家를 위하고 守土를 위하고 保民을 위해서는 農務에 힘
쓸 것을 바라는 것이었으며, 그러한 의미에서 그는 여기에 農圃의 理致를 詳
述한다고 하였다. 이는 농민・지방관・정치인들이 이 農圃門・牧養門을 통
해서 농업의 이치를 깨닫고, 이에 따라 농업・농정을 실천해 줄 것을 바라는
것이었다.

徐命膺의 이러한 의도는 그 뒤 정부정책에 충분히 반영되었다. 정부에서
는 『攷事新書』가 편찬되자 이를 곧 出版하였다. 『山林經濟』는 원본으로서는
아니지만 『攷事新書』農圃門・牧養門의 이름으로 정부가 간행・보급함으로
써, 이는 많은 사람들에 의해서 읽혀지게 되었다.

『山林經濟』가 『攷事新書』의 한 部門으로 채택 수록된 것은 韓國農學史에
있어서 큰 의의가 있는 것이 아닐 수 없었다. 이는 『山林經濟』의 農學體系를
국가가 公認하고 그 農業技術 農政理念이 국가의 지원하에 보급케 되었음을
의미하는 것이기 때문이다. 우리나라 農學이 『農事直說』로써 비로소 學으로
서 확립되었다면, 이를 계승한 것은 『農家集成』이었고, 『山林經濟』는 『農家
集成』의 農學體系를 일부 계승하기는 하였으나, 그 추구하는 農政理念은 서
로 크게 다른 것이었는데, 이제 우리 農學의 한 主流로서 한 시기를 담당하
고 그것을 국가로부터 공인받게 된 것이다. 그러한 의미에서 『山林經濟』는

---

144) 『攷事新書』凡例.

비록 이름은 달라졌지만, 『攷事新書』에 편입됨으로써 더욱 빛을 보게 되고, 또 學的 位置도 확립되었던 바라고 하겠다.

『山林經濟』의 증보와 『本史』 ― 徐命膺이 『山林經濟』에 증보 첨삭을 가하여 『攷事新書』를 편찬함에 있어서는 補는 적고 削은 많았다고 하였거니와, 이는 『山林經濟』에 증보의 필요성이 없을 만큼 그 내용이 충실하다고 본데서 그러하였던 것은 아니다. 그는 『山林經濟』가 불충분하다는 사실을 충분히 인식하고 있었으나, 『攷事新書』에 한 篇으로 수록될 農書이면 그런 정도의 간결한 책으로서 족하다고 보았다. 증보를 해야 할 정도로 풍부한 내용의 농서는 다른 농서로서 편찬되어야 할 것으로 생각하였다. 『山林經濟』의 증보와 관련된 그의 농서 편찬의 방법은 다른 增補者들의 그것과는 다른 바가 있었다. 그는 그와 같은 농서를 『本史』라는 이름으로 편찬했다. 이는 그의 末年의 일로서, 그 일부는 孫子 徐有榘까지도 동원하여 쓰게 하는 大作業이었으며, 그것이 완성된 것은 正祖 9년(1785년)의 일이었다.[145]

그는 『本史』를 農業生産을 증진시키기 위한 農政의 일환으로서 편찬하고 있었다. 그러므로 그는 일반적으로 '農者天下之大本'이라고 이해되는 것꾀도 관련하여 '農政天下之大本'[146]이라고 생각했으며, 따라서 農政에 관한 고찰을 『本史』라고 하였다. 그는 이같은 농서를 朝鮮 農業에 국한시키려 하지 않았다. 그는 오히려 中國의 농서를 광범하게 이용하는 가운데,[147] 中國 농업과 朝鮮 농업을 일괄하여 고찰했다. 그의 농서는 그 목표가 朝鮮 농업의 技術的인 문제를 세세하게 기술하려는데 있는 것이 아니라, 東洋 농업의 全貌를 하나의 體系 아래 개괄적으로 제시함으로써 農政者의 지침서가 되게 하려는 것이었다. 그러므로 그 서술도 中國 농업과 朝鮮 농업을 종합하고 재정리하여 자기 문장으로서 기술하기도 하였다. 그의 농서는 말하자면 東洋 農書인 셈이었다. 그에게 있어서 『攷事新書』의 農圃門·牧養門이 국내의 農業技術을 제시하는 것이었다면, 『本史』는 中國과 朝鮮을 포함한 東洋 농업 전체를 제시하고, 이를 통해서 朝鮮 농업의 位相을 파악케 하려는 것이었다고 하겠다.

145) 『本史』 卷12, 徐有榘 後序.
146) 『本史』 卷1, 本史序.
147) 『本史』 卷4, 農書志.

『山林經濟』가 그러했듯이 『攷事新書』의 農圃門·牧養門에서도 農業經濟
論에 관하여 언급하지 아니하고 있었다. 洪萬選은 『山林經濟』에서 『農家集
成』의 農業技術論을 계승하면서도 그 經濟論은 배제하였는데, 徐命膺도 같
은 입장을 취하고 있었다. 이 점은 柳重臨이나 辛敦復 등에 있어서도 마찬가
지였다. 그들은 『山林經濟』의 原 저자의 뜻을 넘어서서 『農家集成』의 經濟
論, 즉 地主佃戶制를 자신들의 증보사항 속에 거듭 실어야 할 것으로는 생각
하지 않았다. 이 증보자들도 『農家集成』의 經濟論에 소극적으로 반대하고
찬성하지 아니하는 것이었음을 뜻하는 바라 하겠다. 이러한 태도는 徐命膺
에게도 마찬가지여서, 『攷事新書』 農圃門·牧養門에서는 이를 논하지 않았
다. 당시는 土地問題가 지식인 사회에서 시끄럽게 논의되는 때였으므로, 政
府 편찬의 行政指針書에서 이를 밝히는 것은 적절치 않다고 생각하였을 것
이다. 그러나 徐命膺은 개인적으로는 土地問題에 대한 생각이 분명하였다.
그는 소극적인 반대 정도가 아니라 적극적인 土地改革論者이기도 하였다.
그는 그것을 箕田論이나 『本史』의 土地論으로서 제시하고 있었다.

『本史』의 土地論 ─ 徐命膺의 土地論은 箕子井田을 인정하는 데서부터 확
신을 갖게 되고 있었다. 그가 箕子井田을 인정하게 된 것이 언제부터였는지
는 알 수 없지만, 英祖 52년(1776년)에 平安監司로 내려가게 되었을 때, 그
는 그러한 자세에 있었음이 분명하다. 그것은 그가 任地에 부임하자마자 무
엇보다 먼저 한 일에서 그와 같이 이해할 수 있다.

    歲丙申(英祖 52年) 命膺按察關西 首先疆理箕子之井田 且爲硏紀蹟[148]

  훼손된 箕子井田의 遺址를 修補 釐正하고 또한 그 紀蹟碑를 갈아세웠다는
것이다. 그는 이 紀蹟碑에서

    其所制井地 尙在外川興土兩坊[149]

---

148) 『箕子外紀』 序.
149) 『箕子外紀』 上篇, 箕子井田紀蹟碑.
    『保晚齋集』 卷11, 箕子井田紀蹟碑.

이라고 하였다. 箕子가 시행한 井田이 아직도 平壤의 外川坊과 興土坊에
남아 있다는 말이다. 그뿐만 아니라 그는 이를 계기로 箕子 및 箕子井田에
대한 연구를 하고, 종래의 연구도 아울러서 『箕子外紀』를 편찬했는데, 이에
따르면 그는 箕子井田을 확실하게 믿고 있었다. 그는 이를 '平壤……外城之
外川·興土二部 有箕子井田遺址'[150]라고 재확인하기도 하고, 이를 中國과
관련시켜서는

井田遺蹟 尙在朝鮮極東之地[151]

라고 단언하기도 하였다. 中國 古代에 시행하였던 井田制의 遺蹟이 中國
의 동쪽 朝鮮에 아직도 남아 있다는 말이다.

그의 箕子井田 연구는 箕子의 井田 시행을 인정한다는 점에서 宣祖·仁祖
年間의 韓百謙 등의 箕田論[152]과 기본적으로 같았다. 그러면서도 그들의 견
해와는 다른 독창적인 면이 있었다. 그들의 견해가 箕田을 田形으로 본 것은
잘못이며, 이는 본시 井形이었는데, 仁祖 9년(辛未)의 改釐區域에서 '一區之
內 畫爲十字 自成田文'[153]하게 되었다는 것이었다. 더욱이 이와 관련하여서
는 殷의 井田은 田形이고 周의 井田은 井形이라고도 하였는데, 이는 古制를
더욱 잘못 이해케 하는 것이라고도 하였다. 井田을 區畫하는 '畎澮溝洫'(川澮
溝洫)은 쉽게 改置할 수 있는 것이 아니라고 보는데서였으며, 更置할 수 있는
것은 해마다 耕作할 수 있는 '夫'(畝百爲夫)내의 畝뿐이라고 하였다.[154]

箕子井田에 대한 그의 생각은 확고하였다. 그는 이때의 연구에서 朱子가
孟子의 井田論을 부정하였음을 인용하면서도,[155] 箕子井田의 우리나라에서

---

150) 『箕子外紀』 上篇, 箕子井田.
　　　『保晩齋集』 卷9, 井田說.
151) 『箕子外紀』 序.
152) 『久菴遺稿』 上, 箕田遺制說 ; 『箕田攷』.
153) 註150과 同.
154) 註149와 同. 註157 參照.
　　　이는 종전의 箕田論에 대한 부분적인 비판이지만, 동시에 註157의 표현과도 관련하여, 朱子
　　　의 孟子 비판(註155)에 대한 反비판이 되는 것이기도 하겠다.
155) 『箕子外紀』 上篇, 先儒論井田諸說.

의 시행을 인정하려 하였다. 이는 朱子의 土地論이 孟子井田論의 부정 위에
서 地主佃戶制的인 土地所有關係가 내세워졌던 것과는 달리, 箕子井田의 인
정 위에서 朱子, 즉 『農家集成』의 地主佃戶制的인 土地所有가 소극적으로
부정되고 있는 것이었다.

徐命膺의 箕子井田論은 그것 자체로서 그치는 것이지만, 그러나 이러한
문제가 이 시기에 논의되었던 저의는 그렇게 단순한 것이 아니었다. 다 아는
바와 같이, 당시에는 井田論·均田論·限田論 등 많은 土地再分配論이 제기
되고 있었는데, 이러한 개혁론은 系譜上으로 箕田問題논의(儒敎經典의 土地
論 해석)에 연계되어 있었다. 이른바 朝鮮후기 實學者들의 土地改革論은 모
두 箕子井田問題에서부터 출발하고 있었으며, 따라서 箕子井田問題는 實學
派 土地改革論의 淵源이 된 것이었다. 말하자면 箕田論의 심각한 전개는 이
시기 학자들의 地主佃戶制的 土地所有關係에 대한 모순 파악의 端的인 표현
이었던 것인데,156) 徐命膺은 이러한 箕田論에 참여하여 一家見을 세우고 箕
子井田을 극구 강조하고 있었다. 그러한 의미에서 徐命膺은 이 시기의 다른
학자들과 마찬가지로, 地主佃戶制的인 土地所有關係에 대하여 모순을 느꼈
던 것이라 하겠으며, 따라서 土地改革의 문제도 구상하고 있는 것이었다고 하
겠다.

그의 土地改革 구상은 『本史』에 비교적 분명하게 표현되고 있다. 井田制
는 시행할 수 있고 三代之法은 복구할 수 있다는 것이었다. 그는 여기서 箕
子井田을 재확인하고, 夏殷周의 井田制는 이를 통해서 파악할 수 있는 것으
로 보되,157) 일정한 방법을 거치면 이를 복구할 수 있다고 생각하였다.

程子論井田曰 形不必方 只用數法 折計授民 知乎此則 後世田制 雖有井區圍圩

朱子曰 嘗疑孟子所謂夏后氏五十而貢 殷人七十而助 周人百畝而徹 恐不解如此 先王疆理天下
之初 做許多畎澮溝洫之類 大段是費人力了 若是 自五十而增爲七十 自七十而增爲百畝 則田間
許多疆理 都合更改 恐無是理 孟子當時 未必親見 只是傳聞如此 恐亦難盡信也

156) 朴時亨, '箕田論始末'(『李朝社會經濟史』, 1946) 참조.
157) 『本史』卷2, 井牧志 井田.
    我東平壤之外城 尙有箕子井田遺址 歷然棊布……大抵洫溝澮川 非容易改作者 故井地疆域 由
    夏迄周 一不變置 而其自五十爲七十 自七十爲一百 皆就夫內之畝 逐年起墾者 隨時變通 故觀箕
    子井田 則成周井田之制 可推知也

櫃塗淤梯圃架之別 若以井田數法 行於其間 三代之丘賦郷遂 未必不可復也158)

太史公曰 世常說 三代之法 不可行於後世 斯言誣矣……使天下之爲邑宰者 皆以

霸畿之心爲心 則三代之法 可遍於天下 天下其有不平者乎159)

라고 하였음은 그것이었다. 전자는 程子의 井田制복구론,160) 즉 土地를
井井方方으로 구획하지 아니하고 다만 그 數만큼만을 折計授民 하는 방법을
택한다면, 三代의 制度도 복구 못할 것이 없다는 것이며, 후자는 세상에서
흔히 말하기를 三代의 法은 後世에 이룰 수 없는 것이라고 하지만, 이는 거
짓을 말하는 것이고, 地方守令들에게 모두 黃霸나 杜畿와 같은 마음을 갖게
한다면 三代의 法이 天下에 두루 펴질 수 있으리라는 것이었다.

  『本史』에 보이는 徐命膺의 土地改革論은 이것이 전부인데, 이에서 보면
그는 箕子井田·三代를 표본으로 하여 土地改革을 구상하였던 것이라 하겠
으며, 그러나 그 개혁은 井田制의 외형(井井方方의 區劃)을 재현하려는 것이
아니라 그 이념을 실현하려는 것이었다고 하겠으며, 따라서 그는 土地의 배
분을 균등하게 할 수 있는 방법, 즉 均田論과 같은 개혁을 구상히였던 것이
아니었을까 생각된다.

5. 『厚生錄』과 『民天集說』

  18세기 中葉 『山林經濟』를 여러 사람이 증보하고 있었던 때에는 『厚生
錄』이나 『民天集說』과 같은 독자적인 農書도 편찬되고 있었다. 『厚生錄』은
이미 앞에서 언급한 바와 같이 辛敦復이 1750~60년대 초에 편찬했으
며,161) 『民天集說』은 斗庵이란 사람이 英祖 28년(1752년)에 편찬하고 그
뒤 추가 첨보된 것이었다.162) 어느 것이나 간행되지 않았고 寫本으로 전하

---

158) 『本史』 卷2, 井牧志 序.
159) 『本史』 卷4, 葦養志.
160) 『二程全書』, 遺書10, 蘇昞季明錄.
    『程書分類』 卷15, 治道 井田.
161) 本編 제4논문 3)의 『山林經濟(補說)』 관련 부분 참조.
162) 李盛雨, 『韓國食經大典』(1981), p.56에서는 이 農書의 전모를 소개하고 있다. 필자가 이 農書의

는 것이지만 개성이 있는 농서이다. 그러므로 이 무렵의 農學思潮를 이해하기 위해서는 이들 농서에 대해서도 세심한 고찰이 필요하다고 하겠다. 그러나 필자는『厚生錄』에 관해서는 앞에서 검토한 바『山林經濟(補說)』에서 이미 辛敦復의 農學思想을 정리했고, 후자에 관해서는 10개 部門으로 구성된 내용 가운데 農圃門만을 보고 있으므로, 이곳에서는 이 두 농서를 전면적으로 검토하기보다 時代思潮와 관련되는 그 농업기술의 특징만을 한두 가지 지적해 두고자 한다.

『厚生錄』의 農業論 ―『厚生錄』은 그 제목이 뜻하는 바와 같이 民生을 厚하게 하는 방법, 즉 農民經濟를 안정시킬 수 있는 방법을 기술한 농서이다. 中國 농서로서는『神隱』을 많이 참고하고, 국내 농서로는『農家集成』을 주로 참고하는 가운데, 현실적으로 관행하는 '近法'을 수록함으로써 편찬된 농서였다. 물론 농민이 농업을 통해서 厚해질 수 있으려면, 무엇보다도 먼저 土地를 소유해야 하였다. 그러나『厚生錄』은 농민에게 土地를 주는 문제(土地改革)를 제기하고 있는 것은 아니었다. 그는 다만 현행의 土地制度 속에서 농민들이 농업생산을 증진시키고 所得을 늘릴 수 있는 방법을 제시하였다.

農業生産 集約的으로 ― 농업생산을 증진시키기 위한 방안으로서는 전 作物을 起耕·施肥·除草·農地利用 등 모든 면에서 集約的으로 재배해야 할 것으로 보는 것이지만, 그러한 재배 과정에서도 중요한 문제로 생각하였던 것은 施肥문제와 土地利用의 문제였다. 辛敦復은 施肥의 중요성을 잘 인식하고 있어서 여러 가지 造糞의 방법을 말했으며,163) 모든 作物의 재배에 관해서 施肥를 철저히 하도록 지시하였다. 農産物을 增收하려면 施肥가 절대적으로 필요하다고 보는 것이다. 水稻作에 관하여 追肥를 할 경우의 효과를 다음과 같이 말하고 있었음은 그 한 예이다.

　　耘禾之際 先放水乾之 每禾根下 置灰一掬 律土培之 旣訖 灌水 一斗畓用此灰十
　　斗 則收禾 比常三四倍164)

　　農圃門을 볼 수 있었던 것도 李 교수를 통해서였다.
163)『山林經濟(補說)』卷1, 治農 收糞 近法.
　　　選對譯本『厚生錄』積糞灰.

이는 미리 鷄糞을 摩碎하여 尿에 섞고 이를 다시 灰에 부어서 좋은 糞壤을 만든 다음,165) 논에서 김매기할 때 먼저 물을 빼고 논바닥을 말린 다음 벼포기 밑에 이 거름재를 한 줌씩 놓고 흙으로 덮어주며, 이 작업이 끝나면 다시 물을 댄다는 것이다. 그리하여 이렇게 施肥하기를 1斗落에 10斗씩 하면 수확이 보통의 재배 때보다 서너 곱절이나 된다는 말이다. 이때에는 水冷畓에 新土를 培土함으로써 수확을 많이 거두고도 있었으므로,166) 보통답·瘠薄畓에 追肥를 하는 것은 糞壤만 있다면 자연스럽게 진행될 수 있었다. 蔬茈類의 재배에 있어서는 施肥는 더욱 중요시되고 있었으며, 경우에 따라서는 秋冬間에 미리 施肥해 두는 것이 효과적이라는 점을 말하기도 하였다. 西瓜·冬瓜가 그러한 예였다.167) 그뿐만 아니라 이같이 할 경우에는 瓜를 秋種도 할 수 있어서 그 早期結實이 가능함을 近法으로써 소개하기도 하였다.168)

농업생산에서는 土地를 적절히 이용할 때 그 수익을 더욱 증대시킬 수 있었다. 1田에서 여러 作物을 輪作함으로써 수확을 여러 차례 하는 것이었다. 관행하는 農法이 麻(秋種)·南草·蘿葍을 1田에서 1歲 3作하고, 紅花도 다른 作物과 그렇게 하며,169) 春牟·胡瓜·蘿葍을 또한 1田에 3作하고 있었음은 그 예이다.170) 그러므로 辛敦復은 농민들에게 수익을 늘리기 위해서는 이 農法대로 農作을 함으로써 '一田獲三利' '一田一歲 收三利'할 것을 권하였다.

商業的 農業 — 농업생산에서의 소득 증대는 그 생산을 商品貨幣經濟와 연결시킬 때 더욱 효과적일 수 있었다. 이 시기에는 流通經濟가 발달하고 농업생산이 실제로 그렇게 운영되는 바 적지 않았다. 辛敦復은 이같은 사정을 잘 파악하고 있었으며, 따라서 수익증대를 위해서는 시장을 염두에 둔 농업, 즉

---

164) 同 上. 『厚生錄』, p.46.
165) 同 上.
　　人家養鷄多者 於糞田甚要 鷄籠中尿(屎?)旣積 則宜括取 曝之烈日中 旣乾 以木椎碎之 作末 納於尿盆中 攪和 灌於灰中 尿反覆之 每每如此 則灰爲甚沃
166) 『山林經濟(補說)』 卷1, 治農 種稻 近法.
167) 『厚生錄』 卷下, 種蔬 種西瓜.
168) 『厚生錄』 卷下, 種蔬 種瓜.
169) 『山林經濟(補說)』 卷1, 治農 種麻·苧麻 近法.
170) 『厚生錄』 卷下, 種蔬 種胡瓜.

商業的 農業을 해야 할 것으로 생각했으며, 농민들에게 그렇게 하기를 권유
하였다. 그 내용은『山林經濟(補說)』에서 이미 정리한 바이지만, 농민으로 하
여금 농업생산·농업경영을 그같은 관점에서 수행하도록 하려는 것이었다.

　南草의 재배와 加工 ─ 그러므로『厚生錄』에서는 모든 農作物을 商品作物
로 보게 마련이었지만, 市場性이 좋은 작물에 대해서는 특히 많은 관심을 기
울이지 않을 수 없었다. 그러한 농작물로서 당대 최대 관심사의 하나가 되고
있었던 것은 南草(烟茶)였다. 따라서 辛敦復은 이 作物에 관해서는 그 재배
법을 특히 소상하게 기술하였다. 그것은 南草의 直播·移栽·加工 등 여러
가지 문제에 걸치는 것이었다.

　直播 재배법에서는 다음과 같은 두 가지 방법을 소개했다.

> ① 近法 三月種烟茶 先治田剛燥及赤殖(埴?)之處 必熟耕細治(地若肥沃 則葉
> 薄未必佳) 始下種 每料(科?)若干粒 相去一尺 旣生葉大如小錢 卽存其中肥
> 實一二株 其餘拔去 或用補栽其嶂缺處 且先收取鷄糞 和以人糞尿 揉晒如泥
> 晒乾日中 旣用椎打之成末 又取舊壁土 打碎如屑 與鷄糞拌和 作假家覆之
> 峙積務多 及葉漸大向肥 卽爬開根下土 取糞一撮 繞撒傍 而上土培壅 使糞
> 氣潤漬 葉日肥 廣若茶葉 方稚而使鷄糞着根 則毒甚根便死 故必使糞稍離根
> 取其潤氣可也 但頻培壅 則易茂 及荀(筍)出 其梢頭及傍出者 皆摘之 又折
> 附根之葉 使其氣專於所養之葉 折荀(筍)之頭 取鹽塗之 則荀(筍)不復生 但
> 留取種者十餘株 不折荀(筍)可也(欲取種者 留其中最大者 了熟 摘其最先熟
> 者方佳) 三月種者 六七月之交 葉毒已盡上 可以摘下
> ② 種南草 若於仲春日暖時 種於原田 撒種旣訖 須厚覆以細草 不使暖日炙曝 曝
> 則種子多死 生者寡 待其立苗然後 去草 鉏治極精細 摘葉·折梢·培壅如法
> 二月種 五月初毒生 可摘 最先出市 收價倍簇[171]

　①은 3월種 6·7월摘의 재배법이고 ②는 2월種 5월 摘의 早期出市를 위
한 재배법인데, 두 재배법은 그 파종 시기와 파종 뒤의 복초 여부가 다를 뿐

---

171)『厚生錄』卷下, 種蔬 種烟茶.

그 재배법의 기본은 같았던 것으로 생각된다. 이에 따르면 整地는 과도하게 肥沃하지 않은 燥剛赤埴의 田을 熟耕細治하고, 下種은 1尺 간격으로 每科에 數粒씩 하되 立苗 뒤 실한 것 한두 株만을 남기고 拔去하며, 施肥와 除草는 잎이 점차 커지고 기름지게 될 때 株根 밑 둘레를 호미로 긁적이고 미리 일정한 절차를 거쳐 마련해 두었던 鷄糞을 둘레에 뿌린 뒤 培土하되 이같은 鋤治를 여러 차례 정세하게 하였다. 折梢는 筍이 나왔을 때 하되 거기에 鹽을 발라 주고 가지와 根 부근의 잎도 잘라 줌으로써 營養이 기르고자 한 잎에만 가도록 하며(取種을 위한 10餘 株는 折梢를 하지 않는다), 摘葉은 3월種은 6·7월 교체기에, 2월種이면 5월 초에 잎에 모두 毒이 오르므로 아래쪽부터 할 수 있다는 것이다. 이같은 直播 재배에서 우리에게 특히 주목되는 것은 南草는 본시 春種(3월種)으로 재배해도 소득이 많은 작물임에도, 더 많은 수익을 얻고자 早期出市를 할 수 있도록 早期 재배의 방법을 개발하고 있었다는 점이다.

　移栽 재배를 위해서는 다음과 같은 두 가지 과정을 거치고 있음을 소개하고 있다.

　　③ 烟茶注秧 治田 宜家傍土有潤處 治必精細 而大小隨意 土旣均調無塊 卽以兩
　　　 足踏之 平淨 取子撒之 必均 毋使疎密不適 復取細土 撒覆 重盖其子 使不
　　　 露然後 取松枝覆上 不久便生 待其稚葉稍實 始去松枝 然日若熱 則恐焦損
　　　 晝則姑覆之 夕則去之 以待葉旺可也 三月注秧 五月初旬可移栽 治田旣熟
　　　 必以雨後移之 用鉏掘移 毋使傷根 分栽田中 一畦兩行 相距一尺 日出恐焦
　　　 必每秧 以草木葉之廣者覆之 以石子鎭之 葉邊倖不隨風 臨夕去之 翌日亦然
　　　 待根着土 毋覆 其用鷄糞·培壅·折筍(笋)·摘葉 不厭其頻 一如春種法
　　④ 種烟茶一法 先於田中 用釁 開小溝後 取野棠山椒等 凡有棘之樹 新芽茂苗者
　　　 橫積溝中 待其累日曝乾 訖 又用釁 左右挑掩覆棘樹上 厚盖 作塍於畦上 相
　　　 去一尺 掘作大坑 塡以牛馬糞及尿灰 盖以細土僅半寸 必待雨後土潤 始移種
　　　 茶秧 待其根着根 葉黃心葉黑潤 用鉏律土培壅 此後則頻加倍鉏 摘其傍葉
　　　 摧其梢頭 其肥大者 只留八九葉 其次留六七葉 毒旣上 待寒風至 欲霜未霜
　　　 之際 摘下茶葉 曝乾日中 殺其氣 令柔潤 始布掛陰室 取其陰乾

⑤ 糞茶 莫如檟葉 一經牛馬蹂踐碎後 田中作坑 塡其葉 覆土其上而移茶 極
茂172)

移栽 재배를 위한 이러한 과정에서 ③은 南草種의 注秧法을, ④는 本田
(苗種處)의 整地와 모종 뒤의 재배 요령, 그리고 ⑤는 南草에 특히 유효한
糞壤이 어떤 것인가를 기술한 것이다. 이에서 보면 注秧은 3월에 하는데, 집
가까이 윤기 있는 田을 秧基로 精耕細治하고, 두 발로 밟아 平淨케 한 다음
種子를 均撒하며, 覆種은 細土를 흩어 뿌려서 하되 두텁게 하였다. 그 위에
는 松枝를 덮었으며 苗가 좀 실해지면 그것을 걷되, 낮에 햇볕이 뜨거우면
그대로 덮어 두고 저녁에는 걷도록 하였다.

모종은 5월에 하는데 먼저 모종할 本田을 일정한 방법으로 整地해야 했
다. 그것은 基肥를 하는 것인데, 犁로 溝를 작성하고 거기에 野棠山椒 등의
나무에 싹이 난 것을 베어다 넣고 햇볕에 쪼이며 다시 그 옆을 갈아 두텁게
掩覆함으로써 畝(塍)를 만드는 것이다. 그리고 그 뒤에는 그 위에 1尺 간격
으로 큰 坑을 파되 牛馬糞・尿灰 또는 檟葉퇴비를 넣고 細土를 살짝 덮은 후
비가 와서 흙에 윤기가 있기를 기다려 모종하면 되었다. 모종은 호미로 掘移
함으로써 뿌리가 상하지 않도록 하고, 畝上에 1行 또는 2行으로 하며, 모종
뒤에는 큰 나뭇잎을 덮어서 햇볕을 가려야 했다. 着根이 된 뒤에 있게 되는
鷄糞 施肥・培壅・折筍(梢)・摘葉의 요령은 春種法과 같았다. 앞에서 언급
한 바 '一田獲三利' 하는 烟茶 種植은 이같은 移栽法으로 이뤄지는 것이었다.

南草의 加工은 摘葉을 한 뒤 이것을 흡연할 수 있도록 제조하는 과정을
말한다. 일반적으로는 ④에 보이듯이 摘葉을 하여 햇볕에 쪼임으로써 그 毒
을 제거한 다음 陰室에 걸어서 말리는 정도의 공정을 거쳤는데, 南草산업이
발달함에 따라서는 지역에 따라 특이한 맛을 내는 加工法이 개발되었다.
『厚生錄』에서는 그것을 다음과 같이 소개하였다.

⑥ 南草陰乾法 湖南人 待南草秧毒之上 刈取 和株葉同結 置之空室或庫內無風

---

172) 同上.

處 自致陰乾後 取出摘下其葉 盆剉其株 煎於金中 待濃稠 取洒於其葉上 既
均露 日中乾晒 則色甚好 味甚薰烈

⑦ 煮茶法 松都人 剉南草蘆 濃煮後 取南草無毒色黃者 及摘取蒼耳瓠芽等 凡諸
草廣葉 浸於濃汁中 一二日後出之 晒乾訖 細剉 喫之如茶 味無異 其中蓮葉·
蒼耳葉 於人甚有益 與茶攝剉喫之 味旣淸芳 治人众病 其利於人 非茶比173)

이에 따르면 湖南人들은 南草를 전체로 베어서 陰乾한 뒤 摘葉하며, 株를
썰어서 솥에 넣고 끓인 다음 濃汁을 南草 잎에 고루 부어서 햇볕에 말리는
데, 그 色과 맛이 아주 좋다. 그리고 松都人들은 南草蘆를 썰어서 汁이 짙게
삶은 다음, 그 농즙에다 南草로서 色이 누래진 無毒한 잎과 蒼耳·瓠芽·蓮
葉 등을 따다 담그고, 하루나 이틀 뒤 꺼내어 말린 다음 썰어서 피우는데 맛
이 南草와 다르지 않으며, 특히 蓮葉·蒼耳葉을 南草와 함께 썰어서 피우면
맛도 좋지만 藥效도 있었다. 이 시기에는 이밖에 關西지방의 西草(香草)가
또한 전국적으로 유명하였다.174) 그러므로 南草 재배의 기술과 그 가공법은
지역적으로 특성이 형성되는 가운데, 商品作物로서의 南草 생산은 이제 그
경쟁이 절정에 달하고 있었다.

『民天集說』의 農業論 ─『民天集說』의 農圃門은 『農家集成』·『山林經濟』
기타 등을 이용함으로써 편찬했으나, 더러는 관행하는 農法을 싣기도 하고,
또 그 뒤에 나온 農書(農法)를 이용함으로써 그 내용을 보완하고도 있었다.
새로운 창의적인 저술은 아니지만, 우리에게는 이 시기의 경제사정과 관련
하여 관행하는 농법을 수록하고 있음이 주목된다. 木綿 재배에 관하여 『農
家集成』의 種木花法을 그대로 전재하고, 그 끝에다 嶺南지방의 木綿 재배법
을 첨보하고 있음이 그 예이다.

嶺南人有田一日耕 出糞百駄 翻耕六度至七度 又耕下種 均立正種後 又鋤培七八
次 每年賣花 至二百餘兩175)

---

173) 同 上.
174) 『海東農書』卷4, 草類 煙草, 『農書』10, p.320.
175) 『民天集說』, 農圃門 種木花.

　　이는 『農家集成』의 木綿 재배법과 다른 점만을 지적한 것으로 생각되는
데, 이에 따르면 이때의 嶺南人들은 『農家集成』의 재배법보다 下種 전의 翻
耕을 갑절 이상 더 하고, 하종 뒤의 除草 培土를 많은 쪽으로 분명하게 하였
다. 그리고 施肥를 충분히 하되 아마도 그 표현으로 보아 『農家集成』과 같은
布穴이 아니라, 昌平刻本 『農事直說』에서와 같이 基肥로 入糞하고 反耕하였
던 것으로 생각된다. 그밖에 整地 下種의 방법은 언급이 없는 점으로 보아
같았을 것으로 믿어진다. 木綿의 재배법이 『農家集成』의 그것보다 더 집약
화되고 있음을 볼 수 있는 것이다. 그런데 여기서 우리가 주목하게 되는 것
은, 이러한 木綿 재배가 商品作物로서 재배되었고 그 수입이 많았다는 점이
다. 1日耕의 綿作으로서, 판매하여 얻는 수입이 200餘 兩이나 되고 있었다.
이 시기의 嶺南人들은 木綿을 商品作物로서 전력을 다하여 재배하고 있었으
며, 이 농서의 찬자가 이 재배법을 채록한 것도 그 때문이었던 것으로 생각
된다.
　　『民天集說』은 이밖에 商品作物로서 수입이 많은 家蔘의 재배법도 소개했
다. '一兩蔘價 貴則至十兩 賤則至七八兩'[176]의 시세를 염두에 둔 재배였다.
그러나 家蔘은 특수作物이었으므로 일반 농민들이 쉽게 그 재배를 시도할
수 있는 것은 아니었다.

---

176) 『民天集說』, 農圃門 種家蔘.

Ⅳ. 18世紀 末 政府의 農書 編纂 計劃과 두 農學思想의 對立

1. 政府의 農業發展 社會變動에 따른 農業問題 해결책의 摸索

17세기 中葉에 『農家集成』이 간행된 이래로, 18세기 중엽에 『山林經濟 (補說)』 등이 편찬되기까지, 약 한 세기 동안에는 많은 農書가 편찬되었다. 이는 농학 발전이라는 점에서 환영할 만한 일이었다. 그러나 동시에 그 농학이 종래 농학과 견해를 달리 할 경우, 농업 농촌 농업생산에 큰 변동이 올 수 있고, 정부의 농업시책에도 차질이 발생할 수 있었다. 그러한 점에서 이는 간단한 문제가 아니었다. 그런데 이 시기에는 실제로 농학의 발전이 여러 가지 면에서 농업생산에 변화를 재래하고 있었다.

『農家集成』 이후의 農學과 農業生産의 주체 — 이러한 농서들은 『農家集成』이 제기한 農學體系(技術論·經濟論)를, 전면적으로 否定하는 것도 있었으나, 대체로는 이를 일면 계승 일면 否定하는 가운데 발전시키고 있었다. 『穡經』은 전자의 입장에 있었고, 『山林經濟』와 그 增補本 들은 후자의 입장에 있었다. 이 경우 『山林經濟』 등의 그 일면 계승은 주로 農業技術論에 관한 것이고, 일면 부정은 수로 그 經濟論(地主佃戶制論)에 관한 것이었다.

물론 『山林經濟』 등의 그 일면 부정은, 『農家集成』의 經濟論을 적극적으로 반대하거나 정면으로 부성한 것은 아니었다. 그들은 그것을 찬양하거나 따르지 않고 있을 뿐이었다. 그렇지만 그들이 『農家集成』의 農業技術論은 적극 계승하면서, 그 經濟論을 그들의 農學體系에 수용하지 않고 있다는 사실은, 결과적으로 그 불찬성 부정이 아닐 수 없었다. 그것은 가령 『攷事新書』의 찬자 徐命膺에게서 볼 수 있듯이 소극적이지만 확고한 부정이었다.

農業生産을 증진시키려는 이 시기의 農學은 크게 세 흐름이 있는 셈이었다. 국가권력의 정치적 사상적 지원을 받으며 농업생산의 주체를 주로 地主佃戶制로 보려는 농학, 이를 전면 부정하는 가운데 그 주체를 철저한 自耕小貧農層으로 보려는 농학, 그리고 地主佃戶制를 정면으로 부정하지 않으면서도 농업생산의 주체를 융통성 있는 自耕農制로 보려는 농학 등은 그것이었다. 첫째의 농학이 현 농업체제의 유지를 전제로 하는 것이라면, 둘째 셋째의 농학은 현 농업체제가 개혁되어야 할 것으로 보는 견해이었다.

『農家集成』이후의 水稻作의 農法 전환과 旱災 — 그뿐만 아니라『農家集成』이래로『農家集成』의 技術論을 계승한 여러 農書들은, 우리나라의 水田農業을 中國 華北地方的인 농업에서 江南地方的인 농업, 즉 直播農法에서 移秧農法으로 전환시키려 한 점에서 일치하고 있었는데, 이러한 農法의 전환에는 적지 않은 부작용이 따르고 있었다. 移秧農法으로 전환하게 됨으로써 더욱 잦아진 旱災는 그것이었다. 移秧農法으로의 전환은 先行條件으로서 水利問題에 대한 대책을 강구해야 하는 것인데, 이 시기에는 水利問題에 대한 근본적인 대책을 세우지 못하고 있었다. 그러한 대책이 없었던 바는 아니나, 그것은 移秧農法의 傳播 速度를 따르지 못하였다.

移秧農法은 中耕除草에 드는 노동력의 절약과 移秧 자체나 水田二毛作에서 오는 所出의 증가로 말미암아 그 필요성이 강조되고 그 보급이 촉진되었던 것이지만,『農家集成』을 비롯한 그 뒤의 農學은 農法의 전환에 따른 부작용이나 거기에 따라야 할 선행조건들을 해결하고 있는 것이 아니었다. 그것은 이때까지의 農學·農政의 一大 盲點이었다. 그리하여 실제로 이러한 맹점으로 말미암아 많은 농업상의 피해가 있었고, 그때마다 정부에서는 그 대책으로서 水利條件이 갖추어진 곳에 대해서만 移秧을 허락하는 통제의 방침을 취하곤 하였다. 그러나 그러한 統制가 잘 시행될 수 있는 것은 아니었다.

經濟思想의 변화 ; 土地改革論 商業的 農業論 — 정부의 시각에서 볼 때 經濟問題에 관해서나 技術問題에 관해서 종래의 농서는 이와 같이 여러 가지 큰 문제점을 안고 있었다. 그러한 가운데서도 制度改革을 중심으로 한 일반 農政書(農業政策硏究書)에서는 土地改革論을 제언하는 바가 많아져서,『農家集成』이 제기한 經濟思想, 즉 地主佃戶制의 유지 강조론은, 농업기술서가 아닌 이들 農政書의 土地論에 의해서도 크게 비판 받고 있었다. 이 시기에는 많은 論者들이 井田制를 논하고 均田論이나 限田論을 제창하고 있었다. 그것은 學者들의 學問으로서뿐만 아니라, 政府 大臣들의 時政批判이나 改革政策의 문제로서도 논의되었다. 이같은 土地改革論은 당시의 生産力의 발전 및 農村社會의 分解와 관련되는 것이었으므로, 시대가 흐름에 따라 더욱 심각하게 전개되지 않을 수 없는 것이었다.

그뿐만 아니라 市場과 관련하여 새로이 제기되고 있는 農業經營論 같은 것도 아직은 일정한 한계가 있었지만, 農學에 있어서 이러한 經濟思想이 관심의 대상이 되었다는 사실은, 『農家集成』의 다분히 自然經濟的이고 商業的 農業에 소극적인 經濟思想과는, 그 관심의 대상이 크게 달라지고 있는 것이 아닐 수 없었다. 이는 이 시기의 商品貨幣經濟의 발달과 관련하여 일어나고 있는 현상이었으므로, 앞으로 더욱 활발하게 전개될 것이 예상되는 견해이었다.

政府의 農業 대책 필요 ; 새로운 農書 편찬의 계획 —『農家集成』이후의 농서에 보이는 이러한 경향의 經濟思想은, 『農家集成』적인 經濟思想이 이미 時效가 지났음을 말하여 주는 것으로서, 『農家集成』을 하나의 標準的인 농서로 규정하고 있었던 정부로서는 어떤 대책을 강구하지 않으면 아니 되었다. 그리고 『農家集成』을 계승한 농서들이 農法의 전환에 따르는 기술상 문제로서 지적한 선행조건에 대해서도 정부로서는 어떤 대책을 세우지 않으면 아니 되었다. 『攷事新書』農圃門의 간행으로는 부족하였다.

그러한 농업 대책은 무엇보다 먼저 時勢에 맞는 새로운 합리적인 농서를 편찬하고, 새로운 농업 정책을 수립함으로써, 타개될 수 있는 일이었다. 그리하여 18세기의 마지막 단계에 이르러서는, 政府에서 國內 農業事情의 변동과 관련하여 발생하고 있는 農業問題를 타개하기 위하여, 새로운 農書의 편찬을 계획하게 되었다. 이와 관련하여서는 많은 사람들이 많은 농서를 편찬하기도 하였다. 이들 농서는 이 무렵의 農學思潮를 단적으로 반영하는 것으로서, 혹은 『農家集成』의 農學을 계승하기도 하고, 혹은 이를 부정하는 입장을 취하기도 하였다.

2. 『應旨進農書』의 技術論과 經濟論

正祖의 勸農政求農書綸音 반포 — 새로운 農書를 편찬하기 위한 政府의 農政策은 國王이 勸農政求農書綸音을 반포하는 것으로서 시작되었다. 正祖 22년(1798년) 11월의 일이었다. 이 해에 국왕 正祖는 전국의 知識人들에게 農書를 구하는 綸音을 내렸고, 同 22년에서 23년에 걸쳐서는 국왕의 이러한 綸音에 應旨하여 많은 농서가 정부에 제출되었다. 이른바 正祖 末年의 『應

旨進農書』로 불리는 농서들이었다. 국왕은 이렇게 해서 들어온 농서를 政府
에서 검토하고 종합 정리해서 새로운 농서를 편찬하려 한 것이다. 이때의 이
러한 계획이 성취를 보지는 못하였지만, 이때 정부에 제출되어 검토된 농서
의 요지는 오늘날 여러 자료에 그대로 남아 있다.[1]

이에 따르면 이 시기 정부의 이러한 계획은 반드시 뜻대로 되기 어려웠다.
進農書者들은 정부가 뜻하는 방향에서만 농서를 쓰고 있는 것이 아니었다.
그들은 農業技術論이나 農業經濟論을, 현실적인 상황을 타개하려는 시각에
서 서술하고 있었다. 그러므로 農業技術論은 『農家集成』의 그것과 공통될
수 있는 것이었으나, 農業經濟論은 결코 그럴 수가 없었다. 더욱이 『農家集
成』이 支配層의 관점에서 편찬된 것임에 대하여, 『應旨進農書』는 주로 農村
知識人이나 농업을 실지로 業으로 삼고 있는 農業者들이 서술한 바가 많아
서, 兩者는 관점의 차이에서 오는 經濟思想의 차이도 면할 수가 없었다. 필
자는 앞서 이러한 『應旨進農書』에 관하여 이미 이를 분석 검토한 바 있었으
므로,[2] 이곳에서는 다만 이 『應旨進農書』와 종래 농서와의 대비를 고려하면
서 그 農業技術論과 農業經濟論을 요약 정리하는 것으로 그치고자 한다. 자
료는 『日省錄』에 채록된 것을 중심으로 하였으나 그밖의 것도 일부 이용하
였다.

『應旨進農書』의 農業技術論 : 農法 전환 技術 개량 ─ 農業技術에 관해서는
여러 가지 문제가 논의되었지만, 그 초점은 朝鮮後期 農業技術의 최대의 과
제인 水稻農法의 전환에 집중하고 있었다. 水稻農法의 전환이란 付種法・直
播法에서 移秧法으로의 전환이었다. 이러한 農法의 변화는 기술한 바와 같
이 勞動力의 절약이라던가 所出의 증가 등 生産力의 발전을 가져왔지만, 적
지 않은 부작용을 수반하고 있었다. 그것은 移秧法을 이용한 水稻作이 확대
되면서 旱災의 피해도 커졌다는 사실이다. 그래서 國王은 그 綸音에서 이를
문제로 제기하고, 농촌지식인들은 이러한 旱災와 관련하여 이 農法의 확대

---

1) 『日省錄』正祖 22년 11월 30일~同 23년 6월 2일(『農書』 8, 應旨進農書 2) ; 『正祖實錄』 卷50,
   正祖 22년 11월 己丑, 47책, pp.138~147 ; 『農書』 7, 應旨進農書 1. 이는 이때 進疏한 農書의
   일부 원본을 수집 영인한 것이다.
2) 拙稿, '朝鮮後期의 農業問題 ; 18世紀 農村知識人의 農業觀 ─ 正祖末年의 應旨進農書의 分
   析'(『韓國史研究』 2, 1968 ; 『朝鮮後期農業史研究』〔Ⅰ〕에 收錄, 1970・1995).

전환에 대한 타당성 여부를 논하게 된 것이다. 그리하여 이에 관하여는 많은
사람들이 是是非非를 논했지만, 大勢는 農法 전환의 장점을 살려 가야 할 것
으로 기울어졌다. 그것은 이 農法이 朝鮮前期에서와 같이 除草에 편하다는
점에서뿐만 아니라, 농업의 經營面에서나 所出의 증가면에서 이것을 살려
가는 것이 타당하고 합리적이라는 데서였다.

다만, 이 農法이 旱災에 약한 것은 사실이므로, 이에 대해서는 한두 가지
특별한 대책이 마련되어야 한다고 생각하였다. 그 하나는 水利問題를 해결
해야 한다는 점이었다. 그들은 堤堰의 改修와 構築, 洑의 開設·修補, 井池
의 浚渫, 秋後 畓間貯水, 秸橰·水門筒·水車의 이용 등 여러 가지를 제언하
였고, 水源을 확보하기 위해서는 松禁·植木·禁火田의 정책이 있어야 할
것임을 내세웠다. 水利問題는 종래 몇몇 農書 말고는 크게 다루고 있는 것이
아니었는데, 이 『應旨進農書』에서는 모든 사람이 이를 논하고 있어서 큰 비
중을 차지하고 있었다. 이러한 사실은 종래의 농서와 크게 차이가 나는 점이
었다. 다른 하나는, 農地의 조건, 즉 그 高下·燥濕·水源의 有無·土品 등
을 살펴서, 移秧을 할 수 있는 곳과 付種, 특히 乾播를 해야 할 곳을 구분하
고, 농민들로 하여금 반드시 이에 따라 농사를 하도록 하자는 점이었다.3)

農法의 전환이라는 대전제하에서 그들은 또 農業技術上 改良해야 할 점을
지적했다. 그리고 그러한 개량의 문제를 그들은 우리나라 종래의 農學體系
위에서 자신들이 직접 농업을 경험하고 그 好否를 체험해 본 데서 얻은 지식
으로써 제언했다. 가령 公州 幼學 林博儒가 稻品種을 고를 때는 반드시 峽地
와 野地, 高處와 低處, 饒地와 瘠地 등의 土品을 가리고 穀性을 분별해서 택
할 것을 말하면서, 각각 適地適種의 稻品種과 不適한 品種을 일일이 들고 있
는 것은 그 예라고 하겠다.4) 이러한 사실들은 종래의 농서에서는 볼 수 없
는 구체적인 농업기술의 제시이며, 또 여기에 열거한 黑粘禾·斗應水利禾·
山於里禾·水不知禾·東宜禾·如術禾·正金禾·玉著光禾·黔不禾·䅖葛
禾·玉山稻·景上禾·密多利唐鞋禾 등등의 稻名 가운데 많은 부분도 종래
의 농서에서는 볼 수 없는 것이었다. 이렇게 구체적인 稻品種 재배를 말할

---

3) 乾播를 중심한 이때의 논의에 관해서는 제V편 제4논문을 참조.
4) 『日省錄』 正祖 23년 2월 11일, 『農書』 8, pp.159~161.

수 있다는 것은 그 자신이나 이 시기 이 地方 농민들이 이러한 稻品種 재배
에 이미 익숙해 있었기 때문이었다고 하겠다.

이러한 점은 林博儒와 같은 지방의 生員 柳鎭穆을 통해서도 볼 수 있다.
그는 『農家集成』을 말하여 '農者之大經大法'이라고 하면서도, '以臣田舍經驗
言之'라고 하여 자신의 농업 경험에 따라 『農家集成』 농업기술의 불충분함을
말했다. 그리하여 그는 『農家集成』의 농업기술에서 수정하고 보완해야 할
문제를 여러 가지 지적했다. 가령 水稻作에 관해서 말한 것만 보면, 당시의
농민들이 가장 많이 심는 벼는 早熟하는 正金稻이지만, 이것은 바람을 조금
만 받아도 不實하므로 多種할 것이 못되며, 杜冲租는 십수 년 사이에 日本에
서 전래하여 湖西地方에서 始種하게 된 것인데, 이는 바람이 있어도 災害가
심하지 아니하고 霜落 뒤에 始熟하므로 早霜의 피해도 받지 아니 하니, 이를
新農書에 상술해야 할 것이라고 말하였다. 그리고 種子의 浸種에 관해서
『農家集成』은 사흘 동안 浸種한 뒤에 건져 내서 파종하라 하였지만, 早稻는
浸種했을 때 봄 추위가 심하면 싹튼 벼의 싹이 상하기 쉬우며, 粘稻는 비록
하루 동안 浸水해도 立苗에 좋지 않으며, 晚稻는 특히 사흘 동안뿐만 아니라
열흘 동안을 浸種해도 좋으므로, 浸種을 일률적으로 사흘 동안으로 규정할
것이 아니라고 하였다. 그리고 苗板의 施肥에 관해서는 草根木筍이나 鷄狗
猪鼈의 糞이 모두 좋지만 이는 많이 얻기가 극히 어려우며, 물 있는 畓에는
破壁한 舊土나 破堗한 舊土 그리고 生黃土에서 흘러나온 흙탕물보다 좋은
것이 없으며, 苗가 좀 자란 뒤에는 尿를 주는 것이 대단히 좋은데, 이러한
것은 얻기도 쉽고 苗에도 좋다고 말한 것 등이 그 예이다.

柳鎭穆은 또 移秧法이 늘 旱災의 피해를 받고, 따라서 물이 문제가 되고
있음에서, 移秧法과 直播法을 종합해서 旱災의 위험도를 덜고 移秧法의 소
득을 올릴 수 있는 방안을 농촌관행으로 제시하기도 하였다. 그것은 바로 한
번 付種한 水田에서 移秧期에 다시 한 번 苗를 移植하는 농법이었다. 그는
농민들이 이 방법을 虛沙彌라 부른다고 하였다.[5] 이는 옛날 中國의 北方 高

---

5) 『日省錄』 正祖 23년 2월 11일, 『農書』 8, pp.141~142.
   若於春付種之後 待苗苗可合移種之時 拔取稻苗 更爲治畓 如移秧之爲 則省功如移秧 食實如
   付種 且於移秧前 耕治水田 一如移種之樣 此農人所云虛沙彌也 及夫移種也 更爲移種如初 則

原地대에서 '拔而栽之'하는 농법과 비슷하고, 申渫이『農家集成』에서 증보한 反種法과 비슷한 농법인데, 申渫이『農家集成』을 편찬한 것은 公州牧使 재임 시절이었으므로, 그의 反種法은 이 고장의 이 虛沙彌농법을 채록한 것일 수도 있겠다. 다만 反種法이 '水田無水 雜草荒蕪' 할 때에 한하여 除草의 방법으로 제기하였던 것임과 달리, 이 虛沙彌는 付種을 한 水田에서 평상시에도 반드시 거쳐 가는 하나의 과정으로써 제기하고 있는 차이가 있었다. 이렇게 하면 移秧法에 있어서와 같이 功力(勞動力)이 생략되고, 또 莠稗도 모두 제거되고 地力이 곱절이나 기름지게 되며, 付種法에서와 같이 旱災의 위험을 받지 않고 수확을 할 수 있다는 데서였다.

農地를 耕治함에 있어서 그는 施肥의 중요성에 관해서도 몹시 神經을 썼다. 그러나 그는 어떠한 農地에도 施肥가 무조건 많아야만 좋은 것은 아니라고 보았다. 山峽에서는 많을수록 좋지만, 野地에서는 過用하였다가 旱魃이나 장마를 만나면 坐損할 뿐만 아니라 蟲災를 당한다고 보고 있었다. 이는 지리적인 조건과 자연조건을 고려해서 施肥해야 함을 경험에 따라 제언한 것이다. 그리하여 그러한 가운데서도 糞壤이 모지랄 때의 대책에 대해서는, '代糞而入生土 不糞而加三耕'이라고도 하여, 糞壤 대신에 生土를 투입하거나 施肥를 못할 때는 田畓을 三耕할 것을 말하기도 하였다.6) '不糞而加二耕' 하는 농업기술에는 李光漢도 유의하고 있었다. 그는 그것을 反耕法이라 하고 春耕時에 反耕을 두세 번씩 되풀이하라고 하였다. 그러나 反耕法이 한 가지 방법이기는 하지만, 그것으로써 施肥를 완전히 대신할 수는 없는 일이었다. 施肥는 여전히 필요하며, 施肥를 위한 대책은 항상 마련되어야 하는 것이었다. 그래서 李光漢은 糞壤法을 말하여 '糞壤之於農政 最爲急務也'라고 하였으며, 농민으로 하여금 街頭에 甕을 묻거나 路邊에 厠을 지으며, 市店 가까운 場邊에 溷을 만들거나 店舍에 盆을 두어 糞壤을 收取 貯蓄하라고 하였다.7)

柳鎭穆은 또 그밖에도 移秧法과 관련된 水田種麥을 대단히 유리한 農法이

莠稗盡袪 地力倍饒 與付種無異

6) 同上.

7)『日省錄』正祖 23년 3월 22일,『農書』8, pp.240~241.

라고 말했다. 水田은 種麥을 통해서 地力이 消耗되는 것이 아니라, 麥을 栽培하고 있는 동안에는 반드시 糞尿를 施肥하게 되므로, 水田種麥은 도리어 水稻에 유익하다는 점을 지적하였다. 이러한 점에서 그는 농민을 裕食케 하는 水田種麥, 따라서 移秧法 보급을 강조하기도 하였다.8)

  水田種麥法은 조선후기에 있어서는 농업생산력의 발전을 나타내는 대표적 사례의 하나였으며, 춘궁기의 농민경제에 특히 크게 기여한 麥 경종법이었다. 그러므로 이 시기에는 이 農法이 그것을 가능케 하는 조건의 성숙(移秧法 보급)과 더불어 널리 보급되었다. 朝鮮 農業에는 본시 回換農法이 있어서 농민들은 水田에 麥을 재배할 수 있다는 사실을 이미 잘 알고 있었기 때문이었을 것이다. 移秧法을 금지해서는 안 되는 이유를 이 水田種麥法으로서 말하는 사람은 많았으며, 그러한 논자 가운데에는 이 경종법을 자신의 『應旨進農書』에 소상하게 기술함으로써, 그것을 널리 보급시키려고도 하였다. 다음은 그 한 예이다.

> 種於水田 則禾稼收穫後 卽通開田畔水道 使無潤濕 再三乾耕然後 以灰雜種 播
> 下 以木斫 打塊平治 輕掩麥種 稍存其畝左餘塊 則麥乃易生立苗 而及深冬初春
> 所存餘塊 稍稍凍解 漸次覆麥 則麥無凍死之患. 而必得大苗也9)

  이는 全羅道 長興 사람 幼學 李永祿이 그의 지방 사정을 기술한 것으로, 『農事直說』과 마찬가지로 三南地方 가운데서도 최남단의 水田種麥法을 예시한 것이 되겠다. 이에 따르면 그곳의 水田種麥法은 다음과 같은 과정을 거치고 있었다. (1) 水田 주위에 배수구를 파 畓面에 습기가 없도록 물을 뺀다. (2) 두세 차례 乾耕을 함으로써 畓面에 畎畝를 작성한다. (3) 종자를 灰에 섞어서 畎中에 播下 한다. (4) 木斫으로 畝上의 土塊를 툭툭 두들겨 평평하게 고르면서 畎中의 麥種을 가볍게 덮되 畝 가장자리에 있는 약간의 餘塊는 그대로 둔다. 이같이 하면 麥이 쉽게 싹트고 착근하며, 겨울을 지나 초봄에 이르면서 나머지 土塊가 얼었다 녹아 부서지며 흘러내려 점차 麥根을 덮

---

8)『日省錄』正祖 23년 2월 11일,『農書』8, p.146.
  9)『全羅道長興府居幼學臣李永祿應旨冊子』(內題 : 全羅道長興府居幼學臣李永祿農書).

게 되면, 맥은 凍死할 염려도 없고 반드시 잘 자라게 된다는 것이었다. 배수
시설이 잘 된 畓面에 畎種을 하되 撒種이 아니라 종자를 한 줌씩 내려놓는
播下(下種)를 하는 것이었다.

水田種麥法은 『閑情錄』과 『山林經濟』에서도 이미 제시하였는데, 李永祿
이 제시한 수전종맥법은 『閑情錄』의 그것과는 그 整地法·播種法에서 큰 차
이가 있었다. 『閑情錄』의 수전종맥법은 중국의 江南농법을 그대로 옮긴 것
이었고, 이영록의 그것은 관행하는 농법을 수록한 것임에서 오는 차이이었
다. 이영록의 기술이 관행하는 농법을 실었다는 점에서 그것은 『山林經濟』
의 그것과 같은 계보에 속하는 것이었다고 하겠다. 그러나 『山林經濟』에서
는 畓中種牟法이라는 題下에 현실적으로 관행하는 수전종맥법을 채록하면
서도, 耕種法 서술에서 가장 중요시해야 할 整地法을 분명하게 기술하고 있
지 않았으며, 따라서 이를 참고하는 가운데 種麥을 하려면은 애매하고 불편
한 바가 없지 않았다. 그러므로 이영록은 『山林經濟』의 경종법기술을 보완
하여 그 水田種麥法을 위와 같이 정리하였던 것으로 생각된다.

경험을 통해서 알고 있는 좋은 農法으로 종래 농법의 틴짐을 개량해 나가
려는 자세는 鄭道星에게서도 볼 수 있다. 그는 직접 농사를 함으로써 富裕해
졌고, 그래소 納粟을 통해서 巡將이 되기까지 한 사람인데, 가끔 있는 水災
나 旱災를 막으려면 稻品種의 改良이 필요함을 역설하였다. 그는 稻種에는
柔者와 强者가 있고, 강자는 水旱에 모두 강한데, 이러한 강자에는 天上稻·
斗於羅山稻·淳昌稻가 있어서, 이는 비록 水旱을 당해도 손실하는 바가 별
로 없음을 경험하고, 또 농민들 사이에 이 稻種이 널리 채택되고 있음을 목
격하고 있음에서 이의 보급 권장을 제언하고 있었다.10)

農業改良에 관한 이같은 견해는 앞에서 든 예 말고도 얼마든지 있었다. 그
것은 그럴 수밖에 없는 일이기도 하였다. 政府에 접수되어 논의되었던 農書
의 進疏者들은 대체로 農村知識人이었으므로 그들이 제기할 수 있는 방안은
그들이 살고 있는 지방과 관련하여 다양할 수밖에 없었기 때문이다. 그러나
농촌지식인들의 다양한 제안은 그들이 경험하고 目睹한 범위 안에서 새로운

---

10) 『日省錄』 正祖 22년 12월 29일, 『農書』 8, p.101.

것, 더 유리한 것으로써 舊來의 것, 결함이 있는 것을 대체하려 하였다는 점
에서 또한 공통되었다. 『日省錄』에 보이는 進農書者 가운데에는 혹 中國의
農書를 널리 印行할 것을 요청하기도 하였지만, 中國 農書의 농법을 두루 섭
취하여 우리 농법을 근원적으로 변혁할 것을 제언하는 자는 없었다. 그러한
점에서 農學者가 아닌 그들은 모두가 우리 농법의 범위 안에서 그 개량을 기
도하였던 것이라고 하겠다. 그것은 말하자면 『農家集成』 이래의 우리 農學
의 발전 방향을 그대로 따르고, 그것을 현실적으로 진행되고 변화하고 있는
농법으로써 구래의 것을 대체해 나가려는 것이었다고 하겠다.

　『應旨進農書』의 農業經濟論 ― 農業經濟論에 관해서는 地主佃戶制의 부정
이 관심의 대상이 되었다. 그것은 井田論 · 均田論 · 限田論 기타 등으로 표
현되었다. 17세기 중엽의 『農家集成』에서는 地主佃戶制가 질서로서 내세워
졌고, 17세기 말~18세기 초의 『穡經』 · 『山林經濟』 그리고 18세기 중엽의
그 增補本들에서는 이를 받아들이지 아니 하였으나, 그 農書 안에서 이를 적
극적으로 부정하지는 못하였던 것인데, 이제 18세기 최말기의 『應旨進農書』
에 이르러서는 이 地主佃戶制의인 土地所有관계가 부정되고, 井田論이나 均
田論 限田論이 하나의 改革論으로서 제기되었다. 종래의 많은 農書 편찬자
들은 徐命膺의 未公開作인 『本史』를 예외로 한다면, 감히 정면에서 『農家集
成』의 土地論을 부정하고 새로운 土地論을 자기 책에 내세우지 못하였는데,
이제 進步的인 官僚知識人과 농촌지식인들은 그것을 자신들의 농서에서 자
연스럽게 내세우게 되었다. 그것도 이때 正祖가 바라고 求言한 것은 農業技
術上의 문제에 그치는 것이었는데, 進農書者들은 그러한 求言의 범위를 넘
어서서, 土地所有關係의 재조정이나 그 再分配를 제언하였다.

　朝鮮후기에 井田論이나 均田論 · 限田論을 農政書나 農書를 통해서 내세
운 사람은 많았다.11) 『應旨進農書』와 관련하여 이러한 土地論을 주장하였
거나, 地主佃戶制를 부정하는 견해를 분명히 밝힌 사람은 『日省錄』에서만
보더라도 일곱 명이나 되었다. 이렇게 많은 사람이 모두 이러한 土地論을 생

---

11) 필자는 朝鮮後期의 土地改革論에 관하여 다음 著述에서 비교적 상론하였다. 아울러 참고
　　바란다. 拙著, 『朝鮮後期農業史硏究』 〔Ⅰ〕, 제Ⅰ편, pp.15~25 ; 『朝鮮後期農業史硏究』 〔Ⅱ〕,
　　제Ⅳ편 ; 『韓國近代農業史硏究』 〔Ⅰ〕, 제Ⅰ편 등.

각하게 된 것은 실로 큰 변화가 아닐 수 없었다. 이 시기에는 兩亂 뒤의 地主制를 중심으로 한 經濟再建策, 農業生産力과 商品貨幣經濟의 발전, 賦稅制度의 구조적 모순 심화 등으로 말미암아 農村社會의 分解가 한층 더 촉진되고, 따라서 土地問題가 그만큼 더 심각해지고 있었기 때문이었다. 丁茶山은 이 무렵의 湖南지방 농민구성 농촌사정을 100戶 가운데 地主 5戶, 自耕農民 25戶, 佃作農民 70戶로 분석했다.12)

이러한 土地論과 아울러 농촌지식인들은 '均並作'을 위한 貸田調節論을 또한 내세우고 있었다. 이는 限田論에 다음 가는 차선의 방법으로서, 土地의 재분배가 불가능할 경우에는 借耕地라도 재조정해야 한다는 견해였다. 尹在陽과 李光漢이 그 대표적인 인물이었다.13) 당시에는 농민층의 분해가 촉진되고 있어서 많은 佃作農民이나 農業勞動者를 배출하고 있었는데, 이러한 농민들은 借耕地조차도 자유롭게 얻을 수 있는 것이 아니었다. 어떤 농민은 많은 農地를 兼並廣作함으로써 부유하게 살 수 있는가 하면, 어떤 농민은 片土도 얻을 수가 없어서 농업노동자로서 生計를 이어가야만 하였다. 借耕地를 廣占하고 이의 경영을 통해서 풍족하게 살아가는 농민들은 廣作農民・經營型富農인 것으로서, 이 시기에는 이러한 농민이 적지 않았다. 농법의 전환, 移秧法 보급에서 오는 노동력의 절약은 이러한 농민으로 하여금 더욱 經營擴大에 열중하게 하고, 따라서 가난한 佃作・時作農民들은 借耕地에서조차도 배제되게 마련이었다. 進農書者들은 이러한 상황을 地主의 農地 독점 현상과 마찬가지로 불합리한 현상으로 보고 농민경제・농촌경제의 안정을 위해서는 借耕地의 재조정이 필요하다고 보는 것이었다.

농촌지식인들 가운데에는 또 富農層에 의해서 농업이 商業化되는 것을 거부하는 논자도 있었다. 농업의 상업화는 농촌의 富를 어느 특정인에게 치우치게 하고, 따라서 많은 농민들은 더욱 곤궁하여진다는 점에서였다. 商品으로서의 烟草生産을 통제해야 한다고 한 것이라던가, 米穀이 遠隔地(他鄕)로

---

12) 『丁茶山全書』 擬嚴禁湖南諸邑佃夫輪租之俗箚子, 上, p.198.
13) 『日省錄』, 正祖 22년 12월 22일, 正祖 23년 3월 22일, 5월 1일.
　　『農書』 8, p.63・228・373.
　　李潤甲, '18세기 말의 均並作論'(『韓國史論』 9, 1983).

빠져나가는 貿易을 통제하라고 한 것은 그 가운데에서도 두드러진 예였
다.14) 그들의 생각은 柳重臨의 『增補山林經濟』나 辛敦復의 『山林經濟(補
說)』·『厚生錄』 등에서 제기되었던 農業經營論과도 또 다른 것이었다.

進農書者들은 이와 같이 地主制의 부정과 限田論을 제기함으로써 『農家
集成』의 經濟思想에 반기를 들기는 하였지만, 그러나 그렇다고 해서 이들의
農學思想이 진보적인 思想性을 지닌 것은 아니었다. 그들은 借地經營의 확
대나 농업의 商業化를 또한 거부함으로써 당대 농업의 발전적인 일면을 또
한 부정하고 있었다. 그들이 바라는 바는 小農經濟를 중심으로 한 농민과 농
촌의 안정이었으며, 그것을 위해서 土地의 재분배, 借耕地의 재조정, 商業
的 農業의 통제가 필요하다고 보는 것이었다.

농촌지식인들은 이와 같은 농촌의 실현을 궁극적인 목표로 삼았지만, 이
를 실현시키기 위한 또 다른 한 가지 방법으로서는 農業協同의 문제를 또한
크게 제기하고 있었다. 土地나 借耕地의 균등한 분배만으로서 農民經濟를
안정시킬 수 있는 것이 아니라, 農業資本의 한 가지 중요한 요소로는 노동력
의 문제가 있으므로, 農民經濟의 안정을 위해서는 土地의 재분배와 더불어
노동력의 協同管理가 필요하다고 보는 것이었다. 농업이란 適期適時에 起耕
하고 播種해야 하며, 移秧과 中耕除草 및 收穫도 때를 놓쳐서는 아니 되는
것인데, 실지에 있어서는 농민들의 경제력에 따라 營農 過程이 適期에 수행
되지 못하고, 따라서 失農을 하게 되는 농민이 적지 않은 까닭이었다. 노동
력이 부족한 데서 오는 현상이었다. 그래서 농촌지식인들은 이러한 문제를
해결하려면 농업의 협동이 필요하다고 생각하게 되었으며, 그 방법으로서는
鄕約을 살려 가고 또 이와 관련해서는 社倉法을 施行하는 것이 좋다고 보았
다.15) 鄕約은 본시 支配層의 農民 통제 방법으로서 시행되어 온 것이지만,
進農書者들은 이를 다시 이 시기의 變貌하는 농촌현실과 관련시켜 새로운
각도에서 이용할 것을 생각했으며, 社倉法은 朱子의 社倉法을 모방함으로써
농민 상호의 협동과 상조를 효율적으로 이루게 하자는 것이었다.

그리고 또 이러한 노동력의 문제와 관련해서는 遊食人을 통제하여 이들에

---

14) 『朝鮮後期農業史硏究』〔I〕, 第I編, pp.60~62 ; 증보판 pp.61~64.
15) 同 上, pp.62~67 ; 증보판, pp.64~69.

게 農地를 주고 농업에 종사시킬 것을 말하기도 하였다. 이 시기에는 농민층
의 分化에 따라 여러 종류의 無爲徒食層이 생기고 있었는데, 농촌지식인들
은 이들을 모두 농업에 동원시키자는 생각이었다. 그러한 遊食人 가운데는
兩班 身分인 사람들도 있었다. 遊食人은 '三分居一'이라던가 또는 '什之七八'
이라고 할 정도로 이들의 處理는 하나의 사회문제가 되고 있었는데, 농촌지
식인들은 이들을 農業에 종사시킴과 아울러, 농민이 지는 兵役을 지게 함으
로써 농민이 農時를 놓치는 것도 막자고 하였다.16)

　이상과 같은 經濟論을 제창한 농촌지식인들의 思想基盤은 말할 것도 없이
朱子學을 통해서 체득한 儒敎의 思想體系였다. 그들은 농촌에서 朱子學的인
認識體系에 따라 교육을 하는 私塾·鄕校·書院을 거쳐 科擧를 위한 敎育을
받았고, 그 교육은 그들로 하여금 소박한 農書를 편찬할 수 있는 知識을 갖
게 하였다. 그러므로 그들의 思想基盤에는 朱子의 영향이 깊이 작용하고 있
는 것이 아닐 수 없었다. 이와 같이 그들의 사상기반이 다분히 朱子學的인
인식체계에 따른 儒敎思想이었다는 점에서는 그들의 農學思想은 『農家集成』
의 그것과 일맥상통할 수 있었다. 『農家集成』의 農學思想은 그 밑바닥에 朱
子의 農政理念을 깔고 있음에서였다. 그리고 그러함으로써 농촌지식인들은
농서를 엮을 때 底本으로 『農家集成』을 선택하였던 것이다. 그러한 사실은
실지로 명백하게 드러나는 사례에서 이를 볼 수도 있다. 柳鎭穆과 林博儒의
경우는 그 예이다. 이들은 『農家集成』의 農學體系를 염두에 두면서 그들의
농서를 편찬하고 있었다. 그래서 이들의 농서가 정부에 제출되었을 때 國王
正祖는 政府 大臣들과 더불어 이를 逐條檢討하고, 이것이 朱子의 「勸農文」
에 보이는 농정책에서 온 것임을 지적하여 '所陳十四條 皆是南康榜文之支流
也'17)라고까지 하였었다.

　그러나 이와 같이 『農家集成』이 농촌지식인 농서의 저본이 되고 朱子學的
인 인식체계에 따른 儒敎思想이 그들 사상에 짙은 영향을 주고 있으면서도,
그들의 農業經濟論의 가장 중요한 부분인 土地所有問題에 관한 견해는 『農
家集成』이나 朱子의 그것에서 멀리 벗어나 있었다. 그들은 『農家集成』이 내

────────────

16) 同上, pp.51~55 ; 증보판, pp.52~56.
17) 『日省錄』 正祖 23년 2월 11일, 柳鎭穆 「農書」에 대한 國王의 批答, 『農書』 8, p.170.

세운 地主佃戶制的인 農業經營을 사회적 모순으로 파악하고, 이를 극복하는 土地論을 限田論 기타로써 제기하였다. 그리고 그러한 限田論의 이론적인 근거를 그들은 中國 古代의 井田制나 限田制 또는 均田制에서 찾고 있었다. 농서를 進呈한 농촌지식인들은 현재의 사회경제적 모순의 타개를 古代에 있었던 이상적인 土地所有關係의 재현을 통해서 달성하려 한 것이었다. 이는 一見 復古的인 것으로서 陳腐한 견해이면서도 한편 중요한 의미를 지니고 있었다. 그것은 朱子學的인 인식체계에 따른 現實 支配나 思惟方式에 한계를 인정하고 새로운 방법에 의한 現實 타개를 모색하였다는 점에서이다. 그리고 그 방법을 바로 復古에서 찾았다는 점에서이다. 농촌지식인들은 學者가 아니었으므로 자신의 그러한 생각의 방향을 學問的으로 처리하지는 못하였지만, 그 사유방식은 중요했다. 그것은 농촌지식인들이 朱子學의 영향 아래에 있으면서도 그 思惟方式에서 이미 그 굴레를 벗어나고 있었다는 데서이다. 농촌지식인들의 현실 타개 방안이 이와 같이 復古的인 경향을 띠었다는 사실은, 그 사유방식에 있어 『衿陽雜錄』·『穡經』의 그것과 같은 것이었다. 『衿陽雜錄』·『穡經』의 農學思想은 그러한 사유방식에 있어서 後代의 農學에 큰 영향을 주고 있는 셈이었다.

3. 實學派 農書의 農業論

지금까지 우리는 『應旨進農書』를 살펴 왔지만, 이는 이때 정부에 접수·논의되었던 사항에 限한 것이었으며, 그러한 進農書는 주로 農村知識人들이 편찬한 것이었다. 그러나 이때 國王 正祖의 求言敎에 應旨하여 농서를 작성하였던 사람은 이들 농촌지식인에만 限하지 않았으며, 또 농촌지식인의 『應旨進農書』가 이때 모두 검토되었던 것도 아니었다. 이때 정부에서 거론된 농서는 일정한 기간에 접수된 것뿐이었으며, 따라서 농서를 進呈하였다 하더라도 이 시기를 넘긴 것은 정부에서 논의되지 않았다. 그 시기는 正祖 23년 6월이었던 것 같다. 6월 이후의 정부 기록에서는 進農書의 문제가 일체 거론되지 않았다. 그러므로 이 시기 이후에도 여러 사람들이 농서를 進呈했지만, 우리의 검토에서는 생략되었다. 그러한 농서 가운데는 실학자들이 편찬한 농서도 있었다.

이 무렵의 실학자로는 朴齊家·朴趾源·丁若鏞·徐有榘 등이 있었는데, 이때 이들은 모두 地方官이었다. 國王 正祖는 지방관들에게 의무적으로 농서를 應旨 進疏하도록 했으므로, 많은 地方官들이 농서를 編述하였을 것으로 생각되는데, 이들도 역시 지방관으로서 농서를 써 바쳤던 것이다. 이들이 進疏한 농서는 朴齊家의『北學議』, 朴趾源의『課農小抄』, 丁若鏞의「應旨論農政疏」및 이와 관련해서 작성한「田論」, 徐有榘의「淳昌郡守應旨疏」등이다. 朴齊家와 朴趾源은 18세기 최말기에 이미 大成한 학자로서 이채를 떨치고 있었으며, 丁若鏞과 徐有榘는 이때 소장학자로서 앞의 두 사람을 이어 19세기 초엽을 이끌어 가게 되는 학자들이었다. 그러한 학자들이 농촌지식인과 더불어 國王의 綸音에 應旨하여 농서를 써내고 있었다. 兩朴 師弟間의 저서는 이 시점에 한해서 말한다면 實學派 農業技術論의 眞面目을 여실히 드러내는 것이었으며, 丁·徐 두 사람의 應旨疏는 그 뒤까지 활약하는 實學派 農業論의 특질도 엿보게 하는 것이었다. 그러므로 이들의 농서를 분석 검토하면 이 시기 實學派의 農學思想이 어떠한 것인가를 파악할 수 있으며, 또 농촌지식인들의 農學思想과 실학자들의 農學思想이 어떻게 같고 어떻게 차이가 나는지도 파악할 수 있을 것이다.

1)『北學議』의 農業論

『北學議』와『進疏本北學議』편찬의 경위 ―『北學議』는 원래 正祖 2년 (1778년)에 朴齊家(號:楚亭·貞蕤, 英祖 26~純祖 5년, 1750~1805년?)가 入燕使節 蔡濟恭을 따라 中國에 다녀와서 中國 文物의 뛰어남을 보고 우리나라에서 改善해야 할 점에 관하여 기술한 책이었다. 이때의 中國은 淸 乾隆 文化의 全盛期였고, 蔡濟恭 一行이 들어갔을 때는 바야흐로 四庫全書의 편찬 사업이 한창이었다. 젊은 朴齊家는 이러한 中國 文化의 隆盛함에 感銘되었고, 여러 가지를 배워야 할 것으로 생각하였다. 그러기에『北學議』는 애초에는 반드시 농서로서만 쓰여진 것이 아니었다. 거기에서는 농업에 관한 것도 다루어지기는 하였지만, 車·船·城·甓에서 服飾·言語·科擧에 이르기까지 여러 가지 문제가 다뤄졌다. 그러면서도 결국은 일상생활에 필요한

문제, 특히 경제생활과 관련된 문제가 중심이 되고 있었다. 그러한 점에서
이 책은 벌써부터 당대 學界의 주목을 받게 되었고, 그 스승인 朴趾源과『攷
事新書』의 찬자인 徐命膺이 序文을 쓰기까지 하였다.

朴齊家는 이러한 그의 저서를, 正祖 22년에 國王의 求農書 綸音이 있게
되자, 그 가운데서 농업문제에 관련되는 것만을 抄錄 添削하고, 거기에다 몇
가지 문제를 더 보충하여『應旨進農書』로서 바치었다.『進疏本北學議』로 알
려진 책이 바로 이것이며, 우리의 검토의 대상이 되는 것도 이 저서다. 따라
서 이『北學議』는 學者가 쓴 것이기는 하지만, 體系 있는 농서가 되기는 어
려웠고, 몇 가지 문제점을 제기하고 있는 農業論인 것이다. 그와 같은『北學
議』의 經濟思想이 어떠한 것인가에 관해서는 朴齊家의 商業觀을 중심으로
이미 여러 사람이 지적했지만,[18] 農學의 측면에서 보더라도 그것은 안목이
넓고 이채로운 것이었다.

(1) 國家經濟와 農業의 關係

農業政策을 全經濟機構와 有機的 관련에서 —『北學議』의 農學은 國家의 富
力이나 全 經濟機構 안에서의 農業經濟의 위치를 규정하고, 全 經濟機構의
원활한 운영 속에서 農業經濟의 안정을 찾으려는 것이었다. 동시에 農業經
營의 합리적인 개선을 통해서 生産性을 높이고 國家財政이나 經濟秩序 전반
의 안정을 꾀하려는 것이기도 하였다.

朴齊家가 농업문제를 논하고 농서를 進疏하면서도, 국가의 富力이나 經濟
機構 전반을 염두에 두고 있었음은,『北學議』의 여러 곳에서 엿볼 수 있다.
財賦論의 序頭에서

善理財者 上不失天 下不失地 中不失人 器用之不利 人可以一日 而我或至於一
月二月 是失天也 耕種之無法 費多而收少 是失地也 商賈不通 游食日衆 是失
人也[19]

---

18) 金龍德, '貞蕤 朴齊家硏究 - 第二部 朴齊家의 思想'(『史學硏究』10, 1961).
_____, '朴齊家의 思想'(『韓國思想』5, 1962).
李成茂, '楚亭 朴齊家의 經濟思想'(『硏史會誌』2, 1967).
19)『進北學議』財賦論,『農書』6, p.104.

라고 한 것이 그 한 예이겠다. 理財를 잘하는 사람은 失天을 하지 않고 失
地를 하지 않으며 失人을 하지 않는데, 失天은 器具의 이용방식이 落後한 데
서 오는 富의 손실이고, 失地는 農地經營의 불합리에서 오는 손실이며, 失人
은 商業의 유통이 제대로 되지 않아 失業人을 구제할 수 없는 데서 오는 손
실이라는 것이었다. 말하자면 手工業이 발달하여 낙후한 器具를 사용하지
않게 되고, 農法을 개량하여 農地經營의 불합리를 제거하고, 流通機構를 활
발하게 하여 游食人 즉 失農人口를 이에 흡수케 하면 國家財政이나 國家의
富力은 늘려 갈 수가 있다는 것이었다. 그래서 朴齊家는 농업에 관하여는 그
경영방식이나 농업기술을 改良해야 할 것으로 생각했지만, 그러기 때문에
또한 農業문제가 농업문제의 改善만으로써 해결되리라고는 보지 않았다.
이와 관련해서는 반드시 商業이나 手工業의 개선이 뒤따라야 한다고 생각
하였다.

그가 농업문제를 논하면서 經濟機構 전반을 염두에 두고 있었음은 海外貿
易을 논한 가운데서도 표현되고 있었다.

　　我國 國小而民貧 今耕田疾作 用其賢才 通商惠工 盡國中之利 猶患不足 又必通
　　遠方之物而後 貨財殖焉 百用生焉[20]

朴齊家는 국가의 財貨를 늘릴 수 있는 방법, 일상생활에 필요한 백 가지
用途를 마련할 수 있는 방법을 國內外의 利를 모두 취하는 데 있는 것으로
보고, 국내의 利를 다하는 데 있어서는 農事에 힘써 종사하고 商을 통하고
工을 惠하는데 있는 것으로 보았다. 그에게 있어서는 國家나 民生에게 필요
한 理財의 방법 ―'盡國中之利'의 방법은, 土地 즉 농업에만 限하는 것도 아
니고 商·工業에만 한하는 것도 아니었으며, 그 모든 것이 필요하였다. 농업
이나 商·工業은 각각 그 가운데 하나일 따름이었다.

그러므로 그는 농업이 중요하기는 하나 모든 백성을 농업에 종사시키려고
하는 것은 현명한 처사가 못되는 것으로 보고 있었다. 가령 商人은 四民 가

20) 『進北學議』 通江南浙江商舶議, 同 上, p.106.

운데 하나이므로 그 數에 있어서 全 百姓의 10분의 3쯤 되지 않으면 아니
된다는 것이었으며, 海民이 魚로써 農을 삼는 것은 峽民이 나무하는 것으로
써 農을 삼는 것과 같은 일이므로, 농민은 耕作에, 상인은 商去來에, 海民은
漁撈에, 工人은 工匠에 종사하는 것이 각각 자기의 농사를 짓는 것이 된다는
생각이었다. 그래서 그는 '今若一切食土 則民失其業 農日益傷矣'21)라고 하
여, 모든 백성을 농업에 종사시키면 그들이 종사하던 원래의 業을 잃을 뿐만
아니라, 농업도 날로 손상될 것이라고 하였다. 社會的 分業이 더욱 촉진되어
야 할 것임을 강조하는 것이었다.

朴齊家의 이러한 견해는 五行을 논한 가운데서도 볼 수 있다. 五行은 水
火金木土의 다섯 가지 자연조건으로서, 보통 觀念的인 哲學에서 논의되는
것이지만, 그는 이것을 民生의 일상생활과 관련시켜 해석하였다. 즉 水는 물
의 힘을 動力化하려는 水利이고, 火는 鑛石과 金屬을 鎔解하는 石炭이며, 金
은 火力으로써 얻어진 金屬이며, 木은 木材로 만들어진 車이며, 土는 土로
만들어진 甓으로 간주하려는 것으로서, 그의 五行은 모두가 手工業과 관련
되고 있었다. 그래서 그는 이 五行을 民이 살아가는 데 있어서 없을 수 없는
것으로 보았으며, 五行을 穀과 함께 '六府'로 불렀던 古例에 따라 五行 즉 手
工業이 穀 즉 농업과 한가지로 중요한 것임을 강조하였다. 그리고 그것이 자
기 위치를 이탈하여 그 機能을 상실하면 아니 된다고 하였다.22)

農業發展을 위한 先行조건 : 害農요인 제거 —『北學議』의 農業論은 이와
같이 全 經濟機構의 均衡 있는 발전을 전제로 하면서, 그 가운데서 農業經營
에 있어서의 未備點을 개선하려는 것이었다. 그 방법은 여러 가지 면에 걸쳐
있었다. 그리고 그것은 무엇보다도 先行조건으로서 농업에서의 沮害要因을
제거한 뒤에야 처리될 수 있을 것으로 보았다. 그래서 그는『北學議』를 進疏
하면서 '今欲務農 必先去其害農者而後 其他可得而言矣'라고까지 하였다. 害
農的인 요소를 제거치 아니 하고서는 다른 여러 가지 방안을 말해야 소용이
없다는 것이었다. 그는 그러한 害農的인 요소를 두 가지 면에서 보고 있었는
데, 하나는 농업에 종사하지 않는 儒生이 많다는 일이고, 또 하나는 車를 사

---

21)『進北學議』末利, 同上, p.94.
22)『進北學議』五行沮陳之義, 同上, p.99.

용하고 있지 않다는 것이었다.

儒生이 害農的인 존재임을 그는 '非特不事農 皆能役使農民者也'23)라고 하여, 그들이 농사에 종사치 않을 뿐만 아니라 농사에 종사하는 농민을 마음대로 役使함을 지적했다. 그는 이러한 儒生은 害農者 정도로만 보지 않고 '賊農之甚者'라고까지 하였다. 그에 따르면 이러한 儒生들은 전국에 半을 넘고 그러한 상태는 100年이나 된 것이어서 농업이 크게 沮害되고 있다는 데서였다. 이는 소위 游食人의 문제로서 識者層이 늘 거론해 온 사회문제였다. 그래서 그는 농업을 권장하려면 이 害農的인 儒生을 도태시키지 않으면 아니될 것으로 생각하는 것인데, 그러나 이러한 汰儒의 정책에서는 도태된 儒生이 나아갈 길을 마련하지 않으면 아니 된다는 점도 배려했다. 朴齊家는 그러한 타개구를 이들을 商業活動에 종사시키는 것으로써 해결하려 하였다.24) 앞에서 본 농촌지식인들의 進農書에서는 游食人을 農業勞動에 종사시킬 것을 제언했으며, 그러기 위해서는 均田論·限田論 등에 따른 土地再分配가 불가피하였던 것인데, 朴齊家의 游食人對策은 이들을 상업활동에 종사시키려는 것이었으며, 그러기 위해서는 流通經濟의 발전을 위한 정부의 施策이 요청된다고 생각하는 것이었다.

車가 사용되지 않음을 害農으로 본 것은, 農業生産에서 車의 有用性을 포기하였다는 점에서였다. 그는 車를 말하여 血脈으로 비유하되 '盖農譬則水穀也 車譬則血脈也 血脈不通 則人無肥澤之理'25)라고 하였다. 農을 水稻作에 譬喩한다면 車는 血脈에 譬喩할 수 있는 것으로서 血脈이 통하지 않으면 사람은 肥澤할 수 없다는 말이었다. 農業經營에 있어서는 農産物이라던가 그밖에 많은 무거운 物貨를 운반해야 하는데, 車는 運輸 수단으로서는 가장 편리한 까닭이었다. 그래서 그는 車의 이점을 설명하여 '萬物以載 利莫大焉'이라고 하였으며, 당시 物貨의 운반은 소나 말에 바리로 싣고 있었는데 車를 쓰면 數倍, 적어도 3분의 1은 더 이로울 것이라는 점을 강조하기도 하였다.26) 그리고, 농업에 있어서 빠질 수 없는 것으로는 施肥가 있는데 車를

---

23) 『進北學議』 進北學議疏, 同 上, p.74.
24) 『北學議』 外編 附丙午所懷, 同 上, p.149.
25) 『進北學議』 進北學議疏, 同 上, p.75.

사용하지 않음에서 都市萬家의 변소에서 糞尿를 반출할 수 없다는 점을 말하기도 하고, 또 오래된 溝渠의 腐黑之土는 좋은 거름이 되는데 車를 쓰지 않기 때문에 이것을 파내다가 糞壤으로 사용할 수 없다는 점을 말하기도 하였다.27)

그뿐만 아니라, 그는 車를 物價平準을 위한 좋은 수단으로 보았다. 農民經濟를 위해서나 國家財政을 위해서 物價의 평준은 절대로 필요한 것인데, 그러기 위해서는 交通運輸 수단이 발달해야 한다는 생각이었고, 그 交通運輸 수단으로서 陸地에서는 車를 이용하는 것이 최선책이라는 생각이었다. 가령

我國……陸地之通商者 度遠不過六七日程 近則二三日程……若如劉晏之置善走者 則四方物貨之貴賤 可以平準於數日之內矣 然而峽人 有沈樝梨取酸 以代鹽鼓者 見鰕蛤醯 而爲異物焉 其竇如此者何也 斷之曰無車之故也28)

라고 한 것은 그 단적인 표현이다. 우리나라는 國土가 좁아서 陸地通商者의 渡涉日程이 中央으로부터 먼 南北은 6,7일 정도, 가까운 東西는 2,3일 정도이므로, 唐代의 名財政家 劉晏과 같이 善走者를 두면 전국 物貨의 貴賤이 며칠 안으로 평준될 수 있을 것인데도, 산골 사람들이 樝梨를 담가서 콩자반을 대신하면서 새우젓·조개젓을 보면 기이하게 여길 정도로 구차하니, 이는 善走者 즉 交通運輸 수단으로서의 車가 없는 까닭이라는 것이다. 그리하여 그의 생각으로는 車를 사용하면 各地의 特産物이 다른 지역으로 유통되고, 物價도 평준화됨으로써 농민들이 사 쓰고 싶어도 力不及해서 다른 지역의 特産物을 사용할 수 없었던 불편이 제거되리라는 것이었다.

(2) 農業改良論

小土地의 集約的 合理的 경영 — 이상과 같은 전제 위에서 朴齊家는 農業經

---

26) 『進北學議』車, 同 上, p.83.
  『北學議』內編 車, 同 上, pp.13~21.
27) 『進北學議』糞, 同 上, p.86.
28) 『進北學議』車, 同 上, p.82.

營의 方法을 개량할 것을 여러 가지 面으로 구상하였다. 그는 그것을 현재 상황, 즉 당시의 社會經濟實情을 인정한 위에서 농업의 합리적 經營이라는 점에 집약시켜 생각하였다. 그러기 때문에 農業經營에서 늘 문제가 되는 土地改革問題 같은 것은 우선은 문제가 되지 않았다. 農地의 廣占을 貪할 것이 아니라 小土地의 經營 개선과 그 합리화 · 집약화를 통해서 收益을 늘리면 된다는 생각이었다. 그는 土地所有에 관하여는 '占廣而農益病 力疲而功不顯'[29]이라고 하여, 農地를 廣占하면 노동력의 부족과 施肥의 부족으로 농사는 병들고, 과로를 하게 되어 피곤하기는 하지만 그 결과는 제대로 나타나지 않는다고 했다. 그는 농민들의 農業經營에 있어서는, 반드시 農地의 多寡가 문제되는 것이 아니라는 점을, 中國에서의 農業經營으로서 例證하였다.

　　古者百畝 一夫所受 卽方百步地 不滿今二日耕耳 猶能仰事俯育 上農得九人之食
　　是也 遼田耕一日 收粟五六十斛 而地牛于我 由是觀之 生穀之道 在人而不在地
　　明矣[30]

이에 따르면, 이틀갈이나 하루갈이 農地는 극히 적은 면적인데, 옛날 中國 사람들은 이틀갈이로써 능히 나라에 租稅를 내고서도 가족을 양육하였으며, 오늘날의 遼田에서는 하루갈이에서도 粟을 50～60斛씩이나 생산한다는 것이다. 그래서 그는 生穀之道는 사람에게 있는 것이지 土地에 있는 것이 아니라는 생각을 하게 되고, 적은 면적의 農地라도 경영을 합리적 · 집약적으로 하게 되면 所得이 많아진다고 생각하게 되었다.

　利潤을 추구하는 農業 ; 商農的 農業을 권장 ── 그는 農業經營을 이와 같이 생각하는 데서, 당연한 논리이기는 하지만, 소규모의 農地에서 최대의 收益을 올리는 것을 農業經營 최대의 目標, 최선의 방식으로 삼게 되었다. 그러기 위해서는 농업의 商業化를 생각하게도 되었다. 그가 우리나라 농업에서 地利를 가장 잘 살리고 있는 사례로서 開城地方에서의 農業經營을 들고 있는 데서는 그러한 그의 생각을 엿볼 수 있다.

---

29)『迸北學議』地利, 同上, p.90.
30)『迸北學議』地利, 同上, p.91.

今松都城內 綿田一日耕 歲收千觔 價至四五百兩[31]

즉, 開城에서는 綿田 하루갈이를 농사하여 1,000 斤의 綿을 수확함으로써 400~500兩의 賣上高를 올린다는 것이다. 『民天集說』에서 볼 수 있었던 수입보다도 더 많았다. 이는 소규모의 農地에서 값비싼 商品作物을 재배하여 이를 시장에다 돌리고, 거기에서 많은 利潤을 얻는 農業經營인 것으로, 端的으로 말하여 商業的 農業인 것이다. 朴齊家의 農業經營觀은 이와 같이 한정된 農地에서 최대의 수익을 올리는 데 목표를 두었기 때문에, 그에게는 어떤 農産物의 재배에 있어서 다소의 부작용이 있다 하더라도 그러한 부작용에서 오는 害보다 그것을 재배함으로써 얻게 되는 이득이 크면, 결국 그 농산물의 재배를 밀고 나가야 할 것으로 생각하는 合理性 · 進就性이 있었다. 이 시기에 논란이 되고 있던 移秧法에 관해서 그 금지의 불합리함을 '意亦利多而害少'[32]라는 이유로써 설명하였던 것도 그러한 性格表現의 일단이었다. 그는 流通經濟의 發達을 남달리 강조했는데, 그의 農業經營論은 이와 밀접하게 연결된다.

農地 이용은 自然조건에 따라 ─ 農業經營에 대한 견해가 이러함으로써, 그는 무엇보다도 農地를 자연조건에 따라 적절히 이용해야 할 것으로 생각하였다. 이 시기에는 反畓이라고 하여 旱田을 水田으로 조성하는 일이 많아졌고, 旱田地帶가 水田地帶로 변모하는 것이 눈에 뜨일 만큼 水稻作경영이 확대되고 있었는데, 그는 이러한 현상을 農業經營의 면에서는 환영할 만한 것이 되지 못한다고 비판하고 있었다. 가령, 北部地方에서의 水田農業을 評하되

至於漢北 則高句麗也 統合之後 見南人之食稻 從而效之 是欲移江淮風俗於高句麗也 其可乎 畿東之歲比不登 職由於此[33]

라고 하여, 北部地方의 旱田地帶에서 南部地方의 풍속인 水稻作을 모방하

---

31) 『進北學議』地利, 同 上, p.91.

32) 『進北學議』注秧, 同 上, p.93.

33) 『進北學議』水田, 同 上, p.91.

는 것이 불가하다고 한 것이라던가, 또는

平壤外城 田一日耕 收粟百斛 則幾於古矣34)

라고 하여, 旱田地帶인 平壤에서 水稻가 아니라 粟을 재배함으로써 큰 수확을 거두고 있음을 대조적으로 말한 것이 그것이다. 그는 流通經濟의 발달을 제창하고 商業的인 농업의 經營을 권장하고 있었으므로, 旱田을 水田化하여 '歲比不登'하는 피해를 받는 것보다는, 旱田은 旱田 그대로 두고 거기에서 최대의 收益을 올릴 수 있는 농작물을 재배하여 이를 시장에 돌리면 될 것으로 생각하였다.

農法의 改良 ; 田畝制度 耕種法 — 朴齊家는 이와 같이 農業生産에 있어서는 그 經營의 합리화가 중요하다고 생각하는 데서, 經營의 합리화를 위해서는 그 기초 작업으로서 農法이 改良되어야 할 것으로 생각하였다. 그는 농법의 개량에 관하여 여러 가지 문제를 논하였는데, 그것은 모두 經營問題에 집약되고 있었다. 田畝制度의 개선, 取糞法의 개량, 農器具의 개량 등에 관한 그의 의견은 요컨대 그러한데 목적이 있는 것이었다. 그리고 그러한 목적을 더욱 효율적으로 달성하기 위해서는 屯田을 設하여 이것을 一種의 模範農場으로 삼아, 農法이나 農器具의 개량을 이곳에서 1차 시험하고 모범을 보임으로써, 농민들에게 쉽사리 보급되도록 할 것을 구상하기도 하였다.35)

田畝制度의 개선에서는 田地의 起耕熟治, 整地法과 播種 등 耕種法이 불합리한데 유의하고 있었다. 中國에서는 '田以一牛之脚之間 種穀一行'의 원칙으로서 田을 整地하고, 따라서 耒耟도 그에 알맞도록 제조되어 있으므로 田·牛·人·器가 尺寸 상응하는데, 우리나라에서는 그렇지가 못하다는 것이었다. 그는 우리나라의 整地法을 中國의 그것과 견주어 '其三行之間 如我兩行之廣 是我無故 而失田三分之一矣'라고 말하였다. 우리나라에서의 整地에서는 밭이랑을 牛脚之間보다도 넓게 하고 있으므로 中國에서의 밭이랑 3行은 우리나라의 2行의 넓이와 같다는 것이고, 그러므로 우리나라는 整地를

34)『進北學議』地利, 同 上, p.91.
35)『進北學議』農器, 屯田之費, 同 上, p.89·95.

하는 데서 벌써 農地의 3분의 1이나 잃어버리고 있다는 것이었다. 그리고
中國의 播種法은 種子를 뿌리되 '種法至均' 해서 疊하지 않고 斜하지 않으며,
키가 크면 모두 크고 작으면 모두 작은데, 우리나라에서는 種子를 뿌리되 密
播 爲主로 '隨意灑之' 하므로 穀苗가 서로 엉키게 되어 바람을 받는 바가 같
지 아니 하고, 陰陽이 달라서 結實이 고르지 못하고 수확이 적다고 하였다.
그에 따르면 우리나라는 中國에 견주어 整地 과정에서 이미 失田하고, 播種
에 있어서 費穀이 심하며, 수확에 있어서 그 所得이 또한 적었다. 그래서 그
는 우리나라에서는 며칠갈이 몇 마지기 하는 것이 실지에 있어서는 그 半밖
에 되지 못하며, 해마다 地中에다 버리는 곡식도 幾萬斛이나 되므로, 中國
의 整地法 耕種法을 배움으로써 이러한 결함을 개선해야 할 것이라고 하
였다.[36]

그가 여기서 말하는 中國의 田畝制度 耕種法은 구체적으로는 一畝三畎의
畎種法을 가리키는 것이었다. 그는 말하자면 『穧經』 이래로 旱田農業에서
과제로 되어 있던 우리나라의 縵田漫播的인 田畝制度를 中國式의 畎種法으
로 개선 전환시키자는 것이었다. 그리고 이러한 耕種法의 개선에서 丘陵·
隴坂·傾仄·沙礫地 같은 곳에서는 보통 平田에서의 田畝制度 耕種法과는
달리 區田法이 유리함을 말하기도 하였다.[37]

農法의 改良 : 取糞法 ─ 取糞法의 개량에 관해서도 그는 中國의 방법을
배울 것을 말하였다. 그는 施肥의 중요성을 남달리 중요시하여 이를 계량적
으로 설명하고 있었다. 즉

　　　　大約人一日之糞 足生一日之穀 棄百萬斛糞者 豈非棄百萬斛穀者歟[38]

라고 한 것이 그것인데, 이는 1人이 1日에 배출하는 糞은 1人 1日分의 穀
을 生育시킬 수 있으므로, 百萬穀의 糞을 버린다는 것은 百萬斛의 穀을 버리
는 것이 아니겠느냐는 말이었다. 그에게 있어서 取糞法 改善의 필요성은 여

---

36) 『進北學議』 田, 同 上, pp.84~85.
37) 『進北學議』 區田, 同 上, p.92.
38) 『進北學議』 糞, 同 上, p.87.

기에 있었다. 朴齊家는 中國 사람들에게서 取糞을 잘하고 있는 사례를 구체
적으로 보았기 때문에 우리나라에서 取糞法의 개선이 절실함을 더욱 잘 느
끼고 있었다. 그는 中國 사람들이 糞을 金과 같이 아낌으로써 길가에는 버려
진 灰가 없고 말이 지나가면 삼태기를 들고 따라가 그 矢를 받는 것을 目睹
하였으며, 門前에는 堆肥를 해서 쌓아 올린 것을 보았고, 다시 그 밑에는 항
아리를 묻어서 거기서 흘러나오는 기름진 瀝을 받고, 혹은 거기에다 人糞을
섞어서 쓰고 있음을 보았으며, 役車를 이용하여 糞尿를 쉽사리 운반하는 것
을 또한 보고 돌아왔다. 그래서 그는 우리나라 都市의 길가에 灰가 버려져
있고, 糞尿 收去가 잘 안 되며, 堆肥가 불합리하게 되어 있음을 慨嘆하면서
그 개선의 필요성을 주장하고, 그 방법을 中國에서 배울 것을 말한 것이다.

   農法의 改良 ; 農器具 ― 農器具의 개량에서는 무엇보다도 整地法과 관련
하여 耒耜의 廣尺을 일정하게 해야 할 것임을 말하였다. 그래야만 앞서 말한
바와 같이 失地를 하지 않게 되는 까닭이기도 하지만, 그러나 그러한 문제를
생각하지 않더라도 耒耜의 廣尺을 中國의 그것과 같이 改正하면 除草에 편
한 까닭이기도 하였다. 農耕生活에서 中耕除草의 難易는 所要 勞動力의 多
寡와 관련되므로 이는 극히 중요한 것이다. 그가 보기에 耒耜의 규격이 넓으
면 整地 뒤의 畝塍이 넓어지고, 畝塍이 넓어지면

   塍廣則散種 散種則穀之行列亂 及其除草 用力十培39)

라고 하였듯이, 種穀이 '散種亂列'되므로 除草時에 노동력이 필요 이상으
로 많이 들게 마련이었다. 그는 이밖에도 여러 가지 農器具를 말하였는데,
『農政全書』에 따라 제조할 것을 권하였으며, 農器具는 좋은 쇠를 써야 하는
데, 좋은 쇠는 鍛鐵이 잘 되어야 하므로 端川·楊根 等地에서 石炭을 채굴하
여 鐵을 鍛鍊하고 이것으로써 農器具나 車輪을 제조하라고 하였다.40) 그에
게 있어서는 農器具의 개량은 곧 手工業의 개발이었으며, 그러한 점에서 그
는 '五行汨陳之義'를 말한 것이기도 하였다.

---

39) 『進北學議』農器, 同 上, p.88.
40) 『進北學議』鐵, 同 上, p.89.

(3)『北學議』農業論의 性格

『北學議』의 農學은 대략 이상과 같은 것이었다. 그것은 종래의 농서와 같이 農業技術이나 농법을 설명함으로써 만족한 것이 아니라, 農業·商業·手工業 등 全 經濟機構를 논하고, 그 가운데서의 농업의 存在形態를 논한 것이었다. 그러므로『北學議』의 農學은 農業技術學으로서의 農學이 아니라 農業經濟學으로서의 농학이었다. 그 농학은 商業이나 手工業 등 末業을 억제함으로써 농업을 발전시키려는 것이 아니라, 商工業이 발달하여 종전과는 달라지고 있는 全 經濟機構 속에서, 농업을 그 機構 그 産業에 유기적으로 결합시키고, 다른 산업과 균형을 이루는 가운데 운영해 나가려는 농학이었다.

『北學議』의 經濟思想은 經濟機構 전체가 대상이므로, 흔히 말하는 바와 같이 商業이나 手工業 위주의 經濟體制를 세우려는 것은 아니었다. 그것은 발달하고 있는 流通經濟를 현실 그대로 인정하고 그 流通經濟를 農業과 有機的으로 관련시키려는 것뿐이었다. 그러한 점에서 그의 農業經濟論은 技術문제가 아니라 經營문제에 그 초점을 두게 된 것이며, 경영관계에 초점을 두게 되었으므로, 선진적인 中國의 流通經濟와 農地의 경영관계도 배우려 한 것이었다.

農學의 발달 과정에서 볼 때『北學議』의 이러한 農業論은 확실히 하나의 특이한 견해이고 파격적인 의견이었다. 그러나 그것은 비단 朴齊家의 思想이 특출한 데서만 온 것은 아니며, 더욱이 中國의 經濟狀態를 관찰하고 이를 배우려 한 데서만 온 것도 아니었다. 그것은 그러한 農學思想이 제기될 만큼 여러 가지 여건이 조성되고 있는 데서 나올 수 있었던 하나의 時代的 産物이었다. 商工業이 급속도로 발달하고 있는 18세기 후반기의 學界에 있어서는, 이러한 경제사상은 이미 하나의 時代思潮로서 그 내부에 胚胎되고 있었으며, 그것은 學問的으로 체계화할 것이 요청되고 있었다. 농업을 그 經營 關係에 착안해서, 示唆的인 정도이기는 하지만, 대단히 중요한 발언을 하였던 『增補山林經濟』나 商業的 農業을 강조한『山林經濟(補說)』·『厚生錄』의 農業經營論 같은 것은 그러한 사조의 한 표현이었다. 그러한 가운데서도『北學議』의 農業論은 특히『增補山林經濟』의 그것과 그 폭넓은 構想에 있어서 비슷하였다. 그러한 점에서 朴齊家의 農學思想은 그러한 종래의 새로운 農

業論을 보다 더 넓고 높은 안목에서 經濟機構 전반을 배려하면서, 그리고 中國에서의 농업경영관계도 배움으로써 이를 확대시키고 발전시킨 것이었다고 하겠다.[41]

2)『課農小抄』의 農業論

(1)『課農小抄』의 編纂

『課農小抄』와「限民名田議」편찬의 경위 — 正祖의 綸音에 應旨하여 進疏한 여러 사람의 農書 가운데서 농서로서의 체계가 가장 완벽하게 세워져 있는 것은 朴趾源(號：燕巖, 英祖 13~純祖 5년, 1737~1805년)의 『課農小抄』였다. 『課農小抄』는 국왕의 求言敎가 있은 뒤에 비로소 작성한 것이 아니라, 이미 오래 전부터 마련되어 있던 그의 농서에 관한 일련의 草稿를 綸音에 따라 다시 정리하고, 거기에다 그의 按說과 限民名田議를 첨가하여 進疏한 것이기 때문이었다. 그러한 점에서 『課農小抄』는 朴齊家의 『進疏本北學議』와 마찬가지로 오랜 세월에 걸친 硏鑽의 결과인 셈이었다. 그러나 『北學議』와 『課農小抄』는 저술 경위가 달랐던 데서 그 農學의 內容과 관심의 대상은 달랐다.

『北學議』의 農學은 기술한 바와 같이 그 저자가 中國 文化를 관찰하고 그에 자극되어 서술하였고, 따라서 그 農學의 관심도 中國 농업과 우리 농업의 현황 비교를 통해서 農業經營의 改善을 기하려는데 목표가 있었다. 이에 대해『課農小抄』의 농학은 저자가 中國 농업의 관찰에 앞서, 평소부터 가져온 농학에 대한 관심과 硏究가 집적되어 이를 저술한 것이었다. 따라서 그 農學의 관심은 저자가 평소에 입수할 수 있었던 농서를 통해서 종래 농학을 익히고, 그러한 知識에 따라 당시의 農學이 지닌 결함이나 조선 농업이 안고 있

---

41) 朴齊家가 柳重臨과 直接的인 交分이 있음으로써 學問的인 영향을 받았는지는 분명치 않다. 그러나 柳重臨의『增補山林經濟』에 序文을 쓴 任希聖과 朴齊家 사이에 親分이 있었던 것을 두고 생각하면, 朴齊家와 柳重臨과도 어떤 交分이 있었던 것이 아닐까 생각되기도 한다. 朴齊家는 任希聖에 대하여 懷人詩를 쓰고 있었다(『貞蕤集』國編本, p.62). 그뿐만 아니라 그의 스승인 朴趾源이『課農小抄』를 엮음에 있어서『增補山林經濟』를 참고 引用하고 있는 것으로서 보면 朴齊家도 이 農書를 보았을 가능성이 크다고 하겠다.『進疏本北學議』에서는 더욱 그러하다.

는 애로를 타개하려는 것이었다. 그러므로『課農小抄』는『北學議』와는 달리
문헌 중심의 연구가 되고 있었다.

金川 燕巖峽 은거와 農學 연구 ─ 朴趾源이 농학에 관심을 갖게 된 것은 그
의 中歲落拓 이후의 일이다. 그것은 아마도 그가 서울을 떠나 金川地方의 燕
巖峽에 隱居生活을 하게 되면서 부터의 일이 아닌가 생각된다. 그는 본래
'家勢淸貧 素無田園'42) 하였지만, 中年이 되면서는 學問이 완성되었음에도
進取에 급급하지 않아서 家勢는 荒落하였고, 거기에다 洪國榮이 政權을 잡
게 되면서 時僻싸움에 禍를 입을까 하여 金川의 燕巖峽으로 은거하게 되었
다(1777년). 그곳 생활은 지극히 곤궁하여서 開城留守인 摯友 兪彦鎬의 도
움을 받아 겨우 살아갈 수가 있었다. 그래서 그는 伯氏 朴喜源의 家族과 더
불어 桑・栗・梨・桃・杏의 栽培와 種魚・養蜂・牧牛・績麻・搾油 등 山峽
人의 농사를 하려고도 하였었다.43) 그는 살아가기 어려운 환경 속에서 살아
갈 수 있는 방법을 생각하지 않으면 아니 되었고, 그것은 그로 하여금 學問
的으로 농학에 관심을 갖게 하였다. 그가 뒷날『課農小抄』를 올리면서 이 책
이 쓰여진 經緯를 약술하여 다음과 같이 표현하였던 것은 燕巖峽에서의 생
활과 관련되는 것으로 생각된다.

　　臣……稍長徵逐儒士 未嘗與野人佃客相接 及中歲落拓 始有志歸農 求所謂農家
　　者流而鈔錄之 然實無田可歸 特硏田而筆耕已矣 往往郊野 見其耕耘之法 多不與
　　古書合 或爲之曉說趙過賈(思)勰之遺方 未嘗不爲村傭里老所笑 以爲甚迂也44)

이에 따르면 그는 歸農할 것을 생각하고 농서를 求得하여 필요한 자료를
抄해 두고 있었다. 官人의 家門에 태어난 그로서는 농업을 알 리가 없었으
며, 농서를 통해 농업에 관한 지식을 얻자는 것이었다. 그러나 그에게는 직
접 농업을 할 수 있을 만한 農土가 없었다. 歸田의 꿈은 그가 農地를 경영하
는 데까지는 이르지 못하게 하였으며, 농업에 관한 學問 즉 농서를 읽는 것

　42)『課農小抄』進課農小抄文,『農書』6, p.170.
　43) 李家源,『燕巖小說硏究』, pp.33~34, 1965 ;『燕巖集』, p.50.
　44)『課農小抄』進課農小抄文『農書』6, p.170.

으로서 그치게 하였다. 이러한 사정은 도리어 그를 農學研究에 몰두케 하였
다. 그는 옛 農書를 통해서 연구를 하고 그곳에 기술된 農法이 현재의 농법
과 다름을 알았고, 田野에 나아가서는 田夫들에게 趙過·賈思勰 등의 옛 農
法을 설명하기도 하였다. 이로써 보면 아마도 이때 그가 주로 참고한 옛 農
書는 『齊民要術』에 관련된 자료가 아니었을까 생각된다. 그의 농업연구는
아직은 시작한 데 불과한 셈이었다.

  農學 연구의 심화와 朝鮮 農業의 문제점 확인 ─ 옛 農書 연구에서 시작한
朴趾源의 農學研究는 그 뒤에도 계속되었고, 그간에 있었던 여러 가지 사정
은 그의 농학에 관한 안목을 넓힐 수 있게 하였다. 그 가운데에서도 그의 농
학 연구에 영향을 준 중요한 사실은 燕行使節을 수행하여 中國에 다녀온 일
이었으며(1780년), 돌아와서는 『北學議』를 읽고 그 序文을 쓰게 된 일이었
으며(1781년), 그 뒤에는 官界에 진출하여 地方官으로까지 나갈 수 있었던
일이었다(1791년). 그의 燕行은 中國 농업의 현황을 살필 수 있었던 데서
농학을 연구하는 데 새로운 안목을 주었고, 中國 農學의 최근의 성과도 받아
들일 수 있게 하였다. 『北學議』의 熟讀은 그로 하여금 農學體系化에 관하여
여러 가지를 음미하게 하였으며, 지방관으로서의 생활은 우리 농업의 현실을
관찰하고 이것을 그가 연구한 농학과 비교 고찰할 수 있게 하였다. 그리하여
『課農小抄』를 작성할 수 있게 한 이러한 연구는 오랜 세월을 두고 진행되었
으며, 그러한 연구성과를 통해서 그의 농학은 성숙하고 체계화되어 갔다.

  이와 같이 朴趾源은 中年 이후에 농학을 시작하고 末年에 이르면서 더욱
그것을 심화시켜 나갔다. 이러한 과정에서 그가 중심적인 자료로서 택한 것
은 우리 농서로서는 『農家集成』과 『增補山林經濟』였고, 中國 농서로서는 徐
光啓의 『農政全書』였다. 『農家集成』이나 『增補山林經濟』는 말할 것도 없이
우리 농업의 主流를 이루는 농서이고, 『農政全書』는 당시 中國 農學의 결정
판이었던 책으로, 고래로 내려오는 中國 農學을 총정리한 것이었으며, 中國
농업에서 문제가 되는 南北農業의 차이성에 관하여 王禎의 『農書』와 마찬가
지로 이를 종합 정리한 것이었다. 말하자면 朴趾源은 우리나라의 전통적인
농학의 기반 위에서 中國 최신의 농서, 최선의 농서를 통하여 中國 農學을
이해하고, 그것을 통해서 다시 우리 농학의 결함을 보충하려 하였다.

朴趾源이 中國 農學을 통해서 종래 우리 농학의 결함 문제점을 보완하려
한 것은 특히 水利問題·田畝制度問題·農器具問題·土地問題 등이었다.
종래의 우리 농학은 이러한 문제에 관하여는 연구가 불충분하거나 미치지
못하였고, 따라서 이러한 문제들은 농서에서 체계적으로 敍述되지 못하고
있는 터였으므로, 이의 해결은 이 시기 농학에서의 하나의 과제로 되어 있었
다. 朴趾源은 그것을 『農政全書』나 그밖의 農書를 배움으로써 해결하려 하
였다. 그러므로 土地問題는 『農政全書』 田制에서 田制篇은 이를 그대로 취
하고 井田論은 箕田論과 限田論으로써 대신하였으며, 水利問題와 農器具問
題는 완전히 『農政全書』의 기술 내용을 그대로 轉載 또는 抄載하기까지 하
였다.

이와 같이 해서 성립된 『課農小抄』의 農學思想이 어떠한 것인가에 관해서
는 이미 연구된 바가 있으므로 그 대체를 파악할 수 있는 바이다.[45] 하지만
本稿에서와 같이 농학의 發達 過程이라는 관점에서 보면 그것은 또 다른 각
도에서 그 특이성이 인정될 수 있을 것이다. 그것은 요컨대 그가 당대의 농
학이나 농업현황을 어떻게 파악하고 그것을 어떻게 개선·개혁해 나가려 하
였는가 하는 문제로서, 그는 그것을 農業技術 문제를 중심으로 한 農地經營
과 土地所有문제를 중심한 經濟制度의 두 면에서 제기하고 있었다.

(2) 農地經營論

燕巖의 農業現況 인식과 과제 ─ 農學 및 農業현황에 대한 그의 인식은, 우
리나라 農學은 中國의 그것에 비해 粗率하고, 농학이 粗率함으로 말미암아
서는 農地의 經營이 또한 불합리하게 되고 있다는 것이었다. 그리고 농학의
粗率은 농업의 生産효과를 제대로 올리지 못하고, 농업의 生産효과를 제대
로 올리지 못함으로 말미암아서는 농민들의 몰락과 농촌이탈이 심해진다는
것이었다. 그리고 이와 같이 농학이 粗率한 것은 선비(士大夫)들이 性命을
高談하고 詞華를 空尙하여 政治 經濟를 버려둔 채 제대로 연구하지 아니하
며, 富者는 飽煖逸居하여 衣食이 어떻게 생산되는지를 모르고, 貧者는 농업
을 배우려 하여도 農을 배울 만한 土地가 없는 데에 그 원인이 있는 것으로

---

45) 宋柱永, ‘燕巖朴趾源의 經濟思想’(『亞細亞硏究』 25, 1967).

보고 있었다. 그는 그러한 사정을 아래와 같이 기술하고 있었다.46)

이는 이 시기 농촌 농민의 분해 몰락 현상을 특히 農業技術·農學 측면에서 지적한 것으로서, 그 분해현상은 요컨대 士大夫계층이 농민층이 안정된 농경생활을 할 수 있을 만큼 所得이 많은 農學을 연구하거나 農書를 편찬하지 못한데 원인이 있다는 것이며, 따라서 士大夫계층은 農學을 연구함으로써 農民經濟가 안정될 수 있도록 그들을 지도해 나가야 한다는 것이었다.

그는 농촌 농민의 분해 몰락 현상을 크게 의식하고 있었으며, 그 구제방략을 농업기술 농학 측면에서 생각하고 있었다. 이는 그가 農學을 연구하는 동기이기도 하였다.

물론 이 시기의 농업기술에는, 農法의 轉換 등 여러 가지 발전 변화가 있어서 이것이 農村社會分解의 한 起點이 되고, 따라서 그것은 朝鮮 農業史上에서 한 轉換期를 이루고 있었다. 그러나 그러한 농업기술도 中國에 비하면 아직 그 精巧함과 합리성에서 부족한 바가 있으며, 이를 改善·改良하면 농민층의 수입이 더욱 증대될 수 있고, 이를 통해서 農民經濟는 안정될 수 있다고 생각하는 것이었다.

사실 農民層 分化問題와 農法 轉換問題는 이 시기 농업문제 가운데에서도 가장 중대한 문제가 아닐 수 없었다. 農學이 해결해 나가야 할 농업문제로는 여러 가지가 있었겠지만, 朴趾源이 당시의 농학이 당면하고 있는 과제로서 가장 중요하고도 基本이 되는 문제를 이 두 점에다 구하고 있었던 것은 농촌 실태를 정확히 파악한 소치였다고 하겠다. 그래서 士大夫階層의 한 사람이었던 朴趾源은, 이러한 문제를 해결하고자 모든 선비들이 農工賈 등 實學을 배우고 연구할 것을 제창하였던 것이며,47) 그 자신은 농촌사회에서 일어나

---

46)『課農小抄』諸家總論,『農書』6, p.205.
　　士或高談性命而遺於經濟 或空尙詞華而罔施々政 富者旣飽煖逸居而不知衣食之所自出 貧者
　又無卓錐之業可以學稼而學圃 於是乎 農之學荒矣 農之學荒而其効益蔑如 則凡民之稍有智巧
　者 日趨於末業遊食之塗 而其屈首綠畝 皆天下之至愚至拙也 是豈可使戶誦土化之經 而人喩火
　耕之妙哉 惟在爲士者 有以敎其流失而率之得其方也

47)『課農小抄』諸家總論, 同 上, pp.203~204.
　　古之爲民者四 曰士農工賈 士之爲業尙矣 農工商賈之事 其始亦出於聖人之耳目心思 繼世傳
　習 莫不各有其學……然而士之學 實兼包農工賈之理 而三者之業 必皆待士而後成 夫所謂明農
　也通商而惠工也 其所以明之通之惠之者 非士而誰也 故臣窃以爲 後世農工賈之失業 卽士無實

고 있는 農民層 分化現象과 農地經營의 불합리를 구체적으로 지적하고, 그
것을 타개할 것을 그 자신의 농학의 과제로까지 내세웠다.

　田畝制度 耕種法의 改良；代田法 區田法 ― 農地經營문제에 관하여는 여러
가지 면에서 農法의 개선을 생각하고 있었다. 첫째로 들 수 있는 것은 地力
을 잘 이용할 수 있도록 田畝制度, 즉 耕種法을 改良해야 한다는 것이었다.
朴趾源은 우리나라의 耕種法을

　　近世東俗 唯宿麥外 皆棄畎而用畝48)

　라고 하여, 田地를 起耕하여 畝와 畎으로 정지하고 播種을 할 때 宿麥 이
외에는 모두 畎을 버리고 畝에다 落種하고 있는데, 이것은 地力의 이용 면에
서 좋은 방법이 아니라고 생각하였다. 그의 생각으로는 가장 좋은 耕種法이
나 田畝制度는 農作物이 地力을 가장 잘 흡수하도록 만들어진 農地가 아니
면 안 되었다. 그는 그러한 田畝制度를 趙過의 代田法이나 伊尹의 區田法에
서 찾을 수 있는 것으로 보고 있었다. 代田法은 이미 언급해 온 바이지만,
그는 다음과 같이 이를 더욱 과학적으로 해석하고 있었다.

　　過能爲代田 一畝三畎 歲代其處 苗生葉以上 稍耨壟草 因隤其土 以附苗根 比盛
　　暑 壟盡而根深 能風與旱 所謂代田者 歲易畎 非歲易田也 與周禮一易再易之田
　　不同 而與區田同意 欲其土氣之常新也49)

　代田은 農地를 1畝 3畎으로 정지하고 畎을 해마다 바꾸어 가며 播種하는
이른바 畎種法으로서, 苗가 싹트고 잎이 자라 올라감에 따라 壟(畝)을 김매
고 그 흙을 긁어내려서 畎 중의 苗根을 덮음으로써 盛暑가 가까워지면 壟은
盡하고 苗根은 깊어져 능히 風과 旱을 이겨내는 농법인 것이다. 그리고 그것
은 周禮에서 말하는 一易田이나 再易田과 같은 것이 아니라 區田法과 그 뜻

　　學之過也
　48)『課農小抄』耕墾, 同 上, p.291.
　49) 同 上, p.292.

이 같은 것으로서, 그것은 요컨대 土氣, 즉 地力을 늘 새롭게 하려는 農法이라는 것이었다. 그가 보기에 代田法은 이같이 '欲土氣之常新' 하는 것, 즉 播種處(畝)를 해마다 바꿈으로서 새로운 農地의 새로운 地力으로서 農作物의 營養을 공급하려는 耕種法이었다. 朴趾源이 이러한 代田法을 극구 찬양하고 그 시행을 주장하는 것은 地力을 잘 이용하면 所出이 많아진다는 점에서였다. 그는 代田法의 所出에 관하여 柳馨遠이

> 我國旱田一牛四日耕者 遼人可耕六日 盖是一畝三畝 耕牛往復倍之故如此 然遼田一日耕 不過我田一日耕之强半 而所收不啻數倍者 非但土厚實 以耕種之法 得宜而然50)

이라고 한 말을 그대로 받아들이고 있었다. 遼田은 1畝 3畝으로 된 代田인데, 이러한 遼田에서는 地力을 잘 이용하고 있기 때문에 우리나라 農地의 半보다 좀 더 되는 農地에서도 그 所收가 몇 곱절이나 된다고 생각하는 것이었다. 그는 또 어떤 곳에서는 이를 더욱 분명히 설명하여 遼田의 所收는 耕田 100畝의 밭에서 180石을 추수하는 것으로 말하고도 있었다.51) 그래서 그는 이 代田法, 즉 畝種法을 가리켜

> 此畝種之法 乃是天下後世 農者之規矩六律

이라고까지 하였다. '農者의 規矩 六律', 즉 반드시 지켜야 할 農事의 法度準則이라는 것이었다. 그리고 그럼으로 해서 農者가 이 畝種之法을 취하지 아니하는 것을 다음과 같이 비유적으로 말하기도 하였다.

> 夫農而不爲畝種之法者 是何異於舍規矩而欲成方圓 廢六律而求正五音者哉52)

---

50) 同 上, pp.292~293. 『磻溪隨錄』 卷1, 田制 上, p.8 참조.
51) 『課農小抄』 播穀 菜, 『農書』 6, pp.360~361.
52) 『課農小抄』 耕墾, 同 上, p.293.

즉, 農者가 農事의 法度 準則을 지키지 않으면서 農事를 하려는 것은, 마치 規矩(尺度)를 버리고 方圓을 조성하고 六律을 폐하고 五音을 교정하려는 것이나 다름이 없어서, 農事가 제대로 되지 않을 것으로 확언하기도 하였다. 우리나라에서도 이 1畝 3畎의 耕種法을 배워야 할 것임을 강조한 것이다. 『穡經』이나 『山林經濟』에서 제기되었던 畎種法의 문제가 이곳에서는 그 과학적인 이유까지도 제시하면서 주장하고 있는 것이었다.

區田法은 代田法과 마찬가지로 地力을 잘 이용할 수 있는 耕種法이었다. 이에 관해서는 기왕에 이를 推薦하고 있는 農書들이 많았는데, 朴趾源도 그의 입장에서 이 農法을 또한 권장하였다. 區田法은 區田을 작성할 때 일정하게 구획을 하고 隔區로 治田播種을 하되 해마다 播種하는 區를 교체하는 농법이고, 治田播種을 하게 되는 區는 1尺의 깊이로 深耕을 하고 熟糞을 시비한 뒤 落種하는 농법이었다. 그래서 이 농법도 역시 代田法과 마찬가지로 土氣를 항상 새롭게 할 수 있는 農法이고, 災年에도 능히 飢餓를 면할 수 있는 농법으로 인정되고 있었다. 이미 지적한 바와 같이 이 耕種法은 노동력이 많이 들기는 하지만 豊産을 기할 수 있는 農法이었다.[53]

그러므로 그는 종래의 농서와는 달리 이 농법에 특히 많은 紙面을 할당하여 『農政全書』의 區種法 記事를 그대로 轉載하였으며, 또 실지로 일종의 區種法을 통해서 큰 효과를 보았던 故 相臣 李尙眞의 경험을 소개하기도 하였다. 그는 이와 같이 區種法을 유리한 농법으로 보았으므로, 종래에 논의되어 온 바와 같이 瘠薄高仄處에서뿐만 아니라 肥沃한 農地에서도 할 수 있고, 旱田뿐만 아니라 水田에서도 할 수 있는 것으로 말하기도 하였다.[54] 그는 그만큼 農作物의 栽培에서 地力의 이용을 중시하고 있었다.

水稻作 耕種法의 改良 ; 移秧法은 地力의 이용면에서 유리 ― 地力을 최대한도로 이용하려는 그의 農地經營論 耕種法은 水稻作에 관해서도 언급하고 있었다. 移秧法 是非에 관한 그의 견해는 그것이다. 알다시피 이 시기에는 水稻農法에 전면적인 전환이 일어나게 되고, 이에 따라서는 旱災의 피해가 잦아지고 있었다. 그러므로 政府에서는 移秧法의 得失關係를 중심으로 그 금

---

53) 본서 제III편 註119 참조.
54) 『課農小抄』 田制, 『農書』 6, p.243.

지 여부가 논의되고 있었는데, 그는 地力의 이용이라는 면에서도 이것이 금
지되어서는 아니 될 것으로 보았다.

> 然苗種之法 非但極省耘鉏之力 亦有推陳致新 交倂二氣之功 誠爲後世之妙法 可
> 勸而不可禁也55)

라고 한 것은 그것이었다. 종전에는 移秧法을 두고 中耕除草에 소요되는
노동력이 절약된다던가 이를 통해서 所得이 많아진다는 점에서 移秧法의 장
점을 지적하였는데, 이제 朴趾源은 비단 노동력의 절약뿐만 아니라, 農作物
재배의 기본 요건인 地力의 이용 면에서도 移秧法이 유리함을 말하는 것이
었다. 그것은 所出의 증대를 보증하는 기본 조건이었다. 같은 苗라도 移植을
하게 되면 苗板・秧基의 묵은 地力을 밀어내고 本田・苗種處의 새로운 地力
을 흡수하게 되므로, 이 苗는 결국 苗板의 地力과 本田・苗種處의 地力을 모
두 아울러 흡수하게 된다는 데서였다.
    農藝化學的인 견지에서의 이러한 이론이 물론 朴趾源에 외헤서 비로소 발
견된 것은 아니었다. 이 이론은 이미 馬一龍의 『農說』에서 제기되었고, 그것
은 『農政全書』에도 실렸으므로,56) 하나의 公認된 學說일 수가 있었다. 朴趾
源은 이러한 馬一龍의 『農說』을 '其說最爲精微'57)라고 하여 여러 農業理論
가운데서도 가장 훌륭한 것으로 보고 있었다. 그러한 확실한 근거 위에서 그
는 『課農小抄』에서도 馬一龍의 『農說』을 그대로 수록하고,58) 그 說을 우리
농업에 관해서도 적용하고 있었다.
    農業生産 과정에서 農時勿奪과 勞動力 管理 — 農地經營문제에 관하여 朴趾
源이 다음으로 유의한 것은 勞動力을 줄이고서도 소기의 수확을 거둘 수 있
도록 농업기술 農法을 개량하려는 것이었다. 그리고 全 農業生産 過程에서
노동력이 가장 많이 소요되는 것은 中耕除草를 중심으로 한 작업이므로, 그

---

55) 『課農小抄』 播穀 稻, 同上, p.354.
56) 『農政全書』 卷2, 農本 諸家雜論 下.
57) 『課農小抄』 諸家總論, 『農書』 6, p.199.
58) 『課農小抄』 諸家總論, 同上, pp.183~198.

의 노동력 절약을 위한 農法 개량의 관심도 이 中耕除草를 중심으로 전개되었다. 그가 中耕除草를 중심으로 한 노동력을 얼마만큼 중요시하였는가 하는 것은 다음과 같은 표현에 잘 나타난다.

故曰深耕易耨 曰勤則不匱 此兩言者 足以爲南畝之經訓59)

즉, 그가 經典의 구절을 인용함으로써, 농민들이 농사를 함에 있어서는 深耕易耨를 하고 농사일에 勤勉해야 함을, 농민들이 지켜야 할 두 가지 基本 經訓이라고까지 하였음은 그것이었다. 이것은 모두가 농민들의 노동 과정에 관련되는 것이었고, 그 노동 과정은 中耕除草가 중심이 되고 있는 것이었다. 易耨는 곧 中耕除草의 작업을 잘 다스리는 것이고 深耕은 中耕除草가 잘 다스려질 수 있는 전제 조건이며, 勤勉한 것은 따라서 深耕易耨를 중심으로 한 全 農業 過程에서의 근면인 것이다.

農地經營에 있어서는 이와 같이 노동력의 문제를 중요한 것으로 보는데서, 朴趾源은 노동력 절약을 위한 農法 개량의 提起에 앞서, 먼저 노동력을 낭비하지 않도록 勞動力 管理를 잘 할 것을 전제 조건으로 삼았다. 이는 農繁期에 농민들이 여러 가지 農業勞動에 대비해서 언제나 충분한 노동력을 투입할 수 있도록 준비를 하고 있어야 한다는 것이었다. 이러한 준비를 하지 못하도록 國家가 노동력을 뺏거나, 또는 농민 스스로가 그에 대비하지 못하면 農時를 잃는 까닭이었다. 그는 '農之爲道 莫大於時'60)라고 하여 농업에 있어서 農時보다 중요한 것은 없다고까지 보았다. 농업은 季節的인 자연조건 위에서 영위되는 産業인 까닭이다. 자고로 東洋의 農學에 있어서는 '授時'가 하나의 농업의 분야를 이루었던 것도 그러한 까닭이었다.

그는 農時를 이와 같이 중시하는 데서 勞動力 管理의 문제를 이 農時와 관련시켜 생각하고, 따라서 農繁期에는 농민들로부터 노동력을 빼앗아서는 아니 되는 것으로 보는 것이었다. '農時勿奪'은 農時의 중요성과 관련하여 언제나 논의되어 온 일이지만, 그는 이를 農地經營이라는 각도에서 파악하고

---

59) 『課農小抄』諸家總論, 同 上, p.199.
60) 『課農小抄』授時, 同 上, p.212.

그것을 노동력 관리라는 측면에서 문제 삼았다. 그는 옛적부터 國家勸力의 農時를 빼앗는 행위를 보통 臺觀城池의 工事에 농민을 동원하는 것, 蒐獵이나 전투에 농민을 驅使하는 것, 1년에 3일 이상의 賦役勞動을 課하거나 농한기가 아닌 때에 동원하는 賦役勞動 등으로 보고 있었는데, 이러한 奪農行爲는 古代의 聖王들은 이를 금하였고, 실지로 聖王 治世下에서는 그러한 일이 없었다고 보았다.61) 그는 古代 聖王의 治世를 본받아서 朝鮮王朝도 농민들로부터 農時를 빼앗는 일이 없도록 해야 되겠다는 생각이었다.

그러나 朴趾源은 農時에 대비한 노동력을 낭비시키는 奪農行爲가 이와 같이 國家權力에만 있다고 보는 것은 아니었다. 다시 말하면, 노동력 관리가 잘 안 되고 있는 이유가 國家權力에 의한 對農民 使役에만 있는 것이라고 생각하지 않았다. 그는 이밖에도 농민들 스스로 奪農行爲를 하고 있음을 지적하고 農地經營의 측면에서 그러한 일이 없어야 할 것을 말하였다. 그는 이러한 奪農行爲가 세 가지 있는 것으로 보고 그것을 三奪이라고 하였는데, 그는 이 三奪이 농민들 사이에 潛居한다고 하였다. 그가 말하는 三奪은 牛糧이 없으므로 남이 다 일을 마친 뒤에야 借牛耕犁하게 됨으로써 農時를 잃게 되는 일(貧奪), 子弟들이 好衣好食 放蕩生活을 하느라고 除草의 기회를 놓쳐 穀苗를 頓荒케 하는 일(逸奪), 都市 주변의 농민들이 농번기에 돈벌이를 생각하고 도시의 시장에 浮遊하거나 혹은 耕牛에 薪柴를 실어다가 팔기도 하고, 혹은 除草에 종사해야 할 사람이 남의 품삯이나 바라고 雇傭되는 등 目前의 收入에 힘쓰는 데서 終歲의 憂를 덜 수 없게 되는 일(姑息之利奪) 등이었다.62) 이러한 三奪은 요컨대 모두가 노동력의 문제에 관련되는 것으로, 農地經營의 면에서 보면 그 勞動力의 管理가 잘 안 되고 있다는 것이다. 그래서 그는 국가의 奪農行爲가 배제되어야 함은 말할 것도 없지만, 농민들 속에 潛居하는 이 三奪行爲도 제거함으로써 適期適時에 그들의 노동력을 여러 가지 農業勞動에 적절히 투입할 수 있도록 해야 한다는 것이었다.

勞動力 節約과 農器具 改良 ─ 이와 같은 전제 위에서 朴趾源은 農業勞動에 관하여 농민들이 노동력을 절약할 수 있는 방안을 모색하였다. 그는 그러한

---

61) 同 上.
62) 同 上.

방안의 하나로서 農器具의 改良을 제언하였다. 물론 農器具가 발달하면 농
사를 하는 데 편리한 것이 사실이지만, 그는 이 편리한 정도에다 목표를 두
고 農器具 개량을 제언하는 것이 아니었다. 그가 農器具 개량을 제언함에 있
어서는 노동력 감소의 문제를 염두에 두고 있었다. 그리고 그러한 農器具는
中國의 것이 발달했으므로 그것을 受容하면 좋을 것으로 생각하였다. 徐光啓
의『農政全書』農器圖譜를 주 자료로 참고하였다. 그리하여 그의『課農小抄』
에는 종래의 농서에서 별로 말하지 않았던 農器條가 크게 마련되고, 거기에
서는 실로 많은 農器具를 들어 번거로울 정도로 장황하게 이를 설명하였
다.[63] 그것은 요컨대 農器具의 개량을 통해서 농업노동력을 절약하고 그 經
營을 합리화하려는 데서였다. 그는 그러한 의도를 여러 곳에서 示唆했다. 가
령, 播種器로서의 耬車 사용에 관하여

耬種之省力便好 勝於瓠種……種子自斗散下脚孔 故苗生行 行如絃 無小斜曲 且
兩畝之間 亦無廣狹 齊整甚均 鋤之耨之從又不難矣[64]

라고 한 것은 그 한 예이다. 이는 耬車를 쓰면 播種 자체에서도 省力될 뿐
만 아니라, 苗行이 곧아서 鋤耨 즉 中耕除草의 작업이 쉬워진다는 것이었다.
그리고 중국인들과 같이 耰鋤라고 하는 長柄鋤를 사용할 것에 관하여

一人日鋤百畝 其功效甚多矣……先鑄長鋤 以敎芸耨 則永爲農民省力之方矣[65]

라고 하였던 것도 그러한 사례의 하나이다. 이는 사람이 선 채로 김을 맬
수 있는 자루가 긴 호미를 쓰면, 1人 1日의 노동량이 많아지므로, 이 長柄鋤
를 만들어서 이를 이용하는 除草法을 농민들에게 가르치면 농민들의 노동력

---

63)『課農小抄』農器,『農書』6, pp.251~278.
　　農器條에서 열거한 農器는 다음과 같다.
　　耒耜·犂·櫌·方耙·人字耙·耖·耮·耬車·瓠種·礰礋·礰礋·撻·砘車·鐵刃杴·鐵
　　搭·秧馬·耨·耰鋤·耬鋤·鎌·劁·連枷·碓·礱磨·輾·海靑輾·連磨·礳·颺扇
64)『課農小抄』農器 耬車,『農書』6, pp.258~259.
65)『課農小抄』農器 耰鋤, 同 上, p.267.

을 덜어 주는 바가 될 것이라는 것이었다. 그리고 또 이 除草문제와 관련하
여서는 耬鋤의 장점을 소개하되, '耬鋤省力 勝於鋤器'[66]라고 하였던 것도 그
러한 예가 되겠다. 耬鋤는 노동력을 절약할 수 있는 데 있어서 鋤보다 낫다
는 것이었다. 그는 또 그밖에 簸穀揚秄用으로서 颺扇을 사용하면 省力功倍
하게 되는 사정을 말하여

　　須用此風扇 比之枚擲箕簸 其功數倍[67]

라고 하였는데, 이도 역시 그러한 사례의 하나가 되는 것이라 하겠다. 이
와 같은 몇 가지 사례로써 보면 그의 農器具 개량의 의도는 노동력의 절감문
제와 밀접하게 관련되고 있었음을 알 수 있다.
　農業經營에서 노동력이 많이 든다는 것은 곧 資金·賃金이 많이 든다는
것이다. 이 시기의 農業經營은 賃金勞動의 전제 위에서 이뤄지고 있었다. 당
시에는 貧富를 막론하고 他人의 노동력을 사용할 때는 雇價 또는 雇賃을 치
러야만 하였다. 이때에는 품앗이라는 것이 있어서 농민들의 農業經營은 외
견상 공동노동의 형태를 취하고 있었지만, 실질적으로는 공동노동이 아니었
다. 여기에서 서로 품앗이가 되는 것은 똑같은 노동량일 경우이고, 어느 한
쪽의 노동량이 많아지면 역시 많아진 만큼의 雇價는 지불해야만 하는 것이
었다. 그러므로 농업경영에서 많은 所得을 올리려면, 되도록 勞動賃金의 지
출이 적어야만 하였고, 그러기 위해서는 勞動力 管理가 잘 되고, 農器具의
개선이 반드시 있어야만 하는 것이었다. 朴趾源이 農地經營과 관련하여 노
동력의 절감문제를 고려하게 된 것은 이러한 농업실정 위에서의 일이었다.
　그러한 그의 생각은, 簸穀揚秄用으로서 우리나라에서는 箕나 小席을 사
용하고 있는 것을, 中國의 颺扇으로 대체 개선하자고 말한데서 잘 엿볼 수 있
다. 우리나라에서는 打穀場에서 많은 糧穀을 簸揚할 때는 특히 小席을 사용
하는 것이 관례였는데, 그는 이 小席 사용의 非經濟性을 지적했다.

66)『課農小抄』農器 耬鋤, 同上, p.268.
67)『課農小抄』農器 颺扇, 同上, p.276.

如打穀揚秄 則但用小席 一人足踏其半 手執兩端而立 兩手相拍 如鷄鼓翼 一人
盛穀於器 垂注席邊 如此 而風安得猛而盡颺其龘秄稊稗乎 又盡日扇拍 席已弊破
臂力亦罷矣 不得不將莞沈溪 夜縮繩 終晝盡夜織席 已虛度三再日矣 又其鼓席
非健夫熟手 則不能也 故十家一村 裁有二三人 其雇賃酒飯必倍焉 爲農家病之者
久矣68)

즉, 小席을 사용하면 바람이 세지 못하여 쭉정이나 돌피를 모두 날려 버리
기가 어렵고, 席이 파손되고 臂力이 빠져 버릴 뿐만 아니라 파손된 席을 다
시 짜기에 三再日을 虛費하게 되며, 小席으로써 바람을 일으키려면 健夫熟
手가 아니면 아니 되는데, 이러한 사람은 10家 1村에 겨우 두세 명을 헤아
릴 정도이므로, 그 雇賃과 酒飯의 비용이 倍나 더 듦으로써 농가의 고통거리
가 되고 있는 것이 오래다는 것이었다. 이는 小席의 農器具로서의 기능의 부
실함과 거기에 소요되는 過多한 노동력과 값비싼 雇價의 非經濟性을 말한
것으로서, 그는 농업경영에 있어서는 이러한 非經濟性을 개선해 나가야 한
다는 생각이었다. 그래서 그는 '其功數倍'한 颺扇을 제조 보급할 것을 제언하
였던 것이며, 실제로 그가 牧民官으로서 安義地方을 다스릴 때에는 이를 倣
造하여 사용케 하기도 하였다.69)

農器具를 田畝制度 耕種法과 상응하게 ; 물론 노동력의 절약을 農器具의
개량만으로 해결하려는 것은 아니었다. 農器具의 개량과 관련하여서는 반드
시 이와 상응하는 田畝制度・田畝 整地法, 즉 耕種法의 개선 전환이 있어야
할 것으로 보고 있었다. 그는 耕種法의 개선 전환에 관하여는 앞에서 이미
언급한 바와 같이 地力의 이용이라는 점에서 이를 강조하였는데, 그것은 또
한 노동력의 절약을 위한 農器具의 改良과도 밀접하게 관련되는 것으로 보
는 것이었다. 그래서, 가령 長柄鋤의 사용에 관해서 언급하되,

無變今之種法 而欲用中國之鋤者 是暴其苗者也……雖有長柄兩脚之制 無所用之70)

---

68) 同 上, pp.276~277.
69) 同 上, p.277.
70)『課農小抄』鋤治,『農書』6, p.393.

라고 기술하였다. 耕種法의 改良이 없이 長柄鋤를 사용한다면 苗根을 상할 뿐이며, 비록 長柄鋤나 耬車가 있다손 치더라도 耕種法의 改善이 없이는 이를 사용할 수가 없다는 것이었다. 그가 여기서 말하는 耕種法은 長柄鋤와 상응하는 1畝 3畎의 田畝制度·田畎 整地法이었다. 中國에서는 일정한 幅의 犁로써 1畝 3畎의 農地를 정지하고 거기다 播種할 때는 耬車를 사용하여 一直線으로 落種하므로, 中耕除草에 長柄鋤를 사용하여 선 채로 작업을 하여도 禾穀에 손상이 가지 않지만, 우리나라에서는 犁幅도 일정치 아니하고 落種도 고르지 못하므로 長柄鋤로서 立鋤를 하다가는 苗根을 다치기가 쉽도록 되어 있다는 것이었다. 그러므로 朴趾源은 農器具의 개선을 단순히 農具의 문제로서만 처리하려는 것이 아니라, 農地經營의 개선이라는 커다란 문제와 관련하여, 農器와 田畝制度, 耕種法을 유기적으로 파악하고 일괄 해결하려 하였다.

所得 증대를 위한 방법 : 施肥法의 改善 ― 農地經營에 관하여 朴趾源이 끝으로 생각한 것은, 일정한 田畝制度 아래에서 어떻게 하면 所得을 增大할 수 있을까 하는 데 대한 방법을 세우는 일이었다. 그는 그것을 糞壤法, 즉 施肥法과 水利施設의 개선에서 찾고 있었다.

糞壤에 관해서 그는 기본적으로 '夫畝同 而食有多小者 糞壤殊功也'[71]라는 견해를 가지고 있었다. 農地面積이 같은데도 所得에 多寡가 있게 되는 것은 전적으로 施肥의 차이에서 온다는 생각이었다. 그래서 그는 糞壤의 문제를 중시하게 되었던 것인데, 우리나라에서는 取糞法이나 施肥法이 모두가 불합리하게 되어 있으므로, 제대로 소득을 올리려면 이 糞壤의 방법을 개선하지 않으면 아니 되겠다는 것이었다.

가령, ① 收糞을 하는 데 외양간 밖에다 구덩이를 파 놓지 않았거나 파 놓았다 하더라도 벽돌로 쌓지를 않아서 肥沃한 거름汁이 땅속으로 스며들거나 流失하게 되고, ② 冬月에 便尿를 받을 때 많은 甕器를 마련하지 않고 한 개만을 써 이것이 차고 넘쳐 雪地에 흘러 버리게 되므로 糞壤의 效를 제대로 보지 못하는 것이 열에 네댓이나 된다고 한 것이라던가, 또는 ③ 施肥를 하

---

71)『課農小抄』糞壤, 同 上, p.302.

는데 耕種法이 中國과 같은 區田이나 畎畝가 아니라 폭 넓은 濶畝에다 漫播
를 함으로 말미암아 얼마 안 되는 糞穢로서 넓은 田面에다 汎布하게 되므로,
고루 뿌리자면 엷어서 施肥의 효력이 없고, 고르지 않게 하면 養苗에 差가
생기게 되므로 이는 糞壤法이 잘못되고 있는 까닭이라고 한 것 등이 그것이
었다. 그래서 그는 朴齊家와 마찬가지로 중국인들의 糞壤法을 배워야 할 것
을 말하였다. 그밖에도 苗糞・草糞・火糞・泥糞 등을 말하고, 특히 豆與麻
麥('苗糞者 綠豆爲上 小豆胡麻次之 蠶豆大麥皆好') 등을 재배하여 田家에서 苗
糞으로 쓰는 것도 좋을 것이라고 하였다.72) 본시『農事直說』에서는 麥의 제
3耕種法이 畝間에 苗糞作物을 재배하고 이를 糞壤으로 이용하여 麥을 파종
하는 것이었으나, 이 단계에 이르러서는 間種法이나 全面耕이 보급되는 가
운데 苗糞法은 점차 쇠퇴하고 있었다.

　　所得 증대를 위한 방법 : 水利施設의 改善 — 水利施設・水利問題는 주로
水田農業과 관련되는 것이었으나, 旱田農業과도 무관하지 않았다. 이같은
水利問題에 관해서 그는 '水田所收 常倍旱田'이라던가, 또는 地質이 錮陰沮
濕 해서 水田으로 이용할 수 없고 旱田으로도 이용할 수 없는 곳이라 하더라
도, 排水施設을 잘하면 麥粟을 재배할 수 있다는 소득의 문제가 전제되고 있
었다.73) 用水施設로서의 水利와 排水施設로서의 水利를 갖추면 水田農業에
있어서나 旱田農業에 있어서 收入을 늘릴 수 있다는 생각이었다. 그리고 언
제나 水利問題가 논의되는 것은 旱災나 水災를 면하기 위해서인데, 溝洫施
設이 잘되면 水가 災害를 가져올 수 없고, 戽車가 마련되면 旱이 災害가 될
수 없으며, 澤水를 보유하고서 鋤耨를 하고 때에 맞추어 苗根을 壅土하면 苗
根이 바람을 견딜 수 있으므로, 所期의 수확을 거둘 수 있다는 것이 그의 생
각이었다.74)

　　그럼에도 우리나라에서의 水利狀況은 종전의 水利施設 외에도 穿渠引水
할 수 있는 곳이 아직 많으며, 종래의 水利施設은 훼손되고 塡塞된 곳이 있

---

72) 同 上, p.304.
　　『農政全書』卷7, 農事 營治下. (　) 안은『農政全書』의 기록이다.
73)『課農小抄』水利,『農書』6, p.320.
74)『課農小抄』占候, 同 上, p.230.

으며, 中國에서는 1,000餘 年 동안 사용해 온 車矸의 術이 우리나라에서는 아직 開拓되지 못하고 있는 형편임을 그는 개탄하였다.[75] 그래서 그는 우리 농업에 있어서 무엇보다도 水利施設이 喫緊함을 말하게 되고, 그 하나의 방편으로서 中國에서 水利學도 배울 것을 제언하였다. 그리하여, 그는 자신의 『課農小抄』에 우리나라 농서로서는 처음으로 대대적인 水利條를 마련하고, 『農政全書』로부터 水利法의 原理와 구체적인 방법(예)을 받아들여 이를 보급시키려 하였다.[76]

(3) 土地制度 改革論

『課農小抄』를 통해서 우리는 박지원의 농학사상을 살피고 있거니와, 이에 관해서는 위에 언급 한바 농업기술 農地經營에 관한 견해와 더불어, 농민들의 土地所有문제, 즉 經濟制度에 대한 이해가 어떠하였는지도 확인할 필요가 있다. 이 시기에는 壬亂 이래로 農村社會가 분해되고 있는 상황 속에서, 농업재건 농업발전을 地主佃戶制를 중심으로 추진할 것인지 아니면 이를 개혁하여 自耕小農制를 중심으로 수행할 것이지, 농학에서 뿐만 아니라 전 사상계 정치계가 갈등 대립하고 있었기 때문이다.

朴趾源의 土地論 ; 限田論 — 이에 관하여 박지원은 다른 진보적인 학자들과 마찬가지로 후자의 견해를 취하고 있었다. 그는 『農家集成』에서 많은 농업기술 관계 자료와 朱子의 제1 「勸農文」을 그의 『課農小抄』에다 자료로서 취하였으면서도, 그 제3 「勸農文」의 地主佃戶制론은 취하지 아니하고 있었다(〈제가총론〉). 土地所有문제에 관해서는, 그 스스로의 生活경험과 農民經濟의 실태를 관찰할 수 있었던 데서, 土地改革의 필요성을 강조하고 있었다. 限民名田議는 그것이었다.

그는 歸農을 하려 하여도 土地가 없어서 못한 경험이 있었고, 당시의 농민들이 地主·富農層의 土地集積의 그늘 속에서 農地를 잃고 零細化해 가고

---

75) 『課農小抄』 水利, 同 上, p.306, pp.338~339.
76) 『課農小抄』 水利條(『農書』 6, pp.304~341)가 『農政全書』 水利條로부터 인용한 水利法의 原理와 水利施設은 다음과 같은 것이었다.
　　山鄕水利議·早田用水疏·看泉法, 水柵·水閘·陂塘·水塘·翻車·筒車·水轉翻車·牛轉翻車·驢轉筒車·高轉筒車·水轉筒車·連筒·架槽·戽斗·刮車·桔槔·轆轤·瓦竇·石籠·浚渠·陰溝·水筈·龍尾(車)·玉衡(車)·恒升(車)·水庫

있었음을 地方官으로서 생생하게 目睹하고 있었다. 그가 農地經營에 관하여
여러 가지 經營改善을 구상한 것도 이러한 對零細農施策이라는 점에 그 주
목적이 있었던 것이지만, 그러나 그는 이와 같은 경영개선만으로서 農村社
會 分解의 문제를 근원적으로 해결할 수 있을 것으로는 보지 않았다. 그는
더 근원적인 대책 방법으로서 농민층에게는 그들이 먹고 살 수 있는 農地가
있어야 한다고 생각하였다. 그는 농민에게 농지가 없다는 것은 畫家에게 畫
板이 없는 것과 같다고 보고 있었다.77) 그래서 그는 土地兼並이 盛行하고
있는 상황에서 농민에게 土地를 줄 수 있는 방법, 즉 봉건적인 經濟制度의
개혁을 구상하게 되고, 그 결과로서 그는 兼並者의 土地所有에 制限을 가함
으로써 그 土地가 농민들에게 돌아갈 수 있도록 할 것을 생각하게 되었다.
이른바 그의 限田論으로서 그렇게 하면 농민경제가 안정될 것이라는 것이었
다. 그가 자신의 土地論을 總結하여

> 故曰 限田而後 兼並者息 兼並者息然後 産業均 産業均然後 民皆土著 各耕其地
> 而勤惰著矣 勤惰著而後 農可勸而民可訓矣78)

라고 하였던 것은, 토지문제에 대한 그의 신념의 표현이었다. 그는 이러
한 신념 아래서 土地再分配의 방안을 연구하였으며, 그러한 연구는 구체적
인 事例研究가 되고 있었다.

土地再分配를 事例研究로 ─ 土地再分配를 위한 구체적인 研究를 朴趾源은
자신이 다스리던 沔川郡을 事例로서 택하고 있었다. 이곳의 戶口는 4,139
戶에 13,508口이고, 농지는 時起實總이 2,824結 92負였다. 그러므로 이곳
의 戶當 平均 人口는 3人이고, 이러한 戶에 토지를 均配하면 이곳 농민들은
戶當 68負 2束을 분배 받을 수가 있는 것이었다. 그렇지만 朴趾源은 農家가
5인 가족이 안 되면 농가로서의 責務를 다할 수 없는 것으로 보고, 이곳 戶
數는 2,701戶가 되는 것으로 계산하여, 이러한 戶數에 농지를 균배하면 戶
當 平均 1結 2負 8束의 농지가 돌아갈 것으로 보았다. 朴趾源의 이러한 계

---

77) 『課農小抄』 限民名田議, 『農書』 6, p.422.

78) 同 上.

산은 농민들에게 토지를 최대한으로 분배할 경우를 가상한 것인데, 그러나 그 所出을 생각하면 이러한 토지를 소유하더라도 농민들이 결코 裕足하게 살기는 어려울 것으로 보았다.

그러나 朴趾源의 土地再分配論은 萬民平等 입장에서의 균등한 분배를 목표로 하는 것이 아니었다. 그의 土地論은 身分制의 존속과 그 身分에 상응한 토지의 차등 所有를 전제하고 있었다. 그의 階級觀에 관하여는 이미 '士의 自覺'이라는 표현으로 지적되고 있는 바이지만,[79] 그는 도처에서 士農工商 의 階級性을 여전히 내세우고 그 가운데서 士의 위치를 강조하였는데, 土地 論에 있어서도 그러한 封建的인 身分關係는 전제가 되고 있었다. 그가 토지 의 분배를 말하면서

> 況一境之內 不能無士大夫焉 不能無世嫡及有親有蔭之類在所當厚者 則平民所均
> 又將不滿一結[80]

이라고 하였던 것은 그러한 사정을 반영한 것이었다. 이는 마땅히 토지를 厚하게 배분 받을 士大夫나 世嫡이나 有親·有蔭이 없을 수 없으므로, 평민 에게 균배될 토지는 자연 1結에도 미치지 못할 것이라는 것으로서, 요컨대 신분에 따라 土地分配에 차등을 두려는 것이었다. 朴趾源의 封建的인 身分 制에 대한 기본 관념은 그의 文學作品에서 볼 수 있는 兩班 身分에 대한 諷 刺性으로 미루어 보아, 궁극적으로는 이를 부정하는 입장이었던 것으로 이 해되지만, 그것을 현 시점에서 실현시키려는 데까지는 미치지 못하고 있었 다. 그러므로 그의 土地再分配論은 일정한 한계가 있지 않을 수 없다.

朴趾源 土地論의 思想的 淵源 ─ 朴趾源의 이와 같은 土地論은 계보상으로 中國 古代의 古典儒學 井田制에 이어지고 이 제도를 欽慕하는 데서부터 淵 源하고 있었다. 그리고 그것은 平壤에 잔존한다는 箕田을 관찰하고 연구한 데서 하나의 확신으로 화하고 있었다. 그는 일찍이 平壤外城의 箕田을 관찰 하고 箕子田記를 썼으며, '古先王均地劃野之制'를 이곳에서 완연하게 볼 수

---

79) 李佑成, '燕巖集解說'(慶熙出版社刊 影印本, 1966).
80) 『課農小抄』 限民名田議, 『農書』 6, p.417.

있음에 감탄하였다.81) 이러한 과정에서 그는 井田制의 실현을 꿈꾸게 되었
다. 그러나 옛 井田制가 復舊되려면 井田을 劃하였던 畛涂溝洫이 있어야만
하였는데, 이는 秦漢 이래로 모두 毁破되었으므로, 오랜 세월이 걸리지 않고
서는 갑자기 옛적 그대로의 井田制를 실현하기 어려울 것으로 생각하였다.
그래서 그는 옛 井田制에 가깝고 井田이 갖는 '均分齊差之義'를 잃지 않은 限
田制를 施行하는 것으로써 井田制의 復舊를 대신하려 하였다.

그가 이와 같은 限田制를 시행하려는 방법은 점진적인 것이었다. 그것은
요컨대 土地所有에 제한을 가하는 限田制의 法을 공포한 뒤에는 土地所有에
서 그 한도를 넘지 못하게 하려는 것이었으며, 그 이전부터 소유하고 있었던
土地는 相續・賣買 등으로, 數十年이 지난 뒤에는 자연적으로 均分이 되고
均田이 되도록 하려는 것이었다.82) 그는 이러한 施行方法을 사회에 物議를
일으키지 않고, 土地均分의 趣旨를 달성할 수 있는, 가장 효과적인 방법이
될 것으로 생각하였다. 이는 宋 蘇老泉의 방식이었다. 그래서 그는 蘇老泉의
글을 이끌어

> 端坐於朝廷 下令於天下 不驚民不動衆 不用井田之制 而獲井田之利 雖周之井田
> 無以遠過於此83)

라고까지 하였다. 그는 井田의 外形을 취하지 않고서, 井田의 내실을 얻
으려 하는 것이었으며, 실지로 이렇게만 되면 周나라의 井田制도 이러한 均
田制보다 더 나을 것이 없을 것이라고 보았다.

法田의 설치를 통한 研究와 敎育 — 朴趾源은 이와 같이 옛 先王의 均地劃
野의 뜻을 그의 限田論을 통해서 실현하려 하였지만, 그러나 그의 그러한 土
地論이 단지 土地再分配論으로만 그치고 있는 것은 아니었다. 그는 土地論
을 農地經營의 개선문제와도 관련시켜 생각하고 있었다. 그것은 토지의 재
분배와 병행하여서는 井田制的인 원리에 따라 운영될 法田(模範農場)을 설

---

81) 『課農小抄』田制, 同 上, pp.244~251.
82) 『課農小抄』限民名田議, 同 上, p.420.
83) 同 上.

치하고 그곳에서 農地經營方式을 교육하려는 것이었다. 그러한 모범농장을
그는 井田과 箕田으로써 각각 하나씩 설치하고, 이는 또 각각 井田과 箕田의
원칙으로써 운영하려 하였다. 井田農場과 箕田農場인 셈이었다. 그리고 여
기에는 農理에 밝은 학자를 책임자로 임명하여 各地에서 力田子弟를 招致해
다가 농업실험에 종사케 하되, 옛 農法을 검토하여 오늘날에도 시행할 수 있
는 편리한 좋은 농법이 있으면 이를 子弟들로 하여금 體得케 한 뒤 歸鄕시
켜, 그들로 하여금 각자 그 地方의 스승이 되게 하여 배운 농법을 그곳 농민
들에게 교육시킴으로써 民産을 興起시키려 하였다.84) 均田制나 限田制의
施行을 꾀하는 그의 의도는 周到하여서 土地論을 하나의 土地制度로서만 한
정시키려는 것이 아니라, 그 경영내용에 있어서 실제로 井田制의 意義를 갖
도록 하려는 것이었다고 하겠다. 그리고 이 경우 土地의 파악은, 結負制를
폐지하고 頃畝法을 시행해야 할 것으로 생각하는 것이었다.85)

(4) 『課農小抄』 農業論의 性格

『課農小抄』의 農業論 朴趾源의 農學思想을 이상과 같이 살피면, 그것은
舊來의 우리 농업이 안고 있는 모순을 어느 정도·근본저으로 改革하려는 것
이었으며, 그 방법은 農地經營의 합리화를 기하고 土地의 재분배를 통해서
그 목적을 달성하려는 것이었다. 그 改革의 方法은 古聖人의 農政理念을 현
재의 農學에 도입함으로써, 현재의 여러가지 사회적 경제적인 모순을 古聖
人의 이념을 통해서 비판하고 개혁하려는 것이었다. 그리고 그러한 改革을
통해서 그가 궁극적으로 도달하려고 한 현실 農業社會는 自耕小農層을 중심
으로 하는 안정된 農業體制의 사회였다.

朴趾源의 이러한 사상은 古典儒教의 農政理念에 기초하는 것이었다. 그것
은 그의 土地論이 古先王의 井田制에 가까운 限田論을 취하고 있는 것은 말
할 것도 없지만, 農業經營도 장차 井田農場과 箕田農場에서 받은 교육원리

---

84) 『課農小抄』 田制, 『農書』 6, p.250.
　　亦願 國家置法田 於東西兩郊之中 而一以箕田爲式 一以井田爲則 擧深曉農理者 爲之師 致四
　　方力田子弟數十百人 與之耕作 毋循常習 必按古方 而益求其便利可行於今者 使各盡得其法 而
　　灼見其效然後 歸之 傳各爲一鄕一邑之師 而又從之以董勸考試之政 則民無不興起樂業 而農之
　　學始可大明矣

85) 同上.

에 따라 운영케 하려한데서 알 수 있다. 그리고 그가 農地經營에 관한 여러
가지 개선에서 中國의 것을 배우면서 그것을 바로 古聖人의 뜻을 배우는 것
으로 보고 있었던 것도 그것이다. 그는 '學中國者 學古聖人之法也'[86]라고 말
하고 있었다. 그가 이와 같이 古聖人의 法을 본받으려한 것은 물론 한 방편
으로서가 아니었다. 그는 그렇게 하는 것을 儒學에 있어서의 學問의 방법 본
질로 생각하고 있었다. 그에게는 그러한 생각이 하나의 신념으로 化하고 있
었다. 그는 그러한 생각을

　　儒者之爲天下國家 當論其術之與聖王合不合 不當復卹其行與不行[87]

이라고 표현하기도 하였다. 儒者는 국가를 다스림에 있어서 그 政治가 옛
聖王의 뜻과 合致하는가 않는가를 논할 것이지, 그것을 이룰 수 있을 것인가
그렇지 못할 것인가를 걱정할 것이 아니라고 생각하였다. 요컨대 모든 것을
옛 聖王의 治世의 이념에 따라 행해야 한다는 것이었다.

　朴趾源의 이와 같은 學問 태도는 곧 그의 非朱子學的인 儒學者로서의 思
想形態를 표현하는 것이었다. 그는 朱子를 존경하고 특히 朱子의 農業技術
論 가운데 南康軍에서의 朱子의 第1「勸農文」을 자신의 농서에다 수록하기
까지 하였다.[88] 그리고 이와 관련하여서는 우리나라 士大夫 즉 朱子學者들
이 이러한 學問을 하고 있지 않음을 개탄하기도 하였다.[89]

　그러나 그의 朱子에 대한 존경의 정도는 그것뿐이었다. 그는 朱子를 하나
의 훌륭한 學者 훌륭한 牧民官으로서 보았을 뿐이며, 자기 자신의 學問을 우
리나라에서 행해지고 있는 것과 같은 朱子學的인 方法論에 따라 체계화하려
는 것은 아니었다. 그는 자신의 學問을 朱子의 가르침에 따라 이루려는 것이
아니라 옛 聖王의 뜻에 좇아서 이루려는 것이었으며, 그것도 옛 聖王의 뜻으
로 현실 사회를 합리화하려는 것이 아니라 그것을 통해서 현실 사회의 矛盾

---

86)『課農小抄』農器,『農書』6, p.278.
87)『課農小抄』限民名田議, 同上, p.419.
88)『課農小抄』諸家總論, 同上, pp.199~202.
89) 註46 참조.

을 타개하고 改革하려는 것이었다. 이는 朱子學者들의 思惟方式과는 크게
차이가 나는 것이었다.

『課農小抄』의 農學思想은, 그 農學이 『農家集成』 등 종래의 우리 농학의
主流에서 출발하였음에도, 그 현실 농업의 결함·모순을 타개함에 있어서는
그 방안을 『農家集成』적인 農學의 理念이나 方法論에서 찾고 있지 않았다.
그것은 우리의 農學史上으로 보면 그 思惟方式에 있어서 『農家集成』과 반
대의 입장에 있었던 『穡經』의 이념이나 방법론과 연결되며, 또 농촌지식인
들의 現實打開論에서 볼 수 있었던 非朱子學的 자세와도 一脈相通하는 것이
었다. 그러한 점에서 『課農小抄』의 農學사상은 『農家集成』적인 농학사상의
흐름 위에 있는 것이 아니라 『穡經』적인 농학사상의 발전선상에 있는 것이
었다고 하겠다. 그뿐만 아니라 그 農學思想은 地主的 입장의 農學思想이 아
니라 自耕 小農的 입장의 農學思想을 공개적인 農書 속에서 정면으로 제기
하고 나선 革新的인 思想이기도 하였다. 『課農小抄』는 바로 그러한 점에서
우리나라 農學史上에 하나의 새로운 지표적인 農書가 되는 것이었다고 하
겠다.

3) 「應旨論農政疏」와 「田論」의 農業論

앞에서 지적했듯이 이때에는 丁若鏞(號 : 茶山·俟菴, 英祖 38~憲宗 2년,
1762~1836년)도 農政疏를 올렸다. 그도 農業에 관해서는 오래 전부터 관
심을 가지고 있어서, 농업문제 타개를 위한 특유의 구상을 하고 있었다. 정
조 14년에 올린 「農策」에서 立民之本으로서의 均田의 방안을 강구하도록 건
의하고 있었음은 그 시작이었다.

그래서 正祖 末年에 求農書 綸音이 내리게 되자 평소에 생각하고 있었던
바를 「應旨論農政疏」로서 進疏할 수가 있었다.[90] 그리고 이 農政疏에 이어
서는 곧 「田論」(閭田論)을 썼는데,[91] 이는 그가 「農策」 이래로 오랫동안 구

---

90) 『丁茶山全書』, 「詩文集」 卷9, 應旨論農政疏 ; 『與猶堂集』, 雜文1, 應旨論農政疏.
　　『農書』 7, 應旨農政疏 『與猶堂集』에 수록된 이 疏文은 본시 그 제목이 '應旨論農政疏'였던
　　것 같은데, 奎章閣本에는 '論'자가 탈락되어 있다. 필사시의 착오인 듯하다.
91) 『丁茶山全書』, 「詩文集」 卷11, 田論 ; 『農書』 7, 田論.

상하였던 바, 그러나 農政疏에서는 할 수 없었던 말 — 농업문제 해결의 근본적인 방안을 제시한 것이었다. 전자에서는 農業技術·農法의 改良문제와 農政의 개선문제를 주로 진언했고, 후자에서는 地主佃戶制를 중심으로 한 經濟制度를 閭를 단위로 한 共同農場(集團農場)制로 개혁함으로써, 농업문제를 그 근원에서부터 변혁해야 할 것임을 제언한 것이었다. 그러므로「應旨論農政疏」의 農業論을 이해하기 위해서는 이와 관련해서 이때에 쓰여진「田論」도 아울러 검토해야 한다고 하겠다.

그러나 茶山의 土地制度·農政問題에 대한 改革思想은, 이미「田論」도 포함하여 이를 다른 글에서 상론한 바 있으므로,92) 이곳에서는 이를 재론할 필요가 없겠다. 다만 이 책이 목표로 하는 朝鮮後期 農學의 發展 過程, 그리고 이 시기 農學界의 분위기, 時代思潮를 정합적으로 이해하기 위해서는 茶山이 이때 저술한「田論」에 관해서도 그 요점을 應旨疏와 함께 최소한으로나마 언급해 두는 것이 필요하겠다.

(1)「應旨論農政疏」

茶山은 農學者가 아니라 政治經濟學者였으므로 農政疏에서도 農業技術的인 문제보다는 農政上의 문제를 주로 논했다. 여기서 그가 제시한 것은 便農·厚農·上農 방략이었는데, 厚農은 農業·農民을 厚하게 하려는 農政上의 문제이고, 上農은 農業·農民의 地位를 향상시키려는 農政上의 문제였다. 便農만이 농업기술문제를 다룬 것이다.

便農 — 便農은 농민들이 農業生産에 종사하되, 힘을 덜 들이고서도 소기의 성과를 거두는 것은 말할 것도 없고 生産力을 한층 더 증진시키기 위해서는, 몇 가지 점에서 농업기술을 개량해야 한다는 것이었다. 그것은 ① 田畝制度 耕種法을 개량하는 문제, ② 擇種을 철저히 하는 문제, ③ 農器具를 잘 만들어서 작업을 효율적으로 하는 문제, ④ 水利시설을 잘 갖춤으로써 물로 말미암아 고생을 하지 않도록 하는 문제 등이었다. ②③④의 문제는 다른 農書, 다른 논자들에게도 일반적으로 제론되고 있는 농업의 기본 문제로서, 茶

---

92) 拙稿, '18,19세기의 農業實情과 새로운 農業經營論'(『大東文化研究』 9, 1972 ;『韓國近代農業史研究』〔Ⅰ〕, 1975 ; 新訂增補版, 2004). '茶山과 楓石의 量田論'(『韓國史研究』 11, 1975 ; 同上『韓國近代農業史研究』〔Ⅰ〕).

山의 제언이라고 이와 크게 다를 것이 없었다. 그러나 ①의 문제는 『稽經』
이래로 소수의 논자, 소수의 농서에서 제론되고 있는 것이었다. 그런 점에서
茶山의 이 田畝制度 耕種法 改良論은 이 시기의 농업기술을 이해하는 데 중
요한 근거의 하나가 되는 것이라고 하겠다.

　田畝制度 耕種法 改良 ; 茶山이 개량해야 되겠다고 생각하는 田畝制度 耕
種法은 旱田의 作物을 재배하기 위한 田의 整地法, 畎畝의 작성과 耕種法을
말하는 것인데, 그가 보기에 우리나라의 整地法은 農地 利用 면에서 낭비가
많고 불합리하다는 데서이었다. 그것은 현행의 田畝制度를

　　大抵 占區不闊 而用力得盡 則自無地少之患矣 …… 今觀畎畝之間 或尋丈空谿
　　或五六叢疊 人知蒿萊磽确之爲陳 而不知膏腴之壤 見棄於方藝之田也 人知水旱
　　霜雹之爲災 而不知苞茂之質 被困於連根之苗也[93]

라고 보는 데서였다. 이는 그가 谷山府使로서 進疏한 글의 한 구절이므로
그 지방의 농업현실을 말한 것으로 생각되는데, 이곳 谷山지방에서는 밭이
畎畝 폭이 혹은 尋 혹은 丈이나 되며, 따라서 作物이 재배되고 있는 기름진
밭이랑 사이의 넓은 空間이 버려지고 있다는 것이었다. 尋은 8尺이고 丈은
10尺이므로, 田이 이같이 정지되고 있었다면, 확실히 1畝 1畎이 점하는 넓
이가 너무 넓은 것이 사실이었다. 그뿐만 아니라 이렇게 정지된 이랑 위에서
苗根이 밀집된 상태로('五六叢疊') 재배되고 있다는 것이며, 이로써 자라는
作物이 영양 흡수에 지장을 받고 있다는 것이었다. 그는 地力이 作物을 養苗
하는데는 일정한 한계가 있으므로, 일정 면적의 지면에 作物의 立苗한 바가
적으면 陳地가 생기고, 立苗한 바가 많으면 地力이 부족하게 된다고 보는데
서,[94] 이 지방의 田畝制度를 이같이 불합리한 것으로 보았다. 그리하여 그
는 결국 이같은 田畝制度는 개량해야 할 것으로 생각했으며, 그 방향은 畦闊
(畝幅)·溝闊을 작물에 따라 일정케 함으로써, 위 문장의 서두에 보이는 바
와 같이 작은 면적의 農地를 集約的으로 경영토록 해야 한다는 것이었다. 그

93)「應旨論農政疏」,『農書』7, pp.390~391.
94) 同 上.

렇게 하면 農地가 부족한데서 오는 걱정도 없을 것이라는 것이었다.[95]

谷山지방의 田畝制度에 대하여 茶山은 이같이 불합리하다고만 하였을 뿐
이 지방 농민들이 왜 田畝를 이같이 작성하였는지는 말하지 않았지만, 이는
肅宗 초 伊川지방 농민들의 경우와 같은 사정에서였을 것으로 생각된다. 이
미 지적한 바와 같이 伊川지방에서는 '息土而代墾' 하기 위하여 兩畝間의 溝,
즉 空地를 畝幅보다 두세 곱절이나 더 넓게 정지하고 휴식을 시키고 있었
다.[96] 휴식을 통해서 空地의 地力을 회복한 뒤에는 溝畝의 위치를 교체하여
畝를 작성하고 作物을 재배하려는 데서였다. 우리는 谷山지방의 田畝制度도
伊川지방의 그것과 마찬가지로 '息土而代墾'하는 農地였으리라고 생각한다.
그것은 茶山이 앞의 문장에 이어

今貧民無田者 借人種豆之田 耕其溝而種之麥 名曰借谷[97]

이라고 기술하고 있는 것으로서 그와 같이 이해할 수 있다. 無田農民들은
남의 콩밭을 빌려 그 溝, 즉 畝間에다 麥을 間種하는데 그것을 借谷이라고
한다는 것이었다. 우리는 여기에서 이 지방의 田畝가 農法이 鹵莽해서 무원
칙하게 廣幅으로 마련하고 있는 것이 아니라, 田主가 한 行의 作物을 파종할
수 있는 공간을 일정한 계획 하에 地力을 회복하기 위하여 息土케 하고 있음
을 볼 수 있다. 그리고 田畝制度가 이같이 '息土而代墾' 하도록 조성되어 있
으므로, 농민들은 借谷 재배·間種 재배를 할 수 있었던 것이라고 생각된다.
그러므로 茶山이 여기서 이러한 田畝制度를 개량해야 한다고 하는 것은 '息
土而代墾' 하는 낙후한 농법을 극복하려는 것이었다고 하겠다.

여기에서 우리는 이 지방의 農業慣行을 통하여 다음과 같은 사실을 알 수
있게 된다. 이른바 借谷農法이나 間種農法은 田畝가 오늘날과 같이 小幅으
로 작성된 農地에서 발생하고 있는 것이 아니라, 兩畝間을 넓은 空間으로 息

---

95) 同上.
96) 『備邊司謄錄』 41, 肅宗 13년 10월 20일, 4책, p.80.
   제 I 편 註125 참조.
97) 「應旨論農政疏」, 『農書』 7, p.391.

土하고 있는 농지에서 발생하는 農法이었다는 점이다. 그런 점에서 '息土而 代墾' 하는 農法과 間種法은 밀접한 관계에 있었다고 하겠다. 이 시기에는 논자에 따라 間種法을 代田法으로 이해하고도 있었는데,[98] 그것은 間種法 이 '息土而代墾' 하는 田畝制度와 밀접한 관계에 있었고, 그 원리 위에서 발 생할 수 있었기 때문이었을 것으로 생각된다. 그러나 '息土而代墾' 하는 농법 의 원리는 趙過 代田法의 원리와 같았으므로 이를 代田으로 불러도 무방하 겠으나, 間種法은 이미 그 뜻을 원리적으로 극복하고 있는 것이었으므로, 이 를 代田法으로 일컫는 것은 적합하지 않다고 하겠다.

　(2) 「田論」

　앞에서 언급한 바와 같이, 茶山은 「應旨論農政疏」에서 厚農 上農을 목표 로 하면서, 그 農業技術的인 한 방법으로서 便農을 말했다. 그러나 이 應旨 疏에서는 농업·농민을 厚農·上農케 하려는 것이 궁극의 목표이면서도, 그 疏의 성격상 이를 충분히 언급할 수 없었다. 그러므로 그는 이 應旨疏에 이 어서는 곧 이 문제에 대한 자신의 根本的인 方案을 작성하지 않으면 안 되었 다. 여기에서 성립된 것이 이른바 閭田制로 알려져 있는 「田論」이었다(正祖 己未間 所作 — 正祖 23년).

　「田論」은 土地國有化를 전제로 한 철저한 土地改革論이었으며, 閭(30戶 또는 20戶의 村落)를 단위로 한 농장, 즉 閭 農場을 구성하고, 閭民이 閭長의 지휘 통솔 아래 共同으로 農業生産·農業經營을 하도록 하는 共同農場(集團 農場)論이었다. 閭 農場의 國家에 대한 租稅는 什一稅를 기준으로, 農地의 肥瘠 所出의 多寡를 수년 간의 平均値로서 산정 定額制로 하며, 나머지로서 閭長의 녹봉을 지급하고, 閭民은 農場의 共同勞動에 참여한 만큼 勞動量에 따라 所得分配를 받는 것이 규정이었다.

　土地改革의 이론적 근거는 『尙書』周書 洪範篇의 皇極論이었다. 그는 이 를 政治의 '大義'로서 내세우고 있었다. 이러한 經典의 말씀에 비추어 보면, 현실 사회의 土地所有關係는 너무나 불합리하고 그 모순구조도 너무나 심각 하다는 것이었다. 土地改革을 주장하는 논자는 井田論·均田論·限田論 등

98) 『日省錄』正祖 23년 3월 22일, 李光漢 「農書」,『農書』8, p.241.

을 제기하는 것이 일반이었으나, 이 시점의 그는 이같은 改革論에는 찬성하
지 않고 있었다. 이들 改革論은 시행할 수도 없고, 또 시행한다 하더라도 農
者가 아닌 사람들이 農者와 함께 토지를 받으면 개혁이 무의미해진다는 점
에서였다. 그는 철저하게 '農者得田(耕者有田)'의 원칙으로 그 改革論을 구성
하고 있었으며, 士·工·商은 그들의 직업에서 얻은 소득으로 식량을 구입
해야 한다는 것이었다(社會的 分業). 그런 가운데 農業生産을 구태여 共同生
産·共同經營으로 하고자 한 것은, 토지개혁을 하더라도 小貧農層을 그대로
방임하면 그들이 다시 쇠락할 수 있으므로, 協同農業에 대한 사회적 요청을
받아들여 生産 過程도 개혁하려는 것이었다고 하겠다.

「田論」은 현실 사회의 모순을 타개하려는 데서 발상 하였음으로, 그 내용
은 철저하게 地主層·富農層을 희생하고 小貧農層·無田農民을 위주로 하
는, 理想主義的인 改革案이 되지 않을 수 없었다. 그것도 몇몇 지방에서 실
험적으로 시행하려는 試案이 아니라, 地方制度·軍役制의 改革도 동반하는
하나의 제도, 즉 閭田制로서 전국적으로 시행하려는 것이었다. 그런 점에서
「田論」은 말하자면 農業生産 측면에서의 社會變革論이 되는 것이기도 하였
다. 革命이 없는 시점에 政治的 '大義'를 내세워 革命的인 改革案을 제기하고
있는 것이었다. 그만큼 「田論」의 閭 農場 설치 방안은 현실 사회에서는 수용
되기 어려운 案이 아닐 수 없었다.

4)「農對」와「淳昌郡守應旨疏」의 農業論

徐有榘도 일찍부터 農學 연구와 인연이 있었다. 그는 「淳昌郡守應旨疏」
이전에 이미 祖父 徐命膺의 『本史』 편찬에 참여하여 그 일부를 정리하기도
하고(正祖 9년), 자신의 견해인 「農對」를 쓰기도 하였는데(正祖 14년), 正祖
末年에는 國王의 綸音에 應旨하여 지방수령으로서 「淳昌郡守應旨疏」를 썼
다. 「農對」와 「應旨疏」에서 볼 수 있는 그의 農業論도 燕岩이나 茶山의 그것
과 기본적으로 그 방향이 같았다. 農業技術을 개량함으로써 農業生産力을
발전시키고, 土地制度를 개혁함으로써 農民經濟를 안정시켜야 한다는 내용
이었다. 이같은 입장의 徐有榘의 農學은 그 뒤에도 계속 연구되었고, 그것은
19세기에 들어 『林園經濟志』와 「擬上經界策」으로 大成되었다. 그러므로 이

곳에서 검토해야 할 그의 農業論은 뒤에 나올『林園經濟志』「擬上經界策」을
통해서 살피는 것이 더욱 분명하겠다.

4. 『海東農書』의 農業論

『海東農書』의 편찬 ―『海東農書』는『攷事新書』를 쓴 徐命膺의 아들로서
奎章閣 直提學·吏曹判書 등을 지낸 바 있는 徐浩修(號 : 鶴山, 英祖 12〜正
祖 23년, 1736〜1799년)가 편찬하였다.99) 현존하는『海東農書』에는 두 가
지 本이 있는데, 하나는 草稿本(全 8卷)으로 생각되고 다른 하나는 定稿本
(全 4卷)으로 생각된다.100) 어느 本에나 序와 跋을 부치고 있지 않아서, 이
農書는 그 편찬 연대가 정확하게 언제인지 알 수 없다. 그러나 그 내용을 검
토하여 보면 아마도 그것은 편자가 사망 직전까지 편찬을 하고 있었던 것이
아닐까 생각된다. 그것은 徐浩修가『海東農書』의 편찬 경위를 世宗朝의『農

---

99)『林園經濟志』引用書目 71장. 先考文敏公撰.
　　徐浩修의 인적사항과 학문에 대해서는 다음의 글을 참조.
　　『楓石全集』金華知非集 卷 6, 本生先考文敏公墓表.
　　염정섭,「서호수 ; 천문학과 농학을 겸전한 전문가」,『한국사인물열전』2, 2003.
　　조창록,「하산 서호수의 《열하기유》― 18세기 서학사의 수준과 지향」,『동방학지』135,
　　2006.

100) 草稿本(成均館大學校 所藏)은 卷1은 農務, 卷2는 瓜類·菜類·果類, 卷3은 木類·草類·蠶桑,
　　卷4는 卜居, 卷5는 牧養, 卷6은 造釀·救荒, 卷7은 辟逐·治藥, 卷8은 丹藥·選擇으로 되어
　　있으며, 定稿本(大阪府立圖書館 所藏)은 卷1은 田制·水利, 卷2는 農務·農器·穀名, 卷3은
　　瓜類·菜類·果類, 卷4는 木類·草類·蠶桑으로 되어 있다. 定稿本『海東農書』는 草稿本『海
　　東農書』에서 卷3까지를 취하고, 거기다 田制·水利·農器條를 보충한 것이다. 穀名은 草稿本
　　에서는 農務條의 頭註로서 收錄되어 있었던 것을 定稿本에서는 本文으로 獨立시킨 것이다.
　　이같은 두 종류의 農書에서 전자를 草稿本으로 보고 후자를 定稿本으로 보는 이유는,『海東農
　　書』가 목표로 하는 것은 田制·水利·農器까지도 기술하는 것이었는데(凡例), 이를 수록하고
　　있는 것은 전자가 아니라 후자이기 때문이다. 凡例는 두 책의 것이 동일하다.
　　　大阪府立圖書館의 定稿本은 아주 오래 전에 사진판으로 볼 수 있어서 이를 木板本으로 생각
　　했었으나, 그 뒤 亞細亞文化社에서『農書』(영인본)을 간행할 때 다시 복사한 것을 살핀 바
　　정성을 들여 필사한 寫本이었다. 大阪府立圖書館 韓本 目錄에도 寫本으로 되어 있다.
　　　이 定稿本은 강원도 춘성군 남면 가정2리 유연오 씨 댁에도 한 질 소장되어 있음이 최근
　　알려졌다. 아주 정성을 들여 필사하고 제본했으며 지질도 좋은 훌륭한 책이었다(그러나 위의
　　定稿本과는 약간의 차이가 있다). 이로써 보면 徐氏家에서는 定稿本을 몇 질 작성했던 것으로
　　생각되며, 應旨進疏 할 경우에는 이 定稿本을 바치려고 준비했던 것이 아닐까 생각된다.

事直說』과 관련시켜 언급하되,

> 國朝農書 世宗朝御定農事直說 詢之老農 斷以聖裁……今亦旁搜博採 靡有遺
> 法101)

이라고 한 데서 알 수 있다. 여기서 農法을 널리 搜探하고 있다는 것은 혹시 正祖 14년의 일이 아니었을까도 의문이 가지만, 그러나 여러 가지 사정으로 보아 이것은 正祖의 求農書 綸音과 이에 應旨하여 전국의 지식인들이 농서를 進疏하고 있었던 正祖 22.23년의 일이었을 것으로 생각된다. 그렇게 보면 徐浩修는 아마도 다른 사람들과 마찬가지로 正祖의 求農書 綸音과 관련하여 그가 진소할 농서를 초고본에 의거해서 편찬 정리하고 있었던 것이 아닐까 생각된다. 그것은 바로 그가 『弘齋全書』 편찬의 중임을 맡고 그 일에 열중하던 시기였다. 『弘齋全書』는 正祖 22년 가을에서 同 23년 겨울 사이에 繕寫되고 있었는데, 徐浩修는 그 기간에 왕명에 따라 그 임무를 맡고 있다가 그 일이 다 끝나기 전에 사망하였다.102)

『海東農書』는 未完의 農書 — 이와 같이 살피면 『海東農書』는 그의 生前에는 완벽한 농서로서 완성되기가 어려웠을 것으로 생각된다. 『海東農書』는 분량이 큰 저술이므로 그 편찬에 많은 시간이 소요되었을 터인데, 더 중요한 公的 사업으로서의 『弘齋全書』 편찬의 명이 그에게 내려졌음으로, 그는 자신의 농서를 편찬할 충분한 시간을 갖지 못했을 것으로 생각되기 때문이다. 실제로 이때 쓰여지고 있었던 草稿本을 살펴보면 그것은 쉽사리 感得할 수 있다. 가령, 그가 『海東農書』를 편찬하기 위하여 세웠던 계획과 草稿本의 내용이 일치하지 않고 있음은 그 한 例가 되겠다. 즉 원래 그의 계획은

> 田制爲仁政之本 水利爲厚生之源 田制旣正 水利旣興然後 耕墾之法 耘穫之具
> 方有所施 故首田制水利 次農務農器……103)

---

101) 『海東農書』 凡例2, 『農書』 9, 10.
102) 『正祖實錄』 卷52, 正祖 23년 12월 甲辰, 47책, p.224.
　　『楓石全集』 金華知非集 卷6, 本生先考文敏公墓表.

라고 하였듯이, 당시 農學의 한 과제로 되어 있던 田制나 水利에 관한 연구를 卷首에다 싣고 또 農器에 관한 조항도 그 다음의 農務條와 더불어 수록하려 하였던 것인데, 草稿本에서는 이 계획대로 田制·水利·農器條 등을 수록하지 못하였다. 그러면서도 이 草稿本은 한 篇의 완전한 농서로서 1권에서 8권까지의 篇目을 배열하고 있는 것이다. 그는 田制·水利·農器에 관하여는 아마도 별도로 이를 작성하고 있었던 것이 아닐까 생각된다.

그리고 또 그 내용을 검토해 보더라도 그러한 점은 쉽사리 느끼게 된다. 그는 여러 農書에서 자료를 수집하여 요령 있게 배열은 하였으나 그의 의견은 첨부하고 있지 않았다. 그 자신의 文章으로서의 本文은 말할 것도 없고 注나 按說조차도 기입하지 않은 것이다. 이러한 점은 그의 작업이 중도에 중단된 데서 연유하는 것이 아닌가 생각된다.

그러한 사정은 定稿本에서도 마찬가지다. 定稿本은 草稿本에 견주어 직접 농업에 관계되는 것만을 중심으로 하고, 또 편자 자신의 의견도 부분적으로 '新補'의 제목으로 附記하고 있어서, 農書로서의 체계와 目標가 선명하게 드러나는 것이 특징이다. 그러나 여기서도 이를 세심히 검토하면 의문이 남는다. 그 내용에 관해서 무엇보다도 눈에 띄는 것은, 田制條에서 다루고 있는 바가 量田·稅法에 한하고 있는 점이다. 田制條라면 으레 土地制度에 대한 언급(古法·現行制度에 대한 사실 기술과 찬반 여부)이 있어야 할 터인데, 定稿本에서도 그렇게 하지 않은 것이다. 그리고 이 定稿本이 徐浩修가 행하고 있는 農書 편찬 작업에서의 完結本이었다면, 序나 跋이 있을 법하고, 또 국왕에게 進疏하려는 것이었을 경우에는 '進海東農書文'이 卷頭에 실려야 했을 터인데 그것도 없다. 이같은 몇 가지 점에서 보면 定稿本도 역시 徐浩修의 작업이 未完인 상태에서 다른 사람(徐有榘)이 이를 정리하고 마무리했던 것이 아닐까 생각된다.

『海東農書』는 이와 같이 미완의 농서로 볼 수 있으므로, 이 미완성의 농서를 통해서 편자의 農學思想을 논하기는 어렵겠다. 그럼에도 이곳에서 그 農業論을 일차 살펴 두고자 하는 것은 이 책이 지니는 農學史的인 系譜의 중요

---

103) 『海東農書』 凡例3, 『農書』 9, 10.

성과 그 農業論의 특이성 때문이다. 徐浩修는 徐命膺의 아들이고 徐有榘의 아버지여서, 徐氏一門의 3代에 걸친 農學 硏究는 뒷날 徐有榘로 하여금『林園經濟志』를 낳게 하였으며, 따라서 그러한『林園經濟志』에서는 徐浩修의 농학도 어느 정도 반영되었을 것으로 예상되기 때문이다. 그러므로 이곳에서는 현재의『海東農書』를 통해 한정된 범위에서나마 그 農業論의 요점을 파악해 두고자 한다.

『海東農書』의 農業論 ; 우리 農學을 중심으로 ─『海東農書』의 농업론은 종래 우리 農學의 주류를 이루어 온『農家集成』이나『山林經濟』·『增補山林經濟』등의 農學을 계승하는 가운데, 그러한 농학의 연구가 미치지 못한 문제는 中國의 농학에서 수용하되, 그 수용의 방법에는 일정한 원칙을 정하고 있는 점이었다.『海東農書』의 농학이 종래의 우리 농학의 주류를 계승하고 있다는 것은, 그 系統의 농서가 主 資料로 쓰인 점과,『海東農書』의 편찬 자세와 內容 構成이 그 계통의 農書와 類似한 것으로서 그와 같이 이해할 수 있다.

徐浩修가 우리 농서 가운데서 주 자료로 택하고 있는 것은『農家集成』과『增補山林經濟』였으며, 그의 농학의 체계는『山林經濟』와『增補山林經濟』의 체계를 따른 것이었다. 그러한 위에서『農政全書』의 체계가 또한 참조되고 있었다. 그는 우리나라 風土 위에서 전개되는 農業의 現 實態를 기초로 하여 이루어진 농서를 주 자료로 택하였으며, 자신의 농서도 우리나라 農業 現實에 그대로 적용될 수 있는 저술이기를 목표로 하고 있었다. 그는 自然條件과도 관련하여 우리 풍토에 맞는 농업의 特性을 강조하였으며, 따라서 농학이나 농법이 이러한 우리 농업의 특성이나 자연조건에 대한 배려 없이 외부에서 受容되어서는 안 될 것으로 보았다. 이러한 그의 생각은, 그의 책 제목을『海東農書』라고 한 데에서도 강하게 느낄 수 있지만, 그의 中國 農學 受容論에서는 더욱 잘 살필 수가 있다.

中國 農學 受容의 원칙 ; 風土 農業慣行에 맞게 ─ 徐浩修는 농서를 편찬함에 있어서, 새로운 농학 연구의 동향을 파악하기 위해서는 中國의 농서를 참고하였지만, 그 농학을 수용하는 데 있어서는 일정한 원칙을 세우고 있었다. 그것은 風土가 다르면 農法 農業慣行도 달라진다는 생각에서였다. 그는 다음과 같이 기술하고 있었다.

五穀之種有各地之土宜 佃作之具有各地之俗尙 北方非無稻而所宜者粟也 南方非
無粟而所宜者稻也 遼左多旱田而好用耬鋤 江南多水田而好用秧馬104)

　이는 五穀의 種子는 지역에 따라 그 土性에 맞는 바가 다르고, 田作의 農
具도 지방마다 俗尙하는 바가 따로 있어서, 北方은 稻가 없지 않으나 맞는
바는 粟이고 南方은 粟이 없지 않으나 맞는 것은 稻이며, 遼東 좌측은 旱田
이 많아서 耬鋤를 즐겨 쓰고 江南은 水田이 많아서 秧馬를 즐겨 쓴다는 것이
었다. 즉 農作物의 재배나 農器具의 사용 등 일련의 농업활동은, 반드시 風
土에 따라 地域差나 그 특성이 없을 수 없다는 것이었다. 그래서 그는 이러
한 견지에서 다시

　　　我東……然土宜所存 俗尙所囿 五穀之名色 佃作之器械 以至田制水利 亦自有東
　　　國所用 不可以中國之農政一槪論也105)

　라고 하여, 우리나라의 농업은 中國 농업에 대하여 土宜가 따로 있고 俗
尙하는 바가 따로 있으며, 五穀의 종류나 農作의 기구나 田制 水利에 이르기
까지 우리나라에서 소용될 수 있는 바가 또한 따로 있어서, 우리의 農政을
中國의 農政과 한 가지로 논할 수 없다고 하였다. 그러므로 그는 『海東農書』
를 편찬하기 위하여 종래 農學의 성과를 수용하는 데 있어서는 '以東國農書
爲本 參之中國古方'106) 하는 기본 원칙을 세우고 있었다. 그리고 이와 같이
中國 농서를 참고하고 그 농학을 수용하는데 있어서도, 그는

　　　至於中國古方……今取其法 簡而易行 效大而費省 切於俗尙 而合於土宜者 約略
　　　以錄云107)

---

104)『海東農書』凡例 1, 同 上.
105) 同 上.
106) 同 上.
107)『海東農書』凡例 2,『農書』9, 10.

이라고 하였듯이, 우리나라 농업의 실정에 비추어서 행하기에 簡易하고
效果는 크나 비용은 덜 들며, 俗尙에 가깝고 土宜에 맞는 것을 要約 採錄하
는 방침을 취하고 있었다.

　　農書 編纂에 관한 徐浩修의 이러한 견해는, 中國 農法이나 中國 農學의 도
입이 널리 學者들에 의해서 주장되고 있는 이 무렵에, 그것의 도입에는 일정
한 한계가 있어야 할 것임을 강조하고 우리 농법에 가까운 것만을 수용하려
는 그의 입장을 밝혀 주는 것이라 하겠다. 그리고 中國 농업의 현황을 통해
서 그 농법을 도입하려는 것이 아니라 농학의 成果를 통해서 그 농법을 도입
하려는 것이었다고 하겠다. 그의 생각으로는 농학의 成果를 통해서 필요한
농법을 수용하는 것이, 그 농법이 施行될 수 있는 상황을 넓은 시야에서 판
단할 수 있을 것이므로, 안전하고 또 확실하다고 생각하였는지도 모르겠다.
그는 中國에 다녀온 경험이 있었고, 또 그곳 見聞을 담은 『燕行紀』『熱河記
遊』도 저술하였으므로 中國 농업의 실상은 남 못지 않게 잘 관찰하였을 터인
데, 그는 그러한 견문을 직접 우리 농업에다 도입하려고는 하지 않았다. 그
가 中國을 배우려는 태도는 中國 농업의 현황이 아니라, 농학의 연구를 거쳐
일단 整理된 농법이었고, 그 가운데에서도 우리 風土와 우리 농업의 여러 가
지 面에 符合하는 농법이었다.

　　中國 農學 受容의 방법 ; 南北 高度(極高)를 對比해서 ― 이와 같은 견지에
서 그가 주로 참고한 中國 농서는 王禎의 『農書』와 徐光啓의 『農政全書』였
다. 그는 이 두 농서를 '農書之大家'라 칭하여 『氾勝之書』『齊民要術』이래의
여러 農學家의 견해를 詳載하고 있음을 높이 평가했다. 사실 이 두 농서는
中國의 여러 농서 가운데서 가장 尨大하고 또 南北의 농업을 가장 잘 종합
정리한 것이므로 中國 농학의 성과로서는 가장 완벽한 著述이기도 하였다.
그러므로 그가 이 두 농서를 여러 농서 가운데서 주 자료로 택한 것은 지극
히 당연한 일이라 하겠다. 또 이러한 농서를 주 자료로 택하였다는 것은 中
國 농학의 이해와 수용에 있어서, 南北의 농학을 종합적으로 이해하고 그 농
법도 均衡 있게 섭취한다는 것을 전제하였던 것이라 하겠다.

　　그는 中國의 氣候風土가 南北 사이에 차이가 있기 때문에 농법이 달라지
고 있음을 말하면서, 우리나라의 氣候風土도 南北 사이에 차이가 있음으로

써, 우리의 南北이 中國의 南北과 각각 同一 高度(極高)上에 相値하고 있음을 크게 유의하였다. 그는 이 방면의 전문가였다. 그리하여 그런 위에서

今以馮說 較量我國南北 則京師北極高三十七度三十九分 與山西相直 北之甲山
與瀋陽相直 南之耽羅 與江南相直108)

이라던가, 또는

我東北至甲山 極高已過四十餘度 南至耽羅 極高僅爲三十餘度 南北數千里間 天
氣寒暖之分 地力膏瘠之別 與中國何以異哉109)

라고 말하고도 있었다. 이는 中國의 농법을 도입할 때 우리나라의 風土·
氣候條件(極高)을 고려해야 된다는 것이고, 따라서 南北農業의 어느 한쪽의
농법만을 도입하여 우리나라 全域에다 보급시키려고 해서는 안 된다는 생각
이었다. 이러한 점에서 보면, 그가 中國 농서 가운데에서 주 자료가 될 수
있는 농서를 南北農業을 종합한 저술에서 택하고 있는 데는, 自然科學的인
合理性이 있는 것이었다고도 하겠다. 농학은 自然科學이므로 새로운 농법을
도입하거나 종래 農法을 改良하고자 할 때에는, 그것이 가능할 수 있는 여러
가지 여건에 대한 客觀的인 검토가 필요한데, 『海東農書』의 農業論은 그러
한 점에 대하여 충분히 관심을 표시하고 있었다.

  『海東農書』農業論의 특징 ―『海東農書』의 農業論에는 실로 우리 풍토에
맞는 우리 농업의 특성이 강하게 내세워지고 있었다. 그것은 우리나라 농학
의 傳統 위에서, 우리의 자연조건을 배려하고 우리의 田制·水利·農器條를
포함한 새로운 농학의 체계화를 企圖하는 것이었다. 그것이 完成을 보지는
못하였지만, 그 지향하는 바는 종래의 우리 농학이 숙제로서 남겨 두고 있었
던 課題를 해결하려는 것이었으며, 그 발전 방향을 그대로 추진시켜 나가고
있는 것이었다. 그리고 徐浩修 개인에게 있어서는 그 先親이 『攷事新書』에

---

108) 『海東農書』凡例 5, 同 上.
109) 『海東農書』凡例 1, 同 上.

서 보여 준 우리농업의 확립을 위한 學的인 試圖를 또한 그대로 계승한 것이
기도 하였다. 『海東農書』에서는 이와 같은 기본 전제 위에서 中國 농학의 批
判的 選別的인 섭취와 수용을 꾀하였다. 그러한 점에서 『海東農書』의 農業
論은 이와 거의 같은 時期의 소산인 『北學議』나 『課農小抄』의 농업론과는
다른 또 하나의 특색 있는 농업론이 되고 있었다.

5. 『千一錄』의 農業論

政府의 農書 編纂 計劃이 있었던 무렵에 편찬된 農書로서 우리의 관심을
이끄는 또 다른 저술로는 『千一錄』이 있다. 이는 水原 儒生 禹夏永(號 : 醉
石室, 英祖 17~純祖 12년, 1741~1812년)이 편찬했으며 全 10卷으로 되어
있다. 단, 이 『千一錄』은 당시의 時務策 전반 또는 이와 관련되는 여러 문제
를 논한 것으로서, 그 전부가 하나의 체계적인 농서인 것은 아니다. 禹夏永
은 그러한 時務策의 일환으로서 農業問題를 논하되, 그것을 적지 않은 부분
에서 기술하고 있어서, 이를 종합하면 하나의 특이한 農業論이 된다.

그것은 간행되지 않았으며, 따라서 널리 보급되지도 않았다. 禹夏永은 이
를 기반으로 正祖 20년과 純祖 4년에 時務策을 應旨上疏한 바 있었으므로,
정부와 소수의 官僚·知識層에게 알려졌을 뿐이었다.

그러나 그럼에도 불구하고 『千一錄』은 이 시기의 農學思潮를 이해하는데
중요한 자료가 된다고 생각된다. 그것은 그 농업론이 당시의 農業慣行을 조
사하고, 『農家集成』의 農業技術을 검토하는 가운데, 그 改善論을 제기하고
있었기 때문이다. 그리고 지금까지 살핀바 小農經濟를 위주로 농업체제를
재편성하고 발전시키려는, 『穡經』과 『山林經濟』 및 그 이후의 다분히 진보
적인 농업론과는 달리, 그는 地主佃戶制를 중심으로 농업을 발전시키려
는 『農家集成』의 농학사상을 바탕으로 하면서, 그 자신의 다분히 체제유지
적인 농업론을 전개하고 있어서, 전자의 농업론과 농정이념상으로 크게 다
르기 때문이기도 하다.[110]

---

110) 禹夏永의 『千一錄』에 관하여는 이미 그 思想이나 農業實態를 중심으로 하여 아래와 같은
論稿가 있다. 여기서는 근년에 간행된 『千一錄』의 農業관계 기술을 통해, 특히 그의 農學·農

1) 農業慣行 調査

農業慣行 조사의 원칙 — 禹夏永이 생각하기에 農業을 개선하고 농민을 제대로 다스려 나가려면 무엇보다도 먼저 농업의 實態, 農業慣行을 정확히 파악하지 않으면 아니 되었다. 政治란 결국 '因俗而導治'111) 하지 않으면 아니된다고 생각하는 까닭이었다. 禹夏永은 이러한 작업을 위해서 먼저 「山川風土關扼」을 편찬했다. 자연환경과 農業·農村 및 國防治安을 위한 設守문제를 조사하고 검토한 것이었다. 畿甸을 중심으로 北關·西關·海西·關東·湖西·嶺南·湖南·耽羅 등 전국 각 지방을 살피되, 특히 京畿지방에 관해서는 상세한 조사를 했다. 京畿지방은 首都가 있는 중심지방이기도 하였지만, 그가 살고 있는 곳이기도 하여서, 그는 자신의 農業論을 이 지방 사정에 의거하여 導出하고자 하였다.

농업과 관련하여서는 어느 지방에 관해서나 (序)·民俗·農業·生利·(總括)을 일정한 요령으로 기술했다. 그러면서도 어느 지방이나 그 내부에 地域差가 없을 수 없었으나, 그 특징은 '取其大同' 하는 것을 원칙으로 세웠다.112) 각 조항을 서술함에 있어서는 지역에 따라 그 서술 대상의 순서에 출입이 있기도 하였지만, 序에서는 대체로 土地의 肥瘠·節候의 早晚을 다루었고, 民俗에서는 주민의 勤惰 여부와 농업생산에 대한 利害要因·慣習 등을 썼다. 農業項에서는 主穀 재배와 관련하여 田·畓의 多寡여부 起耕·播種·除草·糞田 즉 施肥 상황을 다루었으며, 生利에서는 農作 외의 각종 수입을 다뤘다. 그리고 總括에서는 위와 같은 결과로서 있게 되는 그 지방민의 생활상태를 평가했다.

政論을 살피기로 한다.

鄭昌烈, '禹夏永의 千一錄'(『實學研究入門』, 1973).

宮嶋博史, '李朝後期 農書의 研究'(『人文學報』 43, 1977).

朴花珍, '千一錄'에 나타난 禹夏永의 農業技術論'(『釜大史學』 5).

崔洪奎, '禹夏永의 農學思想'(『水原大論文集』 2·3, 1984-85).

111) 『千一錄』 卷1, 「建都 附山川風土關扼」(이하 「風土」로 줄임) 序, 『農書』 10, p.369.

112) 「風土」 總論, 同 上, p.460.

그의 조사는 각 지방의 農業慣行을 平均的으로 파악하였기 때문에, 그 지방의 경향을 이해하는 데는 도움이 되나, 그 지방의 사실을 정확히 파악하려는 데는 오히려 장애요인이 되기도 한다. 그러나 그같은 조사 평가의 신빙성 문제는 이곳에서는 논외로 하기로 한다.

京畿地方 — 京畿지방에서 한두 지역의 農業慣行조사를 정리해 보면 다음과 같다. 이 지방에 대해서는 3개 지역, 3개 府로 세분하여 고찰하고 總括은 이를 종합하여 내리고 있다.

都城 東北

① (土地 本多瘠薄)

② 民俗 儉而勤 男服田疇 女執絲麻 不喜群飮嬉遊

③ 農業 田多畓小 而務爲火耕 所種大小麥春秋牟耳牟豆太粟蕎麥糖穄 而最務種粟 綿麻參錯耕種 而麻則稀小 亦務蠶農

④ 田用二牛耕 故其耕也深 而田穀之着根也固

⑤ 畓則多播種而小注秧 故禾之立苗早 而旱魃爲灾

⑥ 土地本多瘠薄而性硬 故農家力爲糞田而屢除草 以此之故 所收雖不如三南兩西之沃壤 猶賢乎畿左之稍號腴土

⑦ 生利 三農之暇 以柴炭爲業 而舟楫牛馬 各隨沿峽之便利 或以板材家材木物隨其所居之宜 而爲聊賴 故雖有終歲勤力之苦 亦無遇歉流離之患 籬落田畔皆種桑果楮柒 而南草蜂密山果山菜幷爲其資用113)

이는 都城 東北지역에 대한 禹夏永의 농업조사를 정리한 것이다. 이에서 보면, 그것은 크게 自然條件 — 土性, 농업생산에 참여하는 勞動力의 性格 — 勤惰, 流通經濟와 농업과의 관련 — 農外所得을 중심으로 다루었음을 알 수가 있다. 그리고 그러한 가운데서도 특히 조사자가 중점을 두고 있는 것은 농업생산에 종사하는 농민의 勤勉性 문제였다는 사실도 알 수 있다. 이곳 농민은 그 土性이 瘠薄함에도, 習俗이 勤儉하기 때문에 二牛耕(深耕)을 하고 糞田 除草를 잘하고 注秧(移秧)은 잘하지 않으며 婦女의 工(紡績) 등 農外收入을 위한 활동도 부지런히 한다는 것이며, 그럼으로써 그 所得은 많고 旱災의 피해도 적다는 것이었다. 이같은 조사 원칙이 이곳에만 한하는 것은 아니었다. 다른 지역의 조사에도 그대로 적용되고 있었다.

---

113) 「風土」畿甸, 同 上, pp.371~372.

都城 以西

① 交通仁富金陽諸邑……土薄而鹵 水濁而醎

② 民俗……野而懶 全無勤儉之風 好群飮聚遊 以社會射帳爲勝事……專以雜技
　爲能事 婦女亦不務紡績之工

③ 農業 田多瘠薄 高則燥 低則鹵

④ 田用一牛耕 故着根不深 被旱自多

⑤ 水田亦小泉源灌漑之處 故洞源生水之外 多乾播 又多注秧 故旱之爲灾 比他
　尤甚……第以地曠之故 全事廣作 若値豊稔則不勞而多穫……遇歉流離十之
　五六

⑥ 田……不糞田 故所收亦小

⑦ 生利 農穀之外 無綿桑菜果之利……男旣懶農 女不務績 故衣食俱艱114)

　이는 都城 以西지역에서 高陽·坡州를 제외한 기타 列邑의 농업사정을 정
리한 것이다. 高陽과 坡州의 사정은 東北지역의 楊州·抱川과 같은 것으로
보고 있었다(註114와 同). 그런데 이 지역에 대한 농업사정 조사를 이같이
정리하고 보면 이 지역에 대한 조사 원칙과 그 조사에서의 관심도 東北지역
에 대한 그것과 같았음을 알 수 있다. 이곳 농민들은 그 土性이 薄而鹵함에
도 불구하고, 그 習性이 野懶한 데다 勤儉하지 않기 때문에 一牛耕(淺耕)을
하고 糞田을 잘하지 않으며, 乾播를 많이 하나, 移秧도 많이 하는 가운데 廣
作을 하며, 婦女의 工이나 綿桑菜果 등 農外收入도 없으므로 旱灾의 피해가
크고 살기가 어렵다는 것이었다.

　우리는 여기에서 東北지역과 以西지역은 같은 京畿지방이면서도 서로 상
반되는 農業慣行 하에 있었음을 볼 수 있다. 禹夏永의 농업조사는 바로 이같
은 지역적 특성이 연유하는 까닭을 파악하고 그 대책을 세우는데 목표가 있
는 것이기도 하였다. 그러므로 그는 都城 以南·華城府·江華府·開城府에
대해서도 같은 원칙으로써 농업관행을 조사해 나갔다. 그것은 대략 다음과
같다.

---

114) 同 上, 『農書』 10, pp.373~374.

都城 以南지역115)은 土性이 頗沃한 일부 郡縣과 瘠薄한 다른 郡縣으로 이루어져 있었다. 전자에서는 民俗이 頗勤하여 治産을 잘하고 있었으나, 후자에서는 懶遊群飮을 좋아하여, 一牛耕을 하고 糞田 除草를 잘 안 하며 移秧을 하는 가운데 廣作을 했다. 農利 말고 다른 資用할 만한 것이 없는 郡도 많았다. 華城府116)는 그러한 가운데서도 대표적인 곳이라고 보았다. 이곳의 土地는 瘠薄하고 賦稅는 무거웠는데, 농민은 모두 懶農으로서 勤嗇之風이 적었다. 그들은 밭갈이를 一牛耕으로 그치고 糞田을 잘 안 하며 畓作은 移秧廣作에 힘쓰고 지역에 따라서는 乾播도 많이 했다. 婦女는 紡績之工이 적고 府에는 綿桑菜果의 利도 없었다. 좀 재산이 있는 사람은 米綿을 轉賣하는 것으로서 살아갔다.

江華府나 開城府는 以西지역이나 以南지역과는 달랐다. 江華府117)는 土性이 頗腴하였다(近海는 鹵). 民俗이 貿野하나 勤嗇하여 전적으로 治産에 힘썼다. 綿桑은 土性에 맞지 않지만 부녀들은 紡績에 勤하였다. 田은 一牛耕을 하나 糞田에 힘쓰고 畓은 혹 播種 혹 移秧을 하는데 人多地狹한 까닭에 廣作을 할 수는 없었다. 農外수입으로는 織席과 種柿를 많이 하며, 柴草도 귀하지 않고 찬 거리 장만도 편해서 사람들은 이곳을 樂土라고 하였다.

開城府118)도 이와 비슷하였다. 이곳은 土性이 堅剛而沃한데 民俗은 勤嗇해서 농가에서는 糞田力穡에 힘쓰고 있었다. 旱田은 혹 二牛耕 혹 一牛耕을 하고 畓은 播種·移秧을 반반씩 했다. 農外에 각종 수입이 있었다. 영역이 좁지만 農桑菜果魚鹽綿麻楮柒이 모두 구비되어서 큰 흉년을 당해도 民이 流散하는 폐가 없다고 보았다.

요컨대 禹夏永의 조사에 따르면 京畿지방은 몇몇 稍腴한 郡을 제외하면 모두가 그 土性이 瘠薄하여 所出이 적었다. 그러므로 이 지방에서의 農作은 근면성실하고 精耕力作할 것이 요청되었다. 그러나 漢南地域의 농민들은 그렇지가 못하였다. 그들의 농업관행은 한마디로

---

115) 同上, pp.374~376.
116) 同上, pp.376~378.
117) 同上, pp.378~379.
118) 同上, pp.379~381.

人多懶農 始農每在晚時 而惟早稻三除草 其餘不過二除 移秧者 僅得初除而止
專事廣作119)

하는 것이었다. 농민들은 懶惰하여서 始農이 늦고 除草를 제대로 안 하고
移秧廣作만 일삼는다는 것이었다. 場市가 발달하여 逐末閑遊하는 풍조도 일
어나고 있었다.120) 그뿐만 아니라 京畿지방의 田畓은 모두 서울 유력자들의
소유였으므로 농민들은 佃作·時作農民에 지나지 않고, 따라서 1年 農作의
절반으로서 여러 가지 賦稅와 農資·生計를 감당해야만 하였다. 그러므로
畿民의 困窮은 八路에서도 으뜸이라고 생각하였다.121) 그러한 농민들이 불
성실하게 廣作만을 하고 있는 것이었다. 그러한 가운데서도 失勢한 班族의
농업은 문제라고 생각했다. 그는

所謂班族 不閑親執 委之於奴屬·雇人之手 耕種鋤穫之方 旣不如農民之自力 故
所收亦減於常賤之手辦者 此所以漸至貧窮 救死不贍122)

이라고 하였다. 그들은 모두 농작을 奴婢나 雇人에게 맡겨서 하기 때문에
耕種鋤穫의 農作 과정에 드는 精誠이 自耕하는 농민들만 못하고, 따라서 所
收도 적게 되어, 점차 빈궁해지고 생계를 이어가기조차 어렵게 된다고 보고
있었다. 이같은 사정은 都城 안의 失勢士族의 경우도 마찬가지라고 그는 생
각했다.123) 그의 농업조사에서 京畿지방 士族의 貧窮化·沒落化는 큰 관심
사였다.

전국 각 지방에 대한 농업관행 조사도 京畿지방에 대한 그것과 마찬가지
원칙으로서 이뤄졌다. 京畿가 기준이 되는 가운데 道別로 진행되었다. 그러

---

119) 「風土」 畿甸 結, 『農書』 10, p.382.
120) 同 上.
121) 同 上.
  統論一道……田畓又皆京城士夫閭巷大小諸家之所占有 故農民艱辛力作 與田主分半 所得無
  幾 而還穀身布官納吏索 皆從其中而辦出 此所以畿民之窮困 最甚於八路者也
122) 「風土」 畿甸 結, 『農書』 10, p.383.
123) 「風土」 畿甸 序, 同 上, p.370.

나, 그것을 조사 결과에서 보면 關東·北關(關北)지방, 西關(關西)·海西지방, 三南지방으로 大別할 수도 있겠다.

關東·關北地方 ── 禹夏永의 조사에 따르면 關東지방124)과 關北지방125)은 土性이 瘠薄해서 농사하기 어려운 곳이다. 전자의 嶺西지역은 京畿보다 節候가 1旬 늦으나 嶺東지역은 嶺西보다 1望이 빨랐고, 후자는 京畿에 비해 2旬이 늦었다. 어느 지방이나 그 民俗은 勤儉質嗇해서 농사에 전력하며 關北에서는 특히 婦女의 執絲織布의 工이 두드러졌다. 그리고 어느 지방이나 田多畓少해서, 田農에 힘쓰되 모두 二牛耕을 하고 있었다. 그러나 關東에서는 기후관계로 山農이 지극히 어려우며 關北에서는 晩暖早寒해서 再耕할 틈이 없었다. 畓農은 '皆播種 小注秧'하였다. 남부지방에 비해 이앙법이 덜 발달하고 있었다. 農外활동으로, 關東에서는 麻布·南草·蠶業·養蜂 기타 등등을 하고 關北에서는 種麻織布에 힘쓰며 畜馬畜牛도 왕성하였다. 그러나 어느 지역이거나 전반적으로는 살기가 어려웠다. 다만 咸興 以南 平野지대에서만은 水田農業이나 農外所得이 다른 지방에 비해 떨어지지 않았다.

關西·海西地方 ── 關西·海西지방은 關東·關北지방과는 달리 농업에 적합하고, 그것이 발달한 곳이다. 關西지방에 대하여 조사한 바를 뽑아 보면 다음과 같다.

關 西

① 土性 硬剛而沃 黃黏黎滑……節候 視畿旬差晚旬餘

② 民俗 力農桑勤産業

③ 農業 龍灣直路以西 田畓相半 以東 田多畓少……田種牟麥耳牟黍粟糖稷蕎麥 豆太木綿而 專務種粟……田穀尠爲根耕 而黍粟皆成熟於七月之前 故不以霜 災爲憂

④ 田用二牛耕 而厚加糞

⑤ 畓皆播種 不注秧

⑥ 各穀立種後 以一牛駕耒 輕輕耕起畝間之土 以培穀根而鋤除雜草 自立苗後

---

124) 「風土」關東, 同 上, pp.418~424.
125) 「風土」北關, 同 上, pp.387~393.

以至發穗前 未耕數三次 草除三四次 故穀根厚培 而着土深 遇旱不枯 遇風不
靡 溝洫深 故遇澇不消 又無雜莠之侵苗 此所以所穫有倍於他道
食力之農民 着力甚勤 春夏農疇 早出暮入 平郊廣野 男女遍畝 倂力鋤耰 齊
唱農謳 怳然有西邠力穡之風

⑦ 生利 農業之外 又務蠶農 故關西之紬 爲八路名稱……婦女 以桑麻綿三種 紡
績爲業 以資用 南草又爲土宜 故三登香草稱於國內……山郡蜂蜜亦多資
利126)

그가 보기에 이 지방은 節候가 京畿보다 1旬餘 늦지만, 土地는 肥沃하고
농민이 근면하여 農桑이 발달하였다. 전반적으로 田多畓少한데, 田에는 여
러 곡식을 심으나 주로 種粟에 힘썼다. 절기가 늦으므로 根耕은 좀처럼 하지
않았으며 黍粟은 모두 7월 전에 성숙하므로 霜災의 염려가 없었다. 二牛耕
을 하고 糞田을 잘 했으며, 立苗 뒤에는 소에 耒를 매어 畝間을 후치질하여
穀根을 培土하고 除草를 했다. 發穗 전까지 未耕은 數3次, 除草는 3·4次
하므로 培土가 잘 되어 遇旱 遇風해도 피해가 없었다. 그리고 溝洫은 깊게
파므로 장마에도 메워지지 않고 雜莠의 侵苗도 없었다. 이 지방의 수확이 다
른 지방에 견주어 곱절이나 되는 까닭이 여기에 있었다. 畓은 모두 播種을
하고 移秧을 하지 않았다. 힘써 농사하는 농민들은 이같은 농작을 남녀가 모
두 힘을 합해 공동노동('倂力鋤耰')으로서 하고 있었다.

그러나 그러면서도 그는 西北지방 벼농사의 최대의 특징이라고 할 수 있
는, 畜力에 의한 기동성 있는 水稻 乾播재배가, 自耕 大農경영으로서 행해지
는 것이었음에 대해서는 주목하지 않았다. 이는 조사대상의 시야에 들지 못
했다. 農外활동으로는 부녀의 紡績, 특히 織紬가 두드러졌으며, 南草 생산
또한 전국적으로 유명하였다.

그리하여 결국 그는 이 지방의 농업을 평가하되, 이 지방은 田多畓少하지
만 土沃農勤해서 人民富庶하고 衣食豊足하다고 하였다.127) 더욱이 이 지방
은 結稅가 가장 가벼웠으므로 농민은 모두 紓力安居할 수 있다고 보았

---

126) 「風土」 西關, 『農書』 10, pp.401~408.
127) 同 上, p.407.

다.128) 그러면서도 그는 이 지방이 財貨가 풍족하고 부유하기 때문에 買鄕
등 名分이 흐려지고 있음을 우려했다. 그는 이 지방의 이러한 현상을 팔도에
서 가장 심한 것으로 보았다.129)

海西지방130)은 關西지방과 비슷했다. 節侯는 京畿보다 半旬이 늦는데 土
性은 硬沃하고 농민은 勤儉各嗇해서 농업이 발달하였다. 大路 以東은 田多
畓少하고 以西는 田畓相半인데, 田에는 여러 가지 곡식을 심으나 특히 種粟
種綿에 힘쓰며, 畓은 모두 파종을 하고 移秧을 하지 않았다. 田은 二牛耕을
하고, 立苗 뒤에는 一牛駕耒하여 畝間을 한 차례 후치질함으로써 穀根을 培
土하는 것이 관례였다. 후치질은 여러 차례 하는 關西보다는 그 효과가 못하
나 아예 하지 않는 京畿보다는 단연코 나은 편이라고 보았다. 田은 2除草,
畓은 3除草, 綿田은 3~4除草를 하는데 土地가 肥沃하므로 소출이 많았다.
載寧평야에는 灌漑가 발달해서 旱災를 당하는 일도 없었다. 더욱이 結稅도
가벼웠다. 그러므로 그는 이 지방을 농민이 살기에 편한 樂土라고도 하였다.
農外에 桑麻之業・梨・席・麻油・綿絮及紡績・南草・養蜂 기타 등도 錢路
가 되고 있었다.

嶺南地方 — 三南(湖西・嶺南・湖南)지방은 전국 여러 지방 가운데에서도
농업이 특히 발달한 곳이었다. 禹夏永은 그러한 가운데서도 嶺南지방의 농
업에 관하여 특별한 관심을 보였다. 이 지방에 관하여 조사한 바를 정리하면
다음과 같다.

   嶺 南

① 土性 豊腴堅剛……節候 視畿旬洽先一旬餘

② 民俗 朴而儉 勤而厚 務質實 小華靡 以力農功治産業爲先務……自古名分甚
    截……無論上下 男服事于外 女服事于內 絶無閑遊怠惰之習

③ 農業 田畓相半 下道多畓 田種牟麥豆太黍粟綿麻蕎麥 上左道多種粟……右下
    道沿江邑近水處 專以兩麥爲業

---

128) 同 上, p.406.
129) 同 上, p.403・407.
130)「風土」海西,『農書』10, pp.411~417.

④ 田用二牛耕 下道間間多用一牛

⑤ 畓則早稻播種 晚稻注秧……畓或種牟 及其刈取 引水移秧

⑥ 田……立苗後 以一牛輕輕耕起畝間之土 以培粟根 種以豆太…田穀亦數三次
除草 綿田則……鋤近十次 故所收倍多

畓……早稻三四次除草 移秧處則 未移之前 累次反耕 折草厚布而又耕 灌水
因爲移秧 注秧時秧坂亦如之 移秧後除草 亦至數三次……無論田畓 專以糞田
力穡爲事 又勤灌漑之方

⑦ 生利 農業之外 以麻布綿布蠶農南草柿楮爲業……石榴柚枇……竹田……蜂蜜
松茸芝草 亦多爲資用……民家或種蔘爲業 亦以織席爲資用131)

　이 조사에 따르면, 이 지방은 절후가 京畿에 비해 一旬餘 빠르고 土性은
堅剛豊腴하였다. 民俗은 朴儉勤厚해서 농사에 힘쓰며 閑遊怠惰하는 일이 절
대로 없었다. 士族이 많고 儒學이 발달했으므로 自古로 명분이 심히 분명하
였다. 農地는 田畓相半이거나 지역에 따라 畓이 많은데, 田에는 혹 種粟을
많이 하기도 하고('上左道') 혹 전적으로 麥作을 하기도 하였다('右下道沿江
邑'). 田은 二牛耕을 하되 지역에 따라 一牛耕을 하기도 했으며, 畓은 早稻는
播種을 하고 晚稻는 移秧을 했다. 그리고 移秧을 하는 畓에는 牟麥을 裏作하
기도 하였다. 그들은 中耕除草에 부지런했다. 粟이 立苗하면 후치질하여 穀
根을 培土하고 豆太를 심기도 하였으며, 田穀은 서너 차례, 綿田은 거의 열
차례나 除草를 했다. 그러므로 그 所收는 倍多했다. 畓에서는 早稻는 서너
차례, 移秧稻는 移秧田에 여러 차례 反耕施肥하고 移秧 뒤에 數3차 除草를
했다. 秧坂의 작성에서도 그 反耕 施肥의 요령은 移秧處의 그것과 같았다.
그들은 田畓을 막론하고 糞田力穡에 힘썼으며 灌漑施設에도 부지런했다. 農
外收入으로는 綿·麻·蠶·南草 그밖에 여러 가지가 있어서 크게 도움이 되
었다.

　요컨대, 禹夏永에 따르면 이 지방은 土性이 厚沃하므로 그 소출은 糞田의
多少와 人力의 勤慢 여하에 따라 좌우되었는데, 이 지방 사람들은 모두 勤儉

---

131) 「風土」 嶺南, 同 上, pp.432~440.

力作함으로써 부자가 많았다.132) 그가 보기에 이 지방의 농업관행은 지극히
모범적인 것이 아닐 수 없었다. 더욱이 그에게 있어서 큰 관심사가 되는 것
은 士族의 農作이었는데, 이 지방 士族은 京畿지방 士族과는 달랐다. 그는
그것을

  士族之爲儒業者 皆先務治産 而兼修文學 故能保守家業133)

이라고 하였다. 이곳에서는 儒學을 공부하는 士族들도 무엇보다 먼저 治
産에 힘쓰고 그런 다음에 겸해서 文學을 수업하고 있다는 것이며, 그럼으로
써 그들은 家業을 지켜 나갈 수가 있다는 것이었다. 그래서 그는 이 지방을
종합평가하되 樂土라 하였으며, 士夫와 農民이 모두 함께 살 수 있는 곳이라
고 하였다.134)

  湖西地方 — 湖西지방135)의 농업은 嶺南지방의 그것과 비슷했다. 節候는
京畿보다 半旬 가량 빠르고 土性은 肥腴堅沃했다. 民俗은 勤而史 侈儉相半
했으나 力農重本하고 婦女도 務勤紡績했다. 物産이 풍부하고 場市가 조밀해
서 상업도 왕성하였다. 農地는 田少畓多한데, 田은 二牛耕 또는 一牛耕으로
再耕을 하고 곡식은 數3차, 木綿은 대여섯 차례 除草를 했으며, 畓은 播種‧
移秧‧糞田‧除草의 방식이 대략 嶺南지방과 같았다. 灌漑도 발달했다. 그
래서 이 지방에서는 비단 土品이 腴沃해서 뿐만 아니라 人力이 근면해서 그
所出이 京畿에 견주어 갑절이나 된다고 보았다. 이는 이곳 농민들이 地狹人
多해서 廣作을 하지 않고 오로지 힘써 경작함으로써 地力을 철저히 얻고 있
는 탓이라고도 이해했다.136) 農外에도 綿‧麻‧蠶‧果‧南草‧楮‧柒‧畜
牛 등의 수입이 있었다. 그러나 이 지방은 서울 世家들이 鄕庄墳山을 설치하
고 권세를 부려서 貧殘無勢한 사람들이 살기 어렵고, 大民 奸民으로 인한 三

---

132) 「風土」 嶺南 結, 同 上, p.439.
133) 「風土」 嶺南 民俗, 同 上, p.434.
134) 「風土」 嶺南 結, 同 上, p.440.
135) 「風土」 湖西, 『農書』 10, pp.426~431.
136) 「風土」 湖西 農業, 同 上, p.429.
    地狹人多 故農無廣作 專事力稽 而得地力

政의 폐가 또한 우심해서 농민이 살기 힘들다고도 보았다. 그 폐단은 八路에서 제일이라고 생각했다.137)

湖南地方 — 湖南지방138) 농업도 湖西·嶺南과 같았다. 節候는 京畿보다 一旬餘 빠르고 土性은 堅而腴 腴而沃했다. 民俗은 勤而史하고 小朴質之風하였으나 농민은 勤儉力穡하여 産業이 발달하였다. 상업도 발달하고 있었다. 起耕·糞田·除草 등에 관한 농작관행은 湖西·嶺南에서와 마찬가지로 功을 들였다. 그래서 가을 들판에서는 稂莠를 볼 수 없었다. 灌漑의 발달도 같았다. 農作은 남녀가 힘을 합해 공동으로 하고 있었다. 土地의 肥沃함이 전국 제일이어서 좀처럼 흉년이 들지 않으며, 따라서 아주 큰 흉년이 들지 않는 한 가난한 농민이라도 굶게까지는 되지 않았다.139) 農外에도 麻·綿·桑·苧·南草·竹物·木物·山菜·蜂蜜·種蔘 등의 수입이 컸다. 특히 이 지방에는 竹物産業이 발달해서 種竹 1頃의 수입이 100畝 농업의 수입에 해당하고, 紙業이 발달해서 種楮 數頃으로 생계를 이어 갈 수 있다고 보았다. 生薑은 全州의 특산물이기도 하였다. 그래서 그는 이 지방을 평가하되, 土地가 肥沃하고 百物이 모두 厚生之物 아님이 없어서 民이 살 수 있는 樂土로서는 이만한 곳이 없다고도 하였다.140)

濟州地方 — 耽羅는 그 風土·習俗·言語·農作慣行이 陸地와 크게 달랐다.141) 한마디로 土性이 浮燥해서 농사하기 어려웠다. 그러나 이를 극복하기 위해서 이곳 농민들은 牟田·粟田의 경우 일고여덟 차례(7,8次)나 起耕하고, 播種 뒤에는 다시 牛馬를 몰아 네댓 차례(4,5次)나 밟게(遍踏) 하고 있었다. 이렇게 하지 않으면 立苗 뒤 곧 枯死하기 때문이다. 이곳 농민들도 그 民俗이 慳嗇한 가운데 力農하고 있었다.

禹夏永이 조사한 바를 이같이 살피면 그것은 요컨대, 土性의 肥瘠과 人力의 勤惰로서 각 지방의 농업관행을 파악하려는 것이었다. 關東·關北·耽羅

---

137) 「風土」湖西 結, 同上, pp.430~431.
138) 「風土」湖南, 『農書』10, pp.443~449.
139) 「風土」湖南 序·民俗, 同上, p.444·445.
140) 「風土」湖南 結, 同上, pp.448~449.
141) 「風土」耽羅, 『農書』10, pp.451~457.

지방은 土性은 瘠薄하나 농민이 근검역색하였으며, 關西・海西・三南지방
은 土性이 肥沃한 가운데 농민 또한 근검역색하여 농업이 발달하고 있었다.
농업이 발달한 지역에 관해서는 그 農作이 공동노동으로서 행해지는데 대해
서도 주목했다. 그에게 있어서 특히 문제인 것은 京畿지방이었다. 이 지방은
그 土性을 統論하면 田多瘠确한데 일부 지역을 빼면 농민이 모두 懶惰하다
고 보았다. 농업노동력의 勤惰 여하에 따라서는 起耕의 深淺, 中耕除草, 施
肥의 多寡, 移秧廣作의 유무, 灌漑施設의 충실 여부가 결정되는데, 이 지방
농민들은 淺耕을 하고 中耕除草와 施肥에 소홀하며 灌漑施設이 충실치 않은
가운데 移秧廣作만을 일삼는다고 보았다. 그가 볼 때 이 지방은 특히 농민의
근면과 이를 통한 地力의 회복증진 및 生産의 증대가 요청되었다.

2) 農業生産 增進論

(1) 『農家集成』의 補說과 「農家摠覽」

새로운 農業指針書의 필요성 — 禹夏永이 農業慣行을 조사한 것은, 그것을
기반으로 그 결함을 개선함으로써, 農業生産을 한층 더 증진시키려는 데 목
적이 있었다. 그러므로 이제는 그 조사와도 관련하여 農業生産을 증진시킬
수 있는 구체적인 방안을 마련하지 않으면 아니 되었다. 그는 그것을 「農家
摠覽」으로 작성하여 제시했다.142) 『農家摠覽』은 새로이 저술한 農書는 아
니지만, 농업생산에 종사하는 사람이 긴요하게 참고할 수 있도록, 종래 農書
를 보충설명한 것이다. 저본이 된 농서는 『農家集成』이었다. 『農家集成』을
저본으로, 그의 관점에서 긴요하다고 생각되는 부분에 대하여, 그의 의견을
注釋으로서 補充 說明한 것이었다. 『農家集成』選注本인 셈이었다. 농업생
산을 증진시키기 위한 작업이었으므로, 그 抄選의 대상이 된 것은 주로 農業
技術的인 항목이었다. 그러므로 농업생산에 종사하는 사람이면, 누구나 이
를 긴하고 편리하게 이용할 수 있었다.

그러나 그러면서도 그가 이를 편찬하게 된 것은, 農業慣行 조사에서 볼 수

---

142) 『千一錄』 卷8, 農家摠覽(이하 「摠覽」으로 줄임), 同 上, pp.511~622.
　　단, 『農書』 10에 수록된 「農家摠覽」에는 19・33장이 낙장으로 되어 있다. 이 부분은 嶺南大
　　소장의 『農家摠覽』(草稿本?)을 통해서 그 내용을 파악할 수 있다.

있었던 바 결함을 改善하려는데 목적이 있었으므로, 그는 이 選注本이 특히
이와 관련되는 特定 농민들에게 보다 유용하게 이용될 것을 바랐다. 그 특정
농민이란 앞서 조사에서 볼 수 있었던 非力農者, 몰락해 가고 있는 寒士들이
었다. 그들은 奢華하고 懶惰해서 농업에 종사함을 부끄럽게 여기거나, 농사
를 하더라도 農作을 제대로 안 함으로써, 飢寒에 떨고 傭丐의 천대를 감수하
고 있었다.143) 그는 이들을 勤儉하고 力作하는 농민으로 啓導하려는 것이었
다. 이같은 농민은 전국 어디에나 있었지만, 그러한 가운데서도 특히 문제라
고 생각한 것은 京畿지방의 非力農者와 寒士들이었다. 이미 살핀 바와 같이
이 지방의 농민은 懶惰하여 廣作을 하고, 士夫는 遊衣遊食하거나 農業經營이
부실해서 몰락하고 있다고 그는 보았다. 그러므로 그는 이들에게 勤農者로
서 歸農할 것을 권유하는 것이며, 그럴 수 있도록 하기 위해서 그 지침서로
서 이 選注本을 마련한 것이었다. 이는 그가 「農家摠覽」을 편찬하게 된 직접
적 동기이기도 하였다.144)

『農家集成』에 注釋을 붙임으로써, 농업생산에서의 지침서를 마련하고자
한다는 것은, 『農家集成』을 이미 '農家指南'으로 생각하는 데서였다. 이는
『農事直說』·『衿陽雜錄』·『四時纂要抄』·世宗의 「勸農教文」·朱子의 「勸
農文」 등으로 구성되는데, 『農事直說』은 世宗朝 이래로 그러한 구실을 해
왔으며, 『農家集成』은 朝鮮後期의 孝宗朝 이래로 또한 그러하였다. 그러므
로 禹夏永이 농사 지침서를 작성함에 있어서도, 『農家集成』을 바탕으로 해
야 한다고 생각하였다. 그는 지금에 있어서도 '凡今耕種之法 只宜按方遵
行'145)이라고 하여 『農家集成』의 농법을 그대로 지켜야 할 것으로 생각하고
있었다. 이는 그가 농업지침서를 작성하는데 있어서의 대전제였다.

그러나 그러면서도 그는 18세기 말이라고 하는 시점에서, 『農家集成』의

---

143)「摠覽」序, 同 上, pp.511~512.
144)「摠覽」終, 同 上, pp.619~620.
　　　士夫可居之地 莫如京洛之繁華 而苟非外庄與祿俸 足以贍衣食 則實無資生之道 旣無其道 而
　　徒以赤手 營營汨汨於白白空空之中者 何如二頃之早謀乎 隨其土宜 而耕種各穀 樹之而蔬果 養
　　之以鷄豚 又鑿數間陂池而養魚 則凡養生送死 祀享接賓之需 庶可以皆從家中辦出 如有賢子弟
　　修身勤學 顯揚門戶 則幸矣 不然 猶可爲聖世熙熙之野農矣 是余述此篇之本意也
145)「摠覽」序, 同 上, p.513.

農法은 조정되지 않으면 아니 될 것으로 생각하였다. 그것은 古今의 時候가
같지 않고, 농민들의 농사짓는 법이 실제로『農家集成』과 다르기도 하다는
점에서였다.146) 그가『農家集成』을 農家指南으로 생각하면서도, 새로이 주
석을 붙임으로써, 농업지침서를 작성하려는 이유는 여기에 있었다. 그리하
여 禹夏永은 그 注釋을『農家集成』, 그 가운데에서도『農事直說』·『四時纂
要抄』및 朱子의「勸農文」을 중심으로 차근차근 전개해 나갔다. 그는 그 주
석을 附管('兼附管見')의 표제로 기술하기도 하고, 표제 없이 첨기하기도 하
였다. 그것은 60여 건이나 되었는데, 節候·收種·耕治·糞田·耕種·中耕
除草·木綿·蠶桑·灌漑 등, 農作上의 모든 문제에 걸치고 있었다.

　『農家集成』耕種法의 問題點 ─ 穀物의 耕種 節候에 대해서는 특히 민감하
였다. 농작물이 성숙하기 위해서는 일정 기간이 필요하므로, 播種이 늦어지
면 그 結實을 기대하기 어렵기 때문이다.『農家集成』에서는 晚稻의 경우 그
耕種 時期를 '自三月上旬 至芒種前'이라고 하였는데, 그는 '今時候 則決不可
一從直說 以致晚節……莫如早種之爲宜'147)라고 하여, 지금에 있어서는 그
보다 早種해야 할 것임을 말했으며, 晚粟의 경우 그 耕種 時期는 '五月伐草
待乾火之 撒種覆土'라고 하였는데, 그는 '時候在今判異 決不可引用是例 惟當
趂四月之內 卽爲伐草焚薀 而耕種之耳'148)라고 하여, 한 달이나 앞당겨 耕種
해야 할 것임을 강조하였다. 晚稷·大小麥·蕎麥의 耕種 時期도 마찬가지였
다.149) 그는 계절이 빨라지고 있어서 農事時候가 古今이 다르다고 보았다.
따라서 穀物의 耕種 時期도 앞당겨야 한다고 생각하였다. 大小麥의 경우
그는 '其在避災必熟之方 莫如早耕於向陽之田'150)이라고 하여, 麥農의 避
災를 위해서는 陽地바른 곳에 早種하는 것이 최선의 방법이라고 말하기도
하였다.

---

146) 同 上.
147) 「摠覽」, 直說附管,『農書』 10, p.523.
　　「農家摠覽」에서 거론하는『直說』은『農家集成』속의『農事直說』, 즉 보완된『直說』을 말
　　한다.
148) 同 上, p.542.
149) 同 上, p.544·552·558.
150) 同 上, p.552.

농사짓는 법이 『農家集成』의 그것과 현실적으로 다른 점에 대해서도 그는 민감한 반응을 보였다. 그는 『農家集成』에 실린 어떤 농법은 심히 불합리하다고도 생각하였다. 『農家集成』은 漬種法을 두고, '雪汁이나 廐池尿를 큰 통에 담은 뒤 거기에다 種子를 담갔다 건져서 말리기를 세 번 한 다음 播種하라'고 하였는데, 그는 그렇게 하면 種子가 '漬曬之際 易致受傷'151) 한다는 점에서, 萬全의 策이 아니라고 보았다. 穀種은 精乾해야 하기 때문이었다. 그는 그렇게 할 것이면 차라리 造糞 시비하는 것이 낫다고 생각하였다. 또 『農家集成』에는 除草의 한 방법으로 火耨法이 있어서, 禾苗가 2,3葉 자랐을 때 물을 빼고 乾草를 편 뒤 불을 지르며, 이어서 곧 물을 대면 雜草는 죽고 禾苗는 잘 자라되 鋤耨를 하지 않아도 所收가 倍多하다고 하였는데, 그는 이것도 萬全之策이 아니라고 생각하였다. 불을 지름으로써 잡초가 죽으면 禾苗의 不死를 보장하기 어렵고, 김매지 않아도 所收가 倍多하다는 것은 '禾性專賴 鋤功' 하는 벼의 속성으로 보아 믿기 어렵기 때문이었다. 그래서 그는 이 농법이 除草 때문이라면, '宜於反耕後 去水曬曝 厚布乾草而卽焚之 因灌水熟治 而付種'152) 하는 것이 좋겠다고 하였다. 이같은 농법들은 옛 농법으로서 농서에는 그대로 수록되어 있지만, 실제로는 관행되지 않는 낡은 遺産에 지나지 않았는지도 모르겠다. 이때에는 실제로 그렇게 했다가 失農을 한 예도 있었다.153)

禹夏永이 보기에 『農家集成』農法의 불합리함은 여기서 그치는 것이 니었다. 春牟田에 菁을 交種하라고 한 것(『四時纂要抄』), 木麥田(大麥田)을 肥培하기 위해서는 먼저 菉豆나 胡麻를 苗糞작물로 심었다가 갈아엎고 木麥(大麥)을 심으라고 한 것 등도 문제였다. 그는 이러한 방법도 합당한 것이 아니라고 생각하였다. 전자의 경우 麥田에 菁을 雜種하면 麥作에 소요되는 地力을 분산시키게 된다는 점에서, 그리고 후자의 경우 菉豆·胡麻도 곡식인데 어찌 이미 자라고 있는 것을 갈아엎고 다른 것을 심겠느냐는 데서였다.154)

---

151) 同 上, p.517.
152) 同 上, p.533.
153) 『日省錄』正祖 23년 정월 11일, 柳鎭穆疏, 『農書』8, pp.143~144.
154) 「摠覽」纂要 直說附管, 『農書』10, p.551·554.

그는 麥田의 交菁種은 없애야 하고, 大麥을 위한 菉豆·胡麻의 播種 掩耕은 刈草用糞의 施肥法으로서 대체해야 할 것으로 생각했다.

『農家集成』耕種法의 不備事項 ― 그뿐만 아니라 『農家集成』에 수록되지 않은 농업기술, 새로 관행하는 농법을 농서에 반영하는 문제도 중요했다. 麥田根耕은 일반화된 농법이었지만, 이때에는 이를 대신해서 3,4월 사이에 '就牟麥之畝 而以鋤括土 種以豆太'155) 하는 代耰法이 또한 관행하고 있었는데, 禹夏永은 根耕을 代耰法만 같지 못하다고 보았다. 이는 『農家集成』에서의 間種法과 같은 것이겠는데, 間種法이 兩畝間을 犁로 淺耕하고 播種하는데 대하여, 代耰法은 鋤로 括土하고 파종하는 차이가 있었다. 代耰를 하면 三農의 바쁜 때에 根耕하는 노력을 덜 수 있고, 한발과 장마가 자주 있는 根耕播種期에 耕種의 어려움을 피할 수 있으며, 早霜이 오는 해에도 그 災를 면할 수 있다고 확신했다. 그래서 그는 이를 '農家萬全之方'이라고까지 말하고 권장했다. 木綿田의 施肥法에도 새로운 방법이 나오고 있어서 그는 이를 크게 주목했다. 그것은 '以牛馬糞 方其下種覆土之後 逐畝散布'156) 하는 것이었는데, 그는 이를 아주 좋은 施肥法이라고 보았다. 山稻의 耕種法에도 변화가 있음을 놓치지 않고 있었다. '作畝足種'의 耕種法에서, 廣畝撒種 및 畝上畎種의 방법으로 변하는 곳이 있었으며, 그는 이를 소개했다. 이는 品種改良을 겸하는 것이기도 하였다.157) 苴花粟·三葉粟 등의 早粟을 '作細畝撒下'158) 하라고 한 것도 같은 예이다.

---

155) 「摠覽」直說附管, 同 上, p.550.

156) 同 上, p.561.

157) 同 上, p.534.
　　山稻卽田稻也 田稻亦多其種 有米性硬而粗 分散如粟飯者 此則宜作廣畝撒種 兼入稷豆相和而種之
　　又有長腰如苽種 而米性柔粳如粘者 此則 宜熟治其田 使土無硬塊 而極柔軟然後 作廣畝 又於廣畝之上 橫作細畝 以尿灰和種 撒下於畝間 以土覆之 待其立苗 鋤去雜草 而當雨之時 或漬溲或尿灰加糞
　　여기서 말하는 長腰稻는 西洋稻로도 불린 山稻品種으로서 18세기 末~19세기 初에 전래하여 그 所出이 많음과 米質이 좋음으로 널리 보급한 것이었다(『林園經濟志』本利志7, 穀名攷 澱種類 山稻 ;『五洲衍文長箋散稿』上, 麰禾洋稻辨證說, p.240 ;『五洲衍文長箋散稿』下, 新出長腰米稻辨證說, p.176).

158) 同 上, p.554.

禹夏永이 말한 바 『農家集成』에 주석을 붙이게 되는 동기와 관련되는 사항은 위에서 검토한 바가 그 예이겠지만, 그러나 「農家摠覽」에 보이는 그의 주석이 이같은 점에만 限하고 있는 것은 아니었다. 『農家集成』을 저본으로 하면서 새로운 農業指針書를 작성하려 한다면 주석은 이밖에도 더 필요했다. 『農家集成』에 수록된 여러 농서 사이의 異見이 있는 부분에 대해서는 조정이 필요했고, 농업기술에 관한 설명이 불충분하거나 애매하게 되어 있는 부분에 대해서는 충분한 보충설명이 필요했을 것이기 때문이다.159)

그런 가운데에서도 禹夏永은 蠶桑문제와 水利문제에는 특별한 관심을 보였다. 이에 대해서는 『農家集成』의 중요성에 비추어 그 서술이 지극히 소략했기 때문이었다. 蠶桑은 衣生活에 없을 수 없는 것으로서 農家生利의 중요한 원천이 되는 것이기도 하였는데, 이 시기에는 특정지역, 즉 主産地 말고는 이 산업은 쇠퇴하고 있었다. 그러므로 그는 농민경제를 위해 이 산업이 재건되어야 한다고 생각했으며, 그 방법으로 뽕나무 재배를 권장하고 그 栽培法을 주석으로서 보설하였다.160) 그리고 灌漑를 위한 水利施設은 農務 가운데에서도 가장 긴요한 일인데, 이 시기에는 이를 잘 갖추지 못하고 있는 지방이 많았다. 그리고 그것을 갖추는데는 문제가 있기도 하였다. 그러므로 그는 정부에서는 築洑를 위한 일정한 法制를 제정하고, 지방에서는 8,9월 修堤의 원칙을 세워 그 시설이 효율적으로 이용될 수 있도록 해야 한다는 것을 특히 강조하기도 하였다.161)

더욱이 그의 農業指針書는 농업기술이나 농사에 문외한인 사람들에게도 농사에 대한 식견과 경험을 제공함으로써, 그들을 勤儉力穡하는 농민으로 만들고, 이를 통해서 농업생산을 증진시키려는 것이었으므로, 그 농업기술에 대한 주석은 상세하고 구체적일 필요가 있었다. 그리하여 그의 주석은 많

---

159) 전자의 예로서 『農家集成』의 『直說』과 『纂要』에서는 來歲 所宜穀을 알아보는 방법을 기술하되 그 방법이 서로 약간 달랐는데, 그는 이 두 가지를 종합하였으며(「摠覽」直說·纂要附管, 『農書』10, p.516), 후자의 예로서는 水田의 深耕糞田문제, 春秋耕의 淺深문제, 小豆와 水荏黍粟의 交種문제 등에 관하여 보충설명을 하고 있는 것이 그 예가 되겠다(「摠覽」直說附管, 『農書』10, pp.521~522, p.537·540).

160) 「摠覽」朱子勸農文附管, 『農書』10, pp.582~583.

161) 「摠覽」朱子勸農文附管, 同上, p.581.
　　「摠覽」農作之方, 豫貯水源, 同上, pp.604~608.

은 경우『農家集成』의 農法 記述을 보완 설명하는 것이 되기도 하였다.

『農家集成』補說에서 前提條件 — 禹夏永의『農家集成』주석은 대략 이상과 같지만 거기에는 항상 대전제로 되는 바가 한두 가지 있었다.

그 하나는 농민들이 항상 勤儉力穡하되, 되도록 勞動力은 줄이고 所出은 증대시키도록 한 점이었다. 가령 벼농사에서 種子의 精選을 강조하고, 그렇게 하면 '非但鋤工之倍省 秋來 穗實充完 所收必多'[162] 할 것이라고 하였음은 그 예이다. 그는 노동력을 절약할 수 있는 방법[163]과 소출을 증대할 수 있는 방법[164]을 도처에서 강조했다. 앞에서 지적했듯이 그가 농업지침서를 작성하는 목적은 農業生産力을 증진시키기 위한 것이었으므로 그것은 당연하였다.

다른 하나는 佃作·時作農民으로서의 小貧農層의 經濟안정에 특히 유의하고 있는 점이었다. 농촌사회에서 늘 생활에 위협을 받고 있는 것은 生産者·擔稅者인 小貧農層이었다. 그러므로 生産의 안정을 위해서는 이들의 생활안정이 필요한데 현실은 그렇지가 못하였다. 新舊穀의 接食期에는 특히 더 그러하였다. 그러나 그는 이러한 어려움도 해결될 수 있다고 확신했다. 糞田을 잘하면 收穫이 늘고, 따라서 佃作·時作農民의 수입도 는다고 한 것,[165] 小貧農層의 夏季農粮인 麥作이 災害를 입을 때에 대비하여, 耳牟·早粟 등을 재배하면 위기를 넘길 수 있다고 강조하였음이 그것이다.[166] 이

---

162) 「摠覽」, 直說附管, 同 上, p.518.

163) 除草 과정에서 初除를 제때에 하고 그 根을 永除하면 二除三除 때에는 '見其效之大 而力之省' 할 것이라고 한 것(「摠覽」,『農書』10, p.522), 돌피를 일일이 뽑아 버림으로써 그것이 落種하지 못하게 하면 '明年鋤役 必大段省工' 하리라고 한 것(「摠覽」,『農書』10, p.523), 反種法은 '人力不足 難於除草' 할 때에 하는 것인데 이를 '最爲農家要務'라고 한 것(「摠覽」,『農書』10, p.527), 小豆根耕을 할 때 撒種을 하면 足種하는 것보다 '可省一日二人之力' 한다고 한 것(「摠覽」,『農書』10, p.550), 根耕 대신 代穭를 하면 '三農劇忙之時 除其根耕之功'(「摠覽」,『農書』10, p.551) 할 수 있다고 한 것 등은 그 예이다.

164) 水田에서 乾耕을 거듭하여 철저하게 埋陽을 하면 '不糞而沃 早成倍穫' 한다고 한 것(「摠覽」,『農書』10, p.521), 糞田을 잘하면 '所收倍多' '收穀必多' 하다고 한 것(「摠覽」,『農書』10, p.529·531), 綿作에 관하여 '隨其人力之所及 熟治加糞多鋤 而所收或至五六七八之倍'라고 한 것(「摠覽」,『農書』10, p.562) 등은 그 예가 되겠다.

165) 「摠覽」, 直說附管,『農書』10, p.529.
　　 「摠覽」, 農作之方, 聚糞灰, 同 上, pp.600~601. 註212 참조.

166) 「摠覽」, 直說附管, 同 上, pp.553~554.
　　 「摠覽」, 朱子勸農文附管, 同 上, p.580.

문제는 뒤에 나오는 '農民經濟 安定'항에서 다시 논의되겠다.

　(2) 特定作物 생산에 대한 論說과 農作之方

　　그러나 이같은 주석들은 말할 것도 없이 『農家集成』에 그 항목이 있는 경우에 한하는 것이었다. 그밖의 農作物이나 農業經營·農業生産 일반에 관련되는 문제는 여기서는 언급될 여지가 없었다. 「農家撮覽」이 『農家集成』에 대한 주석을 원칙으로 하는 한 그렇게 될 수밖에 없는 것이기도 하였다. 그의 농업지침서는 그 범위가 지극히 한정된 것이었으며, 따라서 『農家集成』에 대한 주석만으로써 설명할 수 없었던 문제에 대해서는 최소한으로나마 별도의 論·說이 있지 않으면 아니 되었다. 주석만으로는 農業指針書 전체의 기본 골격과 농업생산에서의 대원칙을 충분히 표현하기 어렵기 때문이다. 禹夏永은 그것을 잘 이해하고 있었다. 그리하여 그는 『農家集成』의 기술적인 문제에 대한 주석과는 별도로 〈農作之方〉과 〈說〉로서 보충 설명을 하였다.

　　注秧禁秧利害說 ― 〈說〉에서는 먼저 注秧禁秧利害說을 논했다. 당시에는 注秧을 하고 移秧을 하려다 移秧期에 물이 없어(가뭄) 失農을 하는 경우가 자주 있었으므로 그 대책을 논한 것이다. 세상에는 注秧을 아주 금지하자는 여론도 있었으므로 그는 水田의 水利조건을 검토하는 가운데 그 當否를 고찰하고 자신의 견해를 제시하였다. 그는 移秧하는 水田을 네 가지로 분류, 고찰했다.

　　① 若其有水根 可以水付處 則雖注秧 不待秧雨而亦可移栽 注與不注 固無關於此等處

　　② 若是元無水根 只待天落水之處 則如禁注秧 但可廢棄而已 與其自分廢棄 無寧注秧以待天雨之爲愈 以此論之 不禁之爲便也

　　③ 或有水源 雖短 如得及時治熟 亦可水付 付而立苗 則不至全廢 而因其懦農之習廣作之弊 不卽水付而注秧 及至亢旱乾涸 雨愆失時 終未移栽 而陳廢者多 此則禁之之爲利也

　　④ 因其淺短之水源 艱辛治熟而水付 雖得立苗 旋卽乾涸 草盛苗困 人力倍入而無以鋤治 如其注秧 時雨一需 則旣糞且耕 朝移夕靑 事半功倍 所穫亦全於水付乾涸之田 此則不禁之爲利也167)

①은 水源이 충분한 논으로서 이런 경우는 直播를 하거나 移秧을 하거나 문제될 일이 없으며, ②는 水源이 전혀 없는 天水畓으로서 이런 경우는 注秧·移秧을 안 하면 논을 버리게 되니 禁秧해서 논을 陳廢케 하느니보다는 차라리 注秧을 하고 비를 기다렸다가 移秧을 하는 것이 좋을 것이라고 보았다. 그리고 ④는 水源이 淺短해서 直播를 해도 곧 논이 마르고 草가 무성해서 人力을 곱절이나 들여도 除草하기 어려운 곳인데, 이런 곳은 注秧을 했다가 비를 기다려 移秧을 하는 것이 除草작업에 '事半功倍' 하며 收穫도 온전하다고 생각했다. 그에게 있어서 移秧이 문제되는·것은 ③의 경우였다. 이는 水源이 얼마 안 되는 곳으로서 그래도 直播를 하면 농사를 전폐하는 데까지는 이르지 않을 터인데, 농민들이 懶惰해서 廣作할 욕심으로 注秧을 했다가 비가 안 오면 移秧을 못하고 논을 陳廢케 한다는 것이었다. 그러므로 그는 이 같은 畓에서의 移秧은 금지하는 것이 유리하다고 생각했다.

禹夏永은 注秧이냐 禁秧이냐의 문제에 있어서 기본적으로는 注秧을 옹호했다고 하겠다. 그는 농학자로서 모든 농작물은 '凡穀皆喜移栽'[168]라고 하여 移植을 좋아하는 것으로 이해했으며, 그런 점에서 反種法을 '最爲農家要務'가 되는 것이라고도 하였다. 移植을 함으로써 그 禾苗가 新土에 뿌리를 내리면 新土의 地力을 흡수하여 잘 자라기 때문이었다. 그러므로 그가 注秧·移秧에 반대할 이유는 없었다. 그러나 ③과 같은 경우의 移秧에 대해서는 지극히 비판적이었다. 이는 바로 懶農들이 廣作을 하기 위해서 移秧을 하고 그 때문에 災害를 당하는 것이라고 보기 때문이었다. 우리는 그것을 그의 농촌 관행 조사에서 여러 차례 볼 수 있었다. 그는 이같은 移秧은 막아야 한다고 생각했다.

그러나 그는 禁秧을 强令督迫으로 이룰 수 있다고는 보지 않았다. 移秧과 禁秧의 여부는 다만 習俗과 土性에 따르도록 하되, 농민을 勤儉之風으로 敎導하여 遊衣遊食하는 자가 없게 하고, 그들을 모두 농사에 종사토록 하면 禁秧문제는 자연적으로 해결될 것으로 생각했다. 그렇게 되면 懶農廣作(移秧)을 하려 해도 土地가 협소해서 移秧廣作하는 폐가 없어질 것이고, 廣作을 할

167)『摠覽』, 注秧禁秧利害說, 同 上, pp.611~613.
168)『摠覽』, 直說附管, 同 上, p.527.

수 없게 되면 결국 水付와 乾耕을 土性에 따라 행하되, '專用人功 盡得地力'
하거나 '各自竭其精力於所耕之地' 하게 되어 그 폐단이 없어지리라는 것
이었다.169)

農業勤惰說 — 다음으로 논한 것은 農業勤惰說170)이다. 禹夏永은 농민의
근면 여부와 농업생산과의 관계를 도처에서 설명하였지만, 여기서는 구체적
으로 소출의 多寡가 생산자의 勤惰에 따라서 결정된다는 점을 지적하였다.
전통적으로 이해되고 있는 貧富觀, 즉 같은 百畝의 土地를 가지고서도 勤惰
여부로 '上農夫食九人 其次食八人 其次食六人 下農夫食五人' 한다는 기록을
근거로 제시했다. 그는 '中富在勤'이라는 옛사람의 말을 眞格言이라 하였으
며, 농업생산에서 중요한 것은 '二等田土 一等作者'라고 운위되는 當代人의
말을 切談이라고 했다. 그리고 그 자신의 경험에 의거해서, 勤하면 10餘 石
산출되는 보통 논에서 30餘 石이나 수확할 수 있으며, 따라서 '勤于農者凶年
不能殺'이라고도 장담했다. 그리하여 그는 농민이 모두 근면해지기를 바랐
으며, 그렇게 되면 국가의 농업생산 전체가 '每年加獲百千萬斛' 증대할 것으
로 예상했다. 그는 國富의 길도 여기에 있는 것으로 확신했다.

蠶桑說·烟草說 — 이밖에도 그는 蠶桑說171)과 烟草說172)을 기술했다. 전
자는 木綿의 보급 이래로 쇠퇴하고 있는 養蠶農業을 재건하려는 것이었고,
후자는 새로운 商品作物로서 보급되고 있는 烟草 재배를 금지시키려는 것이
었다. 전자는 '養老送死之具……家家自辦'케 하기 위해서 이를 권장하는 것
이며, 후자는 많은 良田沃土가 이를 재배하는데 이용되고 따라서 糧穀生産

---

169) 『摠覽』 注秧禁秧利害說, 同 上, p.614.
　　　但可隨俗而任性 導之以勤儉之風 使無遊衣食之輩而皆緣南畝 則雖欲廣作 土地旣狹 自無廣作
　　之弊 旣無廣作 則惟當各相其宜 宜於水付處水付 宜於旱耕處旱耕 專用人功 盡得地力 以圖生
　　穀之道而已 何患乎注秧陳廢也哉
　　　苟無懶農廣作之弊 而各自竭其精力於所耕之地 則泥濕乾燥各隨土宜 水付乾播自無失利之歎
170) 『摠覽』 農業勤惰說, 同 上, pp.615~616.
　　　『摠覽』 農作之方, 『農書』 10, 同 上, p.585.
171) 『摠覽』 蠶桑說, 同 上, pp.617~618.
172) 『摠覽』 終, 同 上, pp.621~622.
　　　煙草說은 〈說〉항목에 수록되어 있지 않으며, 『摠覽』 終의 마지막 부분에 보충되어 있다. 그
　　러나 그 내용으로 보아 〈說〉로 이해할 수 있을 것이다.

이 감축됨을 방지하기 위해서였다. 그는 自給自足的 小農經濟의 안정을 바라고 있었으며, 商業的 農業의 확산으로 농업질서가 교란됨을 원치 않았다.

農作之方 提示 — 禹夏永은『農家集成』을 중심으로 한 농업기술에 대하여 더 이상 탐구하지는 않았다. 그렇지만 그는 이제 농업기술에 대한 이만한 검토를 기초로 농업생산 전 과정에 대한 指針을 마련하지 않으면 아니 되었다. 그는 그것을 〈農作之方〉으로서 제시했다.『農家集成』주석의 結論이기도 하고 그 農業指針書의 기본 골격이 되는 것이기도 하였다. 그 내용은 농사하는 方法, 농사의 대원칙을 기술한 것으로서 모두 10개항으로 되어 있었다. 禹夏永은 그것을 자신이 다년간 겪은 농사경험을 토대로 확신을 가지고 제언했으며,173) 농사일에 식견이 없는 사람이라 하더라도 농업생산의 전 과정을 쉽게 이해할 수 있도록 정리했다. 1 勤, 2 豫, 3 備穀種, 4 辯穀性, 5 相土宜, 6 占時候, 7 取糞灰, 8 治熟田土, 9 預貯水源, 10 及時鋤穫 등이 그것이다.174) 무슨 새로운 발견이 있었던 것은 아니지만 전 생산 과정을 일관성 있게 설명했다. 그리하여 그는 이같은 農作之方을 따라 농사를 하면 자신의 경험에 비추어 보아 生産이 크게 증대할 것이라고 전망하였다.175)

3) 農業政策 改善論

農業生産을 위한 政府 차원의 勸農政策 필요 — 農業生産의 증진은 어느 한 개인이 農業技術書·農業指針書를 마련하는 것으로서 성취될 수는 없다. 거기에는 반드시 농업생산자로 하여금 그것을 실천해 나가도록 하는 國家·政府 차원의 農政策이 필요하였다. 禹夏永은 '王者之政 在於務農'176)이라던가 '民國之本 惟在務農'177)이라고 생각하였다. 國家財政을 주로 土地收入에 의존하는 農業國家일 경우 특히 더 그러하였다. 그것은 租稅收入의 증대뿐만 아니라 農民經濟의 안정을 위해서도 그러했다. 농민경제의 안정이 없으면

173)「摠覽」農作之方 序, 同上, p.585.
　　凡天下萬事 苟非目見而躬驗之 則固未可以質言 惟此作農之方 實是家間已驗者也
174)「摠覽」農作之方, 同上, pp.586~611.
175)「摠覽」農作之方 序, 同上, p.585.
176)『千一錄』卷2,「田制 附農政」(이하「農政」으로 줄임), 同上, p.478.
177)「農政」, 同上, p.490.

再生産이 어렵고, 재생산이 어려우면 租稅收入 또한 어려워지기 때문이다. 그는 그것을

> 農者天下之大本 夫有國則有土 有土則有田制 有田制則有農政……是故 田制之 大本 莫如農政之務也[178]

라든지, 또는

> 爲治之道當以何先……目下急務 恐莫先乎養民也……養民之道當以何先……今日 之先務 恐莫切乎課農[179]
> 王政之所先 在於養民 養民之本 在於勸農[180]

이라고 표현하기도 하였다. 농업생산을 위해서는 이와 같이 勸農·課農하는 農政策이 필요한 것인데, 禹夏永이 보기에 당대에는 그것이 제대로 되고 있지 않았다. 이때에는 '官無勸農之政'[181] 한다고까지 하였다. 농업생산을 효과적으로 증진시키려면 적절한 대책이 필요하였다. 사실 이 시기에는 勸農政 求農書 綸音(正祖 22년)이 나올 만큼 그것은 절실한 문제로 되고 있었다. 그러므로 이제 禹夏永은 그 農業論의 제3부작으로서 農業政策 改善論을 제시하게 되었다. 「農政」과 「漁樵問答」은 그것이었다.

農業政策의 개선에 관하여 그는 여러 가지를 말하였는데, 그 기본 골격은 ① 農政機構 改善, ② 懶農 敎導, ③ 農民經濟 安定 등 세 가지로 집약될 수 있겠다.

農政機構 改善 — 이는 地方에서 農政을 담당하는 機構가 개선되어야 하겠다는 것이었다. 그러려면 무엇보다 먼저 地方守令들이 農政·勸農에 성의를 다하지 않을 수 없도록 제도적 조치를 취해야 한다고 생각했다. 地方守令의

---

178) 同 上, p.474.
179) 『千一錄』 卷10, 「漁樵問答」(이하 「問答」으로 줄임), 『農書』 10, pp.623~624.
180) 「問答」, 同 上, p.661.
181) 「農政」, 同 上, p.475.

勸農機能을 강화하자는 것이었다. 그는 그것을 유명무실화하고 있는 守令七
事의 제도를 修復 강화함으로써 달성하려 하였다. 朝鮮王朝에서는 國初에
이를 제도화하고 이를 통해서는 勸農政策을 펴 나가고 있었는데,182) 이 七
事 가운데에는 農桑을 장려해야 한다는 조항이 首位로 포함되어 있었기 때
문이다. 즉, 守令七事는 地方守令들의 遵守事項인데 그 가운데는 農桑조항
이 있었던 것이다. 그러므로 守令들이 임무에 충실한다면, 農桑은 장려되도
록 되어 있었다. 그러나 朝鮮後期에는 이 제도를 통한 農桑의 장려는 큰 성
과를 거두지 못하고 있었다. 이러한 문제에 뜻을 두는 守令이 없다는 것이었
다. 禹夏永은 '近來身居字牧之任者 絶無以農桑着意勸課者'183)라고 보았다.
그러므로 그는 이 제도를 재확인하는 가운데 그들이 農桑 장려의 임무를 제
대로 수행할 수 있도록 하자는 것이었다. 그는 그 방법으로서

> 今若於褒貶等題 以農政勤慢 爲移易不得之首句……以農政勤慢 必爲等題之主材
> 俾有勸懲之效184)

할 것을 제언했다. 守令褒貶에는 七事가 기준이 되는 것이지만, 특히 農
桑을 장려하지 않을 수 없도록 그 業績評價를 農政의 勤慢 여부를 중심으로
다루라는 것이었다. 그리고 이와 아울러서는 糶糴도 七事에 포함시키라고
말했다.185) 이는 三政의 하나로서 지방행정에서의 중요 사항이 되고 있었기
때문이다.

守令의 勸農機能을 강화하는 것과 아울러, 그는 農政機構의 개선문제로서
農官(勸農官)制度의 설치를 또한 제언했다. 이는 守令의 지휘 하에 직접 농
민을 지도 감독하고 勸農策을 펴 나가게 될 官員이었다. 農官도 國初부터 있
었던 제도인데, 지금에는 다년간 폐지되어 있으므로, 이를 修復 시행하자는
것이었다. 그는 이를 各坊各洞의 土族 가운데에서 地閥과 風力있는 解事人

---

182) 「農政」, 同 上, p.476.
  拙稿, '朝鮮初期의 勸農政策'(『東方學志』 42, 1984 ; 『韓國中世農業史硏究』, 2000).
183) 「農政」, 同 上, pp.476~477.
184) 同 上, pp.477~478.
185) 同 上.

으로서 선출 임명하되, 그 대우는 校院齋任과 같이 하고, 鄕約의 예에 따라
節目을 작성하여 운영하라고 하였다.186) 그는 鄕約을 시행할 것도 극구 강
조하였으므로,187) 農官제도의 운영은 이와 表裏관계에 있는 것이기도 하였
다. 그는 이같은 農官제도의 실현을 구체화하기 위해서 農官運營節目을 작
성하기도 하였다. 이를 법제화할 경우에는 朝廷에서 이같은 방향으로 규정
을 마련토록 하려는 것이었다. 그 요점은 다음과 같았다.

농사가 시작되는 歲初에 守令은 農官들을 客舍正廳에 邀致하여 設酌하고
勸農조건을 지시한다. 鄕村은 3統을 1隣(15戶)으로 조직하고 隣長을 두어
통솔케 하며 患難憂故 때에는 隣人이 農牛·種子·耕耘 등을 서로 돕는다.
隣中에서 해결할 수 없을 경우에는 農官이 副任으로 하여금 官에 보고한다.
農官은 始農에서 畢農까지의 作農形止와 農戶의 勤慢을 살펴 열흘마다 官에
보고한다. 秋成 뒤에는 守令이 客舍正廳에 農官을 邀致하여 設酌酬勞하고
그 성과에 따라 賞罰을 내린다. 이때 農官은 미리 작성한 그 해의 '一洞農形
各戶作農形止成冊'을 제출하며, 官은 이같은 상황을 監營에 보고한다.188)
그리고 朝廷에서는 道臣이나 繡衣에게 지시하여 各道農官 가운데 勸農의
효과가 가장 뚜렷하고 才行이 있는 사람 한두 명을 薦用한다는 것 등등이다.189)

農官의 농민에 대한 勸農은 이같은 운영절목을 통해서 시행해 나가려는
것이 禹夏永의 생각이지만, 그는 이밖에도 전국의 농민을 지도할 수 있으려
면, 앞에서 언급한 그의 農業指針書와도 관련, 그들이 납득할 수 있는 農業
生産 指導原則을 세워야 할 것으로 생각했다. 그는 그것을 크게 몇 가지 면
에서 제시하였다.

전국 八道는 土性 民俗이 각각 다르므로 勸農策은 각각 그 지방에 적합하
도록 강구하여 지도한다. 지방에 따라서는 專尙水田·專事廣作(移秧)·專尙
火耕을 하는 등 偏農을 하다 偏害를 입는 경향이 있는데 이는 균형 있는 생
산을 함으로써 避害를 할 수 있도록 지도한다. 種穀時候는 古今이 다르므로

---

186) 同 上, p.480.
187) 『千一錄』 卷5, 化俗 鄕約說, 46~55장.
188) 「農政」, 『農書』 10, pp.481~484.
189) 「農政」, 同 上, p.486.

曆書上의 節序만을 믿다가 失農하는 일이 없도록 지도한다는 것 등이 그것
이다.190) 그리고 이러한 문제를 제대로 지도하려면 정부가 현 실정에 맞는
'田家作農之要務(農業指針書)'와 『續農家集說』을 편찬하여 반포하고, 地方官
지도 아래 新田을 개발하고 旱災를 막기 위해 水車를 제조 보급토록 하며,
趙過의 代田法에서 볼 수 있는 바와 같은 '用力少而得穀多' 하는 耕耘田器를
제조 이용토록 유도해야 한다는 것을 특히 지적했다.191) 그는 水利문제를
앞에 언급한 修堤築洑 규정과 더불어 水車를 통해서도 해결하려는 것이었
다. 또 도처에서 노동력을 절약하고 所出을 증대할 수 있는 방법을 말하고
있는데, 이를 農器具의 개량과도 관련하여 생각하고 있는 것이었다.

懶農 敎導 : 遊食者 — 이는 부지런하지 못한 농민을 勤儉節用하고 力穡하
는 생산자로 敎導해야 한다는 내용이다. '課農之政 又莫切乎勤儉節用而敎導
之'192)라고 한 것이라던가 '農非自農 必待人力而後成 人非自力 必待敎導而
後作 故王者之政 莫切於導民以勤儉也'193)라고 한 것이 그것이다. 농업생산
은 거기에 작용하는 人力의 質에 따라 성패가 좌우되므로, 그 인력은 충실할
필요가 있었다. 禹夏永은 자신의 경험에 따라, 농민의 勤惰 여부는 그 所出
의 多寡를 좌우한다고 보고, 農政策에서는 무엇보다 먼저 농민을 근검하도
록 敎導해야 한다고 했다. 더욱이 그는 농촌관행 조사에서 살폈듯이, 전국에
는 많은 勤儉力穡하는 농민이 있는 가운데, 적지 않은 懶農 遊食者가 있는
것으로 보았으므로, 이같은 대책을 생각하는 것이 당연하였다.

그는 民風 習俗이 날로 怠靡해지는 가운데 사람들은 遊食을 能事로 삼는다
고 생각했다.194) 이같은 遊食人은 지방에 따라 차이가 있었지만, 심한 경우
는 '今則百室之村 業農與遊食者相半'195) 또는 '今一村之中 農之家不居其半
而雖曰作農之家 於其家中 作之者又不能居半'196) 하는 실정이라고도 하였다.

---

190) 同 上, pp.490~494.
191) 同 上, pp.497~499.
192) 「問答」, 『農書』 10, p.624.
193) 同 上, pp.630~631.
194) 同 上, p.626.
195) 同 上, p.632.
196) 同 上, p.629.

그는 이같은 遊食人은 일정한 절차를 거처 歸農시켜야 할 것으로 생각했다. 勸課之方을 엄격히 세워 농민을 敎導함으로써 遊手者가 없도록 하자는 것이었다.197) 遊食人을 철저하게 단속 통제할 수 있는 法的 조치가 구상되었다. 非文非武의 지방민으로서 京中에 長留하는 자는 逐送本鄕하여 농사짓도록 하고, 이들을 無故히 留接하여 牟利하는 主人은 처벌하며, 官에서는 항상 엄격하고 분명하게 조사하여, 各坊各洞에서 무단히 離家하여 京鄕을 떠돌아다니며 遊食하는 자를 적발 처벌함으로써, 그들로 하여금 居家爲業케 하자는 것이었다. 可耕之土가 없다는 반론도 있으나, 이는 荒廢地를 개발하지 않는 까닭이라고 하였다. 그리하여 그는 農桑을 장려하는 政策을 베풀어 나가면, 그들도 곧 농사일에 익숙해지리라고 기대했다.198) 이 경우 그 처방에서 主材가 되는 것이 勤儉이고, 이를 향촌에서 직접 담당하게 될 말단 官員이 農官일 것임은 말할 것도 없었다.

이러한 문제와 관련하여 禹夏永은, 商工業을 포함한 農外의 여러 가지 資生之妙方에 대해서도, 課檢警飭하는 勸農政策이 있어야 할 것으로 생각했다. 그것은 그 業이 개개인으로 보면 힘들여 農業하는 것보다 유리하지만, 國家的 견지에서 보면 모두 '耗財蠹國之病根'이라는 데서였다. 그리고 그들이 농업에서 빠져나가는 만큼 농업생산은 줄게 되는데 그들은 여전히 그 가운데에서 取食하게 되므로 主客이 모두 곤란하게 된다고 보았다.199) 그는 太史公의 『貨殖傳』이 '但言畜物種植鹽鐵之利 而不言農業' 한 것을 '一戶富厚之私意 非天下之大計'라는 데서 비판하였다.200) 농업을 돌보지 않고 貨殖에만 힘쓰면 결국 그 利도 얻을 곳이 없으리라고 하였다. 分數를 모르고 奢侈하는 것도 크게 경계했다. 집집마다 濫費하는 바가 1斛에 지나지 않는다 하더라도 전국적으로 보면 巨大한 量이 되기 때문이다. 이에 대해서는 勸農政策의 일환으로서 定名分 立紀綱함으로써 節用하는 농민이 되게 할 것을 강조했다.201)

---

197) 「農政」, 『農書』 10, p.475.
198) 「農政」, 同上, pp.487~490.
     「問答」, 同上, pp.632~633.
199) 「問答」, 同上, p.635.
200) 同上, p.630.

懶農 敎導 : 兼幷廣作者 ─ 그는 懶農현상을 농업생산의 전 과정에서도 발견하고 있었다. 그러므로 그는 농민의 勤懶문제를 곳곳에서 말했다. 그러나 그러한 가운데서도 그가 특히 큰 문제로 생각하는 것은 농민들 사이에서 懶農들이 兼幷廣作을 하는 일이었다. 이는 旱田, 水田, 直播, 移秧의 어느 경우에서도 일어날 수 있었지만 移秧을 하는 경우 특히 심했다. 移秧을 하면 노동력이 절약되므로, 농민들 가운데에는 이를 통해 의욕적으로 經營을 확대하고 廣作을 하는 생산자가 있었는데, 그는 이들을 문제 삼았다.

> 今則民皆懶農 專事廣作 雖其可合水種之處 亦皆注秧 此所以一或秧雨之愆期 擧
> 至陳廢者也202)

여기서 농민 전체를 懶農으로 규정하는 것은 과장된 표현이지만, 농민들 누구에게나 廣作하려는 의욕이 있음은 사실이겠다. 廣作, 즉 경영확대는 수입의 증가를 뜻하기 때문이다. 이 경우 그 경영은 자가노동력에 의하는 경우도 있고 雇傭勞動에 의하는 경우도 있었다. 禹夏永은 이를 내놓고 말하지 않았지만, 이 지방에는 大農經營 兼幷廣作을 하는 농민들이 歲前歲後에 노동력을 미리 預募하여, 雇只勞動・도급형식으로 移秧・耘鋤를 간편하고 민첩하게 처리해 나가고 있었다. 위탁한 부분에 대해서는 田主가 간여하지 않는 것이었다.203) 勤儉力穡을 강조하는 禹夏永에게는 이는 지극히 불성실한 경영이 아닐 수 없었다. 그러므로 그에게는 이들이 모두 懶農으로 보일 수밖에 없었다. 물론 그도 이들을 일차적으로는 '兼幷廣作之類 固可謂之力農'204)이라고 하여 力農者로 부르는데 인색하지 않았다. 遊食人과 末業者가 많은 가운데 이들은 農業經營의 확대에 열중하는 것이므로 틀림없이 力農者였다. 그러면서도 그는 다른 한편으로 이들을 懶農으로 규정하는데 주저하지 않았으며, 따라서 勸農의 대상으로 삼는 것이었다.

---

201) 同 上, pp.639~645.
202) 「農政」, 『農書』 10, p.492.
203) 제Ⅲ편 註130 참조.
204) 「問答」, 『農書』 10, p.633.

그가 兼幷廣作하는 농민을 懶農으로 규정하는 근거는, 그들은 耕地가 광
대하고 경영이 부실하므로 治畦 糞田에 전력을 다할 수 없고, 따라서 平年에
도 所收가 적은데 歉年을 당하면 그 被災가 혹심하다는 데서였다. 그는 移秧
으로 專事廣作하다가 비가 늦어져서 논이 거의 陳廢케 되는 사정을 여러 곳
에서 지적했었다. 더욱이 그들은 治田에 不勤하기 때문에 沃土腴田도 점차
瘠地가 되어 전국적으로 보면 그 減穀되는 바가 小小災損에 견줄 바가 아니
라고까지 생각했다. 그는 小土地의 治田에 專力을 다함으로써 歉年에도 災
害를 피할 수 있는 극도로 집약화된 소농경영을 현 시점에서 바람직한 것으
로 생각하고 있었다. 그는 100畝의 農地를 專力耕作할 경우와 200畝의 農
地를 兼幷廣作할 경우를 비교하여, 평년에는 전자가 후자의 收入에 미치지
못하지만, 災歉을 당하면 人功勤慢의 효과가 뚜렷해져서, 전자의 수입이 후
자의 그것보다 월등히 많게 된다는 점을 강조하고 있었다.205)

禹夏永에게 있어서 懶農의 기준은 농업생산에 투입하는 人功, 즉 노력의
질과 多寡에 있으므로, 移秧廣作을 하더라도 소농의 直播농업에서와 마찬가
지로 人功을 들인다면 그것은 懶農으로 볼 수가 없었다. 이 시기에 있어서의
農業經營은 가족노동에만 의존하는 것이 아니었으므로, 兼幷廣作을 할 경우
라 하더라도 人功을 충분히 들일 수 있었다. 실제로 三南지방이라고 移秧을
통한 兼幷廣作이 없지 않았는데,206) 앞에서 언급한 바와 같이, 그는 이 지방
에서는 移秧을 하더라도 直播에서와 마찬가지로 功을 들여 耕作하는 것으로
이해하였다. 물론 이는 사실을 잘못 파악하고 사실의 일면만을 강조하고 있
는 것에 지나지 않았지만,207) 그는 그렇게 이해하고 논지를 전개했다. 그러
므로 그의 견지에서 보면 이 지방에서는 兼幷廣作이 문제될 수가 없었으며,
그런 점에서 懶農으로서의 兼幷廣作은 없는 셈이었다. 그는 농업관행 조사

205) 同 上, pp.634~635.
206)『日省錄』正祖 22년 12월 16일 洪州幼學申在亨疏, 副護軍卜台鎭疏(湖西),『農書』8, p.19·
　　41 ;『承政院日記』1807, 正祖 23년 4월 初 9일, 尙州幼學 李齊華疏, 95책, p.823.
207) 예컨대 그는 湖南지방 농민의 畓作을 '專尙畓農 故反耕數三次 而立苗及移秧後 鋤至三四次'
　　(「風土」,『農書』10, p.446)하는 것으로만 이해하고 懶農이 없는 것으로 보았는데, 현실은 그렇
　　지가 않았다. 이곳에서도 上農은 三度耘을 하나 中農은 再度耘, 下農은 그 이하를 하는데 지나
　　지 않았다(大凡 六月望前 三度耘者 爲上農者 再度耘者 次之 不及此者 下之耳 ―『全羅道長興
　　府居幼學臣李永祿農書』).

에서 湖西에는 農無廣作한다 하였고 湖南과 嶺南에서는 아예 언급도 하지
않았다. 이같은 사정은 海西지방에 대한 파악에서도 마찬가지였다. 이 지방
에도 移秧廣作은 있었으나,208) 그는 이 지방 농민을 勤儉力穡한다고 보았
다. 그에게 있어서 특히 移秧을 통한 兼并廣作이 문제되는 것은 그가 잘 알
고 있는 京畿지방에서의 佃作·時作農民들의 일이었다. 그리하여 그는 이같
은 농민들에게는 小土地에서 전력을 다함으로써 凶年에도 灾害를 당하지 않
는 농민이 되게 할 것을 勸農策으로서 강조하는 것이었다.

農民經濟 安定 : 현실의 變革이 아니라 改良 改善을 통해서 ― 이는 土地문
제와 관련하여 農民經濟 安定의 방략을 논한 것이다. 농업생산력을 발전 증
진시키려는 목적은, 국가의 富力과 함께 농민경제의 안정을 기하려는 것인
데, 이 시기에는 부유층의 土地集積이 있는 가운데 농민층은 土地에서 밀려
나고 있었다. 농민경제를 안정시키려는 논자이면, 누구나 土地문제를 어떻
게 할 것인가에 대하여 방략을 강구하지 않으면 아니 되었다. 그리하여 이
시기에는 많은 논자들이 여러 가지 土地論을 내놓았다. 土地改革論으로서의
井田論·均田論·限田論, 貸田 調節論으로서의 均并作論 등은 그 가운데에
서도 두드러진 것이었다. 그리고 이와 아울러서는 많은 사람들이 土地制度
의 운영, 즉 賦稅制度의 釐正문제도 제언했다.

禹夏永은 土地改革·土地再分配를 통한 농민경제 안정에는 찬성하지 않
았다. 세상에서 治國의 道를 논할 경우 흔히 三代(고대 중국의 세 왕조 夏·
殷·周)로써 말하고 井田制로써 말하지만, 그는 三代의 政治·三代의 田制
는 시행할 수 없는 것이라고 생각했다.209) 그 이유로는 여러 가지 들었지만,
요컨대 가장 중요한 것은, 지금은 三代에서 시대가 바뀌고 인심이 달라졌다
는 점이었다. 古今은 時宜가 같지 않다는 것이다. 설사 井田을 시행한다 하
더라도, '狙詐利慾'한 지금의 人心으로 보아, 그 폐단은 지금의 田制보다 더
할 것이라고 하였다. 그는 三代井田論 주장을, '空言唐虞 而未有治效'210)라

208) 申綖,「新溪縣農書條對」,『農書』 7, p.93.
209)「問答」,『農書』 10, pp.651~656.
    『千一錄』卷6, 井田軍賦說, 30장.
210)「摠覽」終,『農書』 10, p.621.

고도 하여, 실효성이 없는 공론이라고 하였다. 그는 지금 세상에서는 지금의
정치를 할 수밖에 없으며, 그러기 위해서는, '因俗制治之爲宜'하는 것보다 좋
은 것이 있을 수 없다고 생각하였다.211) 현재의 土地制度에 바탕을 두고 농
업문제를 처리해야 한다는 것이었다. 그리하여 그는 土地集積 地主制를 그
대로 인정한 채 佃作・時作農民의 부지런한 農作만을 강조하게 되었다. 그
가 그들에게 줄 수 있은 말은, 糞田 治畦를 열심히 함으로써 수확이 倍가 되
면, 그들의 수입도 그만큼 늘어날 것이라는 점뿐이었다.212) 그는 농민경제
의 안정을 농업의 변혁을 통해서가 아니라, 현실을 인정하는 가운데 그것을
개량 개선함으로써 달성하려는 것이었다.

農民經濟 安定 ; 兼幷廣作을 勤儉 力穡하는 小農時作으로 유도 — 禹夏永은
土地改革을 생각하지는 않았으나 貸田 調節을 통해서 농민경제를 안정시키
는 방법에는 많은 관심을 가졌던 것 같다. 地主制에 대해서는 비판이 없으면
서, 兼幷廣作하는 농민에 대하여 度를 넘었다고 생각될 정도로, 비판하고 있
음은 그것을 반영한다고 하겠다. 그것은 거의 증오에 가까웠다. 그에게는 그
럴 만한 이유가 있었던 것으로 보인다. 그가 移秧을 통한 廣作을 비판하는
것은 그들이 단순히 懶農이라는 점에서만은 아니었다.

그는 그 사회적 영향을 크게 주목하고 있었다. 兼幷廣作者가 零細農 數三
戶의 農地를 奪占하여 耕作하게 되면, 그 數三戶 농민은 결국 耕地에서 밀려
나 失業하게 된다는 데서였다.213) 이는 이른바 大農・富農層의 경영확대로
말미암은 농민층 분해인 것이다. 그가 보기에 이는 지극히 불합리했으며, 따
라서 조정되지 않으면 아니 될 것으로 생각했다. 그러나 이 경우에도 그는
어떤 法的 조치를 통해서 耕地를 재분배해야 할 것으로는 생각하지 않았다.

---

211) 「問答」, 同 上, p.656.
212) 「摠覽」農作之方, 聚糞灰, 同 上, pp.600~601에서 다음과 같이 기술하고 있음은 그 한 예이다.
　　人家一竈 每日朝夕 收取竈中之灰 則可收灰一斗 積一年 可收三百六十斗 可以糞二十斗所種
　　之田 上可收數十石穀 下可收十餘石穀
　　又於春夏採草折茅 則可以糞二十斗所種之畓 二十斗所種之畓所收 則可倍於田穀矣 假使至殘
　　之民 雖借富人之田 而耕取其半 足可得數十石之穀 可作一年之粮矣
213) 「問答」, 同 上, p.633.
　　所謂兼幷者 以一戶而幷奪數三戶可耕之地 致使數三戶窮民無所耕作 若於一邑之內 有兼幷者
　　百戶 則窮民數三百戶 勢將因此而失業 以此推之 於八域之內 則其所爲害盖可知矣

그는 앞에서 언급하였듯이 國家·官이 성심껏 勸農策을 펴 나감으로써, 그들이 勤儉하고 力穡하는 농민이 되게 하면, 결국 그들은 小土地의 耕作에 전력함으로써 수입을 늘리는데 만족할 것이고, 따라서 농지배분은 자연적으로 해결될 것이라고 기대한 것이다. 그는 말하자면 兼并廣作하는 力農者層을 육성하는 가운데, 생산력을 발전시키려는 것이 아니라, 그들을 견제하고 희생시킴으로써 小貧農層의 經濟를 안정시키려는 것이었다.

물론 이 경우 그의 이러한 방안이, 진정으로 農民經濟만을 생각하는 데서 발상한 것은 아니었다. 널리 알려진 사실이지만, 그는 佃作·時作農民이 廣作을 하면, 地主層의 地代수입에 큰 손실이 있게 된다고 보고 있었다. 水原지방의 사정을

> 近來民心 元無力穡勤農之計 專以廣作爲能事 故數口之家 皆作數石之畓 以此之故 旣不糞田又不力耘 使畓主失利 而渠則因其廣作 頗獲贏利 此實近日之痼弊也……假使……前日耕種數石畓之家 加糞力作一石之畓 則足可以依舊資生214)

이라고 하였음은 그 예이다. 禹夏永은 佃作農民이 廣作함으로써, 그들의 수입은 늘지만 地主層의 地代收入이 주는 것은 불합리한 일이며, 따라서 이러한 현상은 타개되어야 할 것으로 생각하였다. 그리고 그 방안으로서 제기한 것이 廣作의 억제와 小規模 集約農業의 장려이었다. 말하자면 그가 兼并廣作을 억제함으로써 小貧農層의 經濟를 안정시키려는 방안은, 동시에 地主層의 地代收入 增大를 보장하는 방안이기도 하였다.

農民經濟 安定 ; 田稅制度의 釐正을 통해서 — 農民經濟의 안정은 田稅制度와도 밀접한 관련이 있었다. 여기에 불합리·불공평이 있다면 농민경제는 전체적으로 안정되기 어려웠다. 그런데 이 시기의 田稅制度는 바로 그러하였고 이는 농민경제에 지대한 영향을 미치고 있었다. 이른바 田政紊亂이었다. 이 시기의 田稅制度는, 結負法量田制와 郡縣 단위의 結摠制稅法에 기초하고 있었으므로, 그 문란은 필연적이었다. 그리하여 이때에는 이를 해결하

214) 『觀水漫錄』 下, 九曰 廣屯奠民之策.
鄭昌烈, 註110의 논문.

는 것이 절실한 문제로 되고, 많은 사람이 그 대책으로서 田政釐正策을 제론
했다. 그 가운데에서도 일반적으로 말하여지는 것은 改量田을 함으로써 賦
稅不均을 시정하자는 것이었다. 禹夏永도 같은 생각이었다. 그는 '今之田制
中 最先務者 莫如改量'215)이라고 하여, 改量田할 것을 시급한 문제로 보았
다. 그러나 그는 이 量田을 結負法까지도 改革한 새로운 量田制度로서 하자
는 것은 아니었다. 그는 結負法量田制에는 결함이 없으며 그것은 '萬世法
程'216)이 되는 훌륭한 제도라고 믿었다. 그는 이 제도에 의거한 改量田만을
함으로써 목적을 달하려는 것이었다. 단, 量田은 이같이 하더라도 收稅를 하
는데 있어서는 크게 개선해야 할 점이 있는 것으로 생각했다. 結摠制로서 收
稅하는 것은 불합리하므로 從實收稅를 하자는 견해이었다.217) 이는 당시 田
政紊亂의 한 근원을 제거할 수 있는 방안이기도 하였다. 그리하여 그는 이같
이 量田을 하고 收稅를 하면, 田政紊亂이 해소되고, 농민경제가 안정되며 朝
家收入도 늘어날 것으로 전망했다.

4)『千一錄』農業論의 性格

『千　錄』의 農業論은 새로운 體系의 農書로서 편찬된 것은 아니었다. 그
것은『農家集成』을 저본으로 하고 그것을 보설 보완함으로써 이 시기의 농
업문제를 해결하려는 것이었다. 朝鮮後期에는 農業生産力·商品貨幣經濟가
발달하고 賦稅制度가 불합리하게 운영되는 가운데 농촌사회가 분해되고 있
어서, 土地는 富裕한 地主層에게 집적되고 耕地는 大農에게 兼并廣作되었으
며 이에 따라 많은 농민이 農地에서 밀려나고 있었다. 이러한 현상은 비단
常·賤 身分의 농민층에서 뿐만 아니라 兩班層 안에서도 일어나고 있었다.
더욱이 18세기 말엽에 이르면 종래 農書의 技術的 한계가 지적되는 가운데,
더 큰 生産力 발전을 위한 새로운 농서의 편찬이 요청되기도 하였다.

禹夏永은 이같은 실정 속에서, 어떻게 생산력을 증진시키고, 어떻게 無田
農民에게 耕地를 줄 것인가를 연구하고 그 방안을 제시하였다.『千一錄』農

---

215)「農政」,『農書』10, p.506.
216) 同上, p.468.
217) 同上, pp.470~473.

業論의 성격은 여기에 단적으로 드러나고 있었다. 그는 그것을 스스로의 農業生産에 대한 경험, 전국의 農業慣行 조사 및 『農家集成』에 대한 면밀한 검토 위에서 마련하고 있어서, 확신을 가지고 제언하고 있었다.

그 방안의 핵심은, 요컨대 이 시기의 농업생산을 勤儉力穡하는 小農生産, 小貧農層의 集約的 農業生産으로 유도하고, 그러한 가운데 無田無佃의 小貧農層을 경제적으로 안정시키며, 아울러 國富도 기하려는 것이었다. 그러자면 국가의 農政策이 개선되어야 할 것으로 생각하였다. 정부에서 農業指針書를 편찬하여 보급함으로써 농민의 農作을 지도하고, 地方官·農官 등의 勸農機構를 修復 改善함으로써 懶農·遊食人을 근면한 농민으로 教導하며, 나아가서는 강력한 社會政策으로서 모든 농민을 隣·統의 鄕村組織으로 결속함으로써, 농업생산을 강제화해야 한다는 것이었다. 이 경우 문제되는 것은 農地인데, 그는 이것을 두 계통으로 해결하려 하였다. 그 하나는 新田 開發을 통해서이고, 다른 하나는 懶農廣作하는 大農經營을 집약적인 小農經營으로 전환시킴으로써, 그 農地가 자연적으로 無田農民에게 돌아가도록 하려는 것이었다. 그는 懶農廣作者를 京畿에 관해서만 문제 삼고 있었으므로, 그의 이같은 방안은 우선은 京畿民을 대상으로 하는 것이었다고 하겠다. 물론 이러한 방안에는 兼幷廣作하는 농민들 입장에서의 반론이 없지 않았지만,[218] 그는 자신의 견해를 사회적·국가적으로 정당한 것으로 보고 도처에서 역설했다.

禹夏永의 小農經濟 안정책은 이 시기 농업문제를 근원적으로 해결할 수 있는 것은 아니었다. 그는 土地集積을 막거나 地主制를 해체시켜야 할 것으로는 생각하지 않았다. 그는 土地改革論을 실현성이 없는 空論에 지나지 않는다고 하였으며, 농민문제는 地主制를 인정하는 현실 속에서 해결해야 할 것으로 생각했다. 地主層의 土地集積을 旣得權으로서 그대로 인정하고, 無田農民을 중심으로 한 사회문제는 佃作·時作農民의 廣作經營을 소규모의

218)『日省錄』正祖 23년 3월 28일,『農書』8, p.287. 前同知金養直疏(華城)에서 볼 수 있듯이, '夫大農之家 僅治四石畓 至於五石 則必有廣地之荒 若專以水種乾播爲農 則四石之家 不能治一石'이라고 하여, 移秧을 통해 大農經營을 하는 것을 당연한 것으로 보고, 移秧法을 禁止하려는 견해에 반대하는 목소리가 있었다.

集約的 經營으로 유도함으로써 해결하려 하였다. 그의 방략은 결국 地主層
의 이익이 옹호된 地主的 견지의 농촌경제 안정방안이 아닐 수 없었다.

  그러한 점에서 그의 小農經濟 안정방안은, 『農家集成』의 土地論과 農政理
念, 따라서 朱子의 土地論과 農政理念을 그대로 계승하는 것으로서, 지극히
한정된 의미를 갖는 데 지나지 않았다. 『農家集成』의 農政理念을 벗어나려
하였던, 일련의 實學派 農業論과는 크게 다른 바 있었다. 더욱이 그는 자신
의 견해를 '務本思想 農本抑末'의 시각에서 전개하고 있어서, 농민층의 성장
을 제약하였다. 그는 商業의 필요성을 인정하고는 있었지만, 농민의 상업 종
사를 환영하지 않았고, 농업의 상업화가 傳統的 中世的 商業(貴農輕末·重農
抑商)의 한계를 넘어서는 것을 용납하지 않았다. 그는 土地改革論을 時勢의
변동을 모르는 주장이라고 비판했지만, 그도 농민층을 변동하는 시세 속에
적응케 하려는 것은 아니었다. 禹夏永의 견해, 『千一錄』의 農業論은 한마디
로 地主層의 이익을 옹호하고 대변하는 農學思想이었으며, 농민층을 地主制
가 존재하는 社會體制 안에서, 佃作·時作 農民으로서의 지위를 그대로 유
지한 채, 자급자족하는 농민으로 安住케 하려는 견해였다고 하겠다.

V. 19世紀 初 新·舊 農書의 綜合과 두 農學思想 對立의 持續

1. 政府計劃의 좌절과 學者들의 農業問題 해결작업 繼承

政府의 農書 編纂 計劃 좌절 — 正祖 末年에 있었던 政府의 農書 編纂 計劃
은 그 規模에서나 그 蒐集 農書의 내용에서 획기적인 것이었다. 이때에는 전
국의 農村知識人과 政府官吏·學者들이, 이 시기 농촌사회에 제기된 農業問
題를 진지하게 검토하고, 그 打開策을 제언하고 있었다. 그러므로 그것은 量
的으로 방대한 것은 말할 것도 없고, 質的으로도 종래의 農學이 미치지 못한
여러 가지 문제를 論究하고 있었다. 旣述한 바와 같이 이때에는 地主佃戶制
를 고수하려는 견해가 있는 가운데, 이를 비판하고 改革하려는 土地改革論
이 여러 사람에 의해서 제기되고 있었으며, 정부의 권농정책이 개선되고 권
농기관(農官)과 模範農場(屯田, 法田)이 설치되어야 할 것임이 제언되었으
며, 農業經營에서 流通機構와 연계하고 이를 통해서 收益을 증대시키려는
商業的 農業論이 제기되고 있었다. 그리고 農地經營의 개선을 위한 여러 가
지 방안을 제기하였으며, 農業協同을 위한 정부의 政策的 지원과 士大夫도
포함한 遊休勞動力의 적절한 이용을 제언하였으며, 水利施設과 農器具의 개
선에 관한 제언, 中國 農法 수용을 위해서 있어야 할 氣候·風土에 대한 自
然科學的인 배려 등 여러 가지 문제들이 제창되고 있었다. 이때에 논의되고
제언된 農學上의 문제는 실로 다양한 바 있었다.

正祖는 이때 이렇게 수집된 『應旨進農書』를 통해서, 世宗朝에 『農事直說』
을 編纂한 故事를 좇아, 이 시기 농업사정에 적합한 새로운 농서를 종합 편
찬하려 하였다. 이러한 계획에 따라 정부에서는 농서가 進疏될 때마다 國王
臨席 下에 이를 逐條 검토하고 채택할 만한 좋은 제언이 있으면 이를 새로운
농서에 반영시키도록 하였다. 이러한 정부의 『應旨進農書』 檢討는 正祖 23
년 6월까지 계속되었다. 그리고 이와 같이 검토된 『應旨進農書』를 자료로
하여서는 政府에서 王命에 따라 新農書를 편찬할 예정이었다. 이제 朝鮮後
期의 農學은 이 계획으로, 새로운 획기적인 學的 所産이 이룩될 것으로 기대
되었다.

그러나 이 계획은 그 기초 작업의 진전에도 불구하고 그 結實을 보지 못하

였다. 이때 이러한 여러 農書를 토대로 해서 農書가 편찬되었다면, 그것은
아마도 종래의 농서에 보이는 農業論을 母體로 하고 그 위에다 이때의 여러
가지 農業論을 종합 첨가한 새로운 농서가 되었을 것이다. 그런데 이때의 이
사업은 어찌된 연유인지 그 계획을 성취시키지 못하고 있었다. 아마도 그 이
유는 이 무렵의 여러 農書가 보인 새로운 農業論과 여러 가지 改革論을 封建
朝鮮王朝가 그대로 채택하기 어려웠던 데에 그 이유가 있었는지도 모르겠으
며, 아니면 正祖의 사망이(正祖 24년 6월, 1800년) 이 사업을 계속할 수 없
게 한 주요 이유가 되었는지도 모르겠다. 正祖의 사망을 전후하여 政界는 혼
란 속에 휘말리고 이 사업은 사실상 중단되지 않을 수 없게 되었다.

　學者들의 硏究 계속 ─ 그러나 新農書 편찬이라고 하는 이같은 사업은 國
家의 유지 발전을 위해서나, 농민경제의 안정을 찾기 위해서 반드시 필요한
일이고, 언젠가는 이를 완성시키지 않으면 아니 되는 중대사이었다. 그러므
로 時勢에 맞는 농서를 편찬하는 일은, 당시의 政府나 農學者들에게는 미해
결의 문제로 남겨진, 중대한 課題가 아닐 수 없었다. 正祖 사망 뒤의 정부가
政策的 이유에서 이를 폐기한다 하더라도, 당시 지식인사회의 지적 풍토는
學者들마저 이를 단념해서는 아니 될 것으로 판단하는 분위기였다. 그리하
여 이 사업은 正祖 사망 후의 19세기로 넘어가게 되었으며, 따라서 19세기
초 및 그 前半期에도, 많은 사람들이 私的으로 여러 가지 각도에서 새로운
농서 편찬을 위한 기초 작업 또는 종합농서 편찬작업을 시도하게 되었다. 그
리고 그 결과 개성 있는 몇 종류의 농서가 출현하였다.『林園經濟志』와「擬
上經界策』·『經世遺表-井田論』·『農政要志』·『農政會要』·『農書』·『山林
經濟補遺』 등은 그것이다. 本編에서는 이들 農書 및 農政書의 특성을 고찰
함으로서, 이 시기의 農學思潮를 살피게 되겠다.

2.『林園經濟志』와「擬上經界策」의 農業論

1)『林園經濟志』와「擬上經界策」의 編纂

　『林園經濟志』는 徐有榘(號 : 楓石, 英祖 40~憲宗 11년, 1764~1845년)가
편찬한 全 16志, 總 113卷의 방대한 저술이다.『山林經濟』와 마찬가지로 그

전부가 農業과 관련되는 것은 아니지만, 농촌생활 전체를 대상으로 정리한 넓은 의미에서의 농서였다. 巨帙의 책이므로 이것이 완성되기에는 오랜 세월의 연구 과정이 걸렸다.

『林園經濟志』編纂의 契機 ― 그는 農學을 家學으로 한 家門에 태어나서 젊었을 때부터 농서 편찬·농업진흥에 큰 관심을 가지고 있었으며, 또 그에 관하여 「農對」를 저술함으로서 一家見을 지니고도 있었다.[1] 그러므로 그의 연구는 이미 젊은 시절부터 시작된 셈이다. 그러나 그로 하여금 농서 편찬에 각별한 관심을 갖도록 한 것은 正祖 末年 국왕의 求農書 綸音과 정부의 農書 編纂 計劃이었던 것으로 생각된다. 이때에는 온 나라의 지식인들이 국왕의 綸音에 따라 농서 저술에 관심을 기울이고 있었으며, 地方守令들에게는 의무적으로 농서를 進呈할 것이 지시되었는데, 그는 이때 全羅道 淳昌郡 郡守이었다. 그는 35세의 젊은 守令으로서 이곳 農村經濟의 실정을 관찰하고 있었으며, 이 해의 旱魃과 水災도 목격하였다. 그러한 가운데서 국왕의 求農書 綸音을 대한 것이다. 그는 젊었을 때부터 지니고 있었던 바 지론에 따라 새로운 農書의 편찬을 위한 방안을 「淳昌郡守應旨疏」로써 제언하기도 하였으나,[2] 정부의 농서 편찬 계획은 실현되지 못하였고 그의 의견도 반영되지 못하고 있었다. 농업의 改良을 위해서는 새로운 농서의 편찬이 절대로 필요하다고 생각하는 그였으므로, 그는 스스로라도 農學의 體系를 세우고 농서를 편찬하지 않으면 아니 될 것으로 생각하였으리라 믿어진다.

더욱이 그에게는 그 父親의 『海東農書』가 완벽을 기할 수 없었던 일이, 그로 하여금 家學을 완성시켜야 한다는 의무도 부과시키고 있었다. 그뿐만 아니라 農村經濟의 실태를 관찰함으로써, 이 시기 농업문제의 所在를 잘 파악하고 그 타개의 불가피함을 알게 된 徐有榘에게는, 家學을 완성시킨다는 의

---

1) 『楓石全集』 7, 『金華知非集』 卷10 農對.
　　「農對」에 보이는 그의 農業論은 그 예이다. 이것은 '今年庚戌卽古所稱大有之歲也'라고 하여 庚戌이라는 年代 表示가 되어 있으므로, 正祖 14년, 즉 徐有榘 나이 27세 때의 著述임을 알 수 있다. 그런데 그는 여기서 務農之道로서 限田制·水利·農器 등을 들고 새로운 農書의 편찬도 제언했다.
2) 『楓石全集』 3, 『金華知非集』 卷1, 淳昌郡守應旨疏(『農書』 7, 應旨進農書1).
　　그는 이 때 道單位로 農學者를 한 사람씩 두고 각기 그 地方의 農法을 調査 研究하여 보고케 하며, 이를 기초로 해서 內閣에서 전국적인 農書를 整理 編纂할 것을 제언하였다.

미도 겸하여, 農學 연구에 精進하지 않을 수 없게 하였다.

그리하여 19세기에 들어와 官에서 밀려난 뒤(1806년), 그의 畢生의 작업은 시작되었고, 農學者들에게 부과되었던 새로운 농서의 종합적인 편찬은 추진되었다. 주로 中部지방에 살면서 中部지방 農業을 중심으로 연구하고, 30여 년 뒤, 마침내는 당시 농업이 요청하고 있었던 폭넓은 농서를 완성할 수가 있었다. 『林園經濟志』의 출현은 그것으로서 이 저술이 완성된 것은 그의 晚年의 일이었다.[3]

『林園經濟志』는 이와 같이 하여 편찬케 된 것이지만, 그러나 徐有榘의 農學 硏究가 곧 『林園經濟志』의 편찬인 것은 아니었다. 本書가 저술되기 위해서는 많은 基礎的인 연구가 선행되고 있었으며, 그러한 연구와 병행해서는 農業改革論으로서의 『擬上經界策』이 저술되기도 하였다.

그의 農學 硏究는 좋은 환경 속에서 순탄하게 진행되었다. 그는 한때 官에서 몰려났지만 平生 官人으로서 榮達을 거듭하여 官職이 안으로는 判書·參贊·大提學에 이르렀으며, 밖으로는 觀察使를 지내기도 하였다. 그는 家學이 農學이었으므로 많은 文獻을 소장하고 있었겠지만, 이밖에 農學에 관한 정부의 圖書를 자유로이 참고할 수 있는 좋은 자리에 있었으며, 또 地方官으로 農政에 참여함으로써 농업의 현 실태를 정확하게 파악하여 새로운 방안을 모색할 수도 있었다.

이러한 과정에서 그는 『杏蒲志』·『金華耕讀記』·『種藷譜』·『擬上經界策』·『蘭湖漁牧志』·『鷓蟀志』·『饕餮志』·『鏤板考』 등의 農學 및 기타에 관한 일련의 著述을 하였다. 그 가운데에서도 農業에 관하여 힘들여 연구한

---

3) 徐有榘의 생애와 학문에 대해서는 다음의 글을 참조.

『楓石全集』, 「金華知非集」 卷 6, 五費居士生壙自表.

『完營日錄』 3 附錄, 吏曹判書致仕奉朝賀楓石徐公諡狀, 先王考奉朝賀府君墓表追記.

『華營日錄』 부록 I, 朝鮮王朝實錄 徐有榘 記事 拔萃(경기도 박물관 對譯本, 2004).

林熒澤, '『完營日錄』 解題'(成均館大學校 大東文化硏究院 영인본, 1, 2001).

鄭昌烈, '『華營日錄』에 대하여' (경기도 박물관 對譯本, 2004).

조창록, 『풍석 서유구에 대한 한 연구』(성균관대학교 대학원 박사논문, 2003).

특히 그의 農政思想 農業改革論에 관해서는 다음의 글을 참조할 수 있다.

유봉학, '徐有榘의 學問과 農業政策論' (『奎章閣』 9, 1985).

拙稿, ① '18·19世紀의 農業實情과 새로운 農業經營論' (『大東文化硏究』 9, 1972 ; 『韓國近代農業史硏究』 〔I〕— 農業改革論·農業政策, 2004).

기초조사로 주목되는 것은 『杏蒲志』와 『金華耕讀記』였다. 이 兩書는 『林園經濟志』에 인용된 것을 보면, 전자는 주로 農業技術이나 農地經營・田制에, 후자는 주로 農業經營 즉 場市・流通經濟 관련 자료조사에 초점이 있었던 것 같다. 그리고 『鷓蟀志』도 관행하는 織紃法을 조사하고 있어서 주목된다. 이러한 기초조사와는 달리, 『擬上經界策』은 平安道 農民戰爭 이후 사회적으로 요청되는, 矛盾構造 타개를 위한 최소한의 農業對策을 위해서, 그간의 연구를 바탕으로 進疏를 위한 改革方案 형식으로 마련한 論이었다.[4]

『林園經濟志』編纂의 原則 ; 우리 農學 中心으로 ― 徐有榘는 이러한 연구 성과를 바탕으로 하면서, 『林園經濟志』를 편찬함에 있어서는 일정한 원칙을 세우고 있었다. 그것은 종래의 우리 農學의 體系 위에서 이를 확대 발전시키고, 이를 다시 당시의 농업실정에 맞도록 하고자, 여러 농학자들의 최신의 의견을 되도록 많이 수용한다는 점이었다.[5]

그가 종래 우리 농업 農學의 체계를 대표하는 농서로 본 것은 『山林經濟』였다. 『山林經濟』는 『農事直說』과 『農家集成』의 農學을 繼承하였고, 이는 더욱 증보되어 『增補山林經濟』와 『攷事新書農圃門』 및 『山林經濟(補說)』이

---

4) 「擬上經界策」은 『楓石全集』 8, 『金華知非集』 卷11・12에 上下로 수록되어 있으며, 근년에는 『農書』 36에 수록되었다. 그 전체의 구성은 다음과 같다. 앞으로 이 資料는 이 記號로써 표시한다.

    上. 一. 田制之亟宜更張者 1. 改結負 爲頃畝法
                                 2. 正尺步 以遵古制
        二. 量法之亟宜講磨者 1. 用方田 以括隱漏
                                 2. 頒數法 以豫肄習
                                 3. 設專司 以考勤慢
    下. 三. 農政之亟宜施措者 1. 測極高 以授人時
                                 2. 敎樹藝 以盡地力
                                 3. 購嘉種 以備災傷
                                 4. 興水利 以虞旱澇
                                 5. 禁反田 以嚴名實
                                 6. 廣屯田 以富儲蓄

5) 『林園經濟志』의 編纂 및 徐有榘의 農政觀에 관해서는, 註3의 논문 외에도 다음의 글을 참고 바란다.
    洪以燮, '林園經濟志解題'(서울대刊 影印本 第1卷, 1966).
    姜萬吉, '林園十六志'(韓國의 古典百選 : 『新東亞』 1969년 1월號 附錄).
    劉元東, '林園十六志'(『韓國의 名著』, 1969).

되고 있었다. 그 후 여러 가지 農書가 나왔지만 모두가『山林經濟』의 農學體
系를 넘어섰거나 벗어난 것은 아니었다. 혹 그 체계를 달리한 것이 있었다
하더라도 그것은 특정한 部門에 대한 특정한 農業論이었고, 그것도 간략한
冊子에 지나지 않았다.『山林經濟』의 農學體系 위에서 그 農學의 수준을 넘
어설 수 있는 농서가 시도되기도 하였으나, 충분하지 않거나 미완성으로 그
쳤다. 더욱이 정부의 농서 편찬 계획도 水泡로 돌아갔다. 徐有榘는『山林經
濟』의 農學 체계를 계승하여 그것을 기초로 확대 발전시킬 수 있는 작업은
자신이 수행할 수 있을 것으로 자부하고 있었다.『林園經濟志』를 편찬함에
있어서

> 至於鄕居養志之書 尟有裒集者 在我邦僅有山林經濟一書 然中多冗瑣 所採亦狹
> 人多病之 故於此 略採鄕居事宜 分部立目 搜群書而實之[6]

라고 하였던 것은, 그러한 의도를 표명한 바라고 하겠다. 그는 사람이 鄕
村에 살면서 지침으로 삼을 수 있는 鄕居養志之書, 즉 광의의 農書를 우리나
라에서는『山林經濟』가 유일한 것이라고 보았다. 그러나『山林經濟』는 또한
농서의 서술로서 冗瑣한데다 자료수집의 범위도 좁아서, 많은 결함과 한계
를 지닌 책으로 판단하였다. 그러므로 그는 농촌생활에 필요한 사항을 두루
採訪하여 그것으로 部目을 세우고, 여러 농서에서 자료를 발췌하여 이를 보
완함으로써 그의 농서『林園經濟志』를 완성하였다는 것이다.

이와 같이 그는 자신의 農學體系를『山林經濟』의 기반 위에서 세우고 있
었는데, 그러기 위해서 그가 搜群書한 文獻은 실로 많았다. 무엇보다도『山
林經濟』(『增補山林經濟』·『山林經濟補』포함)와 그 자신의 農學에 관한 기초
적인 연구는 그 중심이 되었으며, 父親의『海東農書』나 祖父의『攷事新書農
圃門』, 그리고『課農小抄』·『北學議』·『農家集成』·『穡經』그밖의 여러 농
서나 農政書가 참고되었다. 그뿐만 아니라 그가 참고하고 인용한 中國 文獻
은 더욱 많았다.『齊民要術』·『氾勝之書』·『農桑輯要』·『農書』·『農政全書』·

---

6)『林園經濟志』例言1.

『授時通考』등 허다한 農書와 史書・文集 등이 참고되었다. 그 數는 실로 방대하여서 800여 종에나 이른다.7) 그러나 이러한 여러 文獻을 참고하고 인용함에 있어서도 그는 이것을 無條件 자료로서 받아들이는 것이 아니라 일정한 검토를 거치고 있었다. 그의 史料批判은 철저하였다. 그에게는 여러 가지 자료들이 확실한 판단 위에서 참고되고 인용되었다. 그리고 여러 사람의 農業理論을 받아들임에 있어서는 이를 자신의 農學體系에 소화시켜서 자기 이론으로 살렸다. 그러한 가운데서도 그의 農業論 구성에 특히 많은 영향을 준 것은, 正祖 末年의 農書 편찬 계획 때에 實學者들이 제기했던 여러 가지 이론이었다.

『林園經濟志』編纂의 原則 ; 中國 農學 收容의 전제 ― 徐有榘의 農學은 中國으로부터 새로운 農法 農學을 수용하는 문제에 관해서도 크게 유의하였으나, 이에 관해서도 일정한 원칙을 세우고 있었다. 그것은 그의 農學이 徹頭徹尾 우리 농업문제를 해결하기 위한 것임에서이기도 하고, 또 中國과 우리나라는 風土가 다른 데서, 中國의 農法 農學을 우리나라에 그대로 적용한다면 거기에 장애가 없을 수 없다는 데에서였다. 그는 中國의 農法 農學의 수용에서는 各地의 極高(緯度・經度)를 測定하고 同一 高度의 地帶에서 그것을 수용하면 지장이 없을 것이라고 생각하였다. 그리하여 그는 이러한 前提 하에 우리 농업에 적합한 농법 농학이 있으면 이를 적극 수용하려 하였으며, 좋은 제도이기 때문에 가히 按驗할 만한 농법이면서도, 우리나라에서 아직 講究되지 않고 있는 것은 後世人을 위해서 또한 詳述하였다. 이러한 원칙은 대체로 그 父親(『海東農書』)의 農業論을 따른 것이었다. 그는 부친의 中國 農法 수용에 관한 견해를 따르면서, 이를 더욱 과학적으로 해명함으로써, 中國 農法을 합리적으로 수용할 것을 꾀하였다. 그는 風土를 중요시하였으나, 종래 國家 단위의 무조건적인 風土不同論에는 찬성하지 않았다. 이를 강조하는 사람은 惰窳之吏 游閒之民으로 일하지 않는 者의 구차스러운 口實이라고 하였다. 그는 農作物 재배에서의 風土不同論을 과학적으로 철저하게 극복하고자 하였다.8)

---

7) 『林園經濟志』 卷頭의 林園十六志 引用書目.

8) ① 『林園經濟志』 例言3.

2) 農業技術論

기술한 바와 같이 『林園經濟志』는 19세기 前半期의 우리의 농업문제를 타개하기 위하여 편찬한 것이며, 그러기 위해서 舊來의 여러 農書나 農業論을 참고・종합하고 있는 것이었다. 그러나 이러한 종합이 물론 諸家의 견해를 단순히 羅列 수록하는 데 그치는 종합은 아니었다. 徐有榘는 農業技術 면에서의 농업문제의 타개 목표를, 어떻게 하면 우리 農法을 합리적으로 改良하고 農地를 합리적으로 經營함으로써, 農業生産力을 향상시킬 수 있을 것인가 하는 데 두고 있었다. 그러므로 그는 諸家의 農業論을 종합함에 있어서도 이러한 점에 초점을 맞추면서 그들의 견해를 과학적・합리적으로 재구성하였다. 그리하여 徐有榘의 農業技術論, 즉 農法改良이나 農地經營 개선에 관한 제언에는, 그것이 그렇게 될 수밖에 없는 연유가 다각적으로 그리고 합리적으로 설명되고 있었다.

(1) 農法 改良

農業技術論 가운데서 徐有榘가 우선 역점을 두고 제언한 것은 農法改良에 관해서였다. 耕種法과 田畝制度・田畝 整地法, 즉 農地經營을 개선하자는 것이었다. 이는 單位面積에 있어서의 所出 증대를 목표로 한 것으로서, 이 목표를 이루려면, 우선 農地의 地力을 잘 이용할 수 있도록 耕種法과 田畝制度를 개선해야 한다는 것이었다. 그것을 그는 水田에 있어서는 移秧法, 旱田에 있어서는 1畝 3畎의 代田法으로써 제언하였다.

農法 改良 : 移秧法의 장점을 살려서 적극 장려 — 移秧法은 지금까지 여러 차례 언급하여 온 바이지만, 朝鮮後期에 이르러서는 전국적으로 확산되고 있는 農法이었다. 이 農法은 朝鮮前期의 直播 水田農業을 朝鮮後期에 이르러서는 移植 水田農業으로 이행 전환시키고 있는 농법으로서, 이러한 농법

吾人之生也 壤地各殊 習俗不同 故一應施爲需用 有古今之隔 有內外之分 則豈可以中國所需措於我國而無礙哉 此書專爲我國而發 故所採但取目下適用之方 其不合宜者 在所不取 亦有良制今可按行 而我人未及講究者 並詳著焉 欲後人之倣而行也
　②「擬上經界策」下, 三, 3. 이 條項의 1항도 함께 참조.
或疑我東風土不竝中州 臣謂風土所宜 本無一定不可易之理 除非畏寒喜煖 如橘柚荔支之類皆可以彼此傳殖 凡以風土爲解者 皆惰窳之吏 游閒之民 嬾不事事者之口實耳 卽以吾東穀菜諸種言之 胡麻自大宛來 占稻自占城來 蜀黍自回回來 西瓜自西域來 甘藷自呂宋來 木綿自南番來 此其南北之相去 何啻數萬里 而至于今 傳種滋殖 則其他皆可類推矣

의 변화는 요컨대 水田農業의 커다란 전환을 뜻하는 것이었다. 이는 단순한
농업기술의 변화에 그치는 것이 아니라, 生産力의 큰 발전을 재래하고, 社會
變動 生産關係에도 큰 변화가 일어나게 하고 있는 농업기술이었다. 그러나
이와 아울러서는 移秧法의 보급은 더욱 빈번한 旱災의 피해를 받게 하고 있
는 것 또한 사실이었다. 移秧法이 보급되려면 水利施設의 보급이 선행해야
하는데, 水利施設의 보급은 移秧法의 普及 速度를 따르지 못하고 있었다. 移
秧法에 관한 是是非非가, 農政上의 문제로서 이 時期에 크게 논의되고 있는
것도, 주로는 이러한 점에서였다.

　이와 같이 移秧法에는 농법으로서의 장단점과 일정한 한계가 있었고, 그
러므로 是是非非가 끊이지 않았지만, 徐有榘는 農學者의 시각에서나 農政家
의 견지에서 이를 禁制하려고는 하지 않았다. 그는 水田農業의 궁극적인 기
술 형태는 이 移秧法에 있는 것으로 보았다. 그것은 경제적으로 勞動力이 절
약된다는 점에서이기도 하지만, 순전한 기술적인 면에서만 보더라도, 地力
의 이용 면에서 이 농법은 直播法보다 유리하다는 점에서였다. 그는 移秧法
의 장점을 다음과 같이 말했다.

　　大抵所貴於揷秧者有三　省鋤功一也　二土之氣交養一苗二也　去故就新洗髓鐲濁
　　三也9)

　그가 말하는 移秧法의 장점은 세 가지였는데, 첫째는 노동력이 덜 든다는
것이고, 둘째는 두 土地(秧基와 移秧田)의 地力으로 한 苗를 기른다는 것이
며, 셋째는 낡은 것(秧基)에서 떠나 새로운 것(移秧田)을 취하되 苗根을 씻
음으로서 뿌리에 부착한 불순한 것을 털어버린다는 것이었다. 둘째와 셋째
는 요컨대 순전한 기술적인 면에서의 地力 이용 문제였다. 植物은 地力을 잘
흡수하면 그 成長이 왕성하고, 따라서 그 소출도 커지는 것이므로, 農學에서
移植農法을 효과적인 농법으로 보는 것은 당연한 일이 아닐 수 없었다. 徐有
榘는 馬一龍의 『農說』이나 朴趾源의 견해와 마찬가지로 순전한 自然科學的

9) 『林園經濟志』本利志5, 種蓺 上 稻類(論移秧爲危道).
　『杏蒲志』卷2, 種植 種稻.

인 면에서도 移秧法의 장려를 바람직한 것으로 보는 것이었다.

그러므로 그는 移秧法의 단점을 말하여 旱災에 약하고 그 때문에 이것이 금지되어야 하겠다는 견해에는 큰 이의를 제시하고 있었다.

> 或以其遇大旱 棄全功 謂之危道 然此有不然者 凡種稻之田 必須有川可引 有濘
> 可漑 無此則非稻田也 非稻田而慮旱 何獨挿秧爲然哉10)

즉, 그는 移秧은 한번 큰 旱魃을 만나면 그 해 농사는 全無가 된다는 데서 이를 危道라고 하는데, 이는 그렇지가 않다는 것이었다. 무릇 稻田은 直播田 이거나 移秧田이거나를 막론하고, 그것이 稻田이려면 반드시 水利施設이 있 어야만 하며, 그렇지 못하면 稻田일 수가 없는 것인데, 稻田일 수 없는 稻田 으로서 旱魃을 염려하는 것이 어찌 移秧田뿐이겠느냐는 것이었다. 그의 생 각은 水稻作을 하려면 水利問題는 반드시 해결되어야 하는 필수조건이며, 그러한 위에서 移秧農法은 금지될 것이 아니라 장려되어야 할 것으로 보는 것이었다. 그는『農家集成』이래로, 우리 農學의 한 과제로 되어 있었던 移 秧法을 통한 農業生産의 전환 발전 문제를, 그대로 계승하여 적극적으로 추 진시켜 나가야 할 것으로 생각하였다.

嶺南지방의 水田農業을 모범 사례로 ― 이와 같이 水稻作에 있어서는 移秧 法을 훌륭한 農法으로 간주하는 가운데서도, 徐有榘는 특히 嶺南地方의 水 田農業을 본받을 만한 것으로 보았다. 그것은 우리나라의 移秧法은 이 지방 에서부터 발생하여 다른 지방으로 傳播하였으므로, 이 지방의 移秧法이 가 장 잘 발달했다는 점에서이기도 하겠지만, 그와 관련하여 그가 특히 유의하 고 있는 것은 이 地方의 농민들은 다른 지방농민들과는 달리, 稻苗가 地力을 잘 흡수하고 잘 성장할 수 있도록 水田을 잘 耕治한다는 점에서였다. 그에 따르면, 이 地方 농민들은 수확이 끝난 뒤에 畦中土를 2尺 정도 파헤쳤다가 이를 메움으로써, 겨우내 이것을 얼렸다가 봄이 되면 다시 耕糯하고 法대로 下種하는데, 이렇게 함으로써 이곳에서는 稻根이 深入하고 分外로 滋茂한다

---

10) 同上.

는 것이었다.11) 嶺南농민들의 이러한 治田法을 그는 深耕에 의한 地力의 이용으로 보았다. 그래서 그는 뒤에 말하는 바와 같이 그가 제기하는 屯田(農場)에 있어서는,

凡治稻田 宜參用嶺南種稻法12)

이라던가, 또는

其佃夫之治稻田者 當募嶺南左道人 是善治稻田也(同 上)

라고 하여, 嶺南지방의 水田農法으로서 屯田의 水田을 耕治하려고까지 하였다. 그에게 있어서 屯田은 전국의 농법을 개량하기 위한 하나의 模範農場·試驗農場이었으므로, 그는 嶺南人들의 治田法과 水稻栽培法으로써 전국의 水田農業을 개선하려 하였던 것이라고 하겠다.

移秧法의 條件 ; 水利施設이 없는 反畓은 금지 — 徐有榘도 물론 移秧法의 보급에 따르는 旱魃의 災害를 전면적으로 부정하는 것은 아니었다. 그도 그러한 일면이 있음을 인정하고 있었다. 그러나 그것은 정상적인 水田의 경우가 아니라 근자에 이르러 급속하게 늘어나고 있는 反畓(反田)의 경우인 것으로 보았다. 反畓은 水田이기는 하지만 원래는 旱田이었던 農地를 水田으로 飜作한 것으로서, 개중에는 灌漑施設이 잘된 곳도 있었으나 대개는 水利施設을 갖추지 못하고 있는 것이 보통이었으므로, 이러한 곳에서는 旱災를 당하는 바가 잦았다. 徐有榘는 이러한 反畓의 災害狀況을

偶値潦湀 幸得登穫 一有旱暵 輒致抛荒13)

11) 『林園經濟志』 本利志5, 種藝 上 稻類(治田法).
　　　『杏蒲志』 卷2, 種植 種稻.
12) 「擬上經界策」 下, 三, 6.
13) 「淳昌郡守應旨疏」.
　　　「擬上經界策」 下, 三, 5.

이라고 표현하고 있었다. 이렇듯이 旱暵에 약한 反畓은 특히 근자에 이르러 발생하고 있는 것으로서, 그에 따르면 反畓現象은 '飯稻之風 視昔爲盛' '近自百年以來 飯稻之風盛'[14]하면서부터 발생 확산되고 있었다. 그의 시기에 '近自百年'으로 헤아릴수 있는 시기부터 이것이 발생하고 있었다면, 그것은 18세기 이래의 일로 보아도 좋을 것이다. 이때에는 水稻農法의 전환에 따르는 生産力의 발전이 급속하게 전개되고 있었으므로, 이와 관련하여서는 旱田의 水田에로의 飜作 또한 널리 전개되고 있었던 것이다. 그러므로 그것은 단순히 '飯稻之風'이 盛해서만 일어난 현상이 아니라, 경제적으로 유리한 데서 연유하는 것이기도 하였다. 그래서 徐有榘는 反畓現象을 '亦由地省而利博也'[15]라고 말하기도 하였다. 말하자면 농민들은 水田農業에서의 農法의 변동, 生産力의 발전에 따라 水田의 수입이 旱田의 그것보다 유리한 것으로 보고, 水利施設에 대한 충분한 대책을 강구하지 않은 채, 旱田을 水田으로 飜作함으로써 旱災의 피해를 자주 당하게 되는 者가 있었던 것이다.

이 무렵에는 이러한 反畓이 대단히 많았다. 朝鮮王朝는 旱田에 대하여 田稅의 蠲減을 허락치 않았으므로, 反畓이 地稅臺帳上으로까지 水田으로 반영될 수는 없었지만, 臺帳에는 旱田이면서 실지로는 水田이 된 이른바 反畓은 점점 더 늘어나고 있었다. 徐有榘는 그러한 反畓의 증대를 말하여 '今南北水田 什三皆反田'[16] 또는 '通計一國田總 此類三分居一'[17]이라고 기술하였다. 이렇게 많은 反畓 가운데에서 水利施設이 완비된 곳은 극히 적었다. 그러면서도 무분별하게 移秧이 이뤄지고 있었다. 이것은 水田農業의 정상적인 발전을 위해서는 큰 문제가 아닐 수 없었다. 徐有榘가 水田農業의 農地經營에 관하여 염려하는 것은 이러한 경우이었다.

旱災에 약하고 旱魃에 대한 대비가 불충분한 反畓, 그리고 그러면서도 水

---

14) ① 『林園經濟志』 本利志1, 田制 諸田(反田).
   『杏蒲志』 卷1, 田制(反田).
   ② 「擬上經界策」 下, 三, 5.
   『憲宗實錄』 卷5, 憲宗 4년 6월 己卯, 48책, p.459.
15) 同上 ①.
16) 同上.
17) 「擬上經界策」 下, 三, 5.

稻農法의 전환과 관련하여 널리 번져가고 있는 反畓에 대하여 徐有榘는 일정한 대책이 있어야 할 것으로 보았다. 그는 量田官吏로 하여금 反畓을 逐一 査明해서 '有川可引 有陂可戽 有井可漑'한 곳이 아니면 이를 모두 旱田으로 還作할 것을 제기하였다. 그리고 水源은 없지만 土性이 沮濕하여 旱田으로 還作하기 어려운 곳은 旱稻나 水稗 등 水旱을 不畏하는 작물을 재배하면 될 것으로 보았다. 그는 이러한 대책을 엄격히 세워서 法으로써('大典冒耕之律') 강행할 것을 제언하였다.[18] 그는 이러한 그의 대책이 農家 개개의 관점에서 보더라도 결코 불리한 것이 아니라고 생각하였다. 그것은 旱田의 소득이 결코 水田에 떨어지는 것이 아니라고 보는 데서였다. 水田에 있어서의 裏作은 이때에는 기후관계로 주로 錦江 이남의 三南地方에서만 이뤄지고 있었으므로, 錦江 이북의 지역에서는 旱田을 水田으로 飜作하더라도 水田裏作(水田種麥)을 하기 어려웠다. 그래서 그는 이러한 곳에서는

然陸田一年再種 稻則一熟而已 所謂利害相半者也[19]

라고 하여, 水田은 一種으로 그치는데 旱田은 再種을 하므로, 收支利害관계는 서로 半半이라고 보았으며, 이러한 점에서도 旱田이 農民에게 불리한 것이 아니며, 따라서 水利施設이 없는 反畓은 철저히 금지되어야 할 것으로 생각했다. 그의 反畓禁壓論은 강경하였으며, 그러므로 이것을 그의 農政之亟宜施措者 6개 항목 가운데 하나로 제언하고 있었다.[20]

農法 改良 ; 代田法·畎種法의 장려 — 代田法은 中國에서는 옛적부터 시행하던 1畝 3畎의 田畝制度·田畝 整地法으로서, 地力을 잘 이용할 수 있는 농법으로서는 區田法과 더불어 가장 훌륭한 것으로 이해되고 있었다. 그러한 점에서 이 田畝制度는 벌써 일찍부터 우리나라 農學者나 農政家들의 관심을 끌었고, 많은 사람들이 이 代田法의 채택을 제언했다. 이러한 배경 위

---

18) 「擬上經界策」 下, 三, 5.
   『憲宗實錄』 卷5, 憲宗 4년 6월 己卯, 48책, p.459.
19) 『林園經濟志』 本利志1, 田制 諸田(反田).
   『杏蒲志』 卷1, 田制 反田.
20) 註4, 下 三, 5 참조.

에서 徐有榘도 旱田農業을 위한 여러 가지 田畝制度를 연구하고, 또 자신이
실제로 실험해 본 바를[21] 종합 고찰함으로써, 代田法의 田畝制度로서의 장
점을 확실하게 파악하고 있었다. 그는 이러한 실험과 연구 과정을 통해서 旱
田農業에서의 田畝制度는 代田法이 아니면 아니 된다는 신념을 갖게 되었
다. 그리고 이와 대비하여 가장 나쁜 田畝制度가 되는 것은 縵田法이라고 이
해했다. 그는 그러한 생각을 다음과 같이 분명하게 기술하고 있었다.

　　陸耕之法 莫善於代田 莫不善於縵田[22]

　　그가 代田法과 縵田法의 두 田畝制度를 비교하여 이렇게까지 차별화한 것
은 확신이 있기 때문이었다. 이 문제는 뒤에 상론한다. 여기서 縵田은 畝을
작성하지 않은 廣幅의 田畝를 말하는데, 그가 보기에 우리나라의 田畝制度
는 바로 이 縵田이라는 것이었다. 그러므로 中國의 田畝制度는 이보다 더 좋
을 수 없는 代田法인 데 대하여, 우리나라의 그것은 이보다 더 나쁠 수 없는
縵田法이라는 것이었다. 그는 農業生産力의 발전을 위해서는 무엇보다도 이
러한 기초적인 문제가 개선되어야 할 것으로 생각하였다. 그래서 그는 水田
農業이 移秧法으로서 행해져야 하는 것과 마찬가지로, 旱田農業은 이 代田
法으로서 행해져야 할 것으로 생각하였으며, 따라서 그렇게 하기 위해서는
다음과 같이 종래의 田畝制度 耕種法을 개량해야 한다고 확신하였다.

　　至於陸田　則宜一切改今法　用趙過代田法　此爲陸耕之規矩準繩　斷斷不可易者
　　也[23]

---

21) 『杏蒲志』 卷1, 田制 代田.
　　「擬上經界策」 下, 三, 2.
　　代田……一歲之收 常過縵田 畝(畝)一斛以上 善者倍之 臣嘗因是說而試之家田 積有年所
22) 『林園經濟志』 本利志1, 田制 諸田(代田).
　　『杏蒲志』 卷1, 田制 代田.
　　「擬上經界策」 下, 三, 2.
23) 「擬上經界策」 下, 三, 6.
　　『林園經濟志』 本利志5, 種藝 粟類(論粟宜畝種).

즉, 지금의 旱田의 田畝制度를 趙過의 代田法으로 개선하여, 그 耕種法을 旱田農業에서 움직일 수 없는 規矩準繩으로 규정하자는 것이었다. 그의 표현은 단호하였다. 이는 그가 代田法・畝種法을 확실하게 旱田 田畝制度의 模範으로까지 보고 있음이었다.

田畝 整地의 原則 ― 徐有榘가 이와 같이 1畝 3畎의 代田法을 '規矩準繩'으로까지 인정하게 된 것은 田畝의 整地에 관하여 일정한 견해를 가지고 있는 까닭이었다. 그는 오랜 세월에 걸친 실제 경험과 연구생활을 통해서 田畝의 整地와 穀物의 成長 사이에는 일정한 상관관계와 원리가 작용하고 있는 것으로 파악하고 있었다. 가령, 그가『杏蒲志』에서 整地할 때의 畎・壟・溝 작성의 의미와 원칙을 다음과 같이 기술하고 있었음은 그 한 예가 되겠다. 그는 다음과 같이 말하고 있었다.

> 畎也者所以受種也　壟也者所以隤土而培根也　溝也者所以洩水也　亦所以灌水也
> 是故畎欲其行直　壟欲其高墳　溝欲其大而深　行直則通風也均　高墳則培根也厚　大
> 而深則洩水也易　灌之亦易　通風也均　則穀之熟也齊矣　培根也厚　則風不能灾矣
> 洩水也易灌之亦易　則旱潦不能病矣[24]

이에 따르면, 그는 田畝를 整地함에 있어서는 穀物이 成長할 때 通風이 잘되게 함으로써 그 稔熟이 均齊케 하고, 穀根을 厚하게 培土함으로써 風災를 받지 않게 하며, 洩水灌水를 용이케 함으로써 旱潦의 災를 또한 피할 수 있게 하는 것을 대원칙으로 삼고 있었다. 그리고 그러한 원칙은 農地 안의 畎과 壟과 溝를 적절히 처리함으로써 해결되는 것으로 생각하였다. 즉 播種을 하게 되는 畎을 行直하게 하면 통풍이 고르게 되고, 隤土해서 培根하게 되는 壟을 높게 하면 培根이 厚하게 되며, 洩水灌水하게 되는 溝를 크고 깊게 하면 洩水나 灌水가 용이하여진다고 보는 것이었다. 그는 또 이밖에

> 凡耕田　須尺寸有法　行列不亂　尺寸有法　則其占地也省　行列不亂　則其通風也均

---

24)『林園經濟志』本利志4, 營治 耕耙勞蓋(耕法).
　　『杏蒲志』卷2, 耕耙.

占地也省 則小可以敵大矣 通風也匀 則穀之熟也齊矣[25]

라고도 하여, 田畝를 整地함에 있어서는 반드시 尺寸이 有法하고 行列이
不亂해야 할 것을 말하기도 하였다. 이는 畝나 畎이나 壟이나 溝 등이 모두
일정한 寸數의 長과 幅과 高와 深度가 있어야 하고 行直해야 한다는 생각이
었다. 治田에 있어서 畎・畝・溝・壟의 寸數를 일정케 하면 농지면적이 절
약되고, 따라서 尺寸이 일정한 小面積의 농지는 그것이 일정치 아니 한 大面
積의 농지에, 그 所得에 있어서 匹敵할 수가 있으며 穀物이 고르게 익는다는
데서였다. 그는 이같은 治田의 여러 原則에 가장 잘 부합하는 田畝制度는 代
田法이라고 생각하였다. 그가 '陸耕之法 莫善於代田'이라고 하였던 것은 이
와 같은 科學的 思考의 소산이었다.

縵田的 田畝制度의 缺陷 ― 田畝 整地와 穀物재배에 관하여 이같은 견해를
지닌, 徐有榘는 우리나라의 田畝제도를 縵田으로 보고, 이 縵田의 田畝에서
의 곡물재배, 그 가운데에서도 중심이 되는 粟과 麥 栽培에 관하여, 그 결함
의 소재를 관찰하고 있었다. 우리나라에서의 粟・麥의 재배를 그의 원칙론
과 비교할 때, 어떻게 다르고 어떠한 결함을 지녔는가를 파악함으로써, 그
결함을 是正하려는 데서였다. 그리하여 그는 우리나라의 縵田的 種粟法을
여러모로 관찰하되, 다음과 같은 결함이 있는 것으로 확인하고 있었다.

첫째, 우리나라에서의 種粟의 방법은 溝・畝가 없이 畎・壟만 있는 縵田
的인 농지에서, 9월에 畎에다 麥을 播種하고 明年 3월에 壟에다 種粟함으로
써 麥이 茂盛할 때 粟이 싹트게 되므로, 粟은 茂盛한 麥의 그늘 밑에서 風日
을 보지 못하여 旱하면 枯하고 潦하면 敗한다.

둘째, 5월에 刈麥한 뒤 兩壟의 사이가 2, 3尺이나 비게 됨을 아깝게 여겨
거기에다 綠豆・蕎麥을 심는데, 이렇게 되면 地力을 分耗하는 바가 되어 粟
이 盛하면 豆가 衰하고 豆가 盛하면 粟이 衰하며, 또 潦年을 당하면 壟 사이
의 綠豆・蕎麥 등이 모두 種子도 거두지 못한다.

셋째, 畎과 壟 사이를 번갈아 가며 播種하되, 처음 한번 犁耕한 뒤에는 杷

---

25) 同上.

2. 『林園經濟志』와 「擬上經界策」의 農業論   447

勞할 틈이 없으므로 大塊·小塲의 흙덩이가 그대로 방치되고, 따라서 穀은 廳土 속에서 立根하게 되므로 根不著土하여 懸死·蟲死·乾死의 病을 면치 못한다.

넷째, 壟의 넓이는 1尺 4, 5寸에 지나지 않는데, 種粟은 兩行 3, 4寸 간격으로 1科는 5, 6根이나 되게 함으로, 苗는 叢生하고 통풍이 되지 않아 穀의 稔熟이 고르지 못하고 收穫도 적다.

다섯째, 播種할 때 種子를 和糞해서 바구니〔籃〕에 담아 겨드랑이에 끼고, 걸어가면서 壟上에 발꿈치로 자국을 치고〔竅〕 그 자국에 손으로 擲種하게 되므로, 種子와 糞이 흩어지고 또 閒地에도 擲種됨으로써 穀이 秀할 때는 高低間에 차이가 있고, 穗에도 大小의 差가 생겨서 수확할 때 쭉정이가 많다.

여섯째, 中耕除草에 즈음하여, '隤草附根之法'을 쓰지 않고 芸除한 草를 壟間에다 그대로 놓아두기 때문에 비를 만나면 되살아나고, 畝에 他穀을 파종한 농지에서 耘耨에 게으르면, 잡초의 씨가 또한 落種하므로 明年의 除草 작업이 더욱 힘들게 된다.

일곱째, 粟은 본래 培根을 厚하게 해야 하는데, 壟上에다 파종함으로써 隤壟培根할 수 있는 土를 취할 데가 없고, 中耕除草를 두 번 세 번 하나 그것은 拔草를 하는 데 지나지 않아서, 도리어 根露土脆하고 立脚不固케 하는 바가 되어 바람을 만나면 쉽게 災를 입는다.

그리고 이러한 결함은, 결국 1畝 3畝의 田畝制度와 그러한 농지제도에서의 畝種法을 쓰지 않고, 縵田的인 田畝에서 漫播·雜種·間種을 하는 데서 연유하는 것으로 보는 것이었다.26)

縵田法과 代田法의 비교 ― 縵田的인 농지에서의 種粟을 이와 같이 관찰한 徐有榘는 자신의 주장을 더욱 설득력 있게 하고자 縵田法과 代田法을 직접 비교함으로써 그 長短點을 제시하기도 하였다. 그것은 간결하나 兩 田畝制度의 핵심을 파악한 것이다. 즉 ① 縵田은 壟上에 파종함으로써 旱災에 약하나 代田은 畝中에 파종함으로써 旱暵을 당하여도 種出한다. ② 縵田은 中耕除草가 어렵고 노동력이 많이 드나 代田은 이것이 쉽고 노동력도 덜 든다.

---

26) 『林園經濟志』 本利志5, 種蓺 上 粟類 (論粟宜畝種).
　　 『杏蒲志』 卷2, 種植 種粟.

③ 縵田은 파종에 원칙이 없으므로 穀의 齊熟이 안 되지만, 代田은 일정한
규격이 있으므로 穀의 熟이 齊一하다. ④ 縵田은 受種하는 곳에 定處가 없으
므로 施肥의 厚薄을 기하기 어려우나, 代田은 그것이 일정하여 糞은 苗根에
專用된다. ⑤ 縵田은 穀根이 深入하지 않으므로 風旱에 약하나, 代田은 穀根
을 厚培할 수 있으므로 風旱에 강하다는 등 다섯 가지였다.27)

縵田法에서 代田法으로의 轉換의 方法 ― 그는 이와 같이 地力을 가장 합리
적으로 잘 이용할 수 있는 田畝制度는, 縵田이 아니라 代田이라는 것을 비교
고찰할 수 있었으므로, 그리고 우리나라 縵田 種粟法의 결함을 철저히 파악
할 수 있었던 데서,

> 作代田 必先用大鑱深耕之 一耕三耙 令極細膩 用鐵刃杴 隔六尺作一溝 復以小
> 鑱駕隻牛或驢馬 淺耕于畝上 作三畎三伐28)

이라고 한 바와 같이, 일정한 규격의 1畝 3畎의 代田을 작성하고, 粟이나
麥을 모두 이러한 田畝制度에서의 畎에다 播種케 할 것을 제언하였다. 耕種
法의 전환이었다. 그리고 粟을 이러한 田畝의 畎에 파종한다는 것은, 우리나
라 종래의 間種法은 행해질 수 없는 것임을 전제한 것인데, 그는 이 문제에
대하여는 다음과 같은 생각을 하였다.

> 種麥之田 宜倣后稷一畝三畎之制……每一畝 作三畎三伐 種麥于畎中……所有粟
> 豆 種之他田 田少者留待刈麥可29)

즉, 間種하려 하는 粟豆를 他田에 파종함으로써 한 田圃 안에서는 한 作

---

27) 『林園經濟志』本利志1, 田制 諸田(代田).
　　『杏蒲志』卷1, 田制 代田.
　　「擬上經界策」下, 三, 2.
28) 『林園經濟志』本利志1, 田制 諸田(代田).
　　『杏蒲志』卷1, 田制, 作代田 ; 卷2, 種植 種粟·種麥.
　　『林園經濟志』本利志5, 種蓺 上 粟類(論粟宜畎種).
　　『林園經濟志』本利志6, 種蓺 下 麥類(畎種麥法).
29) 『林園經濟志』本利志6, 種蓺 下 麥類(畎種麥法).

物만을 專種으로 재배하라는 것이었으며, 田少하여 그것이 어려우면 刈麥한 뒤 根耕을 하라는 것이었다. 그는 間種에 의한 作物재배도 불합리한 것으로 보고 이를 개선해야 할 것으로 생각하였다.

畎種法 慣行의 例 ─ 田畝制度를 改良함으로써 生産力의 증진을 기하려는 그는, 또 실지로 畎種法이 유리하다는 사실을 현실 농촌관행에서 제시함으로써, 그 改良의 필요성을 강조하기도 하였다. 그는 嶺南·關東·海西·關西지방에서의 種粟法을 살피고, 그 지방의 畎種粟作에 따른 수확이, 壟種粟作에 따른 수확보다 倍 또는 數倍가 됨을 구체적인 例로서 들고 있었다. 그런 가운데서도 關西지방의 경우 특히 平壤外城에서는 遼東지방의 수확과 비교해도 떨어지지 않음을 지적하였다.[30]

그러나 그는 우리나라의 이와 같은 畎種法이 中國의 1畝 3畎의 代田法과 비슷하기는 하나 꼭 같은 것으로 보는 것은 아니었다. 우리나라의 畎種法은 治田의 방법과 규격에 있어, 代田法의 그것과는 거리가 있는 것으로 보았다. 그러나 그럼에도 그러한 畎種法에 있어서조차도 그 수확은 壟種에 견주어 월등히 많음에 그는 유의한 것이다[31] 그래서 그는 규격이 일정한 代田法을 채택하고 그 治田의 방법도 代田法에서의 방법을 따른다면 수확은 더욱 커질 것이라고 생각하였다. 그러한 점에서 그는 스스로 구상한 屯田의 ─ 이 문제는 뒤에 상론된다 ─ 旱田耕作에서는

治粟田者 當募海西關西人 是善治粟田也[32]

라고 하여, 代田法과 비슷한 畎種法을 채용하고 있는 海西나 關西地方의 농민을 모집하여 이를 담당케 하려 하였다. 이곳의 犁耕 整地法은 南部지방의 그것과 다르고, 代田法에 근접해 있음을 주목한 것이다.[33] 그리고 이러

---

30) 註28 『杏蒲志』의 種粟 ; 『林園經濟志』의 (論粟宜畎種).
　　「擬上經界策」 下, 三, 2.
31) 「擬上經界策」 下, 三, 2.
　　其畎伐尺寸 未必盡如古法 而得穀之多 乃如是矣.
32) 「擬上經界策」 下, 三, 6.
33) 『林園經濟志』 本利志4, 營治 耕耙勞蓋(南北耕法).

한 代田法을 보급하려면, 農法에 밝은 有識 力農者·明農者를 屯田의 典農
官으로 선발하고, 나아가서는 地方官으로도 임명할 것을, 農業改革의 방안
으로서 제언하는 것이기도 하였다.34)

農法 改良 : 區田法의 추천 — 地力의 利用, 따라서 수확의 증가문제와 관
련하여 제기되는 旱田農法의 改良을, 徐有榘는 代田法에만 국한하지 않았
다. 기술한 바와 같이 그는 이밖에도 경우에 따라서는 區田法을 써야 할 것
임을 강조했다. 區田法은 旱魃·旱害에 대비하는 농법으로서 中國에서는 고
래로 전해 오는 田畝制度였으나, 우리나라에서는 널리 이용되지 않았으며,
다만 많은 農學者들이 경험에 따라 그 유리함을 지적하고 이를 권장하는 데
불과하였다. 徐有榘는 先學들이 권장해 온 이 區田法을 麥作으로 실험하면
서, 그 田畝制度 또는 耕種法으로서의 優秀性을 확인하고 있었다. 그는 純祖
14년에 자갈밭에 區田을 만들고 실제로 麥 1斗를 播種하였는데, 100餘 日
의 亢旱으로 縵田에서는 黍·稷·豆·麻 등이 싹트지 못하고 들에는 靑草가
없는데도, 이 麥田에서는 常年보다 3倍나 되는 수확을 거둘 수가 있었다. 그
의 區田은 尺寸을 규격대로 하지 않았음에도 수확이 이러하였으므로, 이것
을 규격대로 한다면 더욱 큰 성과가 있을 것으로 그는 생각하였다.35) 기술
한 바와 같이 區田法·區種法은 노동력이 많이 들지만 豊産을 기약할 수 있
는 耕種法이었다.

그는 區田法이 이와 같이 좋은 田畝制度일 수 있는 까닭을 여러 가지 面에
서 검토하고 있었다. 純祖 11년의 旱魃을 區田만은 능히 피할 수 있었던 사
실과 관련하여, 그 장점을 말하되

『杏蒲志』 卷2, 耕耙.
「擬上經界策」 下, 三, 2.
　특히, 海西나 關西地方의 농민으로 하여금 그의 代田을 耕作케 하려 한 것은, 이곳의 旱田犁
耕法이 南部지방의 그것과 다르고, 이미 畝種法을 채택하고 있어서, 1畝 3畎의 田畝를 작성하
는 데 편하게 되어 있는 까닭이기도 하였다. 南部지방에서는 小鑱 單(隻)牛(胡犁)로 起耕하나,
北部지방에서는 大鑱 雙牛(雙耕·結犁·耦犁)로 起耕을 하고 있었으므로, 深耕이 이루어지
고, 따라서 1畝 3畎의 田畝作成이 용이하였다.
34)「擬上經界策」 下, 三, 2·6.
35)「擬上經界策」 下, 三, 2.

救旱莫如區田　區之美　爲其糞專於根也……所貴乎區田者　爲其遇旱可澆也　其旣
播而覆土也36)

라고 하였던 것은 그 예이다. 즉 이 田畝制度는 施肥를 함에 있어서는 糞
壤을 浪費함이 없이 全的으로 苗根에만 작용하게 하고, 旱魃을 당하면 農地
에 물을 줄 수 있어서 旱災를 면할 수 있으며, 播種한 뒤에도 苗根을 자유로
이 覆土할 수 있으므로 穀根은 언제나 培土될 수 있다는 것이었다. 그리하여
區田法은 이러한 장점을 지니고, 그 수확이 緩田의 數倍에나 달한다는 점에
서, 그는 특히 가난한 농민들에게 이 區田法을 추천하였다.

① 苟使此輩　家治四五畮　亦可爲醫貧之上術　救災荒之要道矣
② 令此輩　家治四五百區　寧不爲醫貧之捷法　盡地力之要道也37)

가난한 농민이라도 4, 5畮 또는 400~500 區의 區田을 耕作하는 것만으
로써, 능히 貧困과 災荒을 면할 수 있고, 地力을 잘 이용하는 방편이 될 것이
라고 하는 점에서였다. 그래서 그는 區田法을 장려하는 것이었으나, 그러나
그는 農法 改良에서 代田法과 區田法을 어느 것이든 한 가지 행하면 좋다는
것이 아니었다. 그는 지리적인 조건에 따라 이 두 가지 農法을 모두 활용하
라고 하였다. 평상시라면 山峽의 傾阪에서는 區田法, 平野에서는 代田法을
행하는 것이 좋으며, 荒蕪地나 農牛 없는 농민이 片土를 경작할 때도 區田法
이 좋을 것이라고 하였다.
　徐有榘의 農法改良論은 대체로 이상과 같은 耕種法과 田畝制度의 改良이
중심이 되었지만, 그는 이러한 개량만으로써 그가 바라는 所期의 목적을 달
성하리라고는 생각하지 않았다. 그는 이와 관련하여 그와 같이 개량된 農地
를 또한 제대로 경영해야 하고, 그것을 제대로 경영하기 위해서는 그 방법에

36) 『林園經濟志』本利志1, 田制 諸田(區田).
　　『杏蒲志』卷1, 田制 區田.
37) ① 「擬上經界策」下, 三, 2.
　　② 『杏蒲志』卷1, 田制 區田.

여러 가지 개선이 있어야 할 것으로 생각하였다. 農時調節·品種改良·新作物 普及·農器改良·施肥·水利問題 등은 그 가운데서도 두드러진 문제였다.

(2) 農時調節

農時는 舊來의 農學에 있어서 중요한 한 분야를 이루어 오고 있었다. 農業은 기본적으로 자연조건과 결부된 산업이므로 種蒔 芸耨의 때를 놓치면 그 秋成이 가망 없기 때문이다. 그래서 東洋의 여러 나라에서는 自古로 農繁期에 奪農行爲가 있어서는 아니 될 것으로 보고, 歷代의 君主들은 이를 農民支配의 한 원칙으로 내세우기도 하였다. 農時는 농업에 있어서는 반드시 지켜져야만 하는 하나의 遵則인 것이며, 이러한 農時는 24氣 72候로 세분되고 이는 曆書에 명시되었다. 徐有榘의 農業技術論도 이러한 農時를 중요시하는 데 있어서 他人에게 뒤지지 않았다.

曆書의 農時는 不合理 — 그러나 徐有榘는 우리나라 曆書의 農時에는 기본적으로 결함이 있는 것으로 보았다. 그래서 그는 때에 맞는 作物재배, 바른 農地經營을 위해서는 이러한 결함이 是正되어야 할 것으로 생각하였다. 그러기 위해서는 우리나라의 農時를 새로운 각도에서 조절해야 할 것으로 생각하였다.

그가 우리나라 農時에 결함이 있다고 보는 것은, 종래의 農學이 農時를 말함에 있어서 地域差(極高)를 고려하고 있지 않았다는 점에서였다. 그뿐만 아니라 이러한 農時를 규정하고 있는 曆書도, 農時의 지역차를 고려한 위에서 작성하고 있는 것이 아니라는 점에서였다. 그러한 사정을 그는

凡古今農書所云 正月耕者 皆南方早暖地耕法耳 若北地 必待二月凍解 始可耕也38)

雲觀推步 但據漢陽北極高度 以推晝夜刻分 至於諸道極高 則未曾測驗 直以漢陽極高而蓋之 是我東之曆 卽畿甸二百里以內之曆 而非二百里以外之曆也 環東土數千餘里 莫非王土 聖人敬天授時之政 何詳於二百里以內 而何略於二百里以外哉39)

38) 『林園經濟志』 本利志4, 營治 耕耙勞蓋(春秋耕耙法).
39) 「擬上經界策」 下, 三, 1.

라고 기술하기도 하였다. 전자의 인용문은 '古今農書'에 보이는 春耕時期 가 정월로 되어 있는 것은, 南部지방의 경우를 말한 것으로서, 北部지방은 이보다 한 달 늦은 2월 解凍 뒤에 해야 한다는 것이고, 후자의 인용문은 우 리나라 曆書에 기재된 農時는 漢陽의 極高를 기준으로 한 것이므로, 이는 漢 陽의 南北 200里 이내에만 해당하는 農時이고, 그밖의 지역에는 해당되지 않는다는 것이었다.

그는 이와 같이 地域差를 고려하지 않은 曆書上의 農時를 불합리한 것으 로 보았는데, 그것은 우리나라의 地勢는 南北으로 길어서 三水·甲山이나 慶源·慶興은 中國의 瀋陽이나 宣府·大同에 相直하고, 耽羅나 海南·康津 은 中國의 浙江이나 登州·萊州(?)에 相直하며, 따라서 長白山 아래에서는 서리가 내릴 때도 智異山 陽地 쪽에는 벌레가 아직 蟄居치 않고 耽羅에서는 橘柚가 著裘치 않는다는 데서였다.40) 그런데도 農時 季節을 말함에 있어서 는, 漢陽의 極高를 기준으로 南北을 일률적으로 논하니, 이는 지극히 불합리 하다는 것이었다. 그리고 또

　　萬物因時受氣 因氣發生 時至氣至 生機因之41)

라고 하는, 事物生成의 理致上으로 보더라도 불합리하다는 데서였으며, 따라서 그는

　　今使我東極北極南之耕耘收穫 一準乎漢陽之節氣 則不其幾於冬樹穀 而春求穫 也乎42)

『林園經濟志』 本利志3, 審時 經緯度(論東國經緯度).
　　『杏蒲志』 卷1, 律時.
40)『林園經濟志』 本利志3, 審時 經緯度(論褊壤亦察經緯度).
　　『杏蒲志』 卷1, 律時.
　　「擬上經界策」 下, 三, 1.
41)「擬上經界策」 下, 三, 1.
42) 註40과 同.

라고 하여, 우리나라에서 極北과 極南의 農時를 漢陽의 그것에 따르게 하
는 것은, 冬節에 樹穀해서 春節에 收穫하려는 것과 같은 일이 아니겠느냐고
까지 하였다.

그뿐만 아니라 그는 또 그러한 曆書조차도 실제의 節候와 맞지 않는 것으
로 보았다. 그는 실지의 節候가 曆書보다 좀 빠른 것으로 보고, 따라서 曆書
의 農時에 맞추어 播種하면 秋成을 기대하기 어려우며, 그러기 때문에 農務
는 曆書의 農時보다 빨라야 할 것으로 생각했다. 이는 당시 통용되던 中國
曆書 時憲書가 200년이나 지난 것이므로, 그 歲差가 누적한 데서 연유하는
것이었다.[43]

南北極高의 測定과 農時 新定 ― 徐有榘는 우리나라 農時의 결함이나 불합
리성을, 이와 같이 지역차가 고려되지 않음에 있는 것으로 보았으므로, 이를
개선·조절해야 할 것으로 생각하였다. 그는 그것을 南北各地의 極高 緯度
를 測定하고, 이 高度에 따라 農時를 새로 마련하면 될 것으로 생각하였다.
農時 마련의 방법과 절차를 다음과 같이 제시하였다. 즉,

① 당시 현실적으로 적용되고 있었던 '二百里差一度之制'[44]에 의해서, 書雲
   觀으로 하여금 銅鑄象限儀 8座를 만들도록 한다.

② 이를 八路에 分遣함으로써 각 監營의 極高를 實測한다.

③ 量田官吏로 하여금 慶興·慶源, 海南·康津, 義州·昌城, 東萊·機張 등
   의 네 邊邑의 極高를 또한 實測한다.

④ 이를 토대로 해서 書雲觀에서는 中國의 時憲曆과 같은 曆書를 작성토록
   한다.

는 것 등등이 그것이다.[45] 그리고 이것이 불가능한 것임을 알았을 때, 스
스로는 正祖 시기에 작성된 『暘谷志』와 書雲觀의 "考定各道北極高度"와 "考

---

43) 『林園經濟志』 本利志3, 審時 總叙(論農時宜及早).
44) 『林園經濟志』 本利志3, 審時 經緯度(論東國經緯度).
    『杏蒲志』 卷1, 律時.
    「擬上經界策」 下, 三, 1.
45) 「擬上經界策」 下, 三, 1, 測極高以授人時.

定各道偏東偏西度"(또는 "考定各道東西偏度")를 제시하기도 하고, 漢陽 중심
이기는 하지만 "新定田家曆表"를 작성 제시함으로써, 農業生産 指導層으로
하여금 각 地方의 極高의 差, 즉 節氣 寒暑의 差異에 따라 農時를 融通性 있
게 운용할 수 있도록 하였다.46)

　　그는 이같이 우리나라 各地의 極高 經緯度를, 中國의 그것과 대비하는 가
운데 측정하고자 하였는데, 이는 그 極高 經緯度를 국내용으로만 이용하려
는 데서가 아니라, 中國의 그것과 서로 통용하려는 데서이기도 하였다. 그는
風土不同論을 거부하고 畏寒喜煖하는 特定 作物(橘柚荔支) 외에는 彼此 傳
殖이 가능한 것으로 보고 있었다(註8의 ② 참조).

　(3) 品種 改良과 新作物 普及

　　不虞 對備와 雜種문제 ― 農時問題와 관련하여 徐有榘는 農作物의 品種도
改良하고 新作物도 開發 普及해야 할 것으로 생각하였다. 이는 五害, 특히
水旱害에 대비한다는 점과, 黍·稷·麻·麥·荳 등의 雜種의 불합리를 是正
한다는 점에서이기도 하였다. 우리나라는 물론이고 中國에서도 水旱害에 대
비하여서는, 自古로 위의 五種穀을 雜種함으로써 '雜五種而藝之 水旱風蝗縱
値不虞 二耗一收 不至全荒'47)이라고 하여, 水·旱·風·蝗 등 不虞를 당하
더라도 全荒을 면하고자 대비하는 것이 관례이고 전통이었다. 그런데 徐有
榘는 이러한 耕種法이 반드시 그대로 지켜져야 할 것으로 생각하는 것이 아
니었다. 그것은 雜種의 耕種法은 地力과 風·日의 이용이라는 점에서 불합
리한 농법이고, 또 五種穀을 雜種하지 않더라도 水旱을 피할 수 있는 방법은
따로 있다고 보는 데서였다. 잡종을 하면 地力과 風·日의 이용 면에서 불리
하다는 것은 이미 田畝制度의 개선문제에서 언급한 바와 같다. 더욱이 災傷
에 대비해야 하는 것이 위의 五種穀뿐만인 것도 아니었다.

　　品種 改良 ― 그는 이와 같이 作物의 雜種을, 田畝制度의 개선과도 관련하
여 개량해야 할 耕種法으로 생각하였던 것이지만, 五害에 대한 불합리한 대

---

46) 『林園經濟志』 本利志3, 審時 經緯度(論東國經緯度).
　　『杏蒲志』 卷1, 律時.
　　『林園經濟志』 本利志9, 田家曆表.
47) 「擬上經界策」 下, 三, 3.
　　『林園經濟志』 本利志8, 五害攷 總論(雜種備災害).

책을 시정하는 의미에서도 이를 개량해야 할 농법이라고 보았다. 그러기 위
해서는 잡종을 하지 않더라도 旱害와 水害에 대비할 수 있는 방안을 강구해
야 할 것으로 생각하였다. 그가 農政之亞宜施措者의 한 방략으로 제시한 '購
嘉種 以備災傷'(註49 참조)하자고 한 방안은 바로 그것이었다. 災傷에 대비
할 필요가 있다면, 雜種을 할 것이 아니라 水・旱 등 災害에 강한 穀品種을
마련하여 栽培하는 것, 즉 品種을 개량하면 될 것으로 생각하는 것이었다.

　品種의 改良을 위해서 그는 우리나라와 中國의 穀品種을 여러 가지로 조
사하였다. 현행 穀品種을 조사한 것은 물론이지만, 옛 農書에 보이는 여러
穀名과 그 品性을 조사하기도 하였다.[48] 그는 이러한 조사를 통해서 품종개
량의 가능성을 발견하고 있었다. 같은 穀種이라 하더라도 개중에는 특히 여
러 가지 災害에 대하여 강한 品種이 있음을 알고 이를 택하면 될 것으로 생
각하는 것이었다. 가령 『農家月令』의 乾付種에서 파종하는 稻品種은 密達租
였고(제 I 편 제3논문 註144 ; 제 II 편 제4논문 註77 참조), 『農政要志』의 平安
道 乾畓재배에서 이용하는 稻品種에는 龍川租・芮租・大邱租・牟租 등이
있었음은 그것이었다(제 V 편 제4논문 註176 참조). 그리고 중국의 稻品種에
관하여 다음과 같이 말하고 있었음도 그러한 예가 된다.

> 如稻一也, 而益州之青芋稻 江陰之瓜熟稻 早熟而可避晩災者也 通州之六十日 德
> 安之香籽晩 晚蒔而可避早災者也 西安之安南早 太平之六十和 耐旱而可種者也
> 松江之烏口稻 山陰之料水白 耐水而可種者也 惠安之烏芒稻 青州之海稻 不畏鹹
> 鹵 而可種近海塽田者也[49]

　이는 中國에서는 똑같은 稻種이라 하더라도 ① 早熟함으로써 晩災를 피할
수 있는 것, ② 晚蒔하고서 早災를 피할 수 있는 것, ③ 耐旱性이 강해서 가
뭄 속에서도 種植할 수 있는 것, ④ 耐水性이 강해서 장마 속에서도 種植할
수 있는 것, ⑤ 鹹鹵를 두려워하지 않아 近海處에서 심을 수 있는 것이 있다
는 것이었다. 그래서 그는 이렇게 여러 가지 災害에 대하여 저항력이 강한

---

48) 『林園經濟志』 本利志卷7, 穀名攷.
49) 「擬上經界策」 下, 三, 3.

品種을 적절히 선정하여 種植하면 그것이 災害를 방지할 수 있는 대책이 된다고 보았다. 이러한 사정은 稻種뿐만이 아니라 粟이나 豆의 경우에도 마찬가지였다.

그러므로 그는 中國에 들어가는 使臣들에게 돈을 아끼지 말고 이러한 여러 品種을 購得케 하여 이를 널리 보급시키면 水旱風霜이 어찌 근심거리가 되겠느냐는 생각을 하였다. 다만 이때 그는 中國과 우리나라의 風土差를 염려하고, 이의를 제기하는 여론이 있을 것으로 보았으나, 이는 經緯度의 極高에 따라서 조정하면 될 것으로 생각하였다. 가령 中國 江蘇省의 極高는 32度에서 34度에 걸쳐 있는데, 우리나라 嶺·湖南지방 海岸의 極高는 34度이므로 이 두 地方에서는 品種이 交流 轉植되어도 별 지장이 없을 것이라는 생각이었다. 그는 유용한 農作物을, 風土論을 내세워 또는 風土論 때문에, 수용 재배하지 않는데는 반대이었다. 그러한 점에서 그는 農政之亟宜施措者의 한 조건으로서, '測極高 以授人時'할 것을 강조하는 것이기도 하였다.[50]

新作物의 開發 普及 ― 徐有榘는 不虞에 대비하는 방법으로, 각종 穀物의 品種을 改良하는 것과 함께, 새로운 糧食作物을 개발 보급해야 할 것도 생각하였다. 이 무렵에 전래한(英祖 乙酉年, 1765년) 그러한 作物로는 甘藷가 있어서, 『姜氏甘藷譜』·『金氏甘藷譜』 등이 이미 편찬되어 잘 알려져 있었고, 『增補山林經濟』에서도 이를 크게 수록하였다. 徐有榘는 이 작물의 糧食작물로서의 價値 및 救荒작물로서의 效用에 주목하지 않을 수 없었다. 그뿐만 아니라 이는 商品作物이기도 하였다. 그러므로 그는 이 作物의 耕種法을, 中國·日本 등의 문헌까지도 두루 섭렵하는 가운데, 계통적으로 정리하고 이를 『林園經濟志』에 수록하였다. 그리고 그가 湖南巡察使로 있었던 동안에는, 그곳 지방민의 甘藷재배를 보면서 이를 널리 보급시키고자, 『林園經濟志』에 수록한 甘藷 耕種法을 더욱 다듬어서 『種藷譜』로 편찬 간행하기도 하였다(純祖 34년, 1834년).[51]

---

50) 「擬上經界策」, 下, 三, 1·3.
　　『林園經濟志』 本利志3, 審時 經緯度(論農候宜察經緯度).
　　　　　〃　　　　　　(論南北節候之差).
　　　　　〃　　　　　　(論東國經緯度).
　　『杏蒲志』 卷1, 律時.

(4) 技術 改良

農器具 改良 ─ 田畝制度 및 耕種法의 改良과 더불어 반드시 해야 할 일로
생각한 것에는 農器具의 改良문제가 또한 있었다. 田畝制度의 개량은 곧 治
田의 문제인데, 治田을 하는 器具는 農器인 까닭이었으며, 따라서 일정한 田
畝制度가 마련되려면 일정한 規格의 農器具가 있어야 한다는 생각에서였다.
그뿐만 아니라 農器具의 便否 여하는 곧 全 農業生産 過程에 소요되는 노동
력의 多寡를 규정하게 되는 데서이었다. 말하자면 그는 農器具 改良의 필요
성을, 노동력을 절약하기 위한 방안과 田畝制度의 개량에 반드시 따라가야
할 하나의 조건으로서 이를 제언하고 있었다.

農器具를 개량하고 이를 잘 이용함으로써 농민들로 하여금 노고를 덜게
한다는 것은 徐有榘가 젊었을 때부터 생각해 온 하나의 持論이었다. 그는 일
찍이 쓴 「農對」에서 田制·水利와 더불어 農器具를 언급하였는데, 이 農器
條에서 그는 農器具의 개량과 보급에 역점을 두고 제언하고 있었다. 그가 農
器具의 개량에 특히 역점을 두었던 것은 事業과 器械와의 상관관계에 대한
일정한 관념이 있음에서였다. 그는 그것을 다음과 같이 표현하고 있었다.

工欲善其事 必先利其器 故器械利 則人逸而敵勞 器械不利 則力多而功寡52)

그는 사업이 잘 되고 못 되는 것, 노동력이 덜 들고 많이 드는 문제는 器
機의 利鈍 與否로써 좌우된다고 보고 있었다. 그는 器械에 대한 이러한 관념
이 있음에서, 농업노동에 있어서도 좋은 農器具의 이용이 있어야 할 것으로
생각하였다. 그는 그러한 좋은 農器具를 『農政全書』에 의거하여 '莫不有一
定之制'한 中國의 農器具인 것으로 보고 있었다. 그래서 이러한 中國 農器具
를 규격대로 제조하여 전국에다 보급시키면, 實用에 도움이 되고 농민들의
노동력도 절약될 것이라고 하였다.

農地의 田畝制度 개선에 반드시 農器具의 개선이 따라야 한다는 것은, 그

---

51) 『林園經濟志』「晚學志」卷3, 蔬類 甘藷.
  『種藷譜』(『農書』 36 ; 『完營日錄』 3, 附錄).
52) 「農對」.

가 개선하려고 하는 田畝制度에는 일정한 규격이 있음으로, 이러한 農地를 起耕熟治하는 데 있어서는 農器具 또한 일정한 규격이 필요한 데서였다. 그는 1畝 3畎의 田畝制度・田畝 整地法의 규격이 어떠한 것인가에 관하여 여러 곳에서 언급하였지만, 요컨대 그러한 農地를 整地하는 데는,

　　臣聞 中國之田 以一牛之脚之間 種穀一行 其鑱一尺單耟之 以人耕者 合兩耟而
　　爲耦 其廣五寸 人也牛也田也器也 尺寸相應 無剩無縮53)

이라고 하여, 人・牛・田・器에 각각 일정한 尺寸이 있고, 이것이 서로 상응하는 가운데서 畎畝가 조성된다는 것이었다. 다시 말하면 中國의 農器具는 人步・牛脚 그리고 田의 畎畝와 알맞도록 만들어져 있고, 이러한 農器具로서 治田을 할 때 그가 개선하려고 하는 1畝 3畎의 田畝制度는 가능하다고 보는 것이었다. 그리고 이렇게 될 수 있는 農器具는 '莫不有一定之制'한 中國의 農器具라는 것이며, 우리의 農器具는 그렇지가 못하다는 것이었다. 이를테면, 우리나라의 犁는 單牛犁(隻牛犁・胡犁)・雙牛犁(結犁・耦犁)의 차이가 있고, 또 규격도 일정치 아니하여, 이러한 犁로는 일정한 규격의 1畝 3畎의 農地를 조성하기가 어렵다는 것이다. 그가 中國과 우리나라의 농지 起耕法을 비교함으로써, 우리나라 起耕法의 불합리한 점을

　　我國峽用雙牛犁 野用單牛犁 大小闊狹 漫無尺度 其用單牛耕者 二行之廣 幾占
　　中國之三行 其用雙牛耕者 一行之廣 幾占中國之二行 是我無故 而失田三四分之
　　一二矣(註53과 同)

라고 지적한 것에서는, 그러한 사정을 엿볼 수가 있다. 우리나라에서는 犁가 불합리하게 제조되어 있으므로, 中國에 견주어 整地 과정에서 이미 3, 4分의 1, 2의 失田을 하고 있다는 것이다.

그는 이와 같이 農地의 田畝制度 개선에는, 반드시 農器具의 개량이 있어

---

53) 「擬上經界策」 下, 三, 2.

야 할 것으로 보는 것이지만, 이러한 필요성은 비단 犁에만 국한된 일이 아니었다. 그는 犁의 개선 이외에도 1畝 3畎의 農地가 제대로 耕治되기 위해서는, 우리나라에서는 사용되고 있지 않는 中國의 耰·耮와 같은 器具를 통한 治田이 필요하고, 畎種을 고르게 할 수 있는 耬車 瓠種이 필요하다고 생각하였다. 자갈밭을 治田하기 위해서는 用人代耕하는 踏犁가 필요하다고도 보았다. 이는 우리나라 서·남해안 도서지역에서 이용하는 따비와 유사한 농구였다. 그리고 田畝制度와 農器具의 상응관계라고 하는 이러한 理致는, 또 다른 農器具에도 적용될 수 있는 것이므로, 모든 農器具의 개선은 서로 긴밀하게 연관성을 갖도록 하였다.54) 그리하여 徐有榘는 그러한 農器具를 中國에서 배우면 빠를 것으로 생각하였으며, 그러한 의미에서 徐光啓의 『農政全書』에서 「農器圖譜」를 그의 저서에 그대로 轉載하기도 하였다(『林園經濟志』 本利志10·11, 農器圖譜).

施肥法 改良 ─ 施肥에 관하여도 徐有榘는 일가견을 가지고 그 개선할 점을 강조하였다. 田에는 良薄이 있고 土에는 肥磽가 있는데, 施肥를 하면 薄田을 良田으로 하고 磽土를 肥土로도 할 수 있다는 데서였다. 田畝制度 耕種法의 개선은 그 목적이 生産力의 증진을 기하려는 것이었으므로, 그가 施肥를 통한 增産을 도모하는 것은 당연한 일이었다. 그의 農業經營에서 糞壤은 없을 수 없는 중요한 요소였다. 그래서 그는 '所謂惜糞如金 儘非過語矣'라고 하여, 糞의 소중함을 '惜糞如金'으로 표현해 온 고래의 用語에 동의하기도 하였다.55) 麥·稻田에 追肥가 강조되었음은 말할 것도 없었다. 水田에 주는 이같은 追肥를 당시에는 中腰糞이라고 하였다.56)

施肥의 중요성을 이와 같이 생각하는 데서, 그는 製糞을 하는데는 踏糞法·窖糞法·蒸糞法·釀糞法·煨糞法·煮糞法 등의 여러 가지 방법이 있음

---

54) 『擬上經界策』 下, 三, 2.
  『林園經濟志』 本利志4, 營治 耕耙勞蓋〔南北耕法〕.
55) 『林園經濟志』 本利志4, 營治 糞壤(糞田統論).
  『杏蒲志』 卷2, 淤蔭.
56) 『林園經濟志』 本利志6, 種蓺下, 麥類(鋤壅法).
   〃   本利志5, 種蓺上 稻類(下種養苗法).
  『杏蒲志』 卷2, 種植 種麥, 種稻.

을 지적하고, 이같은 여러 분양을 마련할 수 있는 방도를 여러 가지로 강구
하고 있었다. 이른바 '儲糞六道'였다.

① 무릇 天生萬物은 無用之物이 없는 것으로서, 天下의 有形·有色·有氣·
有性의 物은 모두 糞料가 되므로, 남들이 버린 이러한 物件은 취하고, 또
날마다 새벽에 家童으로 하여금 四輪小車를 좇게 하고, 洞里의 掃除한 穢
나 道路에 버려진 人蓄의 屎를 가져다가 堆肥를 만들 것.

② 大邑의 官吏들이 있는 곳, 市廛墟市에 商旅가 드나드는 곳, 큰 寺刹에 僧
尼가 居處하는 곳, 庠塾 등 學徒를 寄宿시키는 곳에는 날마다 無用의 糞
尿가 넘쳐 흐르므로, 미리 얼마 간의 錢穀으로써 1年 分의 糞尿를 豫買
하여 隨時로 搬出해다 쓸 것.

③ 糞屋·牛宮·豚柵가에 웅덩이를 파서 벽돌로 쌓아 糞尿가 滲失하지 않도
록 하고, 또 廚棧 밑에 큰 甃池를 파고 불 땐 재와 소제한 쓰레기를 날마
다 投積하고, 그 위에다 설거지한 물, 쌀뜨물, 생선 씻은 물 등을 부어서
肥料를 만들 것.

④ 糞尿를 그대로 쓰면 禾苗를 枯殺시킬 염려가 있으므로, 이는 糞尿 1말에
물 1말을 섞어 씀으로써 낭비를 막고, 山陂의 田은 반드시 橫으로 畎壟
을 만들거나 區田을 만듦으로써 비가 와도 糞尿가 走失하지 않도록 하며,
木綿 같은 것은 穴種을 하고 그 구덩이에다 施肥하여, 뿌리 근처에 糞尿
를 漫攤함으로써 낭비케 됨을 막을 것.

⑤ 政治는 務農에 앞서는 것이 없고, 務農은 糞壤에 앞서는 것이 없으며, 糞
灰 1말이면 곡식 1말을 얻을 수 있으므로, 棄灰는 곧 棄穀이라, 嚴法峻
令으로써 農民으로 하여금 糞壤을 소홀히 하지 못하게 할 것.

⑥ 糞尿의 搬出은 대개 傭賃으로써 하게 되는데, 이러한 賃勞動者를 쓸 때는
督勵와 統率에 方術이 있어야 할 것이며, 作業日程의 程限은 寬大히 정해
서 勞動力이 作業量을 完遂할 수 있도록 할 것.[57]

---

57) 『林園經濟志』本利志4, 營治 糞壤(儲糞雜法).
　　『杏蒲志』 卷2, 淤蔭.

이와 같은 儲糞의 방안에 따르면, 徐有榘는 施肥問題를 단지 농업기술상
의 문제로서만 처리하고 있는 것이 아니었다. 그는 이것을 法을 제정하여 행
정적으로 뒷받침해 줌으로써 실효를 거두도록 하자는 것이었으며, 農業經營
者들이 營農 방법으로서 일상화하고 생활화할 것을 제언하는 것이었다.

水利施設 改善 — 水利問題에 관하여, 그는 '誠以墾田 而不講乎水利 則與
不墾等也'[58]라던가, 또는 '水之在地 如人之有血氣津液也'[59]라고 하여, 물은
농업에서 없을 수 없는 기본 요건으로 보았다. 그것은 마치 人體에 흐르고
있는 血氣·津液과 같은 것으로, 血氣·津液이 없거나 병들면 人體가 살아
있을 수 없듯이, 水利가 없거나 頹廢하면 농업이 성립될 수 없다는 것이다.
그는 농업과 水利를 떼래야 뗄 수 없는 관계로 파악하고, 農業生産의 향상을
위해서는, 반드시 水利施設의 발전이 따르지 않으면 아니 될 것으로 보는 것
이었다.

水利施設은 이와 같이 농업에 있어서 필수적인 것이지만, 그러나 徐有榘
는 물이 반드시 농업에 유용한 데서만, 水利施設을 해야 하는 것으로는 보지
않았다. 그는 물의 屬性을

聚之則爲害 播之則爲利 棄之則爲害 用之則爲利[60]

라고 하여, 농업을 害하는 경우와 利하는 경우가 있는데, 水利施設은 어
느 경우에 있어서나 필요하다고 생각하였다. 그것은 水田이나 旱田 어느 경
우에도 마찬가지였다. 말하자면 농업에 있어서의 물의 有用性을 살리기 위
해서도 水利施設은 필요하고, 有害性을 제거하기 위해서도 水利施設은 필요
하다는 것이다. 전자를 위해서는 用水施設로서의 水利가 있어야 하고, 후자
를 위해서는 排水施設이나 防水施設로서의 水利가 필요하다는 것이었다. 그
가 자신의 '治水之法'에서 그 대강을 기술하되,

---

58) 「淳昌郡守應旨疏」.
59) 「擬上經界策」 下, 三, 4.
60) 同 上.

故治水之法 疏焉・導焉・防焉・衛焉・瀦焉・蓄焉・節焉・宣焉 ① 濬洫開河所
以疏導也, ② 小圩大堨所以防衛也, ③ 陂池湖蕩所以瀦蓄也, ④ 堰牐車戽所以
節宣也 治水之宏綱大目 不越乎此四者[61]

　　라고 하였던 것은 그러한 사정을 말함이다. ②는 防水施設이고 ③④는 用
水施設이며, ①은 排水施設과 用水施設 어느 쪽으로도 다 쓰여지는 경우를
가리킨다.
　　水利에는 이렇듯이 여러 종류가 있는데, 徐有榘가 말하듯이 농업이 제대
로 농업일 수 있으려면, 이 모든 것을 다 해결하지 않으면 아니 되는 것이었
다. 그러나 徐有榘가 보는 바로는 우리나라에는 이와 같은 水利施設이 모두
완비되어 있지 않았다.
　　그는 위의 여러 水利施設 가운데서 ‘我國有其一 無其三’[62]이라고 하고 있
었다. 있는 것은 第3의 施設뿐이었다. 그가 보기에 堤堰이나 洑施設은 어느
정도 되어 있지만, 그밖의 揚水施設・排水施設・防水施設 등은 제대로 되어
있지 않았다. 우리나라의 水利施設은 여러 시설 가운데서 극히 일부만이 해
결되고 있는 셈이었다. 그래서 그는 ‘我東農術之鹵莽 莫有甚於水利’[63]라고
하여, 농법의 여러 가지 기술적인 문제 가운데에서도 가장 낙후한 것을 水利
施設이라고까지 말하였다. 따라서 水利施設에 대해서는 특히 국가사업 국가
시책으로 이를 추진해야 할 것임을 강조하였다. 그리고 자신도 水利문제를
크게 연구 정리하여 자신의 農書에다 한 章으로 기술하기도 하였다.[64] 뿐만
아니라 徐有榘는 水利施設과 관련하여 徐光啓의 연구가 특히 도움이 된다고
보고, 자신의 農書에다 『農政全書』에서 「灌漑圖譜」를 轉載하기도 하였다
(『林園經濟志』 本利志12・13, 灌漑圖譜).

---

61) 同 上.
62) 同 上.
63) 「農對」.
64) 『林園經濟志』 本利志2, 水利.

3) 農業經濟論

農業技術문제와 더불어 徐有榘는 農業經濟문제에 관해서도 또한 특이한 改革論을 지니고 있었다. 그것은 空想的인 理想論의 전개가 아니라, 現實과 밀착한 現實打開論인 것으로서, 이 시기 경제현상에서의 발전적인 측면을 긍정적으로 파악하고 있는 것이었다. 그는 그러한 시각에서 여러 농학자들의 經濟論을 자신의 農學체계 안에 수렴 종합하였다. 그러한 그의 經濟論은 土地論과 農業經營論으로 구성되었다.

(1) 土地論

結負 量田制의 改革 ─ 土地論에서는 賦稅制度의 改革과 관련하여, 土地의 파악 운영방식에 우선 개선이 있어야 할 것으로 생각하였다. 이는 徐有榘의 土地論 가운데에서도 중요한 부분의 하나로, 現行 結負法을 頃畝法으로 改革하고, 結負 量田制를 頃畝 量田制로 改革하자는 것이었다.

結負法은 우리나라 中世國家에서 土地 파악 賦稅制度 운영을 위한 단위였다. 장구한 세월을 두고 유지 발전하여 왔으나, 그 제도에는 原理上 근본적인 결함 불합리가 있어서, 그 運營에 늘 여러 가지 폐단이 따르고 있었다. 그러므로 많은 學者·爲政者들 사이에서는 그러한 폐단을 시정하기 위해서는 結負量田制를 개혁해야 한다는 논의가 있어 왔다. 徐有榘도 그러한 인물들 가운데 한 사람으로서, 그 결함 그 불합리를 제거하기 위해서는 그 제도를 근본적으로 개혁해야 할 것으로 보고, 이를 여러 저술을 통해서 거듭 강조하였다.65)

그는 그 改革을 國家財政이나 農民經濟를 위해서 반드시 있어야 할 農政 운영상의 과제로 보는 것이었으나, 結負法 改革의 필요성을 이와 같은 農政 운영상의 문제로서만 제기하는 것은 아니었다. 그는 그것을 기술한 바, 田畝

---

65) 『林園經濟志』本利志1, 田制 頃畝結負(論東國結負法 論華東田畝相準).
　　『杏蒲志』卷1, 田制.
　　「擬上經界策」上, 一, 1. 改結負 爲頃畝法.
　　徐有榘의 이같은 結負制 改革論에 관해서는, 筆者의 別稿, ② '茶山과 楓石의 量田論'(『韓國近代農業史硏究』〔I〕, 1975 ; 新訂 增補版, 2004)에서 상론하였다. 그리고 우리나라 結負制의 特性 및 그 발전의 역사적 추이에 관해서는, ③ '結負制의 展開過程'(『韓國中世農業史硏究』 2000)에서 상론하였음으로 아울러 참고 바란다.

制度의 改良이나 農地經營의 합리화를 위해서도 반드시 있어야 할 것으로
보았다. 그가 생각하는 田畝制度, 즉 畎畝의 조성에서는 일정한 尺寸이 있어
야 하고, 이를 경영함에 있어서는 일정한 원칙이 있어야 하는 것이었는데,
結負法으로서는 農地經營을 그렇게 하기 어렵다고 생각한 데서였다.

그래서 그는 국가가 이를 改革하지 않는다면, 농민들 스스로라도 結負法과
는 별도로, 農地를 頃畝法의 尺度(周尺)로 측정하여 경영할 것을 권하였다.

故余謂 有志於用古方治田者 宜以周尺私量所耕之田 滿二百四十步 輒標識之然
後 凡農書所云 一畝用種幾升 一頃攤糞幾石 一夫可治幾畝者 始可有準66)

즉, 그는 1畝 3畎의 옛 田畝制度로서 治田하려는 사람은, 마땅히 結負를
파악하는 量田尺이 아니라 頃畝를 파악하는 周尺으로서 私的으로라도 耕作
하는 農地를 측량하여, 240步(1畝) 단위로 이를 標識함으로써, 播種·施
肥·所耕面積 등 농지경영에 일정한 기준을 세우라고 하였다. 이는 結負法
의 결함으로 말미암아 民間에 斗落制나 日耕制가 관행하고 있기는 하지만,
이것노 農地의 廣狹을 파악하는 데 있어서는, 정확한 規準이 되지 못함을 지
적하면서 한 말이었다. 結負制的인 農地 單位는 말할 것도 없지만, 이 결함
을 보완하고자 사용하게 된 斗落制·日耕制로서도, 농지를 합리적으로 경영
하기 위한 農地 파악이 되기는 어려우며, 농지는 오직 頃畝法에 따라 파악될
때 田畝制度의 개량과도 관련하여 그 합리적 경영이 가능하다고 보는 것이
었다.

土地制度 改革論 ; 限田制의 제기 ― 結負制의 改革問題는 土地制度와 田畝
制度의 개량을 통일적으로 파악하려는 작업이라는 점에서 중요한 의미를 지
니는 것이었다. 그러나 徐有榘 土地論의 핵심은 무엇보다도 土地改革論 土
地所有關係에 대한 견해에 있었다고 하겠다. 이에 관하여 그는 三代의 土地
制度, 즉 井田制的인 土地所有를 이상적인 제도로 생각하고 있었다. 다음의
글은 그것을 단적으로 표현한 것이다. 그리고 그의 필생의 저술 『林園經濟

---

66) 『林園經濟志』本利志1, 田制 頃畝結負(論東國結負法).
　　『杏蒲志』卷1, 田制.

志』의 권두에, 平壤에 남아 있다고 전해오는 '箕子井田' 유제설을 싣고 있는
것도 그 한 표현이었다.

> 臣聞 三代之制田也 九夫爲井 四井爲邑 四邑爲丘 四丘爲甸 天下之田 悉屬於官
> 而民之受田於官者 食其力而輸其賦 仰事俯育 一視同仁 而無甚貧甚富之民
> 一自井牧之制廢 而土狹人稠 則或無立錐之地 土廣人稀 則輒專連阡之利 鹵莽滅
> 裂 豊年則薄收 水旱則盡荒[67]

　이는 요컨대, 三代의 井田制的인 土地制度下에서는 天下의 농지가 모두
官의 관할 아래에 속해 있어서, 모든 농민이 官으로부터 일정한 土地를 분급
받아 자기 힘으로 경작하여 가족을 부양하고 일정한 賦稅를 냄으로써, 官의
농민에 대한 대우가 평등하고 따라서 농민들 가운데 甚貧·甚富한 차등이
없었다는 것이다. 그런데 그 뒤 이 제도가 폐지되고 土地私有制가 발생한 뒤
부터는, 土狹人稠한 곳에서는 토지겸병으로 말미암아 立錐의 땅도 갖지 못
하는 농민이 있는가 하면, 반대로 土廣人稀한 곳에서는 농지를 廣占하는데
전념하는 사람이 있는 가운데 농사가 鹵莽滅裂하고, 따라서 풍년이 들어도
수확이 적고 水旱의 災를 당하면 농지가 모두 황무지가 된다는 것이었다.
　이는 그가 역사상 농촌사회 안정의 모형·표준적인 예를, 三代의 향촌사
회와 井田制度에서 발견하고 있었음을 보여주는 것이라 하겠다. 그는 농민
들이 貧富의 차등이 심하지 않은 土地所有를 하고 있다는 점에서나, 그 농지
(井田)는 溝洫(水利施設)을 갖춘 田畝制度라는 점에서, 後世의 法은 三代의
그것에 미치지 못한다고 보는 것이었다. 그리고 井田制를 이와 같이 이상적
인 土地制度로 간주하는 데서, 그는 이를 復舊할 수 있으면 복구해야 한다고
생각하였다. 옛 제도를 통해서 빈부의 차등이 극심한 현재 농촌의 小農經濟
를 안정시키고자 하는 것이었다.
　그러나 그는 이러한 土地制度를 지금에 이르러서 쉽게 실현할 수 있으리
라고는 생각하지 않았다. 그는 井田은 복구할 수 없는 것으로 이해하고 있었

---

67) 「農對」.
　　『林園經濟志』 本利志1, 田制 諸田(箕子井田).

다(註68, 72 참조). 그래서 그는 다른 실학자들과 마찬가지로, 井田의 이념
에 가까운 다른 土地制度를 施行하면 井田制를 實施하는 것과 같은 성과를
얻을 것으로 보고, 井田制의 대안이 될 수 있는 방안을 모색하였다.

그는 그러한 방안을 두 가지 면에서 찾고 있었다. 그 하나는 限田制의 시
행이었다. 이는 그가 젊었을 때 생각하였던 방안인데, 그는 宋나라 때의 蘇
老泉의 의견을 따라 井田의 이념에 가까운 이 限田制를 시행하면, 문제가 해
결될 것으로 생각하였다.

> 三代之制田 …… 雖不可一復古制 而苟如蘇洵所謂 擇其近井田者而用之 則庶乎
> 野無曠土 國無游民 而務農之要 莫先於限田之法[68]

즉, 이 제도를 시행하면, 土地所有關係에서 발생하던 游民도 없어지고 農
地經營의 鹵莽滅裂에서 오는 曠土도 없어질 것이라고 생각하였다. 그러한
점에서 그는 務農의 要諦는 限田制의 施行에 앞서는 것이 없을 것이라고도
하였다. 이 시기 농촌사회에서 무엇보다도 큰 사회문제는, 농촌사회의 分化
에서 배출되고 있는 無田農民을 어떻게 구제하느냐 하는 문제였으므로, 農
政家인 徐有榘가 그 대책으로서 地主層의 土地所有를 제한하고, 그것이 無
田農民에게 배분되도록 하자는 限田論을 제언하는 것은 자연스러운 일이었
다. 限田論은 18세기 土地改革思想의 대표적인 견해였으며, 이 무렵에 봉건
적인 地主制를 비판하고 이를 부정할 수 있는 견해로서는, 가장 융통성 있고
일반화된 이론이었음에서였다.

屯田論의 제기 — 土地論의 다른 하나는 屯田論을 제기한 일이었다. 正祖
末年에서 純祖 初年에 이르는 政局의 격동을 통해 진보적인 政治人들이 숙
청되고, 곧 있게 되는 平安道 農民戰爭도 힘으로 진압되었음을 경험한 그가
老年期에 들면서 내놓은 방안이었다. 농촌사회 分解나 그 결과로서의 농민
항쟁에 대한 대책이 되는 것이기도 하였다. 保守勢力이 극성한 가운데 限田
制의 시행을 기대하기는 어렵게 되었지만, 농민전쟁을 발생케까지 한 사회

---

68) 「農對」.

현실을 눈감을 수는 없었다. 그리하여 農業改革을 피할 수 없게 된 상황에
서, 限田制가 시행될 수 없는 경우의 차선책, 보수 지배층에게 상당히 양보
한 타협안・절충안으로서 마련한 것이 그의 屯田論이었다. 이 屯田論은『擬
上經界策』下, 三, 6에 수록되어 있다(註4 참조).

앞에서 언급한 結負 量田制를 頃畝 量田制로 개혁할 것을 전제로 하고, 그
頃畝法으로 全 國土를 量田하되, 量田의 기본 단위(區)를 正正方方의 10頃
의 方田으로 하고 이를 魚鱗圖로 파악하며, 이 10頃 1區를 또한 屯田의 單
位農場으로 삼으려는 것이었다. 그 내용은 이미 다른 논문에서 상론하였으
므로, 여기서는 그 요점을 정리하는 것으로 그치겠다.69)

더욱이 이 시기의 농업문제로서는 農業生産力을 증진시킴으로써 農民經
濟를 안정시키는 문제뿐만 아니라, 國家財政을 충실히 해야 하는 문제도 있
었으므로, 農學者 農政家들은 이같은 문제를 해결할 수 있는 방안도 제시하
지 않으면 안 되었다. 이같은 문제에 관한 한 限田制만이 반드시 유리한 것
도 아니었으며, 따라서 좀더 효과적인 방안을 생각하지 않으면 아니 되었다.
徐有榘는 그것을 屯田論으로서 제기하는 것이었다. 그러한 방안으로서는 일
찍이 朴齊家와 朴趾源이 模範農場으로서의 屯田論을 제기한 바 있었다. 徐
有榘도 같은 생각을 하는 가운데 그들의 견해를 더욱 확대 발전시키기도 하
고, 中國 徐光啓의 屯田論을 참고하기도 하는 가운데, 스스로의 屯田論을 구
성하게 되었다.70)

徐有榘는 이와 같이 농촌문제를 해결할 수 있는 종합적・현실적인 방안을
屯田論으로써 제기하였던 것이지만, 그렇더라도 그것이 본시 그의 土地論의
바탕이 되고 있었던 井田制的인 土地改革論・土地所有關係를 부정하는 것
은 아니었다. 그는 여전히 그것을 이상적인 土地制度로 보고 있었으며, 그것
을 바탕으로 한 새로운 土地論을 屯田論으로서 구상하고 있었다. 그것은 그
가 屯田論을 전개하면서도,

---

69) 徐有榘의 屯田論에 관한 고찰은, 本書 본편, 註3의 ①논문・註65의 ②논문 참조.
70) 제IV편 제3논문 註35・註84 참조.
　　『徐光啓集』卷5, 屯田疏稿 墾田.
　　『農政全書』卷9, 農事 開墾 下.

舉天下而可行井地之制者 惟此地爲然 昔橫渠張子思得一鄕之地 畵爲井田 而有
志未遂 今將提封百萬頃之地 盡倣古聖王經國畵野之大鋪叙 亦千古一大快事[71]

　　라고 한 바에서 알 수 있다. 그는 옛적 그대로의 井田의 復舊는 불가능하
다고 보는데서, 天下에 井田의 制를 시행할 수 있는 방안은 오직 자신의 屯
田(특히 民屯)에서 뿐이라고까지 자부하였다. 이렇게 하면, 옛적 張橫渠는
井田方案을 有志未遂하였지만, 그는 現今의 세상에서 옛 聖王의 經國畵野策
(井田)을 실현하는 것이 되리라고 확신하였다. 그는 張橫渠가 구상하였던
井田方案을, 우리나라 이 시기의 현실에 맞추어 새로이 재구상하고, 이를 施
行하는 것으로 자부하고 있는 셈이었다.
　　屯田의 設置와 경영 ─ 그의 屯田論은 京과 各道·各邑 그리고 北方의 邊
邑과 東南·西南方의 島嶼에다 모두 官屯田(國營農場)을 설치하려는 것이었
으며, 그 資金은 정부에서 지급하는 것을 원칙으로 하였다. 富民들이 出資하
여 屯田 설치를 원하면 이를 또한 民屯(民營農場)으로서 허락하였다. 이렇게
해서 설치한 屯田은 井田制的인 農地制度, 즉 溝洫을 파서 일정한 규격·일
정한 면적의 農場을 만들고, 이것을 水田은 嶺南式 移秧法, 旱田은 西北式의
畎種法, 더욱 좋은 것으로는 1畝 3畎의 농법으로써 治田케 하려는 것이었
다. 그리고 식견이 있는 農村知識人 가운데서 明農者나 力農者를 선발하여,
그리고 자금을 댄 富民과 함께 屯田長(典農官)으로 임명하고, 屯田民(庄民)
에게 새로운 농법을 敎導케 하고, 屯田民이 농법을 습득한 후에는 각각 자기
鄕里에 돌아가 지도적인 농민이 되게 함으로써, 이 시기의 農法·農業轉換
을 성공적으로 완성케 하려는 것이 그 목표였다.
　　이러한 屯田을 경영하기 위해서는 많은 농민이 필요하였는데, 內陸地方의
官屯田에서는 上京 立番하는 농민의 일부와, 土地에서 배제된 賃勞動層 및
離農 上京하는 游民에게 雇賃을 후하게 주고 고용함으로써 屯田農民을 구성
하려 하였다. 그리고 邊屯에서는 官에서 농민을 모집하거나, 富民으로서 官
吏가 되고자 하는 者에게 농민을 모집케 하여, 그들로써 屯田農民을 구성하

---

71) 「擬上經界策」下, 三, 6.

도록 하였다. 이때 자금은 모두가 政府나 地方官이나 富民들이 조달하도록
하였다. 그러므로 官屯田의 경우 그 土地所有權은 資金을 출자하여 農地를
開發한 政府 地方官이 田主로서 갖게 되며, 따라서 이들 田主와 屯田농민・
庄戶와의 관계, 利益分配는 地主와 佃戶(佃作戶) 또는 田主와 勞動者의 관계
로서 행하여졌다. 이러한 조건에서 농민들은 10頃의 農地를 5人이 1組가 되
어, 家舍와 家畜과 農器具를 제공 받는 가운데, 共同으로 耕作하도록 하였다.

그러므로 屯田制의 시행을 農業改革이라는 관점에서 보면, 그 官屯田은
봉건지주제를 획기적으로 변혁하려는 것은 아니었다. 그러나 그것은 地主權
을 그대로 인정하면서도, 그 地主가 주체가 되어 자신의 농업경영을 크게 개
혁하려는 經營改革이었다고 하겠다. 그리고 地主佃戶制하에서의 佃作權 時
作權에 대하여는, 그 借地경쟁 兼併廣作으로 인하여 借耕地에서조차 배제되
는 농민이 있게 되는 현상을 철저하게 차단하려는 것, 즉 佃作權 時作權의
均耕均作에로의 개혁이 되는 것이었다고 하겠다. 그뿐만 아니라 그것은 模
範農場으로서 농업교육 실험실습의 장이 된다는 점에서도 농업개혁으로서
의 의미가 적지 않았다. 말하자면 屯田論 단계의 농업개혁은, 철저한 농업개
혁 농업혁명으로 가는, 과도기적 점진적 개혁이 되는 것이었다고 하겠다.

단, 民屯의 경우는 좀 달랐다. 民屯은 富民이 자기의 資金을 출자하여 新
田을 開發함으로써 屯田農場을 형성하였고, 國家는 그에 대한 보상으로 그
를 屯田의 長(典農官)으로 임명하고 세습하도록 하였으며, 屯田농민이 납세
한 일부를 녹봉으로 받도록 하였다. 그러므로 그는 屯田의 長이기는 하였지
만, 그가 거느리는 屯田농민으로부터 봉건적인 地代(竝作半收)를 더 수취할
수 없었다. 民屯田의 농민은 所出의 10분의 1을 國家에 납세하면 되었고,
따라서 그 농민들은 명목상 屯田長의 管理支配 아래에 있는 佃戶(佃作戶) 농
민으로 표기되기는 하였으나, 실질적으로는 10分의 1稅를 내는 自耕農民이
었다. 그러므로 徐有榘는 이 屯田을 설치하는 것을 井田制를 시행하는 것으
로 표현하기도 하였다(註71 참조).

屯田論의 性格 — 徐有榘의 屯田論은 政府가 農村사회에서 農業生産을 현
실적으로 이끌어 가는 明農者 力農者, 즉 광범한 의미의 經營地主 經營型富
農들로 하여금, 土地에서 배제된 無田無佃農民・賃金勞動者 등을 屯田농민

莊戶로 雇傭 흡수하여 하나의 集團農場 模範農場을 형성하고, 종래의 국유
지 지주제를 새로운 조직적인 農場型 지주제로 개혁 조정하고, 전국적 규모
로 농업생산력을 증진시키는 가운데, 농민경제의 일정한 안정과 國家財政의
충실을 도모한 점진적이지만 원대한 개혁 구상이었다.

이는 一見 봉건적인 地主佃戶制의 관계를 연상케도 하나, 그가 地主佃戶
制를 부정하고 井田制적인 土地改革을 지향하고 있었던 점으로서 보면, 그
리고 屯田論을 전개하면서도 이를 井田制의 실현으로 말하였던 점으로서 보
면, 그의 의도는 이를 봉건적인 地主佃戶制의 지배예속관계가 아니라 賃金
勞動을 매개로 하는 農場型 經營主와 農業勞動者로서의 作人의 관계, 즉 새
로운 경영관계를 전제로 하는 것이었다고 하겠다. 그는 이 시기의 經營地主
와 堅實한 營農的 富農層(經營型富農)의 새로운 農業經營者로서의 성장을
인정하고, 이들과의 유대아래 전국적으로 농업생산력을 발전시키고 농촌사
회의 사회적 모순도 해결하려는 것이었다고 하겠다.

이 경우 屯田農場의 성패는 이들 屯田 經營者·典農官의 능력에 달려있기
도 하였다. 그러므로 屯田論이 성공하기 위해서는 국가는 이들을 격려하고
지원하는 勸農政策을 시행하지 않으면 아니 되었다. 그리하여 徐有榘는 그
방법으로서, 이들 가운데 屯田경영에 탁월한 성과를 올린 자는, 매년 일정
수를 일반 官僚로 등용 시상할 것을 규정하기도 하였다. 그러한 점에서 그의
屯田論은 社會改革 政治改革의 한 방법이 되는 것이기도 하였다(註3의 ①논
문 참조).

徐有榘의 屯田論은 이같이 당시의 사회적 모순을 해결하고 農業生産力을
발전시키기 위한 특이한 방안이었지만, 이것이 그의 農業論이 지향하는 궁
극적인 목표는 아니었다. 그의 목표는 어디까지나 농민들이 恒産을 갖는 小
農經濟의 安定, 農民經濟의 均産化에 있었다. 그것은 井田制度 자체이거나
그 이념을 담은 어떤 土地制度를 실현시킴으로써 성취될 수 있는 것이었다.
그의 晩年에 완성된 畢生의 大作『林園經濟志』의 田制條에 "箕子井田" 조항
이 실린 것은 그 단적인 표현이다. 더욱이 그는 해당 대목에서

井田之不可復尙矣 張橫渠之思買田一方 畫爲數井 亦試可之意耳72)

라는 案說을 달고 있었다. 井田은 그것을 복구할 수 없는 상황이 오래되었
지만, 張橫渠의 井田制 복구를 위한 방안은 해 볼 만한 방안이라는 것이었
다. 그는 井田制的인 이념을 지닌 土地改革에 대하여 미련을 버리지 아니하
고 있었다. 그에게 있어서는 그같은 土地制度를 어떻게 실현시킬 것이냐 하
는 방법만이 문제였다.

  (2) 農業經營論

  市場을 고려한 農業經營 ; 「貨殖」篇 설정 — 農業經營에 관해서는 收益性이
나 市場性을 고려하고 있음이 특징이었다. 徐有榘는 기술한 바와 같이 수익
을 증대시키기 위한 農法의 전환을 그 農業論의 목표로 삼고 있어서, 그것이
그 農業論의 한 특징이 되고 있었지만, 그러한 목표와 특징은 단순히 技術的
인 문제에 그치는 것이 아니었다. 그는 수익성 문제를 市場과 관련된 農業經
營의 문제로서도 생각하고 있었다. 그는 零細農이면 그 零細性을 극복하기
위해서, 富農層이면 더 많은 收入을 위해서 이것이 필요하다고 보았다. 市場
과 관련된 農業經營에 관해서는 이미 여러 사람이 이를 제론하고 있는 터였
지만, 徐有榘는 이 견해를 더욱 확대 발전시켜 하나의 독립된 篇으로 농서에
다 정착시키고 있었다. 그가 자신의 農書에『增補山林經濟』에서 보다도 더
욱 분명하게, 모든 市場構造・流通構造를 시야에 넣고 정리한 「貨殖」篇(『林
園經濟志』倪圭志 卷 2・3・4)을 수록하였음은 그 단적인 표현이었다.

  農業經營과의 관련을 전제로 이같은 「貨殖」篇을 수록한 농서는 그 당시까
지는 아직 없었다. 中國의 경우, 옛적『齊民要術』에서 이미 제한적인 범위에
서 貨殖篇을 설정하고 있었지만(卷7의 62), 그 뒤의 農書에서는 이를 발전
시키지 않았으며, 최근의 농서인『授時通考』나 최선의 농서라고 하는『農政
全書』에서도 이러한 내용의 「貨殖」篇은 수록하지 않았다. 그것은 농업생산
자들이 알아서 할 일이었다.

  農産物의 재배를 수익성・시장성과 관련하여 언급하고 있음은 그의 저서
곳곳에서 읽을 수 있다. 糧食作物재배에서의 增收를 위한 노력은 論外로 한
다 하더라도, 그러한 경향은 여러 곳에서 살필 수 있다. 가령 그는 水田의

---

72)『林園經濟志』本利志1, 田制 諸田(箕子井田).

이용문제를 논하는 가운데서,

> 又按 東人只知種麥不知種蔬 凡早稻收穫 率在六七月之交 苟能旋卽耕治 種以豌
> 豆萊菔菘菜秋葵之屬 則土旣細潤 收必倍蓰73)

라고 하여, 麥 외에도 豌豆·萊菔·菘菜·秋葵 등 蔬菜類를 재배하면 그
收入이 麥을 재배하는 것보다 몇 갑절 될 것이라고 하였으며, 外來品에만 의
존하고 있는 胡椒에 관하여, 그것이 시장성이 좋아서 이를 재배하면 好景氣
일 수 있을 것임에 유의하면서는,

> 胡椒今爲食料日用之物 用殷價翔甚於薑桂 而國無其種 必購之日本……苟得胡椒
> 眞種于中州 而傳種 則莬不成也74)

라고 하여 中國에서 그 眞種의 種子를 구입하여 재배할 것을 제언했다. 그
리고 근래에 茶를 마시는 사람이 많아져서, 그 재배에 시장성이 있을 것임에
유의하여서는 그 嘉種의 傳來 栽培를 권하였고,75) 紅藍이 利가 많음에 착안
하여서는 그것이 利花로 통칭됨을 지적하였으며,76) 또 安東地方에서는 龍
鬚를 밭에 재배하여 자리를 짜 판매함으로써 그 利가 穀田보다 곱절이나 된
다는 점,77) 西北地方에서는 質이 좋은 烟草를 생산하여 전국의 시장에다 이
것을 유통시킨다는 점 등도 지적했다.78) 이러한 사실들은 어느 지방에서나,
그 지방에 적합한 특정 農産物을 재배하여 이를 商品化하면, 더 많은 수입을
얻을 수 있다는 그의 農業經營觀과 연결되는 말들이었다.

　　流通市場과 商品의 調査 ― 徐有榘의 農業經營觀은 流通經濟에 대한 관념

---

73) 『林園經濟志』 本利志4, 營治 耕耙勞蓋(耕法).
74) 『林園經濟志』 晚學志2, 菓類 胡椒(傳種).
　　『杏蒲志』 卷3, 果蓏 種胡椒.
75) 『林園經濟志』 晚學志5, 雜類 茶(名品).
76) 『林園經濟志』 晚學志5, 雜類 紅藍(名品).
77) 『林園經濟志』 晚學志5, 雜類 龍鬚(名品).
78) 「擬上經界策」 下, 三, 6.

과 밀접하게 관련되고 있었다. 그는 流通經濟의 필요성을 철저하게 인식하고 있었으며, 그러한 생각을 「貨殖」篇의 序頭 貿遷의 첫머리에 '治生須貿遷'이란 標題로,

  人生於世 養生送死 皆需財用 而財非天降地湧 故必待貿遷有無[79]

라고 한 『八域誌』의 商業論을 이끌어서 표현하고 있었다. 그는 바로 이러한 점에서 流通經濟는 발달해야 할 것으로 보았으며, 또 農産物의 재배도 이와 관련되어야 하고, 이를 전제로 하면서 수행되어야 할 것으로 보았다. 사람이 살아감에 있어서 養生送死에 필요한 財에는 여러 가지가 있겠지만, 그 가운데에서도 농산물은 가장 중요한 것이 아닐 수 없음에서였다. 그래서 그는 농민의 農村離脫과 趨末行爲를 못마땅하게 생각하면서도, 농업 자체가 商業化되어 보다 많은 수입을 올리게 되는 것을 바람직하게 생각하였다.

  그렇지만 농업생산과 유통시장과의 관계를, 이같이 확신을 가지고 말할 수 있으려면, 그 자신 그에 대한 기초적인 연구가 있지 않으면 안 되었다. 그리하여 그는 그러한 관점에서 「貨殖」篇의 한 章으로서 전국 各地의 生産物을 『輿地圖書』에 따라 郡縣 單位로 조사 제시하기도 하고, 이러한 生産物을 바탕으로 하여 전개되는 전국 각 地方의 流通市場·場市와 거기에서 유통하는 商品을 그 자신의 조사활동(『金華耕讀記』)에 따라서 제시하기도 하였다. 그의 「貨殖」篇에서 볼 수 있는 八域物産條[80]와 八域場市條[81]는 그것이다. 유통시장에 대한 이러한 조사에서 商品의 중심이 되는 것이 농산물이었음은 말할 것도 없었다.

  그는 이러한 유통시장·장시의 실정에 유의하며, 농민들이 農産物의 商品化를 전제하고 농업을 경영할 때에는, '訪稻穀時値之高下 期于直知確見'[82]하라고 한 『恒産瑣言』'置田五要'의 경영 방침을 그대로 인용함으로써, 손실

---

79) 『林園經濟志』 倪圭志2, 貨殖 貿遷(治生須貿遷).
80) 『林園經濟志』 倪圭志3, 貨殖 八域物産.
81) 『林園經濟志』 倪圭志4, 貨殖 八域場市.
82) 『林園經濟志』 倪圭志2 貨殖 置産(置田五要).

을 보지 않도록 당부하기도 하였다.

農業經營과 農業資本 문제 — 市場性을 고려한 農業經營에서 중요한 문제
가 되는 것은, 되도록 農業資本을 덜 들이고 所得을 많이 올리는 일이었다.
經營地主 經營型富農의 경우에는 더욱 그러하였다. 그러한 農業資本 가운데
서도 賃金을 지불하는 노동력은 그 중심이 되는 것이고, 따라서 노동력을 덜
들인다는 것은 중요한 일이었다. 徐有榘가 田畝制度를 개선하고 이와 관련
해서 農器具도 또한 개량하려 하였던 것에는, 이러한 노동력의 절감, 즉 農
業資本의 절약문제가 연계되고 있었다. 그러나 '農業資本의 절약'이란 資本
을 들이지 않는 것, 따라서 가족노동에만 의존하는 것을 위주로 하는 것은
아니었다. 그것은 어디까지나 절약을 의미하며, 경우에 따라서는 남보다도
많은 資本을 투입할 것을 생각하고 있었다. 기술한 바와 같이 남이 하지 않
고 있는 도시의 糞尿를 買占하라고 말한 것이라던가, 屯田을 경영함에 있어
서 보통 賃金보다 倍나 더 주더라도 關西나 海西地方의 賃金勞動者를 雇傭
하라고 한 것 등은 그 예이다. 그는 農業經營에 있어서 收益性이 확실하면
농업자본을 남보다 많이 투입하여도 좋다고 보는 것이었다. 그에게 농업이
란 이미 자급자족에만 그치는 농업이 아니었으며, 유통시장을 대상으로 하
는 商業的 農業 그것이었다. 그러므로 賃金勞動문제를 중심으로 한 여러 가
지 資本投入이나 경영형태도, 이러한 商業的 農業에 상응하는 형태가 되지
않으면 안 되었다.

4) 『林園經濟志』 農業論의 特性

新·舊農學의 종합 ; 合理的 農業의 學問的 성립 — 『林園經濟志』를 중심으
로 한 徐有榘의 農學思想은 대략 이상과 같았다. 그것은 新·舊 內·外(우리
나라와 中國)의 農學·農書를 종합하여, 風土不同論을 극복하고, 19세기 전
반기라고 하는 시대에 합당한 새로운 農學을 수립하려는 것이었다. 그 목표
는 그의 一連의 현실 파악의 바탕 위에서 新·舊 內·外의 學者·農書를 분
석-정리-종합하는 가운데 완성되고 있었다.

조선후기 農業 農村社會에 대한 그의 현실파악은, 곧 이 시기 農業問題를
타개하는 과제가 되는 것이었다. 그것은 이 시기에 전개되고 있는 水田農業

에 있어서의 生産力의 발전과 상응하여, 旱田農業에 있어서는 在來의 농법
을 어떠한 방향으로 전환시킴으로써 그 生産力을 더욱 증진시킬 수가 있을
것인가 하는 문제였다. 또 사회적으로나 경제적으로 封建的인 支配體制가
해체되어 가는 과정 속에서, 土地所有에서 배제된 無田農民을 어떻게 하면
救濟하고, 社會變動의 주체적 담당자인 力農者階層을 어떻게 하면 긍정적으
로 존속 성장시켜갈 것이냐 하는 小農經濟體制의 안정적 확립 성장의 문제
였으며, 현실적으로 流通經濟가 크게 발달하고 있는 상황 속에서 어떻게 하
면 農業經濟를 자급자족의 테두리 속에 고립 낙후시키지 않고, 全 經濟機構
와의 連繫 속에 이를 더욱 발전시킬 수가 있을 것인가 하는 등의 문제였다.

徐有榘는 이러한 현실적인 여러 문제를 타개하고자 新舊內外의 農學을 縱
橫으로 분석 검토하고 이를 자신의 農學체계 내에서 종합하고 있었다. 그러
므로 그의 農學에 보이는 여러 가지 논의의 요점은 이미 종전의 農學에서 볼
수 있는 것이었지만, 종전 농학자들의 農學思想 하나하나가 모두 徐有榘의
全 農學思想과 같은 것은 아니었다. 그것은 徐有榘 農學思想에 수렴되어 그
일부를 형성하고 있었다. 그는 이러한 종전의 여러 農學思想을 그의 현실 타
개의 이론에 하나하나 합리적으로 결합시켜 이를 援用 綜合함으로써, 舊來
의 農學에서 볼 수 있었던 모든 農業論을 현실에 맞는 하나의 有機的인 농업
론으로 재구성하였다.

다시 말하면 종래의 농업론 속에서 개별적으로 볼 수 있었던 重農的인 경
향과 重商的인 경향이 그에게도 모두 있었으나, 그에게서는 이것이 서로 대
립되는 존재로서가 아니라 하나의 유기적인 機構로서 商業의 발달이 농업의
성장 속에서 전개되었다. 종래의 農業論 속에 있었던 限田論, 즉 小農經濟
安定論的인 경향과 地主制 維持論的인 경향도 그에게 모두 있었으나, 이에
있어서도 그는 궁극적으로는 小農經濟 安定論을 지향하되, 현실적으로는 어
느 한쪽만을 희생시키는 차원에서가 아니라 두 입장을 새로운 차원에서 종
합 절충하려는 것이었다. 그리고 農業技術的인 문제와 農業經濟的인 문제를
연계하는 문제도 이전의 농학자들이 모두 다루어 온 주제였지만, 그에게 있
어서는 이것이 더욱 긴밀한 관계에서 파악되고 전개되었다. 그리하여 그의
農學은 19세기 전반기 封建制解體期라고 하는 역사적 현실 속에서 농업의

技術問題와 經濟問題를 합리적으로 연계처리하고, 이와 관련된 사회적인 모
순도 어느 정도 해결할 수 있는 이론을 마련한 것으로 자부하였다. 그러기에
徐有榘 農學의 완성은 이 시기에 있어서 '合理的 農業'의 學問的 성립이라고
도 하겠다.

『林園經濟志』의 思想 기반 : 儒敎經典을 중심으로 新·舊이론을 종합 — 徐
有榘는 이와 같이 이 시기의 현실적 바탕 위에서, 新舊 農學을 종합하여 그
자신의 특이한 농업론을 형성하였거니와, 이와 같은 그의 農學은 사상적으
로 그의 儒敎思想에 대한 認識態度와 밀접하게 관련되고 있었다. 그는 일찍
부터 자신의 農學硏究를 儒敎經典을 기본으로 해서 체계화하고 있었는데,
그러한 經典에 대한 이해, 즉 儒敎思想 인식에 대한 태도는 中國에서의 新舊
理論을 모두 종합해서, 새로운 차원의 견해를 세워야 할 것으로 생각하는 것
이었다.

그가 農學硏究에서 儒敎經典을 기본으로 삼았다는 사실은, 그의 農書 도
처에서 三代의 田畝制度나 土地制度 그리고 農政理念을 이상적인 것으로 간
주하고, 그것을 극구 찬양하고 있는 것으로써 알 수 있다. 그뿐만 아니라 그
가 자신의 학문의 방법을

　　臣嘗本之以經典之文 參之以諸家之說……83)

이라고 한 것에서는 그것을 더욱 분명하게 살필 수 있다. 그는 기본적으로
현재의 여러 농업문제를 타개할 수 있는 길을, '酌古之制 通今之宜 而定爲不
易之常法'84)이라고 한 바에서 볼 수 있듯이, 古制를 기준으로 삼고 참작하
여, 現今에 맞는 것으로 변통함으로써, 하나의 새로운 準法을 마련하는 데서
찾고자 하는 것이었다. 그러므로 그가 農學硏究에서, 儒敎經典의 가르침을
바탕으로 하면서, 諸家의 견해를 참작하여 이를 종합하게 됨은 당연한 일이
아닐 수 없었다.

그는 현재의 사회적인 여러 모순을 타개하는 방법을 儒敎의 經典을 통해

---

83) 「農對」.
84) 「農對」.

서 찾으려 하였으므로, 바로 이 經典, 즉 儒敎古典을 어떻게 이해할 것인가
하는 것은 중요한 문제였다. 儒敎古典에 대한 이해는 漢儒的인 것과 宋儒,
즉 朱子學的인 것으로 大分될 수가 있겠는데, 이러한 견해차는 사회문제 인
식의 태도에도 견해를 다르게 하는 까닭이었다. 그리고 그것은 실제로 농학
에도 반영되고 있었다.『農家集成』이 朱子學的인 認識體系에 따른 농학이라
고 한다면, 그 후의 農學은 그러한 朱子學的인 인식체계에 따라 확립된 사회
현실을 지양하기 위하여, 그리고 그 사회적인 모순을 타개하기 위하여, 漢儒
的인 認識體系를 좇아 儒敎古典의 이론을 도입한 농학이었다고 하겠다.

　이 같은 學的인 전통 위에서 徐有榘는 그의 農學이 新·舊 農學을 종합하
는 것을 목표로 하였듯이, 그 바탕이 되는 儒敎思想에 대해서도 朱子學的인
인식체계와 漢儒的인 인식체계를 절충 종합하는 가운데 새로운 차원의 인식
체계를 확립하고자 하고 있었다.

　儒敎思想에 대한 이러한 그의 자세는 儒敎經典 註解에 대한 견해에서 단
적으로 드러난다.85) 儒敎經典 註解의 差는 곧 儒敎思想 인식체계의 차이인
것이다. 漢儒와 宋儒의 經典 註解의 특징은 흔히 전자는 講經, 후자는 講道
에 있는 것으로 운위되지만, 그는 經과 道는 서로 분리될 수 있는 것이 아닌
것으로 이해하고 있었다.86) 더욱이 그는 朱子의 經典 註解도 古註를 많이
襲用하고 있는 것으로 보는 데서, 漢儒와 宋儒의 經典 註解는 서로 배척될
것이 아니라고 생각하였다. 經典을 연구하는 者는 특히 연구의 방법상으로
朱子의 註解에서부터 시작하여 古註를 참작하고, 兩者를 모두 아울러 硏修
해 나가되, 어느 하나도 버려서는 아니 될 것으로 생각하였다.87) 그는 儒敎
經典의 이론에 따라서 現實을 비판하고 그 改善을 도모하는 것이었으나, 그
러한 經典에 대한 바른 이해를 위해서는, 新舊의 인식체계를 모두 절충 종합
해서 습득해야 할 것으로 생각하는 것이었다.

---

85) 成樂薰, '實生活의 革新·徐有榘'(『韓國의 人間像』4), p.435 참조.
86)『楓石全集』7,『金華知非集』卷10, 十三經對.
　　漢儒之箋註 謂之講經 宋儒之箚解 謂之講道 然經未嘗離乎道 道未嘗不寓於經
87) 同 上.
　　又況朱子集傳之訓詁名物 多襲古註之舊……故曰 苟欲使世之窮經者 主之以朱傳 參之以古註
　　交修幷進 不容廢一

3. 『經世遺表 ─ 井田論』의 農業論

正祖 末年의 求言敎에 應旨하여 『應旨進農書』를 올렸던 인물로서, 그 뒤
19 世紀 초에도 계속해서 農業問題 타개를 위한 연구를 하고, 이에 관하여
큰 성과를 올리고 있었던 학자로는 楓石 徐有榘와 더불어 茶山 丁若鏞이 또
한 있었다(본서 379면 참조). 두 사람의 궁극적인 목표는 당시의 農業體制를
變易하려는 것이었다는 점에서 공통되었다. 그러나 그들의 구체적인 작업
은, 徐有榘가 주로 農業 農學을 연구하고 이를 체계화하여 『林園經濟志』
「擬上經界策」으로 완성하였음과 달리, 丁若鏞은 주로 土地制度를 중심으로
한 農政·農業體制·國家體制를 연구하고 그 改革方案을 체계화하여 「田論」
『經世遺表 ─ 井田論』『牧民心書』 등으로 완성하고자 한 차이가 있었다.

그러므로 19世紀 초의 農業事情, 農業硏究, 農學思潮를 이해하기 위해서
는, 丁若鏞이 앞에서 언급한 「田論」에 이어 작업한 『經世遺表 ─ 井田論』
『牧民心書』 등의 農業改革論에 관해서도 이를 세심히 검토하지 않으면 안
되겠다. 그러나 이에 관해서도 이미 다른 글에서 상세히 고찰한 바 있으므
로,[88] 이곳에서는 이를 재론할 필요가 없겠다. 다만 이 책이 목표로 하는
朝鮮後期 農學의 發展過程, 農學界의 분위기, 時代思潮를 이해하기 위해서
는, 앞에서 든 「田論」과 마찬가지로 「井田論」도 그 핵심을 살펴 두는 것이
필요하겠다.

井田制의 연구와 新井田論 ─ 茶山은 「田論」을 저술하였을 때, 그가 여기에
서 언급한 閭田制의 실현이 쉽지 않은 일이라는 것을 잘 알고 있었다. 더욱
이 그가 이 改革論을 쓴 뒤에는, 그의 정치적 배경이던 正祖가 사망하고, 그
자신도 西學사건에 연루되어 政界에서 추방되고 긴 流配生活에 들어가게 되
었다. 그는 현실 정치세력에 의해서 철저하게 소외되고 배제되었다.

그러나 이러한 과정은 茶山으로 하여금 農業·農村·農民을 체험하고, 그
것을 더 잘 이해케 하는 기회가 되게도 하였다. 현실사회의 모순을 타개하려
면 農業改革·社會改革을 해야 하지만, 農村社會의 복잡한 사회구성과 그에

---

88) 本書, 제IV편 제3의 3)논문, 註92의 두 논문 참조.

따른 이해관계도 충분히 배려해야 한다는 사실도 알게 되었다. 그런 가운데
그 자신의 學問, 「田論」도 성찰하고, 농업개혁을 위한 이론적 근거를 儒敎經
典을 통해 다시금 검토할 수 있었다. 그는 『尙書』의 堯典 皐陶謨 禹貢의 세
편과 『周禮』 여섯 편을 정밀히 연구하였다. 農業改革을 儒敎政治思想의 皇
極論에만 의존하여, 國王의 絕對的 權威와 統治權으로 이를 이루려 한 단순
성을 벗어나, 정치세력과 사회세력과의 상관관계도 새삼 숙고하게 되었다.
그리하여 그는 流配를 기회 삼아 여러 가지 조건을 고려하는 가운데, 현실사
회에 수용될 수 있는, 융통성 있는 점진적인 改革案을 '新井田論'으로서 다시
마련했다. 『經世遺表』에 수록된 「井田論」은 이렇게 해서 연구되고 저술된
것이다.

茶山이 이때 儒敎經典을 통해서 연구한 '新井田論'은, 古代 中國의 聖君들
이 시행한 井田制의 本質을 파악하고, 이를 통해서 당시의 우리나라 土地制
度를 改革함으로써, 國家財政을 공고히 하고 아울러 農民들을 점진적인 방
법으로 獨立自營農으로 育成하고자 하는 것이었다.

그 연구의 제목은 古代 中國의 井田制와 같았으나, 개혁안의 내용은 일반
적으로 이해되는 井田制와 크게 달랐다. 무엇보다도 그의 연구에서는 井田
制가 추구하는 理念을 民의 '均産'을 위해서가 아니라 '均賦'를 위해서라고 이
해하였다. 均賦를 추구해 가노라면 均産은 그 결과로서 따르게 마련이라고
생각하였다. 井田制에서는 농지를 井井方方으로 구획하는데, 이는 均産이
아니라 均賦를 위해서라고 판단하였다. 그러므로 이 井井方方의 구획은 반
드시 溝洫 畛涂로서 해야만 하는 것이 아니며, 그렇게 할 수 있는 平地에서
는 이를 실제로 그렇게 하고, 그렇게 할 수 없는 곳에서는 魚鱗圖上에서 經
緯度로 井井方方을 구획하면 된다고 생각하였다. 茶山이 연구한 바를 종래
의 井田論과 비교하면 '新井田論'이라고 할 수 있는 것이었다.

茶山은 그 연구를 통해서, 古代 中國의 井田制의 실상은, 그가 연구한바
와 같았을 것이라고 확신하였다. 일반적으로 古代 中國의 井田制는, '全 國
土를 溝洫 畛涂로 井井方方으로 區劃하는 土地制度'라고 이해하고, 이것이
井田制를 시행하기 어려운 難點이 되는 것이라고 하지만, 그는 이를 후대 학
자들의 잘못된 해석이라고 보았다. 이 점은 朱子의 이해와 비슷했다. 그러므

로 古代 聖君들의 井田制가, 그가 연구한 바와 같은 것이라면, 지금의 시대
라고 그 復設이 불가능할 이유가 없다고 생각하였다. 이 점은 朱子의 이해
와 달랐다.

그리고 일반적으로 井田制를 시행하고자 할 때 그것이 어려운 또 하나의
難點은, 지금은 土地의 私的 所有가 발달하고 있어서, 大土地所有者들의 土
地를 일거에 收用(沒收)하기가 어렵다는 점이다. 그러나 茶山은 이 난점도
자신이 생각하는 方法대로 하면 어렵지 않게 타개하고 改革의 목표를 달성
할 수 있을 것이라고 확신하였다. 그의 方法에 따라 國家가 社會矛盾 打開,
農業改革에 대한 신념과 의지를 가지고, 長久한 歲月을 두고 漸進的으로 이
를 시행하면 된다는 것이었다.

新井田의 設置方法과 原則 ― 그러면 그러한 方法은 어떠한 것인가? 茶山
은 그의 新井田의 설치 방안을, 그의 '新井田論'의 構圖, 井田制 시행의 前提
條件, 原則, 勸農政策 등 6개 條項으로서 제시했다. 그것을 우리는 다음과
같이 정리할 수 있을 것이다.

첫째, 新井田制를 시행하려면 土地가 客觀的으로 파악되어야 한다. 그리
고 尺度(자)도 井田制에 합당하고 農地를 井井方方으로 구획할 수 있어야만
한다. 그러므로 현행 結負 量田制를 새로운 頃畝 量田制로 개혁하여 이로써
量田을 하고, 이를 魚鱗圖(地籍圖) 대장으로 작성함으로서 全國의 농지를 일
목요연하게 파악하도록 한다.

이와 함께 새로운 新井田制인 農業體制를 제대로 운영하기 위해서는,
鄕村制度·村里制度(4井＝村〈長은 村監〉, 4村＝里〈長은 里尹〉, 4里＝坊〈長은
坊老〉, 4坊＝部〈長은 部正〉 ― 縣) 그리고 軍事制度를 井田制에 상응하도록
개혁하지 않으면 안 되었다. 이들 村里制度의 村監, 里尹, 坊老, 部正들은
鄕村에서 新井田制의 농업생산을 이끄는 지도층이 되는 인물들이다.

둘째, 新井田制의 農業體制에서는 국가차원에서 農業生産을 分業化 組織
化 計劃化함으로서, 이를 합리적으로 관리 경영하도록 한다. 즉, 農業을 1,
田農(穀物 治9穀) 2, 園廛(果樹 種百果) 3, 圃畦(蔬菜 種百菜) 4, 嬪功(織造
出布帛) 5, 虞衡(造林 種百材) 6, 畜牧(牧畜 養六畜) 등 6科의 專門分野로 구
분하고, 이를 그 분야에 합당한 농민으로 하여금 자원 선택케 하고 專業的으

로 경영하도록 하였다. 어느 한 業을 고르면 그것을 專業으로 하고 兼業은
금하였다. 이는 農業의 社會的 分業化를 유도하고, 商業的 農業의 발달을 촉
진시키며, 農産業 전체를 활성화시키고자 하는 정책이라고 하겠다.

셋째, 현행의 田稅制度는 結負 量田制와 관련하여 근원적으로 불합리하였
으므로(結負制는 所出·租稅·地積을 組合한 제도로, 中世國家의 收租權 보장
에 중점을 둔 것이었다), 그 稅率이 堯舜之道(標準租稅), 즉 九一制 什一制가
되도록, 結負 量田制의 개혁과 병행하여 이를 대대적으로 개혁해야만 한다.

국가는 이 稅率의 田稅를 징수하기 위하여, 현행의 郡縣단위 結摠制(郡縣
단위로 정해 준 收租를 위한 田結數)를 개혁하되, 地域단위로 全 農地면적의
10분의 1을 公田으로서 확보하고(國有地, 買收地, 開墾地, 寄進地, 其他), 이
公田을 중심으로 井田9區(公田1區, 私田8區)를 형성하며, 田稅는 8區의 私
田농민이 공동 경작한 公田의 所出로서 수납하도록 한다. 농지를 井井方方으
로 구획할 수 없는 곳에서는, 융통성 있게 計數로서 井田을 구성하도록 한다.

넷째, 新井田農民에 대한 農地의 配分은 다음과 같은 原則으로 한다. 井
田은 農業生産의 증진 발전, 즉 治田에 일차적인 목표가 있는 것이지 民의
均産에 주 목표가 있는 것이 아니다. 그러므로 농지배분은 農者得田(耕者有
田)의 원칙으로 하되, 勞動能力의 多寡에 따라 차등을 두도록 한다. 勞動力
이 많은 農家(8人戶-原夫)에게는 100畝(1부-40斗落), 그것이 적은 農家(1夫
1婦-餘夫)에게는 25畝(1畦-10斗落)를 주도록 하였다. 勞動力의 수에 따라 2
畦 3畦를 받는 농민도 있을 것이다. 戶를 이루지 못한 농민은 成人이라도 井
田을 받을 수 없다. 이들은 6科 가운데 田農외의 다른 분야 농업에 종사하거
나, 戶를 이룬 뒤 井田을 받으면 될 것이다. 農業生産을 근면하고 집약적으
로 수행케 하기 위하여, 村里制度가 정해진 뒤에는, 井田농민의 住居地와 農
地(井田8區의 私田)가 일치하도록 조정한다.

이러한 井田8區의 농민들 가운데서도 중심이 되는 것은 原夫농민이었다.
茶山이 이들에 대하여 각별한 관심을 보이고 있었던 점으로서 보면(다음에
언급하는 勸農政策), 이들 가운데는 新井田制 農業改革 이전의 현실 농촌사
회에서도, 勞動力이 많고 農業生産·農業經營에서 활동적이었으며, 世上事
에도 일정한 識見이 있는 농민이 많았던 것으로 사료된다.

다섯째, '新井田論'도 봉건적인 地主制의 모순구조를 타개하고자 提起한 것이므로, 國有地(官屯田, 軍屯田)·王室有地(宮房田)가 新井田制 속에 편입되어야 함은 말할 것도 없었다. 私的인 大地主(竝作地主)들의 地主制도 이를 여러 가지 방법으로 점진적으로 新井田制의 機構 속에 흡수 개편하려는 것이 그 방향이었다. 그러나 新井田制의 시행 과정은 점진적으로 진행되는 것이었음으로, 한쪽에서 新井田制가 이미 시행되고 있어도, 다른 한쪽에는 地主制가 그대로 남아 있는 곳이 많을 수 있었다. 그러한 곳에서는 당분간 借耕地만이라도 新井田制(井田9區)의 원리로 구획하여 운영하도록 하였다. 이런 경우 1夫의 농민이 得佃 2區하는 것은 금하였다.

新井田制의 勸農政策 — 끝으로 들 것은, 茶山이 新井田制를 성공적으로 시행케 하기 위하여, 勸農政策을 추가로 규정하고 있는 일이다(『牧民心書』). 그것은 地方守令으로 하여금 해마다 농민들의 6科의 農業生産·農業經營을 考課하여, 그 성과가 우수한 농민 20명씩을 선발하여 中央의 官吏로 임명하며, 여기에 들지 못한 성적이 우수한 農民은 鄕職의 수여나 그밖의 施賞을 히지는 것이었다. 단, 6科 가운데 田農의 경우에는, 新井田8區의 井田농민 중에서도 생산과 경영 모든 면에서 모범이 되는, 原夫농민만을 그 추천 대상으로 삼는다. 이들은 新井田制 시행 이전부터 農業生産에서 농촌사회를 실질적으로 先導하고 있는 지도층이었다.

그러므로 이러한 勸農政策에서 보면, 茶山은 新井田制의 시행을 단지 農業發展·農業改革만을 목표로 하는 것이 아니었다고 하겠다. 그는 그것을 徐有榘의 典農官의 경우와 마찬가지로, 먼 앞날의 社會改革·政治改革의 문제와도 연계하여 추진하고 있는 것이었다고 하겠다. 그러한 점에서 그것은 社會勢力·政治勢力 형성의 한 방법이 되는 案이었다고도 하겠다. '新井田論'은 「田論」의 난점을 피해 가려는 절충안·타협안이었다고 하였지만, 그것은 외형상 그러할 뿐, 실질적으로는 「田論」 못지않게 權力層에게 수용되기 어려운 체제 변혁적인 改革案임이 분명하였다고 하겠다.

4. 『農政要志』의 水稻 乾播技術

水稻 乾播栽培를 위한 專門書의 편찬 ― 朝鮮 農業은 여러 가지 면에서 그 특징을 들 수 있지만, 그 가운데서도 중요한 것의 하나는 水稻를 乾播로서도 재배하고 있었다는 사실이다. 물론 이 경우의 水稻 乾播栽培는 旱田에 山稻를 재배함을 말하는 것이 아니라, 水田에 재배하는 일반 水稻를 물이 있으면 水播를 하고, 물이 없으면 乾播를 한다는 의미에서의 乾播栽培를 뜻한다. 『農事直說』의 種稻條에 '春旱 不可水耕 宜乾耕'이라고 하였음은 그것이다. 이같은 水稻의 재배법은 中國이나 日本에는 없었으며, 있었다 하더라도 큰 비중을 차지하는 것이 아니었는데, 朝鮮에서는 이것이 지역에 따라 그리고 봄 가뭄이 있는 해에는 중요한 耕種法이 되고 있었다. 朝鮮에서는 中國·日本과 自然條件이 다르고 水利施設이 발달하지 못한 가운데, 다른 나라에서는 보급되지 못한 水稻의 乾播栽培가 개발 보급되고 있는 것이었다.

水稻의 乾播재배는 역사적으로 그 기원이 오래였던 것으로 생각된다. 朝鮮초기의 『農事直說』이 그 旱地農業으로서의 재배원리를 명확하게 파악하고, 그 재배를 누구나가 쉽게 행할 수 있는 것으로 자연스럽게 제시했던 것은, 그러한 배경이 있음으로써 가능했던 것으로 이해된다. 더욱이 이 乾播法은 그 뒤 移秧法이 발달함에 따라 移植의 방법도 도입하여, 종래의 乾播法 외에 乾秧法을 또한 발전시키기도 하고, 잡초가 무성한데 除草가 어려울 경우에는, 水田에서의 反耕法을 도입하여 乾畓反耕法[89]을 보급시키고도 있었다. 朝鮮 농업에서는 乾播法이 다양하게 발달하고 있는 것이었다.

이 글에서 검토하고자 하는 『農政要志』는 이같은 水稻의 乾播栽培法을 기술한 농서로서, 이는 憲宗朝의 우의정 李止淵(號 : 希谷, 正祖 1~憲宗 7년, 1777~1841년)이 편찬한 책이다. 乾播에 관해서는 여러 農書들이 모두 水稻作을 논하는 가운데 그 일부로서 언급하였을 뿐, 乾播재배법만을 상세하게 다룬 農書는 보급되고 있지 않았는데, 그는 이때 이 農法을 보급시키기

---

89) 『農家月令』4월 中 小滿, 5월 中 夏至.
　　『山林經濟』卷1, 治農 種稻.
　　『農書纂要』下, 乾付種.

위하여 간략하지만 이를 專書로서 편찬했다. 그리고 종래 농서의 乾播法에
서는 그것을 소규모의 원예적 재배로서 다루는 경향이 있었는데, 이 농서에
서는 그것을 대량생산의 主 栽培法으로서 정리했다. 그러므로 이 농서를 검
토하면 우리나라 中世 최말기에 있어서의 水稻 乾播栽培의 기술적 특징, 즉
朝鮮 農業의 특징이나 그 農學 수준을 구체적으로 파악할 수 있을 것으로 생
각된다.

1) 旱害 對策과 乾播 論議

『農政要志』가 편찬된 것은 憲宗 4년(1838년)이었다. 그것은 이 책의 표
제 밑에 '戊戌右相時 筵奏後 條列行會諸道'라고 夾註가 붙어 있는 것으로서
알 수 있다.[90] 李止淵이 右相의 職에 있을 때 戊戌年은 憲宗 4년이었다.

『農政要志』의 編纂 계기 ; 旱災 — 그가 이때 이같은 農書를 편찬하게 된
것은 이 해의 旱災와 관련이 있었다. 이 해의 한재는 전국적인 것이었지만
특히 경기와 호서지방에서 격심하였다.[91] 20년 만의 대한발이 봄철에서 여
름까지 계속되었고[92] 따라서 그 피해는 컸다. 그래도 田穀은 稍登했으나[93]
畓農이 받은 피해는 막심하였다. 그 피해의 정도가 얼마만하였는가는 그 道
에서 요청한 給災結數로 짐작할 수 있다. 경기도에서는 事目災 1,000結과
不足災 12,573結 34負 3束의 劃給을 요청했으며,[94] 충청도에서는 事目災
2,000結과 不足災 34,843結 3負 1束을 요청하였다.[95] 이것은 정부가 收稅
하는 畓結에 대하여, 한발로 말미암은 농작의 실패를 이유로 그 免稅를 요청
한 수이므로, 반드시 전 農地의 피해 상황을 표현하는 것은 아니다. 그러나

---

90) 『希谷遺稿』권 9, 雜著 農政要志(國編委 소장). 『農政要志』는 본시 小冊子로서 여러 지방에
　　발송되었겠지만, 필자는 이를 보지 못하였고 文集에 수록되어 있는 것을 이용하였다. 夾註는
　　文集을 편찬할 때 기입했을 것이다. 國編委에는 이 遺稿와 함께 『希谷日錄』도 소장되어 있으
　　나 청사 이전 뒤의 미정리 관계로 이용하지 못하였다.
91) 『備邊司謄錄』227, 憲宗 5년 정월 2일, 23책, p.73.
　　『承政院日記』2356, 憲宗 4년 6월 10일, 117책, pp.644~645.
92) 『承政院日記』2356, 憲宗 4년 6월 10일, 117책, p.644.
93) 『備邊司謄錄』226, 憲宗 4년 8월 12일, 23책, p.16.
94) 『備邊司謄錄』226, 憲宗 4년 10월 16일, 23책, p.49. 이 경우 四都는 제외된다.
95) 『備邊司謄錄』226, 憲宗 4년 10월 7일, 23책, p.43.

그 피해 정도의 대체적인 상황은 보여준다고 하겠다. 이를 『萬機要覽』에 보이는 위 각 道의 時起畓結[96]과 대비하면 각각 그 77%와 57%에 해당하는 것이었다. 畿湖지방 특히 경기의 농작은 혹심한 피해를 입었다고 하겠다.

畓農의 이같은 災害는 旱魃의 계속으로 移秧을 할 수 없었던 까닭이었다. 이 해의 한발은 5월 말 6월 초의 降雨로 일단 해소되었지만, 이때까지 移秧을 한 水田은 적었고, 이 강우를 이용해서 移秧을 하기에는 그 계절이 너무 늦었다. 徐有榘는 이때의 사정을 다음과 같이 말하였다.

> 日作霖澤 高低周洽……第伏念 中庚已迫 秋節不遠 已移之秧 固喜其勃然興起
> 而此特十僅二三耳 若其依山高燥之地 原野乏水之田 仰饋待雨 一望陳蕪者 今雖
> 欲翻耕移挿 論以節序 恐無實穎實栗之暇[97]

移秧을 한 곳은 10분의 2, 3이고, 나머지 山地의 高燥한 논이나 물 없는 原野의 논은 모두 一望陳蕪의 상태인데, 계절은 이미 初伏이 임박하고 있다는 것이며, 따라서 이제부터 移秧을 해도 그 추수는 가망이 없다는 내용이다. 備邊司나 右議政 李止淵도 같은 생각이었다.[98] 그래도 移秧을 하는 사람이 더러는 있었겠지만, 이 해의 畓農은 결국 移秧을 못하는 가운데

> 畓穀殆半未移 貧民擧皆失農[99]

하는 결과를 불렀다. 水田의 경우 태반이나 移秧을 못함으로써 빈민들은 거개가 失農을 했다는 것이다. '移秧期에 旱魃을 당하면 失農을 하게 되니 移秧法에 대하여는 경계해야 한다'고 하는 것은 朝鮮初期 이래로 강조되어 온 移秧法에 대한 경고의 말이지만, 憲宗 4년은 바로 그러한 경고가 적중한

---

96) 『萬機要覽』 財用編2, 田結, pp.203~204.
97) 註92와 同.
98) 『備邊司謄錄』 226, 憲宗 4년 6월 3일, 22책, p.978.
    『承政院日記』 2356, 憲宗 4년 6월 10일, 117책, p.645.
99) 註93과 同.
    『承政院日記』 2358, 憲宗 4년 8월 12일, 117책, p.701.

해였다. 그러므로 이때 정부에서는 이럴 때 늘 그러했듯이 農業慣行을 재검
토하고 농민들을 계몽해야 할 것으로 생각하였다.

정부에서 판단하기로는, 이 무렵에 각 지방에서 畓農의 凶作을 호소하고
給災를 요청하게 된 것은 주로 旱災에 기인하고 있었다. 憲宗 5년의 勸農敎
에서 '比歲告災 惟旱爲最'100)라고 한 것은 그것이었다. 畓農의 旱災는 憲宗
4년의 일만이 아니라, 그 이전부터 여러 災害 가운데에서도 으뜸으로 많다
는 것이었다. 그런데 李止淵은 이같이 많은 畓農의 한재는 농민들의 農業慣
行과 관련이 있는 것으로 보았다. 그는 그것을

　　　近來畓農之偏被旱災者 卽寢廢付種 專尙移秧之故也101)

라고 단정하였다. 畓農에 한재가 치우치는 것은 농민들이 付種法을 버리
고 移秧法만을 존중하기 때문이라는 말이다. 憲宗 4년의 농작으로 보아 그
것은 사실임에 틀림없었다. 이 해의 災害는 移秧을 못한 데서 일어나고 있었
기 때문이다. 그러므로 그는 旱災에 대한 대책을 移秧法과 付種法의 문제를
중심으로 세우지 않으면 아니 될 것으로 생각하였다. 그리고 그러려면 이 두
農法의 장단점과 이 문제에 대한 世人의 여론도 충분히 파악하지 않으면 아
니 되었다.

旱災 對策논의 ; 移秧 付種의 이해관계 ― 旱災와 관련하여 移秧法(注秧)과
付種法의 이해관계를 논하는 것은 언제나 있는 일이었지만, 正祖 말년에는
특히 많은 사람이 참여하여 이 문제를 집중적으로 논의하였다(제IV편 제2논
문 참조). 그때에도 憲宗 4년과 마찬가지로 큰 旱災를 당하고 있었기 때문이
었다. 그리하여 그때에는 당시의 농업이 안고 있는 여러 가지 문제를 해결하
고자, 정부 차원에서 新農書의 편찬을 계획하고, 그 기초 자료의 수집을 위
해 국왕이 求農書 綸音을 내림으로써 많은 識者들로 하여금 『應旨進農書』를
바치도록 하였었다. 더욱이 국왕은 綸音에서 이 문제를 문제로서 제기하였

---

100) 『備邊司謄錄』 227, 憲宗 5년 정월 2일, 23책, p.73.
101) 『備邊司謄錄』 226, 憲宗 4년 11월 20일, 23책, p.59.
　　 『農政要志』, 奏條.

기 때문에, 많은 進疏者들은 그들이 생각하는 바를 자유롭게 제언했다. 이것
은 李止淵이 세상사를 알 수 있었던 22, 23세 때의 일이었으며, 노년기에
이르기까지 기억에 남을 수 있는 일이었다. 그러므로 移秧法과 付種法의 이
해관계에 대한 世論은 이때의 견해를 참고하는 것도 좋을 것이다. 이때에는
여러 가지 의견이 제시되었다.

移秧法 금지론 ;『應旨進農書』에서는 旱災의 원인이 移秧法에 있다는 데
대하여, 즉각 대증요법적인 반응을 보인 사람들이 있었다. 移秧法을 금지하
고 水稻는 付種法, 즉 水播와 乾播로서만 재배케 하라는 것이었다. 高燥田은
乾播, 下濕田은 水播를 하며, 봄 가뭄이면 乾播, 비가 오면 水播를 하면 된
다는 것이었다. 申在亨과 申綽의 견해가 그 예이다.

移秧法 금단론 ; 그러한 가운데서도 특히 전자는 移秧法은 농촌사회의
分解, 즉 부농층의 富益富와 빈농층의 貧益貧을 초래하는 원인이 되고 있다
는 점에서도, 이를 금지해야 할 것으로 생각하였다.102) 그리고 후자는 移秧
法은 노동력이 절약되는 데서, 廣農하는 농민들이 이를 추진하고 小農들도
이를 따르고 있지만, 移秧의 계절(4~5월)은 큰 가뭄의 계절이고, 또 廣農을
하면 盡地力하는 농작을 하기 어려우며, 특히 移秧法에서는 水田種麥을 함
으로써 지력을 모두 牟麥에 소진하게 되니, 벼가 잘 자랄 리 없다는 데서도
이를 금단해야 한다고 생각하였다.103) 그는 말하자면 소규모 토지를 付種法
으로 그리고 집약적으로 경영하면 旱災를 막을 수 있다는 것이었다. 이는 廣
農經營 억제와 小農經營 보호를 기술적 측면에서 강조하는 한 표현이었다.

移秧法의 획일적 금단 不可論 ; 그러나 移秧法을 획일적으로 금단해야 한
다는 데 대하여는 많은 사람들이 반대의사를 표시하였다. 금단을 말하는 사
람들보다는 획일적 금단의 불가를 말하는 사람들이 압도적으로 많았는데,
그 내세우는 이유는 여러 가지였다. 무엇보다도 중요한 것은 移秧法과 付種
法 사이에는 거기에 소요되는 노동력과 所出에 큰 차이가 있다는 점이었다.
安聖鐸은 그것을 '付種法은 生穀은 적은데 공력은 倍이고 移秧法은 생곡은
倍이나 공력은 半'104)이라고 하였으며, 金養直은 '1斗落地를 3除할 경우, 水

---

102)『日省錄』正祖 22년 12월 16일,『農書』8, pp.19~20.
103) 申綽,「新溪縣農書條對」,『農書』7, pp.93~94.

種·乾播에서는 그 노동력이 20인으로서도 부족하나, 移秧으로서 이를 다스리면 3인으로서 족하며, 따라서 禁秧을 하게 되면 4石落只를 경작하는 大農은 1石落只도 경작하기 어렵고, 常年의 경우에도 인력이 부족하여 陳廢田이 過半'이나 될 것이라고 하였다. 그뿐 아니라 그는 또 '水種·乾播가 逢旱·逢濕하게 되면, 功勞는 10배나 드는데 소출은 10斗에도 미치지 못한다'고도 하였다.105) 鄭文升도 같은 생각이어서, '移秧은 播種에 견주어 노동의 용이함과 비용의 절약됨이 10배나 차이가 나므로, 가난한 농민도 농지를 얻어 佃作을 할 수 있는 것인데, 지금 禁秧을 하고 付種만을 하게 되면, 10分의 힘을 들여 1分의 穀을 얻는 데 불과하므로, 살아 나가기 어려울 것'106)이라고 하였다. 그리고 그들은 이밖에도, 일체 禁秧과 일체 付種만을 하는 것은 불가하다는 이유를, 水田種麥107)이나 土品과 播種法과의 관계로서108) 말하기도 하였다.

無水根田에서의 移秧法 금지론 : 禁秧을 반대하는 사람들은 이같이 그 반대하는 이유를 들었지만, 그들도 移秧法이 付種法에 견주어 상대적으로 災害에 약하다는 사실은 인정하였다. 그들은 그것을 실제를 목격하고 체험하고 있었던 것이다. 康堯愼은 그것을 '금년의 경우로서 보면 水付種·乾付種은 모두 추수하는 바가 있었으나, 오직 늦게 移秧한 곳에서만은 旱害를 입었다'109)고 하였으며, 柳鎭穆은 그것을 '지난해의 일로서 말한다면 巨堰·大洑가 모두 말라 移秧을 한 곳에서는 추수를 하지 못했으나, 付種하고 힘써 가꾼 곳에서는 능히 추수를 하고, 乾播를 한 사람들은 그 거두는 바가 평년과 같았다'110)고 하였다. 물론 水播나 乾播라고 한재나 수재가 있을 때 전혀 해를 입지 않는 것은 아니었지만,111) 그렇더라도 한재가 닥친 해에는 付種을

---

104) 『日省錄』 正祖 23년 3월 19일, 『農書』 8, p.215.
105) 『日省錄』 正祖 23년 3월 28일, 同 上, pp.287~288.
106) 鄭文升, 「農書」, 『農書』 7, p.353.
107) 『日省錄』 正祖 23년 3월 19일, 『農書』 8, p.190.
108) 同 上, p.196.
109) 『日省錄』 正祖 22년 12월 22일, 『農書』 8, p.69.
110) 『日省錄』 正祖 23년 2월 11일, 同 上, p.134.
111) 『日省錄』 正祖 23년 3월 19일, 同 上, p.192.
　　　『日省錄』 正祖 23년 4월 19일, 同 上, p.327.

하는 것이 移秧을 하는 것보다 확실히 유리하였다. 그러므로 그들도 한재를
막으려면 일정한 범위 안에서 移秧을 금지하고 付種을 장려해야 할 것으로
생각하였다. 금지의 대상이 되는 것은 移秧에 적합하지 않은 水田이었다. 그
들은 농지의 조건을 고려하여 耕種法을 융통성 있게 조정하자는 것이었다.

농지는 여러 가지 방법으로 구분되고 있었지만, 그 중심이 되는 것은 有
水根田과 無水根田으로 구분하는 것이었다. 많은 사람들이 이러한 원칙을
전제로 水田을 구분함으로써 旱災문제를 해결하려 하였다. 有水根田에 대해
서는 移秧을 금지할 필요가 없으며 移秧을 하건 付種을 하건 생산자의 자유
에 맡겨야 한다는 것이었고, 無水根田에 대해서는 移秧을 금지하고 付種, 특
히 乾播를 하도록 유도해야 한다는 것이었다. 이같은 제언에서 本稿와 관련
하여 주목되는 것은 후자의 경우이다.

無水根田으로서는 무엇보다도 高燥田이 지목되었다. 높은 곳의 水源 없는
논이었다. 林博儒는 分畓三等해서 耕種를 달리할 것을 말하면서 '高燥하고
水根이 없는 곳에서는 付種(이 경우는 乾付種)토록 하되 변동할 수 없게 하
라'112) 하였으며, 李東膺은 '大澤·廣堰 아래 引水가 가능한 곳 이외에는 모
두 移秧을 금하되, 高燥한 논에는 미리미리 乾播를 하도록 하라'113)고 하였
다. 그리고 卜台鎭은 '高燥平野之處로서 비를 기다려 種稻를 하는 곳에서는
모두 초봄에 乾播를 하라'114)고 하였다. 그러나 無水根한 것이 반드시 高燥
田만인 것은 아니었으며, 水源이 없을 때 移秧을 할 수 없는 사정은 평야지
대에서도 마찬가지였다. 그러므로 鄭文升은 '평야에 있는 水田이라 하더라
도 사방에 계곡(水源)이 없어서 水付와 移秧이 모두 어려운 곳은 乾播를 해
야 하는 곳'115)이라고 하였으며, 安聖鐸은 '山地나 평야를 막론하고 反畓·
乾畓으로서 天水에만 의존하는 곳에서는 長豊(延豊)의 예에 따라 때를 맞추
어 乾播를 해야 한다'116)고 하였다.

---

112) 『日省錄』 正祖 23년 2월 11일, 同 上, p.155.
113) 『日省錄』 正祖 23년 4월 19일, 同 上, p.323.
114) 『日省錄』 正祖 22년 12월 16일, 同 上, pp.41~42.
115) 鄭文升, 『農書』, 『農書』 7, p.352.
116) 『日省錄』 正祖 23년 3월 19일, 『農書』 8, p.216·314.

地域에 따른 旱災 대책론 ; 농지를 移秧을 할 수 있는 곳과 付種을 해야 하는 곳으로 구분하는 시도는 지역별로 이뤄지기도 하였다. 康洵이 전국을 三南 · 兩西 · 畿輔兩關지역으로 나누어 논한 것은 그 예이다.117) 그는 三南지역에서 흉년이 자주 드는 것은 水田에 種麥을 함으로써 晩移를 하게 되고, 乾播에 적합한 高燥地에서도 제초의 勞를 피하여 乾播를 하지 않는 데 있는 것으로 봄으로써, 이 지역에서 한재를 막기 위해서는 水田種麥을 금하고 高燥地에서는 모두 乾播를 하도록 해야 한다고 하였다. 그리고 畿輔兩關지역은 농지가 가장 磽确하여 百穀이 잘 안 자라는 곳이지만, 水田에서는 付種乾播를 함으로써 흉년이 드는 바가 三南보다는 적으므로, 이 지방에서는 전적으로 水付種과 乾播에 힘쓰는 것이 좋다고 하였다. 兩西지역에 관해서는 衣食이 三南에 다음가는 지역으로 粟田이 많고 稻田이 적어 旱災가 적다고만 말했을 뿐, 그 稻田의 耕種法을 말하지 않았는데, 이는 이 지역의 水稻耕種法이 三南지방의 그것에 비하여 한재에 노출되는 바가 적었던 까닭으로 생각된다.

耕種法의 지역별 관찰과 대책은 李大圭도 내놓았다. 그는 전국 각 지방의 農業慣行을 개관하고, 이를 三南지방과 兩西 · 關輔지방으로 대별하여 논하되, 전자에서는 水旱災가 잦고 후자에서는 그것이 적은 것에 주목했으며, 그 이유를 農事의 방식이 다른 데 기인하는 것으로 파악하였다. 三南에서는 水田에 偏務하고 兩西 · 關輔에서는 山田도 兼治하는 까닭이라는 것이었으나,118) 水田의 耕種法에 차이가 있는 것이 고려되었음은 말할 것도 없겠다. 그리하여 전자에서 한재를 막기 위해서는 '無水之田에서 移秧을 하는 것을 모두 乾播토록 할 것'119)을 말했으며, 그가 사는 지역인 湖南지방이 왕왕 水田種麥과 晩移로 한재를 입는다고 하는 것에 대해서는, 이는 民力不齊와 民의 게으름에 기인하는 것으로 보고 이를 시정해야 한다고 하였으며, 그 근본적인 방안은 가난한 농민에게 土地를 주는 均田制의 시행이라고 하였다.120)

---

117) 康洵, 「進御農書」, 『農書』 7, pp.56~57.
118) 李大圭, 「農圃問答」, 同 上, p.167.
119) 李大圭, 「農圃問答」, 同 上, p.183.
120) 李大圭, 「農圃問答」, 同 上, pp.169~174, pp.217~218.

물론 후자에서도 문제가 없는 것은 아니었다. 그는 畿湖關嶺지방에서도 乾播를 피하고 全務水種하다가 失農하고 있음을 아쉽게 생각했으며,[121] 따라서 이 지역에서도 乾播에 힘써야 할 것을 바라는 것이었다. 그러면서 李大圭도 兩西지역의 水稻재배에 관하여는 언급이 없었다. 한재와 관련하여서는 이 지역의 耕種法을 논할 필요가 없었던 까닭이었을 것이다.

西北・海西지방의 水稻 乾畓재배론 ; 移秧法으로 말미암은 한재를 말하면서 兩西지역의 그것을 논외로 하고 있는 것은, 이 지역의 水稻耕種法의 중심이 移秧法이 아닌 데서 연유하고 있었다. 이 무렵의 인물인 禹夏永은 西北지방의 水田農業을 말하되

> 龍灣直路以西 田畓相半 以東 田多畓少 無論東西 畓皆播種 不注秧[122]

이라 하였으며, 海西지방의 그것에 관해서도

> 大路以東 田多畓少……畓皆播種 不注秧……大路以西……田畓相半 信載延白最多畓 亦播種 不注秧[123]

이라고 기술했다. 이러한 기술이 전적으로 정확한 것은 아니었지만, 兩西지역의 水稻作을 三南지방의 그것과 비교하여, 그 대체적인 경향을 말하고자 하는 것이었다면, 그대로 인정되어도 좋을 것이다. 그런데 이 兩西지역에서는 벼농사를 모두 播種法(付種法)으로서 하고 移秧法으로 하지 않는다는 것이었다. 播種法은 논에 물이 있으면 水播를 하고 물이 없으면 乾播를 하는 것이었으므로, 移秧法에 의한 벼농사가 秧基에 注秧을 하고 苗種處에 移秧을 하려다 移秧期에 한발을 만나 凶災를 당하는 것과는 달랐다. 그리고 그런 가운데서도 西北지방에는 특히 乾播法이 널리 보급되고 있었으며, 지역에 따라서는 乾播法이 水稻재배의 중심이 되기도 하였다. 肅川府使로서『應旨

---

121) 李大圭,「農圃問答」, 同 上, p.184.
122)『千一錄』卷1, 山川風土關扼 西關,『農書』10, p.404.
123)『千一錄』卷1, 山川風土關扼 海西, 同 上, p.414.

進農書』를 올린 任長源은 그곳 사정을

> 夫農之爲功 惟水是賴 三南之多稔 無他焉耳 而西北則乾播而旱耘 惟待自天之有
> 霣124)

이라고 기술했다. 이곳은 水源이 없고 水利시설을 할 수 없는 조건 아래에서, 三南지방과는 달리 乾播를 하고 乾耘을 하고 있다는 것이며, 오직 하늘에서 비가 오기만을 기다린다는 내용이다. 그러므로 그는 이곳에서도 '雨晩則歉 旱久則荒'125)이라고 하여 비가 늦게 오거나 가뭄이 오래 계속되면 흉년이 든다고 하였다. 그러나 물론 이 경우의 한재가 移秧法이 당하는 그것에 비하여 그 심각성이 덜한 것임은 말할 것도 없었다.

任長源은 남쪽에서 생장했고 남부지방 농업에 익숙했으므로, 西北지역의 농업에는 생소하였다. 그가 보기에 이곳 농업은 지극히 '空疎'하고 '疎略'하였다. 그러므로 그는 이곳 西北지역의 농업을 三南지방과 같은 集約的 농업으로 개량해야 할 것으로 생각했다. 水稻作으로서 말한다면 水利施設을 갖춤으로써 乾播農業을 移秧農業으로 바꾸려는 것이었으리라 생각된다. 그러므로 그는 田野를 踏驗할 때마다 농민을 불러 모아 남부지방 農法으로서 농사할 것을 권유했다. 그는 남부지방 농법을 열심히 가르치기도 하였다. 그러나 농민들은 府使의 이같은 勸農에 별로 귀를 기울이지 않았다. 그같은 농법은 風氣・土性의 차이 때문에 남쪽에는 적합하지만 서북지역에는 적합하지 않다고 보는 데서였다. 그리하여 府使는 이것이 '千百年 流來之習'으로서 强勸 勒行케 할 수 있는 일이 아니라고 생각하면서도 지극히 아쉬워했다.126) 水利문제가 해결되지 못하고 있는 상황에서 西北人은 서북지역에 적합한 乾播農業을 발전시키는 수밖에 없었다.

西北지방의 水田農業을 그 지방의 자연환경과 관련하여 고찰하면, 그 乾播法이 그 風土에 적합했음은 말할 것도 없거니와, 그곳 농민들의 농사하는

---

124) 任長源,「農疏」,『農書』7, pp.318~319.
125) 同 上.
126) 任長源,「農疏」,『農書』7, pp.311~314.

방법도 任長源이 말하듯 그렇게 공소하고 소략한 것이 아니었다. 禹夏永은
전국 각 지방의 농업관행을 정리하면서 이 지방의 농업관행을 말하되,

> 其中 食力之農民 着力甚勤 春夏農疇 早出暮入 平郊廣野 男女遍畝 倂力鋤耰
> 齊唱農謳 怳然有西邠力穡之風焉127)

이라고 하였다. 농민들이 대단히 근면하여서 農繁期에는 아침 일찍 들에
나가고 저녁 늦게 돌아오며, 평야지대에서는 남녀가 들에 가득 차 鋤耰작업
을 공동노동으로 같이 한다는 것이었다. 여기서 平郊廣野에서의 작업은 水
田, 특히 乾播할 논에서의 整地작업과 乾播 뒤의 中耕除草작업의 광경을 묘
사한 것으로 생각되는데, 그는 이러한 농업관습을 周나라 때의 그것에다 비
유하기까지 함으로써 극찬하였다. 粟을 재배하는 田作技術은 특히 발달해
있었다.128) 그가 보기에 서북지방의 농업은 지극히 모범적인 것이었다.

2)「農政要志」의 編纂과 그 農業技術의 標本

憲宗 4년의 旱害대책 ; 부분 移秧, 부분 付種 ― 憲宗 4년의 旱害대책은 正
祖 말년의 旱害대책, 즉 禁秧·乾播 논의가 있은 지 불과 40년이 지난 뒤의
일이었다. 그 논의에 참여한 사람도 아직 살아 있고, 정부에는 아직도 그때
의 기록이 보존되어 있는 때였다. 아마도 移秧으로 말미암은 한해대책이 문
제되었을 때 많은 사람들은 正祖 말년의 대토론을 상기했을 것이고, 또 그때
의 기록을 참고하기도 하였을 것이다. 그리고 水利問題를 근본적으로 해결
하지 못하는 가운데 내놓을 수 있는 대책이라면, 앞에서 이미 논의한 바와
같은 방법 이외에 다른 어떤 묘안이 있을 수 없다는 사실도 알았을 것이다.
그리하여 右議政 李止淵은 마침내 憲宗 4년의 한해대책에서 어떤 결론을 내
리지 않으면 아니되었다. 그는 그것을 두 계통으로 분류하여, ① 移秧을 할
수 있는 곳, ② 付種을 해야 하는 곳으로 정리 상주하였고, 國王의 결재를
받았다. 그 요점은 다음과 같다.

---

127)『千一錄』卷1, 山川風土關扼 西關,『農書』10, p.405.
128) 同 上.

地形與水源之不可不移秧處 惟當循勢相時 不必苟禁 至於前所付種 而今爲移秧
者 及野地之强爲灌引者 高燥之專望天水者 令地方官 躬行審視 曉告農民 必使
付種 毌復移秧129)

　①은 地形으로 보아 부득이 移秧을 하지 않을 수 없는 곳이나 水源이 있는
곳은 移秧을 금할 필요가 없으며, ②는 물이 없는 지역, 즉 전에 付種한 곳으
로 지금 移秧을 하고 있는 곳, 넓은 들에서 억지로 물을 끌어다 농사를 하는
곳, 天水에만 의존하는 乾燥한 곳 등에서는 반드시 付種을 하고 移秧을 못하
도록 하자는 방안이었다. 李止淵이 생각하기에 이같이 하면 큰 한발을 당하
더라도 '全然無秋'하는 데까지는 이르지 않으리라는 것이었다. 그의 한해대
책은 正祖 말년의 한해대책 논의, 그 가운데서도 部分禁秧論과 흡사하였다.
그리하여 이러한 대책은 各道에 시달되고, 각도는 列邑에 지시하여, 이를 坊
曲에 揭諭토록 하였다. 그리고 이듬해의 歲首勸農敎에서도 이는 '水則移之
乾則播之'130)의 표현으로 재확인되고, 전국의 方伯守令과 一般民에게 下敎
하여 이 원칙에 따라 농사할 것이 지시되었다.

　憲宗 4년 旱害대책의 難點 — 정부의 이같은 조치는 移秧法이 旱災의 원인
이 되고 있을 때 취해질 수 있는 상투적 소극적 대책이었다. 그렇게 하는 것
으로서도 파국적인 災害를 최소한으로 줄일 수는 있었을 것이다. 그러나 그
러한 旱害대책이 지시되었다 하더라도 농민들이 農業生産을 실제로 그러한
지시, 그러한 원칙으로 수행할 것인가는 별개 문제였다. 常年의 경우라면 付
種法은 移秧法에 비하여 생산 과정상에서 대단히 불리하였기 때문이다. 앞
에서 이미 여러 예를 제시하였지만, 付種法은 移秧法에 비하여 中耕除草 과
정에서 노동력이 많이 드는 耕種法이었다. 乾播는 특히 공을 많이 들이지 않
으면 아니 되었다. 移秧과 旱災의 관계를 논하는 사람들은 누구나 이러한 점
을 지적했지만, 이는 이 시기 農書에서도 지적하고 있는 사실이었다. 『農書

_____

129)『備邊司謄錄』226, 憲宗 4년 11월 20일, 23책, pp.59~60.
　　『承政院日記』2361, 憲宗 4년 11월 20일, 117책, p.806.
　　『農政要志』奏條.
130)『備邊司謄錄』227, 憲宗 5년 정월 2일, 23책, p.73.

纂要』에서는 그것을

> 付種之法不一 濕田水付 旱田乾付 此農家之古方 而備旱之要道也……雖然 亦不
> 可以膠守此法 何者 卑下黏埴之地 百倍鋤工 草益盛而苗漸衰 是以 注秧十畝之
> 家 付種不過二畝 難以鋤治 故不得已 注秧然後 可盡其地力也[131]

라 하였으며, 『林園經濟志』에서는 특히 乾播에 관하여

> 水田之艱水者 播種於乾土 苗長而雨洽則灌之 俗謂之乾播 亦稱乾付種 農功之最
> 艱者也 第一要春旱 第二要土極細膩 第三要鋤工周到 三者闕一 則苗藏同孔而出
> 不可復治[132]

라고 하였다. 전자는 付種法의 장점을 備旱策으로서 인정하면서도 그 中
耕除草에 소요되는 노동력, 특히 黏埴田에서의 鋤工의 어려움 때문에 移秧
을 하지 않을 수 없다는 것이었으며, 후자는 乾播栽培를 농사일 가운데에서
도 제일 어려운 것으로 보고, 乾播가 성공하려면 조건이 맞아야 한다고 하였
다. 乾播의 조건은 春旱하고 土性이 부드럽고 기름짐과 아울러 거기에 있게
되는 中耕除草작업이 周到하지 않으면 아니 된다는 것이었다. 어느 경우나
付種法은 移秧法에 비하여 공이 많이 들고, 노동력이 많이 소요되는 농법임
을 말하고 있었다. 이는 付種法의 취약점이 아닐 수 없었다.

이러한 사정은 李止淵도 정확하게 파악하고 있었다. 그는 앞에 제시한 바
旱害대책을 上奏하는 글 가운데서, 농민들이 付種法을 버리고 移秧法을 취
하게 되는 이유를

> 盖付種則必四耘五耘 而方能食實 移秧則不過二三耘 可收全功[133]

---

131) 『農政纂要』上, 相土宜.
132) 『林園經濟志』本利志 卷5, 稻類 乾播法.
   『杏蒲志』卷2, 種植 種稻.
133) 註129와 同.

이라고 설명하고 있었다. 付種法은 移秧法보다 中耕除草작업을 곱절이나
더 해야 하기 때문이라는 것이었다. 여기서는 中耕除草작업의 횟수만으로서
비교했을 뿐, 그 제초시의 소요 노동력을 말하지 않았는데, 그것까지를 계산
에 넣으면 더 큰 차이가 나는 것이었다. 移秧法은 付種法에 비해 확실히 유
리하였다. 그래서 그는 移秧法의 耕種法으로서의 장점을 지적하되,

> 夫移秧者 農家之妙方也……雨若及時 則不多日用力 以詑秧功 至於除草 不甚艱
> 險 且其穀出 則比他猶勝 農民之所以滋味而惑焉者 良以此也[134]

라고 말하기도 하였다. 移秧法은 비가 제때(5월)에 오기만 하면 여러 날
勞動力을 들이지 않고 모내기를 마칠 수 있으며, 제초는 어렵지 않고 소출은
付種法보다 오히려 많다는 점에서 농가의 妙方이라는 것이다. 농민들이 移
秧法을 좋아하는 것도 바로 이 때문이라고 보았다. 그는 移秧法과 付種法의
장단점을 정확하게 파악하고 있는 셈이었다. 그런 점에서 그의 한해대책에
는 어떤 면에서 무리와 불합리가 있는 것이기도 하였다.

旱害대책 難點의 해소 ; 『農政要志』의 편찬 — 그러므로 李止淵이 右相으로
서 한재에 대비하는 그의 農政策을 성취하기 위해서는, 付種法 특히 乾播法
이 안고 있는 단점·결함을 해결할 수 있는 방안도 아울러 제시하지 않으면
아니 되었다. 勞動力의 多寡는 곧 소요 경비의 다과를 뜻하는데, 경비가 적
게 드는 移秧法을 버리고 만일을 위해서 그것이 많이 드는 付種法을 택하라
고 하는 것은 무리한 요구, 불합리한 처사이기 때문이다. 李止淵은 이같은
사정을 충분히 인식하고 있었다. 그가 『農政要志』를 편찬한 것은 그같은 문
제의 해결방안을 제시하기 위해서였다. 그리하여 그는 앞에 언급한 한해대책
을 諸道에 行會할 때 이 방안(『農政要志』)도 함께 첨부하여 지시하게 되었다.

『農政要志』는 全文 13葉의 간략한 책자로서, 농민들이 水稻 乾播농업을
쉽게 할 수 있도록 그 栽培 요령을 정리한 것이었다. 간략한 책자이기는 하
였지만 乾播재배만을 專論한 農書라는 점에서 특이한 책자였다. 종전에도

---

134) 『農政要志』 乾播移秧順天時違天時總論.

乾播法을 기술하지 않은 農書는 없었지만, 그것은 一般農書·綜合農書 속에
서의 한 항목으로 다루었을 뿐, 乾播재배만을 상세하게 다룬 전문서가 되지
는 못하였다. 그런 점에서 이 농서의 乾播재배에 관한 기술은 이 문제에 관
한한 質·量 어느 면에서나 종전의 기술을 월등하게 뛰어넘는 새로운 기술,
따라서 새로운 農書가 되는 것이었다고 하겠다.

『農政要志』의 標本 ; 平安道 乾畓재배법 — 그러나 이 농서는 李止淵이 독
창적으로 개발한 새로운 栽培法을 기술한 것은 아니었다. 『農政要志』의 농
업기술은 水稻 乾播농업이 가장 특이하게 발달하고 있는 平安道 지방의 農
法을 標本으로 하여 정리한 것이었다. 앞에서 살핀 바와 같이 이 지역의 水
稻作은 평야지대의 경우 주로 乾播재배로서 이뤄지고 있었으며, 中部지방
이남의 水稻作에 비하여 旱災에 강하였다. 그는 본시 이같은 사실을 잘 알고
있었을 것이지만, 이때에는 右相의 자리에 있었으므로 이 지방의 乾播농업
을 다시 조사하고 확인하였을 것으로 생각된다. 그리하여 그가 구체적으로
한해대책을 마련하지 않으면 아니 되게 되었을 때, 그는 몇 가지 점에서, 이
지방의 水稻 乾播재배법을 그 대책으로서 최선의 방안이 될 수 있을 것으로
재확인하였으리라 믿어진다.

『農政要志』의 농업기술을 平安道 지방의 그것을 標本으로 하여 정리한 것
이라고 보는 이유는 몇 가지가 있다. 그것은 이 농서를 검토해 나가면 분명
해진다.

첫째로 주목되는 점은, 付種法으로 농사를 하면 큰 흉년이 들어도 전면적
으로는 失農을 하지 않는다는 것이 傳統的 農學이나 여론 및 李止淵 자신의
이해였는데, 그는 그러한 사례를 平安道 지방의 농업에서 구체적으로 보고
확인하고 있었다는 사실이다. 그는 그것을 다음과 같이 기술하고 있었다.

今有能近取譬者 平安一道 都無移秧法 以春耕爲主 乾畓則乾播 水田則水播 自
春分至芒種 百穀皆播 夏至以後 則靑滿于野 更無待時僥倖之事 故雖當歉年 野
無一片之廢畓 猶有半農之可食[135)

---

135) 同上.

이는 移秧法으로 농사하는 사람들이 農節이 되었는데도 春分·淸明을 등한히 넘기고 穀雨·立夏를 무심히 보내고서 芒種·夏至에 이르러서야 농사일을 시작하다 비가 오지 않으면 마침내 큰 흉년을 당하여 流離四方하게 되는 사정을 말하고, 이와 비교하여 平安道의 농업사정은 그렇지 않음을 말한 것이었다. 즉 그가 보는 바에 따르면 平安道에는 移秧法은 없으며, 春節이 되면 乾畓에는 乾播를 하고 水畓에는 水播를 함으로써 夏至 이후가 되면 벌써 靑苗가 넓은 들에 가득 찬다는 것이며, 따라서 큰 한발을 당하더라도 播種이 안 되어 陳廢되는 畓이 없고, 결실이 잘 안 된다 하더라도 半 수확은 해서 먹고 살 수 있다는 것이었다. 이러한 사실은 정책입안자인 그에게는 대단히 중요하였을 것으로 생각된다. 그는 큰 旱災를 당하고서도 묘안이 없어서 고심하고 있었으므로, 136) 平安道 지방의 이러한 농업사정은 그에게 문제해결을 위한 좋은 자료가 될 수 있었으며, 中部지방이나 南部지방 농민들에게 그의 方案을 자신있게 제시할 수 있는 근거가 될 수 있었으리라 믿어진다.

다음으로 주목되는 점은, 乾播재배에서 요구되는 과다한 노동력문제의 해결방안을 그는 平安道 지방의 水稻 乾播지대의 농업에서 발견하고 있었다는 사실이다. 이는 그가 平安道農法을 주목하지 않을 수 없었던 보다 큰 이유이었을 것으로도 생각된다. 일반적으로 농민들이 付種法·乾播法을 기피하는 중요한 이유는, 그 農法에서는 治田과 中耕除草에 드는 노동력이 移秧法에서의 그것보다 월등히 많이 드는 데 있었으므로, 그가 한해대책으로서 농민들에게 乾播法 시행을 요구하기 위해서는, 이같은 문제의 해결이 반드시 선행되지 않으면 아니 되었다. 그런데 그가 보기에 평안도 지방의 乾播재배법은 바로 그러한 문제를 해결하고 있는 農法이라는 것이었다. 그는 그것을 다음과 같이 구체적인 예로서 기술하고 있었다.

① 如平安道之義州楊下坪·定州大明坪·安州三千坪·肅川補民垌　皆是近百里
　　之地　而乾播之外　更無他法　一室之內一夫一婦　能作三四石庫　若果破塊之爲

---

136) 註98의 『承政院日記』.

難 則安得如是大作乎137)

② 大抵乾播之所忌者 以其除草之極難也 以其出穀不如移秧也 而至於此法 則有
此空地 而能易於除草 能生其所穀者也138)

이는 특히 水稻 乾播法에서의 播種 전 治田과 파종 뒤 除草作業의 어려움
을, 그가 제시하는 農法으로서 행하면 지극히 쉽게 할 수 있다는 사실을 말
한 것이었다. 즉 ①은 평안도 지방의 水稻 乾播지대인 義州楊下坪·定州大
明坪·安州三千坪·肅川補民垌 등에서는 1夫 1婦의 농가에서도 乾播로서
3~4石庫씩이나 경작하고 있는데, 그 農法이 만일에 治田이 어려운 것이라
면 어떻게 그만한 大農경영을 할 수 있겠느냐는 것이며, ②는 농민들이 乾播
재배를 꺼리는 이유는 除草작업이 極難하고 出穀이 移秧만 못한 까닭인데,
그가 제시하는 농법으로써 乾播를 하면 除草는 용이하고 所出穀도 능히 그
만큼 낼 수 있다는 것이었다. 뒤에 다시 언급되겠지만, 그는 이 농법으로써
乾播재배를 하면 하루 20인이 소요되는 제초작업을 1人 1牛로서 처리할 수
있다고 보았다. 이는 결국 勞動力문제의 해결방안을 평안도 지방의 乾播농
업을 통해서 찾고 있는 것이 아닐 수 없었다.

끝으로 들 수 있는 점 그리고 가장 분명한 점은, 그가 제시하고 있는 농업
기술은 우리가 알고 있는 平安道 지방의 乾畓재배법과 많은 점에서 같다는
사실이다. 이 지방의 건답재배에 관해서는 이미 1900년대와 1910·1920년
대에 日本人 관리·학자들이 조사 보고한 바 있어서, 그 특성이 널리 알려져
있는 데,139) 『農政要志』의 내용은 바로 그러한 보고서들의 기술과 많은 점에
서 같음을 볼 수 있다. 그 구체적 내용은 뒤에 기술하는 바와 같지만, 우리는
『農政要志』에서 이 보고서들의 원형 일부를 볼 수 있다고 해도 좋을 것이다.

---

137) 『農政要志』 乾播待時而耕.
138) 『農政要志』 耡舍(보십)作畝之例.
139) ① 日本農商務省, 『韓國土地農産調査報告』 平安道, pp.183~184, 1906.
　　 ② 武田總七郎, '學理上에서 본 乾播栽培法'(『朝鮮彙報』 5-4, 1916) ; 『朝鮮農會報』 11-5(1937).
　　 ③ 武田總七郎, 『實驗麥作新說』, 附錄, 平安南北道에 있어서의 乾稻栽培法, 1929.
　　 ④ 朝鮮總督府勸業模範場, 『平安南道에 있어서의 乾畓』, 1928.
　　 ⑤ 朝鮮總督府勸業模範場, 『朝鮮의 在來農具』, 1925.

3)『農政要志』乾播技術의 體系

『農政要志』乾播재배의 作業과정 ― 李止淵은 西北지방의 水稻 乾播農法을 표본으로 하여『農政要志』를 기술하였지만, 그러나 그것은 단순히 西北지방의 農法을 잡다하게 수록하고 있는 것이 아니었다. 西北지방은 넓고, 따라서 지역에 따라 그 栽培法은 다양하였다. 그는 그것을, 海西지방의 農法도 참작하면서, 그의 시각에서 취택 정리함으로써, 中部 以南 지방의 농민도 그 재배법을 쉽게 이해하고 받아들일 수 있도록,『農政要志』의 乾播法을 간단명료하게 체계화하였다. 그러므로『農政要志』의 기술이 서북지방의 乾播농법을 표본으로 했다 하더라도, 서북지방의 어느 곳에서나 모두 이 방법과 꼭같게 乾播를 하고 있는 것은 아니었으며, 또 여기 기술된 이 농업기술이 반드시 서북지방 乾播栽培法의 대표격이 되는 것도 아니겠다. 그러나 그렇더라도 李止淵이 정리한 이 乾播농법의 원리가 서북지방 전체의 乾播재배에 공통되는 것이었음은 말할 것도 없겠다.

그가『農政要志』에 기술한 乾播技術은 6개의 작업과정으로 구성되어 있다. 待時而耕・起耕作畝・落種・其曳覆種・刀曳除草・盪土興起가 그것이다.[140] 作物의 재배에 관하여 기술하려면 이밖에도 더 언급해야 할 중요한 작업 과정이 있었겠지만 그는 그같은 문제는 생략하였다.『農政要志』는 중부 이남 사람들로 하여금 서북지방의 乾播농법을 받아들이는 데, 특히 유의해야 할 요점만을 기술하는 것을 목표로 했기 때문이었을 것이다. 그밖의 작업은 一般 水稻作의 경우와 같이 하면 되었다.

待時而耕 ― 乾播栽培에 관하여 李止淵이 먼저 주목한 것은 乾畓의 起耕 시기였다. 水稻를 乾播재배하려면 土壤條件이 중요하기 때문이다. 일반적으로 지적되고 있듯이 乾播를 할 수 있는 土壤은 '土極細膩' '土性柔細' '土渴塵揚' '播處生塵'하는 상태가 아니면 아니 되었다.[141] 흙은 반드시 곱고 기름지고 부드러우며 습기가 없어 흙먼지가 이는 상태가 아니면 아니 된다는 것이

---

140)『農政要志』乾播摠論.
141) 註132의『林園經濟志』와『杏蒲志』.
　　『日省錄』正祖 23년 3월 19일,『農書』8, p.196.
　　鄭文升,「農書」,『農書』7, p.352.
　　『日省錄』正祖 23년 3월 28일,『農書』8, p.287.

다. 그래서 乾播를 거부할 경우에는 왕왕 土品이 그렇지 않음을 이유로 들기
도 하고 또 그렇게 碎土를 하려면 노동력이 많이 든다는 점을 들기도 하였
다. 그런데 그는 그같은 점이 문제가 된다면 碎土를 쉽게 할 수 있으면 되고,
碎土를 쉽게 할 수 있으려면 그렇게 할 수 있는 시기를 기다려 起耕하면 된
다고 생각하였다. 그가 乾畓의 起耕을 '待時而耕'하라고 표현한 것은 그 때문
이다. 그는 그같은 시기를 다음과 같이 기술했다.

> 待時者 待其易於耕也……春之三四月 土地漸乾 小無濕氣之蒸潤 則土脉和解 受
> 耟而順 塊不爲硬 破之如粉 此之謂可耕之時也 若不待時 而有濕氣者耕之 則土
> 塊奮起 破之極難 雖破之 土粉不生 種與土不相和好……又或過時而耕 則其土太
> 强 細粉不生 此之謂過不及……是故 不濕不燥 謂之耕時 若得耕時 則土塊雖或
> 小起 而破之粉散 夫何用力之太過哉[142]

이에 따르면 그 기다리는 시기는 起耕을 쉽게 할 수 있는 때로서 그것은
3·4월이었다. 이때가 되면 논이 점점 건조하여 습기의 증발이나 스며드는
바가 없으며, 土脈이 잘 풀려 쟁기날을 잘 받고, 土塊가 굳지 않아서 碎土하
면 흙이 가루와 같이 된다는 것이다. 水稻를 乾播할 수 있는 土壤이 형성됨
을 말하는 것이다. 만일 이같이 하지 않고, 아직 습기가 있는 畓을 起耕하거
나 시기가 지난 다음 起耕하게 되면, 축축한 흙덩이가 크게 일거나 土塊가
강하여 碎土하기 어렵고, 土粉 細粉이 생기지 않는다고 보았다. 그러므로 乾
播재배에서의 起耕은 畓面의 흙이 습하지 않고 燥하지 않을 때 하는 것이 그
시기라는 것이며, 이때를 기다려 起耕하면, 土塊가 좀 일더라도 碎土하면 그
것은 가루와 같이 흩어지므로 노동력이 그렇게 많이 들지 않는다고 보았다.
그는 이같은 起耕의 시기를 內陸지방이나 海濱지방 어느 경우에도 해당하
는 것으로 말했다. 후자는 平安道지방의 水稻 乾播지대와 같은 斥鹵한 곳이
었으며, 畿內의 仁川坪이나 南陽坪도 비슷하다고 보았다. 혹 논자들 가운데
는, 乾播를 海畓에만 적합하고 다른 농지에는 적합하지 않는 것으로 보기도

---

142) 『農政要志』 乾播待時而耕.

하였지만,143) 李止淵은 그렇게 보지 않았다. 그는 오히려 一般 農地를 먼저 논하고 海濱지방은 이에 이어서 설명하였다. 乾播는 사실 어디서나 할 수 있는 것이었다.

起耕作畝 ―『農政要志』에서의 起耕작업은 동시에 作畝작업이기도 하였다. 여기서는 播種 전의 整地를 起耕 熟治하고 作畝하는 것이 아니라, 起耕이 곧 作畝가 되도록 두 작업을 하나의 과정으로서 진행시키고 있었다. 落種도 곧 뒤따라 하게 됨은 말할 것도 없었다. 평안도 지방의 乾播농업에서는 播種 전의 정지 과정을 起耕 熟治하고 作畝하는 경우와 起耕이 곧 作畝가 되게 하는 경우가 있었는데,144) 李止淵은 후자의 방법을 택하고 있었다. 그의 벼 乾播재배에 관한 일련의 기술체계로서 보면, 파종을 위한 정지작업은 이 방법을 택할 수밖에 없었다. 더욱이 후자는 전자보다 작업 과정, 즉 노동력이 절약되므로, 중부 이남 농민들에게 乾播法을 보급시키기 위해서는, 이 방법이 더 효과적일 수 있었다.

作畝의 原則 ; 作畝를 하기 위해서는 몇 가지 原則을 정하고 있었다. 그리고『農政要志』에서의 起耕은 곧 作畝이었으므로, 그 원칙은 起耕할 때부터 지켜지지 않으면 아니 되었다. 그 原則은

첫째, 乾畓을 起耕 作畝했을 때 畝畝의 간격은 일정해야만 한다.

作畝之法 太廣不可 太狹不可 其云不可者 以其不便於刀曳盪土也145)

즉, 畝(따라서 畝畝)는 넓어도 안 되고 좁아도 안 되었다. 그렇지 않을 경우에는 播種 뒤 있게 되는 刀曳작업과 盪土작업이 불편하기 때문이라는 것이다.

둘째, 乾畓의 起耕은 全面耕으로 하는 것이 아니라, 畝畝를 아래와 같이 起耕과 不起耕을 격행으로 한다.

143)『日省錄』正祖 23년 3월 19일,『農書』8, p.192.
144) 註139의 ④, pp.36~40.
145)『農政要志』耜舍(보십)作畝之例.

其耕之時 半間起土 半間不起土 若盡起土 則不可矣 雖半間起土 而不起土 自然
爲三分之一矣146)

畎畝가 될 수 있는 일정한 폭의 農地를, 그 반쪽은 起耕하고 나머지 반쪽
은 起耕하지 않도록 한다는 것이다. 起耕하는 쪽이 畎(播種處)이 되고 起耕
하지 않는 쪽이 畝가 됨은 말할 것도 없었다. 이때 犁鑱의 廣은 6寸으로 규
정되고 있었다. 그러므로 畎과 畝의 폭은 각 6寸, 합 1尺 2寸이 되는 셈이
다. 起土하지 않는 부분을 남기지 않고 전면경을 하면 안 되었다. 뒤따르는
其曳작업 때문이었다. 그렇게 하더라도 起耕되는 부분은 실제로 3分의 2가
되고 不起土가 되는 부분은 3分의 1(4寸)에 지나지 않았다. 犁耕할 때의 壤
土는 쟁기날까지만 직선으로 끊기는 것이 아니라 보습에 걸리지 않는 부분
도 약간 연결되어 壤土되기 때문이었다.

셋째, 水稻의 乾播를 위한 起耕은 旱田에서 主穀을 재배할 경우의 그것에
비하여 淺耕을 하지 않으면 안 되었다. 李止淵은 그것을

田可以深耕 而畓不可深耕 深耕厚覆 則其苗難生 深不過四寸 淺不下三寸147)

이라고 했다. 深耕을 하고 파종한 뒤 이를 두텁게 覆種하면 싹이 트기 어
렵기 때문이었다. 3, 4寸 깊이로 起耕하는 것이 적당하다고 하였다.

넷째, 起耕을 하면 곧 뒤따라 畝를 修治하도록 하였다. 土塊를 碎土하고
立苗處(畎)를 고르는 것이다. 이때는 修治하는 사람들이 다음과 같이 작업
을 함으로써 立苗處가 仰瓦(雌瓦)의 상태가 되게 하였다.

於其修治也 各持其钁(소시랑) 各執一畝 退步作畎 隨塊撞破 高者卑之 卑者高
之 則其中乍卑 其邊乍高 正如仰瓦148)

---

146) 『農政要志』作畝淺深法.
147) 同 上.
148) 同 上

즉, 각자 한 사람씩 쇠스랑을 가지고 起耕한 건답 한 이랑씩을 맡아 뒤로 후퇴하면서 碎土를 하되, 높은 곳은 낮게 하고 낮은 곳은 높게 한다는 것이며, 이같이 하면 立苗處의 한가운데는 좀 깊고 양 가는 좀 높게 되어 마치 仰瓦와 같은 모양이 된다는 것이다. 그리하여 이같이 修治를 하면, 起耕할 때 畎의 깊이는 비록 3, 4寸이나 되었지만, 修治 뒤에는 그 畎이 起耕하지 않은 空地의 본래의 지면보다 약간 깊게 되었다.149)

다섯째, 起耕作畎를 하는데 일정한 규격의 犁를 쓰도록 하였다. 畎畝가 일정하게 되기 위해서는, 그것을 작성하는 犁가 일정해야만 하기 때문이다. 犁의 규격은 다음과 같았다.

> 畚耕之耟(耟一長六寸二分 舌小圓 後廣六寸 邊有小耳) 小於田耟 農民今不可猝辨 則以田耟之年久磨刓 利舌已盡 而其長僅存四分之三 則亦可用矣 面上遮鐵則去之爲好矣150)

이로써 보면 그 犁는 田을 기경하는 犁보다 그 耟(보십), 즉 鑱이 작고 遮鐵이 붙어 있었다. 遮鐵은 뒤에 언급되는 盪土에서 볼 수 있듯이, 大鼻狀을

---

149) 同 上.
　　旣耕之後 從以修治 修治者 治其塊而修其立苗之地也 大抵立苗處 則差深於背(背者 其空地不起土處也) 譬如仰瓦(仰瓦者 雌瓦也 兩邊高 中央稍深者也)之狀.

150) 『農政要志』 耟舍(보십)作畎之例.
　　『農政要志』에서는 耟의 長廣을 6.2寸 6寸이라고 한 것과 함께, 여러 곳에서 長廣幅 등의 尺寸을 기록했으나, 그것이 어떤 尺度를 쓰고 있는 것인지는 말하지 않았다. 龍虎輔에 관해서는 木尺(營造尺：1尺은 약 28센티미터)을 쓴 바 있고(『希谷遺稿』 別編, 習武誌 卷4), 이 시기의 基準尺은 黃鍾尺(1尺은 약 31센티미터)이었으므로(『經國大典』 工典 度量衡), 혹 이들 尺度를 사용하지 않았을까 생각되기도 한다. 그러나 그렇게 보기에는, 이 耟를 사용해서 起耕作畎했을 때의 畎畝의 폭이 너무 좁다. 20세기에 들어와서 조사한 바에 따르면 그 畦幅은 당시의 척도로서 2尺 안팎(註139의 ①), 1.5~2尺(註139의 ②③), 또는 1.8尺~2尺(註139의 ④)이었다. 이로써 보면 『農政要志』에서 말하고 있는 尺寸은 布帛尺(1尺은 약 42센티미터)의 그것이 아니었을까 생각된다. 治圃를 할 때 布帛尺을 쓰는 예는 흔히 있었다. 『海東農書』에서는 家蔘治圃를 '掘取向陰山谷中腐葉黝土 篩下細嫩……平鋪墻內 可布帛尺一尺餘(或於畦內 治區若干 如區田法 每區每邊 布帛尺二尺 深一尺五寸 下鋪砂石五寸 上鋪腐葉土一尺)'(『農書』 9, p.190；『農書』 10, p.322)라고 했으며, 『金氏甘藷譜』에서는 諸田治圃를 '常用針尺……此下所用尺度 皆指針尺也'라는 단서를 붙이고 있었고(『金氏甘藷譜』 第 6), 『林園經濟志』에서는 이를 '金氏譜所言尺度 皆用布帛尺'이라고 하였다(晚學志 蓏類 甘藷).

한 괴이한 모양의 分土器로서 耜의 面에 붙이는 것이었다. 그러고 보면 이는
볏(鐴)이 아니라 '탕투'였다고 하겠으며, 따라서 이 犁는 큰 鑱과 볏이 붙어
있는 큰 쟁기가 아니라 작은 鑱과 '탕투'를 붙인 '후치'였다고 하겠다.151) 그
러한 후치 가운데에서도, 뒤에 언급되듯이 中耕培土用의 작은 후치가 따로
또 있었던 점으로 보아, 여기서 말하는 후치는 作畝用의 '평후치'였다고 하겠
다. 그런데 李止淵은 이 평후치에서 遮鐵을 떼내고 起耕하라고 했다. 이는
쟁기로 起耕하고 평후치로 作畝해야 하는 두 과정을, 起耕이 곧 作畝가 되게
하기 위해서, 평후치에서 遮鐵을 뗌으로써 이를 쟁기로서도 이용하고 평후
치로서도 기능하게 하려 하였던 것으로 생각된다.

落種 ― 播種은 仰瓦 상태의 畎中에 4寸 폭으로 板狀의 줄심기(條播)를 하
되, 4寸 안에서는 不疎 不密하게 하였다.152) 평후치의 犁底가 지나감으로써
그 土壤 조직이 緻密해진 畎中의 지면에 파종하는 것이었다. 畎畝幅의 3분
의 1이 파종처가 되는 것이었으며, 그 옆은 起耕된 邊, 다시 그 옆은 背, 즉
不起土의 공지였다. 그러나 그러한 播種處에다 종자를 水播에서와 마찬가지
밀도로 파종하는 것은 아니었다. 水播 1斗落地의 乾畓이면 역시 乾播로서도
1斗의 종자를 파종하도록 하고 있었다. 그러므로 그 파종은 水播에 비해 아
주 縝密하였다. 落種이 진밀하기는 하였지만 옆에 공지가 있으므로 苗가 자
라면 分蘗하여 공간을 메우게 된다고 보았다. 李止淵은 黃海道의 田農을, 작
물의 재배 원리를 체득하였다는 점에서, 전국 제일이라고 이해하고 있었는
데, 그들의 '苗半空半'하는 재배법을 자신이 제기하는 水稻의 乾播재배법과
다르지 않다고 생각하였다.153)

其曳覆種 ― 落種을 하면 곧 뒤따라 覆種을 해야 하는데 그 복종은 반드시
其曳(一名 番地)로써 하도록 하였다. 其曳는 그 乾播農器圖(『農政要志』附
圖)에 따르면 지금 우리가 이해하고 있는 '살번지'와 '매번지'를 종합한 형태
의 번지였으며, '매번지' 밑으로 '살번지'의 양쪽발(齒)이 약간 내려오도록 제
조된 것이었다.154) 그러므로 이 번지는 '살번지'와 '매번지'의 기능, 즉 覆種

---

151) 후치의 '탕투'에 관해서는 註139의 ④, pp.17∼18 및 第3圖版 참조.
152) 『農政要志』 落種法.
153) 『農政要志』 耟舍(보십)作畝之例.

과 鎭壓의 기능을 함께 지니도록 되어 있었다. 평안도 지방의 乾畓재배에서
는 '매후치'로 畝를 갈라 복종하고 번지를 끌어 碎土 鎭壓하는 경우와, 후치
의 사용 없이 '살번지'와 '매번지'만으로 覆種 진압하는 경우가 있었는데,155)
李止淵은 후자의 방법을 택하고 있었다.

其曳로써 覆種하는 방법은 간편하였다. 畎畝를 修治하고 落種한 뒤에는,
곧 其曳를 駕牛하여 끌면 되었다. 그는 그것을

> 於是駕於牛 人執立其機 用力着地 隨苗曳之 則一日可行十斗落 如是曳之 則土
> 粉覆於中央 土塊分之左右 往來自破矣 曳以多爲好156)

라고도 표현하고, 또는

> 其曳從後而來 過於仰瓦之上 而土粉則覆於中央落種處 土塊則隨曳來往 自然破
> 滅矣 若盡起土而不有生地 則其曳之時 無有限量 種失信地 或背或邊矣157)

라고 기술하기도 하였다. 이로써 보면 그 覆種의 방법은 其曳의 양발을
起土하지 않은 空地, 즉 畝上에 着地하고 駕牛한 其曳의 손잡이를 누르면서
播種處 위를 끌게 하는 것이었다. 이같이 하면 其曳발에 패여 撥土된 畝上의
흙이, 其曳발과 其曳板에 끌리고 눌리어 碎土되면서, 土粉은 畎中의 종자를
덮고, 土塊는 其曳板에 끌려 다니다 자연 破碎되도록 되어 있었다. 그 작업
은 기능적이어서 하루에도 10斗落地를 覆種할 수가 있었다. 그러므로 이러
한 其曳작업에서 其曳발이 착지하는 生地·空地는 중요하였다. 생지를 남기

---

154) 『農政要志』其曳法(一名番地).
　　　其曳者 以木爲之 覆種之器也 長一尺一寸 廣二寸 厚七分(上厚下薄) 先以兩小木爲機〔(長不過
　　一尺五寸許) 如小兒負介(지게)樣而立之 且以兩長木(長一丈許) 如織機樣而臥之 臥機後兩端鑿
　　孔 以立機挿之 立機上有橫木 此人所執而行駕者也 且於其曳板兩頭 鑿孔挿柄(소악이)〕 以其柄
　　縛於臥機後端 則其全體 如人放脚而坐也
　　＊ '살번지'와 '매번지'에 관해서는 註139의 ④ 참조.
155) 註139의 ④, pp.39~40.
156) 『農政要志』其曳法(一名番地).
157) 『農政要志』作畝淺深法.

지 않고 全面耕을 한다면 其曳발이 땅속으로 파고드는 것을 일정선에서 저
지할 수 없고, 따라서 其曳는 파종처까지도 한없이 내려가 종자가 머무를 곳
을 잃고 邊이나 背까지로도 흩어지게 될 것이기 때문이었다.

覆種하고 苗가 싹트기 전에 비가 와서 乾畓에 물이 가득 고이면, 곧 決水
하여 물이 오랫동안 고여 있지 않도록 해야 했다. 물이 留滯해 있으면 淺覆
한 곳은 苗가 싹트지만 厚覆한 곳은 싹트기 어려웠다.[158]

其曳작업은 覆種하는 것으로써 그치지 않았다. 覆種을 한 뒤에도 그 작업
은 계속될 것이 요구되었다. 그러나 그것은 覆種을 더 하는 데 목표가 있는
것이 아니라 覆種한 위를 鎭壓·攪擾하기 위해서였다. 李止淵은 그것을 다
음과 같이 설명하였다.

> 曳以多爲好 故或五六次 或七八次 何以多爲好也 地不堅則風入之 故種不能受地
> 氣 不能善生 是故以多爲好 而此中亦有妙理 每於早朝曳之 則土地受露而軟 種
> 得粉而善合 塊無力而易破 且於隱微之中 百草句萌者 隨曳往來 見睍則枯 此則
> 不言之中 豫爲除草者也[159]

인용문에 따르면 其曳를 끄는 작업은 많을수록 좋아서, 혹은 대여섯 차례
혹은 일고여덟 차례씩이나 하는데, 그것은 覆種한 흙을 다져 土壤조직을 치
밀하게 하기 위해서였다. 覆土된 土壤이 단단하게 다져지지 못하여 땅속에
공간이 있게 되면, 거기에 바람이 차고, 따라서 종자는 땅속의 수분이나 영
양을 흡수할 수 없어서 잘 자라기 어려웠다. 其曳를 끌어서 진압처리를 하는
작업은 이른 아침에 하는 것이 특히 좋았다. 覆種한 흙은 며칠이 지나면 표
토가 굳어지고 수분 증발이 심해지는데, 아침이슬을 받은 흙 위를 其曳를 끌
면 땅속은 다져지고 지표는 쉽게 攪擾되어 수분 증발을 차단할 수가 있었다.
그리고 땅속의 종자와 土粉은 잘 결합되고, 土塊는 쉽게 碎土되며, 새로 싹
트는 많은 잡초의 싹을 其曳板이 흙을 훑치고 지남에 따라 햇볕을 받고 고사
하게도 하였다.

---

158) 『農政要志』 雨暘順時變通.
159) 『農政要志』 其曳法(一名番地).

이같이 其曳작업을 여러 차례 할 때는 반드시 其曳를 같은 방향으로 진행
시키지 않으면 안 되었다. 역방향으로 진행시키면 覆土가 反起하기 때문이
었다. 其曳에는 이밖에도 其曳板이 짧은 短曳가 있어서, 보통의 其曳로 처리
할 수 없는 立苗處 안의 微塊는 이를 이용함으로써 제거하기도 하였다. 其曳
작업은 畜力 이용을 원칙으로 하고 있었지만, 소가 없을 때는 人力으로 대신
할 수도 있었다.[160] 그리하여 이같은 其曳작업이 끝나고 苗의 싹이 출토할
때쯤 되면, 애초에 畎畝로 작성된 畓面은 馬場과 같이 평평하고 高低가 없는
평지로 변하게 마련이었다.[161]

刀曳除草 — 其曳에 의한 鎭壓작업이 끝날 무렵에는 除草작업을 해야 했
다. 이 무렵은 稻苗뿐만 아니라 잡초도 싹트는 때였다. 제초는 우선 起土하
지 않은 空地부터 해야 하며, 그 작업은 반드시 刀曳로써 하지 않으면 안 되
었다. 起耕 作畝할 때 不起土의 공지를 남긴 것은 中耕除草작업을 효과적으
로 하기 위해서였으며, 그 작업은 우선 刀曳에 의한 제초작업부터 하도록 되
어 있었다. 刀曳로 공지를 제초하고 나면, 나머지 부분은 일반 田畓에서와
마찬가지로 鋤耘을 하게 되는데, 그것은 乾播재배라고 해서 특히 어려운 것
이 아니라는 것이었다.

刀曳(칼게매)는 平安道 乾畓지대에서 사용되는 특정 농구로서,[162] 李止
淵의 표현을 빌리면 '神妙한 農器'였다. 낫과 같이 날이 선 鐵片의 양끝을 구
부려, 其曳板과 같은 木板에다 고정시키고, 其曳와 같이 끌도록 제조된 除草
器였다.[163] 刀曳에 의한 除草 작업의 요령은 다음과 같았다.

　　此時 以刀曳駕之於牛 割去苗邊空地之草 刀過土中 則土斷爲片 乍踰刀上 還爲
　　下坐 而其狀 則如山舋之過去地中者也 然則草根已斷 土片浮虛 暴之一日 草皆

---

160) 同上.
161) 『農政要志』刀曳法.
162) 註139의 ⑤, p.37.
163) 『農政要志』刀曳法.
　　刀曳者 神妙之農器也 以鐵爲之 除草時用之 長三寸一分 如鎌而體稍厚 鎌則一頭曲 而刀曳則
　　兩頭曲 而兩頭曲 揷之於木(長一尺 廣一寸五分 厚一寸 其木 與其曳板 略相似) 則木與刀之間
　　可容一寸二分許

枯滅矣 再除草又如是 三除草則盪土除之164)

즉, 여기서의 '此時'는 鎭壓작업이 끝나고 苗가 出土할 때를 말한다. 이때 乾播를 하는 사람들은 刀曳를 駕牛하여 不起土의 공지 위를 누르면서 끌게 함으로써, 거기에 자라고 있는 잡초를 제거한다는 것이다. 이같이 하면 누르는 압력으로 칼날이 흙속을 潛行하게 되므로, 표토는 잘리어 칼 위를 지나 주저앉게 되고, 따라서 그 모양은 마치 山두더지가 지나간 것과 같이 된다. 그리하여 이렇게 되면 풀뿌리는 끊기고 土片은 浮虛해져서 햇볕을 하루만 쪼여도 그 잡초는 말라죽게 된다는 것이다. 『農政要志』에는 언급이 없지만 이것은 땅속 수분의 증발을 방지하는 데도 큰 효과가 있었을 것이다. 더욱이 刀曳는 牛가 없을 경우 '以人代之'할 수 있었으므로 편리하였다. 再除草도 이렇게 했으며, 三除草는 盪土작업으로 하였다.165)

이같이 살피면 水稻 乾播재배에서의 이 空地는 대단히 유용하였다. 이것이 있음으로써 乾播재배의 최대 난제인 제초작업이 손쉽게 해결될 수가 있었다. 李止淵이 이 乾播法에 주목한 것도 바로 이 때문이었다. 그는 이 空地와 刀曳의 효용성을 다음과 같이 기술하기도 하였다.

有此空地何也 此間有無限妙理……除草之時 以牛一刀一 一日可除空地七八斗落 則其事半功倍 爲如何哉 雖云空地 若不以刀 而以人力鋤耘 則二十人不能當之矣 是以有此空地也166)

그의 표현을 따르면, 이 공지에는 무한한 妙理가 있었다. 무엇보다도 그는 牛 1필에 刀曳 하나이면 하루에 7·8斗落을 제초할 수 있다고 하였는데, 그것은 이 공지가 있기 때문이었다. 그는 이것을 人力으로서 제초하려면 20인으로도 어렵다고 보았다. 그러므로 이 공지를 통한 刀曳除草法은 지극히 勞動力이 절약되고 기동성이 있는 除草法이었다고 하겠다. 그가 농민들에게

164) 同上.
165) 同上.
166) 『農政要志』 耡舍(보섭)作畝之例.

乾播法을 극구 강조할 수 있었던 것은 이러한 사정이 그 주요 이유의 하나가
되고 있었다.

이같은 여러 작업은 落種 이래로 날씨가 내내 건조할 것을 전제로 한 경우
이지만, 만일에 苗가 싹트고 刀曳작업을 할 무렵에 비가 흡족하게 와 滿畓이
되면, 乾畓을 水畓으로 번답하면 되었다. 이러한 경우 제초는 水畓 제초의
방식을 따르면 되었다. 공지는 쇠스랑으로 翻覆하고 苗間은 鋤耘을 하는 것
이었다. 그리고 雨期는 아니지만, 날씨가 半乾半濕하여 畓面에 수분이 많고
濕해질 경우에는, 쇠스랑으로 空地를 다스리면 되었다.167)

盪土興起 — 刀曳를 이용한 두 차례의 제초가 끝나고, 여름철이 되면서 큰
비가 와 乾畓에 물이 차게 되면, 小暑 전 2~3일에서 初伏 뒤 7~8일까지의
2~3주 안에 盪土에 의한 興起, 즉 中耕培土작업을 해야만 하였다.168) 벼의
秄胎期 이전에 이 작업을 마쳐야 하기 때문이다. 盪土작업은 水稻의 乾播재
배에서 빼놓을 수 없는 중요한 작업이었다. 刀曳제초작업의 연장선상에서
하게 되는 제3차의 제초작업이기도 하고, 또 보다 중요한 의미를 지닌 中耕
培土작업이기도 하였다. 이 작업은 물론 앞에서도 지적하였듯이 不起土로
남겼던 空地에 대해서 행하는 것이었으며, 따라서『農政要志』에서의 乾播재
배의 경우 그 畓面은, 이 盪土中耕작업을 통해서 비로소 그 全面이 起耕케
되는 것이었다. 그리하여 이 작업이 끝나고 나면, 원래 落種 당시에는 畎이
고, 其曳작업이 끝났을 때는 平面이었던 立苗處가, 이제 낮은 畝로 변하고,
不起土의 空地는 반대로 畎이 되게 마련이었다.

盪土는 中耕培土用의 犁로서, 앞에서 언급한 起耕作畝用의 犁, 즉 '평후
치'와 비슷하나 그 犁鑱 및 遮鐵의 규모가 약간 작을 뿐이었다.169) 여기서는
그 구체적인 설명을 하고 있지 않지만, 이는 그 犁鑱이나 遮鐵의 모양 및 그
기능으로 보아 평안도 乾畓지대에서 쓰여지고 있는 '매후치'였다. 盪土는 엄
밀히 말하면 盪土犁(耝)였으나, 李止淵은 이를 盪土로 부르고 있었으며, 이

---

167)『農政要志』雨暘順時變通.
168)『農政要志』耟舍(보습)作畝之例, 盪土待時而用.
169)『農政要志』盪土法.
　　盪土卽小耟舍 以水鐵爲之 前尖後廣 長三寸一分 後廣三寸 面有遮鐵 如大鼻狀 以鼻付於耟舍
　　之面 則能拒起土 分之左右者也 此則模樣巧怪 匠不能猝作 雖以木爲之 可用三四年

로써 中耕하는 일 또한 盪土로 불렀다.

乾畓재배에서 稻의 水中생활이 시작되자마자 中耕작업을 하는 이유는 두 가지가 있었다. 그 하나는 水稻가 아직 乾畓에 자라고 있는 동안에는 그 土壤이 단단하게 다져져야 하지만, 물속에 자라게 될 때에는 土壤이 濃滑해야 하기 때문이었다.170) 더욱이 이 乾播재배에서는 처음 起耕作畝할 때 起土하지 않은 空地를 남기고 있었으므로, 이를 起耕하는 中耕작업은 반드시 필요하였다. 그러나 이와 더불어 더욱 주목되는 것은 移秧의 원리가 이 盪土에 따른 中耕작업에 있다고 보는 점이었다. 이를테면

得水之後 以盪土耕其空地 則地脈濃滑 堅者復解 地中動搖 苗根斬削 如是而過 數日 則苗然興起 不異於移秧之絶而復生矣171)

라고 하였음은 그 한 예이다. 乾畓에 물이 채워진 다음 盪土로서 공지를 起耕하면, 지중을 동요시키고 苗根을 자르게 되지만, 며칠이 지나면 모가 다시 왕성하게 자란다는 것이며, 이는 마치 秧基에서 자란 모가 移秧을 함으로써 한때 좌절당했다가 되살아나는 것과 다를 바 없다는 것이었다. 그리하여 李止淵은 이같은 재배법을 한 곳에서 自生・自長・自老케 하는 재배법과 동일시할 수 없다고 보았으며, 따라서 乾播재배에서 공지를 남겨 두는 데는 刀曳의 경우에서와 마찬가지로 참으로 妙理가 있는 것이라고 하였다.172)

盪土의 중요성을 말하기 위해서 이를 移秧과 비교하는 표현은 여기서 그치지 않았다. 그는 이밖에도 짧은 글 속에서 盪土法이 移秧法과 원리적으로 같다는 점을 극구 강조하였다. 그뿐만 아니라 이에 이어서는 移秧은 철이 늦으면 할 수 없지만, 盪土는 좀 늦어도 할 수 있고 비가 안 오면 乾盪土를 할 수 있어서 유리하다고도 역설했다. 그리하여 그는 盪土를 통한 乾播재배를 '萬全之業'이라고까지 말하고 그 보급을 기대했다.173)

---

170) 『農政要志』 作畝淺深法.
171) 『農政要志』 粗舍(보십)作畝之例.
172) 同 上.
173) 『農政要志』 盪土法.

『農政要志』의 乾播재배를 위한 기술체계는 대체로 이상과 같거니와, 이는 남부지방의 乾播기술과는 적지 않게 차이가 나는 것이었다. 그 가운데서도 農具는 남쪽에서 볼 수 있는 것이 아니었다. 그러므로 李止淵이 그의 乾播法을 보급시키기 위해서는, 그 農具에 대해서도 분명하게 이해시킬 필요가 있었다. 그는 그것을 본문에서 상세하게 설명하였지만, 이와 아울러 附圖로 乾播農器圖를 첨부하기도 하였다. 거기에는 畓耕耡舍, 其曳板, 臥機, 立機, 臥機立機合圖, 刀曳, 盪土耡, 盪土耡舍, 遮鐵, 耡與舍合圖 등의 그림이 그려져 있다.

4) 『農政要志』의 意義

『農政要志』의 기본 골격은 대략 이상과 같거니와, 이는 平安道 지방의 水稻 乾播栽培法을 표본으로 하고, 黃海道 지방의 그것을 참고로 하면서 기술한 것이었다. 水稻의 乾播재배에 관해서는 『農事直說』이래로 여러 농서가 모두 『農事直說』의 재배법을 수록하고 있었으며, 따라서 中部 이남 사람들에게는 『農事直說』의 乾播法이 더 익숙한 터였지만, 李止淵이 旱害대책으로서 채택한 것은 『農事直說』의 乾播法이 아니라 평안도 지방의 그것이었다. 알다시피 평안도 지방 평야지대의 水稻作은 乾播재배가 주축을 이루었으며, 그 農法의 기술적 특징은 旱地農業의 원리를 철저하게 살리고 있는 점이었다. 그것은 西洋 近代 한지농업의 원리와 비교하더라도 손색이 없었다.[174] 오랜 역사적 전통의 산물이었으므로 당연하였다. 그러므로 李止淵이 旱害대책을 農法 차원에서 해결하려 할 때, 평안도 지방의 이 농법을 도입하게 되는 것은 자연스러운 일이었다.

그러나 이 경우 그가 평안도 지방의 乾播法을 도입하려 하는 것은 그 전부가 아니라 일부였다. 이 지방의 乾播法에는 起耕作畝나 覆種鎭壓을 중심으로 하여, 乾播된 水稻를 비교적 集約的으로 재배하는 경우와 비교적 粗放的으로 재배하는 경우가 있었는데,[175] 그가 『農政要志』에 도입한 것은 후자

---

174) 武田總七郞, 『實驗麥作新說』, pp.829~832. 이러한 점에 관해서는 宮嶋博史 氏의 近年의 연구 ('李朝後期에 있어서의 朝鮮農法의 發展', 『朝鮮史硏究會論文集』 18, 1981)에서도 주목되었다.
175) 註139의 ④, p.40.

였다. 되도록 노동력을 덜 들이려 하는 재배법이었다. 사실 이 시기 水稻作에서의 旱災는, 주로 移秧을 할 수 없는 조건에서 노동력이 절약되는 移秧法에 매혹되어 이를 강행하려다 피해를 입는 경우가 많았으므로, 旱害대책으로서 移秧法을 금지하고 乾播法을 장려하기 위해서는, 그 한해대책, 즉 乾播法이 동시에 되도록이면 노동력을 절약할 수 있는 농법개선이 되지 않으면 아니 되는 것이기도 하였다. 그러므로 그런 점에서 『農事直說』의 건파법은, 노동력이 과다하게 소요되는 가운데 기피되고 있었으므로, 고려 대상이 될 수 없었을 것이고, 平安道 지방의 건파법 가운데에서도 비교적 조방적이기는 하나 노동력이 절약되는 재배법이 크게 주목되지 않을 수 없었던 것으로 생각된다.

『農政要志』는 한해대책이라고 하는 특별한 목적으로 편찬된 農書이지만, 그러나 이 農書를 보급시킴으로써 한해를 막으려는 이 시기의 農政策이 어느 만한 성과를 거두었는지는 알 수 없다. 이 정책을 의욕적으로 추진한 인물은 李止淵이었는데, 그는 이 정책을 입안한 뒤 곧 右相의 자리에서 해임되고, 또 유배되어 配所(明川)에서 사망하였기 때문이다(憲宗 7년). 그리고 『農政要志』의 건파법이 비록 노동력을 절약할 수 있는 재배법이라고는 하나, 그 所出은 여전히 水播나 移秧法에 비해 적었으므로,[176) 남부지방의 경우 농민들이 이를 쉽게 받아들이지는 않았을 것으로 생각되기 때문이다. 그러므로 『農政要志』는, 거기에 수록된 水稻의 乾播재배법이 한해대책의 한 방법으로서 中部 이남 지방에 어느 만큼 보급되고 영향을 미쳤는가 하는 점에서보다는, 平安道 지방의 農業慣行·農法을 정리하고 있는 귀한 農書라는 점에서, 그리고 前近代의 우리 농업·우리 농학이 水利施設이 없는 지역에서 개발 도달하고 있는, 旱地農業의 수준을 보여 주는 農書라는 점에서 더 큰 의미가 있는 것이라고 하겠다.

---

176) 註139의 ① 『韓國土地農産調査報告』에서는 水田과 旱田(乾畓)의 收穫差를 1 : 0.8로 보았으나 (p.181), 註139의 ④ 『平安南道에 있어서의 乾畓』에서는 灌漑畓과 乾畓의 反當收量(玄米)을 大丘 1石 652 : 0石 890, 牟租 1.917 : 1.038로 비교했다. 이때 龍川租는 1石020, 芮租는 1石044이었다(p.33).

5. 『農政會要』의 農業論

1) 『農政會要』의 編纂

崔漢綺의 農業 관련 저술 —『農政會要』는 崔漢綺(號 : 惠崗, 純祖 3년~高宗 14년, 1803~1877)에 의해서 편찬되었다. 全 23卷 10冊으로 된 비교적 큰 農書이며, 이와 관련하여는『陸海法』上下卷(1834)과『心器圖說』單卷(1842)이 또한 편찬되고 있었다. 『陸海法』과『心器圖說』은 그 편찬 年代가 분명하나,『農政會要』는 그것이 정확하게 언제였는지 분명치 않다. 지금 우리가 볼 수 있는『農政會要』는 全 10冊 中 第 1冊이 缺本이고,[177] 따라서 年代표시가 되어 있을 序를 볼 수 없기 때문이다. 그러나 그렇더라도 그 대체적인 시기는 파악된다. 그는『農政會要』내에서 純祖 34년(1834) 刊의 『種藷譜』를 이용하고 있었으므로 그 편찬은 그 이후의 일이 되겠는데, 위의 『心器圖說』에 序를 쓰면서는 '農器已採于農政會要'[178]라고 하고 있었다. 그러므로 그 편찬은 1834년 이후이지만 1842년보다는 훨씬 이전의 시기가 되겠다. 이 시기는 徐有榘나 李止淵이 그들의 農書를 정리·편찬하고 있는 때이기도 하였는데, 이러한 때 젊은 崔漢綺도 그 시대적 요청에 따라 그의『農政會要』를 편찬한 것이다.

『農政會要』의 편찬은『授時通考』를 中心으로 — 그러나 그의 農書편찬은 徐·李 두 老大家의 그것과는 그 방법이 달랐다. 이들은 朝鮮 農書를 중심으로 하고 그 작업을 추진하고 있었으며, 中國 農書를 이용할 경우에도 그 실용화를 전제로 하고서 그 기술을 도입하였는데, 崔漢綺의 경우에는 그렇지가 않았다. 그는 中國 農書 中國 農學을 중심으로 하고 그의 농서를 편찬하고 있었다. 뿐만 아니라 中國 農書 가운데서도 특정한 한 농서를 기본으로 삼고 있었다. 그것은『授時通考』이었다.

『授時通考』는 淸朝官撰의 농서로서, 乾隆 2년에서 同 7년(1737~1742)

---

177) 本稿에서는『農政會要』를 亞細亞文化社의 影印本(『農書』11~13)으로서 검토하고 있다.『陸海法』과『心器圖說』도 함께 영인한 것이다.『農政會要』의 원본은 日本 京都大學校中央圖書館에 河合文庫本으로 소장되어 있다.

178)『農書』13, p.378.

에 이르는 사이, 皇帝의 命으로 편찬된 淸 王朝의 대표적 대형 농서였다.179)
淸나라 중엽의 농업문제 타개를, 淸 皇帝의 農政策을 찬양하는 가운데, 수행
하고자 편찬한 政治性이 농후한 농서였다.180) 그렇지만 농서 자체로서는 歷
代의 어느 농서보다도 차분하게 잘 정리된 새로운 체제의 농서이었다. 數十
名의 文人·官僚가 동원되어 近 5년에 걸쳐 수행한 작업의 산물이었다. 그
편찬의 방법은 선행하는 여러 농서, 즉『齊民要術』·『農書』·『農政全書』등
을 기초로 하되, 거기에 添削을 加함으로써 그 疎漏·冗雜함을 바로잡고, 그
농서로서의 體制를 改編함으로써 面目을 일신하려는 것이었다. 그것은 그
책의 編目에서부터 잘 나타난다고 하겠다.

그리고 그러기 위해서는 經·史에서 많은 자료를 발췌하여 이용하고, 地
誌類를 이용했으며,『農政全書』이후 출현한 새로운 농서, 예컨대『天工開
物』·『廣群芳譜』등을 이용함으로써 그 내용을 충실하게 하였다. 그리하여
『授時通考』는 새로운 農法, 새로운 作物을 개발 보급하고 있는 것은 아니었
지만, 종래의 農書 종래의 農學을 새롭게 정리함으로써 참으로 요령 있는 새
로운 체제의 농서가 되고 있었다. 그러므로 崔漢綺의『農政會要』에서 중국
농서를 이용하려 할 때,『授時通考』를 저본으로 택하게 되는 것은 자연스러
운 일이었다.

『農政會要』와『授時通考』의 대조 ― 崔漢綺가『農政會要』를 편찬하는데 中
國 農書 中國 農學, 특히『授時通考』를 중심으로 하였음은, 두 농서를 대조
하면 쉽게 확인된다. 朝鮮 농서를 이용하기는 하였지만 지극히 한정된데 불
과하였다.

두 농서의 구성 ;『農政會要』를 순서에 따라 그 構成 編制를 살피면 다음
과 같다.

〔결〕·土宜(本朝田賦포함)·穀種·功作·蓄聚·農餘(蠶桑포함)·治膳(救荒포함)

---

179)『欽定授時通考』(文淵閣 欽定四庫全書本) 卷頭의 諭·序.
180) 그러한 사정은 卷頭의 諭·序·凡例 및 勸課門의 기술에 잘 표현되고 있다. 거기에서는 淸朝
   의 勸農政策이 歷代 어느 王朝의 그것보다도 훌륭한 것임을 과시하고 있음과,『授時通考』가
   『農政全書』보다도 더 잘된 農書라는 것을 강조하고 있음을 읽을 수 있다.

맨 앞의 〔결〕부분은 缺本으로 되어 있는 卷 1·2가 수록되었을 부문이
다. 여기서 農業生産과 직접 관계되지 않는 治膳門을 제외하고 나면, 나머지
는 中國의 『授時通考』의 구성과 흡사함을 알 수 있다. 『授時通考』의 구성은

天時 · 土宜 · 穀種 · 功作 · <u>勸課</u> · 蓄聚 · 農餘 · 蠶桑

등 8門으로 되어 있었다. 『農政會要』에서는 蠶桑을 農餘門에 포함시키고
있었으므로, 『授時通考』의 여러 부문으로서 『農政會要』에 보이지 않는 것은
밑줄을 친 天時門·勸課門 뿐이다. 아마도 이 두 부문은 뒤에 다시 언급되는
바와 같은 이유에서, 〔결〕로 된 卷 1·2에 같은 부문名으로 수록되었을 것으
로 생각된다.

　두 농서의 내용 : 『農政會要』와 『授時通考』의 구성은 이같이 대단히 유사
하거니와, 이 兩 農書는 그 구성만 유사한 것이 아니었다. 兩書를 대조하면
中國 자료를 인용하고 있는 부분은 그 내용이나 순서가 거의 같았다. 『農政
會要』의 기술은 『授時通考』를 저본으로 하고 그 중에서 긴한 부분을 발췌 정
리한 것이었다. 土宜·穀種·功作·蓄聚·農餘·蠶桑 등 모든 부문이 그러
하였다. 中國의 다른 자료에서 인용한 것은 극히 적었다.

　그런 점에서 보면, 缺本으로 되어 있는 『農政會要』의 卷1·2에도, 『授時通
考』의 天時門·勸課門 등에서 그 핵심을 발췌 수록하였을 것으로 짐작된다.[181]

　그리고 『授時通考』에서는 각종 農器圖와 灌漑圖를 功作門의 해당 부분에
삽기하고 있었으나, 『農政會要』에서는 이를 모두 생략하고 있었는데, 앞에
서 지적하였듯이 그는 '農器를 『農政會要』에 이미 채록했다' 하였으므로, 모
든 農器를 종합해서 勸課門 다음에 農器門으로서 수록했던 것이 아닐가 생
각된다. 그리고 灌漑水利 관계는 『陸海法』의 이름으로 別冊을 만들고 있
었다.

　그러므로 『農政會要』와 『授時通考』는 결국 같은 내용의 농서인 셈이었다.
다른 점은 전자에는 朝鮮 농서가 더 인용되고 있는 점, 治膳이 더 첨가되고

---

181) 그는 후에 『農政會要』를 토대로 農業을 말하되 '天時·土宜'를 들고 있었다〔『人政』, 6, 測人門
　　地位 農, 『明南樓叢書』(이하 『叢書』로 略) 2책, p.94〕.

있는 점 등이었다.

『農政會要』에서 朝鮮 農書를 인용하는 방법은『授時通考』를 인용한 다음
그 編末에 부기하는 방식을 취하였다. 이같은 朝鮮 농서로서 중심이 되고 있
는 것은『增補山林經濟』였고, 더러는『攷事新書』가 이용되기도 한다.「本朝
田賦考」(卷5)는 주로『萬機要覽』을 옮긴 것이었다.

『農政會要』의 편찬 취지 — 말하자면『農政會要』의 농업에 관한 부분에서
중심이 된 자료는 중국 농서였고 조선 농서는 부수적이었다. 이는『農政會
要』의 농서편찬의 특징이기도 하였다. 그것은 중국 농서와 조선 농서를 편
자가 생각하는 農學體系에 따라 항목별로 分析・檢討・綜合하는 것이 아니
라, 兩農書의 체계를 그대로 살린채 병렬적으로 집성하고 있는 것이었다. 그
것은 崔漢綺의 學問태도나『農政會要』의 농서로서의 목표와도 크게 관련되
는 것으로 생각된다.『農政會要』는 표제 그대로 農政의 大要・要志를 모으
는 것을 목표로 하였을 터인데, 그러한 목적을 위해서라면, 중국 농서를 이
용할 경우 그것을 그대로 수록하는 것이 참고자의 이해를 위해서 오히려 편
리할 수 있었을 것이다. 그의 學問은 外國文化라도 유용한 것이면 적극 수용
해야 한다는 입장이었으므로, 그러한 견지에서 볼 때『授時通考』라면 특히
더 그럴 수 있었다.

이같이 살피면, 이 농서는 朝鮮의 農業 農政만을 다룬 좁은 범위의『農政
會要』가 아니라, 中國과 朝鮮을 포함한 넓은 세계의 農業 農政을 다룬 東洋
의『農政會要』였다고 하겠다. 徐命膺의『本史』와 그 취지가 상통한다고 하
겠으며, 근대의『東洋農業史』『東洋農政史』에 해당하는 농서이겠다. 崔漢綺
가 그의 농서를 조선의 農業 農政에 참고 될 것을 목표로 하면서 편찬 하였
다면, 그 내용과 체제가 이같이 되는 것은 오히려 자연스러웠다고 하겠다.
당시는 西洋文明의 東進이 있는 가운데 文明開化가 요구되는 때였음으로,
조선의 學問과 政治는 되도록 시야를 넓게 가질 필요가 있었기 때문이다.

2)『農政會要』의 農政觀과 經濟論

崔漢綺가『農政會要』를 편찬하는데『授時通考』를 저본으로 택한 것은, 그
것이 가장 최근에 편찬된 가장 잘 정리된 農書였기 때문이라고 하였지만, 그

러나 그 이유가 단지 그러한 사실에만 있는 것은 아니었다. 잘 정리된 홀륭한 농서로서 말한다면 여러 가지가 있었기 때문이다. 특히 明나라 말기에 편찬된 徐光啓의『農政全書』는『授時通考』가 편찬되기 불과 100년 전에 간행된 것이었고, 그뿐만 아니라 후자는 전자에 많은 것을 의존하고 있었다. 더욱이 朝鮮에 있어서는 朴趾源·徐有榘 기타 등 崔漢綺 이전의 많은 農學者들이 이를 이용함으로써 朝鮮 農學의 수준을 한 차원 높혀 나가고 있었다. 그러므로 崔漢綺의 경우에도, 농서를 편찬함에 있어서 우선 그 저본으로 삼을 수 있었던 것은,『農政全書』였을 것으로 생각된다.

그러나 그는『農政全書』가 아니라 淸朝에서 편찬한『授時通考』를 저본으로서 택하고 있었다. 그것은 그의 農政觀이『農政全書』의 農政觀보다는,『授時通考』의 그것에 가까웠던 까닭, 따라서 보다 내면적·본질적인 이유가 있었던 데서였다고 하겠다. 이 문제는『授時通考』와『農政全書』의 성격의 차이점을 살피는데서 잘 드러난다.

(1)『授時通考』및『農政全書』의 農政觀과『農政會要』의 선택

두 中國 農書의 農事·農政에 대한 입장의 차이 ― 두 농서의 성격차는 여러 가지가 지적될 수 있겠지만, 여기서 무엇보다 주목하게 되는 것은,『授時通考』에서의 農事·農政의 기본에 대한 이해는『農政全書』에서의 그것과 달랐다는 점이다.182)

『農政全書』에서는 그것을 養民에 두고, 따라서 田制 특히 井田制를 중요시하여, 玄扈先生井田考를 總論(農本)의 다음에 실었으며(卷4 田制 참조), 또 屯田開墾·水利事業 등을 크게 다루었는데,『授時通考』에서는 그것을 '敬授人時 農事之本'(凡例1)이라고 이해하고 규정함으로써 天時門을 그 농서의 권두에다 실었다. 그리고 中國 農書에서는 농민경제의 안정, 따라서 '均産'의 문제를 농정의 과제로 표방하는 경우가 많았는데,『授時通考』에서는 그렇게 하고 있지 않았다. 地主佃戶制가 발달하고 있는 현실을 그대로 인정하고 그 위에서 農政策을 전개하였다. 朱子의「勸農文」을 農業技術論뿐만 아니라 地

182) 石聲漢(渡部武 譯),『中國古代農書評介』의「農政全書」와「授時通考」항에서는 간략하지만 兩書의 農書로서의 성격을 총괄적으로 분석 정리하고 있다. 여기서는 이 글이 크게 참고되었다.

主佃戶制論까지도 그대로 勸課門에 수록하고, 이를 향촌질서로서 준수하도
록 지시하였음은 말할 것도 없었다(卷42, 勸課門).183) 屯田開墾은 삭제되고
水利事業은 축소하였다.

授時를 농사의 기본으로 삼는다는 것은 농민들에게 作物栽培・農業生産
의 시기를 지시하는 것, 국가 차원에서의 生産의 계획적 운영을 農政의 기본
으로 삼는다는 것이었다. 이는 淸朝의 漢族支配政策이 生産面에 반영된 것
으로서, 요컨대 勸農의 문제였으며, 따라서 『授時通考』는 授時와는 별도로
勸課門을 또한 종래의 어느 농서보다도 크게 다루었다. 農民經濟의 안정문
제도 다른 방법을 택하고 있었다. 『授時通考』는 封建國家의 經濟機構인 常
平倉・社倉・義倉 등을 잘 운영하면 그 목적을 달할 수 있을 것으로 보았으
며, 따라서 蓄聚門을 크게 다루고 있었다.

다음으로 주목되는 것은 『授時通考』의 찬자들은 그들의 저술을 『農政全
書』에 비하여 농민들이 잘 이용할 수 있는 '致用爲主'184)의 실용적인 농서가
되도록 편찬하였다는 점이다. 그러기 위해서는 자료의 수집에서부터 실용성
이 있는 것만 택하고, 농민들이 능히 강구할 수 있는 문제만을 기술 대상으
로 삼았으며, 國家나 官이 할 수밖에 없는 거창한 사업은 수록의 대상에서
제외하였다. 井田考・屯田開墾 등이 제외되고 水利事業이 축소되었음은 그
예이었다. 그리고 이 농서는 전국의 농민들에게 모두 實用的이어야 했으므
로, 각 지방의 농업생산자들이 이를 유용하게 활용할 수 있도록 作物栽培
와 農業慣行의 지역차, 특히 南北 사이의 차이를 명시하였음은 말할 것도
없었다.

『授時通考』는 말하자면 淸王朝의 漢族지배와 支配層 입장에서의 農業生
産을 전제로 한 것이지만, 그런 가운데서 실용적이고 현실적일 수 있도록 편
찬된 농서였다.

『農政會要』가 수용한 農事・農政觀 ─ 이같은 두 경향의 中國 農書 가운데

─────────────

183) 『農政全書』卷4, 田制 玄扈先生井田考.
    『欽定授時通考』凡例 1.
    『欽定授時通考』卷42 勸課 彙考.
184) 『欽定授時通考』凡例 2.

에서 崔漢綺는 특히 『農政全書』가 아니라 『授時通考』를 저본으로 이용하고 있었다. 그의 시대에도 尊明事大를 말하고 淸文物의 수용(北學)에 찬성하지 않는 儒者들이 많았지만, 그는 淸朝 官撰 농서를 전폭적으로 받아들였다. 그의 學問的 자세에서 보면 그것은 자연스러웠다. 그는 이때 淸文化를 수용하는 정도가 아니라, 뒤에서 언급되듯이 이를 넘어서서 西方 여러 나라와도 文物을 교류해야 한다는 開國論을 펴고 있었으므로, 淸朝文化의 수용이 문제될 수는 없었다. 더욱이 그가 생각하는 農政에 대한 이해는 『授時通考』의 그것과 같았다. 앞에서 지적했듯이 그도 자신의 농서를, '〔天時 勸課〕 土宜'의 순서, 즉 天時를 권두에다 싣는 체제로 편찬했을 것으로 판단되는데, 그 뜻은 『授時通考』에서의 그것과 같다고 이해된다. 그는 그것을 다른 글에서

王者代天行道 謂之王政 農民授時勤業 謂之農政[185]

이라고 하여 분명하게 설명하고도 있었다. 그에게 있어서 農政은, 王者가 天을 대신해서 道, 즉 王政을 펴는 가운데, 農民들에게는 授時를 함으로써, 그들이 이를 통해 근면하게 농작을 하도록 勸農을 하는 것이 그 기본이었다. 그뿐만 아니라 그에게 있어서 學問은 모름지기 실용적이어야 하고 實效가 있어야만 하였다. 그것은 비단 農工商의 문제만이 아니라 모든 학문에 있어서 학문하는 자세이어야 했다.[186] 그리고 그런 점에서 西方諸國의 文物을 수용할 것을 제언하는 것이기도 하였다. 그는 서방제국의 機械文明·科學文明을 지극히 실용적인 것으로 보았다.[187]

단, 水利·土木 등 거창하고 어려운 사업은 농민들이 할 수 있는 일이 아니며, 專門的 識見을 가진 사람이 담당해야 할 것으로 생각했다.[188] 이같은 생각도 『授時通考』의 그것과 같은 것이었음은 말할 것도 없다. 그러므로 그는 『授時通考』의 農學을 자신의 『農政會要』에 그대로 수용함으로써 農業論

185) 「人政」 凡例 1, 『叢書』 2책, p.3.
186) 「人政」 12, 敎人門 門閥學問, 同 上, p.237.
187) 「推測錄」 6, 推物測事 東西取捨, 『叢書』 1책, p.213.
188) 「人政」 11, 敎人門 農政, 『叢書』 2책, p.201.

을 전개할 수가 있었다.

(2) 『農政會要』의 經濟論

이러한 『農政會要』의 農業論 가운데에서도 여기서 특히 관심을 갖게 되는
것은 그 經濟論, 즉 농민경제 안정을 위한 土地問題나 農業經營에 관한 견해
이다. 이 시기의 농서는 이같은 문제를 둘러싸고 그 농서로서의 입장과 성격
이 달라지기 때문이다.

土地문제 ― 『農政會要』에서 土地문제는 土宜門에서 다루어지고 있었다.
『授時通考』 土宜門 田制를 거의 그대로 옮기고 朝鮮의 田賦制度를 보설한
것이 그것이다. 『授時通考』의 田制는 中國 古代의 土地制度(井田制)를 소개
하고, 그것이 해체되고 大土地 私有制가 발생하게 된 사정 및 그러한 현실을
타개하고자 제기되었던 역사상의 여러 제도와 土地論, 그리고 賦稅制度의
기저로서의 土地丈量에 관한 논의 등을 자료에 의거해서 상세히 정리한 것
이었다. 그러나 그것은 田制의 制度史的 고찰이 목표이지, 土地改革의 당위
성을 강조하는 데 목표가 있었던 것은 아니었다. 『農政全書』의 井田考가 土
地所有관계의 현실적 불합리와, 그것이 그러한 문제에 대한 국가정책의 결
여에서 연유하는 것임을 지적하는 가운데,[189] 제기되고 있었음과는 차이가
있었다. 淸朝의 현실적 관심은 均田을 실현시키는 데 있는 것이 아니라, 大
土地 私有制가 발달하고 있는 현실 속에서 均賦를 기하려는 데 있었다. 그
것은 朱子의 土地論 그것이었다(註183 참조). 그런데 『農政會要』는 그같은
『授時通考』의 土地論을 그대로 수록하고 있었다. 이는 崔漢綺가 생각하는
土地論 또한 그러한 것이었음을 뜻하는 것이라고 하겠다.

그러한 사정은 『農政會要』에서 本朝田賦를 기술하고 있는 자세에서 더욱
분명하게 살필 수 있다. 이는 中國의 田制와 병행해서 朝鮮의 田制를 제시한
것인데, 그는 이 조항에서 量田·年分·收稅·大同作貢·耤田·糶糴만을
다루고 있었다. 耤田만이 약간 土地制度와 관련될 뿐 모두 賦稅制度와 관련
되는 것이다. 『農政會要』는 土地所有를 에워싼 사회적 모순을 지적하거나
그와 관련된 자료를 싣고 있지 않았다. 그에 선행하는 여러 학자들의 農書에

---

189) 『農政全書』 4, 田制 玄扈先生井田考, 校注本 上, p.92.

서는 田制를 기술하는 가운데, 土地所有관계의 불합리성을 지적하고 그 改
革을 주장하는 것이 일반이었는데, 그의 농서는 그러한 일반적 경향과 다른
경향을 보이고 있었다. 이는 현재의 賦稅制度를 잘 운용함으로써 農民經濟
를 안정시키려는 것, 그리고 地主佃戶制를 축으로 한 토지소유관계를 현실
로 인정한 위에서 農業生産을 장려 발전시키는 것을, 農政의 과제로 삼고 있
는 표현이 아닐 수 없다.

농정에 관한 이러한 자세는 그의 현실 인식·계급적 이해관계와 관련되는
것으로서, 그 학문체계 전반에 그대로 반영되지 않을 수 없었다. 그는 土地
문제에 관하여 그 개혁에 찬성한다거나 반대한다는 의사표시를 하지는 않았
지만, 정치·사회문제의 變通의 원리를 말함으로써, 土地문제에 대한 자신
의 생각도 명백히 하였다.

> 政教之變通 非謂換易 謂變其不通而使之通也 政有先王之治蹟 教有聖人之啓導
> 奉承遵行……而已190)

政教의 變通이란 '바꾸는 것(換易 — 變革)'이 아니라 '통하지 않는 것을 통
하게 하는 것'이며, 그 방법은 政治에는 先王의 治蹟이 있고 教化에는 聖人
의 가르침이 있으니, 이를 받들어 遵行하면 될 따름이라는 것이었다. 이를
土地문제에 관해서 말한다면, 그 변통은 그것을 변혁하는 것이 아니라 그 土
地의 소유관계를 현실적으로 인정하고, 그 위에서 그것을 일정한 준칙 — 賦
稅制度 — 에 따라 잘 운영해 나가면, 막힌 것이 通하게 되는 것으로 보는
것이었다. 이러한 자세는 그가 뒷날 자신의 學問을 대성한 뒤에도 그대로 견
지되었다. 그는 農政 일반에 대한 여러 가지 견해를 말하되

> 農政之春畊秋斂助不給 豊蓄荒賑使平均 經常事也……輕徭薄斂 使斯民蒙利
> 實爲朝廷之農 至於土宜穀種淤蔭耕耘 自有各地所宜 任農夫之習俗 而但當勸
> 懲勤惰191)

---

190) 「神氣通」 3, 變通 政教沿革, 『叢書』 1책, p.71.
191) 「人政」 11, 教人門 農政, 『叢書』 2책, p.201.

라고 했다. 그는 春耕 秋斂 때의 모자람을 도와 주는 것, 豊凶 때 蓄賑의 사업을 폄으로써 생활을 고르게 해 주는 것을 農政의 일상적인 것으로 보았으며, 稅·役을 가볍게 함으로써 농민들에게 惠擇이 돌아가게 하고, 그들의 생산활동을 독려·징치함으로써 제대로 소출을 올릴 수 있도록 하는 것을 정부나 지방관의 農政으로 본 것이었다. 그리고 앞에서 지적했듯이 그는 이 밖에 農政의 문제로서 水利 土木工事가 있음을 지적했고, 이러한 사업은 그 방면에 식견이 있는 專門家가 할 일이라고 생각했다.

그러나 이와 같이 여러 가지 문제를 農政의 과제로 삼으면서도 그는 농업의 기반인 土地制度나 그 제도의 불합리를 시정하는 政策的인 문제를 그 안에 포함시키지는 않았다. 이는 그의 農業論이 현행의 土地制度 地主制를 전제로 하는 것이었음을 분명히 하는 것이었다고 하겠다.

經營문제 — 農業經營에 관해서도 구체적인 언급은 없었다. 그러나 그는 農餘門에서 그 기본 자세를 밝혔다. 農餘는 糧食作物 이외의 여러 가지 經濟作物을 기타 사항으로서 정리한 것인데, 崔漢綺는 여기에서 모든 農作物의 재배를 市場과의 관련 속에 社會的分業 商品作物로서 재배할 것을 말하였다. 『授時通考』는 農本思想에 바탕을 두고 편찬되었고 『農政會要』도 그 기본은 같았는데, 시대적 조건은 그로 하여금 商業的 農業을 활용하지 않을 수 없도록 하고 있었다. 물론 『授時通考』에서도 이같은 농업경영을 배제하고 있는 것은 아니었지만, 崔漢綺의 『農政會要』는 그 정도를 훨씬 넘어서고 있었다. 農餘門의 序頭에서

> 若於穀菜果蓏紡績畜牧之中 得其一利 而收功倍蓰 足以自給 至有富等千戶者 人各得其一利 而共濟一世之用 庶可通功易事192)

라고 하여, 농민들이 穀·菜·果蓏·紡績·畜牧 등 각 산업 가운데 하나씩을 자기의 業으로 삼아, 分業的인 農業經營을 하라고 하였음은 그것이다. 이를 잘 경영하면 自給을 할 수 있음은 말할 것도 없고, 千戶侯만큼이나 부

---

192) 『農政會要』 11, 農餘 序, 『農書』 11, p.481.
　　이 序는 『授時通考』에는 없고, 崔漢綺가 그의 『農政會要』에서 보충 설명한 것이다.

유해질 수도 있다는 것이며, 그들이 각각 그 하나의 산업을 업으로 경영함으로써 세상에 소용되는 物産을 함께 생산하게 되면, 그 物産이 널리 流通交易케 되리라는 것이었다. 그는 농업에 있어서 物産의 流通은 어느 곳에서나 그 방법이 있다고 생각했으며,193) 당시 유통되는 商品으로서는 農産物(穀帛)이 중심이라고 이해하고, 따라서 商業이 蕩敗하면 이 농산물이 전국에 유통되지 못할 것이라고까지 하였다.194) 그러므로 그가 농민들로 하여금 流通經濟가 발달하고 있는 상황에서 농업을 商業的 農業으로서 경영케 하려 한 것은 자연스러운 일이었다.

崔漢綺는 농서를 쓰기는 하였지만, 그가 이때 특히 중요한 業으로 주목하고 있는 것은 商業이었다. 그는 그것을 國家經濟 전반의 운영, 나아가서는 世界諸國의 동향과도 관련하여 그와 같이 이해하고 있었다. 그는 그가 사는 시대를 '天下의 物産이 萬國에 周通하는'195) 商業의 시대라고 인식했으며, 따라서 日用物品이 모두 自給自足될 필요는 없는 것이라고 확신했다.196) 그리하여 그는 당시의 사회적 역사적 성격을, 아무 業도 경영하지 않고 他人과도 접촉하지 않는 가운데 살아간다면 모를까, 그렇지 않다면 반드시 商業과 관계를 가져야 하는 시대라고 보았다. 그는 그것을

若於世間無所營爲 又無與人相關則已矣 治一家之産者 有資於鄕市之商 治一邑之民者 調制城市之商 治一國之政者 周通境內之商 謨天下之平者 接天下之商197)

이라고 표현했다. 一家의 산업을 경영하는 자는 鄕商의 도움을 받아야 하고, 一邑의 民을 다스리는 자는 城市의 상인을 조정할 수 있어야 하며, 一國의 政治를 담당하는 자는 국내의 상인을 두루 왕래케 해야 하며, 天下(世界)의 지배를 꾀하는 자는 天下의 商人과 교섭을 해야 한다는 것이었다. 말하자

---

193) 「人政」 6, 測人門 地位 農, 『叢書』 2책, p.94.
194) 「人政」 11, 敎人門 商賈, 同 上, p.202.
195) 「人政」 6, 測人門 地位 商, 同 上, p.94.
196) 「人政」 12, 敎人門 家・國・天下器用, 同 上, p.246.
197) 註195와 同.

면 그는 그의 시대를 商人이 物産을 유통시키는 가운데 사회가 발전하고 있
는 것으로 보는 것이었으며, 따라서 農業이나 工業의 경영도 이같은 商業과
의 관련 속에 수행되지 않으면 아니 된다고 보는 것이었다. 그런 점에서 그
의 商業的 農業論은 종래의 그러한 農業論과 단계를 달리하는 것이기도 하
였다.

3) 『農政會要』農業論의 性格

이와 같이 살피면 崔漢綺『農政會要』의 農業論은 이 시기의 商品貨幣經濟
와 밀착되고, 그 時代思潮를 농업에 적극 받아들인 진보적인 農業論이었다
고 하겠다. 그것은 종래의 自給自足的 重農抑商的인 농업론에서 멀리 벗어
나 있는 것은 말할 것도 없고, 그것을 지양하려 한 종래 여러 논자들의 商業
的 農業論에서도, 한 발 더 나아간 시야가 넓은 농업론이었다. 그러나 그러
면서도 그의 농업론은, 그에 선행하는 實學者들이 널리 주장하고 있었던 바
이 시기 農業問題의 해결, 봉건적인 地主制를 개혁함으로써 小農經濟를 안
정시켜야 한다고 하는 農業體制 變革의 문제를 전제로 한 것은 아니었다. 그
것은 현실의 土地制度·현실의 農業體制를 그대로 인정한 위에서 강조한 것
이었다. 다시 말하면 그의 농업론은 농업기술을 개량하고 상업적 농업을 발
전시켜야 한다는 점에서는 종전 실학자들의 그것과 공통되나, 농업생산의
主體와 農業體制를 생각하는 자세에 있어서는, 실학자들의 그것과 크게 다
른 바가 있었다.

그러한 점에서 보면, 그의 농업론은 小貧農層이 農業技術 改良과 商業的
農業을 통해서 성장하는 현상을 부정하는 것은 아니었지만, 體制의 변화가
없는 가운데 그러한 농업이 전개될 경우, 계속 발전하고 성장하게 될 것은
주로 地主·富農層일 것이므로, 그의 농업론은 다분히 사회문제에 대한 배
려 없이, 地主·富農層의 이익을 대변하고 그런 입장에서 제기하고 있는 견
해였다고 하겠다.

6. 『山林經濟補遺』의 農業論 — 寒士小農의 經營事例

이 시기의 農書로서 끝으로 하나 더 첨부해야 할 것은, 『山林經濟』를 이 시기의 農業事情·農村事情과 관련하여 좀더 보완한 『山林經濟補遺』(이하 『補遺』로 줄임)이다. 『補遺』는 책명 그대로 『山林經濟』에서는 볼 수 없는, 그러나 이 시기 農村社會에서는 일상생활에서 늘 필요로 하는 여러 가지 문제를 기술하였다.[198] 그리고 선행하는 農書들의 商業的 農業論을, 가난한 寒士小農의 農業經營으로 집약하고 실행함으로써, 그와 동류의 寒士 및 農民層의 農業生産·農業經營에 참고가 될 수 있도록, 經營事例로서 정리한 特殊 農書이다. 撰者는 榕南公이며 그가 사망한 뒤 그의 從姪子 圭燮이 '崇禎四週甲壬子端月下澣'(1852년)에 跋文을 달아 정리, 공개한 책이다. 발문에 따르면 그는 綜世之才가 있는 인물이었다.

그 가운데에서도 本書에서 특히 관심을 갖게 되는 것은, 寒士小農과 農民層의 農業生産·農業經營에 관하여 새로운 指針을 제시하고 있는 부분이다. 찬지는 그 항목을 "生財節用之法"이라 하였다. 그는 여기서 그 자신의 寒士小農으로서의 商業的인 農業生産·農業經營을 모범적인 經營事例로 예시하고, 다른 寒士와 農民들이 이를 따라 농사를 함으로서 農家經濟의 어려움을 돌파해 나가도록 권유한다. 그러한 점에서 『補遺』는 19세기 寒士小農과 農民層에게 農業生産 農業經營의 指針書가 될 수 있는 저술이었다고 하겠다.

『補遺』의 농업론에 관해서는 이미 다른 글에서 이를 분석 고찰한 바 있었다.[199] 그러므로 여기서는 이를 다시 장황하게 논할 필요가 없겠다. 그러나 이 시기 농업생산·농업경영의 전반적인 추세 분위기를 이해하기 위해서는, 앞에서 살핀 바 여러 農書들의 農業經營論과 아울러, 『補遺』의 그것도 그 요점만이라도 언급해 두는 것이 필요하리라 생각된다.

---

198) 『山林經濟補遺』의 構成 目次는 다음과 같다.
　　1. 擇地卜築之法　　2. 牆園樹植之法　　3. 求嗣孕養之法　　4. 立師敎子之法
　　5. 喪祭冠婚之法　　6. 生財節用之法　　7. 義庄設施之法　　8. 尊宗睦族之法
　　9. 貯書習筆之法　　10. 總論　　　　　附. 跋文
199) 拙稿, 『朝鮮後期農業史硏究』〔Ⅱ〕(1990), 제Ⅲ편 가운데, '朝鮮後期 兩班層의 農業生産 —自作經營의 事例를 중심으로' 참조.

寒士小農의 農業生産 規模와 經營內容

	元種		間種・根耕	收入
I	大麥	20斗落		300斗
	小麥	8斗落		160斗 ③
	甘藷	2斗落		①
	烟茶	10斗落		初巡 300把
				再巡 500把 ├ 11同 ④
				三巡 300把
II			木綿 20斗落	600斤
			(眞荏)	②
			大豆 13斗落	90斗
			(小豆)	20斗
			(水荏)	7斗
			眞荏 1斗落	13斗(②와 合)
			菉豆 1斗落	4斗
			甘藷栽筍 5斗落	350斗(①과 合)
III	貿租 120兩(③④合)			60 石 ― 作米 444斗
IV	韭	5斗落		100金
	葱	5斗落		100金
	水茄子	3000本		60金
	其他	……		
V	牧養	牛 1疋		
		鷄・豚……		
	勞動力	寒士主之		
		奴(雇奴) 1人		
		婢(雇婢) 1人		
		世傳畓 10斗落 더 있을 경우는 雇人		

* 여기서 斗落은 麥田의 斗落地를 기준으로 한다.

『補遺』의 찬자는 스스로를 寒士小農으로 자처하며, 그 자신의 農業生産・農業經營의 내역을 生財節用之法으로 간결하게 기술하였다. 그리고 필자는 이를 다음과 같이 表로 압축 정리한 바 있었다(註199 참조). 그러므로 여기에서는 이 表를 통해서 그 요점을 살필 수 있을 것이다.

表를 통해서 『補遺』의 찬자, 寒士小農의 農業生産・農業經營을 살피면, 그는 南部지방 旱田지대에 살면서 田作農業(밭농사) 위주로 農業生産을 하는 가난한 士農이었다. 그러나 그는 농업생산을 철저하게 잘 수행하는 篤農家이었다. 그래서 그는 不利한 입지 조건을 극복하고, 그 농업생산・농업경영을 잘 운영함으로써, 비교적 넉넉하게 살고 있었다. 그것은 그가 농업생산・농업경영에서 原則을 적절하게 잘 세우고 이를 관철해 나갔기 때문이었다. 이는 『補遺』農業論의 큰 특징이었다. 우리는 그것을 몇 가지 국면으로 정리할 수 있다.

첫째, 寒士小農은 農業을 生業으로 삼았으되, 이 시기 농업생산에서 중심이 되고 있었던 水田農業(논농사・벼농사)에 집착하지 않았고, 水田보다는 값이 헐한 旱田을 마련하여 田作農業으로서 모든 것을 해결하고자 하였다. 물론 世傳畓 10斗落이라도 있으면 이를 열심히 경영하였겠지만, 寒士小農에게는 이런 畓이 없었다. 그렇다고 일부러 水田을 매입하여 벼농사를 하고자 하지는 않았다. 그는 寒士小農이었으므로 농업자본이 넉넉지 못하였고, 따라서 水田 매입에 과다하게 투자하는 것을 피하였으며, 아울러 作物의 생산 과정에서 경비가 많이 드는 논농사도 피한 것이다. 寒士가 소유하고 경영하는 농지의 규모는 모두 50斗落으로서 결코 적은 면적이 아니었으나, 이는 전부 旱田이고 水田은 한 斗落도 없었다. 寒士小農은 밭농사를 專業으로 하는 농민이었다.

둘째, 寒士小農은 農業生産을 自給을 위한 糧食作物과 市場을 대상으로 한 商品作物로 일정하게 계획을 세워 재배하고 있었다. 表의 I항과 II항 그리고 III항에서 보는 바와 같이, 그는 각 작물을 元種・間種・根耕 등에 각각 몇 斗落씩 耕種할 것인지 계획을 세우고 실행하였다. 그리고 그러한 농작물을 集約的 농업으로 재배하였다.

그는 '近來地力轉薄 所出極尠'(生財節用之法)이라고 보는데서, 地力을 극

력 배양해야 할 것으로 생각하였다. 이 시기의 이러한 農業事情은 여러 계통
에서 논의되고 있었다.200) 그러므로 그의 농업생산에서는 '極力糞田 深耕而
易耨'(同 上)하는데 전력을 다하였다. 가령 麥田의 경우이면 秋耕 때 元種 1
斗落地에 入糞 4石하고, 봄이 되면 加糞 4石을 더하며, 김매기는 3耘을 하
였다. 小麥의 糞耘도 마찬가지였다. 烟茶의 경우는 糞壤 제조에 특히 많은
공을 들였다. 아궁이의 灰를 厠糞과 섞고 이를 다시 糞溺에 재어서 苫藁로
오랫동안 덮어 잘 腐熟하고 蒸熟하여 熟糞이 되게 한 다음, 이를 烟茶를 移
種할 구덩이에 한 바가지씩 붓고 구덩이 판 흙을 좀 덮고 잘 고른 다음 비를
기다려 移種한다는 것이다(同 上). 지극히 정성을 들인 施肥法이다.

    셋째, 寒士小農의 農業生産에서는 水田農業은 제외되고 있었다. 그러나
이것이 그의 집이 飯稻의 食生活을 하지 않았음을 뜻하는 것은 아니었다. 表
의 Ⅲ항에서 볼 수 있듯이 그의 집에서도 租(水稻), 즉 米穀을 많이 소비하
고 있었다. 그러나 그는 이를 水稻의 재배를 통해서 自給하는 것이 아니라,
旱田에서 商品作物을 재배하여 市場을 통해 販賣하고, 이로써 다시 市場을
통해 貿租하고 作米하여 이같이 米穀문제를 해결하고 있는 것이었다. 그의
농업생산·농업경영은 철저하게 商業的 農業이었으며, 이는 전국적으로 流
通經濟·流通市場이 발달해 있음을 배경으로 한다.

    그가 商品作物로서 재배한 農作物은 表의 Ⅰ, Ⅲ항에서 볼 수 있듯이 小麥
과 烟茶가 중심이었다. 小麥은 160斗의 소출에서 저축할 부분(扢儲 : 소출의
10분의 2)과 種子를 빼고, 作末하여 일반 밀가루 28斗와 누룩(麩麴) 380덩
어리(圓)를 얻을 수 있었는데, 그는 이 누룩과 11同의 烟茶를 판매하여 120
兩을 받았고, 이로써 稻 60石을 매입하여 444斗의 米穀을 확보했다. 이는
稻를 水田 20斗落地에서 재배하여 얻을 수 있는 소출보다 오히려 많을 수도
있는 것이었다. 이밖에 Ⅳ항에서 볼 수 있듯이, 그는 부추(韭), 파(葱), 가지
(水茄子) 등의 蔬菜도 10斗落이나 되는 농지에 재배하여 판매하였는데, 값
이 아주 좋았다(生財節用之法).

    그리고 이 寒士小農은 不虞에 대비하여, 모든 農作物의 소출과 歲入常數

―――――――――――――――
200) 拙著,『朝鮮後期農業史硏究』〔Ⅱ〕, 제Ⅲ편 가운데, 朝鮮後期의 農業發展과 粗放農業의 問題
    참조.

者는 그 10분의 2를 扐儲로서 儲置하되, 반드시 해마다 '換新食舊'하고, 換入할 물건이 없을 경우에는 秋收 전에 作錢하고 秋成 뒤에 換貿하여 '依舊儲置'할 것을 家計運營의 원칙으로 삼았다(同 上).

넷째, 寒士小農은 이상과 같은 農業生産·農業經營을, 그가 직접 '主之'하는 가운데, 즉 농업을 계획하고 주관하고 지휘하는 가운데, 表의 Ⅴ항에서 보는 바와 같이, 勞動力으로 '一奴一婢'와 畜力으로 牛 1疋을 거느리고 수행하였다. 世傳奴婢·所有奴婢가 없으면 雇奴雇婢를 두라고 하였으며, 경영이 확대될 경우에는 일반 雇人을 쓰라고 권하였다. 奴婢나 雇工에 대해서는 대우를 잘해 줄 것도 유의시켰다(同 上). 가난한 兩班들은 奴婢를 두지 못하고 雇工을 두는 것 또한 일반이었지만, 朝鮮後期는 勞動力의 성격이 奴婢勞動에서 雇傭勞動으로 전환하는 시대이었다. 農牛가 있었으므로 품앗이 노동력은 손쉽게 확보할 수 있었을 것이다.

『補遺』의 記述을 보면 寒士小農의 농업생산은 자신 있고 활기차며, 그 농업경영은 지극히 성공적이었던 것으로 보인다. 그런 가운데 『補遺』의 찬자는 士였으므로 寒士小農들에게 틈만 나면 讀書도 하라고 권하였다(同 上). 그는 스스로를 寒士小農이라 하였지만, 그의 농업경영은 이른바 經營型富農 계층의 그것이었으며, 그의 식견은 徐有榘가 말한 이 시기 鄕村社會의 '力農者·明農者' 계층의 그것이었다고 하겠다.

〔附〕

洪吉周『農書』의 農業論

이 『農書』는 洪吉周(號 : 沆瀣, 正祖 10~憲宗 7년, 1786~1841년)가 편찬
하였다. 全 20卷으로 된 비교적 큰 분량의 冊이었다. 洪吉周『農書』는 지금
그 현존 여부를 알 수 없으며 筆者도 이를 보지 못하고 있다. 그러나 그의
社會的 地位로 보아(그는 洪柱世·洪萬選 등 農學者를 배출한 豊山洪氏 家門의
인물이고, 洪奭周·洪顯周 등과 형제 간이었다), 이 책은 이 시기의 農學思潮
를 이해하는데 중요한 자료가 되겠다. 그러므로 여기서는 그의 다른 관련 저
술을 통해 그 農學의 特徵이나마 파악해 두고자 한다.

洪吉周는 그의 『農書』를 '集古人之長 參以時宜'[201]함으로써 정리하였다.
옛 農書 가운데에서 좋은 農法을 취하고 時宜에 맞는가를 살핌으로써 편찬
했다는 것이다. 그가 본 옛 農書가 어떤 것이었는지는 알 수 없지만, 그의
일련의 작업[202]으로서 보면, 많은 中國 農書를 참고했으리라 생각되며, 時
宜에 맞는가를 살피기 위해서는 朝鮮 農書의 기술로서 대조했으리라 생각된
다. 그의 『農書』는 中國 農書와 朝鮮 農書를 비교 고찰하는 가운데 편찬되고
있는 셈이었다. 이 시기에는 中國 農書 中國 農業의 기술을 신중한 검토 없
이 전면적으로 받아들이려는 경향도 적지 않았으므로, 그는 이를 비판하고
中國 農業을 정확히 이해하고 그것을 선별적으로 수용하려 하였던 것이 아
닌가 생각된다. 그런 가운데서도 그가 특히 유의한 것은 中國 농서와 朝鮮
농서 사이에 相通하지 않는 '土穀名物'의 문제이었다. 그는 그것을

吾東方土穀名物 皆與中土異 往往有齟齬而不相通者 玆參酌成一部書附[203]

---

201)『孰遂念』2책, 丁 五車念, 農書, 序.
202)『孰遂念』2책, 丁 五車念.
　　그는 易集說·書集說·詩集說·三禮集說·春秋集說 기타 등등 많은 集說을 편찬했다. 그것
　　은 각 책에 대한 여러 學者들의 注釋을 모아 정리한 것이었다. 여러 說을 대비 고찰할 것이
　　전제되는 작업이었다. 『農書』도 그러한 작업의 일환으로서 편찬되었다.

라고 기술하였다. 그는 中國 농서와 朝鮮 농서 사이에는 같은 명칭으로 기술했으면서도 전혀 다른 내용일 경우가 있어서 혼란을 일으키게 한다고 보았다. 아마도 稷이나 木斫 같은 것이 그러한 예였을 것이다. 그가 여기서 비교 대조한 바가 어느 범위이었는지 알 수 없지만, 이러한 작업은 農業技術 전반에 걸쳐 수행될 필요가 있었다. 中國 농서는 늘 많은 사람들이 참고했기 때문이다.

『農書』의 특징은 그러나 이러한 점에서 그치는 것이 아니었다. 洪吉周가 『農書』에서 田制를 얼마나 언급했는지는 알 수 없지만, 그는 土地문제에 관하여 그 특유의 견해를 지니고 있었으며, 따라서 그의 農學은 그러한 土地論을 전제로 성립되고 있었다.

그의 土地論은 당시의 土地所有관계를 불합리한 것으로 보고 이를 是正해야 한다는 것이었다. 그가 보기에 현실은 '富人은 한 해의 收入이 千斛이나 되는데 貧民은 한 치의 땅도 없어 농사를 할 수 없으며, 王公貴人은 한 끼에 數十人 분을 먹는데 굶주려 죽은 자는 길가에 널려 있고, 都市의 遊食人은 배불리 먹는데 농민은 끼니를 잇기조차 어렵다'는 것이었다. 그러므로 이는 改革 是正되어야 하지만, 그러나 흔히 말하는 井田制나 均田制는 시행하기 어려운 방안이라고 생각했다. 전자는 地形관계로, 후자는 반드시 富人田을 國有化(奪田)해야 하는데 그렇게 되면 怨恨을 사서 亂이 일어날 것이라 보았으며, 또 土地를 균분한 뒤에는 인구가 변동할 때마다 분급한 土地를 조종해야 하는데 이것은 지극히 번거로운 일이라는 데서였다.204) 그러므로 그는 농민에게 産業을 주어 굶주리지 않도록 하기 위해서는 다른 방법을 찾아야 한다고 생각했으며, 그러기 위해서는 오직 '耕者有田'의 원칙만이 문제를 해결할 수 있는 좋은 방법이라고 생각했다. 즉,

> 欲制民之産 使斯人無阽於飢餓者 唯使之耕而后食而已 誠能盡籍邦內之田 勸民
> 以耕耤之 及其穡也 使耕者 受其田之收 以共王稅 而私其贏 它人之欲粟者 必貨
> 諸農夫而后得焉 雖王公大人之家 手不秉櫌耡 則不得有其田 如是 則天下之民

---

203) 同上, 農書, 序.
204)『縹礱乙幟』卷1, 雜著, 制田.

苟不爲農而有其田 必爲工商而生 其貨以謀食205)

이라고 하였음이 그것이다. 그 耕者有田論의 내용은 ① 政府에서는 전국
의 農地를 國家管理下에 정확히 파악하여 대장에 올리고, 누구든지 농업을
하고자 하는 사람에게는 이를 분급한다. ② 농업을 한다는 것은 직접 耕作에
종사함을 뜻하며(耕者有田), 商工業者는 말할 것도 없고, 王公大人이라 하더
라도 그 집에서 직접 耕作을 하지 않을 경우에는 농지를 받을 수 없다. ③
農業生産者는 그가 생산한 所出 가운데에서 王稅만을 정부에 바치고 나머지
는 모두 그가 소유한다. ④ 농업을 하지 않는 者가 糧穀이 필요할 때는 반드
시 農者에게서 사 먹도록 한다. ⑤ 이같이 하면 天下의 民이 不農有田하는
것을 구차하게 여겨 商工業으로서 살아가게 되고, 商工業으로 번 돈으로써
糧食을 사 먹게 되리라는 것이었다.

洪吉周의 土地論은 말하자면 土地私有를 부정하고 封建的인 地主制를 해
체시키는 가운데 農民經濟를 안정시키려는 案이었다. 商品貨幣經濟와 社會
的 分業이 발달하고 있음을 전제로 하여 제기될 수 있는 방안이었다. 그는
이 시기를 바로 그러한 시기로 보고 있는 것이었으며, 그가 구상하는 變革의
방법을 택하면206) 이같은 土地制度의 改革이 가능하리라 생각하고 있었다.
그리하여 그는 이 방안이 실현되면 井田制를 시행하는 어려움이 없이 井田
制를 시행한 것과 같은 효과를 거둘 수 있을 것으로 확신하였다.

---

205) 同 上.
206) 同 上, 雜著 爲政·正本.
　　그는 國家制度를 變革해야 할 것으로 생각했고, 土地制度 改革도 그 일환으로서 제기하였다.
　　그것을 실현하기 위한 방법으로는 '大知大勇'한 人物 10여 명을 廟堂에 배치하여 그 일을 추진
　　토록 하되, 기본적인 것에서부터 계획적·점진적으로 수행해 나가야 한다고 하였다. 그는 勢
　　道政權 아래에서 그 體制를 변혁할 수 있는 방법을 제시하고 있었다.

結論 — 總括的 整理

農學은 時代的 課題를 해결하며 발달

이상에서 우리는 17세기에서 19세기에 이르는 朝鮮後期 農學의 발달 과정을 이 시기에 편찬된 여러 農書를 중심으로 살폈다. 그리고 이 시기의 農書에서는 朝鮮前期의 농서를 그대로 수록하고 있었으므로, 後期 農學의 역사적 배경을 이해하고자 前期 農學에 관해서도 몇 편의 농서를 중심으로 이를 고찰하였다. 이제 우리는 이같은 고찰을 통해서 파악할 수 있었던 農學의 흐름을 총괄적으로 정리함으로써 結論에 대신하고자 한다.

이러한 고찰에 따르면 朝鮮後期에는 前期의 農學과는 다른 새로운 폭 넓은 農學이 크게 발달하고 있었다. 이 시기에는 農業技術과 商品貨幣經濟가 발달하고 봉건적인 社會經濟體制의 해체 과정이 전개되며, 이와 표리관계를 이루면서 새로운 農業問題(農業에서의 社會的 矛盾)가 발생하고 있었으므로, 農學은 이러한 여러 변화에 대처하지 않으면 아니 되었기 때문이다.

農學의 측면에서 볼 때 農業의 발달 社會經濟上의 변동은 그 전 단계의 農學 發達의 산물이다. 하지만 이같이 농업과 사회경제상에 변동이 일어나고 농업에서 社會問題가 발생하고 보면, 農學은 다시 새로운 단계의 사회에서, 그 단계에 상응하는 農業 발달과 生産力 증진의 방안을 제시하고 農業問題를 해결하지 않으면 아니 되었다. 그러한 점에서 朝鮮後期의 農學은 朝鮮前期의 農學과 구분되지만, 동시에 後期의 農學 자체도 朝鮮後期의 社會經濟 발전이 진전함에 따라 몇 단계에 걸치면서 점진적으로 발전해 나가지 않을 수 없었다.

이같은 農學의 발달 과정에서 朝鮮後期의 農學이 궁극적인 課題로 삼은 것은, 兩班地主層의 土地集積이 성행하고 商品貨幣經濟가 발달하며 농촌사회가 分解 變動하고 있는 현실 속에서, 어떻게 하면 社會矛盾이 심각한 傳統

的 中世農業을 변혁하거나, 거기에 대응하여 農民經濟가 안정될 수 있는, 새
로운 合理的 農業으로 전환 발전시킬 수 있을 것인가 하는 점이었다.

이것은 農業技術上의 문제로서도 제기되고 土地所有나 農業經營, 그리고
農政理念上의 문제로서도 제기되고 있었다. 이는 이 시기 農學의 특징이었
다. 그러나 물론 이러한 특징이 처음부터 여러 농서에 同質的으로 나타난 것
은 아니었다. 그것은 韓國農學史 전체의 견지에서 이 시기 農學의 성격을 파
악할 때 그러한 것이고, 이를 구체적으로 살피면 각 단계마다 그 내부에 여
러 가지 견해와 입장의 차이가 있었다.

朝鮮前期의 農學

朝鮮前期에는 여러 종류의 農書가 편찬되었다. 그 初期에는 朝鮮王朝가
건국되고 그 국호 '朝鮮'과도 관련, 文明轉換 차원에서의 中國文明의 적극 수
용과 더불어, 이에 대응하는 우리 固有文明에 대한 성찰과 연구도 추구되는
때였다. 朝鮮 農學의 연구도 그 일환으로서 진행 되었으며, 그 결과로서 몇
몇 農書가 편찬될 수 있었다. 그런 점에서 朝鮮初期는 朝鮮王朝 農學의 성립
기였다(본서의 제 I 편).

朝鮮 農書의 편찬 : 『農事直說』『衿陽雜錄』『四時纂要』 — 그러한 朝鮮 農
學·朝鮮 農書는 中國 農學·中國 農書의 학문적 체계를 참고하는 가운데,
朝鮮의 農業慣行을 조사 정리함으로써, 朝鮮의 風土에 맞는 농서의 편찬을
목표로 하고 있었다. 이 시기의 朝鮮王朝에서는 新國家를 건설한 뒤 國家財
政을 공고히 하기 위해서도 그렇고, 농민층에게 가해지고 있었던 高麗 말년
이래의 사회적 모순의 압력을 다소나마 완화시키기 위해서도 그러하였지만,
農業生産力을 증진시키는 문제, 즉 農學을 발전시키고 農書를 편찬하는 문
제가 절실하였다.

처음에는 그러한 농서의 편찬을 中國의 『農桑輯要』를 抄釋하는 정도로 만
족하려고도 하였다. 太宗朝·世宗朝의 『蠶書』 그리고 『農書輯要』와 같은 기
초 작업을 거쳐서 편찬한 『農書』는 그것이었다. 『農桑輯要』는 高麗 말년에
농업생산의 증진을 통한 國家의 중흥을 위하여 復刻 刊行한 바 있었으므로,
우리나라에서는 낯익은 농서였다. 그러나 中國과 朝鮮 사이에는 風土가 다

르고 農業慣行 또한 차이가 있었으므로, 그 農書의 농업기술을 朝鮮 농촌에
그대로 적용하기는 어려웠다. 이는 風土不同論인데 이때에는 이 주장이 여
론화되고 있었다.

　　그러므로 政府에서는 그러한 농서로서 朝鮮의 農業生産을 지도하기에는
큰 한계가 있음을 인식하지 않을 수 없었다. 參考用 圖書는 될 수 있었겠지
만, 농민들이 보고 따라 하는 敎科書가 되기는 어려웠다. 따라서 이때 政府
에서는 결국 朝鮮의 農業慣行을 조사하고, 朝鮮의 風土·朝鮮의 農業現實에
맞는 農書를 편찬하지 않을 수 없었다. 농업 선진지역인 三南지방의 농업이
조사의 대상이 되고, 그것이 자료가 되는 가운데 朝鮮 農書는 편찬되었다.
世宗朝의 『農事直說』이 바로 그것으로서, 그 뒤 정부에서는 이를 통해서 전
국의 농업생산을 지도하게 되었다.

　　그렇지만 『農事直說』은 九穀을 중심으로 한 糧食作物의 재배만을 다루었
을 뿐, 농서에서 갖추어야 할 그밖의 여러 가지 문제는 생략하고 있었다. 이
농서는 國家의 租稅收取, 民의 糧食問題 해결을 최대의 목표로 삼은 농서이
었다. 그러므로 綜合農書를 필요로 하는 농업생산자의 입장에서, 이 농서는
지극히 불완전한 책자가 아닐 수 없었으며, 따라서 여러 가지 農作物 재배를
풍부하게 수록하고 있는 中國 農書는 여전히 필요하였다. 그러한 점에서 朝
鮮前期의 農學者들은 그 뒤 이러한 문제를 해결해 나가지 않으면 아니 되었
다. 『衿陽雜錄』과 『四時簒要抄』가 편찬되고 혹 지방에 따라 『農事直說』에
木綿耕種法을 증보 간행한 것은 그러한 노력의 한 표현이었다. 물론 이 시기
에 이같이 여러 농서가 편찬되었다 하더라도, 그러한 여러 농서 가운데에서
중심이 되는 것이 『農事直說』이었음은 말한 것도 없었다.

　　朝鮮前期 農業 발전방식의 특징 — 前期 農書에서 볼 수 있는 朝鮮 農業의
특징은, 中國이나 日本의 그것과 다름은 말할 것도 없고, 지금의 우리 농업
과도 차이가 있는 특이한 것이었다.

　　水稻作은 水播(水耕)·乾播(乾耕)·苗種(揷種)·回換農法 등 여러 가지
방법으로 재배되었다. 그런 가운데서도 중심이 된 것은 水播法이었는데 이
는 水田을 起耕熟治하고 벼 종자를 直播로 재배하는 방법이었다. 乾播法은
봄 가뭄으로 水田에서 水播가 어려울 때 乾畓을 精耕熟治하고 그 乾畓에다

水稻를 파종하는 旱地農法이었으며, 苗種法은 후대의 移秧法으로서 除草에
편하였으나 水利施設이 발달하지 못한 가운데 水源이 없는 곳에서 이 재배
법을 택하는 것에 대해서는 경계하였다. 그리고 回換農法은 水田에 水稻와
旱田作物을 번갈아 경작하는 '歲易' 農法으로서 雜草를 억제할 수 있는 효과
적인 農法으로 이해되고 있었다. 水稻作이 常耕連作으로 재배되기 전 단계
또는 이와 병행하여 水田을 효과적으로 이용하고 있었던 때의 水田의 耕種
法이었다. 朝鮮의 水稻作은, 그 벼 品種이 장구한 세월에 걸쳐 朝鮮의 자연
환경에 적절히 적응하도록 순화 육성되는 가운데, 朝鮮式 水稻農法으로 정
착하고 재배되고 있는 것이었다.

旱田의 作物재배에 있어서도 朝鮮的인 재배법이 확립 발달하고 있었다.
田作은 農地를 精耕熟治하는 가운데 根耕法으로서 1年 2作, 2年 3作 하는
등 作物을 輪作으로 재배하고도 있었지만, 동시에 이와 반대로 整地 과정 없
이 火耕農法으로서 作物을 재배하는 농법도 그대로 유지 발전시켜 나가고
있었다. 전자를 비교적 集約的인 농업, 후자를 비교적 粗放的인 농업이라고
한다면, 朝鮮의 田作農業은 集約的 農法과 粗放的 農法을 모두 활용하는 가
운데 발전하고 있는 셈이었다.

이 점은 間種法에 있어서도 마찬가지였다. 朝鮮 農書에서는 間種法이 개
발되고 있는 것이 또한 큰 특징이었는데, 間種을 하고 있는 한에 있어서는
농지를 전면적으로 이용하고 있다는 점에서 집약적이라 할 수 있지만, 이는
田少者의 경우이고, 많은 경우는 아직 '息土而代墾'하는 粗放的인 농법으로
作物을 재배하고 있었다. 이는 일정한 넓이의 농지를 起耕作畝하되, 그 畝幅
만한 농지 또는 그보다 더 넓은 畝間의 농지를 地力의 회복을 위하여 息土하
였다가, 이듬해에 今年의 畝와 교체하여 起耕作畝하는 田畝制度였다. 이 시
기에는 高麗시기의 歲易(休閑)農法이 점진적으로 극복되어 나가고는 있었지
만, 그것이 농지의 全面耕을 전제로 한 常耕化를 일거에 확립하고 있음을 뜻
하는 것은 아니었다. 이때에는 施肥의 이론이 발달하고는 있었지만, 糞壤이
부족한 가운데 追肥를 못하는 것은 말할 것도 없고 基肥 없이 파종하는 경우
도 있었으므로, 地力회복을 위한 息土는 아직은 지속될 수밖에 없었다. 間種
法의 등장은 그 극복의 한 표현이었다.

朝鮮初期의 農業技術·農法의 상황을 이같이 정리하고 보면, 그때까지의 朝鮮 農業技術·農法의 발전은 복합적이고 점진적인 것이었다고 하겠다. 中國 農業에서는 그 발전 방식이 시대를 따라 비교적 분명하게 段階的으로 구분되는데 대하여, 朝鮮 農業에서는 新·舊 農法이 장기간 병존하는 가운데 新農法이 斜線 모양으로 확산 발전되어 나가고 있었다. 이는 朝鮮 農業 발전 방식의 한 특징이기도 하였다.

이 시기의 農書가 후대 농서와 비교하여 주목되는 것은 商品作物의 재배에 유의하는 바가 적었다는 점이다. 이 시기 최대의 商品作物은 木綿이었고 이는 실제로 판매를 위해서도 재배되고 있었는데, 농서에서는 그 耕種法을 수록함으로써 농민이 致富할 것을 권하고 있지 않았다. 木綿耕種法이『農事直說』이나『四時纂要』에 소상하게 증보되어 간행된 것은 壬亂 전 단계에 이르러서의 일이다.

朝鮮前期 農書의 農政觀 ― 이 시기 農書의 農政觀은 농서에 따라 크게 두 경향을 띠고 있었다.『農事直說』이 농업생산의 主體를 兩班地主·大農層으로 보고 그들의 농업생산을 염두에 두면서 편찬한 저작이라고 한다면,『衿陽雜錄』은 그 주체를 自耕小農層으로 보고 그들의 농업생산이 보호되어야 할 것임을 강조한 농서였다고 하겠다. 그리고 전자의 農業觀이 新田 開發을 통하여 經營擴大에 열중하고 따라서 粗放的 농업도 불사하는 내용이었다면, 『四時纂要抄』의 그것은 小土地의 集約的 경영을 특히 바람직한 것으로 보았다.『四時纂要抄』는『衿陽雜錄』과 그 農政의 자세에 있어서 같은 것이었다고 하겠다.

『農事直說』과『衿陽雜錄』 사이의 이같은 農政理念上의 차이는, 말할 것도 없이 그 편자들의 政治經濟思想의 차이에서 연유하고 있었다. 이 시기의 농업생산은 현실적으로 地主·大農經營과 自耕小農經營의 어느 쪽으로도 운영되고 있었으므로, 그 農政理念은 편자의 정치사상과 현실문제에 대한 자세 및 인식의 차이에 따라 달라질 수 있었다.『農事直說』은 國定敎學(朱子學)의 이념에 따라 地主·大農經營層의 입장에 편향하는 경향이 있었고, 『衿陽雜錄』은 儒敎經典의 農政理念을 따라 自耕小農經營層의 입장을 강조하였다. 그렇지만 당시의 農學은『農事直說』의 農學이 중심이 되고 있었으

므로, 『衿陽雜錄』이 아무리 自耕小農經濟를 강조하고 있었다 하더라도, 그
것이 이 시기의 農政理念을 대표할 수는 없었다. 이 시기 農政理念의 중심은
역시 『農事直說』의 그것이 되지 않을 수 없었다. 『衿陽雜錄』이 국가 차원에
서 주목되어, 『衿陽雜錄』과 『農事直說』을 국가정책으로 合本 간행하게 되는
것은, 겨우 壬亂 직전 宣祖朝의 內賜本 『農事直說』에서의 일이었다.

朝鮮後期의 農學 ― 제1단계

朝鮮後期의 農學은 이같은 前期 農學을 기반으로 하면서 이를 계승하고
개선하는 가운데 몇 단계에 걸치면서 점진적으로 발전해 나갔다. 이 시기는
兩亂 뒤의 國家再造 農業再建의 시기이었고, 또 이어서는 中世社會가 해체
되어가는 社會變動의 시기이었다. 그러므로 여러 가지 면에서 농업생산의
根本問題가 진지하게 논의되고 연구되었으며, 그 모순구조의 해결 방안이
제시되고 있었다.

朝鮮後期 農學의 제1단계는 16세기 末 壬亂 뒤에서 17세기 中葉까지의
약 半세기 餘 동안의 學問활동이었다(본서의 제Ⅱ편). 이 사이에는 農書가
私的으로도 편찬되고, 地方官이 政府사업으로도 편찬 보급하였다. 兩亂 뒤
의 혼란 속에서 農業生産·농업재건의 기초를 마련하고 앞으로의 방향도 세
우려는 것이었다.

政府 내의 勸農方略 ; 『雇工歌』 ― 그러한 農書 편찬의 작업이 이때에는,
壬亂 직후 農業生産 再建의 방략을 중심으로 國王과 宰相이 서로 다른 理
念을 가지고 작사한 歌辭 『雇工歌』(「雇工歌」와 「答歌」)가, 농민들이 들에서
부르는 노래로서 격돌하는 가운데 진행되었다.

「雇工歌」는 國王 '宣祖의 歌辭'이고 「答歌」는 兩班支配層을 대변하는 宰相
李元翼의 歌辭였다. 「雇工歌」에는 自耕農民을 無田農民으로서의 雇工과 대
등한 관계로 결합하여 大農層 또는 견실한 中農層으로 구성하고, 이들로 하
여금 戰亂으로 파괴된 農業生産을 再建함으로써 위기에 처한 國家財政과 農
民經濟를 구제하려는 뜻이 담겨 있었다. 亂後 복구사업이 달성된 뒤에도 이
들이 農業生産·農業體制의 중심이 될 것임을 전제하는 것이었다. 그리고
「答歌」는 「雇工歌」의 이같은 農業生産·農業再建 방안에 정면으로 반대하

고, 兩班地主層이 農業再建의 主體가 되어, 農庄의 管理人・竝作佃戶・奴僕
등 生産者들을 철저하게 힘으로써 장악하고, 엄격한 賞罰制度를 세워 그들
을 官을 통해 통제하고 지배하려는 것이었다. 農業生産이 再建된 뒤에도 강
력한 地主佃戶制를 유지해 나가려는 뜻이 담겨 있었다.

「雇工歌」는 古典儒學의 정신으로 農業體制를 점진적으로 개혁해 나가려
는 것이었으며, 「答歌」는 近世儒學의 정신에 바탕을 두고 현재의 農業體制
인 地主佃戶制를 그대로 유지해나가려는 것이었다.

地方官의 農書 편찬 ― 이때의 農書는 이러한 사회분위기 속에서 편찬되었
다. 私的으로 편찬된 農書에는 『農家月令』과 『閑情錄』治農編 등이 있다.
『農家月令』은 농업 선진지역인 慶尙道(尙州・聞慶) 지방의 농업을 기초로
直接生産者 自耕農을 중심으로 한 농서로서 편찬한 것이고, 『閑情錄』治農
編은 中國 華南・江南지방의 농서인 『陶朱公致富奇書』를 기초로, 奴僕을 거
느린 隱者가 自耕과 竝作制를 겸한 中小 經營地主의 농서로서 편찬한 것이
었다.

그리고 정부 사업으로서 편찬 간행한 농서는 『農家集成』인데, 이는 朝鮮
前期 농서인 『農事直說』・『衿陽雜錄』・『四時纂要抄』 및 世宗의 「勸農敎文」
과 朱子의 「勸農文」을 集成하고, 특히 그 중심이 되는 『農事直說』에 대해서
는 대폭적인 증보를 가한 것이었다. 이러한 여러 농서 가운데 이 시기 농서
를 대표하고, 또 國定의 農業指針書로서 이후 당분간 정부 정책으로 널리 보
급케 되는 것은 말할 것도 없이 『農家集成』이었다. 『閑情錄』治農編은 찬자
의 정치적 처지 때문에 보급되기 어려웠으나, 風土不同論을 극복하는 방향
제시를 하고 있어서 後代의 農學者들에게는 크게 주목되었다. 『農家月令』은
그 학통을 이은 후진들이 그 학풍의 보급에 열의를 보이지 못하였다.

이 시기의 農學은 水田農業이건 旱田農業이건, 농업생산을 더 集約化하고
合理化함으로써, 生産性을 한층 더 높이는 것을 목표로 삼았다.

水稻耕種法의 直播法에서 移秧法으로의 大전환 ― 이러한 문제와 관련하여
이 시기 農學이 水田農業에 관하여 보여주고 있는 최대의 관심은, 朝鮮前期
의 여러 水稻耕種法을 모두 그대로 이어가면서도, 直播法 중심으로 재배되
던 水稻作을 移秧法 중심으로 전환시키려는 것이었다. 水稻耕種法의 大전환

이었다. 『農家月令』에서는 移秧法에 대하여 이미 경계하지 않게 된 것은 말할 것도 없고, 乾秧法까지도 제시하고 있었으며, 『閑情錄』에서는 水稻의 재배를, 中國 江南지방의 水稻재배법에서 볼 수 있는 바와 같이, 전적으로 移秧法만으로서 하도록 하고 다른 재배법에 관해서는 언급함이 없었다. 그리고 『農家集成』에서는 『農事直說』을 그대로 수록하되 『農事直說』의 移秧法 조항에 많은 것을 증보하였으며, 朱子의 「勸農文」을 수록함으로써 中國 江南농법으로서의 移秧法을 제시하기도 하였다.

移秧法은 直播法에 비하여 中耕除草 과정에 드는 勞動力이 크게 절약되었으므로, 이는 농업생산을 지도하는 위치에 있는 農學者들이, 生産 과정에서의 경비를 절약하기 위하여 응당 생각할 수 있는 대책이었다. 水稻作에서는 여러 차례의 除草가 필수적이었으므로, 中耕除草를 위한 편리한 방법이 있다면 이를 놓칠 수가 없었다. 그리하여 그들은 이때 그 방법으로서 反耕法을 개발하고, 火耨法·揚稻法까지도 수용하고 있었으므로, 農法 차원에서 中耕除草를 편하게 하고 경비를 절감할 수 있는 방법이 있음을 외면할 수는 없었다. 그들이 移秧法을 취하게 되는 것은 당연하였다. 더욱이 移秧法은 水田種麥을 함으로써 1年 2作을 할 수 있는 유리한 農法이기도 하였다. 『閑情錄』에서는 秋麥을 裏作하는 水田種麥을 지시하고 있었다.

旱田農業에서의 集約的인 농업의 추구 — 이 시기 農學이 旱田農業에 관하여 보여주고 있는 큰 관심은, 아직도 남아 있는 粗放的인 상태의 농업을, 集約的인 농업으로 발전 성장시키고자 한 점이었다. 旱田에서의 集約的 農業의 추구이었다. 『農家月令』은 그러한 움직임을 잘 보여 주는 농서라고 하겠다. 이 농서의 '田作'에서는 火耕農法이 사라지고 作物이 정상적으로 精耕熟治된 田面에서 재배되었으며, 麥根田 麥作法(1年 1作)이 극복되고 麥은 根耕이나 間種法(1年 2作)으로서 재배되도록 되고 있었다. 그뿐만 아니라 이 농서는 間種 골고리 농법을 개발하고도 있었다. 間種 골고리 農法은 田地를 全面耕으로 翻耕 熟治한 뒤 畎畝를 작성하고 先穀과 後穀(間種穀)을 畎種으로 재배하는 것으로서, 『農事直說』에서 볼 수 있는 間種法과는 그 整地法에서 큰 차이가 있는 방법이었다. 그러나 『農家月令』의 이러한 農業技術은 농업 선진지역의 사정을 말한 것, 그리고 앞으로 있어야 할 田作技術의 방향을 말한 것에 지나지 않았으며, 전반적으로는 아직도 종전의 농업기술에서 크게 벗어나 있는 것이 아니었다. 『農家集成』은 『農事直說』의 내용을 실으면서 麥根田에 麥作을 할 경우의 整地法을 全面耕과 密作小畝하는 방법으로 개량 증보하였을 뿐 다른 부분은 그대로 두고 있었다.

集約的 農業을 발전시키려는 이 시기 農學은 그 방법으로서 施肥문제에도 주목하지 않을 수 없었다. 어느 농서에서나 糞壤을 강조하였으며, 『閑情錄』에서는 水田에 追肥할 것을 지시하기도 하였다.

商業的 農業의 方向 제시 ─ 이 시기 農學은 農業經營과 관련하여서도 새로운 방향을 제시하였다. 그것은 農業生産을 분명하게 商業的 農業으로서 행하도록 구상하고 있는 점이었다. 商業的 農業의 方向 제시이었다. 어느 농서에서나 商品作物로서의 木綿栽培法을 다루었고 綿農을 專業으로 하는 경우를 말하기도 하였다. 南草는 등장과 더불어 商品으로서 각광을 받았는데, 『農家月令』에서는 벌써 그 재배법을 기술하고 있었다. 그뿐만 아니라 『農家月令』에서는 秋收가 끝난 뒤에는 貿易을 하라 하였으며, 『閑情錄』에서는 일부는 自作經營 일부는 地主經營으로서 행하는 農業生産 전체를, 流通經濟의 발달과 관련하여 商業的 農業으로서 계획하고 수행할 것을 지시하기도 하였다. 당시 中國에서 經營地主層이 행하던 農業生産 그것이었다.

農政觀의 변화 ; 地主層 입장 農學思想의 강화 ─ 이 시기 農書에서는 農業生産의 主體를 중심으로 한 農政觀을 더욱 분명하게 내세우고 있는 것이 한 특징이었다. 이는 앞으로 국가의 農業生産이 大地主·大農層 중심으로 운영될 것인지, 아니면 自耕農의 大農·小貧農層을 중심으로 운영될 것인지, 農業體制의 向方을 가늠하는 문제이었으며, 동시에 당시를 살고 있는 사람들의 身分 階級的인 利害관계에도 얽히는 민감한 문제이었다. 더욱이 이때에는 國王과 政府官僚들이, 壬亂 직후의 國家의 農業再建을 自耕農 중심으로 이끌어 갈 것인지 地主制 중심으로 이끌어 갈 것인지, 「雇工歌」와 「答歌」의 대립관계로 완곡하게 표현하는 가운데, 농민들은 이를 들에서 농사일을 하며 노래 부르는 가운데 널리 보급시켜 나가고 있었다. 그러므로 農書 편찬자들은 이 문제에 관하여 몹시 신경을 쓰지 않을 수 없었다. 私撰 農書에서도 그러하였지만, 政府가 國定 農書를 편찬할 경우에는 특히 더 그러하였다. 朝

鮮初期의 『農事直說』 단계와는 달리 農政上의 자세를 공식적으로 분명하게
표방하지 않으면 안 되었다. 사회가 그것을 요구하고 있었다.

國家의 農業政策은 壬亂 직전부터, 농서를 통해서 地主·大農層 중심 및
自耕農으로서의 大農·小貧農層 중심의 농업생산에 모두 유의하게 되고 있
었는데(宣祖朝 內賜本 『農事直說』), 이러한 자세는 壬亂 뒤에도 그대로 계속
되었다. 壬亂 직후의 農業再建정책을 중심으로 하여서는, 政府 안에서 그것
을 大地主·大農層 중심으로 할 것인가 自耕農으로서의 大農·小貧農層 중
심으로 할 것인가를 놓고 논의를 주고받았으며(『雇工歌』), 그 뒤 간행된 『農
家集成』에서는 그 성격이 다른 두 경향의 농서를 모두 한 책에다 집성 수록
하고 있었다.

그러나 『農家集成』의 이러한 두 경향 농서의 集成이, 大地主·大農層 중
심의 농업생산과 自耕農으로서의 大農·小貧農層 중심의 농업생산을, 동격
으로 본다는 뜻은 아니었다. 『農家集成』에서는 이밖에도 새삼 朱子의 「勸農
文」을 더 수록하고, 이를 통해서 농민층을 敎化하고 지도하려 하였다. 이는
地主制를 축으로 하는 農業生産 敎化論으로서 地主 立場 農學思想 强化의
단적인 표현이었다. 그러므로 『農家集成』이 비록 小農 생산의 보호를 강조
하는 농서를 실었다 하더라도, 농업생산의 중심은 어디까지나 大地主·大農
層으로 보고 있는 것이었으며, 따라서 이 농서에서는 농업을 이들 중심으로
이끌어 가려는 것이었다고 하겠다. 이는 이 단계의 정부와 그 지배층이 兩亂
후의 國家再造 農業再建을 이들 중심으로 추진하고 있었음을 표현하는 것이
기도 하였다.

『閑情錄』이나 『農家月令』에서도 농업생산의 주체로 地主層과 自耕農이
등장하는 것은 마찬가지였다. 그러나 이 두 농서에서는 그 撰者들이 地主이
면서도, 그 주체를 설정하는 의식이 『農家集成』에서와는 달랐다. 즉 『閑情
錄』에서는 農業生産의 主體를 완전히 自耕을 중심으로 하는 中小 經營地主
로 설정하고, 『農家月令』에서는 撰者 자신이 뒤에 地主가 되었으면서도 이
는 논외로 하고 自耕하는 부분만을 農業生産의 基準으로 설정하고 있었다.
이 두 농서의 農政觀은 그 농업생산의 주체가 일면 地主이면서도, 다른 일면
견실한 自耕農民으로서의 大農·小貧農層 이어서, 그 농업생산의 자세가 이

들 위주의 農政觀에 근접하고 있었다.

兩亂 뒤 편찬된 여러 農書의 이러한 자세는, 이 시기의 국가의 農業政策 및 農業問題 타개를 둘러싼 學界의 동향과 관련이 있었다. 국가에서는 農業 生産의 再建을 위하여, 宮房田·官屯田을 설치하거나 富民에게 新田을 개발 토록 함으로써, 농업생산을 地主層 중심으로 진행시키고 있었다. 그리고 이 와는 반대로 學界에서는 朱子學에 대한 비판과도 관련하여, 그리고『雇工 歌』의 내용이 사회적으로 영향을 미치면서, 箕田論·井田論 등을 기반으로 한 農業改革·國家改革의 논의가 고조되고 있었다. 이러한 분위기 속에서 柳馨遠의『磻溪隨錄』도 준비되고 있었다. 그러므로 이 시기에는 이러한 국 가의 정책과 학계의 동향이, 農學 및 農書 편찬에도 그대로 반영되어, 撰者 들의 政治經濟思想과 現實認識의 자세에 따라, 그 농서가 내세우는 農業生 産의 주체·農政觀에도 차이가 있게 된 것이다.

朝鮮後期의 農學 — 제2단계

『農家集成』이후의 時宜에 맞는 새로운 農書의 편찬 — 朝鮮後期 農學의 제2 단계는 17세기 末에서 18세기 中葉에 이르는 사이의 學問활동이다(본서의 제Ⅲ편). 이 기간에는 여러 가지 농서가 편찬되었다. 17세기 후반 18세기 初 에는『農家集成』의 한계를 인식한 데서 먼저『穡經』과『山林經濟』가 편찬되 었으며, 18세기 중엽에 이르면서 농업이 발전함에 따라서는 여러 사람에 의 한 여러 종류의『山林經濟』增補本과『厚生錄』·『民天集說』등이 나오게 되 었다.

『穡經』은 中國의 華北지방 農法을 기술한『農桑輯要』를 중심으로 하고 江 南農法도 기술하고 있는『農桑撮要』및 기타 농서를 참고하는 가운데 편찬 한 것이었으며,『山林經濟』는『農事直說』이래의 朝鮮 農學 및 관행하는 農 法을 중심으로 엮되『神隱』·『閑情錄』등을 통하여 中國 江南農法을 수용함 으로써 朝鮮 農學을 새로운 차원의 새로운 體系로 편찬하려 한 농서였다. 그 리고『厚生錄』은『農家集成』이나 中國 농서를 참고하였으되, 현실적으로 통 용되고 있는 農業慣行을 크게 활용한 것이 특히 두드러진 농서였다.

이러한 여러 農書 가운데서도 이 시기에 가장 유용하게 이용되고 있었던

대표적 농서는『山林經濟』였다. 따라서 이 농서는 농업의 현실적 조건이 달
라지고 農學이 발달함에 따라, 18세기 중엽에 이르러서는 여러 농학자들이
이를 대폭 증보하는 가운데, 몇 종류의 새로운 차원의 농서로서 보급되기도
하였다.『增補山林經濟』·『山林經濟補』·『山林經濟(補說)』등이 그것이며,
또 그런 점에서『山林經濟』는 첨삭이 가해지는 가운데 政府 간행물인『攷事
新書』에 農圃門·牧養門으로서 수록되기도 하였다. 이는『山林經濟』農業論
이 국가에 의해서 공인되었음을 뜻하는 것이기도 하였다.

　　農業技術의 발전방향 集約化 合理化 — 이 단계의 農學에서도 農業技術 측
면에서는, 앞 단계에서의 농업기술의 발전 방향과 그 지향하는 바가 같았다.
水稻耕種法의 直播法에서 移秧法으로의 大전환을 비롯하여 농업생산을 더
集約化하고 合理化함으로써 그 生産性을 한층 더 높일 것을 목표로 하고 있
는 것이었다. 다만 한 가지 다른 점은, 전 단계의 농학이 주로 南部지방을
대상으로 한 것이었다고 한다면, 이 단계의 농학은『穡經』이 특히 그러하였
지만 北部지방까지도 대상으로 하고 있는 점이었다.

　　이러한 목표를 달성하고자, 이 시기 농학에서는 몇 가지 기술적 문제에 특
히 유의하고 있었다. 그 하나는 施肥문제였다. 여러 농서들은 모두 다양한
糞壤을 들었으며, 收糞문제를 농서 안에서 하나의 條項으로 다루기도 하였
다. 施肥는 施肥만으로 그치는 것이 아니라 경우에 따라서는 여러 차례의 翻
耕을 동반하기도 하였다. 精耕熟治와 施肥를 병행하는 철저한 集約的 농업
이었다. 이러한 施肥관행 가운데에서도 특히 주목되는 것은 水稻의 재배에
서 追肥를 하도록 한 점이다. 水稻作에서의 追肥法은 이미『閑情錄』이 제시
한 바이지만, 그와 같은 시기의『農家集成』에서는 아직 이를 말하고 있지 않
았는데, 이 단계의 여러 農書에서는 이를 기술하고 또 강조하고 있었다. 所
出의 증대를 위해서는 追肥가 필수 불가결하다고 보는 데서였다.

　　다음은 여러 농서들이 水田種麥法을 권장하고 있는 일이다. 이는 水稻를
移秧法으로 재배하는 水田에서 水稻의 추수가 끝난 뒤, 그 水田의 물을 빼고
乾畓으로 정지한 다음 麥을 冬作物로 한 번 더 裏作하는 種麥法이었다. 이는
격년제로 수행하는 回換農法의 원리를 年內에 회환하는 농법으로 전용한 것
이었다. 農地를 철저하게 그리고 효과적으로 이용함으로써 보다 많은 所得

을 올리려는 농법이었다. 단, 이때에 이같은 水田種麥法은 기후관계로 남부
지방에서나 그 시행이 가능하였다.

셋째는 集約的 農業의 한 방법으로 旱田의 田畝制度를 中國式 代田的 田
畝制度로 개량하고, 粟作을 漢人種粟法으로 개량하도록 하는 것이다. 朝鮮
의 田畝에는 일정한 규격이 없고 또 息土而代墾하는 농법이 지역에 따라 아
직 그대로 남아 있었으므로, 이를 代田制로 改良함으로써 農地利用에 유실
이 없게 하고, 아울러 그 파종 방법도 畎種法으로 개량함으로써 所出을 늘리
자는 것이었다.

農業生産에서의 所得 증대는 그것을 商業的 農業으로 경영할 때 더욱 커
질 수 있었다. 이러한 문제와 관련하여서도 이 단계의 農學이 지향하는 바는
前 단계의 그것과 같았다. 특히 18세기 중엽의 農學에서는 여러 농서들이
農業經營을 商業的 農業으로서 할 것을 권장하고 강조하였다. 綿作・家蔘재
배를 하면 收入이 많은 점, 南草 재배가 유리한 점등이 지적되었다. 南草에
관해서는 재배법뿐만 아니라 그 加工法까지도 제시했다. 유리한 經濟作物은
1田 3作 하라고도 하였으며, 小麥은 그대로 팔 것이 아니라 作末하여 獲利
할 것을 말하기도 하였다.

그뿐만 아니라 農業經營을 營利를 목적으로 하여 行할 경우에는, 農業資
本 특히 노동력에 소요되는 경비를 절약할 필요가 있게 되는데, 이 시기의
농서에서는 그것을 常畜勞動力(畜僕)을 필요 이상 거느리는 것을 지양하고,
雇傭勞動 雇只勞動을 잘 활용함으로써 노동력 문제를 해결하라고도 하였다.
노동력 문제를 중심으로 한 經營合理化를 기하라고 지시하기도 하였다.

農政觀의 변화 ; 自耕小農層 입장 農學思想의 강화 ─ 그러나 이와 같이 農
業技術・農業經營上의 자세가 비록 전 단계의 그것과 방향을 같이 하고 있
었다 하더라도, 이 단계 農學에서의 農政上의 입장은, 農業生産의 主體문제
를 중심으로, 앞 단계의 그것과 크게 달랐다. 전 단계에서는 地主制를 중심
으로 한 農業生産論이 주축이 되고 있었는데, 이 무렵에 이르러서는 여러 농
서들이 그것을 거부하는 입장을 취하고 있었다. 『穡經』은 농민층의 恒産所
有, 小農經濟의 안정이 전제된 農業生産을 지향하고 있었으며, 『山林經濟』
는 『農家集成』의 農學을 많은 면에서 계승 발전시키고 있으면서도, 『農家集

成』에 수록된 朱子의 地主層 중심의 生産論·農政觀을 그 수용 대상에서
제외하고 있었다. 『穡經』은 적극적 『山林經濟』는 소극적이기는 하였지만,
地主制를 거부하고 농업생산의 주체를 自耕小農層으로 보려는 점에서 공통
되고 있었다.

이는 앞 단계의 농학이, 「箕田論」이 이미 제기되고 宣祖朝『雇工歌』의 自
耕農 중심 農業再建論이 또한 널리 제론되고 있었음에도, 兩亂 뒤의 國家再
造 農業再建 정책을 自耕農制가 아니라 地主制를 바탕으로 하려는 것이었음
에 대하여, 이 단계의 농학은 그 후 점증하는 社會矛盾 農業問題의 타개책을
自耕小農制를 바탕으로 하려는 것으로서, 당시 등장하고 있었던 일련의 土
地改革論과 脈을 같이하는 것이었다고 하겠다. 그리고 현실적으로는 국가정
책으로서 확대되고 있는 地主制(宮庄土·官屯田)를 거부하는 것이었다고도
하겠다. 이러한 농서 편찬의 자세는 그 뒤 그 增補本에도 그대로 이어졌다.
그러한 점에서 이 시기에는 小農 立場의 農學思想이 크게 발전하고 있는 것
이었다고 하겠다.

그렇지만 이와 같이 『農家集成』적인 農政觀에 반대하는 농서가 출현했다
하더라도, 이것이 『農家集成』의 農學이 효력을 상실하게 되었음을 뜻하는
바는 아니었다. 이 시기의 많은 농서 가운데 국가정책으로 가장 널리 간행
보급되고 있는 것, 그리고 이 시기 사상계를 지배하는 노론 朱子學과 연결되
어 있는 것은 『農家集成』이었으며, 따라서 農政문제와 관련하여 가장 큰 영
향력을 미칠 수 있는 것도, 아직은 『農家集成』이었다. 그러므로 이 시기 그
리고 그 이후, 농업생산의 현실적 조건이 변동하고 농민 입장의 농학이 더욱
발달함에 따라서는, 이같은 두 경향의 농학은 크게 대립하고 충돌하지 않을
수 없었다.

朝鮮後期의 農學 ─ 제3단계

正祖末年의 農書 編纂計劃과 그 후의 농서 ─ 朝鮮後期 農學의 제3단계는
18세기 末~19세기 初·中葉의 學問활동이다(본서의 제Ⅳ, Ⅴ편). 이 단계
의 農學은 18세기 최말기, 正祖朝 政府의 農書編纂計劃과 國王의 '勸農政 求
農書 綸音'이 계기가 되어, 많은 學者·知識人들이 農書·農學을 논하고 우

리 역사상 그 유례를 볼 수 없을 만큼 많은 사람들이 일시에 農業問題의 타개를 논하게 되었다. 이 단계에 이르러서는 兩亂 이후 農業技術·地主制(土地集積)·商品貨幣經濟가 발달하고 賦稅制度가 不合理하게 운영되는(三政紊亂) 가운데, 농촌사회는 분해되고 農業에 있어서의 社會問題가 심각해졌음으로, 政府나 識者層은 이러한 문제를 農學 차원에서 해결하지 않으면 안되었기 때문이었다. 이 단계의 農學은 兩亂 뒤의 農學이 國家再造 農業再建을 목표로 하고 있었던 것과는 달리, 兩亂 뒤의 사회경제가 발전하는 가운데 재래된 社會矛盾을 해결해야 하는 문제, 즉 社會改革을 목표로 할 것이 주요 과제가 되고 있었다. 그리고 그럼으로 해서 이 시기의 農學에는 많은 사람이 참여하게 되고, 그 방안 또한 階級的 利害關係에 따르는 極端的·革新的인 것이 되기도 하였다.

이때 政府의 農書編纂計劃은 正祖의 사망, 進步的 政治人의 숙청, 政治權力의 보수화 등 政治的 소용돌이 속에 좌절되었다. 그러므로 이 책의 本文에서는 그 學問활동을 農書編纂計劃 단계의 農學과(제Ⅳ편) 그 뒤의 農學으로 세분하여 고찰하였지만(제Ⅴ편), 그러나 이 짧은 기간에 전개된 農學은 결국 같은 시기 동일 인물들의 학문활동이 중심이 되고 있었으므로, 이 결어에서는 이를 당시 한 시기를 살고 있었던 학자들의 한 단계의 활동으로 묶어서 정리하였다.

政府의 農書編纂計劃은 18세기 末(正祖 22, 23년)에 있었으며, 이는 국왕 正祖가 勸農政求農書綸音을 내려 전국의 識者層으로 하여금 농서를 써 바치도록 한 다음, 이를 토대로 『農家集成』의 한계를 극복할 수 있는 새로운 國定農書를 편찬하려는 것이었다. 정부에서 이러한 계획을 세우게까지 되었다는 사실은, 이 시기에는 농업사정이 여러 가지 면에서 그만큼 더 어려워지고 있었음을 반영하는 것이었으며, 그것은 결국 19세기에 들어 여러 지역에서 農民抗爭을 발생케까지 하는 바가 되었다. 그러므로 이 시기의 農學者들에게는, 무엇보다도 이러한 문제를, 農學 차원에서 해결하는 것이 시급한 과제가 되지 않을 수 없었다.

이같이 어려운 상황에서 당시 農學者 知識人들은, 『應旨進農書』, 『北學議』, 『課農小抄』, 「應旨論農政疏」와 「田論」, 「淳昌郡守應旨疏」 등 應旨進農

書와 관련되는 農書 및 『海東農書』, 『千一錄』 등을 편찬하였고, 19세기로
넘어와서는 『林園經濟志』와 「擬上經界策」, 『經世遺表 ― 井田論』과 『牧民
心書』, 『農政要志』, 『農政會要』, 『山林經濟補遺』, 『農書』 등을 정리 편찬하
였다. 이들 농서는 혹은 논자에 따라 農業技術만을 다룬 農書, 農業經營문제
를 다룬 農書, 農業體制・農政理念을 다룬 農政書, 그리고 이를 綜合整理하
고자 한 農書 등 다양하였다.

　이들 농서의 編纂 자세는 農業技術에 관해서는, 어떤 논자는 경험에 따라
서 『農家集成』을 축조 보완하기도 하고, 어떤 논자는 中國의 농업기술을 현
행 농법이나 농서를 통해 그대로 수용할 것을 제기하기도 하였다. 그리고 누
구는 유용한 우리 農法을 적극 활용하고 발전시킬 수 있도록 이를 새로운 책
자로 정리하기도 하고, 또 누구는 國內농법을 실험하고 확인하되 中國 농법
을 도입하여 이 전체를 새로운 總合農書로 정리하기도 하였다.

　그런 가운데서도 『海東農書』・『林園經濟志』・「擬上經界策」 등의 편찬 자
세에는, 朝鮮前期 農書의 편찬 자세와 비교하여 크게 달라진 점이 있었다.
그것은 이 단계에 이르러서는 各地의 極高 經緯度를 中國과 같은 궤도에서
측정함으로써, 對內的으로는 漢陽 중심의 農事季節・農作月令을 크게 조정
하고, 對外的으로는 이를 통해서 中國의 農作物 농업기술을 자유롭게 수용
하고자 한 점이다. 이는 조선전기 『農事直說』 편찬에서 그렇게도 강조하였
던 風土不同論을 科學的으로 극복하고, 또 그 동안 여러 農學者들이 제기했
던 風土不同論 극복의 방향을 완성하는 것이었다. 그런 가운데 徐有榘는 風
土不同 때문에 農作物을 傳殖할 수 없다고 하는 문제를 해결하고자 하였다.

　그리하여 정부에서 시도하였던 新農書 編纂 계획은 이루어지지 못하였지
만, 이 시기의 시대상황과 관련하여, 예상되었던 새로운 방향의 농서와 농업
생산 농업개혁에 대한 구상은 여러 논자들의 견해 속에 제시되었다. 19세기
초의 農學者들은 이를 자신들의 생각에 따라 그들의 농서 속에 종합 정리
할 수 있었다. 이때의 여러 견해들 가운데서도, 丁若鏞과 徐有榘의 농업론
은, 이 시기를 대표하는 특출한 연구였다고 하겠다.

　農業技術의 발전방향 集約化 合理化 그 問題點 ― 이 단계의 農學에서는 農
業技術문제에 관하여, 앞선 시기의 농학에서 제시하고 현실적으로 추구하고

있었던 바 集約的 農業의 확립 문제를, 계속 자기시대의 과제로서 추구하고
있었다. 그러한 목표를 달성하기 위해서는 우선 施肥法이 중요하였으므로
이를 농서에서 대서특필하게 되었다. 그것을 실현하는데 저해요인이 되는
문제를 집중적으로 논하고 대책을 세우기도 하였다. 그것은 水田農業이거나
旱田農業 어느 경우에 있어서도 마찬가지이었다.

　朝鮮後期의 水田農業에서는 移秧法을 유리한 농법으로 보고 直播農法을
移秧農法으로 전환시켜 나가고 있었으나, 移秧法은 水利施設이 갖추어지지
않았을 경우 旱災에 약했으므로, 이 농법이 널리 보급되면 될수록 旱災 失農
의 피해를 받는 바도 많아지고 있어서 큰 문제였다. 그러므로 정부나 識者層
가운데에서는 이러한 사정에 대한 대책으로서 禁秧을 주장하는 바도 많았
다. 그러나 移秧法은 노동력이 절약되고 소출이 많은 농법이었으므로, 농학
자들은 그러한 획일적인 禁令에 찬성할 수 없었다. 이 무렵 농학의 大勢는
移秧法으로 水稻를 재배해도 災害를 받지 않도록 충분히 대책을 세워야 할
것으로 생각하였으며, 여러 가지 방안이 제시되었다. 農地의 조건에 따라 水
播・乾播・移秧을 적절히 해야 한다는 것은 일반적으로 말하는 대책이었지
만, 그러한 가운데에서도 무엇보다 주목되는 것은 水利問題에 대한 대책을
크게 제시하고 있는 점이었다. 『農政全書』・『授時通考』 등에서 水利관계
기술을 대폭으로 도입하였으며, 따라서 그들의 농서에는 水利問題가 하나
의 조항으로서 큰 비중을 차지하게 되었다.

　그리고 다음으로 주목되는 것은 봄 가뭄으로 水播나 移秧을 할 수 없을
경우, 농민들이 쉽게 乾播를 할 수 있도록, 乾播法을 개량하려 한 점이었다.
이 경우 그와 같이 개량된 乾播法은 노동력이 절약되고, 大量生産이 가능하
며, 生産性이 높아야 하는 것으로서, 그러한 乾播法의 지표가 된 것은 西北
지방의 水稻 乾播法이었다. 이 乾播法은 旱地農法을 고도로 발전시킨 훌륭
한 耕種法이었으며, 朝鮮水稻作의 큰 특징이 되는 것이기도 하였다.

　旱田農業에서 農業 集約化를 위한 최대의 과제는 田畝制度를 改良하는 문
제였다. 이 문제는 농업 선진지역에서는 17세기의 『農家月令』에서 이미 자
연스럽게 수행되고, 후진지역에서는 『穡經』 이래로 계속 제론되는 바였는
데, 이 단계에 이르러서는 旱田의 田畝制度를 근본적으로 재검토하는 가운

데 그 개량의 필요성을 강조하게 되었다. 農地를 全面耕으로 起耕하되 畎畝
를 中國의 代田法과 같이 일정한 규격으로 작성하고 파종도 畎種으로 하라
는 것이었다. 후진지역에 아직도 남아 있는 息土而代墾하는 농지가 그 대상
이 되었음은 말할 것도 없고, 선진지역의 농지도 그 畎畝의 幅이 일정치 않
은 곳은 개량의 대상이 되었다. 또 息土而代墾하는 農地의 常耕化는 흔히 間
種法으로서 수행되고 있었는데, 이 間種法의 田畝制度도 불합리하였으므로,
이때에는 間種法도 改良의 대상이 되었다.

　그리고 이같이 田畝制度가 개량되기 위해서는 犁가 개량되어야 하고, 田
畝가 개량된 뒤에는 除草用 農器具가 달라져야 하므로, 田畝制度 改良論에
서는 農器具의 개량이 수반해야 함을 아울러 말하고 있었다. 그러므로 이 단
계의 田畝制度 改良論은 旱田農業의 전면적 개량을 제기하는 것이었다고 하
겠다.

　農業經營 : 商業的 農業論의 발전 ― 이 시기 농학에서 농업경영과 관련해
서는 商業的 農業의 문제가 최대의 관심사였다. 이와 관련해서는, 전통적인
重農抑商의 관념으로 이를 거부하는 논자도 있었지만, 이 단계 농학의 동향
은, 이러한 시대사조를 현실로 인정하고 거기에 적절히 대처해야 할 것으로
보는 것이 대세이었다. 그러한 농학에서는 유리한 商品作物의 재배를 장려
하기도 하고, 社會的 分業을 논하되 특히 농업의 細分化와 專業化를 말하기
도 하였다. 그리고 農業生産을 國家經濟 전체의 機構 속에서 流通經濟의 발
전과 관련시켜 수행해야 하며, 그러려면 商業的 農業을 全 市場構造·流通
構造와 연계시킬 수 있도록, 農書에「貨殖」篇을 設하기도 하였다(『林園經濟
志』倪圭志). 그리고 한 걸음 더 나아가서는 농업경영을 外國과 通商貿易할
것을 전제로 수행해야 할 것임을 말하기도 하였다.

　이러한 商業的 農業論은 물론 大地主·大農的 商品生産과 自耕農民의 大
農·小貧農的 商品生産의 어느 경우에도 해당될 수 있었다. 실제로 이때에
는 잉여생산이 많은 地主·大農層뿐만 아니라, 小貧農層의 商業的 農業經營
도 진행되고 있어서, 그것이 한 經營事例로 제시되고도 있었다.

　그러나 이러한 論이 현실의 경제제도를 그대로 인정한 위에서 제론될 경
우에는, 그 견해는 주로 大地主·大農的 商品生産의 성장에 이바지하게 될

것이고, 이와는 달리, 이때에는 土地改革論과 함께 제론되는 社會的 分業으로서의 商業的 農業論이 있었는데, 이러한 견해는 自耕農民의 大農・小貧農的 商品生産, 商業的 農業經營에 기여하게 될 것이다.

이와 같이 이 시기의 농학에는 상업적 농업론을 둘러싸고 두 경향의 견해가 있었는데, 이 시기 農學은 그 출발이 朝鮮後期 商品貨幣經濟의 발달, 농촌사회의 분해로 일어난 농업문제를 해결하려는 데 그 목표가 있었으므로, 農書만을 통해서 보면, 그 중심이 되는 것 그리고 그 주장을 적극적으로 내세우게 되는 것은 자연 후자 쪽일 수밖에 없었다. 그리고 그런 점에서 이 견해는 土地改革을 중심으로 한 國家經濟 전체의 計劃化 속에서 제론케 되는 것이 일반이었으며, 그럼으로 해서 이 두 商業的 農業 商品生産論은 결국 크게 충돌하지 않을 수 없는 것이기도 하였다.

農業體制・農政觀 ; 두 입장 農學思想의 대립 — 이 단계 농학의 특징은 무엇보다도 그 農業體制・農政觀에 뚜렷하게 드러나고 있었다. 그것은 社會矛盾 타개의 문제와도 관련하여 階級的 利害관계를 분명히 하지 않으면 아니되었기 때문이었다. 18~19세기의 社會矛盾은 결국 農民抗爭으로 귀결되었으므로, 많은 농학자들은 社會矛盾・農民抗爭을 해소하려면 農民經濟가 안정되어야 하고, 농민경제가 안정되려면 몰락한 농민들에게 産業(土地)을 주어야 한다고 보았다.

그리고 그러기 위해서는 井田論・均田論・限田論・「田論」(閭田論)・新井田論・『農書』의 耕者有田論 등의 土地改革論을 통해서 현행 土地制度를 전면적으로 개혁해야 한다는 것이었다. 茶山은 「田論」의 실현이 어려울 것으로 판단하고, 이보다는 유연한 『經世遺表 — 井田論』을 통해 '新井田論'을 제기했지만, 이 또한 地主佃戶制를 부정하는 철저한 土地改革論이라는 점에서 그 실현이 쉬울 수는 없었다. 말하자면 이들 土地改革論은 봉건적인 地主制・大土地所有制를 해체함으로써 自耕小農經濟를 안정시키려는 變革의 논리였다. 『農家集成』의 農業體制・農政觀이 전면 부정되었다.

農業生産에서 小農經濟의 중요성은 國初의 『衿陽雜錄』이 이미 제시했고 兩亂 뒤의 『穡經』에서도 이를 강조하고 있는 터였지만, 그때에는 그것을 土地改革論으로까지는 제기하지 못하였는데, 이 단계의 농학에서는 그것을 여러 農書 안에서 정면으로 제기하고 강조하였다. 이는『農家集成』을 중심으로 한 兩亂 이후의 농학이 國家再造의 바탕을 地主制에 구하고, 농업생산을 地主制를 축으로 하여 발전시켜 나가려고 하였던 學問的 추세와 정면으로 대립되는 것으로서, 이 단계 農學思潮의 추이와 특징을 잘 보여 주는 현상이었다.

이 시기의 農學은 이와 같이 농업의 主體를 小農層 위주로 전환시키려는 것(農業改革)이 그 추세였지만, 이때의 농학자들이 모두 그러한 생각을 하고 있었던 것은 아니었다. 이때에는 農業生産이 현실적으로 地主層에 의해서 주도되는 바 컸으므로, 농학에도 地主層이 농업생산의 주체가 되어야 할 것으로 믿는 학문적 흐름이 아직 건재하고 있었다.『農家集成』의 農政觀을 그대로 고집하는 農學은 그것으로서, 이러한 농학에서는 土地改革에 반대였으며, 사회적 모순을 타개하는 방안은 현실의 地主制가 그대로 유지되는 가운데 제시되어야 할 것으로 보았다.

『千一錄』은 그 대표적인 농서였다. 여기서는 농민층의 商業的 農業을 거부하고, 佃作農民이 粗放的으로 경영하는 廣作農業에 대하여 그것이 地主層 수입에 손실을 끼친다는 점에서 강한 비판을 가했으며, 土地改革論에 대해 격렬하게 반대하였다.『千一錄』의 農學에서는 佃作農民이 비록 地主制 아래에 있다 하더라도 농업생산을 근면성실하게 더 집약적으로 수행하고, 정부가 농민을 철저하게 통제하는 가운데 農政을 펴 나가면, 농민경제는 안정되고 사회문제는 해결되리라고 보았다. 朱子의 地主佃戶制論 그것이었다. 농업 전반에 대한 관점은 좀 달랐지만,『農政會要』의 土地論도 그 찬자가 變革을 추구하는 것이 아니었다는 점에서는,『千一錄』의 그것과 유사했던 것으로 이해된다.

農業改革의 방법 — 이 시기에는 小農經濟를 대변하는 農學과 地主制를 대변하는 農學이 농업생산의 基本形態·農業改革의 문제를 놓고 정면으로 대립 격돌하고 있었다.

이 시기에 이러한 상황 속에서 제기되는 土地改革論은 단순한 土地再分配論로서 제론되는 것이 아니었다. 그것은 동시에 농업기술의 여러 가지 문제를 집약적 농업으로서 발전시키고, 농업경영을 합리적으로 운영하여 수익을 증대시키며, 농업생산력을 한층 더 증진시킴으로써, 국가의 부력과 농민경제가 향상될 것을 전제로 하는 農業改革論으로서 제기되고 있었다. 그러므로 보수 진보의 격돌 속에서, 土地改革 農業改革이 성공할 수 있으려면, 이같은 여러 목표를 반드시 성공적으로 완수하지 않으면 안 되었다. 그러려면 정부에서 土地改革 農業改革에 대한 주밀한 계획이 세워져야 함은 말할것도 없지만, 농업현장에서 농업생산 농민을 직접 이끌어나갈 전문적인 식견을 갖춘 농촌지도층을 확보하지 않으면 아니 되었다.

이 시기의 농학을 검토하면서 특히 주목되는 것은, 이 시기의 농업에 변화를 주고자 하는 논자들은, 이 농촌지도층을 어떻게 확보하고자 하였을까 하는 점이다.

많은 사람들은 국초이래의 守令七事 특히 農官제도의 재건을 말하였지만, 이는 조선왕조의 身分制 制度圈 안에서의 일로서, 農業改革이라고 하는 변화에 초점을 맞추고 있는 것은 아니었다. 이와는 대조적으로 大知大勇한 인물 10여 명을 廟堂에 배치하여, 혁명적인 방법으로 國家改革을 주도하되, 기본적인 문제에서부터 차근차근 해 나가라는 견해도 있었다. 그러나 이 경우는 그 조직의 구성 자체가 쉬운 일일 수 없었다.

그런 가운데 茶山과 楓石은 力農者와 明農者에 주목하고, 이들과의 연대속에 그들이 구상하는 농업개혁을 성취시키고자 하고 있었다. 力農者 明農者는 農事에 해박한 지식을 갖추고 세상사에도 일정한 식견을 지니고 있으며, 실제로 農業에도 篤農家로서 종사하되 크게 성과를 올리고 있는, 말하자면 농업 농촌을 발전적인 방향으로 이끌고 있는 농촌지도층이었다. 구체적으로는 이 시기의 經營型富農 經營地主層이 이에 해당된다고 하겠다. 茶山이 그의 '新井田論'에서 농업개혁후의 井田경영에서 큰 성과를 올린 농민을 해마다 일정수식 官吏로 임명하자고 한 것, 楓石이 그의 屯田論에서 明農者를 그의 屯田農場의 典農官으로 임명하고, 농업생산에 큰 성과가 있는 자를 다시 일반 관리로 임명하자고 한 것 등은 그것이었다. 이들의 農業改革은 궁극적으로는 政治改革 社會改革과 연결되는 것이었다.

朝鮮後期 제3단계 農學의 思想的 특징

朝鮮後期의 農學은 이와 같이『農家集成』을 기점으로 그리고 중심으로 하여 발달하였으면서도, 19세기 初・中葉의 제3단계 농학까지 그것이 도달하고 있는 결론은 여러 가지 점에서『農家集成』의 농학과 다른 바가 되고 있었다.『農家集成』의 농학이 그 뒤의 농학에 그대로 계승된 것은 농업기술상의 문제뿐이었고, 그밖에 經濟思想이나 農政理念상의 문제에 있어서는 서서히 그러나 전면적으로 부정되어 나가고 있었다.

朝鮮王朝의 農學은 본시 朝鮮初期부터 地主制와 自耕小農制를 모두 기초로 하고 있는 농업생산을 고려하였으면서도,『農家集成』단계까지는 철저하게 地主 大農層 중심의 농업생산을 지향하고 있었는데, 그 이후 農學의 자세와 목표는 차츰 地主 大農層 중심의 농업생산을 비판하고, 自耕農으로서의 大農・小貧農層 중심의 농업생산을 지향하는 것이 되고 있었다. 地主制를 옹호하는 農書가 없었던 것은 아니지만, 농학의 대세는 이제 小農經濟의 안정을 목표로 하는 바가 주류가 되고 있었다.

『農家集成』의 農學은 朱子學的인 思想體系에 따라서 농민층을 봉건적인 社會經濟秩序 속에 묶어 두고 이를 교화 통제하려는 學問이었으므로,『農家集成』의 經濟思想이나 農政理念이 부정되고 있었다는 사실은, 곧 朱子學的인 思想體系에 따른 農政理念 農民統制의 원리가 부정되고 있는 것이 아닐 수 없었다.

『農家集成』이후의 農學 農學者들이 이와 같이『農家集成』의 朱子學的인 農政理念 農民統制의 원리를 부정하게 된 것은, 그들이 극복하려고 하는 社會矛盾이, 곧 이 原理에 의한 社會統制의 한계성에서 연유하는 것으로 보는 데에서였다. 그들은 격동하는 사회현실에 처하여 激化되는 農業問題의 애로를 타개하기 위해서는, 이미 이 원리로서는 아니 된다는 것을 분명히 인식하고 있는 것이었다. 朱子學的인 農政理念으로 농업문제를 타개하려는 견해도 있었지만, 그러나 12, 3세기 중국 南宋에서도 결국 효과를 보지 못한 朱子 思想 農政理念을, 그것만으로서 18세기 朝鮮 農村에 그대로 적용시키려 하는 것은, 합당한 대응방안이 될 수 없었다.

그리하여 이 시기의 進步的인 農學者들은, 그들의 課題를 해결하기 위해서, 朱子學的인 農政理念 農民統制의 원리를 대신해서 새로운 원리를 찾지 않으면 아니 되었다. 그들은 그것을 堯舜 三代의 理想社會를 이념적으로 재현하는 데서 찾을 수 있을 것으로 믿었으며, 옛 聖賢의 農政理念과 古代 農業制度의 원리를 그대로 따르는 데서 발견할 수 있을 것으로 생각하였다. 여기에 그들의 현실비판적 農業理論은 주로 儒敎經典에 따라서 그 근거와 타당성이 제시되게 되었다.

朝鮮後期 農學의 이같은 발달 과정은 곧 農學 分野에 있어서의 實學의 발달 과정이었다. 實學은 왕왕 朱子學 그 자체라던가 또는 反朱子學的인 것으로 운위되기도 하지만, 農學으로서의 이 시기 實學은 이러한 규정으로는 처리될 수 없는 하나의 특정한 성격을 지닌 학문이었다. 이 시기의 實學的인 農學은 朱子學的인 農學의 발달 과정 속에서 성장하면서, 그 모순을 느끼고 그것을 개선하는 방향으로, 새로운 農學을 개척하고 있는 學問이었다. 그러므로 이 實學的인 農學에는 朱子學的인 農學과의 공통성이 있으나, 이를 바탕으로 하여서는 非朱子學的인 農學으로 성장하고 있는 특징이 있었다. 그 朱子學的인 農學과의 공통성은 農業技術을 발전시키고 農法을 전환시킴으로써 農業生産力을 한층 더 증진시키려는 노력이었으며, 그 非朱子學的인 面으로의 성장은 朱子學的인 農政理念・農民統制의 원리를 부정하고 농업의 발전을 社會變革의 문제와 관련시키려는 노력이었다.

그리고 이러한 實學的인 農學으로 하여금 朱子學的인 農學을 비판할 수 있게 한 직접적 현실적인 계기는, 土地集積(地主制), 不合理한 賦稅運營(三政紊亂), 商品貨幣經濟의 발달, 農業生産의 발전에 따르는 農村社會의 分解와 이에 따르는 社會矛盾의 심화였으며, 이를 타개하기 위해서 지침으로 삼고 있는 것은 堯舜三代의 理想社會를 찬미하고 있는 儒敎經典이었다. 이는 이 시기 儒敎的 經世家들에게 있어서 思惟方式 變革의 한 표현이었고, 社會變革의 한 방법이었다. 그러므로 朝鮮後期의 實學的인 農學, 즉 農學에 있어서의 實學은 말하자면 朱子學的인 農學의 속에서 朱子學的인 思惟方式을 벗어나, 옛 聖賢의 農政理念을 원용함으로써, 전통적인 농업과 그 사회를 변혁하여 小農經濟를 바탕으로 한 새로운 合理的 農業과 그것이 농업생산의 중심이 될 수 있는 사회로 전환시키려는 것이었다고 하겠다.

그러나 19세기까지 도달한 이러한 농학사상이, 현실의 정치 경제 사회에
서 실현되었음을 뜻하는 것은 아니었다. 이때에는 정치세력의 보수화로 그
개혁사상의 실현이 좌절되었고, 따라서 그 계통 농학이 추구해온 목표는, 오
랜 세월에 걸쳐 미해결의 문제로 남겨지는 수밖에 없었다.

Abstract

Studies in the Late Yi Dynasty Development of Agricultural Discourses
: Examination of Writings on Agriculture Published during the Period

When the earlier version of this book, under the title Development in the Agricultural Science of the Late Yi Dynasty, was published by Il-jo-gak in 1988, it was intended to be a part of a trilogy on late Yi Dynasty agriculture, together with Studies in the Agrarian History of the Late Yi Dynasty, I and II. By this occasion of its renewed publication by Jisik-san'eop-sa as a part of the collection of my works, I have made some revisions and additions to make my messages clearer.

Discussions on agriculture flourished in Korea during the late Yi Dynasty period, producing an amount of writings unseen in the previous history of Korea. Studies contained here aim at explaining why so much discussion took place, at analyzing the technical, managemental, and ideological problems reflected on the discussions, and at grasping the general direction of change during the period in the recognition of agrarian issues, both in the government and in the academic spheres.

Part I deals with books on agriculture published during the early Yi Dynasty period. They show the background upon which the torrent of agrarian discussions was touched off by the publication of Nong-ga Jip-seong(農家集成) in the 17th century. Their review is essential for the grasping of the context of later discussions on agriculture.

The most popular book on agriculture at the opening of the Yi Dynasty was Nong-sang Jip-yo(Nong-sang Ji-yao, 農桑輯要), first published in China during the Yuan Dynasty. It had been repeatedly printed in Korea during the late Goryeo Dynasty. The early Yi Dynasty government, during the reigns of Tae-jong(太宗) and Se-jong(世宗), further promoted the book by publishing its divisions as Jam-seo(蠶書) and Nong-seo(農書), and adding notes to them in Yi-du(吏讀), the indigenous Korean writing system. There were certain restrictions to the value of the book, however, because of differences in climate and farming practices between the two countries. The book could serve as a reference book, but not as a textbook for Korean farmers. This problem was particularly serious in Southern parts of Korea, where conditions were further removed from those of North China, the area the original author had in mind. Thus came forth the theory of 'pung-to bu-dong (風土不同)', emphasizing the difference between the two countries, and there were some efforts by Korean annotators to make modifications to suit domestic conditions.

Accordingly, for the promotion of agricultural production, the government needed to produce books on agriculture more in accord with domestic conditions. The first to appear was Nong-sa Jik-seol(農事直說), based on surveys of agricultural practices and technology in the Southern parts of the country. But this book also had its limits as a general handbook for farmers countrywide. It contained descriptions of only major grains and hemp, falling far short of meeting various technical needs of the farmers. In fact, the book aimed more at relieving the food shortage problem and facilitating the taxation than at offering help to individual farmers, and it also favoured the large-scale farming system. And taking the model from the Southern provinces also set limits to its practical application in other parts of the country, especially the Northern provinces. As Nong-sa Jik-seol failed to meet the needs of the farmers in a comprehensive way, demand for more material kept some Chinese books in circulation and brought forth publications by private authors, such as Geum-yang Jap-rok(衿陽雜錄) and Sa-si Chan-yo cho(四時纂要抄). These books, in contrast to Nong-sa Jik-seol, tended to favour the small-scale farming system. After all, however, one could say that it was Nong-sa Jik-seol that represented the agricultural paradigms of the early Yi Dynasty period.

Parts II through V deal with agricultural discussions of the late Yi Dynasty period in a time sequence.

Part II deals with works on agriculture from the early- and mid-seventeenth century. They were intended to help restore agricultural production and stabilize the national economy and state finances, which had been heavily damaged during the Japanese War at the end of the previous century. They include Go-gong Ga(雇工歌), containing Go-gong Ga and Dap Ga(答歌), Han-jeong Rok(閑情錄), Nong-ga Wol-lyeong(農家月令), and Nong-ga Jip Seong. Go-gong Ga and Dap Ga depict the focus of the most heated controversy of the time, who were to be the primary subject of the restoration, those small peasants who toiled on the fields, or those landowners who had the means to introduce new ways of farming. King Seon-jo(宣祖) and his prime minister put into verses their support for each party. Nong-ga Wol-lyeong and Han-jeong Rok are among the private compilations of the time in support of small and middling landowners who worked on their own land. With time, the government fixed its position to promote large-scale farming, and published Nong-ga Jip-seong, containing articles by Zhu Xi(朱熹), an advocator of large-scale farming in China centuries earlier. The official publication of Nong-ga Jip-seong reflects the government's inclination to support the role of landowners, and its agricultural policies stayed along that line for a length of time.

Part III deals with books on agriculture of the period from the late seventeenth century to the mid-eighteenth century. They include Saek Gyeong(穡經), San-lim Gyeong-je(山林經濟) and its revised versions (including 山林經濟補, 增補山林經濟, and 山林經濟補說), Go-sa Sin-seo(攷事新書), Min-cheon Jip-seol(民天集說), and Hu-saeng Rok(厚生錄). Agricultural discussions of this period show a strong opposition to the government policies in favour of large-scale farming, by stressing on the role of those who actually did the farming. Saek Gyeong's categorical rebuttal of Nong-ga Jip-seong may have been affected by the author's political position. But even a political moderate like the author of San-lim Gyeong-je approved only the technical aspects of Nong-ga Jip-seong, and firmly rejected the ideological and political ones. It was a time when such leading scholars as Yu Hyeong-won(柳馨遠, 1622~1673) and Yi Yik(李瀷, 1681~1763) were building up a new system of politico-economic ideas, including the reform of landownership. Many scholars of the time freely expressed their sympathy with the direct producers, and contributed to the development of new agrarian ideas promoting the role of small-scale farmers.

Part IV deals with the projects for compilation of agricultural tracts at the court of King Jeong-jo(正祖, r. 1776~1800). At the time, serious conflicts had developed in rural societies around agricultural problems, which were the results of technical developments and the fortification of outdated taxation systems. To deal with the problems and to assure further development of agriculture, the government decided to launch a set of projects to have many agricultural tracts compiled, to form the basis of new agricultural policies. The king gave out a personal order to all the scholars and local officials in the country to write treatises on agriculture and on related government policies. A number of treatises were presented in response, including "Eung-ji Jin Nong-seo(應旨進農書)", "Buk-hak Eui(北學議)", "Gua-nong So-cho(課農小抄)", "Eung-ji Non Nong-jeong So(應旨論農政疏)", and "Sun-chang Gun-su Eung-ji So(淳昌郡守應旨疏)". This move also inspired some scholars to write books and treatises on related subjects on their own, without intending to present them to the court. They include Hae-dong Nong-seo(海

東農書), Cheon-il Rok(千一錄), and "Jeon-ron(田論)". While a variety of questions were addressed to in these works, the central issue remained the choice between the large-scale system in favor of big landowners and the small-scale system in favor of smaller people.

Part V deals with agriculture-related discussions in the early half of the nineteenth century. Even though the abrupt death of King Jeong-jo at the turn of the century put an end to his projects, the need for them did not go away. So those scholars and officials who felt involved kept on studying and writing on the subject. Some of their works can be seen as the real fruit of King Jeong-jo's projects, because most of them had kept on working on the subject after presenting their opinions to the court because they felt a genuine urge to get at a more thorough answer. Their works include Yim-won Gyeong-je Ji(林園經濟志), "Eui-sang Gyeong-gye Chaek(擬上經界策)", "Jeong-jeon Ron(井田論)" in Gyeong-se Yu-pyo(經世遺表), Nong-jeong Yo-ji(農政要志), Nong-jeong Hoe-yo(農政會要), San-lim Gyeong-je Bo-yu(山林經濟補遺), and Nong-seo(農書). Works by Jeong Yak-yong(丁若鏞, 1762~1836) and Seo Yu-gu(徐有榘, 1764~1845) have enjoyed particularly high esteem by later scholars, and Seo's Yim-won Gyeong-je Ji is deemed the most comprehensive single work on agriculture from the late Yi Dynasty period.

Through the examination of these materials, several changes could be picked out in the nature of agricultural discussions and in the farming technology reflected on the discussions, between the early Yi Dynasty and the late Yi Dynasty periods. Following are the more outstanding of these changes.

(1) It is noted that, with time, the theory of pung-to bu-dong lost its power and introduction of new farming methods from China became more free. For example, Han-jeoing Rok imported agricultural techniques directly from South China through Tao Zhu-gong Zhi-fu Qi-shu(陶朱公致富奇書),

Saek-gyeong accommodated farming methods of North China through Nong-sang Ji-yao and other sources, and Buk-hak Eui and Gua-nong So-cho advocated learning various farming methods from Chinese books and farming practices. While these works appear to be less worried than before about the differences in the farming conditions of the two countries, they do not declare explicitly that the differences do not matter much. But later works like Hae-dong Nong-seo, Yim-won Gyeong-je Ji and "Eui-sang Gyeong-gye Chaek" refute the pung-to bu-dong theory, while paying due attention to the differences. They argue that, if the latitude of an area is accurately taken, similar farming conditions can be expected to those of an area in China on the same latitude.

(2) There was a spread of a view during the late Yi Dynasty period that, for the development of agricultural production, peasant economy has first to be stabilized through the reform of structural problems in rural societies. There were two branches of this view, one stressing on the production system and the other on the taxation system. Those who called for the reform of the production system noted the collapse of the small peasant class as the result of land accumulation by the landlord class and government policies supporting large-scale farming. These problems were first perceived by progressive scholars right after the Japanese War, and some of them began devising measures to remove the problems. While the government refused to take radical measures in that direction, rural situations went on to the worse, and by the end of the eighteenth century, some scholars had to suggest such drastic measures as collective farming and land redistribution. On the other hand were scholars and officials who took the irrational taxation system for the crucial cause to problems in rural societies, and its thorough reform for a necessary condition for agricultural development. Some suggested that replacing the traditional gyeol-bu(結負) system with the Chinese gyeong-mu(qing-mu 頃畝) system would be an effective way to standardize

the land measurement and thus to rationalize the taxation system.

(3) These changes were parallelled by changes in the farming methods. With rice, transplanting increased its popularity until it became the dominant method. Most scholars recommended transplanting, because it saved on the labor and made two crops a year possible from the same field. The provision of water was a requisite for transplanting, of course. A novel innovation of rice cultivation method appeared in the Northwestern provinces, where rice was grown in waterless paddies during its early weeks until early summer, when rain brought along enough water to fill the paddies. The most outstanding development in dry field farming was the replacement of ridge-planting with furrow-planting, adopting the Chinese practice advocated in Nong-sa Jik-seol. Concerned scholars kept advising the government to adopt transplanting in rice paddies and furrow-planting on dry fields in state farms. Dry or wet, intensive farming became more and more the norm of the time, and the use of fertilizers added to the trend. While these changes contributed to the increase of agricultural production, they also worked to polarize the rural societies by economizing on the labor and making large-scale farming easier.

(4) Changes in farming methods were aimed primarily at increasing the farmers' income. For that purpose, most scholars advised the farmers to relate their farming to the market demands, and recommended commercial farming as the most effective way of agricultural production. Commercial crops, including vegetables, drew more and more attention, and principles of commercial farming were discussed in many agricultural readings of the late Yi Dynasty period. Through the active discussions on agriculture during and after King Jeong-jo's reign, stimulated by the King's drive, emerged a new view of agriculture, comprising agricultural reform, social division of labor, and commercial farming. Some books for farmers began to include parts dealing with financial management. A private author of a tract on farming

illustrated his own case, being a small landholder with no rice paddies, but succeeding in the commercial management of his dry fields and achieving affluence.

These changes seem to display the peak and final stage of the medieval agriculture in Korea. At this stage, it was understood that extensive reforms of agricultural policies and of the social structure were needed together for the further development of agriculture. Jeong Yak-yong and Seo Yu-gu were among those who recognized that the agricultural reform had to be the reform of the state itself, and recorded their views in "Jeong-jeon Ron" in Gyeong-se Yu-pyo(Jeong) and Yim-won Gyeong-je Ji and "Eui-sang Gyeong-Gye Chaek"(Seo). They, especially Jeong, called for the realization of classic Confucianism for this purpose. But their ideas remained ideas, failing to be adopted by the government and put to practice. The fundamental restructuring of Korea's agricultural system was going to wait until the end of the Japanese rule in 1945.

索 引

일반색인

索 引